U0844686

2016

教育硕士通关宝®系列

教育综合习题精编

金程考研专业课教研中心 编

★严格依照全国教育硕士专业学位指导委员会大纲精选权威习题

★金程考研多年辅导经验名师亲自执笔，囊括更多私密内部习题

★完整梳理知识框架，精确解析考试重难点，全面覆盖大纲考点

★精选全国多所名校历年真题，结合经典习题深入进行考情分析

WUHAN UNIVERSITY PRESS
武汉大学出版社

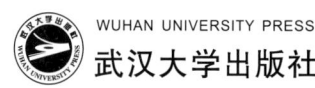

图书在版编目(CIP)数据

教育综合习题精编/金程考研专业课教研中心编. —武汉:武汉大学出版社,2015.1
(教育硕士通关宝系列)
ISBN 978-7-307-14488-0

Ⅰ.教… Ⅱ.金… Ⅲ.教育学—研究生—入学考试—习题集 Ⅳ.G40-44

中国版本图书馆 CIP 数据核字(2014)第 234915 号

责任编辑:胡国民　　责任校对:鄢春梅　　版式设计:马　佳

出版发行:**武汉大学出版社**　　(430072　武昌　珞珈山)
（电子邮件:cbs22@whu.edu.cn　网址:www.wdp.com.cn）
印刷:武汉中科兴业印务有限公司
开本:787×1092　1/16　印张:27.25　字数:643 千字　插页:1
版次:2015 年 1 月第 1 版　　2015 年 1 月第 1 次印刷
ISBN 978-7-307-14488-0　　定价:68.00 元

版权所有,不得翻印;凡购买我社的图书,如有质量问题,请与当地图书销售部门联系调换。

前 言

教育综合是教育硕士研究生入学考试的科目之一。考试要力求反映教育硕士专业学位的特点，科学、准确、规范地测评考生教育学的基本素质和综合能力，为国家培养具有良好职业道德和职业素养、具有较强分析问题与解决问题能力的高层次、应用型、复合型的教育专业人才。

金程考研集16年考研培训经验于一体，力邀国内众多高校著名教师与硕博研究生团队执笔，依据最新考试大纲编写了《教育综合习题精编》。适用于考生第二、第三轮复习阶段。有利于考生快速阅读、深化练习，把握考试重点，提高专业课成绩。

本书遵循考试大纲的章目编排，共分教育学原理、中国教育史、外国教育史和教育心理学四个部分。四个部分严格按照大纲中所列的考试内容，本习题涵盖大部分考点，特别对一些难点和重点进行了详细的分析和论述。教育硕士考研不同于一般考试，概念题（名词解释）要当做简答题来回答，简答题要当做论述题来解答，而论述题的答案则像论文，多答不扣分。有的论述题要当做论文来答。建议考生结合使用我们的通关宝系列《教育综合复习全书》、《教育综合历年真题详解》、《教育综合模拟题》，提高复习备考效率。

本书有以下特点：

一、构建知识框架，强化记忆。

本书采用了结构图的方式，很好地整合了各部分知识点的联系，帮助考生减轻记忆负担并对整个学科有宏观的把握。

二、把握重难点，预测命题方向。

本书通过对教育综合考试大纲以及各大名校历年真题的分析，挖掘出考查知识点的方向和规律，并结合编者多年的教学经验指导考生复习。

三、最全的题库。

书中涵盖大纲重要知识点，参照了全国名校（北京师范大学、华东师范大学、陕西师范大学等）的大量真题、期末试题和内部练习题。本书所有的习题均提供解释，点拨答题技巧。

由于编者水平有限，错误之处在所难免，请读者批评指正，纠错信息请发邮件至：ky@gfedu.net。

中国专业硕士命题研究中心
金程考研专业课教研中心
2014 年 5 月

目 录

第一编　教育学原理　　　　　　　　　　　　　　　　　　　　/ 001
  第一章　教育学概述　　　　　　　　　　　　　　　　　　/ 006
  第二章　教育的概念　　　　　　　　　　　　　　　　　　/ 016
  第三章　教育与人的发展　　　　　　　　　　　　　　　　/ 028
  第四章　教育与社会发展　　　　　　　　　　　　　　　　/ 041
  第五章　教育目的　　　　　　　　　　　　　　　　　　　/ 053
  第六章　教育制度　　　　　　　　　　　　　　　　　　　/ 065
  第七章　课程　　　　　　　　　　　　　　　　　　　　　/ 075
  第八章　教学（上）　　　　　　　　　　　　　　　　　　/ 096
  第九章　教学（下）　　　　　　　　　　　　　　　　　　/ 110
  第十章　德育　　　　　　　　　　　　　　　　　　　　　/ 111
  第十一章　班主任　　　　　　　　　　　　　　　　　　　/ 123
  第十二章　教师　　　　　　　　　　　　　　　　　　　　/ 133
  第十三章　学校管理　　　　　　　　　　　　　　　　　　/ 146

第二编　中国教育史　　　　　　　　　　　　　　　　　　　　/ 153
  第一章　西周官学制度的建立与"六艺"教育的形成　　　　/ 163
  第二章　私人讲学的兴起与传统教育思想的奠基　　　　　　/ 166
  第三章　儒学独尊与读经做官教育模式的形成　　　　　　　/ 183
  第四章　封建国家教育体制的完备　　　　　　　　　　　　/ 189
  第五章　理学教育思想和学校的改革与发展　　　　　　　　/ 199
  第六章　早期启蒙教育思想　　　　　　　　　　　　　　　/ 213
  第七章　中国教育的近代转折　　　　　　　　　　　　　　/ 217
  第八章　近代教育体系的建立　　　　　　　　　　　　　　/ 223
  第九章　近代教育体制的变革　　　　　　　　　　　　　　/ 232
  第十章　南京国民政府的教育建设　　　　　　　　　　　　/ 244

  第十一章 中国共产党领导下的教育 / 250
  第十二章 现代教育家的教育探索 / 257

第三编 外国教育史 / 269
  第一章 古希腊教育 / 274
  第二章 古罗马教育 / 285
  第三章 西欧中世纪教育 / 289
  第四章 文艺复兴时期的教育 / 297
  第五章 宗教改革时期的教育 / 302
  第六章 欧美主要国家和日本的教育发展 / 305
  第七章 欧美教育思想的发展 / 319

第四编 教育心理学 / 341
  第一章 教育心理学概述 / 350
  第二章 心理发展与教育 / 354
  第三章 学习及其理论 / 367
  第四章 学习动机 / 385
  第五章 知识的学习 / 395
  第六章 技能的形成 / 403
  第七章 学习策略及其教学 / 409
  第八章 问题解决能力与创造性的培养 / 413
  第九章 社会规范学习与品德发展 / 420
  第十章 心理健康及其教育 / 427

第一编　教育学原理

【本编知识框架】

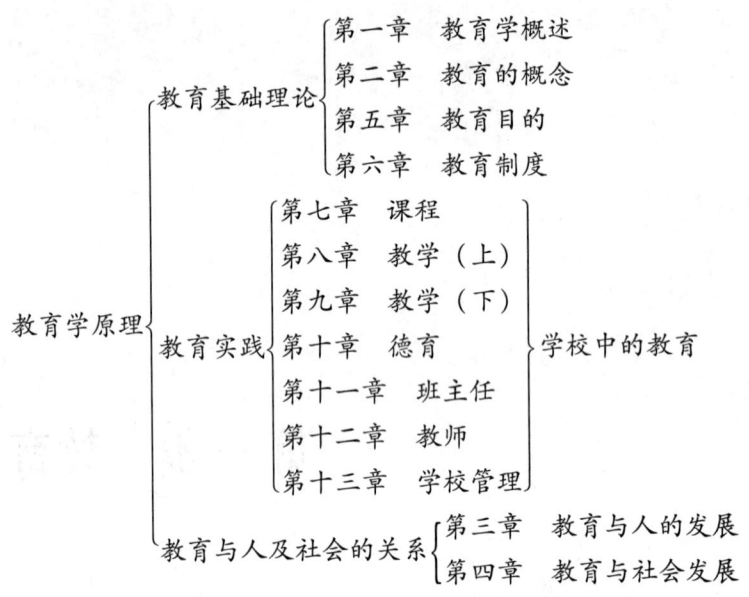

复习方法提示

教育学原理是"333教育综合考试科目"之一，考试占60分。

"333教育综合大纲"对本科目的基本要求是：系统掌握教育学原理的基础知识、基本概念、基本理论和现代教育观念；理解教学、德育、管理等教育活动的任务、过程、原则和方法；能运用教育的基本理论和现代教育理念来分析和解决教育的现实问题。

（1）注重知识结构：建议考生采用"树形图"的方式，搭建每一章的知识结构，用编、章、节、标题、要点等多个层次对教材进行系统梳理。

（2）理论结合实践：要关注目前我国教学实践中存在的问题以及当前的重要改革，运用理论知识分析实际问题。在记诵笔记的同时，认真思考，形成自己的观点。

（3）融会贯通：教育学原理是由很多教育心理学、中外教育史的内容作为支撑建立起来的，有许多知识也出现在其他科目之中，所以考生一定要将知识融会贯通，找出各科目之间内在的相关性，即学到相应的理论，这就要求与中外教育史和教育心理学的具体知识相联系，便于理解和记忆，也就是将教育学中各门学科融会贯通。

参考书目：

王道俊、郭文安：《教育学》，人民教育出版社2009年版。

柳海民：《现代教育原理》，人民教育出版社2006年版。

【大纲样题】

（一）名词解释

1. 学校教育。
2. 活动课程。

（二）简答题

1. 请简述我国教育目的的基本精神。
2. 请简述教师角色的冲突及其解决办法。

（三）论述题

1. 举例说明在教学中贯彻启发性原则的基本要求。
2. 联系实际论述德育过程是提高学生自我教育能力的过程。

【参考答案】

（一）名词解释

1. 学校教育是指由专职人员和专门机构承担的，有目的、有系统、有组织的、以影响受教育者的身心发展为直接目标的社会活动。学校教育专指受教育者在学校内所接受的各种教育活动，是教育制度的重要组成部分。一般说来，学校教育包括初等教育、中等教育和高等教育。

2. 活动课程有五种含义：①强调以儿童活动为中心，称为"活动课程"或者"儿童中心课程"；②强调以儿童的生活为中心，称为"生活课程"；③强调以改造儿童经验为目的，称为"经验课程"或"经验本位课程"；④强调以设计教学为方法，称为"设计课程"；⑤强调无固定的教材，称为"随机课程"等。杜威主张以儿童的兴趣或需要为基础、根据心理逻辑而编排的课程，具有生活性、实用性、开放性等特点。活动课程种类多，如探索学习、实地考察、社会实践、社会服务、户外教育、消费教育、健康教育等。目前，我国新课改中也开始了活动课程的探索。但是活动课程夸大了儿童个人的经验，忽视了知识本身的逻辑顺序，影响了系统的知识学习，导致教育质量低下。

（二）简答题

1. 请简述我国教育目的的基本精神。

答：总体来看，我国当代教育目的的基本精神包括以下三个方面：

（1）培养"劳动者"或"社会主义建设人才"。教育目的的这个规定，明确了我国教育的社会主义方向，也指出了我国教育培养出来的人的社会地位和社会价值，即教育所造就出来的人不是不劳而获的剥削者、寄生虫，也不是供剥削阶级驱使的工人、农民、知识分子，而是国家的主人，社会主义的劳动者、建设人才。

（2）坚持全面发展。受教育者的全面发展，可以从分类和分层两个角度来理解。从分类的角度看，包括生理和心理两个方面的发展。生理方面的发展主要指受教育者身体的发育、机能的成熟和体力、体质的增强；心理方面的发展主要指受教育者的智、德、美等方面的发展。从分层的角度看，人的全面发展是一个多层次的发展所构成的立体结构。

（3）培养独立个性。培养受教育者的独立个性，就是要使受教育者的个性自由发展，增强受教育者的主体意识，形成受教育者的开拓精神、创造才能，提高受教育者的个人价值。教育学所讲的"个性"，更多的是从哲学、社会学、人才学和教育学上来认识，它是一个人的主体性、独立性、创造性在社会关系中的集中体现。因此，培养独立个性，在于强调培养学生在社会生活中的创新精神和超越精神。

综上所述，我国教育目的的基本精神在于：培养德、智、体、美全面发展的具有独立个性的社会主义现代化需要的各级各类人才。

2. 请简述教师角色的冲突及其解决办法。

答：由于个人在社会不同群体中所处的地位不同，往往需要同时扮演若干角色。当这些角色同个人的期待发生矛盾、难以取得一致时，就会出现角色冲突。教师职业常见的角色冲突主要有以下四种：

（1）社会"楷模"与"普通人"角色的冲突；

（2）"令人羡慕"的职业与教师地位低下实况的冲突；

（3）教育者与研究者角色的冲突；

（4）教师角色与家庭角色的冲突。

为了解决这些冲突，使教师保持心理平衡与协调，应从主客观两个方面着手：第一，在客观上，必须进一步切实提高教师的社会地位与经济待遇，改善教师的生活和工作条件，努力解决教师的实际困难；努力创造条件，给教师提供进修、提高与发展的机会，并给予教师公正、客观、科学的评价，认可并肯定教师的劳动，满足教师的成就感；加强对教师的思想教育，增强其责任感与使命感等。第二，在主观上，教师的自身努力是关键因素。教师要树立自尊、自信、自律、自强的自我意识；教师要根据实际情况的需要，从"许多角色中挣脱出来，把时间和精力用到那些对其更有价值的角色上"，做到有主有辅、有急有缓、协调控制、统筹兼顾；教师应学会处理冲突的艺术，控制自己的情绪和行为，做到心胸开阔、意志坚定，切实有效地完成教师角色的任务。

（三）论述题

1. 举例说明在教学中贯彻启发性原则的基本要求。

答：启发性原则，是指在教学中教师要激发学生的学习主体性，引导他们独立思考，积极探究，自觉地掌握科学知识和提高分析问题和解决问题的能力，树立求真意识和人文情怀。

贯彻启发性原则的基本要求如下：①调动学生的主动性，承认学生是教学活动的主体，让学生成为学习活动的主人。②注重在解决实际问题中启发学生获得知识。③创设问题情境，引导教学步步深入，引导学生学会质疑问难。④发扬民主教学。教师在教学中应注意建立民主平等的师生关系和生生关系，创造民主和谐的教学气氛，鼓励学生敢于发表自己的见解。

2. 联系实际论述德育过程是提高学生自我教育能力的过程。

答：在德育过程中，引导学生的活动与交往，培养他们的知情信意行，促进他们品德的发展，积极引导内部矛盾的转化，这些都有赖于提高和发挥学生个人的自觉能动性和自我教育能力。

（1）自我教育能力在德育过程中的作用。

随着学生年龄和才智的增长，自我教育能力主要体现在个人的自觉能动性，以及他们自身品德的发展与提高上起着越来越重要的作用。一方面，自我教育能力是德育的一个重要条件，只有注意培养与提高学生的这种能力，学生品德的内部矛盾才能转化，德育才能进行得更顺利、更有效；另一方面，学生的自我教育能力又是学生品德发展过程的重要标志。德育的任务就在于把青少年学生从缺乏道德经验与能力、依赖性较强的孩子逐步培养成为具有自我教育能力的、能独立自主地待人接物的道德主体。

（2）自我教育能力的构成因素。

自我教育能力主要包括自我期望能力、自我评价能力和自我调控能力。自我期望是自我教育的内在目的和内在动力。学校教育应当细心地呵护这种期望，热情地激励这种期望，并引导学生把这种期望变得更具体、更实际、更充实、更稳定、更理性、更富情感、更具自主性、更显个性特点，启发学生构思近期期望与长远理想，并把二者联系起来。自我评价能力是进行自我教育的认识基础。一个人只有能够认识和评价自己的思想与行为时，才能进行自我教育；一个人越能正确评价自己、分析自己的优点与缺点、进步与不足，就越能明确自我教育的目标与要求，有效地进行自我教育。自我调控能力是在自我评价的基础上建立起来的自觉调节控制自己思想与行为的能力，它是进行自我教育的重要机制。要教育学生善于调节和控制自己的思想、行为、志趣与性格，逐步提高他们的自我调控能力。

（3）德育要促进自我教育能力的发展。

儿童的自我教育能力的发展是有规律的。根据现代教育学和心理学的研究成果，儿童的自我意识与自我教育能力的发展大致是从"自我为中心"发展到"他律"，又从"他律"发展到"自律"，再从"自律"走向"自由"。如果我们能遵循这一规律，从实际出发，因势利导，有目的地培养学生的自我意识，提高学生的自我期望、自我评价和自我调控的能力，以形成和发展他们的自我教育能力，那么，便能够在德育过程中更好地调动学生的积极性，充分发挥他们在培养自身品德中的主体作用。

第一章 教育学概述

【本章知识框架】

教育学概述
- 教育学概念
  - 研究对象：教育问题和教育现象
  - 研究任务：提示教育规律、探讨教育价值观念与教育艺术
- 教育学的产生与发展
  - 萌芽时期
  - 独立形态时期
  - 多样化时期
  - 理论深化时期
  ⟩ 诸位教育家的观点、思想和著作

考情分析

本章内容反映了教育学的整体情况，介绍了教育学的基础知识，是学习其他教育学章节知识的基础；就考试而言，需要认识教育学的研究对象与研究任务，掌握、理解教育学各个发展阶段的特点、代表人物与著作、主要观点与思想。请考生注重教育学的产生与发展中的各个阶段的杰出人物与特点。

重点难点

1. 教育学的研究对象；
2. 教育学的发展多样化阶段的教育思想和教育理论；
3. 教育学的理论深化阶段的教育思想和教育理论。

【习题精编】

（一）名词解释

1. 教育学的研究对象。
2. 教育学的研究任务。
3. 制度教育学。
4. 实验教育学。
5. 教育习俗。
6. 教育学的意义。（宁波大学 2010 年）
7. 《学记》。
8. 《民主主义与教育》。
9. 《普通教育学》。

（二）简答题

1. 简述实用主义教育学的基本观点并对其作简要评价。
2. 作为一门独立学科的教育学至少要回答哪些基本问题？（华东理工大学 2006 年）
3. 简述马克思主义教育学的基本观点。
4. 简述批判教育学的基本观点。
5. 简述文化教育学的基本观点并评价。
6. 简述教育学的研究任务。
7. 简述夸美纽斯对教育学的发展作出了哪些贡献？
8. 教育学产生的标志是什么？
9. 教育学的产生和发展经历了哪四个阶段？
10. 简述学习教育学的意义。
11. 简述教育学独立的条件、标志，独立时期的标志性著作。
12. 简述当代教育学的发展趋势。
13. 马克思主义的诞生对教育学发展有哪些影响？

（三）论述题

1. 论述实验教育学的产生以及主要内容。
2. 试论形式教育论和实质教育论。
3. 论述古代的教育家、代表著作及教育思想。
4. 有些教师说他们没有学过教育学，但一样办了几十年教育，教了几十年课，培养出一代又一代的学生。还有些教师说，孔子没有学过教育学，但并不妨碍他成为万世师表。你认为上述观点正确吗？试运用所学原理进行分析。

【参考答案】

（一）名词解释

1. 教育学的研究对象包括教育现象和教育问题。教育学是一门通过对教育现象和教育问题进行研究，揭示教育规律的学科。其中，教育现象是客观存在的，是教育实践的产物，是一种特殊的社会现象，是一切培养人的活动的外在表现。当教育现象只是"教育问题"时，它才是教育学的研究对象；教育问题具有生成性、社会性、价值性，它不等于教育事实和教育现象，但教育问题必定以教育事实和教育现象为基础。而正是由于对同一问题的不同回答，形成了不同的教育思想和教育理论；教育规律就是教育内各因素之间、教育与其他事物之间的具有本质性的联系，以及教育发展变化的必然趋势。

2. 教育学的研究任务是揭示教育的规律，并在此基础上，探讨教育价值观念和教育艺术，指导教育实践。通过对实践的指导为教育工作者提供科学的决策和实践依据，帮助教育行政部门制定、调整教育方针政策，帮助学校和教师转变观念，提升认识，提高教学质量。

3. 制度教育学是20世纪60年代于法国诞生的一种教育学说，代表著作有瓦斯凯的《走向制度教育学》、《从合作班级到制度教育学》以及洛布罗的《制度教育学》等。

基本观点如下：（1）教育学应该首先研究教育制度，阐明制度对于教育情境中的个体行为的影响；（2）教育中的官僚主义、师生与行政人员之间的隔离主要是由教育制度造成的；（3）教育的目的是要实现社会变迁，为了实现这个目的，学校教育要帮助教育者与学习者把学校中"给定的制度"（即从外面强加的制度）看成"建立中的制度"（即根据个人间的自由交往而导致的自我管理的制度）；（4）教育制度的分析不仅要分析显在的制度，如教育组织制度、学生生活制度等，而且还要分析隐性的制度，如学校的建筑、技术手段的运用等。

4. 实验教育学由德国教育家梅伊曼于1901年首次提出，主要代表人物有梅伊曼、拉伊、桑代克。它是指用实验、统计、比较的方法来研究儿童身心发展和教育的一门学科。19世纪后半叶，一些教育者开始将实验心理学的研究成果和研究方法应用于研究儿童的身心发展及教育问题，并形成学派。实验教育学派是20世纪初出现于德国，并广泛传播和影响欧美一些国家的一个教育理论学派；它的研究方法欠精确，忽视人的社会性，带有较大的主观性。

5. 教育习俗与教育理论相对，二者之间既有联系又有区别。教育习俗是广大劳动人民在长期的教育实践中创造、传承和享用的各种教育方式、手段、制度、谚语、诗歌、故事、仪式等，是鲜活的教育文化遗留物。教育理论是通过一系列教育概念、教育判断或命题，借助一定的推理形式构成的关于教育问题的系统性的陈述。教育理论具有以下三个基本的规定性：（1）教育理论是由教育概念、教育命题和一定的推理方式构成的；（2）教育理论是对教育现象或教育事实的抽象概括；（3）教育理论具有系统性。教育习俗与教育理论之间具有如下关系：一方面，伴随着科学化，教育理论远离了教育习俗；另一方面，教育理论对教育习俗具有批判与继承等作用。

6. 教育学的意义首先在于，通过对教育学的研究，可以了解教育的规律。其次，通过对教育学的研究，可以树立正确的教育观念，掌握一定的教育理论知识和科学的教育方法；从而提高从事教育工作的自觉性创造性，避免工作中的盲目性，提高对教育工作的兴趣，加深对人民教育事业的热爱，为培养社会主义建设人才作出更大的贡献。最后，我国的教育学是以马克思主义为指导，注重研究我国社会主义初级阶段的教育。它批判地继承了教育学的遗产，吸收了当代外国有益的教育经验，阐明了教育的规律，并通过具有我国社会主义特色的教育观念、特殊规律及教育的原则内容方法，用以指导我国社会主义的教育实践，为人的全面和自由的发展、为我国社会主义现代化建设服务。

7. 《学记》是《礼记》中的一篇，是中国教育史上和世界教育史上一部最早的、最完整的专门论述教育、教学问题的论著。它由战国末期思孟学派所著，全文对先秦的教育理论和教育实践作了相当全面的总结和概括，论述了教育的作用、目的、任务以及教育制度、教学内容、原则、方法，教师及师生关系，被认为是"教育学的雏形"。同时，对当时教学中存在的照本宣科、呆读死记、满堂灌、赶进度、不考虑学生接受能力、消化程度、兴趣爱好等现象进行了尖锐批评。

8. 《民主主义与教育》发表于1916年，是杜威的代表作之一，最集中、最系统地表述了杜威的教育理论。他立足于现代社会讨论教育问题，积极吸收人类文化的多方面成果，建立起一座宏伟的教育理论大厦，为后人留下了一份丰富的教育思想遗产。他被誉为"哲学家们的哲学家"、"创立美国教育的首要人物"。他的教育理论主要着意解决三个重要问题：①教育与社会的脱节；②教育与儿童的脱离；③理论与实践的脱离。《民主主义与教育》主要阐述了教育的本质、教育的目的、课程与教材、论思维与教学方法、道德教育等内容。

9. 《普通教育学》是赫尔巴特的代表作，发表于1806年，标志着教育科学体系的初步建立。赫尔巴特首次提出了教育学应以心理学为基础，教育学应建立在科学理论基础之上的观点。他根据儿童心理活动规律，将课堂教学划分为明了、联想、系统、方法四个阶段，即著名的"形式阶段理论"，从而为近代教学法的建立奠定了基础。这一理论后来被他的学生发展成"五段教学法"。他提出了多方面兴趣学说，认为人具有多方面的兴趣，教学的直接目的是培养多方面的兴趣。与此相联系，他设计了一套内容广泛的课程体系。他首次提出"教育性教学"的概念，认为没有无教学的教育，也没有无教育的教学，阐明了教育与教学之间的辩证关系。此外，他还就德育、学校管理、各年龄阶段的教育、课程等提出了自己的见解。

（二）简答题

1. 简述实用主义教育学的基本观点并对其作简要评价。

答：它是19世纪末20世纪初在美国兴起的一种教育思潮，代表人物有美国的杜威、克伯屈等人；代表著作有杜威的《我的教育信条》、《民主主义与教育》和克伯屈的《设计教学法》等。其基本观点是：（1）教育即生活；（2）教育即学生的经验的连续改组或改造；（3）学校是个雏形的社会；（4）课程组织以学生生活为中心；（5）师生关系中以学生为中心；（6）教学过程中重视学生自己的独立发现、表现和体验。

实用主义教育学以美国实用主义文化为基础，它是美国现代教育学派，对以赫尔巴特为代表的传统教育理念的深刻批判，推动了教育学的发展。其不足之处是在一定程度上忽视了系统知识的学习，忽视了教师在教育教学过程中的主导作用，忽视了学校的特质。

这类题目，一般需要从五个方面进行回答：产生的时间、代表人物、主要的著作、基本观点、基本评价（影响）。

2. 作为一门独立学科的教育学至少要回答哪些基本问题？

答：教育学是研究人类教育现象及其一般规律的学科，是从总结教育实践经验的过程中逐渐形成理论，经过长期积累而发展起来的。形成独立的体系是一门学科建立的重要标志。这是因为，我们所研究的任何事物都存在着各种不同的属性和关系的，由概念、范畴构成的理论体系。作为一门独立学科的教育学至少要回答如下基本问题：

（1）教育的本质。所谓教育的本质，是指教育的内在要素之间的根本联系和教育作为一种社会活动区别于其他社会活动的根本特征。教育的本质特点是客观存在的，但对教育本质的认识受人的立场观点的影响而有所不同。作为独立形态的教育学有必要回答教育的本质是什么的问题。

（2）教育的功能。教育的功能是指教育对整个社会系统的维持和发展所产生的作用和影响，主要涵盖人的发展和社会发展两个方面。作为独立形态的教育学有必要回答教育的功能是什么的问题。

（3）教育与社会发展、教育与儿童身心发展的关系。教育作为整个社会的一部分，与社会政治、经济以及其他方面是密切相关的。与此同时，教育作为影响儿童身心发展的重要外部条件，与儿童身心的发展也是紧密相连的。

（4）教育的目的。教育的目的是培养人的总目标，关系到把受教育者培养成为什么样的社会角色和具有什么样素质的根本性质问题，是教育实践活动的出发点。因此，它也是独立形态的教育学要研究的基本问题之一。

（5）教育制度和管理。教育制度是指一个国家中各种教育机构的体系，包括学校制度（即学制）和管理学校的教育行政机构体系。教育制度是一定社会历史阶段的产物，受一定社会的政治、经济、文化影响和学生身心发展特点的制约。

（6）教师和学生的关系。教师和学生作为教育者和受教育者，其关系到底怎样，这个问题也是独立的教育学必须作出回答的问题。

除了以上基本问题以外，作为独立形态的教育学还应该对教育教学的方式方法、模式以及途径等问题进行探讨。

3. 简述马克思主义教育学的基本观点。

答：1939年，苏联教育家凯洛夫（1893—1978）主编的《教育学》，是第一本以马克思主义观点和方法阐明社会主义教育规律的教育学著作。1930年的《新教育大纲》，是我国第一本试图用马克思主义的观点来论述教育的著作，其基本观点主要有6个方面：（1）教育是一种社会历史现象，在阶级社会中只有鲜明的阶级性，不存在脱离社会影响的教育；（2）教育起源于生产劳动；（3）教育根本目的是促进学生的全面发展；（4）现代教育与生产劳动相结合不仅是发展社会生产力的重要方法，而且也是培养全面发展的人的唯一方法；（5）在与社会的政治、经济、文化的关系上，教育一方面受其制约，另一方面又具有相对独立性，并反作用于政治、经济和文化，对于促进社会政治、经济、文化等的发展具有巨大作用；（6）马克思主义唯物辩证法和历史唯物主义是教育科学研究的方法论基础。

基本评价：马克思主义的产生为教育学的发展奠定了科学方法论基础，但由于种种原因，在现实运用中往往容易被简单化、机械化和过度政治化。

4. 简述批判教育学的基本观点。

答：批判教育学是20世纪70年代后兴起的一种新的教育思潮，也是近年来西方教育理论界占主导地位的教育思潮。代表人物有鲍尔斯、金蒂斯、阿普尔、吉鲁、布迪厄等。

批判教育学主张：（1）当代资本主义的学校教育不是促进社会公平与实现社会公正的途径和手段，而是维护现实社会的不公平和不公正的工具，是造成社会差别、社会歧视和社会对立的根源；（2）学校教育的功能就是再生产出占主导地位的社会政治意识形态、文化关系和经济结构；（3）社会大众已经对这种事实上的不平等和不公正丧失了"意识"，将其看作一种自然的事，而不是某些利益集团故意制造的结果；（4）批判教育学的目的就是要揭示"自然事实"背后的利益关系，帮助教师和学生对自己所处的教育环境及形成教育环境的诸多要素敏感起来，即对他们进行"启蒙"，以达到意识"解放"的目的，从而积极地寻找克服教育及社会不平等和不公正的策略；（5）教育现象不是中立的和客观的，而是充满着利益纷争的，教育理论研究不能采取唯科学的态度和方法，而要采用实践批判的态度和方法。

基本评价：（1）批判教育学继承了马克思主义的某些基本观点和方法；（2）有利于更深刻地认识资本主义的教育；（3）具有很强的战斗性、批判性和解放力量。

5. 简述文化教育学的基本观点并评价。

答：文化教育学是19世纪出现在德国的一种教育学说，又称为精神科学教育学。代表人物有狄尔泰、斯普朗格、利特等。

基本观点：（1）人是一种文化的存在，人类历史是一种文化的历史；（2）教育的对象是人，教育过程是一种历史文化过程；（3）教育研究必须采用精神科学或文化科学的方法，理解与解释并行；（4）教育的目的就是要促使社会历史的客观文化向个体的主观文化转变，并将个体的主观世界引导向客观文化世界，培养完整的人格；（5）培养完整人格的主要途径就是"陶冶"与"唤醒"，建构对话的师生关系。

基本评价：（1）文化教育学深刻地影响着20世纪德国乃至世界教育学的发展，在教育的本质、教育的目的、师生关系以及教育学性质等方面给人以很大启发；（2）其不足之处在于思辨气息很浓，对许多问题的论述带有很强的哲学色彩，这决定了它在解决现实的教育问题上很难提出有针对性和可操作性的建议，限制了其在实践中的应用；（3）文化教育学过分夸大了社会文化现象的价值相对性，忽视了教育中客观规律的存在。

6. 简述教育学的研究任务。

答：教育学是教育实践的高度概括和科学抽象，是在长期的教学实践活动中形成并发展起来的一门科学。它既是理论科学，又是实践科学。教育学的研究任务是揭示教育规律，探讨教育价值观念和教育艺术，指导教育实践。教育学的研究对象决定了教育学的任务主要有以下三个：

（1）揭示教育的规律。揭示教育内部诸因素之间、教育与外部诸事物之间的本质性联系，以及教育发展变化的必然趋势，阐明教育的各种规律。

（2）科学地解释教育问题。对纷繁复杂的教育问题提供超越日常习俗认识和传统理论认识的新解释，促进教育知识的增长。

（3）沟通教育理论与实践。通过对教育规律的揭示和教育问题的解释，为教育工作者提供理论和方法上的依据，进而成为沟通教育理论和教育实践的桥梁。

7. 简述夸美纽斯对教育学的发展作出了哪些贡献？

答：（1）构建了教育学的学科基本框架和确定了教育学的基本研究内容。在《大教学论》中，夸美纽斯论述了教育目的，教育与社会、自然和人的关系，教学的内容、方法、组织形式、原则及规律，道德教育和教学管理。（2）强调普及义务教育，论证了普及义务教育的天然合理性。（3）从理论上论证了教育适应自然的思想。强调人人都应受到同样的教育，教育要遵循人的自然发展的规律，注重实行"泛智教育"。这一思想为后世自然主义教育开辟了道路。（4）首次提出并论证了一系列教学原则。（5）首次提出了"学年制"的思想，尤其是从理论上论述了"班级授课制"这一学校最基本的教学组织形式，使学校教育更趋于正规化。

8. 教育学产生的标志是什么？

答：教育学是研究人类教育现象和问题、揭示一般教育规律的一门社会科学。它的产生的标志有如下五点：

（1）在对象方面，教育问题已经成为一个专门的研究领域。这方面的标志就是1623年英国哲学家培根首次在科学分类中将教育学划分出来，教育学从此有了独立的学科地位，也意味着教育问题已经成为一个专门的研究领域。

（2）在概念方面，形成了专门的教育概念或概念体系。由于一些教育家的努力，教育学逐步走出经验，突破了"教育术"的阶段，开始用一些基本的教育概念来组成教育学体系。

（3）在方法上，有了科学的研究方法。

（4）产生了一些重要的教育学家、专门的系统的教育学著作。

（5）出现了专门的教育研究机构。

9. 教育学的产生和发展经历了哪四个阶段？

答：教育学随着人类社会和教育实践的发展而逐渐发展，经历了四个阶段：

（1）萌芽阶段：世界教育史上最早的教育专著是我国的《学记》。西方最早的教育专著是古罗马昆体良的《论演说家的教育》。此时教育学的特点是，古代的思想家和教育学家们总结和概括出不少符合教育发展的客观规律和人的认识规律，散落在政治或哲学著作中；教育学思想还没有从哲学体系中分化出来，缺乏科学理论分析，没有形成完整的理论体系；关于教育的论述停留在描述经验的层次上，抽象概括的层次比较低，多以论文的形式出现。

(2) 独立阶段：教育学从哲学体系中分离出来，形成独立的体系，标志着教育学的正式诞生。教育学诞生于欧洲文艺复兴时期，最早的教育学专著是捷克教育家夸美纽斯所写的《大教学论》。德国著名教育家赫尔巴特写的《普通教育学》，是现代第一部系统的教育学著作，标志着教育学已成为一门独立的学科。此时教育学的特点是教育问题成为一个专门的研究领域；有专门的教育概念、研究方法、著作、研究机构。

(3) 多样化阶段：20世纪是教育学活跃和发展的世纪，这一阶段教育理论呈现出多样化的特点，出现了众多的教育流派，并逐步科学化。如批判教育学、马克思主义教育学、实用主义教育学、实验教育学等。

(4) 理论深化阶段：近几十年来，各国的教育学在不同的思想体系指导下，都有了新的发展。

10. 简述学习教育学的意义。

答：(1) 有助于树立正确的教育思想，提高贯彻教育方针的自觉性；(2) 有助于树立热爱教育事业的专业思想，全面提高教师的素养；(3) 有助于科学育人，提高从事基础教育工作的水平和能力；(4) 有助于推动基础教育改革和教育科学研究。

11. 简述教育学独立的条件、标志，独立时期的标志性著作。

答：(1) 独立条件：①历史上前教育学时期教育知识的丰富积淀；②17—19世纪教育实践，特别是师范教育发展的客观需要；③近代以来科学分门别类发展的总趋势和一般科学方法论的奠定；④近代一些著名学者和教育家们的不懈努力。

(2) 独立标志：①在研究对象方面，教育问题成为一个专门的研究领域；②在概念方面，使用的概念和范畴形成了专门反映教育本质和规律以及体系；③在研究方法方面，有科学的研究方法；④在研究结果方面，出现了一些专门的、系统的教育学著作；⑤在组织机构方面，出现了专门的教育研究机构。

(3) 标志性著作：①英国学者培根在《论科学的价值和发展》（1623）一文中，首次把"教育学"作为一门独立的科学提出；②捷克教育学家夸美纽斯出版了近代第一本系统的教育学著作《大教学论》（1632）；③英国哲学家洛克出版了《教育漫话》（1693），提出了完整的"绅士教育"理论；④法国思想家卢梭出版了《爱弥儿》（1762），深刻地表达了资产阶级的教育思想；⑤德国哲学家康德在《康德论教育》（1803）一书中明确提出，"教育的方法必须成为一种科学"和"教育实验"的主张；⑥瑞士教育家裴斯泰洛齐写作《林哈德和葛笃德》（1781—1787），提出"使人类教育心理学化"的主张；⑦德国心理学家和教育学家赫尔巴特被认为是"现代教育学之父"或"科学教育学的奠基人"，他的《普通教育学》（1806）被公认为第一本现代教育学著作。

12. 简述当代教育学的发展趋势。

答：当代教育学的发展迅速异常，表现出了一系列新的特征，并朝着以下趋势继续向前发展：

(1) 教育学研究的问题领域急剧扩大；

(2) 教育学研究基础和研究模式多样化；

(3) 教育学发生了细密的分化，形成了初步的教育学科体系；

(4) 教育学研究与教育实践改革的关系日益密切；

(5) 教育学加强了对自身的反思，形成了教育学的元理论。

13. 马克思主义的诞生对教育学发展有哪些影响？

答：马克思主义著作中有许多精辟的教育论述，指导着社会主义国家教育学的发展：

(1) 揭示了教育与社会关系的本质联系，社会发展水平与教育发展水平的一致性；

(2) 强调无产阶级只有掌握全人类的知识、通晓现代科学才能拥有全世界的意义；

(3) 提出了人的全面发展的学说，强调要实现人的全面发展，就必须将社会劳动与教育有机结合起来，将社会发展与个人发展有机结合起来。

（三）论述题

1. 论述实验教育学的产生以及主要内容。

答：19世纪末20世纪初欧美国家兴起了用自然科学的实验法研究儿童发展及其与教育的关系的理论。其代表人物是德国教育学家梅伊曼和拉伊，代表著作主要有梅伊曼的《实验教育学纲要》（1914）及拉伊的《实验教育学》（1908）。

主要观点：(1) 反对以赫尔巴特为代表的强调概念思辨的教育学，认为这种教育学在检验教育方法的优劣时毫无用途。(2) 提倡把实验心理学的研究成果和方法运用于教育研究，从而使教育研究真正"科学化"。(3) 教育实验必须分为三个阶段：就某一问题构成假设；根据假设制定实验计划，进行实验；将实验结果运用于实际，以证明其正确性。(4) 认为教育实验与心理实验的差别在于心理实验是在实验室里进行的，而教育实验则要在真正的学校环境和教学实践中进行。(5) 主张用实验、统计、比较的方法探索儿童心理发展的特点及其智力发展水平，用实验数据作为改革学制、课程和教学方法的依据。

评价：(1) 实验教育学所强调的定量研究成为20世纪教育学研究的一个基本范式，近百年来得到了广泛的运用和发展，极大地推动了教育科学的发展。(2) 实验教育学也有局限，如有些问题并不是只能用实验或数量方法加以处理，因而有可能走向唯科学主义。

2. 试论形式教育论和实质教育论。

答：形式教育论与实质教育论，是在教育的历史发展过程中形成的两种相对立的教育理论。概括说来，前者认为教育旨在使学生的天赋官能或能力得到发展；后者则认为教育在于使学生获得知识。前者是所谓"形式目的"的；后者是所谓"实质目的"的。

形式教育论的基本观点是：(1) 教育的任务在于训练心灵的官能。(2) 教育应该以形式为目的，注重人文主义学科。(3) 学习的迁移是心灵官能得到训练而自动产生的结果。

实质教育论的基本观点是：(1) 教育在于提示适当的观念来建设心灵。(2) 教育应该以实质为目的。教育不在于重视课程和教材的训练作用，或知识教学促进学生能力发展的作用；而是重视课程、教材的具体内容本身及其实用价值，使学生获得丰富的知识。(3) 必须重视课程和教材的组织。心灵要靠观念的联合以组成概念和范畴，而课程和教材的组织和程序直接影响到心灵的组织和程序。以联想主义心理学为理论基础的实质教育论，是在形式教育论关于课程设置和教材选择方面，不能满足资本主义经济和科学技术进一步发展的需要下产生的。

形式教育论和实质教育论各有其哲学、心理学及社会基础，因而各有合理和不足之处。

3. 论述古代的教育家、代表著作及教育思想。

答：（1）我国古代：孔子的教育教学思想：中国古代最伟大的教育家和教育思想家。孔子的教育思想主要反映在《论语》一书中。孔子主张："有教无类"、"不愤不启，不悱不发"、"学而不思则罔，思而不学则殆"；战国后期《礼记》中的《学记》，是人类历史上最早出现的专门论述教育问题的著作。（2）西方古代的教育学思想：苏格拉底是以问答法来启迪他人思想，称为苏格拉底法，教师在过程中起助产作用。柏拉图的教育思想体现在《理想国》中；亚里士多德的教育思想体现在《政治学》中。

4. 有些教师说他们没有学过教育学，但一样办了几十年教育，教了几十年课，培养出一代又一代的学生。还有些教师说，孔子没有学过教育学，但并不妨碍他成为万世师表。你认为上述观点正确吗？试运用所学原理进行分析。

答：上述观点是错误的。

（1）这些教师认为没有教育理论，一样有教育实践，他们都忽略了理论与实践之间的密切联系。历史经验告诉我们，没有实践依据的理论是空洞的理论，没有理论指导的实践是盲目的实践。教育工作者应该在正确理论的指导下进行实践，这样才能避免盲目摸索，更有效率地实现教育目的。

（2）教育理论对于每一个教育工作者的意义十分重大。从理论功能上讲，掌握教育原理有助于解释教育实践、指导教育实践、推动教育改革；从实践意义上讲，掌握教育原理有助于树立科学的教育观、提高教育质量、总结经验、探索规律，还可以为学习其他相关学科提供坚实的理论根基。缺少理论的指导，教育实践就难以取得成效。

（3）孔子是个实践经验非常丰富的教师。但他不仅拥有实践经验，还有丰富的教育理论。"不愤不启，不悱不发"，"学而时习"，"温故知新"，"学而不思则罔，思而不学则殆"等，都是孔子总结教学经验而提出来的教学理论。这些理论反过来直接指导了教育教学实践。因此，真正重视教育实践的人，是不会轻视教育理论的。

第二章 教育的概念

【本章知识框架】

教育 ┬ 教育的质的规定性：有目的地培养人的社会活动
　　 ├ 基本要素 ┬ 教育者：主导者
　　 │　　　　　├ 受教育者
　　 │　　　　　└ 教育中介系统：教育内容与教育方式等
　　 ├ 历史发展 ┬ 古代教育的特点
　　 │　　　　　└ 现代教育的特点
　　 └ 教育的概念 ┬ 广义概念
　　 　　　　　　 └ 狭义概念

考情分析

本章内容有四大知识点：教育的质的规定性、教育的基本要素、历史发展和概念的界定。这些知识都不难，记忆也比较轻松，没有难点。这一章易出名词解释和简答题，对古代教育的发展特点简单复习。

重点难点

教育的质的规定性、基本要素和概念；教育的现代发展的特点。

【习题精编】

（一）名词解释

1. 教育。

2. 教育的基本要素。(首都师范大学 2004 年，南京大学 2004 年)

3. 狭义教育。(上海师范大学 2001 年，南开大学 2004 年，首都师范大学 2005 年)

4. 教育者。(武汉大学 2004 年、2005 年)

5. 受教育者。(北京航空航天大学 2003 年)

（二）简答题

1. 教育区别于其他社会现象的特征有哪些？(华东师范大学 2001 年)

2. 简述"教育是一种培养人的社会活动"所包含的教育的三个方面的含义。(上海师范大学 2003 年)

3. 传统教育模式和现代教育模式的主要分歧是什么？(南开大学 2004 年)

4. 简述你对"教是为了不教"的理解。

5. 简述教育的基本要素及其相互关系。(西南师范大学 2004 年)

6. 简述古代学校教育和现代学校教育的不同。(广州大学 2003 年)

7. 简述"教育"、"灌输"、"传播"、"训练"之间质的差别。(北京师范大学 2004 年)

8. 为什么说赫尔巴特对教育学科的建立作出了巨大贡献？

9. 古代学校教育具有哪些基本特征？

10. 教育的质的规定性表现在哪些方面？

11. 简述当代教育民主化的表现。

12. 现代学校教育的发展呈现出哪些基本特征？

13. 简述学校教育产生的条件。

14. 简述当代教育改革和发展的新特点。

15. 近代教育与古代教育相比，出现了哪些变化？

16. 试论现代教育发展的趋势。

17. 简述教育的劳动起源说。

（三）论述题

1. 从"教育"词源的角度分析中西方对教育理解的差异。

2. 论述传统教育派和现代教育派各自的"三中心"主张。

3. 论述教育发挥主导作用所需的条件。

4. 结合实际，论述教育的功能。

5. 论述有关教育起源的三种主张。

6. 论述有关教育本质的几种观点。(至少 4 种)

【参考答案】

（一）名词解释

1. 教育，从广义上定义：凡是能够增进人的知识和技能，影响人们思想品德的活动，增强人的体质的活动，不管是有组织的还是无组织的，系统的还是零碎的，都可以称为教育。从狭义上定义：专指有组织的教育，教育者根据一定社会或阶级的要求，遵循年轻一代身心发展的规律，有目的、有计划、有组织地引导受教育者获得知识和技能，陶冶思想品德、发展智力、体力的一种活动，以便把受教育者培养成一定社会和阶级所需要的人。

2. 教育的基本要素。教育是由人际交往实践构成的复杂的活动，是一种相对对立的社会子系统。这个子系统包括三种基本要素：教育者、受教育者和教育中介系统。

教育者就是在教育活动中承担教的责任和施加教育影响的人，包括直接和间接"承担教者"和"施加影响者"。广义的教育者应该包括：专职和兼职教师、各级教育管理人员、校外教育机构的工作人员、学生家长以及学生自己等。狭义的教育者，多在学校教育领域内使用，一般指具有一定资格的专职教师和相对固定的兼职教师。

受教育者就是在教育活动中承担学的责任和接受教育影响的人，包括直接和间接"承担学者"和"接受影响者"。广义的受教育者几乎指任何人；狭义的学习者，多在学校教育领域内使用，一般指获得入学资格的相对固定的那些人。

教育的中介系统即教育活动中教育者作用于学习者的全部信息，既包括信息的内容，也包括信息选择、传递和反馈的形式，是形式与内容的统一。从内容上说，主要就是教育内容、教育材料或教科书；从形式上说，主要就是教育手段、教育方法、教育组织形式。

3. 狭义教育主要指学校教育，是教育者根据一定社会（或阶级）的要求，有目的、有计划、有组织地对受教育者的身心施加影响，把他们培养成为一定社会（或阶级）所需要的人的活动。教育学中所研究的教育，主要是狭义的教育。

4. 教育者就是在教育活动中承担教的责任和施加教育影响的人，包括直接和间接"承担教者"和"施加影响者"。广义的教育者包括：专职和兼职教师、各级教育管理人员、校外教育机构的工作人员、学生家长以及学生自己等。狭义的教育者，多在学校教育领域内使用，一般指具有一定资格的专职教师和相对固定的兼职教师。

5. 受教育者指在各种教育活动中从事学习的人，既包括学校中学习的儿童、少年和青年，也包括各种形式的成人教育中的学生。受教育者是教育的对象，是学习的主体，也是构成教育活动的基本要素，缺少这一要素，就无法构成教育活动。

（二）简答题

1. 教育区别于其他社会现象的特征有哪些？

答：教育是一种有目的地培养人的社会活动，它的目的在于影响和促进人的发展。是否有目的地培养人，是教育活动与其他社会活动的根本区别，目的性是教育的本质特点。

（1）教育是人类社会特有的现象。教育的基本要素包括教育者、受教育者和教育影响。教育活动在教育者和受教育者之间、教育系统和社会其他系统之间形成互动关系。

（2）教育是培养人的活动，这是其区别于其他社会现象的本质特点。就个人而言，教育是发展、是成长、是对生活的适应、是经验的积累与重新组合，是个人社会化的过程；就社会而言，教育是文化的传承与发展。

2. 简述"教育是一种培养人的社会活动"所包含的教育的三个方面的含义。

答：教育是一种培养人的活动，教育是新生一代身心发展的工具，教育对人的发展细分起来，应有三层含义：

（1）人的生理素质。人的生理素质为人类所特有，而不为其他动物所具有。教育的重要内容之一，就是"引发"人的生理的、心理的素质得以发展，使人的原始的丰富的素质呈现出来。这可以称为人的本质的"外化"。

（2）人的本质不仅是它的自然实体，人还是社会的实体。人既然是社会的实体，就必然是在后天生活中，获得了人类在历史进程中所形成的并构成人们共同生活的共同的文化。人总是在一定的文化的环境中生活，人所处的环境中的文化，给人的心理以潜移默化的影响，这种影响完全是一种不自觉的过程，即"文化无意识"的作用。广义的教育，实际就是"文化化"的过程。

（3）人是社会关系的总和。人总是具体的人，而不是抽象的人。教育的特定职能，就是按照社会要求造就一定社会所需要的人。教育过程就是教师凭借一定的手段，将特定的内容转化于受教育者的主体之中的过程；教育过程以动态的形式表现出来，而结果则以静的形态存在于受教育者的主体内部，教育对象化了，而对象被加工了。教育者的教育，成果就是塑造社会所需要的社会成员。

3. 传统教育模式和现代教育模式的主要分歧是什么？

答：我国学者的观点，一般是认为现代教育是伴随资本主义大工业和商品经济发展起来的，致力于与生产劳动相结合、培养全面发展个人的教育。现代教育是迄今为止教育发展的最高阶段，也是人类教育发展的一个非常重要的阶段。传统教育模式和现代教育模式的主要分歧在于：

（1）古代学校教育基本上与劳动相脱离，现代学校教育提倡教育和生产劳动相结合。古代社会的生产主要是凭借直接的生产经验和技艺，不是依靠科学知识，这就决定了生产劳动者的培养主要是通过家庭教育和师傅带徒弟的方式实现的。因此，古代学校教育是没有培养生产工作者的任务的，学校教育基本上与生产劳动相脱离。在现代教育中，学校教育为社会生产培养人才，使学校教育和生产劳动紧密结合。

（2）古代学校教育为统治阶级所垄断，具有鲜明的阶级性，进入封建社会后，又突出了等级性和宗教性；现代学校教育提倡"教育机会均等"。古代学校教育具有明显的阶级性，享受学校教育是统治阶级的特权。现代学校教育提倡"教育机会均等"，普通劳动人民享有广泛的受教育的权利，能够在各级各类学校自由接受教育，各国也都以法律的形式保证人民受教育的权利。

（3）古代学校的教育内容主要是古典的人文学科或治人之术，自然科学不被重视，学校是统治阶级培养统治人才的场所；现代学校教育内容以现代科学为主。随着科学的分化，形成了各门学科的科学体系，各级学校都设置了包括人文科学、社会科学和自然科学的完整的课程。

（4）古代学校教育在教学组织形式上采用个别教学，教育方法以教师言传为主。现代学校教育中教育方法、教育手段日趋现代化，传统的灌输式的教育方法逐步被淘汰，取而代之的是科学的、师生平等的、重视实践能力培养与创新精神的新型教育方法。在知识传授的同时，通过对知识的学习和教授，将培养记忆力、理智力、判断力、分析能力的科学活动与之相结合，教育手段日趋现代化。学校教育中广泛采用声像教学、电子计算机教学。

4. 简述你对"教是为了不教"的理解。

答：教育活动就是使受教育者将一定的外在的教育内容和活动方式内化为他们自己的智慧、才能、思想，同时又将他们的思想、需求与创造才能外化为他们认识和改造客观事物的实践活动的过程，是引导受教育者经验不断地改组与改造、素质不断地发展与提升的过程。

教育活动的实际效果，受教育者个性素质的发展，均依赖于受教育者的自我建构和自我努力。教育者的教育活动，只能引导和促进受教育者的发展，不能代替受教育者的发展。因此，教育者在教育过程中的主导作用，首先是对受教育者的学习能动性的启发、引导、培养和规范，以利于他们生动活泼地、主动地得到发展。随着受教育者的学习自觉性和知识、能力的增长，他们的主观能动性在教育活动中表现得更为明显，起的作用更大，他们能够在越来越大的程度上自主地吸取知识和提高品德修养。正是在这一意义上，人们说"教是为了不教"。

5. 简述教育的基本要素及其相互关系。

答：教育是一种有目的地培养人的社会活动，是一种复杂的社会现象，是一个多因素、多层次、多类别、多领域、多形态的社会子系统。构成教育活动的基本要素，主要包括教育者、受教育者和教育中介系统。

（1）教育者就是在教育活动中承担教的责任和施加教育影响的人，包括直接和间接"承担教者"和"施加影响者"。这样看来，广义的教育者应该包括：专职和兼职教师、各级教育管理人员、校外教育机构的工作人员、学生家长以及学生自己等。狭义的教育者，多在学校教育领域内使用，一般指具有一定资格的专职教师和相对固定的兼职教师。教育是教育者有目的、有意识地向受教育者传授或引导他们学习人类生产活动经验和社会生活经验的活动。教育者是教育活动的主导者，是构成教育活动的一个基本要素。

（2）受教育者就是在教育活动中承担学的责任和接受教育影响的人，包括直接和间接"承担学者"和"接受影响者"。广义的学习者几乎指任何人；狭义的学习者，多在学校教育领域内使用，一般指获得入学资格的相对固定的那些人。受教育者既是教育的对象，又是学习的主体。

（3）教育中介系统是教育者与受教育者联系与互动的纽带，是开展教育活动的内容和方式。从内容上说，主要就是教育内容、教育材料或教科书；从方式上说，主要就是教育手段、教育方法、教育组织形式。

上述教育的三要素之间既相互独立，又相互规定，共同构成一个完整的实践活动系统。没有教育者，教育活动就不可能展开，受教育者也不可能得到有效的指导；没有受教育者，教育活动就失去了对象；没有教育中介系统，教育活动就成了无米之炊、无源之水，再好的教育意图、再好的发展目标，也都无法实现。

因此可以说，教育是由上述三个基本要素构成的一种社会实践活动系统，是上述三个基本要素的有机结合。需要指出的是，教育的基本要素只是一种对教育活动的过程结构的抽象分析与概括，这些要素本身及其相互关系是随着历史条件和现实选择的变化而变化的。各个要素本身的变化，必然导致教育系统状况的改变。不同教育要素的变化及其组合，最终形成了多样的教育形态，使教育担负起促使个体社会化和社会个性化的神圣职责。

6. 简述古代学校教育和现代学校教育的不同。

答：一般来说，古代学校教育是指以手工工具为主要劳动工具的社会（奴隶社会、封建社会）的学校教育；现代学校教育就是从资本主义大工业和商品经济发展起来到共产主义社会完全实现这一历史时期的致力于与生产劳动相结合、培养全面发展个人的学校教育。

古代学校教育与现代学校教育存在很大的不同，主要表现在以下方面：

（1）古代学校教育基本上与劳动相脱离，现代学校教育提倡教育和生产劳动相结合。古代社会的生产主要是凭借直接的生产经验和技艺，不是依靠科学知识，这就决定了生产劳动者的培养主要是通过家庭教育和师傅带徒弟的方式实现的。因此，古代学校教育是没有培养生产工作者的任务的，学校教育基本上是与生产劳动相脱离。现代教育中，学校教育为社会生产培养人才，使学校教育和生产劳动紧密结合。

（2）古代学校教育为统治阶级所垄断，具有鲜明的阶级性，进入封建社会后，又突出了等级性和宗教性。古代学校教育具有明显的阶级性，享受学校教育是统治阶级的特权。现代学校教育提倡"教育机会均等"，普通劳动人民享有广泛的受教育的权利，能够在各级各类学校自由接受教育，各国也都以法律的形式保证人民的受教育的权利。

（3）古代学校的教育内容主要是古典的人文学科或治人之术，自然科学不被重视，学校是统治阶级培养统治人才的场所；现代学校教育内容以现代科学为主。随着科学的分化，形成了各学科的科学体系，各级学校都设置了包括人文科学、社会科学和自然科学的完整的课程。

（4）古代学校教育在教学组织形式上采用个别教学，教育方法以教师言传为主；现代学校教育中教育方法、教育手段日趋现代化。传统的灌输式的教育方法逐步被淘汰，取而代之的是科学的、师生平等的、重视实践能力培养与创新精神的新型教育方法。在知识传授的同时，通过对知识的学习和教授，将培养记忆力、理智力、判断力、分析能力的科学活动与之相结合，教育手段日趋现代化，学校教育中广泛采用声像教学、电子计算机教学。

除此之外，与古代学校教育相比，现代学校教育的内涵在扩大，教育的作用在延伸。

7. 简述"教育"、"灌输"、"传播"、"训练"之间质的差别。

答：（1）从广义定义上而言，凡是增进人们的知识和技能，影响人们的思想品德的活动，都是教育。教育的狭义定义主要指"学校教育"，指教育者根据一定的社会或阶级的要求，遵循受教育者身心发展的规律，有目的、有计划、有组织地对受教育者身心施加影响，把他们培养成为一定社会或阶级所需要的人的活动。现代教育是教师为主导的，师生之间互动的交互过程。

（2）灌输式教育是一种教育方式。在性质上，它是一种强制的、封闭的教育；在形式上，采用注入式、机械式的教学方法；在内容上，仅是一些空洞的说教。这种教育方式的核心就是强制和服从。

灌输式教育存在着种种弊端：①无视受教育者的主体地位。教育是一种服务，一切教育活动应以受教育者为出发点和归宿。然而在灌输式教育中,教育者是一切活动的中心,受教育者必须紧跟教育者的指挥,教育者教什么,受教育者就学什么,使得教育过程成为一种单向的教育行为。②无视受教育者主观能动性的发挥。教育的过程是传授知识的过程,知识能否为受教育者所接受,关键取决于受教育者主观能动性发挥得如何。马克思主义告诉我们,"内因是变化的根据"。灌输式教育则把受教育者当成一个没有思想、没有情感的、可以随意雕琢的"物品",认为只要坚持不断地灌输,即使受教育者主观不愿意,最终也可取得一定的效果。③无视教育规律。任何事物的发展、变化都有其内在的规律。教育也同样如此,规律贯穿于教育的全过程。教育者实施教育行为并最终达到教育的目的,必须按教育规律办事。教育过程实际上是一个非常复杂的心理过程,其规律更具有特殊性。灌输式教育不顾客观规律的限制,从教育者的主观想象出发,片面地夸大"外因"的作用,用强硬的手段强迫受教育者无条件地记忆、模仿和服从,从而使教育失去了存在的意义。

(3) 传播是一切社会交往的实质。只要在人们之间产生关系,只要传播活动中采取一定的技术形式和表现手段,只要有传播效果,只要存在决定传播价值导向的传播制度,就在很大程度上决定了使人们之间的社会关系更为密切和复杂的可能性。在整个人类历史中,人类一直在改进对于周围事物的信息的接受能力和吸收能力,同时又设法提高自身传播信息的能力、速度、清晰度和便利性,不断更新信息传播的技术和方法论的思考,使传播成为社会发展的生产性要素。正是在这种意义上,我们可以说,信息传播技术是社会组织形式和文化模式的决定性因素。也就是说,信息传播的技术网络成为一个社会发展形态的神经系统。

(4) 训练是按照一定的步骤针对特定的行为目标进行反复的强化练习,从而达到训练者的目的。训练的范围比较广泛,可以针对人,也可以针对动物。训练不需要教育活动那样规范的程序。

因此,这四个概念有相似之处,但是其实质是有差异的。理解其区别之处对于理解教育的概念、指导教育过程有重要的作用。

8. 为什么说赫尔巴特对教育学科的建立作出了巨大贡献?

答:1806年赫尔巴特出版了《普通教育学》,1835年又出版了《教育学讲授纲要》。他在教育史上第一个提出:要使教育学成为科学,应以伦理学和心理学作为教育学的理论基础。并且主张将教学理论建立在心理学的基础上,把道德教育理论建立在伦理学基础上,从而奠定了科学教育学的基础。

9. 古代学校教育具有哪些基本特征?

答:(1)阶级性、等级性。统治阶级享有教育的特权,奴隶被剥夺了受教育的权利。(2)道统性。天道—神道与人道往往合而为一。(3)专制性。教育过程是管制与被管制、灌输与被动接受的过程。(4)刻板性。教育方法、学习方法刻板,死记硬背,机械模仿。(5)教育的象征性功能占主导地位。(6)教育内容具有明显的分化趋向和知识化趋向。

10. 教育的质的规定性表现在哪些方面?

答:(1)教育是人类所特有的一种有意识的社会活动;(2)教育是人类有意识地传递社会经验的活动;(3)教育是人类以人的培养为直接目标的社会实践活动。

11. 简述当代教育民主化的表现。

答：(1) 它追求所有人都受到同样的教育，包括教育起点的机会均等，甚至教育结果的均等；(2) 教育民主化追求教育的自由化。

12. 现代学校教育的发展呈现出哪些基本特征？

答：(1) 教育与生产劳动相结合是现代教育的基本特征，与社会的联系具有普遍性和直接性；(2) 教育的广泛普及和普及年限的逐步延长，教育的民主化；(3) 教育的形式多样化，教育的现代化；(4) 终身教育成为现代教育的共同特征；(5) 教育内容、教育手段、教育观念、教师素质的现代化，科学精神和人文精神的统一性；(6) 现代教育追求通才教育、全面教育。

13. 简述学校教育产生的条件。

答：(1) 社会生产水平的提高，为学校的产生提供了必要的物质基础。生产力的发展为社会提供了相当数量的剩余产品，从而使一部分人可以脱离生产劳动而专门从事教与学的活动。(2) 脑力劳动与体力劳动的分离，为学校的产生提供了专门从事教育活动的知识分子。(3) 文字的产生和知识的记载与整理达到了一定程度，使人类的间接经验得以传递。文字是记载人类总结出来的文化知识经验的唯一工具。只有在文字产生以后，才有可能建立起专门进行教育、组织教学的场所学校。(4) 国家机器的产生，需要专门的教育机构来培养官吏和知识分子。国家建立后，统治者迫切需要培养自己的继承人和强化对被统治者的思想统治。

14. 简述当代教育改革和发展的新特点。

答：(1) 教育的终身化；(2) 教育的全民化；(3) 教育的民主化；(4) 教育的多元化；(5) 教育技术的现代化。

15. 近代教育与古代教育相比，出现了哪些变化？

答：(1) 国家加强了对教育的重视和干预，公立教育崛起；(2) 初等义务教育的普遍实施；(3) 教育的世俗化；(4) 重视教育立法，以法治教。

16. 试论现代教育发展的趋势。

答：(1) 培养全面发展的人正由理想走向现实；(2) 教育与生产劳动相结合成为现代教育规律之一；(3) 教育的民主化向纵深发展；(4) 人文教育与科学教育携手并进；(5) 教育普及制度化，教育形式多样化；(6) 终身教育成为现代教育的教育理念；(7) 实现教育现代化是各国教育的共同追求。

17. 简述教育的劳动起源说。

答：劳动起源论者认为，教育起源于劳动，起源于劳动过程中社会生产需要和人的发展需要的辩证统一，其代表人物主要是苏联米丁斯基、凯洛夫等教育史学家和教育学家。米丁斯基在其著作《世界教育史》中提出：只有从恩格斯的"劳动创造了人本身"这个著名的原则出发，才能了解教育的起源。教育起源于人类特有的生产劳动。

他们在批判资产阶级教育思想的同时，力图以历史唯物主义的观点来阐明教育的起源，特别是运用恩格斯在《劳动在从猿到人转变过程中的作用》中阐述人和人类社会起源的观点，提出教育起源于劳动。他们认为，教育从人类生产生活资料和生产资料的时候就开始了，同时认为教育是人类所特有的一种有意识有目的的社会活动。持这一观点的学者很多，主要集中在苏联和中国。

（三）论述题

1. 从"教育"词源的角度分析中西方对教育理解的差异。

答：教育有广义和狭义之分。广义的教育泛指一切有目的地影响人的身心发展的社会实践活动。狭义的教育主要指学校教育，即教育者根据一定的社会要求和受教育者的发展规律，有目的、有计划、有组织地对受教育者的身心施加影响，期望受教育者发生预期变化的活动。

（1）中国"教育"的词源。在我国，"教育"一词最早见于《孟子》中的"得天下英才而教育之，三乐也"一句。《说文解字》中解释为："教，上所施也，下所效也；育，养子使作善也。"但这两个字在当时不是一个有着确定含义的词，在后来的2000年时间里，没有成为思想家们论述教育问题的专门词汇。从大量的历史文献来看，在20世纪之前，思想家论述教育问题时，大多使用的是"教"与"学"这两个词。20世纪初，从日文转译过来的"教育"一词取代传统的"教"与"学"，成为我国教育学的一个基本概念。

（2）西方"教育"的词源。在西方，"教育"一词源于拉丁文 educare。本义为"引出"或"导出"，意思就是通过一定的手段，把某种本来潜在于身体和心灵内部的东西引发出来。从词源上说，西文"教育"一词是内发之意，强调教育是一种顺其自然的活动，旨在把自然人所固有的或潜在的素质，自内而外引发出来，以成为现实的发展状态。它的意思就是采用一定的手段，把某种本来就潜藏于人身上的东西引导出来，从一种"潜质"转变为"现实"。古希腊哲学家柏拉图在《理想国》中，应用"洞穴中的囚徒"隐喻进一步指出教育乃是"心灵的转向"。

2. 论述传统教育派和现代教育派各自的"三中心"主张。

答：传统教育派主张：（1）教师中心，即教师是教学过程中的绝对主导；（2）教材中心，即以学科课程为中心，注重书本知识的传授；（3）课堂中心，即以班级授课为主要的教学形式。

现代教育派主张：（1）学生中心，即一切教学活动围绕学生进行，符合学生需要和兴趣；（2）做中学，即强调学生在实践活动中学习；（3）活动课程中心，即根据学生的兴趣和需要设计课程。

3. 论述教育发挥主导作用所需的条件。

答：（1）教育的自身状况。教育的自身状况是教育发挥主导作用的基础和前提，它包括物质条件、教师队伍、教育管理等方面。（2）人的主观能动性的调动。主观能动性在意识方面体现为人的需要、动机、目的等；从外部表现来说，体现为人作用于客观事物的自觉活动。（3）家庭环境的效应。教育主导作用的发挥与家庭环境中的众多因素有关，这些因素包括家长的职业类别、家长的文化程度、家庭的经济状况、家庭的自然结构、家庭的气氛、家长的期望水平等方面。（4）社会发展状况。教育主导作用的发挥受到生产力水平、科技发展、社会环境、社会文化传统和民族心态、公民整体素质等社会因素的影响。

4. 结合实际，论述教育的功能。

答：所谓教育的功能，就是指教育的社会功能，即教育在人类社会发展中的作用。有学者认为，教育的功能应理解为教育对人的直接作用和影响，因为教育的对象是人，那么教育也主要是对人产生作用和影响。教育的作用主要是开发人的智力，培养人的能力，影响人的思想和行为；教育功能本身也具有一定的结构体系。

从其作用的对象来看，教育功能可以分为社会功能和个体功能：（1）教育的社会功能。教育促进社会的发展，表现为教育对社会的政治、经济、文化、科技和人口的促进作用。（2）教育的个体功能。教育促进人的发展表现为通过教育培养人、促进社会发展服务。人在发展过程中要受到多种因素的影响。如遗传、环境、教育和个体的主观能动性均对人的发展造成影响，其中，教育在人的发展中起主导作用。

从其作用的方向，可以分为正向功能和负向功能：（1）教育的正向功能指教育有助于社会进步和个体发展的积极影响和作用。（2）负向功能指阻碍社会进步和个体发展的消极影响和作用。

从其作用呈现的方式，可分为显性功能和隐性功能：（1）显性功能指依照教育的目的，教育在实际的运行中所出现的与之相符合的结果。例如，促进人的全面发展，促进社会的进步等就是显性功能的表现。（2）隐性功能是指伴随着教育功能所出现的非预期的功能。二者的区分是相对的，一旦隐性的潜在功能被有意识地开发、利用，就转变成了显性功能。

5. 论述有关教育起源的三种主张。

答：（1）生物起源论者认为，人类教育起源于动物界中各类动物的生存本能活动，其主要代表人物有利托尔诺、斯宾塞、沛西能。法国社会学家利托尔诺在其著作《人类各种人种的教育演化》一书中认为，教育是一种在人类社会范围以外，远在人类出现之前就已产生的社会现象，大动物对小动物的爱护和照顾便是教育行为，昆虫界也有教师与学生，生存竞争和天性本能是教育的基础。动物正是基于生存与繁衍的天性本能才把"知识"与"技能"传授给幼小的动物，这种行为就是教育的最初形式与发端，后来的人类教育不过是继承了动物界业已存在的教育形式，使其获得了新的性质而已。

（2）心理起源论者认为，教育起源于儿童对成人的无意识的模仿，其主要代表人物是美国教育家孟禄。孟禄从心理学观点出发，根据原始社会没有学校、没有教师、没有教材的原始史实，判定教育起源于儿童对成人无意识的模仿。他在《教育史教科书》中指出，原始社会的教育"普遍采用的方式是简单的、无意识的模仿"，"原始社会只有最简单形式的教育，然而，在早期阶段中，教育过程却具备了教育最高发展阶段的所有基本特点"，即承认儿童对成人的无意识模仿便是最初的教育。

（3）劳动起源论者认为，教育起源于劳动，起源于劳动过程中社会生产需要和人的发展需要的辩证统一，其代表人物主要是苏联米丁斯基、凯洛夫等教育史学家和教育学家。米丁斯基在其著作《世界教育史》中提出：只有从恩格斯的"劳动创造了人本身"这个著名的原则出发，才能了解教育的起源。教育起源于人类特有的生产劳动。

他们在批判资产阶级教育思想的同时，力图以历史唯物主义的观点来阐明教育的起源，特别是运用恩格斯在《劳动在从猿到人转变过程中的作用》中阐述人和人类社会起源的观点，提出教育起源于劳动。他们认为，教育从人类生产生活资料和生产资料的时候就开始了，同时认为教育是人类所特有的一种有意识有目的的社会活动。持这一观点的学者很多，主要集中在苏联和中国。

6. 论述有关教育本质的几种观点。（至少四种）

答：（1）教育是上层建筑。这种观点被认为是传统派的本质观。上层建筑说的论点有：①教育是通过培养人为政治、经济服务的。②教育与生产关系的联系是直接的、无条件的。生产力对教育的影响是以生产关系为中介的。③教育总是存在于一定社会之中的，是随着社会历史条件的变化而变化的，教育是一个历史范畴。随着社会经济结构的变迁，教育的性质也发生变化。因此，历史性、阶级性是教育的根本社会属性。④上层建筑也具有一定的继承成分。

（2）教育是生产力：①教育劳动是生产劳动；②教育具有传递生产劳动经验的职能；③教育实现了劳动力的再生产，它把一个潜在的劳动力变成一个直接的劳动力；④教育投资是一种生产性投资；⑤教育与生产力有着直接的联系，为生产力所决定。

（3）教育具有上层建筑和生产力的双重属性。双重属性说认为，教育受生产力和生产关系的制约，从来就有两种社会职能：一种是传授一定生产所需求的社会思想意识，具有明显的阶级性；另一种是传授与一定生产力发展水平相适应的劳动经验和生产知识，为发展生产力服务。教育本来具有上层建筑和生产力的双重性质；不能简单地把它归之于生产力，也不能归之于上层建筑：①教育一部分属于上层建筑，一部分不属于上层建筑，从整体说来，不能说教育就是上层建筑；②教育一部分属于上层建筑，一部分属于生产力，但主要属于生产力；③教育一部分属于上层建筑，一部分属于生产力，但主要属于上层建筑；④教育既属于上层建筑，又属于生产力。以上4种观点，都有偏颇之处。

（4）教育是一种综合性的社会实践活动。教育是通过培养人才来为社会服务的，教育的专门特点决定了它同社会生活的各个方面都有联系。它既同生产力的发展有关，也同生产力关系有关；既同经济基础相联系，也同政治、法律、道德等上层建筑相联系。教育的本质是其社会性、生产性、阶级性、艺术性、社会实践性等的统一，它是一种综合性的社会实践活动。

（5）教育是促进个体社会化的过程。即把教育看作是培养人的过程，如"社会化说"。这个过程的规定性就是：教育者以一定的外在的教育内容向受教育者主体的转化，实现人类文化的传递，促使和限定个体身心发展，促使个体社会化。这一学说成立的依据是：它揭示了教育的内部矛盾——社会要求和个体心理发展水平的对立统一；揭示了人与社会的关系及教育的作用。

（6）教育是培养人的社会活动。"社会实践活动说"一开始是作为"上层建筑说"中"教育是一种社会意识形态"的悖论出现的。持此论者认为，不能把教育看作观念形态，唯物主义的观念形态是第二性的，而教育是由教育对象和教育内容所组成的一种社会实践活动，跟教育思想、教育观点是两码事。作为促使年轻一代身心发展的主要属性，教育的本质是培养人的社会实践活动，是教育者有目的有意识地对受教育者施加影响和利用，促使其发展的专门培养人的社会实践活动。

对于长期处于"生产力说"或"上层建筑说"争论的人们来说，"社会实践活动说"

似是一股清风，但"社会实践活动说"不久就遇到了"特殊范畴说"的挑战：①培养人的活动，并非人类所特有教育现象的本质。②"社会实践活动说"不可能成为教育区别于其他一切社会现象的根本依据。把教育的本质定义为培养人的社会实践活动，很难说明教育与文学、艺术、道德等其他也具有培养功能的社会实践活动的根本差异。③"教育"与"培养"常为通用词语，故为同义反复。

第三章 教育与人的发展

【本章知识框架】

```
                      ┌ 人的发展概述 ┌ 含义：包含生理发展、心理发展、社会发展
                      │             │ 特点：未完成性、能动性
                      │             └ 规律性：顺序性、不平衡性、阶段性、差异性
教育与人的发展 ┤             ┌ 遗传：生理前提
                      │ 基本要素 ┤ 环境：外部条件
                      │             │ 能动性：决定性
                      │             │             ┌ 有目的地培养人的社会活动
                      └             └ 教育：主导作用 ┤ 通过文化知识来培养人
                                                  └ 教育人的发展的作用越来越大
```

考情分析

本章首先介绍人的发展，接着介绍影响人发展的主要因素是什么，其中，重点是理解教育对人的发展的作用。请考生注重教育和主观能动性对人的发展的作用，了解影响人发展的因素有哪些。人发展也有自身的规律性，大纲上讲到的这几种人发展的规律性容易考名词解释。

重点难点

人的发展的规律性；教育对人的发展的重大作用。

【习题精编】

（一）名词解释

1. 顺序性。
2. 不平衡性。
3. 整体性。
4. 遗传。（华中师范大学 2004 年）
5. 环境。（南京大学 2003 年）
6. 人的身心发展。
7. 人的发展。

（二）简答题

1. 简述教育工作应遵循的青少年儿童身心发展规律。（上海师范大学 2004 年）
2. 简述人的发展的特点。
3. 简述环境在人的发展的作用中"环境的给定性与主体的选择性"的理解。
4. 简述文化知识对人发展的作用。
5. 简述教育的个体个性化功能。
6. 论述教育发挥主导作用所需的条件。
7. 为什么说环境在儿童身心发展中起重要作用但不起决定作用？
8. 简述人的身心发展特点对教育的制约。
9. 人的身心发展的理论有哪些？
10. 试述遗传素质在人的身心发展中的作用。
11. 结合实例论述教育与人的发展的关系。（山西师范大学 2012 年）
12. 阅读下列材料，分析其中蕴含的教育思想，并围绕这种思想论述教育应如何主动回应现代社会发展与个人需求的挑战。

仅从数量上满足对教育的那种无止境的需求（不断地加重课业负担），既不可能也不合适。每个人在人生之初积累知识，尔后就可无限期地加以利用，这实际上已经不够了。他必须有能力在自己的一生中抓住和利用各种机会，去更新、深化和进一步充实最初获得的知识，使自己适应不断变革的世界。

（三）论述题

1. 为什么说教育在人特别是年轻一代发展中起主导作用？
2. 学校教育如何有效地促进人的身心发展？

3. 论述学校教育的个体个性化与社会化功能。
4. 简述影响人的身心发展的因素。（北京邮电大学2006年）
5. 用遗传、环境、教育在人的身心发展中的作用理论分析：宋朝王安石写过一篇《伤仲永》的短文，说江西金溪有一个叫方仲永的少年，5岁时就能作诗，但后来由于他父亲没有及时教育，使他到十二三岁时写的诗就不如以前了，到20岁左右，则"泯然众人矣"。
6. 运用所学原理，分析下述观点：

霍尔：一两的遗传胜过一吨的教育。
桑戴克：人的智慧80%取决于基因，17%取决于训练，3%取决于偶然机会。
华生：给我一打健康而又没有缺陷的婴儿，把他们放在我所设计的特殊环境里培养，我可以担保，我能够把他们中间的任何一个人训练成我所选择的任何一类专家——医生、律师、艺术家、商界首领，甚至是乞丐或窃贼，而无论他的才能、爱好、倾向、能力，或他祖先的职业和种族是什么。
墨子：染于苍则苍，染于黄则黄，所入者变，其色亦变。
荀子：蓬生麻中，不扶自直；白沙在涅，与之俱黑。
吴伟士：人的发展就像长方形的面积，等于长乘宽，遗传是长，环境是宽。

【参考答案】

（一）名词解释

1. 顺序性。人的身心发展的顺序性，是指人从出生到长大成人，身心的发展是一个由低级到高级、由简单到复杂、由量变到质变的连续不断的发展过程。人的身心发展的顺序性决定了在教育活动中，无论是知识技能的学习还是思想品德的发展，必须遵循由具体到抽象、由浅入深、由简到繁、由低级到高级的顺序，逐渐地前进，不能"揠苗助长"、"凌节而施"。要使教学着眼于学生的"最近发展区"，使教学既不能脱离学生的发展实际，又要走在发展的前面，从而最有效地促进学生的发展。

2. 不平衡性。人的发展的不平衡性，是指人的身心发展所具有的发展速度和发展时间的先后上的不均衡的特性。科学研究证明，个体的身心发展的各个方面是不平衡的，这种不平衡性具体表现在：一是身心系统发展的不平衡；二是身心系统内部各方面发展的不平衡；三是就每一项素质来说，其发展速度是不平衡的；四是从人的总体发展看，从出生到成熟的进展是不平衡的，是呈波浪形向前推进。个体身心发展的不平衡性要求教育者要充分把握人的各项身心素质发展的关键期和最佳期。

3. 整体。教育面对的是一个个活生生的、整体的人，他们既具有生物性和社会性，又表现出个体的独特性。不从整体上把握教育对象的特征，就无法教育人。事实上，人的生理、心理和社会性等方面的发展是密切地联系在一起的，并在人的发展过程中相互作用，使人的发展表现出明显的整体性。人的发展的整体性要求教育要把学生看作复杂的整体，促进学生在体、智、德、美等方面全面和谐地发展，把学生培养成为完整和完善的人。

4. 遗传是指亲代的性状通过遗传物质传给后代的现象。遗传物质是以细胞染色体为载体的基因。亲代的某些遗传性状有时虽未直接在下一代中表现出来，但只要遗传物质在后代基因中存在，就会有遗传发生。通过遗传，人的亲代能够繁殖与自己性状类似的子代。遗传是个体发展的物质前提，但个体要得到发展，还取决于环境与教育。如果离开了后天的社会生活和教育，遗传素质所给予人的发展的可能性便不能变为现实。

5. 环境是围绕在个体周围并对个体自发地发生影响的外部世界；以构成环境因素成分的性质为标准，环境可分为自然环境和社会环境。自然环境是直接或间接影响人类生存与发展的自然界，如阳光、空气、水土等。社会环境是人类在自然环境基础上创造和积累的物质文化、精神文化和社会关系的总和。

6. 人的身心发展包括两个方面：身体的发展（结构形态、生理机能）和心理的发展（认识能力、心理特性、知识技能与思想品德）。人的生理发展和心理发展是紧密相连的，生理发展是心理发展的物质基础，心理发展也影响着生理发展。

7. 人的发展是整体性的发展，大体上可以分为三个方面：一是生理发展，包括肌体的正常发育，体质的不断增强，神经、运动、生殖等系统生理功能的逐步完善；二是心理发展，包括感觉、知觉、注意、记忆、思维、言语等认知的发展，需要、兴趣、情感、意志等意向的形成，能力、气质、性格等个性的完善；三是社会发展，包括社会经验和文化知识的掌握，社会关系和行为规范的习得，成长为具有社会意识、人生态度和实践能力的现实的社会个体，能够适应并促进社会发展的人。人的发展的这三个方面，既有一定的相对独立性，又十分密切地联系在一起，在人的发展过程中形成相互制约、相互促进的关系。它们与教育所要培养的人的体、智、德、美等方面的发展相一致并交织在一起。

（二）简答题

1. 简述教育工作应遵循的青少年儿童身心发展规律。

答：教育工作应该遵循青少年儿童的身心发展规律。

人的发展的规律性主要表现为人的发展的顺序性、不平衡性、阶段性、个别差异性和整体性，这些规律性具有重要的教育学意义。

（1）人的身心发展的顺序性，是指人从出生到长大成人，身心的发展是一个由低级到高级、由简单到复杂、由量变到质变的连续不断的发展过程。人的身心发展的顺序性决定了在教育活动中，无论是知识技能的学习还是思想品德的发展，必须遵循由具体到抽象、由浅入深、由简到繁、由低级到高级的顺序，逐渐地前进，不能"揠苗助长"、"凌节而施"。要使教学着眼于学生的"最近发展区"，使教学既不能脱离学生的发展实际，又要走在发展的前面，从而最有效地促进学生的发展。

（2）人的发展的不平衡性，是指人的身心发展所具有的发展速度和发展时间的先后上的不均衡的特性。科学研究证明，个体的身心发展的各个方面是不平衡的，这种不平衡性具体表现在：一是身心系统发展的不平衡；二是身心系统内部各方面发展的不平衡；三是就每一项素质来说，其发展速度是不平衡的；四是从人的总体发展看，从出生到成熟的进展是不平衡的，是呈波浪形向前推进的。个体身心发展的不平衡性要求教育者要充分把握人的各项身心素质发展的关键期和最佳期。

（3）阶段性是指人的身心发展的不同年龄阶段具有不同的发展目标、发展重点和发展特征。个体身心发展的后一阶段的发展总是建立在前一阶段发展的基础上，而且后一阶段既包含着前一阶段发展的结果，又萌发着后一阶段发展的新质。如弗洛伊德的性心理发展阶段理论、皮亚杰的认知发展阶段理论和埃里克森的社会发展阶段理论，都是根据不同标准提出并产生了重要影响的阶段理论。这些理论都认识到心理的发展是知、情、意的统一，是一种统一的人格。根据儿童身心发展的阶段性，教育也要体现出阶段性的特点。教育的阶段应该与儿童身心发展的阶段相适应。在教育工作中，就必须从教育对象的实际出发，针对不同年龄的学生，提出不同的具体任务。

（4）个别差异性。人的发展的差异性是指不同个体之间在身心特征上所具有的相对稳定的不相似性。由于人的遗传、社会生活条件和教育、主观能动性的不同，人的发展的速度、水平以及发展的优势领域千差万别，彼此之间表现出发展的个别差异性。个别差异性有多种层次。从群体的角度看，个别差异性首先表现为男女性别的差异。其次，个别差异性表现在不同方面的发展存在差异。再次，个别差异性还表现在不同青少年儿童具有不同的个性心理倾向和个性心理特征。身心发展的个体差异性，不仅表现在个体上，也表现在群体上，不同的社会文化背景和社区生活环境下生活的儿童群体，其发展水平、表现方式也会呈现出群体之间的差异。教育工作者应该注意学生的个别差异性，针对学生的个别差异，真正做到"因材施教"、"长善救失"，使每个学生都能迅速地、切实地获得最佳发展。

（5）整体性。教育面对的是一个个活生生的、整体的人，他们既具有生物性和社会性，又表现出个体的独特性。不从整体上把握教育对象的特征，就无法教育人。事实上，人的生理、心理和社会性等方面的发展是密切地联系在一起的，并在人的发展过程中相互作用，使人的发展呈现出明显的整体性。人的发展的整体性要求教育要把学生看作复杂的整体，促进学生在体、智、德、美等方面全面和谐地发展，把学生培养成为完整和完善的人。

2. 简述人的发展的特点。

答：基于哲学人类学和教育人类学的研究，未完成性和能动性是人的发展的两个重要特点。

（1）未完成性：人的发展的未完成性既包含人的自然属性的未完成性，也包括人的社会属性和精神属性的未完成性。如前所述，从生理上讲，人是未完成的动物，这是一个显而易见的事实。人的未完成性与人的未特定化密切相关。对于儿童来说，他们不仅处于未完成状态，而且处于未成熟状态。儿童发展的未完成性、未成熟性，蕴藏着人的发展的不确定性、可选择性、开放性和可塑性，潜藏着巨大的生命活力和发展可能性。人能否成为人，将变成什么样的人，这都是不确定的事情。教育人类学认为，人的未完成性及其蕴藏的发展潜能，充分说明人需要接受教育，人可以接受教育。

（2）能动性：人在发展过程中还会表现出人所特有的能动性，这种能动性具体表现在人的能动、自主、自觉、自决和自我塑造等方面。能动性是人的精神属性的基本特征。正因为人的能动性，才使得人的发展与自然界发展变化及动物生长具有根本的不同。自然的发展变化和动物的生长是一个自然的过程。而人的发展，因为人的能动性使得它具有了自主性、目的性和方向性。人的发展的能动性也是人的教育与人改造自然的实践活动以及动物训练等活动之间根本的区别。它为教育提供了合理的人性假设，为教育活动指明了努力的方向，也为教育活动提供了基本依据。

3. 简述环境在人的发展的作用中"环境的给定性与主体的选择性"的理解。

答：环境的给定性指的是由自然、历史，由前人、他人为儿童个体所创设的环境，它对于儿童来说是客观的、先在的、给定的。儿童个体生来便不能选择父母、兄妹、家庭、民族，总是生活在一定的群体、社会、地域、国家、阶级与阶层中，必须继承以往的历史所创造的生活资料、生产资料、生产关系、社会关系、社会制度、语言文字、科学技术、意识形态、文化传统、教育模式和生活方式、思维方式、行为方式等。而且成年人也会刻意地组织和指导儿童的生活，影响儿童的发展。儿童只能在先在的、既成的、给定的环境中生活，无法抗拒或摆脱环境的影响与限制，只有适应环境而生活，并从中获得自身的生存与发展。

但是，环境的给定性并不意味着人的发展、人的命运已经被确定了、注定了。人的发展还有非常广阔的机遇，还有很多可能性与不确定性。尽管外在的客观环境对人的发展具有不可或缺的重要影响，然而，环境是一个非常丰富、复杂而变动不居的条件，而人是具有能动性的主体，即使是初生儿，也本能地会通过哭闹来影响、调动其父母和亲人，以改善其生活处境；随着年龄和经验的增长，人的能动性、自主性、选择性、创造性逐步增长，其对环境的反作用与相互作用的活动也在逐步增强，这也就是说，主体对环境的能动性、选择性在逐步增强。因此，作为人的发展的各种繁多条件的环境，在人的发展过程中究竟能起多大程度的作用，起了什么性质的作用，这在很大程度上取决于个人对待环境的态度。因此，环境对不同的人会产生不同的效果，有的人在逆境中奋起，有的人在逆境中消沉；有的人在顺境中如鱼得水，有的人在顺境中虚度光阴。同样的环境，对有的人来说是障碍和限制，而对另一些人来说则是发展的希望和可能。所以，对环境概念的理解不能一般化、抽象化、静态化，应该对其作深入、具体而动态的分析，应当把环境与人的生活与活动联系起来理解。

4. 简述文化知识对人发展的作用。

答：教育主要通过文化知识的传承来培养人，文化知识是滋养人的生长的最重要的社会因素与资源。语言符号及其负载的文化知识之所以对人的发展至关重要，主要是因为文化知识蕴含着有利于人的发展的多方面价值：知识的认知价值、知识的能力价值、知识的陶冶价值、知识的实践价值。

（1）知识的认知价值。学生掌握知识，意味着他能对知识所指的事物进行认知，并能弄清事物是什么，把握住事物的特性。学生掌握知识的广度和深度，制约着他对事物的视域和世界认识的广度和深度。"秀才不出门，能知天下事"，在很大程度上是据此而言的。学生掌握知识，又意味着他掌握了认知的工具。知识包含着许许多多的概念、范畴、命题、原理、因果关系与逻辑结构。学生掌握了这些知识，也就是掌握了观察事物的显微镜和望远镜，能见到别人见不到的事实，发现别人发现不了的问题，解释别人解释不了的疑难，重组别人不能重组的经验。学生掌握知识，还意味着掌握了认知的资料和资源。人们常说认知是思维对信息的加工、建构、重组，知识就是这些信息的重要形态。学生认知的发展依赖于对知识资料、资源的思维加工，由不知转化为知，由旧知通向新知，在头脑里构思和想象现实中尚不存在的东西。

（2）知识的能力价值。知识是心理操作与行为操作的认识结晶。学生学习知识的过程，要经历知识的展开过程和知识的发现过程，对知识进行心理操作和行为操作。这种操作方式的定型和积淀过程，也就是学生心理的认知能力和行为操作技能的形成过程。所以，学生学习知识，不仅要掌握知识的内容，而且要掌握知识的形式；不仅要获得对事物的认识，而且要养成从心理上和行为上操作事物的方法和能力；不仅要学会善于传承文化知识、技能，而且要养成探究、发现与创新知识的意识，其中包括对信息的搜集、鉴别、筛选、加工的能力和倾向。

（3）知识的陶冶价值。知识蕴涵着科学精神和人文精神，而科学精神和人文精神正是构成人生智慧的基本要素。科学精神引导人尊重事实，实事求是，诚实劳动，独立思考，追求真理，崇尚创新，修正错误，拒斥陈规，不唯上，不唯书，不迷信，不盲从，不妄言，不作伪，不哗众取宠，不搞假、大、空。人文精神引导人追问人生意义，追求人的价值、尊严、自由、权益和社会平等、社会正义，争取人的合理存在，向往人的解放。人只有经历科学精神和人文精神的陶冶，体验到以史为据的事实尺度和以人为本的价值尺度，体悟到人何以生存，为何生存，才能真正形成人生智慧，具有人生理想、人生抱负，担当起社会责任、人类责任，才能成为挣脱奴性、物性的人。

（4）知识的实践价值。知识具有对社会实践的有用性或有效性。学生通过学习获取知识，认识事物特性，也就获得了通过社会实践改造事物的可能性。他可以依据事物的特性、新的需要或生活中面临的问题重组知识，即在观念上形成实践的目标和程序，并付诸实施，以改变事物或生活的现状，创造出新的事物或新的生活情境。这对学生来说，大体上是一个将外在的知识转化为内在素质，又由内在素质外显为社会实践的过程。人们常说学习的目的全在于运用，在很大程度上是强调知识的实践价值。

5. 简述教育的个体个性化功能。

答：（1）促进人的主体意识的形成、主体能力的发展。（2）促进个性的充分发展，形成人的独特性。（3）开发人的创造性，促进个体价值的实现。

6. 论述教育发挥主导作用所需的条件。

答：（1）教育的自身状况。教育的自身状况是教育发挥主导作用的基础和前提，它包括物质条件、教师队伍、教育管理等方面。（2）人的主观能动性的调动。主观能动性在意识方面体现为人的需要、动机、目的等；从外部表现来说，体现为人作用于客观事物的自觉活动。（3）家庭环境的效应。教育主导作用的发挥与家庭环境中的众多因素有关，这些因素包括家长的职业类别、家长的文化程度、家庭的经济状况、家庭的自然结构、家庭的气氛、家长的期望水平等方面。（4）社会发展状况。教育主导作用的发挥受到生产力水平、科技发展、社会环境、社会文化传统和民族心态、公民整体素质等社会因素的影响。

7. 为什么说环境在儿童身心发展中起重要作用但不起决定作用？

答：环境是围绕在人周围，与人发生作用并对人的发展产生影响的外部世界，它包括自然环境和社会环境。与遗传素质相比，环境特别是社会环境是影响人身心发展的更为根本因素，它提供人发展的所需的物质和社会条件；构成了人发展的巨大动力；影响人发展的价值方向；影响人的发展内容；对人的发展本身具有一种广义的教育作用。不过由于环境的复杂性及其影响是自发的、分散的和偶然的，导致其影响也是有限的。主要表现在：（1）环境因素对儿童的影响是广泛的，但常常是偶然的、片断的、分散的，它没有既定的目标，也不能按着既定的方向持续、系统地产生影响。（2）环境因素对儿童的影响是自发的、盲目的，既有有利的、积极的影响，又有不利的、消极的影响。（3）随着儿童个体主观能动性的影响，其接受环境的影响不是被动的、消极的，而常常是积极的、能动的过程。通过以上分析可知，环境在儿童身心发展中起重要作用，但不起决定作用。

8. 简述人的身心发展特点对教育的制约。

答：人的身心发展特点对教育的制约主要表现在：

（1）人的身心发展的顺序性和阶段性要求我们的教育必须循序渐进地促进青少年的发展，不能"拔苗助长"，"凌节而施"；否则，欲速则不达。

（2）人的身心发展具有差异性这一特点要求教育工作者必须深入学生实际，了解他们各自发展背景和水平，了解他们的兴趣、爱好、特长等，做到因材施教、有的放矢。

（3）青少年身心发展的不均衡性是由生物个体的成熟规律造成的。成熟是个人发展的重要因素，它与学习的关系是很大的。个体在某一方面的某种成熟程度，表明了它在客观上具备了在该方面接受教育和进行学习的可能性。关键期是就成熟与教育的关系而言的，教育者应抓住关键期，不失时机地采取有效的教育措施，积极促进青少年身心迅速健康地发展。

（4）人的身心发展具有稳定性和可变性这一特点要求教育者必须掌握学生的年龄阶段特征，并依此确定教育、教学内容与方法；另一方面，教育工作者还应重视学生身心发展的可变性，挖掘每个个体的发展潜力，改变僵死的教学模式，及时更新教育、教学的内容、方法，促进学生更快、更好地发展。

（5）人的身心发展的互补性要求教育者首先面对全体学生，特别是生理或心理机能方面有障碍、学业成绩落后的学生，相信他们可以通过某方面的补偿性发展达到正常人的水平；其次，要帮助学生发挥优势，长善救失，通过自己的精神力量的发展达到身心的协调。

9. 人的身心发展的理论有哪些？

答：（1）认知发展理论；（2）智力发展理论；（3）道德发展理论；（4）需要层次理论。

10. 试述遗传素质在人的身心发展中的作用。

答：遗传素质是指人从父母先代继承下来的生理解剖上的特点，如肌体的结构、形态、感官和神经系统的特点等。遗传素质是人的身心发展的必要物质前提。具体地讲：（1）遗传素质是人的身心发展的生理前提，为人的身心发展提供了可能性；（2）遗传素质的发展过程制约着年轻一代身心发展的年龄特征;(3)遗传素质的差异性在构成身心发展的个别特点上具有一定的影响;(4)遗传素质在个体发展的不同阶段作用的大小不同,随着个体不断地发展,遗传的作用日益减弱。

11. 结合实例论述教育与人的发展的关系。

答:学校教育是教育者根据一定社会的要求和个体发展的规律,有目的、有计划、有组织地对受教育者身心施加影响,把他们培养成为一定社会服务的人的活动。教育活动中的发展是一种在人的有目的地参与、干预下发生的变化过程,也就是说,受教育者的身心发展是包括受教育者自身在内的人的有目的的学习、培养、锻炼和构建的成果。学校教育是一种制度化的教育,它由各级各类学校来实施对人的发展特别是对年轻一代的发展的重要作用。

(1) 教育是一种有目的地培养人的社会活动。

教育是有目的地培养人的社会活动,这是教育的质的规定性。教育尤其是学校教育,作为有目的地培养人的社会活动,就是在一定的教育目的引领下,通过人的主体选择把人的发展中所蕴含的某一种或几种符合教育目的的可能因素在人的现实的发展过程中呈现出来,改变人在自然状态下自发的发展过程,以期形成教育目的所规定的理想品质。因此,在教育活动中所实现的人的发展,是在人的干预下实现的教育活动过程,实质上是有目的地促进人的发展的过程,使受教育者成为符合教育目的即社会期望的人的过程。

(2) 教育主要通过文化知识的传承来培养人。

教育主要通过文化知识的传承来培养人,文化知识是滋养人的生长的最重要的社会因素与资源。语言符号及其负载的文化知识之所以对人的发展至关重要,主要是因为文化知识蕴含着有利于人的发展的多方面的价值:知识的认知价值、知识的能力价值、知识的陶冶价值、知识的实践价值。

鉴于知识的这些价值,要有效地促进学生的发展,教育必须引导学生尊重知识、热爱知识、主动学习、探究真知、创造性地理解和运用知识,并在这个过程中使儿童的智能、品德、个性和人格都获得发展,成为社会的主体。在教育过程中,要反对忽视和贬低知识、降低教育教学质量的倾向,同时也要克服教育脱离生活的弊端。

(3) 教育对人的发展的作用越来越大。

学校教育之所以在人的现代化过程中起着重要的作用,是因为学生在学校里不仅仅学会了读写算各个方面的基本知识和技能,而且学到了与他们个人的发展和他们国家的未来有相关的态度、价值和行为方式。目前,我国正在进行社会主义现代化建设,人的现代化是社会现代化的重要基础和前提条件。我们应当自觉地优先发展教育,高度重视并充分发挥教育对人的现代化的促进作用。

12. 阅读下列材料,分析其中蕴含的教育思想,并围绕这种思想论述教育应如何主动回应现代社会发展与个人需求的挑战。

仅从数量上满足对教育的那种无止境的需求(不断地加重课业负担)既不可能也不合适。每个人在人生之初积累知识,尔后就可无限期地加以利用,这实际上已经不够了。他必须有能力在自己的一生中抓住和利用各种机会,去更新、深化和进一步充实最初获得的知识，使自己适应不断变革的世界。

答：考查考生对经典教育文献的阅读理解能力，对教育现实的分析思考能力及对教育实践的对策建议能力。文字材料选自《教育——财富蕴藏其中》的第四章"教育的四个支柱"（学会认知、学会做事、学会共同生活和学会生存）。此题就是考查考生能否准确概括出这段文字所蕴涵的终身教育思想，能否分析出现代社会与个人成长对教育提出了什么样的挑战，能否正确地从观念、制度、方法、途径等方面来全面的思考教育问题。也即考查考生对当代社会发展对教育的需求与挑战理解程度。

（1）这段文字所蕴涵的是终身教育思想。终身教育思想主张教育在时间上贯穿着人的一生，在空间上拓展到全社会。

（2）现代社会发展与个人成长对教育的挑战，如社会变革的加速、大众传媒的迅速发展带来的社会信息化、科学知识和技术的进步等对教育的挑战；又如人口增长及人的寿命的延长、人们拥有越来越多的闲暇时间、个人需要和生活方式的多样化等对教育的挑战。

（3）应对挑战的教育变革：

①教育观念的改变：树立大教育观，同等重视正规教育与非正规教育。

②教育体系的改变：构建终身教育体系，使教育贯穿人的一生。

③教育目标的改变：培养和提升人的终身学习的意识和能力，建设学习化社会，为所有人提供合适的教育。

④教育方式的改变：实施多样化的教育，促进学习者更加主动地学习。

（三）论述题

1. 为什么说教育在人特别是年轻一代发展中起主导作用？

答：在影响人发展的后天因素中，环境对人的发展起着一定的制约作用，而相较于环境的自发影响，教育对人的发展，特别是年轻一代的发展，更起着主导作用。

（1）教育是一种有目的地培养人的活动，它规定着人的发展方向。教育不论是有组织的或是无组织的，系统的或是零碎的，家庭的或是学校的、社会的，都是有目的地培养人的活动，它是以教育人为主要目的的活动。教育，特别是学校教育能排除和控制一些不良因素的影响，给人以更多的正面教育，使人按照一定的思想政治方向发展，更有利于思想品德的培养，使年轻一代健康地成长。

（2）教育，特别是学校教育给人的影响比较全面、系统和深刻。教育，特别是学校教育，是根据一定社会的要求，按照一定的目的，选择适当的内容，利用集中的时间，有计划地、系统地向学生进行各种科学文化知识的教育，并进行一定的思想品德教育，而环境中其他方面的影响，往往是自发的、偶然的、片段的，是不能与学校教育相比拟的。

（3）学校有专门负责教育工作的教师。学校教育是通过专门培训过的教师来进行工作的，教师受社会的委托来教育学生，有责任来教育好学生，对学生的思想、学业、身体等是全面关心的；教师又明确教育目的、熟悉教育内容，懂得教育这个转化活动的规律和方法，能自觉地促进学生按照一定的方向去发展。而其他环境缺少这样的专职教育人员，在这方面一般不如学校的条件好,教育效率也不如学校高。

教育对人的发展的主导作用,在年轻一代的成长中表现得更为明显,年轻一代正是长知识、长身体的时期,他们的主要任务是学习,他们知识的获得和思想品德的提高,除了依靠所受的教育外,更多地依靠工作的实践、自学和自我修养。因此,教育对年轻一代的发展所起的作用比对成年人的发展所起的作用更大一些,并且随着社会的发展,科学技术的日益进步,教育对人的发展的主导作用表现得越来越明显。但是,我们还应注意到,学校教育主导作用的实现,必须依靠学生自身的积极活动。教育者应根据教育对象的身心发展规律,充分调动学生的积极性,组织学生参加一些有利于身心发展的活动。同时,还应争取学生家庭和街道、社区等社会力量的配合,协同一致地教育学生,才能使教育的力量更大,教育的效果更好。

2. 学校教育如何有效地促进人的身心发展?

答:学校教育在个体的发展中发挥主导作用不是没有条件的。它要求学校按照教育规律办事,要求充分发挥人的主观能动性和实践活动的价值。从宏观上看,教育的规模、层次和水平要符合社会经济发展水平和社会经济的需要,要考虑生产力发展和政治经济对教育的要求,要考虑社会发展的状况。从微观上看,教育要发挥它的育人作用,也必须考虑受教育者的主观能动性、教育自身的条件、家庭和家长的影响等,包括人的可教育性和教育需要,学校教育者的高素质及教育工作的有计划性、目的性和组织性,教育环境的许可和积极协调的多方面影响等。

3. 论述学校教育的个体个性化与社会化功能。

答:学校教育同时具有个性化与社会化功能。

现代学校的政治功能是通过培养人实现的,主要表现在以下几个方面:(1)向青年一代传播一定的政治思想意识,促使其政治社会化的功能;为维护社会的稳定与统治而培养专门人才的功能;营造和推进社会舆论,促进或改变政治发展的功能。(2)现代学校的经济功能,主要体现在以下几个方面:为社会生产各部门提供劳动力后备军的功能;实现科学知识再生产的功能;改善全民素质,储备经济发展潜力的功能。(3)现代学校的文化功能:整理和保存文化的功能;传递和传播文化的功能;创造和更新文化的功能。(4)学校促进人的身心全面发展的过程就是个体个性化的过程,现代学校应在以下几方面担负起发展人的身心的功能:应能使个体的身心得到全面发展;应促进人的身心的和谐发展;应充分挖掘人的发展的潜能,指明发展的方向以减少发展的盲目性。

4. 简述影响人的身心发展的因素。

答:人的发展大体上可以分为三个方面:(1)生理发展,包括肌体的正常发育,体质的不断增强,神经、运动、生殖等系统生理功能的逐步完善;(2)心理发展,包括感觉、知觉、注意、记忆、思维、言语等认知的发展,需要、兴趣、情感、意志等意向的形成,能力、气质、性格等个性的完善;(3)社会发展,包括社会经验和文化知识的掌握,社会关系和行为规范的习得,成长为具有社会意识、人生态度和实践能力的现实的社会个体,能够适应并促进社会发展的人。人的发展受到很多因素的影响,但归纳起来,主要是遗传素质、环境、教育和人的主观能动性四个基本因素。这四个基本因素相互联系,互为条件,共同作用于人的发展。

(1) 遗传在人的发展中的作用：
①遗传素质是人的发展的生理前提，为人的发展提供了可能性；
②遗传素质的成熟程度制约着人的发展过程及年龄特征；
③遗传素质的差异性对人的发展有重要的影响；
④遗传素质具有可塑性。
(2) 环境在人的发展中的作用：
①环境是人的发展的外部条件；
②环境的给定性与主体的选择性；
③环境对人的发展的制约作用离不开人对环境的能动活动。
(3) 个体的能动性在人的发展中的作用：
①个体的能动性是在人的活动中产生和表现出来的；
②个体的能动性是人的发展的内在动力；
③个体的能动性影响人的自我设计和自我奋斗。
(4) 教育对人的发展的重大作用：
①教育是一种有目的地培养人的社会活动；
②教育主要通过文化知识的传递来培养人；
③教育对人的发展的作用越来越大。

5. 题目略。
答：(1) 这是宋代王安石的关于青少年教育问题的故事。它讲述了"神童"方仲永因家长"不使学"而最终并没有成才的故事。

(2) 从方仲永的成长经历可知，良好的禀赋即遗传素质是人发展的物质基础，它能成为人的便利条件，加速人的发展；但遗传素质也只是为人的发展提供了一种可能，离开了环境的影响和良好的教育，这种可能就无法转变为现实的发展。方仲永5岁时，已能"指物作诗立就，其文理皆有可观者"，可谓天资聪慧，但因其父只知"日扳仲永环谒于人"却"不使学"，致使方仲永十二三岁已"不能称前人之闻"，20来岁已"泯然众人矣"。

(3) 方仲永由神童到"泯然众人"的经历说明，遗传素质好的人，如果离开后天的环境、教育和主观努力，是不能得到充分发展的；人的知识、才能、思想、观点、性格、爱好、道德品质都是在后天环境和教育的影响下形成的。如果离开了后天的社会生活和教育，遗传素质所给予人的发展的可能性便不能变为现实。

6. 题目略。
(1) 这种观点反映了遗传决定论。
(2) 遗传决定论的基本主张。
(3) 人的发展是多种因素综合影响的结果，是先天遗传与后天社会影响以及主体在活动中的主观能动性的交互作用的统一，人在身心发展中所表现出来的基本特点，不是其中某一种因素单独作用的结果，无论是遗传决定论还是环境决定论，都是强调一种因素而否定其他因素的作用，是片面的。

遗传决定论片面强调遗传素质的作用，忽视其他因素在人身心发展中的相互作用，陷入了唯心主义"先验论"。环境决定论片面夸大了环境和教育的作用，否定了生理的遗传性和人的主观能动性，陷入了机械唯物论。

二因素论是遗传决定论和环境决定论的混合体，虽然避免了这两种理论的片面性，但它把遗传和环境的作用等同起来，并没有认识到影响人的发展中的各种因素的辩证关系，是一种折中主义的调和论。同时，二因素论同样也否定了人的主观性，抹杀了教育的主导作用，也是不能令人完全接受的。

第四章 教育与社会发展

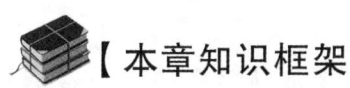【本章知识框架】

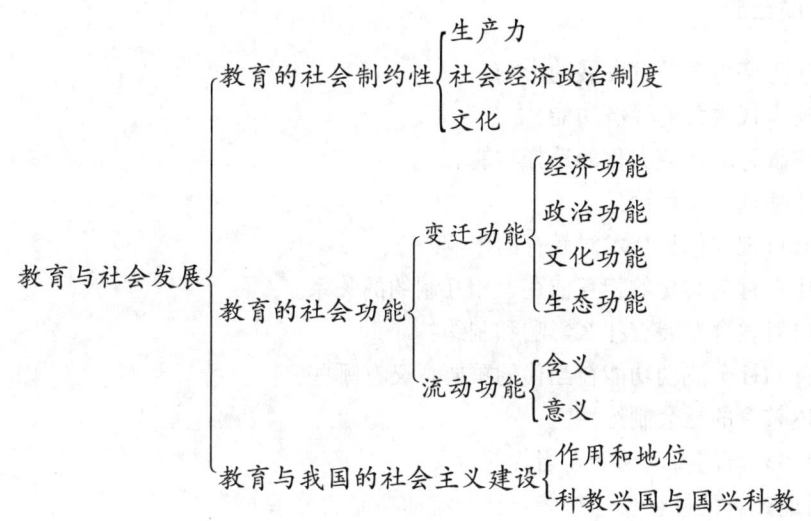

考情分析

本章属于重点章节,主要阐述了三大问题,社会如何制约教育的发展?教育对社会的功能又是什么?我国社会主义建设中的教育发展。本章内容多,考生看书需要细致,先要了解一些重要的概念,再深入看书,如什么是教育的社会流动功能,什么是教育的社会变迁功能。本章易出简答题,或者分析论述题,主要会围绕着教育与社会的关系来出题。考生复习要深入,多看看书中是如何阐述知识点的,在答卷时有内容可写。

重点难点

重难点：教育的社会制约性和教育的社会功能。

【习题精编】

（一）名词解释

1. 教育的社会变迁功能。
2. 教育的社会流动功能。
3. 教育的相对独立性。
4. 教育的社会横向流动功能。
5. 教育的社会纵向流动功能。
6. 人力资本理论。

（二）简答题

1. 简述生产力对教育发展的影响。
2. 简述现代教育的经济功能。
3. 简述教育对社会文化的选择功能。
4. 简述筛选假设理论。
5. 试分析现代信息技术对教育的影响。
6. 简述教育与文化的相互依存、相互制约的关系。
7. 人口对教育发展有什么影响和制约？
8. 教育的社会流动功能在当代的重要意义有哪些？
9. 简述教育的社会制约性。
10. 简述教育的流动功能在当代的意义。
11. 简述教育的社会变迁功能与社会流动功能的关系。
12. 教育的政治功能主要表现在哪些方面？（北京师范大学 2005 年）
13. 简述教育的社会制约性和独立性，以及两者的关系。（山东师范大学 2012 年）
14. 美国经济学家桑德伯格（J. G. Sandberg）曾经对经济增长与教育的关系进行跨国的动态比较。他以欧洲各国 1850 年的成人识字率表示人力资本存量，然后动态比较 1913 年和 1970 年人均国民收入的变化。其统计结果如表 1 所示。（教育学统考 2010 年）

（1）根据表中数据说明教育对经济发展的影响及其特点。

（2）运用相关原理分析产生这种教育影响及其特点的原因。

表1　　　　　　　　　　　　　欧洲国家识字率与收入水平

国家	1850年		人均国民生产总值（1960年价格，美元）	
	识字率	收入水平	1913年	1970年
瑞　典	超过70%	很低	680	3411
丹　麦		低	826	2716
挪　威		低	749	3495
瑞　士		高	964	2661
德　国		中等偏下	743	2873
苏格兰		高	965	2284
芬　兰		很高	520	2797
荷　兰		高	754	3334
英格兰	约50%	很高	965	2284
比利时		高	894	2654
法　国		中等	689	3029
奥地利		中等	498	2168
西班牙	低于50%	中等偏下	367	1179
匈牙利		低	441	1694
葡萄牙		很低	292	1247
希　腊		低	336	1360
俄罗斯		很低	263	1755

（三）论述题

1. 为什么说教育和社会生产力之间是一种相互制约的关系？试加以论述。
2. 何谓教育具有相对的独立性？表现在哪几个方面？简要认识教育独立性的意义。
3. 试论述人力资本理论的代表人物及其观点，并结合当前社会现实对人力资本理论进行简单评析。
4. 运用现代教育功能的基本原理说明教育在社会主义现代化建设中的作用。
5. 简述教育对社会文化的选择功能。
6. 教育的筛选假设理论与教育人力资本理论的比较。
7. 结合实际阐述教育的社会功能。
8. 欧洲在古希腊时期出现了科学研究和教学相统一的学园——缪斯学院，它使古希腊的科学中心从雅典转移到了亚历山大城。1775年，法国将巴黎科学院改组为法兰西学院所属的一个部门，使法国的科学研究全部集中在高校，当时的法国科学技术成就跃居世界首位。美国的理工科博士有近一半在高等学校工作，美国的科学家被高等学校聘用的约占科学家总数的40%。美国高等学校担负了全国基础研究的60%，应用研究的15%。1978年，美国基础研究共支出60亿美元，其中大学占了60%。试用上述材料分析教育与科学技术之间的关系。

【参考答案】

（一）名词解释

1. 教育的社会变迁功能是指教育通过开发人的潜能、提高人的素质、促进人的社会化，引导人的社会实践，不仅能使人适应社会的发展，更能够推动社会的改革与发展。

2. 教育的社会流动功能是指社会成员通过教育的培养、筛选与提高，能够在不同的社会区域、社会层次、职业岗位、科层组织之间转换、调整与变动，以充分发挥其个性特长，展现其智慧才能，实现其人生抱负。

3. 教育的相对独立性是指作为社会一个子系统的教育，它对社会的能动作用具有自身的特点与规律性，它的发展也有其连续性与继承性。主要表现为教育是培养人的活动，主要通过所培养的人作用于社会；教育具有自身的活动特点、规律与原理；教育具有自身发展的传统与连续性。

4. 教育的社会横向流动功能是指社会成员因受教育和训练，能够在社会区域、职业岗位与社会组织中作水平的流动，即可以根据社会需要，结合个人的意愿与可能条件更换工作地点、单位、任务，改变其环境而不提升其社会阶层或科层结构中的地位。

5. 教育的社会纵向流动功能是指社会成员因受教育的培养和筛选，能够在社会阶层、科层结构作纵向的提升，包括职称晋升、职务升迁、薪酬提级，改变了社会层级地位和作用。

6. 人力资本理论的提出者是美国的舒尔茨，人力资本是指人所拥有的诸如知识、技能及其他类似的可以影响从事生产性工作的能力，它是资本的形态，因为它是未来薪水和报酬的源泉。它是人的资本形态，因为它体现在人身上，属于人的一部分。

（二）简答题

1. 简述生产力对教育发展的影响。

答：生产力水平是教育发展的物质基础，同时也对教育提出与一定生产力水平相适应的要求。一方面，办教育需要必要的物质投入，包括人力、物力和财力；经济发展到什么水平，它所能为教育提供的投入也达到一定的水平。另一方面，经济发展到什么程度，对教育也提出相应的要求，以满足经济的发展对人才的需要。生产力对教育发展的影响具体体现在：（1）生产力水平决定教育的规模和速度。社会经济、生产力水平决定着教育培养的各种规格、类型的劳动力的数量，制约着教育普及的程度。（2）生产力发展水平制约着教育结构的产生。（3）生产力发展水平制约着教育目标的设定。（4）生产力发展水平制约着教育内容的沿革和课程的设置。（5）生产力发展水平制约着教学组织形式、教育教学手段和方法的变革。

2. 简述现代教育的经济功能。

答：(1) 教育能把可能的潜在的生产力转化为直接现实的生产力，是劳动力再生产的重要手段之一。(2) 教育是提高经济效益的重要前提。(3) 教育是经济发展的重要因素，能够为社会带来重大的经济价值。(4) 教育可以生产新的科学知识和新的生产力。

3. 简述教育对社会文化的选择功能。

答：(1) 教育根据培养人的客观教育规律进行文化选择。教育不能简单地用现成的文化对青少年进行文化传递，而必须把教育内容加工成青少年易于接受的形式。(2) 教育按照严格的标准进行文化选择。教育必须依据科学的、时代的、民族的、辩证的要求进行文化选择。(3) 教育通过多种途径进行文化选择。教育可以通过培养目标、教育过程、课程标准、教师群体等途径进行文化的选择。(4) 教育在动态发展中进行文化选择。教育对文化的选择不是静止的，而是随着社会的发展、文化水平的提高而不断变化。

4. 简述筛选假设理论。

答：筛选假设理论简称筛选理论，也叫文凭理论，于20世纪70年代初由美国经济学家提出。创始人是迈克尔斯·宾塞和罗伯特·索洛（Robert Merton Solow）等。它是指将教育视为一种筛选装置，以帮助雇主识别不同能力的求职者，将他们安置到不同职业岗位上的理论。筛选理论认为，个人受教育并不意味着对经济增长起作用，教育只不过是一个筛选的手段和方法。该理论将人的属性按特点分为两类：一类是天生而不能改变的，如性别、种族、家庭背景等；另一类是后天获得、可以改变的，如教育程度、婚姻状况、个人经历等。前一类被称作"标识"，后一类被称作"信号"，雇主可以凭借标识和信号，特别是教育信号了解求职者的能力。

5. 试分析现代信息技术对教育的影响。

答：(1) 信息技术改变着人们关于知识的观念。信息技术改变着知识的数量观念，它把知识载体微型化、网络化；另外，它也改变着知识的质量观念。(2) 信息技术改变着人们关于学习和教育的观念。信息技术使电脑和网络以及其他多媒体设备成为教育的中介。(3) 信息技术的日益成熟和普及为实现教育的第三次飞跃提供了平台。首先，信息技术的智能化，实现了教育的个性化，使因材施教的理想真正成为现实。其次，信息技术实现了人机互动模式，在人机系统中，学习者的积极主动性乃是教学活动正常进行的必要条件。(4) 信息技术促进了师生关系的民主化，有利于学生健康人格的养成。

6. 简述教育与文化的相互依存、相互制约的关系。

答：(1) 教育是一种特殊的文化现象，具有传递和深化文化与构成文化本体的双重文化属性。(2) 教育能与特定社会文化体中的其他方面共存一体，它们经过长期的历史共生与磨合，已经形成特定的相互适应和相互依存的关系。(3) 教育与文化相互依存、相互制约的过程中，也在不断地按照各自的运动规律运动、变化和发展。

7. 人口对教育发展有什么影响和制约？

答：人口是人类社会存在和发展的基础。人口既有量的特征，又有质的差异，人口增长速度的快慢、数量的多寡、质量的优劣都同教育有着密切的关系。

(1) 人口数量影响教育规模：①人口增长率影响教育发展规模；②人口增长率影响教育结构；③人口增长率影响教育质量。

(2) 人口结构影响教育结构：①人口年龄构成制约各级教育的发展规模与进程；②人口就业结构制约学校教育结构；③人口地域分布制约学校布局。

(3) 人口质量影响教育质量。

8. 教育的社会流动功能在当代的重要意义有哪些？

答：(1) 教育已成为现代社会中个人社会流动的基础；(2) 教育是社会流动的主要通道；(3) 教育的社会流动功能关乎人的发展权利以及教育资源分配问题。

9. 简述教育的社会制约性。

答：教育的社会制约性，指教育受一定社会的生产关系和生产力发展水平的制约，同时也受到社会文化传统和人口等其他社会因素的制约。教育的社会制约性是教育社会性的最主要的表现形式。这种制约客观存在，只有认识它，才能把握教育发展和改革的规律，教育本身才能得到更好的发展，教育也才能更好地为社会的政治、经济、文化建设服务，促进社会的进步。

(1) 生产力对教育的制约：

①生产力的发展制约教育事业发展规模和速度；

②生产力发展水平制约人才培养的规格和教育结构；

③生产力发展水平促进教学内容，教育方法和教学组织形式的发展与改革。

(2) 社会经济政治制度对教育的制约：

①社会经济政治制度的性质制约教育的性质；

②社会经济政治制度制约教育的宗旨和目的；

③社会经济政治制度制约教育的领导权；

④社会经济政治制度制约受教育权；

⑤社会经济政治制度制约教育内容、教育结构和教育管理体制。

(3) 文化对教育的制约与影响：

①文化知识制约教育的内容与水平；

②文化模式制约教育环境与教育模式；

③文化传统制约教育的传统与变革。

10. 简述教育的流动功能在当代的意义。

答：教育的社会流动功能的地位和作用随着社会的发展变革而日益提升，对个人的社会流动起着重要作用：①教育已成为现代社会中个人社会流动的基础；②教育是社会流动的主要通道；③教育的社会流动功能关乎人的发展权利和教育资源分配问题，也由此产生了教育机会均等的问题。

11. 简述教育的社会变迁功能与社会流动功能的关系。

答：教育的社会变迁功能与社会流动功能是性质不同的两种功能，二者有着严格的区别。教育的社会变迁功能是就教育所培养的社会实践主体在生产、科技、经济、政治与文化等社会生活各个领域发挥的作用而言的，它主要是指向社会整体的存在、延续、演变与发展。在社会变迁过程中，人主要是作为社会的工具来审视、设计、培养和训练，以期切实地为社会的变迁服务，为民族或群体的生存与发展条件的改善而努力奋斗。教育的社会流动功能则是就教育所培养的社会实践主体，通过教育的培养与提高以及在此基础上的个人能动性、创造性的弘扬，以实现在职业岗位和社会层次之间的流动和转换而言的，它主要是指向社会个体的生存与发展境遇的改善。在社会流动过程中，人主要作为目的，对自身的生存方式和自我实现方式作出自由选择，亦即有意识地使环境变化与社会改革为个人的生存和发展的理想服务。

但是，教育的社会变迁功能与社会流动功能之间又有内在的联系，二者相互促进、相辅相成。教育的社会变迁功能为社会流动功能的产生奠定了客观基础，并为其实现开拓了可能的空间；而教育的社会流动功能的实现程度，既是衡量社会变迁的价值尺度，又是推进社会变迁的动力。二者的互动是社会发展和进步的必要条件，体现了教育对社会发展日益增强的能动作用。

12. 教育的政治功能主要表现在哪些方面？

答：教育的政治功能是早为人们所认识的教育社会功能。从历史发展来看，历代统治阶级都非常重视教育，尤其重视教育在稳定社会秩序中的作用。教育的政治功能主要是通过传播思想意识和培养人才来实现的。

（1）教育通过传播一定社会的政治意识形态，完成年轻一代的政治社会化。

在阶级社会中，任何一种教育总是要向受教育者传播一定的政治、哲学、道德等方面的思想体系，形成他们一定的阶级意识和行为品质，其目的是使人们从思想上去自觉维护和巩固某种经济关系，以及建立在这种经济关系上的政治、伦理、道德关系等。

（2）教育通过造就政治管理人才，促进政治体制的变革与完善。

任何一个社会政治秩序的稳定，除了全体人民的政治社会化之外，还需要一批专门的政治人才。学校教育从它产生就担负起为社会培养国家所需要的政治人才、管理人才的责任。我国古代学校典型的"养士"教育在培养政治人才方面具有十分突出的功能。英国的"公学"和牛津、剑桥大学培养了一大批英国最高层的政治人才。

（3）教育通过提高全民文化素质，推动国家的民主政治建设。

一个国家的政治是否民主，主要取决于该国的政体，但也与国民的文化素质密切相关。一个国家普及教育的程度越高，国民的文化素质越高，就越能认识民主的价值，在政治生活和社会生活中就越能履行民主。而在一个文盲充斥的国家里，政治独裁、宗教迷信和官僚主义则是比较容易推行的。

（4）教育还是形成社会舆论、影响政治时局的重要力量。

学校是知识分子和青少年集中的地方，他们有知识、有见解、思想敏锐、勇于发表意见，通过教育者和受教育者的言论、行动、讲演、文章、学校的教材和刊物等，来宣传一定的思想，造就一定的舆论，借以影响群众，为一定的政治、经济服务。

13. 简述教育的社会制约性和独立性，以及两者的关系。

答：教育的社会制约性体现在这样几个方面：

（1）生产力是教育发展的根本因素，制约着教育目标的设定；制约着教育事业发展的速度、规模和学生的结构；制约着课程设置和教育内容的变革；促进了教学组织形式、教学手段和方法的变革。

（2）政治制度决定着教育的性质，即教育的思想政治方向和为谁服务的问题。政治经济制度决定教育的领导权，决定着受教育的权利，决定着教育目的的性质和思想品德教育的内容。

（3）文化传统特别是优秀的文化传统，需要通过教育传递这样必然影响社会对教育内容的选择。因此文化传统对教育传递的具体内容具有制约和影响作用；民族文化传统的核心，即价值观念和取向将极大地影响人们对现代教育目的的确定、教育地位的认识及教育内容、手段和方法的选择；文化传统也会直接影响学校教育的课程结构和教育内容，必然会促进学校教育内容的丰富和课程结构的变化。

（4）科学技术能够有力地改变教育者的教育观念，提高他们的教育能力；科学技术还会渗透到教育资料的所有环节中去为教育资料的更新和发展提供新的手段，同时，可以影响教育的内容、方法和手段；科学技术可以改变受教育的数量和质量。

（5）人口数量、人口质量、人口的结构以及人口分布的地理环境都对教育发展提出了要求，并直接影响着教育的规模、速度和内部结构。

人口年龄的构成，制约着需要受教育的实际人数；人口就业结构制约着教育的内部结构。

教育的独立性是相对的，是指教育具有自身的规律，对政治经济制度和生产力具有能动作用。具体表现在：教育是一种转化活动的过程；教育具有历史继承性；教育具有与政治经济制度和生产力发展的不平衡性。教育独立论是1922年蔡元培先生在《新教育》中提出的，他认为教育应该经费独立、行政独立、学术和内容独立、脱离宗教独立。

教育活动与政治经济关系密切，教育的社会制约性决定了教育不可能也不应该独立，教育只能相对独立。蔡元培先生的关于教育脱离政治、政党的主张是一种历史唯心主义，反映了他反对军阀控制教育、希望按教育规律办好教育事业的美好愿望。

14. 题目略。

答：本题主要考查教育的经济功能。第二问没有给出所依据的理论，具有很大的灵活性，回答问题有很大的空间，但要想得高分却并非易事，是对考生分析问题能力的全面考查，有一定难度。

（1）表中数据所显示的教育影响经济发展的总趋势：成人识字率越高的国家，经济增长速度越快；成人识字率越低的国家，经济增长速度越慢。可见，欧洲各国经济增长速度的差异在很大程度上是人力资本差异所导致的结果。

1850年，有些成人识字率超过70%的国家（如瑞典、芬兰）收入位次很低，有些识字率约50%的国家（如英格兰和威尔士、比利时）收入位次颇高，甚至有些识字率低于50%的国家（如西班牙）的收入位次不低。但随着时间的推移，5成识字率高的国家的人均国民生产总值逐渐超过识字率偏低的国家。这表明，教育对经济发展影响深远，其经济功能具有滞后性。

（2）教育之所以具有上述经济发展功能，是因为教育能够提高劳动力的总体素质，具体表现为：提高劳动的自觉性，缩短掌握新技术和转换工种的必要时间，形成解决复杂生产技术问题的能力，增强创造发明、参与生产管理、革新技术的意愿和能力。

教育的经济功能之所以具有上述滞后性特点，是因为：（1）一代人的教育水平影响下一代人的素质，从而间接地影响经济的发展；（2）教育水平起点高的国家，在国际劳动分工中占据更有利的地位；时间越久远，这种由教育带来的经济优势就越明显；（3）

随着经济发展对科学技术的依赖性越来越强，对教育发展的依赖性也会越来越强，教育水平起点越高的国家，其经济发展的速度就越快。

（三）论述题

1. 为什么说教育和社会生产力之间是一种相互制约的关系？试加以论述。

答：生产力对教育的制约作用主要表现在：（1）生产力水平决定教育的规模和速度。（2）生产力水平制约着人才培养的规格和教育结构。（3）生产力发展水平制约着教育的内容和手段。（4）生产力对教育的制约作用受生产力关系的调节，教育相对独立于生产力的发展。教育对生产力的促进作用主要表现在：①教育促进劳动力的生产和再生产；教育可以使潜在的生产力转化为现实的生产力；可以提高劳动力的质量和素质；可以改变劳动力的形态，把一个简单劳动力训练成一个复杂劳动力。②教育促进科学知识的生产和再生产；教育是实现科学知识生产和再生产的重要手段，通过教育可以高效能地扩大科学知识的再生产，使科学知识得到普及、先进的生产经验得到推广，从而提高劳动生产效率，促进生产力的发展。

2. 何谓教育具有相对的独立性？表现在哪几个方面？简要认识教育独立性的意义。

答：（1）教育的相对独立性的含义。教育的相对独立性是教育的基本属性之一，它是指教育在一定范围内、一定程度上具有独立于政治、经济等其他社会现象的特性。

（2）教育的相对独立性的表现：①教育对社会的作用具有能动性。教育并不是消极、被动地被社会所决定，一定社会的教育不仅受一定社会的政治、经济文化等的制约，同时教育也能动地反作用于一定社会的政治、经济、文化，促进或阻碍其发展。教育不仅被社会所制约和规定，也改变、引导和教化着社会。②教育具有自身的质的规定性。教育有自身的特殊对象，教育具有自身的规定性，这一规定性就是培养人，这是教育与其他社会现象的根本区别。人的发展规律与社会发展的规律并不是同质的，而是有着自身的特殊性，这也使得教育具有特殊的规律。③教育有历史继承性。教育的继承性是指每一时代的教育都与以往教育有着传承接续的关系。一定社会形态下的教育，无论是其思想、制度、内容还是方法、组织形式等，都不可能是凭空产生的，也不可能是完全崭新的，它与历史具有千丝万缕的联系，都具有相对的稳定性。④教育与社会发展的不平衡。教育与社会的联系并非只是直接的、简单的吻合，而是需要通过一定的转化机制，在发展时间上两者不完全同步，存在时间差。尽管生产力和政治经济制度对教育有制约作用，同时，教育对生产力和政治经济制度有促进作用。但是从历史上看，教育与生产力和政治经济制度的变革并非完全同步。如，教育相对独立于生产力的发展水平，有两种情况：一种情况是，在一定时期内，由于人们的思想意识落后于较为先进的生产力教育的思想、内容、手段、方法等也落后于生产力的发展；另一种情况是，在生产力处于较低的水平下，由于文化交流、社会转型甚或传统的影响，教育的思想、内容、甚至方法也可能超越生产力发展的水平。还有，教育相对独立于政治经济制度。教育相对独立于政治经济制度也有两种情况：一种情况是教育的发展落后于政治经济制度的发展；另一种情况是教育的发展超过了政治经济制度的发展。

（3）理解教育的相对独立性的意义。认识教育的相对独立对理解教育的作用和发展规律有着重要的意义。在分析研究教育问题时，不能仅仅从社会的政治、经济等方面去考察，还必须从教育内在的、特有的规律性去考察，更不能简单地照搬解决政治、经济等方面的方法去解决教育问题。这不仅不利于教育的发展，也不利于政治、经济等方面的发展。当然，教育的独立性毕竟是相对的，我们既反对抹杀教育相对独立性的形而上学的机械论，又反对把这种独立性绝对夸大化的历史唯心主义。①教育必须坚持自己独立的品格。教育就是教育，不能混同于其他社会活动，要坚持、坚守教育的质的规定性是培养人。教育适应社会不等于盲目顺应社会，教育不能依附于政治或经济。②教育对社会要有所批判。社会是复杂的，社会的发展不可避免地夹杂着偏差、错误乃至倒退，这就要求教育对社会要有敏锐的判断力和独立的批判性，充分发挥教育对社会的引导、教化作用。③教育对社会的适应要有所选择。教育是要服务社会的，但由于社会构成和社会组织的复杂性以及社会阶层的多样性，社会对教育的需求是多元的和多变的，其中有合理的与不合理的、正确的与错误的、短期的与长远的、高层次的与低层次的。这要求教育对社会的适应要有所选择，有所为，有所不为，要自主地选择适应合理的和正确的社会需要，要综合满足各种合理的社会需要并发挥教育的综合功能，以促进社会的健康、全面、持久发展。

3. 试论述人力资本理论的代表人物及其观点，并结合当前的现实对人力资本理论进行简单评析。

答：（1）人力资本理论的代表。沃尔什：《人力资本观》是西方最早的教育经济学论文，首次采用费用、效益分析法——现值折算法；舒尔茨：人力资本理论的创立者，《人力资本投资》，采用余数分析法；丹尼森：因素分析法，资本计量第一人；韦锥：《教育经济学》，标志着教育经济学的产生。

（2）舒尔茨的主要观点：①人力资本的积累是社会经济增长的源泉；②教育促进经济增长是通过提高人们处理不均衡状态的能力的具体方式实现的；③人类时间是人力资本的组成部分；④教育是使个人收入的社会分配趋于平等的因素。

（3）丹尼森的观点：①教育不是生产中的单独因素，是生产中人力因素的一个组成部分；②教育因素和教育投资指的是受正规教育年限的多少；③"知识增进"是人力资本的组成部分；④正规教育因素对经济增长的作用，只有其中的60%在起作用。

（4）人力资本理论价值及贡献：①突破了传统经济增长因素——土地、人口、物的资本的局限，肯定了人力投资对经济增长的作用；②对人力投资的经济效益进行定量分析，为成本—效益分析在教育管理中的应用奠定了基础；③适应了社会经济发展的需要，提出了一系列人力政策。

（5）人力资本理论的实践意义：①促进了世界上许多国家把人力资源开发纳入国家经济、社会发展战略目标，以及经济发展规划或计划；②使人们认识到物力资本与人力资本的高度互补性；③促进了国家、社会、家庭及个人对教育的投入，推动了教育事业飞速发展和人口质量的普遍提高；④有力地促进了科学研究与技术开发，加大了对科学研究的投入。

（6）评价：人力资本理论的合理性：①强调人的能力的提高在经济增长中的作用；②强调提高人口质量和劳动质量；③把教育视为生产性投资；④把教育投资作为人力资本的核心。人力资本理论的局限性：①把人力投资资本化，抹杀了资本的实质；②把人力投资与物力投资等同起来，抹杀了劳动创造价值的基本事实；③人力资本的收益论掩盖了工人受剥削的阶级实质；④夸大了教育在国民经济发展中的贡献；⑤将教育与经济增长的关系简单化。

4. 运用现代教育功能的基本原理说明教育在社会主义现代化建设中的作用。

答：（1）现代教育具有三个方面的本体功能，即现代教育的职能：加速年轻一代身心发展与社会的进程——人的培养；人类精神文明的传递与继承——社会遗传；经验和人才的选择——科学筛选。通过这些职能的发挥，教育对社会产生了一系列功效，包括促进社会政治变革、经济发展、科技进步，以及人口质量的提高等。

（2）在我国社会主义现代化建设中，教育同样具有十分重要的战略地位。"百年大计，教育为本"，这是党中央明确提出的决策。教育在我国社会主义现代化建设中具有突出的促进作用：①教育对于我国科学技术的发展具有重要意义。科技是第一生产力。科技进步要靠人才，而人才培养要靠教育。现代社会是一个科学技术飞速发展、国际竞争日趋激烈的时代。现代社会的国际竞争已由过去资源、资本的竞争转变成技术、智力的竞争。科技的竞争实质上就是人才的竞争、教育的竞争。因此，要使国家立于不败之地，必须重视教育的发展和人才的培养。②教育是提高人口质量的重要途径。人口质量是现代社会质量的一个重要指标，有高质量的人口才有高质量的社会、高质量的物质文明和精神文明。而改善人口质量的重要途径正是教育。③教育是提高劳动生产率的重要因素。建设社会主义必须不断提高劳动生产率和经济效益。劳动生产率的提高取决于劳动者受教育程度的提高和科学技术水平的提高。教育不仅能提高劳动者的质量，还可以传播科技、发展科技，从而促进社会生产的高效率，给现代化建设带来巨大的经济价值。④教育是建设社会主义精神文明的重要内容和手段。社会主义精神文明建设包括文化建设和思想建设两个方面。发展文化离不开教育，教育的实施和普及是提高全民族文化水平的重要条件。思想品德的形成，也必须依靠教育的灌输和培养。

综上可知，教育必须也必然是我国社会主义现代化建设的战略重点。

5. 简述教育对社会文化的选择功能。

答：（1）教育根据培养人的客观教育规律进行文化选择。教育不能简单地用现成的文化对青少年进行文化传递，而必须把教育内容加工成青少年易于接受的形式。（2）教育按照严格的标准进行文化选择。教育必须依据科学的、时代的、民族的、辩证的要求进行文化选择。（3）教育通过多种途径进行文化选择。教育可以通过培养目标、教育过程、课程标准、教师群体等途径进行文化的选择。（4）教育在动态发展中进行文化选择。教育对文化的选择不是静止的，而是随着社会的发展、文化水平的提高而不断变化。

6. 教育的筛选假设理论与教育人力资本理论的比较。

答：筛选理论和人力资本理论都认为求职者的教育水平与工资高低是成正比的，并在分析中都采用了简化法，二者具有相似之处，其分歧主要在于：人力资本理论的观点是"教育——劳动——生产率——工资"，认为提高受教育程度就会提高一个人的劳动生产率，从而得到较高的工资，而筛选理论的观点则是"教育——筛选——工资"，认为教育只是作为一种信号反映一个人的能力，并没有改变一个人的生产率，它在本质上只是"不完全信息"条件下的一种"信号"，因而教育对经济增长的作用是源于它在劳动力市场所起的筛选作用。这样，筛选理论就得出一个与人力资本理论原有观点不同的见解：如果雇主对雇员的学历要求超过岗位的需要，教育水平的提高不一定能促进经济增长；如果劳动力市场的工资结构没有改变，教育水平的提高也不能促进社会的平等。反之，过分地依赖学历文凭作为选聘的依据，在没有适当协调教育与经济发展的条件下，不仅不会促进经济增长，而且将会给国家和个人带来严重的后果。比如，由于获得较高教育文凭便可获得较理想的职业岗位和优厚待遇，因而会大大刺激人们对高等教育的需求，导致高等教育的过量发展。总之，筛选理论描述和解释了20世纪70年代以来困扰许多国家的教育文凭膨胀问题，并因此在世界各国得到了广泛传播，但该理论片面强调教育的信号筛选作用，进而否认教育提高人的认知技能、从而提高劳动生产率作用的观点是错误的。

7. 结合实际阐述教育的社会功能。

答：教育的社会功能主要体现在推动社会发展变迁和促进社会流动。教育的社会变迁功能是就教育所培养的社会实践主体在生产、科技、经济、政治和文化等社会生活各个领域发挥的作用而言的，它主要是指向社会整体的存在、延续、演变和发展。主要包括教育的经济功能、教育的政治功能、教育的生态功能、教育的文化功能。

教育的社会流动功能是指社会成员通过教育的培养、筛选和提高，能够在不同的社会区域、社会层次、职业岗位、科层组织之间转换、调整和变动，以充分发挥其个性特长，展现其智慧才能，实现其人生抱负。教育的社会流动功能，按其流向可分为横向流动功能和纵向流动功能。

8. 题目略。

答：（1）上述材料反映了教育可以生产新的科学知识、新的生产力的社会作用。学校，特别是高等学校，不仅是传授知识的教育单位，承担着再生产科学知识的任务，同时也是从事科学研究的重要基地，担负着生产新的科学技术和新的生产力的任务。

（2）学校中教学与科研相结合，一方面生产出新的科学知识，发挥精神生产方面的作用，形成科学、技术、生产体系，在高校的实验室里研制创造出众多新的生产工艺，直接参与物质生产过程，推动生产力的发展。另一方面，通过教学，还可以把科研成果纳入教学内容，培养受教育者的研究能力，为更深层次的研究奠定基础。

（3）高等院校集中了一批一流的专家，形成了良好的产业结构；拥有年轻的精力充沛的研究生作为人才梯队，从而使高校有良好的条件进行一些高水平的研究，尤其是对于基础理论的研究，可望在科学前沿取得重大突破。正由于这些便利条件，世界各国都非常重视高等学校中的基础性研究，在高校中投入越来越多的人才和物质条件。很多国家因此而占据科学前沿，取得许多重大科技成就。

第五章 教育目的

【本章知识框架】

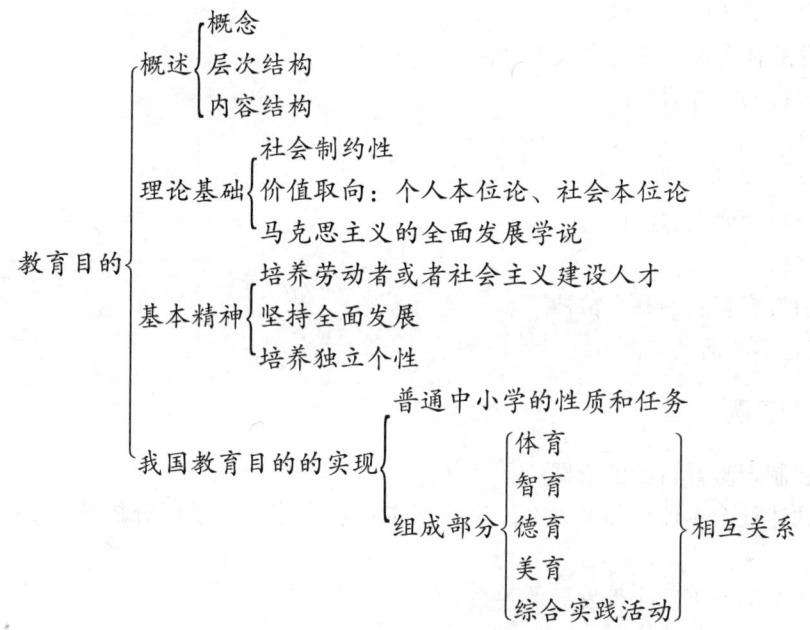

考情分析

学习本章要求考生掌握教育目的的概念，了解关于教育目的的主要理论；掌握教育目的的基本精神，熟悉我国的教育目的和全面发展教育的构成。本章知识内容多、杂、难。既要求深入理解，也要求明确记忆。多数内容要以备考简答题的方式来复习以上知识点，要求记忆准确，条理性清楚。

本章内容是考试的重点，考生必须引起重视，教育目的的理论价值是本章重中之重，也是出题的高分区。

重点难点

1. 教育目的的理论基础。
2. 教育目的的基本精神。
3. 全面发展教育的构成。
4. 教育目的的层次结构和内容结构（记住每个理论的代表人物、主要观点与评价，不仅要抓关键词，还要会围绕关键词展开阐述，能做简答题）。

【习题精编】

（一）名词解释

1. 教育目的。
2. 教育目的的层次结构。
3. 教育的社会本位论与个人本位论。
4. 教育目的的价值取向。
5. 智育。
6. 体育。
7. 教育目的的内容结构。
8. 教育目的的意义。
9. 我国教育目的的基本精神。
10. 综合实践活动。

（二）简答题

1. 简述制定教育目的的依据。
2. 试评述社会本位论和个人本位论的基本观点主张，并予以分析评价。（中山大学 2005 年）
3. 简述全面发展和个性发展的关系。
4. 简述教育目的的作用。
5. 我国教育目的的精神实质及其基本特征是什么？
6. 我国实施教育目的的基本要求是什么？
7. 我国教育目的的基本结构是什么？
8. 为什么说教育与生产劳动相结合是培养全面发展人的基本原则和方法？
9. 什么是培养目标？培养目标与教育目的的关系如何？我国中小学的培养目标是什么？

10. 简述马克思主义关于人的全面发展学说的主要观点。（首都师范大学 1998 年）

11. 阅读下述材料，评析论者的教育目的观，并联系实际论述这种目的观对我国教育改革的借鉴意义。（教育学统考 2011 年）

现在教育上的许多方面的失败，是由于它忽视了把学校作为社会生活的一种形式这个基本原则。现代教育把学校当做一个传授某些知识、学习某些课业或养成某些习惯的场所。这些东西的价值被认为多半要取决于遥远的将来，儿童之所以必须做这些事情，是因为他们将来要做别的事情，而这些事情只是预备而已。结果是，它们并不成为儿童生活经验的一部分，因而并不真正具有教育作用。

把教育看作为将来做预备，错误不在强调为未来的需要做预备，而在把预备将来作为现在努力的主要动力。为不断发展的生活做预备的需要是巨大的，因此，应该把全部精力一心用于使现在的经验尽量丰富，尽量有意义，这绝对重要的。于是，随着现在于不知不觉中进入未来，未来也就被照顾到了。

12. 简述教育目的的层次结构和内容结构。

（三）论述题

1. 根据新中国成立以来我国公布的教育目的，试说明我国教育目的的精神实质是什么，以及应如何去实施教育目的。

2. 试从教育目的的个人本位论和社会本位论出发，分析我国目前的教育目的。

3. 什么是素质教育？其内涵是什么？如何实施素质教育？

4. 论述如何落实我国的教育目的。

5. 在学校德育、智育、体育、美育等教育活动中，孤立强调某一方面或把"各育"关系割裂开来，都是错误的。为什么？（苏州大学 2004 年）

6. 结合当前教育改革实际和我国教育目的的规定，试述全面发展与培养学生独立个性的关系；并根据你的认识，谈谈对培养学生独立个性的看法。（武汉大学 2002 年）

【参考答案】

（一）名词解释

1. 教育目的有广义与狭义之分：广义是指人们对受教育者的期望，即人们希望受教育者通过教育在身心发展诸方面发生什么样的变化，或者产生怎样的结果。狭义是指国家对培养什么样的人才的总要求，是一定教育价值观的体现；各级各类学校必须遵循的总要求，体现在课程或教学方面的特殊要求。

2. 教育目的的层次结构是指在国家教育的总目的指导下，由各级各类学校的培养目标以及实现这些目标所必需的课程与教学目标构成的教育目标系统，它们由抽象到具体，形成了一个完整的目标体系结构。

3. 教育的社会本位论与个人本位论是指根据教育目的的选择而确立的两种相对立的价值取向的理论。个人本位论，就是把人的价值看成高于社会的价值，把人作为教育目的的根本所在的一种思想主张。个人本位论的思想主要反映在自然主义和人本主义的教育思想中，主要代表人物有卢梭、裴斯泰洛齐、康德、马斯洛、萨特等。

社会本位论，是指主张教育目的应以社会需要为根本或出发点，强调以社会的发展需要为主来制定教育目的和建构教育活动的一种教育目的的理论。这种理论的思想渊源可上溯到古希腊的柏拉图和我国战国时期的荀况。到19世纪下半叶，这一理论进入鼎盛时期，主要代表人物有孔德、涂尔干、凯兴斯泰纳等。

4. 教育目的的价值取向集中体现在教育目的的双重性上。教育目的的双重性表现在教育既有内在目的又有外在目的，或者说，教育既有直接目的又有间接目的。由于立足点不同，形成了两种本位论。个人本位论者主张教育目的的提出应当根据受教育者的本性，而不是从社会需要出发。他们认为，教育的目的在于把受教育者培养成人，充分发展受教育者的个性，提升受教育者的个人价值，评价教育的价值应当以教育对个人的发展所起的作用来衡量。社会本位论者主张，教育目的要根据社会需要来确定，个人只是教育加工的原料，个人的发展必须服从社会需要；教育目的就在于把受教育者培养成符合社会准则的公民，使受教育者社会化，保证社会生活的稳定和延续。

5. 智育是指向学生传授系统科学知识和技能，培养和发展学生智力才能的教育活动。智育除了传授知识以外，还包括以下基本任务：培养训练学生，使其形成基本技能；培养和发展学生的智力才能，增强学生各方面能力；培养学生良好学习品质和热爱科学的精神。

6. 体育是指向学生传授身体运动及保健知识，增强他们的体质，发展他们的身体素质和运动能力的教育。体育也是全面发展教育的重要组成部分。随着国际交往的扩大，体育事业发展的规模和水平已是衡量一个国家、社会发展进步的一项重要标志，也成为国家间外交及文化交流的重要手段。体育可分为大众体育、专业体育、学校体育等种类。包括体育文化、体育教育、体育活动、体育竞赛、体育设施、体育组织、体育科学技术等诸多要素。

7. 教育目的的内容结构是指教育目的由哪几个部分构成及其相互之间的关系。教育目的一般由两个部分组成：一是就教育所要培养出的人的身心素质做出规定，即指明受教育者在知识、智力、品德、审美、体质诸方面的发展，以期受教育者形成某种个性结构；二是就教育所要培养出的人的社会价值做出规定，即指明这种人符合何种社会的需要或为哪个阶级的利益服务。其中关于身心素质的规定是教育目的的核心部分。教育的专门职能在于培养人，教育目的也相应地要对受教育者各方面的发展做出切实规定，形成受教育者合理的素质结构。只有在此基础上，受教育者才能在社会实践中能动地创造价值，为社会理想的实现作出贡献。

8. 教育目的的意义是教育活动的出发点和归宿，它对教育任务的确定、教育制度的建立、教育内容的选择以及全部教育活动过程的组织具有重要意义：（1）对教育活动的定向作用；（2）对教育活动的调控作用；（3）对教育活动的评价作用。

9. 我国教育目的的基本精神在于：培养德、智、体、美全面发展的具有独立个性的社会主义现代化需要的各级各类人才。

10. 综合实践活动是指在教师引导下，密切联系学生自身生活和社会实际，让学生自主进行综合实践活动，包括研究性学习、社区服务、社会实践、劳动技术和信息技术等活动，积累解决实际问题的经验、提高综合应用知识于实践的能力的教育。因此，综合实践活动同样是全面发展教育的重要组成部分。与传统实践活动强烈的目标性不同，综合实践活动更强调多种主题、多种任务模式、多种研究方法的综合，这种综合不是来自教师的人为复杂化，而是来自于学生个体对实践活动主题的更深入认识和挖掘过程。

（二）简答题

1. 简述制定教育目的的依据。

答：教育目的是由人提出的，属于意识范畴，它的形式是主观的。但是，人们提出的教育目的是有其现实基础和社会根源的，它的内容是客观的。人们在规定教育目的时必须以一定的客观存在及其发展规律为前提和根据。它具有如下三个前提：（1）一定社会的生产关系及建立在这种生产关系之上的政治制度；（2）生产力的发展状况也制约着教育目的的制定；（3）人的发展的理论和人的身心发展规律。教育总是直接指向处于一定发展阶段的受教育者个体的，为了使受教育者身心发展达到预期的结果，教育目的的制定者不能不考虑个体身心发展的可能性。

2. 试评述社会本位论和个人本位论的基本观点主张，并予以分析评价。（中山大学2005年）

答：个人本位论在18世纪和19世纪上半叶盛行于西方资本主义世界，其思想主要反映在自然主义和人本主义的教育思想中，认为教育目的应该根据人的本性的需要来确定。代表人物主要有卢梭、裴斯泰洛齐、福禄贝尔、康德、萨特等。

主要观点：（1）教育目的应该根据个人发展的需要来制定；（2）个人的价值高于社会的价值；（3）人生来就有健全的本能，教育的职能就在于使这种本能，不受影响地得到自然的发展。

基本评价：个人本位论把人视为教育目的的根本，在人的自由和个性解放、提升人的价值和地位等方面具有深远的历史意义。但在变革社会和教育的探讨过程中，不免带有历史唯心主义色彩和过激的观念意识，在社会发展中带有明显的片面性。

社会本位论在19世纪下半叶开始出现于西方国家。认为教育的一切活动都要服从于社会的需要，教育目的应该根据社会的需要来确定。代表人物主要有孔德、纳托普、涂尔干、凯兴斯泰纳等。

主要观点：（1）主张教育目的应以社会需要为根本或出发点，强调以社会的发展需要为主来制定教育目的和建构教育活动的一种教育目的的理论。教育的最高目的在于使个人成为国家的合格公民，具有起码的政治品格、生产能力和社会生活素质。单纯的个人不可能成为教育目的。（2）人的本性是社会性，人的一切发展都依赖于社会。（3）社会的价值高于个人的价值，个人的使命在于为国家或社会进步事业献身。

基本评价：社会本位论，强调教育目的从社会出发，满足社会的需要，具有一定的合理性。但它过分强调人对社会的依赖，把教育的社会目的绝对化、唯一化，这种极端的主张完全割裂了人与社会的关系，极易造成对人本性的严重束缚和压抑。

3. 简述全面发展和个性发展的关系。

答：教育的目的所规定的我国教育所要培养的"劳动者"和"建设人才"是全面发展的，具有独立个性的，二者并不排斥。（1）所谓"全面发展"，说的是受教育个体在德、智、体、美诸多方面都得到发展，不可或缺，即个性全面发展。（2）所谓"独立个性"说的是德、智、体、美等素质因素在受教育者个体身上的特殊组合，不可一律化，即全面发展个性，平均发展是不可取的。（3）二者的关系是辩证统一的：全面发展也是个人的全面发展，全面发展的过程也是个人的个性形成过程，独立个性是全面发展的独立个性。培养受教育者的独立个性也就是说要使受教育者的个性自由发展，增强受教育者的主体意识，形成受教育者的开拓精神、创造才能，提高受教育者的个人价值。培养受教育者的全面发展就是说受教育者个体必须在德、行、体、美诸多方面都得到发展，即个性的全面发展，而独立个性即全面发展的个性。

二者是辩证统一的关系，且互不排斥。全面发展不能不是个人的全面发展，全面发展的过程不能不是个人的个性形成过程，独立个性是全面发展的独立个性，所说的个性化是与社会同向的个性化，所说的自由发展是与社会同向的自由发展。我们并不赞成与社会利益、社会秩序背道而驰，为所欲为的个性。对于损害社会利益和破坏社会秩序的极端自私自利的个性化或自由发展，必须加以教育、约束，使其回到教育目的所要求的轨道上来。

4. 简述教育目的的作用。

答：教育目的的作用，亦称教育目的的功能，是指教育目的对实际教育活动所具有的作用。它对教育任务的确定、教育制度的建立、教育内容的选择以及全部教育活动过程的组织都起着指导作用。教育目的是教育活动的出发点和依据，对教育活动的顺利进行具有以下几个方面的功能：（1）对教育活动的规范功能；（2）对教育活动的选择功能；（3）对教育活动的激励功能；（4）对教育活动的评价功能。

5. 我国教育目的的精神实质及其基本特征。

答：我国教育目的的精神实质是指：（1）《中华人民共和国教育法》规定："教育必须为社会主义现代化建设服务，必须与生产劳动相结合，培养德智体美劳方面发展的社会主义事业的建设者和接班人。"（2）将"劳动者"培养成"社会主义事业的建设者和接班人"，是社会主义教育目的的总要求。（3）使受教育者德智体等方面全面发展，是社会主义教育目的的教育质量标准。（4）坚持教育目的的社会主义方向，是社会主义教育目的的根本特点。我国教育目的的基本特征：（1）以马克思主义人的全面发展学说为指导思想；（2）具有鲜明的政治方向；（3）坚持全面发展与个性发展的统一。

6. 我国实施教育目的的基本要求是什么？

答：（1）端正教育思想，明确教育目的；（2）全面贯彻党的教育方针，全面提高教育质量；（3）深化教育改革，实施素质教育。

7. 我国教育目的的基本结构是什么？

答：（1）教育目的有两个组成部分：教育要为社会培养什么人的问题；教育所培养的人应具备的身心素质及其相互关系。（2）教育目的的两个组成部分之间的关系：一般来说，两个组成部分的关系是有机、和谐地结合在一起，两个部分的统一表达了对教育工作的基本要求。(3) 教育目的的规定性：培养劳动者、全面发展的组成部分以及相应承担的任务；五育是一个统一整体。

8. 为什么说教育与生产劳动相结合是培养全面发展人的基本原则和方法？

答：(1) 因为实现教育与生产劳动相结合，才能把体力和脑力劳动结合起来，使人的体力和智力协调地统一起来，所以马克思说这是"造就全面发展人的唯一方法"。(2) 与生产劳动相结合是现代生产和现代教育相互制约、协调发展的一个普遍原理。可见，教育与生产劳动相结合是培养全面发展的人的基本原则，是必由之路。

9. 什么是培养目标？培养目标与教育目的的关系如何？我国中小学的培养目标是什么？

答：培养目标规定各级各类学校培养什么人的问题，是教育目的在各级各类学校的具体化。培养目标的制定受教育目的的制约。教育目的与培养目标是普遍与特殊的关系，培养目标的制定当然要考虑到教育目的，但制定培养目标，还要考虑教育对象的特点及特定的社会领域需要。我国中小学培养目标：(1) 九年义务教育的培养目标是"使儿童、少年的品德、智力、体质等方面全面发展，为提高全民族的素质，培养有理想、有道德、有文化、有纪律的社会主义建设人才奠定基础"。(2) 普通高中教育的培养目标是"新课程的培养标准应体现时代要求。要使学生具有爱国主义、集体主义精神、热爱社会主义、继承和发扬中华民族的优秀传统和革命传统；具有社会主义民主法制意识，遵守国家法律和社会公德；逐步形成正确的世界观、人生观、价值观；具有社会责任感、努力为人民服务；具有初步的创新精神、实践能力、科学和人文素养以及环保意识；具有适应终身学习的基础知识、基本技能和方法；具有强健的体魄和良好的心理素质，养成健康的审美情趣和生活方式，成为有理想、有道德、有文化、有纪律的一代新人"。

10. 简述马克思主义关于人的全面发展学说的主要观点。（首都师范大学 1998 年）

答：纵观马克思主义对人的全面发展含义的各种表述，可见人的全面发展具有丰富的内涵：(1) 指人的生产物质生活本身的劳动能力的全面发展。劳动能力的全面发展既表现为人的体力和智力的全面发展，又表现为人的才能和兴趣的全面发展；(2) 指人的才能的全面发展，正如马克思、恩格斯说的"每一个人都无可争辩有权全面发展自己的才能"，"任何人的职责、使命、任务就是全面地发展自己的一切能力"；(3) 指人的自身的全面发展，它意味着"人以一种全面的方式，也就是说，作为一个完整的人，占有自己的全面的本质"；(4) 指人的自由发展。

11. 阅读下述材料，评析论者的教育目的观，并联系实际论述这种目的观对我国教育改革的借鉴意义。（教育学统考 2011 年）

现在教育上的许多方面的失败，是由于它忽视了把学校作为社会生活的一种形式这个基本原则。现代教育把学校当做一个传授某些知识、学习某些课业或养成某些习惯的场所。这些东西的价值被认为多半要取决于遥远的将来，儿童之所以必须做这些事情，是因为他将来要做别的事情，而这些事情只是预备而已。结果是，它们并不成为儿童生活经验的一部分，因而，并不真正具有教育作用。

把教育看作为将来做预备，错误不在强调为未来的需要做预备，而在把预备将来作为现在努力的主要动力。为不断发展的生活做预备的需要是巨大的，因此，应该把全副精力一心用于使现在的经验尽量丰富，尽量有意义，这绝对重要的。于是，随着现在于不知不觉中进入未来，未来也就被照顾到了。

答：本题考查教育目的的主要理论，材料反映了教育的"生活准备说"和"生活适应说"。

教育的"生活准备说"的代表人物是斯宾塞，他认为教育是为未来完满生活做准备的，教会人们学习怎样生活，要为未来生活做准备；教育的"生活适应说"的代表人物是杜威，他认为教育是生活本身，使受教育者学会怎样生活，学校应该培养完全适应社会现实生活的人。

也可以从教育目的、教育内容、课程内容等方面进行论述。

12. 简述教育目的的层次结构和内容结构。

答：（1）教育目的的层次结构。教育目的的层次结构是在国家教育的总目的指导下，由各级各类学校的培养目标以及实现这些目标所必需的课程与教学目标构成的教育目标系统，它们由抽象到具体，形成了一个完整的目标体系结构。一般来说，这一目标体系由四个层次构成，并且它们有上下位次之分，依次为：教育目的>培养目标>课程目标>教学目标。

①国家的教育目的居于第一个层次，它是由国家提出来的，其决策要经过一定的组织程序，一般体现在国家的教育文本和教育法令中，代表国家或社会对受教育者提出的总的要求。

②各级各类学校的培养目标居于第二个层次，即在总目的的指导下，依据学校的层次、性质、人才培养的具体质量规格的不同，形成不同学校的不同培养目标。

③课程目标即课程方案设置的各个教学科目所规定的教学应达到的要求或标准。

④教学目标即教师在实施课程计划过程中，在完成某一阶段（如一节课、一个单元或一个学期）的教学工作时所期望达到的要求或结果。

（2）教育目的的内容结构。教育目的的内容结构是指教育的目的的组成部分及相互关系。一般由两个部分组成：①教育所要培养出的人的身心素质做出规定，即指明受教育者在知识、智力、品德、审美、体质诸方面的发展，期望受教育者形成某种个性结构。②教育所要培养出的人的社会价值做出规定，即指明这种人符合何种社会的需要或为哪个阶级的利益服务。其中关于身心素质的规定是教育目的的核心部分。教育的专门职能在于培养人，教育目的也相应地要对受教育者各方面的发展做出切实规定，形成受教育者合理的素质结构。只有在此基础上，受教育者才能在社会实践中能动地创造价值，为社会理想的实现作出贡献。

（三）论述题

1. 试根据新中国成立以来我国公布的教育目的，说明我国教育目的的精神实质是什么，应如何去实施教育目的？

答：1949 年以来，我国对于教育目的的表述虽然在字面上有所不同，具体内容也不完全一样，但它们却有着共同的精神实质，主要表现在：（1）培养"劳动者"是社会主义教育目的的总要求。

（2）要求德智体等方面全面发展是社会主义的教育质量标准。

（3）坚持教育目的的社会主义方向，是我国教育目的的根本特点。

首先，实施教育目的，应当特别注意人才素质以下几个方面的培养：①创造精神；②实践能力；③开放思维；④崇高理想。

其次，教育目的的实施还必须正确处理以下几个关系：①教育目的与教育目标。教育目标是根据教育目的来制定的，除了考虑落实教育目的之外，教育目标还应结合各级各类学校教育的性质和任务，以及特定教育对象的身心发展特点及规律来确定。教育目的到教育目标的转化就是教育目的由一般到具体的过程。

②德智体美劳诸育的关系。德育、智育、体育、美育、劳动技术教育是我国教育目的规定的全面发展教育的有机组成部分，是对人类在长期教育实践中积累起来的培养人的经验的抽象和概括。"五育"各有自己的特殊任务、内容和方法，对人的发展起着不同的作用，均有相对的独立性，应该根据不同的教育内容或领域的特点实施合乎规律的教育，有重点地完成整体教育的目标。同时又相互依存、相互渗透、相互促进。把"五育"作为一个统一的整体，才能使受教育者形成合理的素质结构，培养出符合社会要求的全面发展的人才。在实际工作中虽然有所分工，但所有从事教育工作的人，都兼有完成德智体美劳诸育的任务，都应是德育兼智育、体育、劳动技术教育者。

③全面发展与因材施教的关系。这实际上是我国教育目的的全面发展和个性发展相统一的一个具体要求。全面发展不等于平均发展或平面发展。不同个体所处环境不同，具有的自身素质和客观条件也不同，因而会形成不同的个性、兴趣和特长，所以必须根据每一个学生的特点对学生因材施教，在充分发挥每一个学生的长处的同时求得他的全面发展。

④全面发展与职业定向。全面发展的人才终究要在一定的社会中生活，要满足社会发展的需要，教育就必须为不同的社会岗位培养人。如果不管不同教育的性质和实际，一味片面强调划一的全面发展，反而会葬送全面发展的教育目的。

2. 试从教育目的的个人本位论和社会本位论出发，分析我国目前的教育目的。

答：（1）个人本位论：个人本位论把促进个人个性的发展看作教育的目的，认为社会也要为人的发展而存在而延续，认识到教育培养人的职能，主张发展个性，提高人的价值，有可取之处。在历史上，特别是在文艺复兴以后的历史条件下，它高扬人的个性自由解放的旗帜，对于打破宗教神学和封建专制对人的束缚，促进人的解放，使教育回归到人间，起到了重大的历史奠基作用。但不正确地忽视或排斥教育为社会需要服务的职能，否定了教育的社会价值，则带有历史唯心主义色彩，具有片面性。激进的人本位无视人发展的社会要求和社会需求，甚至把满足人的需要和满足社会的需要对立起来，导致个性、自由和个人主义的绝对化。

（2）社会本位论：社会本位论主张从社会的角度考虑人与社会的关系，把满足社会需要当做教育目的，认为个人应该为社会而生存而发展，同社会的共同生活相协调。这无疑是有道理的，因为人的存在和发展是无法脱离社会的。但它过于强调人对社会的依赖，把教育的社会目的绝对化，完全割裂了人与社会的关系；具有一定程度的保守性，容易导致人的本性发展的束缚和压抑,是一种机械决定论。

(3) 当前我国教育目的的精神实质在于,培养德智体美劳全面发展的、具有独立个性的、社会主义现代化的建设者。其中心思想包括三个方面:①培养社会主义需要的劳动者是社会主义教育目的的总要求;②要求德智体等方面全面发展是社会主义的教育质量标准;③使受教育者具有独立性,培养受教育者的独立个性,也就是说要使受教育者的个性自由发展,增强受教育者的主体意识,形成受教育者的开拓精神、创造才能,提高受教育者的个人价值。这与"全面发展"的要求并不矛盾,"全面发展"指的是个体在德智体美等方面,即个性的全面发展;"独立性"是指德智体美等因素在受教育者个体身上的特殊组合,即全面发展的个性。

(4) 评析:从我们教育目的的精神实质可以看出,我们总结了个人本位和社会本位两种不完美的教育目的观,把个体的全面发展和社会、国家的利益统一起来,在培养社会需要的"劳动者"的基础上,倡导人的全面发展和个性独立,使个体的发展和社会进步、国家发展相统一。

3. 什么是素质教育?其内涵是什么?如何实施素质教育?

答:我国的素质教育是根据教育法规定的国家教育方针,着眼于受教育者及社会发展的要求,以面向全体学生、全面提高学生的素质为根本宗旨,以注重培养受教育者的态度、能力,促进他们在德智体等方面生动、活泼、主动地发展为基本特征的教育。

素质教育的内涵应从多个角度来理解。从教育目标角度看,素质教育以全面培育和提高受教育者综合素质为目的,以培养学生的创新精神和实践能力为重点,造就德智体美劳全面发展的合格公民;从教育功能角度看,素质教育是依据人的发展和社会发展的需要,以全面提高全体学生的基本素质为根本目的,以尊重学生的主体地位和主动精神、注重形成人的健全个性为根本特征的教育。

对素质教育内涵的理解,还应强调以下四个方面:(1)主体性。素质教育充分弘扬人的主体性,关注个性发展。(2)全体性。素质教育是面向全体的教育。(3)全面性。素质教育要求全面发展学生的生理素质、心理素质、文化素质。(4)长效性。素质教育强调培养学生的基本素质和终生学习能力,促进学生可持续地自主发展。

实施素质教育的方法:(1)切实加强党和政府的领导作用;(2)调整教育体系结构,扩大高中教育和高等教育的规模;(3)构建不同类型教育相互沟通相互衔接的教育体制;(4)加快改革招生考试和评价制度;(5)调整和改革课程体系、结构、内容;(6)大力提高教育技术手段的现代化水平和教育信息化程度;(7)建设高质量的教师队伍。

4. 论述如何落实我国的教育目的。

答:教育目的是全部教育活动的核心,为了充分发挥教育目的对教育活动的促进功能,教育工作者应该特别重视教育目的的落实。要实现我国的教育目的,需做到以下几个方面:

(1) 正确认识教育目的和培养目标之间的关系。

(2) 理解全面发展的现代内涵,克服以往存在的误区:树立全面发展的教育观。①不能把西方传统上的人的"全面发展"与我国所讲的人的"全面发展"等同起来;②全面发展不等于人的各方面平均发展、平面发展;③全面发展不是忽视人的个性发展。

我们必须树立全面发展的教育观，这是因为：①这是由我国教育目的决定的，不仅是社会发展的需要，也是人自身发展的需要。②从历史发展上，我国既有全面发展教育的正面经验，也有忽视全面发展教育的反面经验。特别是忽视全面发展的教育至今依然存在，并不同程度地为社会的发展和人的发展带来了不良的影响。③现代科学、特别是现代心理学、生理学等均从不同角度揭示了人的生理与心理、智力与非智力、知识与能力、才能与品德等诸多方面在构成完整、完善个体中的相互联系性和制约性。这些都从人的身心发展的理论基础上认识了人的全面发展的必然性和必要性。树立全面发展教育观对搞好各级各类教育，特别是中小学教育尤为重要。我们必须明确：普通中小学教育的性质是基础教育，它的任务是培养全体学生的基本素质，为他们学习做人和进一步接受专业（职业）教育、各种高一级教育打好基础，为民族素质提高打好基础。要更好地完成这些任务，就应牢固树立全面发展的教育观，坚持全面发展教育。

（3）正确认识和处理好各育的关系。

（4）防止教育目的实践性缺失。

5. 在学校德育、智育、体育、美育等教育活动中，孤立强调某一方面或把"各育"关系割裂开来，都是错误的。为什么？（苏州大学 2004 年）

答：（1）全面教育的思想。全面教育不仅是社会发展的需要，也是人自身发展的需要。现代科学从不同角度揭示了人的生理与心理、智力与非智力、知识与能力、才能与品德等多方面在构成完整、完善个体中的相互联系性和制约性。纵观马克思主义对人的全面发展含义的各种表述，可见人的全面发展具有丰富的内涵：①指人的生产物质生活本身的劳动能力的全面发展。劳动能力的全面发展既表现为人的体力和智力的全面发展，又表现为人的才能和兴趣的全面发展。②指人的才能的全面发展，正如马克思、恩格斯说的"每一个人都无可争辩有权全面发展自己的才能"，"任何人的职责、使命、任务就是全面地发展自己的一切能力"。③指人的自身的全面发展，它意味着"人以一种全面的方式，也就是，作为一个完整的人，占有自己的全面的本质"。④指人的自由发展。

（2）全面发展要求正确处理各育之间的关系。所谓全面发展教育，是对含有各方面素质培养功能的整体教育的一种概括，是对为使受教育者多方面得到发展而实施的多种素质培养的教育活动的总称，它由多种相互联系而又各具特点的教育所组成。具体包含哪些方面，现在并无统一意见。不过，从实际来看，多数人通常把德育、智育、体育、美育、劳动技术教育作为全面发展教育的基本构成。

德育、智育、体育、美育等教育活动相互之间既有区别又有联系。

首先，"各育"之间在其组成因素、发展过程和作用方面都有区别。它们各自构成一个独立的组成部分、独立的系统，存在着彼此独立的而不是从属的关系。因此，在学校教育中它们各自的作用是不能相互替代的。

其次，"各育"之间存在着密切的联系。尽管"五育"是各自独立的组成，但它们之间的相互联系构成了一个统一的全面发展教育的整体。体育是各育实施的物质前提，是人的一切活动的基础；智育是各育实施的认识基础、智力支持；德育则是各育实施的方向统帅和动力源泉；美育协调各育的发展；劳动技术教育是各育的实践基础。"各育"不能偏废，共同促进人的全面发展。

6. 结合当前教育改革实际和我国教育目的的规定,试述全面发展与培养学生独立个性的关系;并根据你的认识,谈谈对培养学生独立个性的看法。

答:2001年6月的《国务院关于基础教育改革与发展的决定》明确提出要高举邓小平理论伟大旗帜,以邓小平同志,教育要面向现代化、面向世界、面向未来,以及江泽民同志"三个代表"重要思想为指导;坚持教育必须为社会主义现代化建设服务,为人民服务,必须与生产劳动和生活实际相结合,培养德智体美等全面发展的社会主义事业的建设者和接班人的教育方针。

我国教育目的明确了我国人才培养的素质要求:一是明确了人才应有的基本素质,即德、智、体、美等方面,全面发展是特长发展的基础;二是明确了使受教育者各方面全面发展,即在注重基本素质(德、智、体、美)形成发展的同时,也要注重促进其个性特长的发展。就学生个人来讲,个性特长的发展才是全面发展的核心所在。没有个性特长的发展,其全面的发展就无从谈起。事实上,学生的全面发展中也包含着个性特长的发展。一个全面发展的学生,同时也应该是具有个性特长的学生。

我国当前所进行的素质教育改革,就在于将全面发展与个性发展很好地结合起来。教育作为培养人的社会实践活动,首先要全面贯彻教育方针,全面提高教育质量,使每个受教育者全面发展,为他们走向社会打下良好的基础。同时,教育者还必须高度注意学生的个性特长,并通过启发、引导,使学生的个性特长得到应有的发展。人是推动社会发展的根本力量,社会要前进,必须首先着眼于人的发展。重视发展学生的个性特长,这不仅反映了现代人类对自身的本质力量、价值及前途的认识和关注,也是随着人类文明的进步和人类在各个实践领域中的主体力量的提高而导致的人类对自身存在状态的一种反思。

成功的教育必然是帮助学生发现自己的特长,强化其特长,发展其特长。可以考虑从以下几个方面入手:

(1)尊重学生,发现个性。对有"棱角"的学生,我们要主动接近他们,了解其个性,以求其健康发展。每位教师必须善于"不拘一格看学生",尊重学生,善于发现学生的个性、特长,做新时代的"伯乐"。

(2)创造"育场"培养个性。当学生的个性、特长表现得很明显、很强烈的时候,学校、家庭和社会应相互配合,不失时机地创造一个良好的外部环境以发展学生这些积极的个性与特长。反对强求划一的教育,坚持面向全体和发挥个性、特长相统一的教育原则;学校、家庭及社会要构建起以"学校教育为主导,家庭教育为基础,社会教育为依托"的校内外和谐一致的适应学生个性发展的素质"教育场"。

(3)因势利导,发展个性。培养学生的根本目的是发展学生个性,形成创造精神。对于有特殊兴趣和才能的学生,应积极为他们开辟创造性的学习途径,如组织课外专业学习小组和有关的竞赛活动,多给学生提供表现自我的机会。教师在平时教学过程中,应根据学科的特点,多鼓励学生"别出心裁"、"标新立异",使学生成长为既符合时代共性要求,又具有鲜明个性、创造力和开拓精神的新世纪"弄潮儿"。

第六章 教育制度

【本章知识框架】

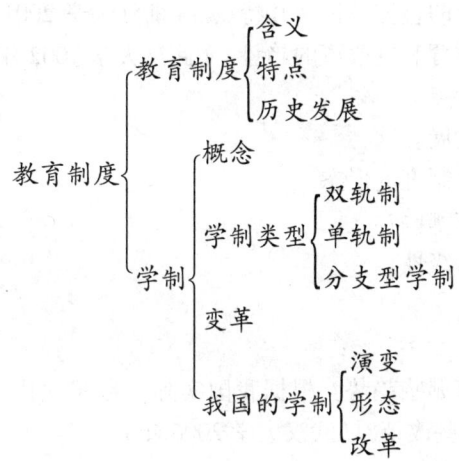

考情分析

本章的内容较少，在整个教育学中所占分量也相对较轻，考生可作一般了解。但对于学制的类型及现代教育制度改革考生应好好把握，这是本章的重点，也是考试的重点。特别是对于现代教育制度改革这一知识，考生应将其作为论述题进行全面周详的掌握。考生重在掌握学制的类型，现代学制的改革即可。

重点难点

重点：学制的类型。难点：现代教育制度改革。

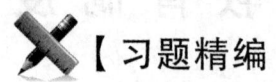【习题精编】

(一) 名词解释

1. 教育制度。(首都师范大学 2005 年,华中师范大学 2004 年,武汉大学 2005 年,上海师范大学 2003 年,南京师范大学 2002 年)
2. 学制。(北京师范大学 2003 年,上海师范大学 2002 年,华东师范大学 2003 年)
3. 双轨学制。
4. 单轨学制。
5. 分支型学制。
6. 终身教育。

(二) 简答题

1. 简述现代学制的基本类型。
2. 简述现代教育系统的整体结构及其特点。(浙江大学 2001 年)
3. 请简述现代学校教育制度改革的趋势。(武汉大学 2002 年)
4. 简述教育制度的特点。
5. 简述教育制度的发展。
6. 简述我国现代教育制度的形态。
7. 学制制定的依据有哪些?
8. 简述教育制度的阶级性。

(三) 论述题

1. 现代学制的变革有哪些趋势?根据我国实际,参照现代学制变革的趋势,你认为我国现行学制需要进行哪些改革?(武汉大学 2006 年)
2. 论述一下你对终身教育思想的理解。
3. 何谓学校教育制度?决定学制建立的最主要的依据是什么?根据我国实际,参照现代学校教育制度改革的趋势,你认为我国的学校教育制度需要怎样进一步改革?
4. 联系实际谈谈你对我国义务教育均衡发展、教育公平和教育公共性的看法。

【参考答案】

(一) 名词解释

1. 教育制度是一个国家各级各类教育机构和组织的体系及其管理规则的总称。它包括两个基本方面：一是教育的施教机构系统方面，二是教育的管理系统方面，以及这些教育机构赖以存在和运行的一整套规则。教育制度有客观性、规范性、历史性和强制性的特点。在教育学中，教育制度通常只论述教育的各种施教机构与组织构成的系统，它既包括学校教育机构与组织，也包括幼儿教育机构与组织、校外儿童教育机构与组织、成人教育机构与组织等。其中，学校教育制度是教育制度的最重要组成部分。

2. 学制是学校教育制度的简称，是指一个国家各级各类学校的系统及其管理规则，它规定着各级各类学校的性质、任务、入学条件、修业年限以及它们之间的关系。学制是教育制度的核心内容。目前，学制主要有双轨学制、单轨学制和分支型学制三种类型，当代双轨制逐渐向单轨制方向发展，综合中学是实现并轨的一个好方法。

3. 双轨学制。在18—19世纪的西欧，如英国、法国、德国等，在社会政治、经济发展及特定的历史文化条件影响下，由古代学校演变来的带有等级特权痕迹的学术性现代学校和新产生的供劳动人民子女入学的群众性现代学校，都同时得到了比较充分的发展，于是就形成了欧洲现代教育的双轨学制，简称双轨制：一轨自上而下，其结构是大学（后来也包括其他高等学校）、中学（包括中学预备班）；另一轨从下而上，其结构是小学（后来是小学和初中）及其后的职业学校（先是与小学相连的初等职业教育，后发展为和初中联结的中等职业教育）。

19世纪末20世纪初在欧洲形成的这种双轨制，它和第二次工业技术革命，特别是和第三次工业技术革命时代的大生产的性质的矛盾越来越尖锐，由于它与工业技术革命所推动的普及初中教育甚至普及高中教育的发展趋势相矛盾，因而引起了双轨制向单轨制或者分支型学制的变革。

4. 单轨学制最先产生于美国。北美多数地区最初都曾沿用双轨学制，哈佛、耶鲁就是牛津、剑桥的翻版，拉丁语学校则是文法学校的翻版。后来，文科中学取代拉丁语学校成为中等教育的主要机构。到19世纪，由于产业革命和美国没有特权传统，致使美国学制中原有的学术性一轨没有得到充分的发展，却被在短时间内发展起来的群众性小学和中学所淹没，从而形成美国单轨学制。美国单轨学制的结构是：小学、中学，而后可以升入大学。美国学制的特点是一个系列，多种分段。

5. 分支型学制。沙皇俄国时代的学制也是双轨学制。十月革命后，苏联制定了单轨的社会主义统一劳动学校。后来在发展过程中，又恢复了原来文科中学的某些传统和职业学校单设的做法，于是就形成了既有单轨学制特点又有双轨学制特点的苏联型学制。这种学制不同于欧洲的双轨学制，因为它一开始并不分轨，而且职业学校的毕业生也有权进入对口的高等院校。但它和美国单轨学制又不同，因为它进入中学阶段又开始分支，这就是苏联的分支型学制。

6. 终身教育是人一生各阶段当中所受各种教育的总和，是人所受的不同类型教育的综合。包括教育体系的各个阶段和各种方式，既有学校教育，又有社会教育；既有正规教育，也有非正规教育。终身教育思想始于20世纪20年代，在国际上流行于60年代，特别是《终身教育引论》（保罗·郎格朗）和《学会生存》（联合国教科文组织发行），成为指导未来教育的时代理念。

(二)简答题

1. 简述现代学制的基本类型。

答:现代学制是由三种结构所构成的,一种是双轨学制,以西欧各国为代表;一种是单轨学制,以美国为代表。介于上述两种学制之间的学制结构,属中间型,又称分支型学制,以苏联为代表。

(1)双轨学制。18—19世纪的西欧,在社会政治、经济发展及特定文化历史条件的影响下,由古代演变而来的带有等级特权痕迹的学术性现代学校和新产生的供劳动人民子女入学的群众性现代学校,都同样得到了比较全面的发展,于是就形成了欧洲现代教育的双轨学制。一轨自上而下,其结构是大学、中学;另一轨自下而上,其结构是小学,及其之后的职业学校。这两轨之间既不相通,也不相接,这样就剥夺了在国民学校上学的劳动人民子女升入中学和大学的权利。后来,国民教育学校一轨从小学发展到中学时,才有了初中这个相对应的部分。

(2)单轨学制。单轨学制最先产生于美国。北美多数地区最初都曾沿用双轨学制,哈佛、耶鲁就是牛津、剑桥的翻版,拉丁语学校则是文法学校的翻版。后来,文科中学取代拉丁语学校成为中等教育的主要机构。到19世纪,由于产业革命和美国没有特权传统,致使美国学制中原有的学术性一轨没有得到充分的发展,却被在短时间内发展起来的群众性小学和中学所淹没,从而形成美国单轨学制。美国单轨学制的结构是:小学、中学,而后可以升入大学。美国学制的特点是一个系列,多种分段。

(3)分支型学制。沙皇俄国时代的学制也是双轨学制。十月革命后,苏联制定了单轨的社会主义统一劳动学校。后来在发展过程中,又恢复了原来文科中学的某些传统和职业学校单设的做法,于是就形成了既有单轨学制特点又有双轨学制特点的苏联型学制。这种学制不同于欧洲的双轨学制,因为它一开始并不分轨,而且职业学校的毕业生也有权进入对口的高等院校。但它和美国单轨学制又不同,因为它进入中学阶段又开始分支,这就是苏联的分支型学制。

2. 简述现代教育系统的整体结构及其特点。

答:教育结构是指教育机构总体的各个部分的比例关系及组合方式。即教育纵向系统的级与级之间的比例关系和相互衔接及教育横向系统的类与类之间的比例关系和相互联系,是国家整体结构的重要部分,具有多层次性和多方面性:①教育层次结构。由学前教育、初等教育、中等教育和高等教育组成。②教育类型结构。由普通教育、专业教育、特殊教育等组成。③办学形式结构。由全日制、半工(农)半读学校,业余学校,函授、刊授、广播、电视等学校组成。④教育管理体制结构。由公办、民办、社会团体办、企业事业办以及私人办学等组成。就各级教育内部而言,又有各自的教育类型结构、教育层次结构、专业设置结构。从一个地区的办学格局看,有各级各类学校的规模及布局组成教育地域分布结构。教育结构受一国的经济、文化教育发展水平和经济结构的制约,适应经济、社会发展和区经济结构的需要。合理的教育结构对经济和社会发展、经济结构的合理化有重要作用。调整教育结构是提高教育经济效益的重要途径。

3. 简述现代学校教育制度改革的趋势。

答：现代教育改革的主要趋势主要表现在：

（1）义务教育年限的延长。义务教育是依照法律规定，适龄儿童与青少年必须接受，家庭、学校和社会必须予以保证的国民教育。入学年龄提前，义务教育年限延长，以立法形式推行义务教育是现代教育制度的重要标志之一。

（2）普通教育与职业教育的综合化。普通教育是以升学为主要目标，以基础知识为主要内容的教育；职业教育以就业为主要目标，以从事现代职业所需的知识和技能为主要教学内容的教育。当代，许多国家纷纷走职教与普教相结合的路子。重视普教与职教的相互渗透，在普通中学增加职业性课程，为普通中学毕业生做就业准备，在职业技术教育中增加普通教育课程，使学生在未来的职业上具有更强的适应能力。这种职业教育普通化，普通教育职业化，使普通教育和职业教育正朝着综合统一的方向发展。

（3）高等教育的大众化。高等教育从精英到大众进而走向普及阶段是世界高等教育发展的共同趋势。我国高等教育处于由精英教育阶段迈向大众化教育阶段，大众化是我国高等教育的必然选择，深挖高校内部潜能，打破单一办学模式，走多元化、多形式办学道路，是我国高等教育实现从精英到大众化转变的重要途径。从世界高等教育发展的总体趋势来看，越来越多的国家正在向高等教育大众化阶段迈进。

（4）终身教育。主张教育应该贯穿于人的一生中的各个年龄阶段，而非仅在儿童和青少年期，不仅包括学前教育、青少年教育，以及社会、家庭、学校各方面的教育。终身教育既是一个贯穿于一切教育的理念，更是构建未来教育体系的一种制度实践。最后，用一句话总结其含义就是，人的一生所受的各种教育的总和。终身教育不仅要给学生传授走向社会所需的知识和技能，而且要培养他们继续学习的自学本领，以便走出校门后能够获得新的知识和技能，适应不同的新的工作要求。

4. 简述教育制度的特点。

答：教育制度既是对客观现实的反映，又反映制定者一定的价值取向，因而在不同的历史时期、不同的文化背景下，就会有不同的教育制度。在某种意义上，教育制度独立于个体之外，对个体行为具有一定的强制性。

（1）客观性。教育制度作为一种制度化的东西，自然不是从来就有的，而是一定时代的人们根据社会生产力发展水平和人的发展水平制定的，这就决定了教育制度的客观性。

（2）规范性。任何教育制度都是其制定者根据需要而制定的，因而是有一定价值取向的，且主要表现在入学条件即受教育权的限定和各级各类学校培养目标的确定上。

（3）历史性。教育制度既反映客观现实，又反映制定者一定的价值取向，因而在不同的历史时期、不同的文化背景下，就会有不同的教育制度，它随着时代和文化背景的变化而不断创新。

（4）强制性。教育制度作为教育机构系统的制度，是先于个体而存在的。它独立于个体之外，对个体的行为具有一定的强制作用。

5. 简述教育制度的发展。

答：教育制度随着社会的发展变化而发展变化，在不同的历史发展阶段表现出不同的发展状况。

（1）在原始社会，社会处于混沌的未分化状态，教育还没有从社会生产和社会生活中分离出来，没有产生专门的教育，因而也就不可能有教育制度。

（2）在古代阶级社会之初，由于社会的分化，教育从此时起也从社会生产和社会生活中分离出来，于是就产生了古代学校，后来还出现了简单的学校系统，因而产生了古代教育制度。古代教育制度有简略性、非群众性和不完善性。

（3）现代教育制度则不然，它是随着现代学校的发展、分化和扩充而发展起来的。现代教育制度不但有阶级性和等级性，而且有生产性和科学性，它要为生产服务，与生产劳动相结合。这就决定了现代学校在规模上具有群众性和普及性，在结构上具有多类型和多层次的特点。

（4）在当代，教育制度在当代还在不断地发展。它已由过去的现代学校教育系统，发展为当代的以现代学校教育系统为主体，包括幼儿教育系统、校外儿童教育系统和成人教育系统的庞大体系，它的发展方向是终身教育。

6. 简述我国现代教育制度的形态。

答：经过一个世纪的发展，我国已建立了比较完整的学制，这个学制在1995年颁布的《中华人民共和国教育法》中得到了确认。它包括以下几个层次的教育：

学前教育（幼儿园）：招收3~7岁的幼儿。

初等教育：主要指全日制小学教育，招收6~7岁儿童入学。学制为5~6年。在成人教育方面，属于成人业余初等教育。

中等教育：指全日制普通中学、各类中等职业学校和业余中学。全日制中学修业年限为6年，初中3年，高中3年。职业高中2~3年，中等专业学校3~4年，技工学校2~3年。属成人教育的各类业余中学，修业年限适当延长。

高等教育：指全日制大学、专门学院、专科学校、研究生院和各种形式的业余大学。高等学校招收高中毕业生和同等学力者。专科学校修业为2~3年。大学和专门学院为4~5年，毕业考试合格者，授予学士学位。业余大学修业年限适当延长，学完规定课程经考核达到全日制高等学校同类专业水平者，承认学历，享受同等待遇。条件较好的大学、专门学院和科学研究机关设立研究生教育机构。硕士研究生修业年限为2~3年，招收获学士学位和同等学力者，完成学业者，授予硕士学位。博士研究生修业年限为3年，招收获硕士学位或同等学力者，完成学业者，授予博士学位。在职研究生修业年限适当延长，完成学业者也可获相应学位。

7. 学制制定的依据有哪些？

答：（1）社会依据：①学制确立受生产力发展水平与科技发展状况的制约。②学制是社会政治经济制度和国家教育方针政策的要求。③一个国家的文化传统也制约着学制的确立。任何教育活动都是在一定的社会文化背景下进行的，同时也承担着一定的文化功能，如文化选择、文化传承、文化整合和文化创造等。不同的民族传统和文化传统会对教育类型和学校教育制度产生一定的影响。④学制的确立必须考虑到人口状况。

（2）人的依据：学制的确立受学生身心发展规律和年龄特征的制约。青少年身心发展具有一定的规律，不同的年龄阶段成长经历不同，每一阶段各有其年龄特征。在确立学制时必须适应这种特征。

（3）学制本身的因素：学制的确立既受国内学制的历史发展的影响，也要合理地参照国外的学制的经验。任何一个国家的学制，都有它建立和发展的过程，既不能脱离本国学制发展的历史，也不能忽视外国学制中的有益经验。

8. 简述教育制度的阶级性。

答：教育制度包括学校教育制度和其他学校教育制度，是国家制定的各种教育机构系统的总称。教育机构的系统按范围大小又有两种含义：（1）泛指有组织的教育和教学的机构体系，包括学前教育机构、各级各类学校教育机构、成人教育机构、少年儿童校外教育机构以及各级教育行政组织机构。（2）专指各级各类学校教育的制度，简称为学制。教育制度是社会发展到一定历史阶段的产物，受教育政治、经济制度的决定性影响和社会生产力发展水平的影响。它规定着各级各类学校的性质、任务、入学条件、修业年限以及它们之间的相互关系。由于各国政治制度的差别以及经济和文化发展的水平不同，各国教育制度的结构也不相同。

教育作为上层建筑的一个部分，作为国家管理的一个方面，必定具有阶级性。因为国家本身是代表一定的阶级利益的，是阶级统治的一个工具，教育作为统治阶级统治的一个部分，也必须代表统治阶级的利益，因而具有阶级性。

在奴隶社会和封建社会中，奴隶阶级和地主阶级设立的学校，都是根据奴隶的阶级、地主阶级的利益设立的，其目的是把他们的弟子培养成剥削阶级的继承者。资产阶级推行义务教育应该是一个进步，但还是代表资产阶级利益。社会主义代表广大无产阶级的利益，所以说教育制度具有阶级性。

（三）论述题

1. 现代学制的变革有哪些趋势？根据我国实际，参照现代学制变革的趋势，你认为我国现行学制需要进行哪些改革？（武汉大学 2006 年）

答：（1）现代学制变革的趋势：

①义务教育年限的延长。当前经济发达的国家在致力于教育制度"现代化"改革的同时，在实践的基础上提早了入学的年龄，并随着社会的进步、经济的发展，延长了义务教育的年限。世界各个国家实行义务教育的年限从 4 年到 12 年不等。

②普通教育与职业教育的综合化。经济和科学技术的发展，对劳动者文化技术素质的要求越来越高，经济发达国家逐步提高职教起点，在普通高中教育基础上进行职教。各国还重视职教与普教的相互渗透，在普通中学增加职业性课程，为普通中学毕业生做就业准备，在职业教育中增加普通教育课程，提高职业教育水平，增强学生的适应能力。普通教育和职业教育正朝着综合统一的方向发展。

③高等教育的大众化。由于科学技术的飞速进步，一方面，中等教育水平的劳动力，对于发达国家已经不是理想的"知识型"的劳动力；另一方面，没有一批高级科技人才不断开辟新的科学研究领域，经济发展要走在世界的前列也是不可能的。这就推动了高等教育的大众化，接受高等教育的人越来越多。

④终身教育体系的建构。终身教育是指人的一生应该是一个不断学习的过程，永远和

接受教育联系在一起。最初,终身教育只是成人教育的一个新术语,后来逐步把这种教育思想应用于职业教育,随后又涉及在整个教育活动范围内发展个性的各方面。由于科学知识更新速度加快,完全依靠"一次教育",科技人员的知识就会落后于经济和社会发展的需要。提倡终身教育,可以有效地解决这一问题,以保持技术和知识的活力。因此,终身教育越来越为各国所重视。

(2)根据学制改革的趋势,我国的学制改革可以从以下方面入手:

①加强学前教育及其与小学教育的衔接。近年来,全世界幼儿教育发展迅速。发达国家幼儿教育有结束期提前、由高班到低班逐步普及和使幼儿教育与小学低年级联系与结合起来的趋势。近年来我国幼儿教育发展较快,也显露出上述趋势。当然,不宜急于把幼儿教育年限都缩短至6岁,一切应当量力而行。

②义务教育学制分段应多样化。可以根据当地普及义务教育的年限和有利于分段普及的情况实行学制分段多样化:可以"九年一贯",可以"四五分段"、"五四分段"、"六三分段"、"九加一"等,也可以几种分段同时并存。在义务教育阶段实行每个年级教学内容基本统一条件下的多样分段的学制,有利于义务教育的普及。当然,当全国普及义务教育达到同一年限后,可根据有利于提高教育质量等原则,适当减少分段的种类。

③中等教育的多样化和综合化。为了适应青年的方向选择和满足社会的需要,义务教育后的学制应该多样化,即应有普通高中、职业高中、中等专业学校和技工学校等不同类型的学校,供学生选择,这是一个层次。另外,应当使普通高中在高中阶段保持相当的比例,以满足高等学校从中选择出优秀生来培养未来的高级专家。而对没有考取高等学校的学生,则应给予或长或短的职业培训,以使他们能顺利地走向社会。中等教育的多样化和普通教育后的职业教育,保证了不继续升学的学生可以接受就业前的职业培训,这样就弥补了我国过去学制在这个方面的缺陷,从而使我国学制在这样一个重要环节上更加完善。

④高等教育走向开放——多层次、多类型。高等教育的开放的重要条件是新成立的和社会生产及社会生活密切联系的高等学校越来越多,特别是短期大学和社区学院,以及开放大学的出现。高等教育走向开放,一是体现在高等教育的多层次。如果说过去的大学主要是本科一个层次的话,那么现在则有大专、本科、硕士研究生和博士研究生多个层次。二是体现在高等教育的多类型。如果过去的高等教育就是综合性大学少数科系的话,那么现在则是理、工、农、医、师、文法、财经、军事、管理等多种院校、科系和专业。三是体现在高等教育向在职人员开放,为他们提供了方便。主要表现是大办函授大学、广播电视大学、开放大学、夜大学等,使在职人员有机会进修高等学校的学位和课程。

⑤发展成人教育。现代教育发展的方向是走向终身教育,这就要求为不同文化层次和职业的各类成年人提供各种学习的机会和场所,即发展各级各类在业余时间学习的普通教育学校和职业教育学校,发展各种制度化的和非制度化的教育机构以及老年人学校等。成人教育在我国也将是最具有发展潜力和最具有发展前景的一项教育事业。学校教育机构系统、幼儿教育机构系统、儿童校外教育机构系统和成人教育机构系统将形成我国现代教育制度的新格局,这将为未来的终身教育制度奠定基础。

2. 论述一下你对终身教育思想的理解。

答:(1)终身教育的含义。终身教育思想始于20世纪20年代,在国际上流行于60

年代，特别是《终身教育引论》（保罗·郎格郎）和《学会生存》出版后，成为指导未来教育的时代理念。此后所出现的"学习化社会""回归教育"思潮与实践，正是在这种指导思想影响下产生的。所谓终身教育，就是主张教育应该贯穿于人的一生中的各个年龄阶段，而非仅在儿童和青少年期。不仅包括学前教育、青少年教育，以及社会、家庭、学校各方面的教育。终身教育既是一个贯穿于一切教育的理念，更是构建未来教育体系的一种制度实践。最后，用一句话总结其含义就是，人的一生所受的各种教育的总和。终身教育不仅要给学生传授走向社会所需的知识和技能，而且要培养他们继续学习的自学本领，以便走出校门能够获得新的知识和技能，适应不同的新的工作要求。终身教育具有终身性、全民性、广泛性、灵活性、实用性的特点。

(2) 终身教育的提出和实施，对于当代世界教育改革和发展具有十分重要的意义。

①终身教育使教育获得全新的诠释，主张教育应该贯穿于人的一生，彻底改变了过去将人的一生截然划分为学习期和工作期两个阶段的观念。

②终身教育促进了教育社会化和学习型社会的建立。改变将学校视为唯一教育机构的陈旧思想，使教育超越了学校教育的局限，从而扩展到人类社会生活的整个空间。

③它引发了教育内容和师生关系的革新。教育不是单纯的知识传递，而应贯彻人的全面发展精神，学习者不仅要学习已有的文化，更要培养个人对环境变化的主动适应性。传统的师生关系也将发生根本变化，代之以一种新型的民主的开放式的关系。

④它的多元化价值标准，为学习者指出了一条自我发展、自我完善的崭新之路。

⑤终身教育的发展是实现教育平等的制度基础。

(3) 终身教育的实践：法国于1971年制定了"使终身教育成为一项全国性的义务"的法案，其他国家也竞相仿效，制定终身教育的法令，着手建立终身教育制度。与终身教育相联系的是，还提出了"回归教育"、"继续教育"的构想，并付诸实施。瑞典的一些著名大学不直接招收高中毕业生，而招收那些中学毕业后工作过一两年的青年，还可以在进了大学以后，休学一个时期去参加社会工作，然后再回来上大学。美国每年有12%～15%的工程师接受继续教育。当前，世界上许多国家的开放大学、老年大学、多种形式的业余大学以及利用无线电、电视、计算机网络进行的远距离教学，都是实施终身教育、回归教育的有效形式。

我国也在积极建立学习社会，在实践终身教育思想，作为一个公民，也要有极强的终身学习的理念，它是我们生存发展的需要，也是我们提高自身精神境界的方式。终身教育思想的提出，不管是对个人的发展，还是对国家、社会而言，都具有划时代的意义。

3. 何谓学校教育制度？决定学制建立的最主要的依据是什么？根据我国实际，参照现学校教育制度改革的趋势，你认为我国的学校教育制度需要怎样进一步改革？

答：学校教育制度简称学制，指一个国家各级各类的学校的系统，它规定各级各类学校的性质、任务、入学条件、修业年限以及它们之间的关系。决定学校教育制度的因素是多方面的，但主要由各种社会因素决定。(1) 学制的建立，首先取决于生产力发展的水平和科学技术发展的状况；(2) 学制的建立，又受到社会制度的制约，反映一个国家教育方针政策的要求；(3) 学制的建立，还要考虑到人口状况；(4) 学制的建立，还要依据青少年儿童的年龄特征；(5) 学制的建立，还要吸取原有学制中有用的部分，参照外国学制的经验。

为此,学制的制定和改革应注意以下几个方面:(1)考虑到社会生产关系性质,更重要的是要考虑到社会生产力和科学技术发展水平;(2)学制改革要走自己的路,避免完全照搬西方;(3)学制改革要科学化、理性化。

世界现代学校教育制度改革大致有以下新的趋势:(1)提早入学年龄,延长义务教育年限;(2)普通教育和职业教育综合化;(3)高等教育大众化;(4)建构终身教育体系。

4. 联系实际谈谈你对我国义务教育均衡发展、教育公平和教育公共性的看法。

答:我国义务教育均衡发展主要包括三个层面:(1)区域之间的均衡发展,省域之间、市域之间、乡域之间以及城乡之间,都要统筹规划,实现均衡发展;(2)区域内部学校之间的均衡发展;(3)群体之间的均衡发展,特别应当关注弱势群体的教育问题。基础教育均衡发展的最终目标,就是要合理配置教育资源,办好每一所学校,教好每一个学生。由于各地经济社会文化的长期不平衡发展,加上义务教育办学和管理体制的地方化,基础教育领域的非均衡发展已经是一个公认的事实。主要表现在地区之间、城乡之间和区域内部的差别上。而在同一地区内,由于学校之间的差距不断扩大,存在着一批薄弱学校,保障教育过程和教育质量的平等,教育公共性已成为人们普遍关注的问题。

现实问题是上学难带来的受教育权不公平增加了社会负担。实现教育公平,保证公民受教育权是政府办学的重要任务。对教育质量的追求绝不能以牺牲教育公平为代价,牺牲教育公平为代价换来的教育质量是得不偿失的,也不可能是真正的教育质量。

为此,我国制定了以下对策:(1)保证适龄儿童入学人口比例逐年提高。普及九年义务教育的实施有力促进了我国公众接受教育机会的扩大。(2)国家财政用于教育支出的比重不断增长,加强对落后地区教育的重点扶持。(3)加强对义务教育工作的监督和督导,进行相关研究工作。

第七章 课 程

【本章知识框架】

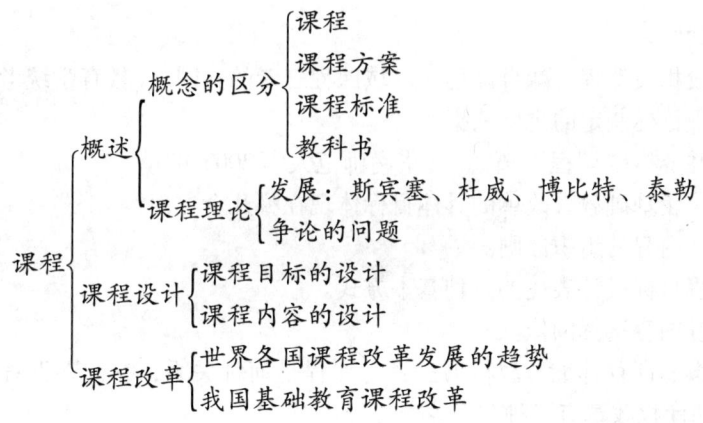

考情分析

课程改革是当前教育实践中的一个非常重要的问题,建议对于这部分的内容应特别留意。要求学员了解与课程相近的几个概念的区别,掌握课程理论的观点、课程设计以及我国的课程改革。

本章内容是考试的重点,出题率较高。考生在考试中需要格外注意课程理论、课程改革,并且以考简答题或分析论述题的方式来备考。考生不仅需要理解和记忆本章内容,还要了解新课程改革的发展情况。

重点难点

课程理论的发展和课程争论的几个问题;课程设计;课程改革。

【习题精编】

（一）名词解释

1. 课程。
2. 活动课程。
3. 课程方案（课程计划）。
4. 课程标准。
5. 教科书（教材、课本）。
6. 课程设计。
7. 综合课程。
8. 学科课程。
9. 儿童中心论。

（二）简答题

1. 简述泰勒原理。
2. 简要比较相关课程、融合课程、广域课程三者的异同。（教育学统考 2008 年）
3. 简述课程目标制定的主要依据。
4. 试界定并分析"课程"概念。（华南师范大学 2003 年）
5. 我国新一轮基础教育改革的具体目标体现在哪几个方面？
6. 简述课程内容的组织原则。
7. 简述课程目标设计表述的三种基本方式。
8. 简述课程内容选择的依据。
9. 课程方案、课程标准、教科书三者与课程是何种关系，它们在课程中各起着何种作用，与当前的课程改革有何种关系？
10. 教科书编写应注意什么？
11. 简述课程理论的发展过程。
12. 如何处理课程的一元化与多元化的问题？
13. 简述课程目标、培养目标与教学目标的关系。
14. 组织课程内容时应该处理好哪些关系？
15. 简述分科课程和综合课程的类型特点及其适用性。
16. 简述课程目标的主要特征。
17. 简述布鲁姆教育目标分类学。
18. 活动课程的特点是什么？
19. 简述综合课程的优缺点。
20. 举例说明校本课程的利弊。

21. 试比较经验主义课程论和学科中心课程论。
22. 为什么要进行课程评价，它有哪些作用？
23. 试简述关于课程与教学关系的主要观点。
24. 当代国外课程改革的共同趋势是什么？
25. 简述我国课程编订的原则。
26. 联系我国实际谈谈校本课程开发的必要性。

（三）论述题

1. 试分析教育史上几种课程理论的得失。（上海理工大学 2003 年）
2. 试述我国新一轮基础教育课程改革的趋向。（中山大学 2004 年，四川大学 2004 年，广州大学 2003 年）
3. 试简要阐述发达国家在教学内容改革方面的总的趋向。（西南师范大学 2001 年）
4. 当代国外课程改革的共同趋势是什么？
5. 试谈一下你对泰勒原理的认识与评价。
6. 论述当前学科课程和活动课程大讨论。
7. 联系实际论述分科课程和综合课程的关系，及其对我国基础教育课程改革的启示。
8. 联系实际，分析影响课程实施的主要因素有哪些？
9. 评述 20 世纪 60 年代以来国外的主要课程改革。

【参考答案】

（一）名词解释

1. 课程有广义与狭义之分，广义的课程是指为了实现学校培养目标而规定的所有学科的总和，如中小学课程。它包括以下具体含义：它是某级某类学校所要进行的全部教育内容的总和；不仅包括各门学科的课内教学，还包括课外活动、家庭作业和社会实践等活动；不仅规定各门学科的目的、内容及要求，而且规定了各门学科的安排顺序、课程分配、学年编制和学周的安排。狭义的课程是指某一门学科，如数学课程、英语课程等。总的来讲，课程是由一定的育人目标、特定的知识经验和预期的学习活动方式构成的一种动态存在。从育人目标来讲，课程是培养人的蓝图；从课程内容的角度来讲，课程是一种适合学生身心发展规律的，连接学生直接经验和间接经验的，引导学生个性全面发展的知识体系及其获取的途径。

2. 活动课程概念的代表人物是杜威，它是指以学生的兴趣、动机、需要和能力为基础，以学生的经验为中心组织实施的课程。它也被称为"儿童中心课程"、"经验课程"或"生活课程"。活动课程的主导价值在于使学生获得关于现实世界的直接经验和真切体验。但是活动课程夸大了儿童个人的经验，忽视了知识本身的逻辑顺序，影响了系统的知识学习，导致教育质量低下。

3. 课程方案也称课程计划、教学计划，是国家教育行政部门根据教育目的和不同类型学校的培养目标制定的关于学校教学和教育工作的指导性文件。它对学校的教学教育活动、课外活动、社会实践活动等方面作出全面的安排。

4. 课程标准是指课程计划中每门学科以纲要的形式编定的、有关学科教学内容的指导性文件。它规定了学科的教学目的与任务、知识的范围、深度和结构，教学进度以及有关教学法的基本要求。

5. 教科书是根据课程计划和教学大纲编制的、直接用于教和学的书籍与工具，通常被称为教材（课本）或教学参考书，包含文字教材、音像教材等。

6. 课程设计是拟订一门课程的组织形式和组织结构，是以一定的课程观为指导制定课程标准、选择和组织课程内容、预设学习活动方式的活动，是对课程目标、教育经验和预设学习活动方式的具体化过程。

7. 综合课程是与分科课程对应的一类课程，它打破了传统的从一门科学中选取特定内容构成课程的做法，根据一定的目的，从相邻相近的几门科学中选取内容并将这些内容相互融合，构成课程。

8. 学科课程也叫分科课程，是根据各级各类学校培养目标和学生发展水平，从各学科中选择适合一定年龄阶段学生发展水平的知识，组成各种不同的科目的课程，各科目都有特定的内容、一定的学习时数、一定的学习期限和各自的逻辑系统。学科课程是一种基本的课程形式，具有结构性、系统性、简约性等优点，非常有助于学生学习和巩固基础知识，也易于教师教授。学科课程的缺点是不重视学科之间的相互联系，与学生的生活实际相脱离，忽视学生的兴趣和需要等。

9. 儿童中心论的出发点是儿童。主张按照儿童的需要、兴趣、能力及经验来设计课程，提倡经验课程。强调从儿童的直接经验出发，按个体经验发展的逻辑来组织课程，强调儿童通过活动来获得知识经验。儿童中心论能够满足儿童的需要，却在一定程度上忽视了知识本身的系统性。

（二）简答题

1. 简述泰勒原理。

答：泰勒原理又称目标模式。1949年，美国课程论专家拉尔夫·泰勒出版了《课程与教学的基本原理》一书，将课程理论归结为四个基本的问题：①学校应该达到哪些教育目标；②提供哪些教育经验才能实现这些目标；③怎样才能有效组织这些教育经验；④我们怎么才能确定这些目标正在得到实现。简化后即"确定教育目标—选择学习经验—组织学习经验—评价教育计划"。

（1）优点：

①目标模式提供了可用于修改课程计划的反馈方式。目标模式把评价融入课程设计过程，提出了一个循环图，认为评价应当为课程修订提供有用信息。在这一动态过程中，教育目标、课程的内容和组织、课程的实施等都是在可以修改的范围之内，课程与教学设计由此不断拓展和深入，走向完善。

②目标模式具有较强的操作性。泰勒试图把课程设计看成一种价值中立的操作系统，

从而能够普遍适用于各种实践情境之中。在四个步骤中，确定教育目标是首要的，它是选择内容、组织内容和评价效果的依据。目标一旦确立，将直接影响到课程与教学设计。由于目标是预设的，目标控制着课程，也因之有效地控制着整个教学过程，使其按照预先设计的计划进行。这种模式结构紧凑，逻辑脉络简洁清晰，在具体的教学活动中师生有据可依，课程设计容易实施。目标模式的生命力正是在于它的清晰简洁，具有很强的可操作性的优势。

③目标模式把评价关注的焦点从学生身上转向整个课程方案。在目标模式中，要求评价者必须对课程设计的宗旨、目标及其界定以及方案实施的情景都有所了解。相应地，评价的具体方法也不再局限于纸笔测验，"任何关于行为目标是否达成的有效证据，都可被看作评价的有效方法"。因此，泰勒特别举出观察、访谈以及对学生作业与练习的评估等方法。评价关注的扩展，是目标模式对课程与教学设计的又一重大贡献。

（2）缺点：

任何一种模式，都不可能尽善尽美，或多或少地存在着些许不足。显而易见，目标模式强调课程目标的预先计划，使其具有严密的逻辑体系和确定性，虽强调了教学过程的可控性、可预期性方面，却忽视了根据实际教学情况进行调整，忽视了在一定情况下点滴改进的必要性，也必然降低了师生在教育过程中对各种现象进行处理和解释的自主性。另外，在目标模式中，课程目标都是以显性行为来界定。因此，像理解力、鉴赏力、人的情感、态度、情趣、价值观等一些不能完满转化成可测量的和可清楚地被观察到的行为的目标就会丢失。而这些容易忽视的无法测量的被排除在课程目标之外的内容，往往是最具有教育价值的东西。

2. 简要比较相关课程、融合课程、广域课程三者的异同。

答：本题旨在考查考生对综合课程的内涵、类型以及各种综合课程之间区别的理解与掌握情况。

（1）共同点：三者都是以科学为中心的综合课程。

（2）不同点：三者对学科之间知识的综合程度不同。相关课程把两门或两门以上学科知识综合在一门课程中，但不打破原来的学科界限；融合课程打破了学科界限，把有着内在联系的不同学科知识合并成一门课程；广域课程将各科教材依性质归到各个领域，再将同一领域的各科教材加以组织和排列，进行系统的教学，与相关课程、融合课程相比，其综合范围更加广泛。

3. 简述课程目标制定的主要依据。

答：课程目标制定的依据主要有三个，即学生需要、社会需要和学科需要。

（1）学生需要。课程是学生的课程，课程的基本职能就是促进学生的身心发展，因而生成课程目标就必须考虑学生的需要。

（2）社会需要。学生作为个体，最终要成为一个社会人而融入特定的社会，学校教育的一个主要任务就是使学生逐渐社会化。因此，确定课程目标时理所当然地应将社会生活需求作为一个重要来源。

（3）学科需要。作为实质性规范的知识是任何形式课程的本源，没有知识的课程是不存在的。从这种意义上讲，知识是课程的原生性来源，学科是知识的最主要的支柱。因此,学科知识及其发展应成为课程目标的基本来源之一。

学习者、社会和学科三者作为生成课程目标的基本来源,在确定课程目标时交互起作用,共同构成课程目标的来源。为使课程本身平衡发展,我们要在三者之间寻找平衡点,不能过分强调任一方面,否则将导致课程本身的发展失衡。

4. 试界定并分析"课程"概念。

答:课程是一个不断发展变化的概念。不同的人对其有着不同的理解。课程一词的定义至少要包含一些基本的要素:课程是对人类文化的恰当抽绎;课程是实现教育教学目标的手段;课程是关于教学内容及其进度的规定;课程是进行教育教学评价的依据。把握课程的本质内涵应回答以下几个问题:课程从本质上讲是静态的,还是动态的?课程是系统的知识、经验体系的计划,还是一种目标体系计划?课程是预设的,还是结论性的?课程是有意的、客观的,还是无意的、主观理解的?在回答以上几个问题的基础上,课程可以定义为:课程是人们事先精心设计的,旨在使学生获得良好的教育性经验并促进学生身心素质发展的育人计划。

课程是一个发展的概念,它是以实现各级各类学校教育目标而规定的学科及它的目的、内容、范围与进程的总和,包括为学生全面发展而营造的全部内容。

5. 我国新一轮基础教育改革的具体目标体现在哪几个方面?

答:新一轮基础教育课程改革的具体目标主要表现在:

(1)在具体课程目标上,改变传统过于注重知识传授的倾向,强调形成积极主动的学习态度,在获得基础知识和基本技能的同时学会学习并形成正确价值观。

(2)在课程结构方面,改变传统过于注重学科本位、科目过多和缺乏整合的状况;开设综合课程,从小学到高中,设置综合实践活动课作为必修课,其形式包括信息技术教育、研究性学习、社区服务与社会实践和劳动与技术教育。

(3)在课程内容选择方面,改变传统课程内容"繁、难、偏、旧"和注重书本知识的现状;加强课程内容与学生生活、现代社会和现代技术发展的联系,关注学生的学习兴趣和经验,精选终身学习必备的基础知识和技能。

(4)在课程实施方面,改变传统教学强调接受学习、死记硬背和机械训练的状况,倡导学生主动参与、勤于动手,培养学生收集和处理信息的能力、获取新知识的能力、分析和解决问题的能力及交流与合作的能力。

(5)在课程评价上,改变传统课程评价过于强调甄别与选拔的功能,发挥课程评价的促进学生发展、教师发展和改进教学实践的功能。课程评价要从终结性评价转变为发展性评价、形成性评价。

(6)改变传统课程管理权限过于集中的弊端,实行国家、地方和学校三级管理,增强课程对地方、学校及学生的适应性。

6. 简述课程内容的组织原则。

答:早在20世纪40年代,泰勒就明确提出了课程内容编排和组织的三条逻辑规则,即连续性(continuity)、顺序性(sequence)、整合性(integration)。连续性是指直线式地陈述主要的课程要素;顺序性是强调每一后继经验要以前面的经验为基础,同时又对有关内容加以深入广泛地展开;整合性是各种学习经验之间的横向关系,以便于学生获得一种统一的观点，并把自己的行为与所学的课程内容统一起来。

课程内容组织除这些逻辑规定外，还应处理好以下逻辑组织形式的关系：

(1) 直线式与螺旋式。直线式是指把课程内容组织成一条在逻辑上前后联系的"直线"，前后内容基本不重复，即课程内容直线前进，前面安排过的内容在后面不再呈现。螺旋式是指在不同单元乃至阶段或不同课程门类中，使课程内容重复出现，逐渐扩大知识面，加深知识难度，即同一课程内容前后重复出现，前面呈现的内容是后面内容的基础，后面内容是对前面内容的不断扩展和加深，层层递进。

直线式和螺旋式是课程内容组织的两种基本逻辑方式，它们各有利弊，分别适用于不同性质的学科、不同年级的学生。对理论性较强，学生不易理解和掌握的内容，尤其对低年级的学生来说，螺旋式较适合；对一些理论性相对较低的学科知识、操作性较强的内容，则直线式较适合。其实，即使在同一课程的内容体系中，直线式和螺旋式都是必不可少的。

(2) 纵向组织与横向组织。纵向组织是指按照知识的逻辑序列，从已知到未知、从具体到抽象等先后顺序组织编排课程内容。横向组织是指打破学科的知识界限和传统的知识体系，按照学生发展的阶段，以学生发展阶段需要探索的、社会和个人最关心的问题为依据，组织课程内容，构成一个一个相对独立的专题。

比较来看，纵向组织注重课程内容的独立体系和知识的深度，而横向组织强调课程内容的综合性和知识的广度。这也许是两种适合于不同性质知识经验的课程内容组织形式，同直线式与螺旋式的关系一样，都是不可偏废的。

(3) 逻辑顺序与心理顺序。逻辑顺序是指根据学科本身的体系和知识的内在联系来组织课程内容；心理顺序是指按照学生心理发展的特点来组织课程内容。

现在人们一致认为，课程内容的组织要把逻辑顺序和心理顺序结合起来。逻辑顺序与心理顺序的统一，实质是在课程观上把学生与课程统一起来，在学生观方面，体现为把学生的"未来生活世界"与"现实生活世界"统一起来。

7. 简述课程目标设计表述的三种基本方式。

答：根据目标生成的时间划分，完整的课程目标体系包括三类：结果性目标、体验性目标与表现性目标。因此，目标的描述也有相应的三种基本的方式。

课程目标的描述包括行动、执行的条件以及执行的标准三方面的内容。在描述课程目标时，必须对学习者通过每一项从属知识和技能的学习后应达到的行为状态做出具体明确的表述，再将这些表述进行类别化和层次化处理。多年来，在课程目标的描述方面，比较流行的是结果目标形式。近年来，随着结果目标所固有的缺陷越来越为人们所认识，一些学者提出了其他形式的课程目标，其中"体验性目标"和"表现性目标"影响较大。

(1) 结果性目标的描述方式。所谓结果性目标，即它清楚地阐明了学生应该干什么，要达到什么程度。在设计时所采用的行为动词要求具体明确、可观测、可量化。例如"每个学生在世界历史的短文考试中，必须能详细说明引起法国大革命的至少3个原因"，而"理解所有混合运算的规则、欣赏中国文学中的古诗词、掌握有关化学反应的知识"等非行为目标，因为"理解、欣赏、掌握"等词汇都不够精确，难以明确表述。这种指向结果性的课程目标，主要应用于"知识"领域。

（2）体验性目标的描述方式。所谓体验性目标，即描述学生自己的心理感受、情绪体验应达成的标准。它在设计中所采用的行为动词往往是历时性的、过程性的。这种指向体验性的课程目标，主要应用于各种"过程"领域。

体验性目标的描述形式在一定程度上弥补了结果性目标的不足，重视了教师、学生本身的个性特点和发展机会，但亦呈现出过于理想化的倾向，实际的操作和采纳有相当的困难。

（3）表现性目标的描述方式。表现性目标是美国课程理论家艾斯纳（E. W. Eisner）提出的描述课程目标的一种主张。所谓表现性目标，即明确安排学生各种各样的个性化的发展机会和发展程度。它在设计中所采用的行为动词通常是与学生表现什么有关的，其结果是开放性的。这种指向表现性的课程目标，主要适用于各种"制作"领域。

艾斯纳的表现性目标明显地反映出人文主义的追求，表现性目标重视的是人的个性，尤其是教师和学生在课程教学中的自主性、创造性。同时，他并未完全否定结果性目标的合理性，但认为结果性目标只适合于人的发展中那些较低的层面。

总之，上述描述课程目标的形式各有利弊，我们认为课程目标的描述应采取多种形式，并注意扬长避短，应根据课程本身的特点和所要解决的具体问题，考虑采取不同的描述形式。在培养"双基"方面，结果性目标的形式比较合适；若要培养学生的创造性，鼓励个性化，则表现性目标的形式较为妥当。

8. 简述课程内容选择的依据。

答：课程内容是根据课程目标从人类的经验体系中选择出来，并按照一定的逻辑序列组织编排而成的知识体系和经验体系。在选择课程内容时，要注重选择两个方面的知识，即间接经验和直接经验。

（1）间接经验的选择：间接经验即理论化、系统化的书本知识，它是人类认识的基本成果，间接经验具体包含在各种形式的科学中。间接经验选择的依据是科学理论知识与内在的逻辑结构。

（2）直接经验的选择：直接经验是指与学生现实生活及其需要直接相关的个人知识、技能和体验的总和。如社会生活经验、学生处理与自然事物相关的知识和经验与技巧等。直接经验选择的依据是学生的现实社会生活需要和学生社会性发展的要求。

9. 课程方案、课程标准、教科书三者与课程是何种关系？它们在课程中各起着何种作用，与当前的课程改革有何种关系？

答：①相关课程是由一组相互联系和配合的学科组成的课程。编制相关课程要使各学科教学顺序能相互照应、相互联系，穿插进行，既保持原有学科界限，又要确定学科之间的联系点，如理化学科教学所需数学知识，需事先在数学课中进行教学。

②融合课程亦称合科课程，由若干相关学科组合成的新学科。融合比关联更进一步，它是把相关学科内容融合为一门学科。如动物学、植物学、微生物学、遗传学融合后成为生物学。

③广域课程合数门相邻学科内容而形成综合性课程，如有的国家把地理、历史综合形成"社会研究"课程等。

因此，共同点是：三者都是以学科为中心的综合课程。

不同点在于：三者对学科之间知识的综合程度不同。相关课程把两门或两门以上学科知识综合在一门课程中，但不打破原来的学科界限；融合课程打破了学科界限，把有着内在联系的不同学科知识合并成为一门课程；广域课程将各科教材依性质归到各个领域，再将同一领域的各科教材加以组织和排列，进行系统的教学，与相关课程、综合课程相比，其综合范围更加广泛。

10. 教科书编写应注意什么？

答：教材是根据课程计划、课程标准和学生接受能力编写的教学用书。教科书是课程标准的具体化，是学生学习的主要材料，是教师进行教学的主要依据。

教科书编写应注意：（1）根据本学科的特点，体现科学性与思想性；（2）强调内容的基础性；（3）在保证科学性的前提下，教材还要考虑到我国社会发展现实水平和教育现状，必须注意到基本教材对大多数学生和大多数学校的实用性；（4）教科书的编写要同时兼顾学科知识的逻辑顺序和受教育者学习的心理顺序；（5）各年级教材的衔接性。

11. 简述课程理论的发展过程。

答：课程理论的发展主要体现了人们对课程有了越来越深刻和广泛的认识。我们主要了解一下几位代表人物和他们的课程理论，以此说明课程理论的发展过程。

（1）斯宾塞的知识价值论：第一个进入人的视野的真正课程问题，是由斯宾塞提出的"什么知识最有价值"的问题。应该说它是课程问题明确化的开端。他讲究知识的价值，注重人的社会生活对于科学知识的需求，是非常有意义的，但是他把课程仅仅看成科学知识，则有所偏颇。

（2）杜威的经验课程：杜威主张抛弃把教材当做某些固定的和现成的东西，当做在儿童经验之外的见解，不再把儿童的经验当做一成不变的东西；而把它当做某些变化的、在形成中的、有生命力的东西。杜威用动态的知识观来阐释儿童现有经验与课程之间的联系是儿童经验改组的过程的观点值得肯定，但他并未明确解决课程设置的目的的要求，也未阐明课程与教学的联系与区别，致使课程及教材具有极大的不确定性，给教材的选编带来了难度，并严重地削弱了教材在教学中的作用。

（3）博比特的活动分析法：博比特出版了《课程》一书，可以说是教育史上第一本课程论专著。他认为应当运用科学的方法确定教育目标。他将社会生活活动分为10大类，这10大类活动便构成了教育的主要目标，并据此来确定教育应当使儿童获得的知识、技能、能力、态度与品行等方面的要求，作为课程的基础。这种方法叫"活动分析法"，为后来盛行的课程目标的确定提供了方法论基础。博比特的方法论注重适应社会生活发展的需要，有其积极的一面，但过于繁琐、具体，既忽视与排斥了社会教育总的价值取向与教育目的，也未突出儿童身心发展的特点及需求。

（4）泰勒的目标模式：泰勒提出了目标模式，泰勒认为课程原理是围绕四个基本问题组成和运作的：学校应该达到哪些教育目标？提供哪些教育经验才能实现这些目标？怎样才能有效地组织这些教育经验？我们怎样才能确定这些目标正在得到实现？他的课程原理系统、完整而重点突出，其中，确定目标是主要的基础的一环。泰勒的课程原理被称为"目标模式"，对课程理论的发展有很大影响，至今仍在西方课程领域中占有主要地位。

12. 如何处理课程的一元化与多元化的问题？

答：课程的一元化主要是指课程的编制应当反映国家的根本利益、政治方向、核心价值，反映社会的主流文化、基本道德以及发展水平，体现国家的信仰、理想与意志。它有助于各民族的融合，全国人民的凝聚，国民素质的提高，国家的统一、强盛与进步。课程的多样化主要是指课程应当广泛反映不同地区的不同经济社会发展的要求；反映不同民族、阶级、阶层、群体的不同文化、利益与需求；反映不同学生个人的个性发展的选择与诉求。简而言之，要反映各个方面的多样化需求。它有助于尊重不同地区、群体与个人的差异、特色及其对教育与课程的追求，有助于肯定各方面的独特价值，调动每个人的积极性，增进社会的民主、公平，促使社会与个人都能更加丰富多彩、生动活泼地发展。

但是，我们今天也不能一味地只讲课程的一元化，而否定或排斥课程的多样化，要认识课程的多样化也至关重要。当然，也不能盲目追求多样化，一味照顾各方面的局部利益，那样不仅会造成课程的繁杂，加重学生的课业负担，而且会削弱教育的正确政治方向，严重影响教学的质量。在我国，坚持基础教育课程的一元化方向，体现了国家对青少年学生的基本要求，是贯彻教育目的与方针的重要举措，是提高教育质量的基本保障。此外，应注重课程的多样化发展，要求一纲多本，增加选修课程、民族课程、地方课程和校本课程，以此来确保课程的多样化。

13. 简述课程目标、培养目标与教学目标的关系。

答：培养目标是指各级各类学校培养人才的具体的要求。课程目标是课程计划中各个学习领域或这些领域之下的一些具体的科目所规定的学生经过一段时间的学习之后应达到的要求或标准。从某种意义上来说，所有教育目的都要以课程为中介才能实现教学目标；它是教育者在教育教学的过程中，完成某一阶段（一节课、一个学期、一个教学单元）的教学任务时，希望受教育者达到要求或产生的变化结果。

学校教育目标体系由教育目的、培养目标、课程目标、教学目标等层次构成，教育目的是制定培养目标的依据，培养目标是制定课程目标的依据，课程目标是制定教学目标的依据，培养目标、课程目标与教学目标是为实现教育目的的逐级具体化的目标。他们呈一般与个别的关系。

14. 组织课程内容时应该处理好哪些关系？

答：课程内容采取何种逻辑形式编排和组织，直接影响着课程内容结构的性质和形式，制约着课程实施中的学习活动方式。组织好课程内容我们应着手处理以下几种关系：

（1）直线式与螺旋式：直线式是指把课程内容组织成一条在逻辑上前后联系的"直线"，前后内容基本不重复。螺旋式是指在不同单元乃至阶段或不同课程门类中，使课程内容重复出现，逐渐扩大知识面，加深知识难度。

直线式和螺旋式各有利弊，分别适用于不同性质的学科、不同年级的学生。对理论性较强、学生不易理解和掌握的内容，尤其对低年级的学生来说，螺旋式较适合；对一些理论性相对较低的学科知识、操作性较强的内容，则直线式较适合。其实，即使在同一课程的内容体系中，直线式和螺旋式都是必不可少的。

（2）纵向组织与横向组织：纵向组织是指按照知识的逻辑序列，从已知到未知、从具体到抽象等先后顺序组织编排课程内容。横向组织是指打破学科的知识界限和传统的知识体系，按照学生发展的阶段，以学生发展阶段需要探索的、社会和个人最关心的问题为依据，组织课程内容，构成一个个相对独立的专题。

比较来看，纵向组织注重课程内容的独立体系和知识的深度，而横向组织强调课程内容的综合性和知识的广度。这也许是因为两种适合于不同性质知识经验的课程内容组织形式，同直线式与螺旋式的关系一样，都是不可偏废的。

（3）逻辑顺序与心理顺序：逻辑顺序是指根据学科本身的体系和知识的内在联系来组织课程内容；心理顺序是指按照学生心理发展的特点来组织课程内容。

现在人们一致认为，课程内容的组织要把逻辑顺序和心理顺序结合起来。逻辑顺序与心理顺序的统一，实质是在课程观上把学生与课程统一起来；在学生观方面，则体现为把学生的"未来生活世界"与"现实生活世界"统一起来。

15. 简述分科课程和综合课程的类型特点及其适用性。

答：（1）分科课程，即学科课程，是指以分门别类的学科知识体系为基础的课程。分科课程强调各门课程各自的逻辑体系，教学以各个学科知识为中心分科进行，分科课程重视每门学科知识体系的科学安排。有助于教学科目的设计与管理，也易于教师的教学，同时更有利于学生简洁有效地获取系统的知识，形成一定的知识体系。正因如此，分科课程在古今中外的教育发展中一直居于显要位置。

（2）综合课程，即统整课程，是指突破了学科界限，体现某类知识体系之间内在联系的课程。综合课程体现了这样一种课程取向：它有意识地运用两种或两种以上学科的知识观和方法论去考察和探究一个中心主题或问题。综合课程克服了由于学科细分所导致的知识零散，可以解决学校课程拥挤的现象，可以使课程中分裂的知识有机地联系起来。

16. 简述课程目标的主要特征。

答：课程目标作为有关教学科目或教学活动所要完成的任务的指标体系，它具有如下突出特征：

（1）整体性。各级各类的课程目标是相互关联的，而不是彼此孤立的。

（2）阶段性。课程目标是一个多层次和全方位的系统，如小学课程目标、初中课程目标、高中课程目标等。

（3）持续性。高年级课程目标是低年级课程目标的延续和深化。

（4）层次性。课程目标可以逐步分解为总目标和从属目标。

（5）递进性。低年级课程目标是高年级课程目标的基础，没有低年级课程目标的实现，就难以达到高年级的课程目标。

（6）时间性。随着时间的推移，课程目标会有相应的调整。

17. 简述布鲁姆教育目标分类学。

答：美国心理学家布鲁姆等于20世纪五六十年代建立起教育目标分类学，也称"布鲁姆教育目标分类学"。

布鲁姆将教育目标分为认知领域、情感领域和动作技能领域。教学目标是有层次的结构，每一领域的目标由低级向高级分为若干层次，从而形成了目标的层次结构。同时，以外显行为作为教学目标分类的对象，因为只有外显行为是可观察、可测量的。教学目标分类学是一种教育评价工具，这种分类不受学科教学内容和学生年龄局限。以该教学目标分类的体系作为框架，加入相应的内容，便可形成每门学科的教学目标分类体系。

布鲁姆教育目标分类学的特点是操作性强，重视外显行为，可测量，不受学科和年级的限制；缺点是机械性强，老师和学生都是被动地运用这一理论。

18. 活动课程的特点是什么？

答：活动课程的倡导者以杜威为代表，他反对以书本、教师、教室为中心的传统教育，主张以儿童的兴趣或需要为基础、根据心理逻辑而编排的课程。

活动课程的特点是具有生活性、实用性、开放性（因为学生的需要和兴趣没有边界，所以课程也没有边界，是开放的）等特点。各种形式的活动作业居于课程的中心地位，通过活动，使学校内外的生活联系在一起。活动课程可以是课堂教学的一部分，也可以是课堂教学的一种补充。活动课程种类繁多，如探索学习、实地考察、社会实践、社会服务、户外教育、消费教育、健康教育等。目前，我国新课改中也开始了活动课程的探索。

但是，活动课程夸大了儿童个人的经验，忽视了知识本身的逻辑顺序，影响了系统的知识学习，导致教育质量低下。

19. 简述综合课程的优缺点。

答：所谓综合课程，即打破传统的学科课程的知识领域，组合相邻领域的学科构成一门学科，其根本目的是克服学科课程分科过细的特点。

综合课程的优点是：①综合课程坚持课程统一性的观点，通过学习综合课程，帮助学生把一个领域里的概念、原理、方法等应用到其他学科领域中，促进知识的迁移和强化；②综合课程可以弥合知识间的割裂性，培养学生综合分析、解决问题的能力；③符合学生认识世界的特点，有利于学生整体把握客观世界；④这也是学生未来就业的需要；⑤综合课程还贴近社会现实和生活实际。通过把多种学科的相关知识融合在一起，构成新的课程，如人口教育课，环境教育课，闲暇和生活方式等，这些课程不可避免地涉及历史、地理、政治、化学、物理、卫生等各门学科，这是学科课程无法拥有的优势。

缺点表现为：①忽视每门学科自身逻辑结构。②开发困难：编写综合课程教材是件困难的事情，即便开发出这样的课程，也没有很好的综合课的教师能够驾驭综合课程，于是综合课程师资也是一大困难。目前的解决对策是采取协同教学方式（即几个老师共同承担一门综合课程的讲课任务），或者开设综合课程专业来培养综合课程的教师。

20. 举例说明校本课程的利弊。

答：校本课程是由学校参照国家课程标准、地方课程框架和本校学生发展兴趣及需要而开发的旨在体现学校办学特色的课程，是由学生所在学校的教师编制实施和评价的课程。

校本课程具有鲜明的地方特色，更能体现学校的办学特点；同时，校本课程是一个持续的动态的逐步完善的过程，教师能够根据情况的变化，经常修订校本课程；使用校本课程能够使教师获得工作的满足感和成就感，且校本课程鼓励和吸收教师、学生、家长和社会人士参与。

但是校本课程也存在一些弊端，主要表现在：

①课程编制的权力下放给老师和学生之后，必然扩大了学校和学校之间课程的差异，加剧了学校与学校之间教育质量的不平衡；部分教师可能缺乏开发校本课程的专门理论和

专门技能。②所耗费的教育资源明显高于实施国家课程的需求；在教师流动比较频繁的学校，流动教师无法正常参与校本课程的编制、实施、评价、修订及质量追踪，这势必影响校本课程的质量和连续性。

21. 试比较经验主义课程论和学科中心课程论。

答：（1）经验主义课程论。经验主义课程又称为学科中心主义课程，其主要代表人物有杜威、罗杰斯等。经验主义课程的主要观点包括以下几个方面：①学生是课程的核心；②学校课程应以学生的兴趣或生活为基础；③学校教学应以活动和问题反思为核心；④学生在课程开发中起重要作用。从其基本观点可以看出，经验主义课程看到了学科中心主义的不足，看到了学生在学习中的作用，对于现代课程的改造起到重要的理论指导的作用。但是，由于它过分注重经验，强调心理逻辑，注重实用性，以至于对于知识的系统性、学科自身的逻辑性、学术性照顾不够，具有浓厚的实用主义和自然主义色彩。

（2）学科中心主义课程论。学科中心主义课程的主要代表人物是布鲁纳、施瓦布等。该课程流派的主要观点包括：①知识是课程的核心；②学校课程应以学科分类为基础；③学校教学以分科教学为核心；④以学科基本结构的掌握为目标；⑤学科专家在课程开发中起重要作用。从其基本观点可以看出，学科中心主义看到了学科知识的发展价值，找到了现代社会知识剧增所带来的社会知识增长的无限性与个体知识增长的有限性之间的矛盾，试图通过学科结构的掌握来解决这一问题，有其积极意义。但是，由于学科中心主义过分注重知识，强调学科逻辑，重视学术性，以至于对于经验、心理逻辑、实用性有所忽视，且有浓厚的精英主义色彩。

22. 为什么要进行课程评价，它有哪些作用？

答：课程评价包括对课程设计、编制和实施所做的各种形式的评定。课程评价在教育中具有重要的意义，课程评价是对课程进行研究和分析，以判断其价值和适宜性，它是教育工作的重要组成部分，它通过收集系统全面的有关资料，对教育的各个环节进行科学、客观的分析、比较，判断其价值和效果；它为调整、改善、选择、推广、提高教育质量提供科学的、客观的依据。课程评价的功能主要有5种：（1）需要评估。在一项课程计划拟订之前，应首先了解社会或学生的需要，以作为课程开发的直接依据。（2）诊断与修订课程。对正在形成中的课程计划，可以通过评价有效地找出其优缺点及成因，为修订提供建议。这种反复的过程可使课程达到尽可能完善的程度。（3）比较与选择课程。对于不同的课程方案，可以通过评价比较其在目标设置、内容组织、教学实施以及实施效果等方面的优劣，从整体上判断其价值，再结合需要评估，对课程做出选择。（4）了解目标达成程度。对一项实施过的课程计划，评价可以判定其结果，并通过与预定目标的比较、对照，判断其达成目标的程度。（5）判断成效。一项课程或教学计划在实施后究竟在哪些方面有成效，可以通过评价进行全面衡量，做出判断。这种判断不同于上述对目标达成的了解，而是对效果的全面把握，包括对预定目标之外的效果的把握。

23. 试简述关于课程与教学关系的主要观点。

答：关于课程与教学的关系主要有以下三种观点：

（1）大教学小课程。此观点认为教学是上位概念，课程是包含于其中的，只是教学的一个组成部分而已。这种看法的突出代表，是苏联的一些教育学著作，我国当今的一些教育学、教学论著作，也持有同样的观点。在这种对课程与教学的理解中，课程往往是教学内容的代名词，属于教学的一部分；课程也往往被具体化为教学计划、教学大纲和教科书这样三个部分。

（2）大课程小教学。与前者相反，这种观点认为课程所涵盖的范围要宽于教学，教学只不过是课程的一个组成部分而已。

（3）课程与教学属于目的与手段的关系。西方一些研究在意识到课程与教学两者需加以分离的前提下，提出课程是指学校的意图，教学则是指达到教育目的的手段，它们分别侧重于教育的不同方面。

24. 当代国外课程改革的共同趋势是什么？

答：（1）重视课程内容的理论化、综合化；（2）强调知识的系统性、结构化；（3）重视智力开发与学习能力的培养；（4）重视个别差异。

25. 简述我国课程编订的原则。

答：（1）符合社会主义的教育目的和各级各类学校的培养目标；（2）适合各年龄阶段学生身心发展的特点；（3）符合教学的认识规律；（4）要有统一性、相对的完整性和一定的灵活性。

26. 联系我国实际谈谈校本课程开发的必要性。

答：（1）校本课程是我国三级课程管理的重要组成部分，校本课程开发可以弥补国家课程开发的不足；（2）校本课程开发有利于形成校办特色，满足"个性化"的学校发展需求；（3）校本课程开发有利于教师专业水平的提高，尤其是科研能力的提高；（4）校本课程开发有利于学生主体性的发展，真正满足学生生存与发展的需要。

此外，开发校本课程，也是教育民主化的必然趋势。教育民主化既要求教育管理部门适当地简政放权，也要求教育单位或学校真正将教师、学生作为"主人"，充分发挥其主体地位和主观能动作用。总之，开发校本课程有利于调动学校和教师的积极性，更好地培养和发展学生的个性，使学校办得更有特色、教师的教学更有特点，同时也能更好地发挥学生的特长。校本课程的开发是社会进步、科技发展、教育变革的客观要求，是课程体系对此作出的相应调整与重构的结果，是课程深化发展的一个重要标志。

（三）论述题

1. 试分析教育史上几种课程理论的得失。

答：（1）经验主义课程论。经验主义课程论流派是在批判以学科为中心的传统课程论基础上建立起来的，它主张课程应该以儿童的活动为中心，课程内容的组织以儿童心理发展规律为依据。杜威是经验主义课程论的代表人物。①课程应以儿童的活动为中心。杜威认为课程应该以儿童为出发点、为中心、为目的，理想的课程应该促进儿童的成长和发展。同此，课程内容不能超出儿童经验和生活的范围，要考虑到儿童的需要与兴趣。②课程的组织应心理学化。杜威认为传统学科课程的逻辑组织只是适用于成人，儿童作为初学者还没有能力接受成人完整的经验，所以课程的组织应该考虑到心理发展的次序以利用儿童现有的经验和能力。

（2）学科中心主义课程论。学科中心主义课程论者认为，知识是课程中不可或缺的要素，强调要把人类文化遗产中最具学术性的知识作为课程内容，并且特别重视知识体系本身的逻辑程序和结构，因而通常把学术性作为课程的基本形式，认为学科结构是深入探究和构建各门学科所必需的法则。学科中心主义课程论包括要素主义与永恒主义两大思想，要素主义强调课程的内容应该是人类文化的"共同要素"，它提出的课程设置原则中首先要考虑的是国家和民族的利益；永恒主义认为具有理智训练价值的传统的"永恒学科"的价值高于实用学科的价值，理应成为课程的核心内容。若要按照学科基本结构的方式来设计课程，就需要对那个领域有极为深刻的理解。所以学科专家在这种课程编制过程中起着重要的作用。这种课程理论在20世纪60年代风靡一时，学科结构的思想被广泛用于课程设计，但课程设计与课程实施的脱节也成为一时难以解决的问题。

（3）社会改造主义课程论。社会改造主义课程论的核心观点是：课程不应该帮助学生去适应社会，而是要建立一种新的社会秩序和社会文化。它的代表人物是弗莱雷和布拉梅尔德。它把重点放在当代社会的问题、社会的主要功能、学生关心的社会现象以及社会改造和社会活动计划等方面，而不太关注学科知识体系，认为课程应该围绕当代重大的社会问题来组织，帮助学生在社会方面得到发展。

（4）存在主义课程论。存在主义课程论认为，确定课程的一个重要前提就是承认学生本人为他自己的存在负责，课程最终要由学生的需要来决定。存在主义课程论的代表人物泰勒认为，不能把教材看作为学生谋求职业做好准备的手段，也不能把它们看作进行心智训练的材料，而应当把它们看作用来作为自我发展、自我实现的手段，不能使学生受教材支配，而应该使学生成为教材的主宰。知识和有效学习必须具有个人意义，必须与人的真正目的和生活相联系，只有这样个人才能在时间和环境都适宜的条件下按照他选择的知识和对于知识的理解来行动。存在主义课程论认为，为学生提供固定不变的课程是不适当的，尽管它可以消除学生的无知，并给了学生一定的知识，但人的境遇是不断变化的，固定的课程难以满足学生的情况和需要，而且这样的课程容易成为和学生没有关系的东西。需要指出的是，存在主义课程论反对固定的课程，是因为固定课程没有考虑到学生对课程的态度，而不是反对课程本身和体现各门学科知识的教材。它认为知识如果不能引起学生的感情就不可能是明确的知识，知识仅仅是作为人的意识和感情才存在，因此他们往往把人文学科作为课程的重点，因为人文学科比其他学科更深刻、更直接地表现了人的本性。

（5）后现代主义课程论。一些学者从后现代主义理论出发，借助于后现代主义提出的新视角和方法等考察一系列的课程问题，这以美国学者多尔为代表。后现代主义课程论认为18世纪和19世纪是封闭的时代，这个时代对教育研究产生了较大的影响，使得教育研究呈现出一种线性的、统一的、可以预测的、决定论的倾向，在课程中也是如此，这以泰勒的课程模式为代表。为此，多尔在分析和批判泰勒模式的基础上把他设想的后现代课程标准概括为"4R"，即丰富性、循环性、关联性、严密性。丰富性是指每门学术性学科都有自己的背景与词汇，都会以自己的方式解释丰富性，而这种丰富性能够创造各种领域进行合作、对话的探索，体现出一种开放性的特点；循环性是指课程通过不断地回头思考来予以复杂化与丰富；关联性包括课程内容内部的关联与课程内容与外在世界的关联；严密性是指要领的重新界定，意味着一种有意识的企图，去查找我们或别人重视的假设，并且协调讨论这些假设中的有关细节。

2. 试述我国新一轮基础教育课程改革的趋向。

答：我国新一轮基础教育课程改革的趋向包括以下几个方面：

（1）倡导全面、和谐发展的教育。改变过去对学科知识的单一追求，促进学生在知识与技能、过程与方法、态度与价值观上全面发展。

（2）重建课程结构，促进学生和谐的、有个性的发展。

（3）促进课程的适应性和课程管理的民主化；实行国家、地方和学校三级课程管理。

（4）形成正确的评价观念。建立促进学生全面发展，促进教师不断提高和促进课程不断发展的评价体系。

（5）促进课程决策的民主化，坚持民主参与、科学决策的原则。

（6）提升学生的主体性和注重学生的经验。

3. 试简要阐述发达国家在教学内容改革方面的总的趋向。

答：（1）多元共存。不同的流派之间呈现出交融、互补、统一的态势，纵观世界各国形形色色的课程理论流派，大多数是具有主流倾向但又兼有其他性质，不同流派间总是在自觉参考消息中寻找共识。

（2）与教育改革关系日益密切。作为教育改革核心的课程改革，会随着社会和教育的变革要求广泛和持久地进行，过去曾经是教育家和课程学者专门领域的课程论研究，会日益紧密地与改革结盟，为课程改革服务，而课程改革将成为课程论发展的重要基地。

（3）在教育工作者之中进一步普及。这种趋势目前在一些国家已经是某种程度的现实，今后则将进一步发展，课程论的普及不仅是专家、学者的专门领域，而且应当成为每一个教育工作者必须具备的理论基础，成为任何教师和教育管理者都必须有所了解甚至有所研究的学科，课程论的修养将成为教育工作者胜任职业的一个基本条件。

（4）在教育理论体系中的地位日益重要。在科技高速发展的今天，知识的更新速度加快，与此相适应，课程本身以前所未有的速度快速发展，课程本身发展的速度使得它在教育理论体系中越来越举足轻重。

4. 当代国外课程改革的共同趋势是什么？

答：（1）课程政策的发展趋势：①为了适应国际社会迅速发展的趋势，大多数国家的课程政策强调社会协调、经济振兴和个人发展方面的目标。②开发既确保了核心内容的学习，又为选修学科提供了更多机会和课程框架。③确认了整体主义的课程取向，强调了心智、情感、心理和精神向度的平衡；也强调了儿童中心的、活动本位的教学方式的重要性，促进开发创造性思维、问题解决的能力，并鼓励自我导向学习。④尽管大多数国家的课程改革政策开发仍然是中央集权的，但在开发中却出现了尽可能征询多方面意见的趋势，对课程实施问题的决策制定则倾向于地方和学校一级。

（2）课程结构的发展趋势：①课程结构从内容本位转为与能力本位的多样化结合，以保证学生有效地获得知识、技能和能力。②调整课程结构，吸纳新出现的学科领域，这些新学科领域或被整合进既有学科（如环境教育），亦可作为独立学科（如增加外语学科）。③小学和初中阶段诸学科的连续性日益增加。

（3）课程实施的发展趋势：①课程实施的"忠实取向"（即衡量教师在课程变革中成功与否的基本标志是教师是否忠实地实施了上级提供的课程，忠实程度越高，则教师越成功）正被"相互适应取向"（即认为课程实施过程是国家、地方与学校彼此之间相互适应的过程）与"课程创生取向"（即认为课程实施过程本质上是教师和学生创生适合足迹与需求足迹课程的过程，国家、地方提供的课程是教师与学生的选择性的课程资源）所超越。②教师的专业发展是其职业生涯的有机组成部分。通过为教师提供专业发展的机会帮助教师理解课程与教师的变化，这是成功的课程变革的基本特征。③小学和初中阶段的教科书一般由政府资助提供，而补充材料通常由政府和私营机构开发和传播。在课程信息的传播过程中，信息技术的应用日益增加，多种媒体的作用日益明显。④政府下达的课程要求弹性日益增大，以便学校能够充分考虑地方的情况和需要，做出更多的决策，用最好的方式实施课程政策。⑤许多国家优先强调教师和学校从事持续进行的"校本评定"的能力。这主要有三个目的：使学校能够更有效地修订教学计划；监控学生的进步；为公共考试提供内在的基础。

（4）课程评价的发展趋势：①"目标取向的评价"正在被"过程取向的评价"和"主体取向的评价"所超越。"评价即研究"、"评价即合作性意见"等理念深入人心。"质性评价"和"量化评价"相结合被认为是基本的评价方略。②对课程体系本身的评价成为课程变革过程的有机组成部分，许多国家主张运用多种策略对所推行的课程体系进行多角度评价。其中，把本国的课程推向世界、纳入国际组织、与其他国家或国际组织展开合作性评价被认为是有效的课程评价方略。

5. 试谈一下你对泰勒原理的认识与评价。

答：泰勒指出，开发任何课程和教学计划都必须回答四个基本问题，这四个基本问题构成著名的泰勒原理。泰勒原理的基本内容是：学校应该试图达到哪些教育目标（确定教育目标），提供什么样的教育经验最有可能达到这些目标（选择学习经验），怎样有效组织这些教育经验（组织教育经验），我们如何确定这些目标正在得以实现（评价教育计划）。

（1）确定教育目标的程序和方法。确定教育目标是课程开发的出发点，要依据三个来源，即：对学习者自觉的研究，对当代生活的研究，学科专家的建议。经过以上三个来源的分析，能获得大量的有关教育目标的资料，获得恰当的教育目标。

（2）选择学习经验的原则。学习经验是指学习者与他能够做出反应的环境中的外部条件之间的相互作用。选择学习经验的问题不仅是确定哪些种类的经验有可能达到既定教育目标的问题，也是一个如何安排将会在学生内部引发或产生所期望的学习经验的情境的问题。

（3）组织学习经验的标准。泰勒提出了学习经验的两种组织："纵向组织"（指不同阶段的学习经验之间的联系）和"横向组织"（指不同领域的学习经验之间的联系）。而有效组织学习经验的标准有三个："连续性"（直线式地重复主要的课程要素）、"序列性"（强调后续经验建立在先前经验的基础同时又对有关问题进行更广泛、更深入的探讨）、"整合性"（指课程经验之间的横向联系）。

（4）评价的程序与方法。所谓评价，在泰勒看来，本质上是确定课程与教学计划实际实现教育目标的程度的问题。泰勒评价理念的特点是：把评价与目标结合起来，评价本身不是目的，而只是达到目标的手段，用评价观代替了传统的测验观。关于评价的程序，泰勒给出了如下步骤：界说教育目标，评价教育情境，编制评价工具，分析利用评价效果。

四个问题的关系：确定教育目标、选择学习经验、组织学习经验以及评价教育计划这四个环节，构成了泰勒关于课程开发的系统观点。确定教育目标是课程开发的出发点。选择学习经验和组织学习经验是主体环节，指向教育目标的实现。评价教育计划是整个系统运行的基本保证。确定目标既是课程开发的出发点，也是课程开发的归宿。目标因素构成课程开发的核心。

泰勒原理的贡献与局限：

（1）泰勒原理一直被作为基本框架，它确定了课程开发与研究的基本思路和范围。它综合了当时有影响的教育学流派和思想的各种主张，囊括了课程开发的诸种重要因素，形成了一个系统的模式，模式简洁明了。《课程与教学的基本原理》被称为"圣经"。这四个问题因而被称为课程开发的"永恒的分析范畴"。"泰勒原理"被称为课程领域中"主导的课程范式"。

除了它的历史意义外，泰勒原理还为我们提供了一个课程分析的可行思路，具有逻辑严密的课程编制程序，具有引导性和调控性，各程序层次分明，具有较强的系统性。泰勒原理在课程探究领域受到多方批评却仍能长盛不衰。

（2）泰勒原理的局限性在于：泰勒原理是课程开发的一个非常理性的框架，它不可避免地带有那个时代科学至上的印记。对课程编制与实际使用认识的简单化、机械化，并具有较大的主观性。预先确定严格的行为目标与手段，不利于发挥教师与学生的主动性与积极性。

6. 论述当前学科课程和活动课程大讨论。

答：（1）学科课程也叫分科课程，即从各门科学中选取最基本的内容，组成各种不同的学科，分学科安排教学顺序、学习时数和期限的课程。同时，也相应地编写不同学科的教科书作为学科课程内容的基本依据。它的主要特点：一是，各学科课程，各自有明确的研究对象，有属于自身的研究方法，彼此界限清楚，各自成一体；二是，以知识的逻辑体系为中心来编排课程；三是，重视学习的理论知识（间接经验）。其指导思想是把教育看作是生活的准备，课程是为生活的准备而服务的。

学科课程是以学科知识为基础、根据学科逻辑而编排的课程。学科课程是一种古老的和基本的课程形式，具有结构性、系统性、简约性等特点。

学科课程的优点是它的逻辑性、系统性和简约性，有利于学生学习和巩固知识，同时也便于设计和管理。其弱点也是明显的。由于分科课程的"分科"是人为的，因而缺乏内在整合性，忽视知识的联系性，从而也割裂了学生的理解力；忽视学生的动机和已有经验，容易脱离学生的兴趣和生活实际。

①这种课程的教学内容是按学科知识来组织，以学科作为教学活动的单位，这给教材编订带来了很大的方便，教学内容的选择、结构、顺序就是学科知识的选择、结构、顺序，一切从学科知识体系来考虑。课程目标以学科知识的掌握为目标；教材的编写与审订也相应地分学科进行。②从教学看，以科学文化知识为主体的学科课程便于教。一个学科教师，只需掌握了本学科的系统知识，便可胜任教学。③从学习的角度看，学科课程便于

让学生学到系统的科学文化知识。学科知识既是教学的内容也是学习的内容，这就使学生的学习成为相对简单的过程。此外，学科课程还有便于管理、便于评价等长处。正是学科课程的这些长处，使这种传统的课程设计经久不衰，流传至今。学科课程的缺点也十分明显：由于学科各自独立，割断了各学科之间的联系；学科课程只重视系统学科和学科知识，不注意发挥教育的社会职能与人的发展职能；学科课程注重于学科知识，而置能力培养于不顾，将获取知识与培养能力相脱离。在科学技术成为第一生产力的今天，其危害日益突出，人们深感重知识、轻能力，重学科的区别、轻学科的联系，难以培养出现代化建设所需要的人才。

（2）活动课程也称儿童中心课程或经验课程，即以儿童活动为中心来组织教学过程。这种理论认为，课程应是一系列儿童自己组织的活动，儿童通过活动获得经验，从中培养学习兴趣，学会独立解决问题，锻炼能力。其特点是：一是以儿童为中心，从儿童的动机、需要和个性出发设计课程，课程的组织不是多学科的分科并进，而是综合性的单一课程；二是课程顺序不考虑逻辑结构，只强调心理结构；三是课程进度无严格规定，以学生的态度和兴趣的发展变化随意删定。活动课程论重视学生的主动性和发展学生的个性，注意学生的动机和兴趣，强调经验。

局限：违背了教学认识规律，活动课程的局限主要表现为过分夸大了儿童个人经验的重要性，忽视了人类积累的间接知识的系统学习，暴露了它致命的弱点，即严重降低了教学质量。容易导致"功利主义"，忽视儿童思维力和其他智力品质的发展，往往把儿童日常生活中个别经验的作用绝对化而不顾及这些经验本身的逻辑顺序，结果学生只能学到一些支离破碎的知识，降低了学生的系统知识水平，另外，对于习惯了学科课程的讲授方式的教师而言，活动课程的组织较困难。

（3）目前两者之间的讨论主要有以下观点：①补充说。认为活动课程是学科课程的补充，在我国课程结构中，应以学科课程为主、活动课程为辅，两者相辅相成，共同完成育人功能。②对立说。认为活动课程和学科课程有着本质的不同，是根本对立的两种课程形态，如果简单地把二者之间的关系理解成"补充"，容易导致"活动课程学科化"，活动课程成为学科课程的延伸，根本上违背了活动课程的本义，是不足取的。③发展说，学科课程与活动课程，是对学科课程的超越，活动课程实质上包含了学科课程，活动课程可以说是学科课程的一种整合形态，活动课程就是以活动作为特殊形式把学科课程有机地结合起来。

7. 联系实际论述分科课程和综合课程的关系，及其对我国基础教育课程改革的启示。

答：分科课程是以学科逻辑为中心编排的课程，重视教材的逻辑知识，学习材料清楚，易于学生学习；但是把知识切割为零碎而孤立的科目，忽视生活是个整体，不利于学生整体认识世界。综合课程克服了分科课程的封闭性，把若干门教材组织在一门学科中综合而成，注重知识的融合，有利于学生整体把握世界，开阔视野，有利于课程之间的内在联系。

随着科技的进步、社会发展、知识信息的激增，对人的要求越来越高，要求学生具有整体把握世界的能力，传统的分科课程过于注重学科本位，科目过多和缺乏整合，在今天出现很多局限性。

时代的发展要求我们对课程内容、课程学习活动方式以及课程观的整合。

（1）课程内容的整合。课程内容的多元化，便于文化整合在课程中的集中体现。课程内容的整合应体现综合性、生活性、现实性、实践性、探究性、建构性的特点，使中小学学生学会处理与自然世界、社会世界、主观世界之间的关系。

（2）课程学习活动方式的整合。理解、体验、反思探究和创造是学生学习的基本方式，每个学生对课程的体验和感悟是不同的，新课程重视学生的体验和感悟，新课程在学习活动方式的设计上给予学生相应的体验和感悟的空间，引导学生有所思、有所感、有所悟。

（3）课程观的整合。知识或学术理性主义课程观，经验或自我实现课程观，生活经验重构或批判课程观，这三种课程观是可以相互统一的。在新课程中，三种课程观都在不同程度、不同阶段被运用着。

8. 联系实际，分析影响课程实施的主要因素有哪些？

答：影响课程变革的因素多种多样，既有内部因素也有外部因素，既有直接影响因素也有间接影响因素，但其中主要的因素可概括为以下几个方面：

（1）课程计划本身的特性，即课程方案本身的特点。成功的课程实施来自于切实的课程计划、方案。设计课程方案时要考虑到各方面的实际情况和实施课程时所需要的资源。一般而言，课程方案设计自身的合理性，对课程实施有着重要的影响。

（2）交流与合作。课程的成功实施离不开合作性文化的建设，各类各级教育行政部门、社会人士和其他专业学校校长、教师等因素的合作与交流，以取得共识。

（3）课程实施的组织和领导。课程实施的领导者要做好课程实施的计划、宣传、督促等工作，取得课程参与者以及社会的认可。

（4）教师的培训。教师是直接的课程实施者，教师参与课程实施的积极性与主动性对课程实施的成败起着重要作用。任何课程理论与方案，都需要教师的充分理解和转化，才能被合理有效地运用于教学实践，体现其理论与实践价值。所以，课程实施一定要做好教师的培训工作。

（5）各种外部因素的支持，特别是文化背景因素。成功的课程实施应对社会环境有敏锐的把握，充分了解社会的结构、传统和权力关系，为课程改革争取到有利的政治和经济支持。这部分因素包括国家和地方政策的变化、财政拨款、技术支援、舆论支持等。

9. 评述 20 世纪 60 年代以来国外的主要课程改革。

答：（1）美国的课程改革：

①20 世纪 60 年代的改革。主旨是提高课程的学术水准，提高学校教育质量，发展学生智力。具体要求为：强调"新三艺"（数学、自然科学和英语）；学科的基本结构是教学的中心，要求专家参与课程设计、教科书编写和教学大纲的拟订工作；学校课程的编制应采用螺旋式结构；提倡使用发现法。

②20 世纪 80 年代的改革。主要集中于统一核心课程，设立全国性和州一级的课程标准。1983 年《国家处在危机中——教育改革势在必行》中提出五项新基础课（数学、英语、自然科学、社会科学和计算机科学）。1994 年《2000 年目标：美国教育法》中提出在原有五门基础课之上再加上外国语和艺术。

(2) 英国的课程改革:

①1988年《教育改革法》的主要内容:实施全国统一课程,确定在5~16岁的义务教育阶段开设核心课程、基础课程和附加课程三类课程,核心课程包括数学、英语和科学;建立与课程相联系的考试制度,规定在义务教育阶段,学生要参加四次(7、11、14、16岁)成绩评定,成绩评定包括全国统一考试和学校教师评定、教师评定,又包括测验、平时档案和成绩记录。

②20世纪90年代的改革。主要强调基础知识教育,减少国家课程内容,增加多样性和灵活性的选择,简化评价方式等。

③面向21世纪的教育改革。布莱尔政府设立了课程与资格局进行新一轮课改,主要改革趋势在于:进一步加强和完善国家对课程的宏观调控;重视价值观教育和学生精神、道德的发展;加强社会公民的教育和培养;以基础学历为核心,致力于教育质量的提高;提高学生的信息素养和交流技术能力。

(3) 日本的课程改革。1998年12月,文部省颁布了《学习指导纲要》开始课改,其遵循的四点宗旨是:培养具有丰富人性和社会性,能够自立于国际社会的有生存意识的日本人;培养学生独立学习和独立思考的能力;谋求在轻松愉快的教育活动中使学生扎实地掌握基础的、基本的知识,加强个性发展;发挥各学校的创意,推进特色教育、特色学校的教育。

第八章 教学（上）

【本章知识框架】

教学
- 教学概述
  - 概念
  - 意义和任务
- 教学过程
  - 性质
    - 特殊的认知活动
    - 以交往为背景和手段
    - 促进学生身心发展、追寻与实现价值目标的过程
  - 基本阶段
    - 传授教学、掌握知识阶段
    - 探究或者问题教学、获取知识阶段
  - 几种关系
    - 间接经验与直接经验的关系
    - 掌握知识与发展智力的关系
    - 智力活动与非智力活动的关系
    - 教师主导作用与学生主动性的关系
- 教学原则
  - 科学性与思想性统一、理论与实际相联系
  - 直观性、启发性、循序渐进性、巩固性
  - 发展性、因材施教性
- 教学方法
  - 概念区分：教学方法、教学方式、教学手段、教学策略
  - 教学方法的选择
  - 常用教学方法
    - 讲授法、谈话法、读书指导法、练习法
    - 演示法、实验法、实习作业法
    - 讨论法、研究法

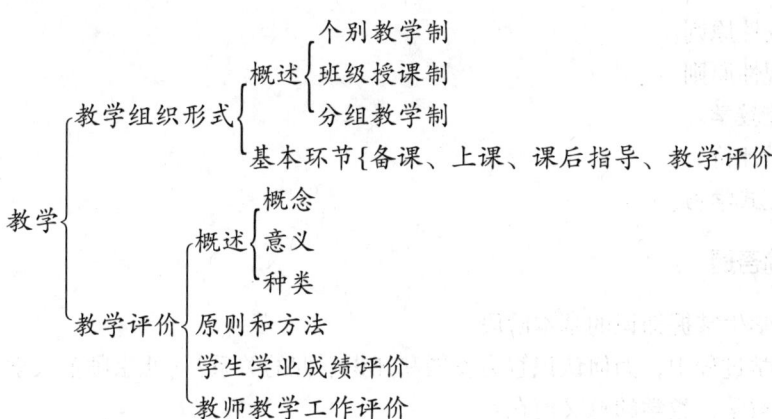

考情分析

教学所蕴含的知识点较多，分别在大纲中的第八章和第九章讲解，教学也是整个教育学原理中内容最为繁杂的知识，但同时也是考研中的重点。总共有关教学的知识点是6个，有教学概述、教学过程、教学原则、教学方法、教学组织形式、教学工作的基本环节、教学评价。第八章先讲前三个知识点。建议学生复习时多举例子来掌握知识。

本章和第九章的内容是考试的重点，每一年都一定会出题，所占分值也一定很高。考试还需要考生扎扎实实地复习教学中所有知识点，其中，教学的任务和意义可以略作复习。

重点难点

重点：教学过程的性质和教学原则。难点：教学过程中应处理好的几种关系。

【习题精编】

（一）名词解释

1. 教学。（北京航空航天大学 2003 年，浙江大学 2003 年）
2. 教学过程。
3. 理论联系实际原则。（华中师范大学 2004 年，北京航空航天大学 2003 年）
4. 循序渐进原则。（华中师范大学 2005 年）
5. 教学过程。（武汉大学 2002 年）
6. 因材施教原则。（北京航空航天大学 2003 年，浙江大学 2001 年）
7. 教学原则。（上海理工大学 2002 年）
8. 思想性与科学性相统一原则。
9. 发展性原则。
10. 巩固性原则。

11. 启发性原则。
12. 直观性原则。
13. 探究教学。
14. 教学评价。
15. 探究式学习。

(二) 简答题

1. 简述学生掌握知识的基本阶段。
2. 在教学过程中，如何认识智力发展和知识掌握的关系？（北京师范大学 2005 年）
3. 何谓教学？教学的意义何在？
4. 为什么教学过程是一种特殊的认识过程？（北京航空航天大学 2003 年）
5. 简述教学过程中直接经验与间接经验的关系。（北京师范大学 2003 年）
6. 简述教学与智育的区别。（中山大学 2005 年）
7. 简述教学过程的基本规律。（上海交通大学 2000 年）
8. 简述教学过程的性质。
9. 学校为什么要以教学为主？
10. 启发式和注入式的根本区别是什么？为什么我们要提倡启发式教学？
11. 我国目前中小学教育中常用的教学原则有哪些？
12. 简述教学过程中智力因素与非智力因素的关系。
13. 简述建构主义教学理论的基本主张。
14. 确立教学原则的依据是什么？
15. 简述人本主义教学理论的主要观点。
16. 简述教学的主要任务。
17. 简述教学过程认识说的基本观点与意义。

(三) 论述题

1. 结合实例阐述"传授—接受教学"与"问题—发现教学"各有何长处和局限性。（北京师范大学 1996 年）
2. 结合实际，论述教学过程中充分发挥教师指导作用与学生主体性之间的关系。（北京师范大学 2003 年）
3. 为什么在教学过程中特别强调发展学生智力？试述掌握知识与发展智力的关系。

【参考答案】

(一) 名词解释

1. **教学**是教育目的规范下，教师的教与学生的学共同组成的一种教育活动，在这个活动中,学生掌握一定的知识和技能,同时身心获得一定的发展,形成一定的思想品德。

在广义上,教学就是指教的人指导学的人以一定文化为对象进行学习的活动。教的人包括教师,但不仅仅指教师,还指各种有关的教育者;学的人包括学生,但不仅仅指学生,还包括各种有关的学习者。在狭义上,教学就是指学校教学,是专指学校中教师引导学生一起进行的,以特定文化为对象的教与学相统一的活动。

2. 教学过程是教师根据教学目的、任务和学生身心发展的特点,通过指导学生有目的、有计划地掌握系统的文化科学知识和基本技能,发展学生智力和体力,形成科学的世界观及培养道德品质、发展个性的过程。

3. 理论联系实际原则是指教学要以学习基础知识为主导,从理论与实际的联系上去理解知识,注意运用知识去分析问题和解决问题,达到学懂会用、学以致用。

4. 循序渐进原则又称系统性原则。是指教学要按照学科的逻辑系统和学生认识发展的顺序进行,使学生系统地掌握基础知识、基本技能,形成严密的逻辑思维能力。系统性原则是科学知识本身的特点决定的。学校开设的各门学科,都是以相应的科学体系作基础,本身具有严密的逻辑系统。教学如果脱离了科学知识的逻辑系统而另搞一套,势必影响学生掌握科学知识系统性。同时,系统性原则也是学生认识规律的反映。学生认识能力的发展,总是从已知到未知,从简单到复杂,从具体到抽象逐步前进的。因而,只有循序渐进地进行教学,才能使学生牢固地掌握基础知识和基本技能。

5. 教学过程主要指在认知事物、掌握知识过程中的兴趣、情感、意志和性格等心理因素的活动。

6. 因材施教原则是指教师要从学生的实际情况、个别差异出发,有的放矢地进行有差别的教学,使每个学生都能扬长避短,获得最佳发展。因材施教原则是学生身心发展客观规律在教学中的反映,也是辩证唯物主义实事求是思想作风在教学中的体现。学生身心发展在一定阶段既有共同的特征,又有个性差异。教学中只有针对学生的共同特征和个性差异施教,才能收到理想的效果。只有因材施教才能扬长避短,把学生培养成为社会上各种有用的杰出人才。

7. 教学原则是人们根据一定的教学目的、遵循教学规律而制定的指导教学工作的基本要求。它包括三个方面的含义:首先,教学原则是从属于教学目的,是为实现教学目的服务的;其次,教学原则的确定有赖于人们对教学规律的认识;再次,教学原则对教学内容、教学方法、教学组织形式的设计与运用起指导作用。它是人们在长期的教学实践中对教学经验的总结和概括。它既指导教师的教,也指导学生的学,应贯穿于教学过程的各个方面和始终。

8. 思想性和科学性相统一原则是指教学要以马克思主义为指导,授予学生以科学知识,并结合知识教学对学生进行社会主义品德和正确人生观、科学世界观教育。这是培养德智体全面发展的人的要求,是建设社会主义物质文明和精神文明建设的要求,体现了我国教学的根本方向。同时这也是知识的思想性、教学的教育性规律的反映。一般来说,科学性是思想性的基础,不讲科学性,把错误的知识也传授给学生,就是误人子弟,根本谈不上思想性;思想性又是科学性的灵魂,没有思想性就影响了科学性，因为只有以正确的观点、方法，才能揭示事物的本质与规律，建立科学的知识体系，形成学生的正确概念。

9. 发展性原则是指教学的内容、方法和进度要适合学生的发展水平，但又有一定的难度，需要他们经过努力才能掌握，以便有效地促进学生的身心发展。

10. 巩固性原则是指教学要引导学生在理解的基础上牢固地掌握知识和技能，长久地保持在记忆中，能根据需要迅速再现出来，以利于知识技能的运用。巩固性原则是根据教学任务和教学过程的特点提出的。牢固地掌握基础知识和基本技能，是学生进一步学习和今后工作的需要。但是，学生在学校所学的书本知识，多是他们没有亲身经历过的，容易遗忘，所以，教学过程中要不断地加以巩固。学生若不能牢固掌握学过的基础知识，那么，进一步获得系统知识，形成技能和技巧，发展智力，培养正确的思想观点和良好的品德将成为无源之水、无本之木。

11. 启发性原则是指在教学中教师要承认学生是学习的主体，注意调动学生的学习主动性，引导学生独立思考，积极探索，生动活泼地学习，自觉地掌握科学知识和提高分析问题和解决问题的能力。

12. 直观性原则是指在教学中要通过学生观察所学事物或教师语言的形象描述，引导学生形成所学事物、过程的清晰表象，丰富他们的感性认识，从而使他们能够正确理解书本知识和发展认识能力。直观性教学原则的提出，不仅反映了学生掌握知识的认识活动的规律，即学生掌握书本知识必须以感性知识或经验为基础，而且也体现了学生的年龄特征和思维发展由具体到抽象的特点。通过直观教学，可以丰富学生的感性认识，减少其掌握抽象概念的困难，对帮助学生感知、理解、记忆知识有非常重要的作用。

13. 探究教学是指在教师引导下，学生主要通过积极参与对问题的分析、探索，主动发现或建构新知，并掌握其方法与程序，培养他们的科研能力、科学态度和品行的教学。简言之，它是一种引导学生通过探究获得真知与个性发展的教学。亦称探究学习、发现学习。问题—探究教学是一种极具创造性的教学，并无固定的模式，但学生获取知识仍要经历下述基本阶段：明确问题—深入探究—作出结论。

14. 教学评价是指对教学活动的过程和结果作出价值判断的过程。它以参与教学活动的教师、学生、教学目标、内容、方法、教学设备、场地和时间等因素的有机结合的过程和结果为评价对象，是对教学活动的整体功能所作的评价。

15. 探究式学习是借助提供结构化材料，指导学生进行操作与思考而获得知识的学习方式。其特点是：(1) 以解决问题为主题；(2) 学生自主选择，教学注重非主导性；(3) 对探究性认识过程的关注。

（二）简答题

1. 简述学生掌握知识的基本阶段。

答：(1) 传授—接受教学是学生掌握知识的基本阶段。

传授—接受教学，是指教师通过语言传授和示范操作使学生接受、掌握系统知识与技能的教学。①引起求知欲。教学应该从诱发和激起学生求知欲开始，从做好学习的心理准备开始。②感知教材。指导学生进行周密的观察，并在观察活动中培养他们的观察力。③

理解教材。教师要善于引导学生运用思维方法和推理形式，并在这个过程中培养他们的逻辑思维能力。④巩固知识。要从各方面来巩固知识，需要一些专门的巩固工作，即进行各种形式的复习；在巩固知识问题上，注意指导学生进行记忆，发展他们的记忆力。⑤运用知识。在教学过程中，学生运用知识，掌握技能、技巧，主要通过教学性实践，大多采取反复练习的方法来实现。⑥检查知识、技能和技巧，了解学生知识掌握和智力、能力发展情况、优点与缺点，培养学生及时对所学知识作自我检查的能力和习惯。

（2）问题—探究教学是学生获取知识的基本阶段。

问题—探究教学，是指在教师引导下，学生通过对问题的独立研究来发现、获取知识的教学。问题—探究教学方式由三个环节构成，是一种极具创造性的教学，并无固定的模式，但学生获取知识仍要经历下述基本阶段：①明确问题；②深入探究；③作出结论。

2. 在教学过程中，如何认识智力发展和知识掌握的关系？

答：（1）智力的发展与知识的掌握二者相互依存、相互促进。

在教学过程中，学生能力的提高依赖于他们知识的掌握，因为系统的知识是智力发展的必要条件，人们的智力发展离不开知识和经验；同时，学生对知识的掌握又依赖于他们能力的提高，因为人们的智力同样是人们掌握知识的必要条件，只有那些能力高的学生，接受能力才强、学习效率才高。

（2）生动活泼地理解和创造性地运用知识才能有效地发展智力。

学生的能力不仅与他们所掌握的知识的量的性质、难度和分量有关，更重要的是与他们获取这些知识的方法和运用知识的创造态度密切相关。在教学过程中，不仅要教给学生系统的有适当难度的知识，而且要引导学生正确理解知识和巩固记忆知识，掌握学科的结构，特别是要启发学生了解掌握知识的过程，弄清获得知识的方法，学会独立思考、逻辑推导与论证，能够自如地甚至创造性地运用知识来解决理论和实际问题，才能有效地提高他们的能力。

可见，在教学中，如果能引导学生自觉积极地进行学习，正确理解知识，掌握获取和运用知识的方法，就能有效地促进他们能力的提高。学生的学习活动进行得越是富有创造性，他们的能力就将提高得越快、达到的水平越高。这是掌握知识与提高能力之间的必然联系。

（3）防止单纯抓知识教学或只重智力发展的片面性。

对于教学中应当如何处理掌握知识与发展智力的关系问题，曾经有过长期的争论。不管是认为教学的主要任务在于训练学生的思维形式，知识的传授则是无关紧要的，或者认为教学的主要任务在于传授给学生对生活有用的知识，至于学生的智力则无需进行特别的培养和训练，都是片面的，都不利于学生的发展。

3. 何谓教学？教学的意义何在？

答：在广义上，教学就是指教的人指导学的人以一定文化为对象进行学习的活动。教的人包括教师，但不仅仅指教师，还指各种有关的教育者；学的人包括学生，但不仅仅指学生，还包括各种有关的学习者。在狭义上，教学就是指学校教学，是专指学校中教师引导学生一起进行的，以特定文化为对象的教与学相统一的活动。

教学的意义：（1）教学是学校教育工作的中心，是教育工作的主体构成部分和教育的基本途径；（2）教学是社会经验的再生产，是适应并促进社会发展的有力手段；（3）教学为个人全面发展提供科学的基础和实践，是学生身心健康发展的重要保证。

4. 为什么教学过程是一种特殊的认识过程？

答：在教学过程中，学生以认识活动为主，受认识论的一般规律的制约；但学生的个体认识活动又有特殊性，主要表现为：

（1）认识对象的间接性。学生以掌握人类长期积累的科学文化知识为主要的认识对象，间接认识现实世界。

（2）认识方式的引导性。学生的认识过程主要是在教师的引导下进行的。

（3）认识过程的简洁性。学生可以突破时空的局限，在比较短的时间内掌握丰富的知识。

5. 简述教学过程中直接经验与间接经验的关系。

答：直接经验，即学生通过亲自活动、探索获得的经验；间接经验，即他人的认识成果，主要指人类在长期认识过程中积累并整理而成的书本知识，此外还包括以各种现代技术形式表现的知识与信息，如磁带、录像带、电视和电影等。间接经验与直接经验的关系主要体现如下：

（1）学生认识的主要任务是学习间接经验。以间接经验为主组织学生进行学习，这是学校教学为青少年学生精心设计的一条认识世界的捷径。它的主要特点是：把人类世世代代积累起来的科学文化知识加以选择，使之简约化、洁净化、系统化、心理化，组成课程，编成课本，引导学生循序渐进地进行学习。这就可以使他们避免重复人类在认识发展中所经历的错误与曲折，用最短的时间、最高的效率来掌握人类创造的基本知识。

（2）学习间接经验必须以学生个人的直接经验为基础。现成的书本知识，一般表现为概念、原理、定律与公式所组成的系统，是一种偏于理性的知识。这种知识对学生来说，是他人的认识成果、间接的经验，是很抽象的、不容易理解的东西。学生要把这种书本知识转化为自己理解的知识，就必须依靠个人以往积累的或现时获得的感性经验为基础。

（3）防止忽视系统知识传授或直接经验积累的偏向。只有经过自己的独立思考，把直接经验与间接经验结合起来，理性认识与感性认识结合起来，学生才能理解所学的书本知识，获得运用知识的能力。

可见，教学以学习书本知识为主是学生个人认识赶上人类认识、获得自身发展的捷径，要使学生便捷而高效地掌握书本知识，必须根据教学的需要充分利用和丰富学生的直接经验，这是间接经验与直接经验的关系之间的必然联系。间接经验与直接经验的关系，是教学过程中的一对基本的矛盾关系。

6. 简述教学与智育的区别。

答：在广义上，教学就是指教的人指导学的人以一定文化为对象进行学习的活动。教的人包括教师，但不仅仅指教师，还指各种有关的教育者；学的人包括学生，但不仅仅指学生，还包括各种有关的学习者。在狭义上，教学就是指学校教学，是专指学校中教师引导学生一起进行的，以特定文化为对象的教与学相统一的活动。

智育是指向学生传授系统科学知识和技能，培养和发展学生智力才能的教育活动。其基本任务包括：向学生系统传授科学文化基础知识，为学生各方面发展奠定良好的知识基础；培养训练学生，使其形成基本技能；培养和发展学生的智力才能，增强学生各方面能力；培养学生良好学习品质和热爱科学的精神。

教学与智育是两个不同的概念，两者既有区别，又有联系。智育是全面发展教育的一个重要组成部分，是向学生传授知识技能和发展学生智力的教育活动，它主要通过教学活动来进行。但教学与智育不能等同。智育除了教学这一途径外，还可以通过课外活动、生产劳动、社会活动等来进行。教学要完成智育任务，是智育的重要途径，除此教学还要完成德育、美育、体育、劳动技术教育等任务，也是实施其他"几育"的重要途径。

7. 简述教学过程的基本规律。

答：(1) 间接经验与直接经验相结合的规律。学生认识的主要任务是学习间接经验；学习间接经验必须以学生个人的直接经验为基础；防止忽视系统知识传授或直接经验积累的偏向。

(2) 传授知识与发展智能相统一的规律。能力的发展依赖于知识的掌握，知识的掌握又依赖于能力的发展；引导学生自觉地掌握知识和运用知识能有效地发展他们的能力；防止单纯抓知识教学或只重视能力发展的片面性。

(3) 传授知识与思想教育相统一的规律。学生思想的提高以知识为基础；引导学生对所学知识产生积极的态度才能使他们的思想得到提高；学生思想的提高又推动他们积极地学习知识。

(4) 智力活动与非智力活动相统一的规律。非智力活动依赖于智力活动，并积极作用于智力活动；按教学要求需要调节学生的非智力因素才能有成效地进行智力活动，完成教学任务。

(5) 教师主导作用与学生主体作用相统一的规律。发挥教师的主导作用是学校有效学习和发展的必要条件；调动学生学习主动性是有效教学的重要因素，应防止两种极端偏向。

8. 简述教学过程的性质。

答：(1) 教学过程是一种特殊的认知过程。教学过程是学生在教师指导下，借助教材或精神客体的中介，掌握科学认识方法，以最经济的途径认识客观世界并改造主观世界、发展自身的活动过程。

这一特殊性表现在：它是学生个体的认识，不同于科学家、艺术家、成年人的个体认识，是由教师领导未成熟的主体通过学习知识去间接认识世界，其目的在于把人类社会历史经验转变为学生个体的精神财富，不仅使学生获得关于客观世界的映像即知识，也使学生个体获得发展。

在教学过程中，学生以认识活动为主，受认识论的一般规律的制约，但学生的个体认识活动又有特殊性，主要表现为：

①认识对象的间接性。学生以掌握人类长期积累的科学文化知识为主要的认识对象，间接认识现实世界。

②认识方式的引导性。学生的认知过程主要是在教师的引导下进行的。

③认识过程的简洁性。学生可以突破时空的局限，在比较短的时间内掌握丰富的

知识。

（2）教学过程必须以交往为背景和手段。教学活动不是孤立的个体认识活动，而是社会群体性的有目的有组织的认识活动。它离不开师与生、生与生之间的交往、互动，离不开人们的共同生活。

教学过程以社会交往为背景。尤其是个体最初的学习与认识，例如对实物及其名词概念的认识就是在交往中发生与发展的。人们对语言的掌握，对通过语言文字授受的经验、知识的掌握，均有赖于人们交往与沟通的共同生活经验。所以，有目的地进行教学也必须以交往为背景，并通过社会交往与联系社会生活来帮助和检验学生的学习效果，理解所学知识的实际意义与社会价值。

教学还以交往、沟通、交流为重要手段和方法。在教学过程中，教师引导学生循序渐进地学习与运用系统的科学文化知识，常常有意识地在师与生、生与生之间进行问答、讨论、交流、互助，以便使学生获得启发，进行思想碰撞与反思，集思广益并加深理解，以学会应用，使教学中的认知活动进行得更加生动活泼而有效。在教学中，教师不仅运用交往引导学生学习知识、进行认知，而且还运用交往对学生进行情感方面的沟通、感染与培养。教师在教学中应当注意师生之间的平等对话、思想情趣的坦诚沟通，以便激起师生在认识与情感上的共鸣、智慧与志趣的共享，从而在学生的个性发展上培养和形成教育者所期望的品质。

（3）教学过程也是一个促进学生身心发展、追寻与实现价值目标的过程。教学过程是按照学生身心发展的特点组织进行的。在教学过程中，教师有目的、有计划地引导学生能动地进行认识活动，自觉地调节自己的兴趣和情感，循序渐进地掌握文化科学基础知识和基本技能，以促进学生智力、体力和社会主义品德、审美情趣的发展，并为学生奠定科学世界观的基础。

9. 学校为什么要以教学为主？

答：（1）以教学为中心是学校教育工作的特点决定的。学校的产生使教学与生活分化开来，教学成为学校的独立活动。学校工作以教学为主，是学校教育区别于其他机构的根本所在。

（2）教学是实现教育目的的基本途径。在各种教育途径中，教学所占时间最多，工作比重最大，计划性、系统性更强，更能发挥学校教育作用，促进学生全面发展。

（3）历史上正反两方面的经验表明，要提高教育质量，更好地进行自我教育，学校必须以教学为主。苏联成立后二三十年间、中华人民共和国成立后的经验教训都说明，否定以教学为中心，教育质量就没有保证。而坚持以教学为中心，则可以确保教育质量不断提高。

10. 启发式和注入式的根本区别是什么？为什么我们要提倡启发式教学？

答：启发式和注入式的根本区别在于对教师的主导作用与学生的主体作用的关系的解释不同。启发式强调在教师的主导下学生主体作用的发挥，在教学中注意发挥学生的主动性和能动作用，激发学生积极地独立思考，培养学生的学习能力。注入式片面夸大了教师的主导作用，教师从主观出发，不考虑学生的实际情况，不调动学生的主动性、积极性，不顾学生的接受能力和能力的发展，使他们学习被动，成为单纯接受知识的容器。

从启发式和注入式的根本区别上可以看出：注入式教学是一种陈旧落后的压抑学生积极性的教学观点和教学指导思想；而启发式教学强调教师主导下学生主体作用的发挥，注重引起学生的学习兴趣和责任感，激发学生积极地独立思考，培养学生的学习能力，促进智力的发展。它是促进学生生动活泼地、主动地得到发展的科学的教学观点和教学指导思想，是值得在教学中大力提倡的。

11. 我国目前中小学教育中常用的教学原则有哪些？

答：目前我国中小学教育中常用的教学原则主要有：

（1）思想性与科学性相统一的原则。思想性和科学性相统一的原则是指教学要以马克思主义为指导，授予学生以科学知识，并结合知识教学对学生进行社会主义品德和正确人生观、科学世界观的教育。

（2）理论联系实际原则。教学要以学习基础知识为主导，从理论与实际的联系上去理解知识，注意运用知识去分析问题和解决问题，达到学懂会用、学以致用。

（3）直观性原则。在教学中通过学生观察所学事物或教师语言的形象描述，引导学生形成对所学事物及过程的清晰表象，丰富他们的感性认识，从而使他们能够理解书本知识并发展认识能力。

（4）启发性原则。启发性原则反映了学生的认识规律。教师对学生进行启发，而不是告诉学生现成的答案，有利于调动学生的主动性，促使学生在教师的引导下积极思考，自觉地掌握科学知识和提高分析问题和解决问题的能力。

（5）循序渐进原则。循序渐进原则是指教学要按照学科的逻辑系统和学生认识发展的顺序进行，使学生系统地掌握基础知识、基本技能，形成严密的逻辑思维能力。

（6）巩固性原则。巩固性原则是指教学要引导学生在理解的基础上牢固地掌握知识和技能，长久地保持在记忆中，能根据需要迅速再现出来，以利于知识技能的运用。

（7）发展性原则。发展性原则是指教学的内容、方法和进度要适合学生的发展水平，但又有一定的难度，需要他们经过努力才能掌握，以便有效地促进学生的身心发展。

（8）因材施教原则。指教师要从学生的实际情况和个别差异出发，有的放矢地进行有差别的教学，使每个学生都能扬长避短，获得最佳发展。

以上这些是常用的教学原则，除此之外，每位教育家还会提到其他原则，如及时性原则、预防性原则、量力性原则等。

12. 简述教学过程中智力因素与非智力因素的关系。

答：智力因素主要指感知觉、记忆、思维、想象等认知心理因素。非智力因素主要指兴趣、动机、需要、情感、意志和性格等个性心理特征方面的因素。二者是紧密相连的。

（1）智力因素是非智力因素的基础，非智力活动依赖于智力活动，并积极作用于智力活动。学生的兴趣、动机等非智力因素是在认知事物、掌握知识的过程中产生和发展的，离开掌握知识的智力活动，非智力活动很难发展。反之，学生是有主观能动性的人，学习动机的强弱、意志品质的持久等非智力因素，直接影响到学生的学习效果。（2）只有按教学需要调节学生的非智力活动才能有效地进行智力活动，完成教学任务。（3）防止忽视智力因素或忽视非智力因素的偏向。

13. 简述建构主义教学理论的基本主张。

答：(1) 在知识观方面，建构主义认为知识是人对客观现实的一种解释、假设，是不断发展的，并不是问题的最终答案。(2) 在学习观方面，建构主义认为学习是在社会文化背景下，通过人与物、人与人的互动，主动建构意义的过程，而不是直接接受现成结论的过程。(3) 在学生观方面，构建主义强调学生已有的知识经验、认知结沟、兴趣、需要等对意义建构的影响，因而主张学生是学习的主体。(4) 在教育观方面，建构主义强调帮助学生从现有的知识经验出发，在真实情景中，通过操作、对活、协作等进行意义建构。

14. 确立教学原则的依据是什么？

答：教学原则是根据一定的教学目的和任务，遵循教学过程的规律而制定的对教学的基本要求。教学原则的确立依据有：①总结和概括教学经验；②依据教学过程的规律和学生的身心发展规律；③依据一定社会的教育目的；④依据古今中外的有关研究成果。

①教学原则的确立依据人们对教学规律的认识；②教学原则产生于丰富的教学经验的积累；③教学原则的提出受教育目的的制约；④教学原则的确立依据受教育者身心发展规律的制约；⑤教学原则的确立要适应社会的发展。

15. 简述人本主义教学理论的主要观点。

答：人本主义的心理学思想产生于20世纪50年代，创始人马斯洛将其理论称为美国心理学的"第二势力"。70年代以后，继承人罗杰斯提出"以学习者为中心"的思想被广泛用于教育领域。人本主义心理学高度重视学习中的情感因素，充分尊重学生个体，有利于学生的学习风格和个性发展，建立融洽的师生关系，强调学生的主动精神，对课程编制、教学实施都有启发作用。

人本主义教学理论重视个性交往、情感交流、艺术创造等活动；以人的价值的实现、情感体验的满足，精神健康、创造力的激发为教学宗旨；注重教材的主观价值，教材重视人文知识、审美价值和道德价值等；教学活动依据具体情景，即兴发挥，崇尚直觉和灵感，注重体悟和领会，不太讲严密的固定程序。

16. 简述教学的主要任务。

答：(1) 引导学生掌握科学文化基础知识和基本技能；(2) 发展学生的智力、体力和创造才能；(3) 培养学生的社会主义品德和审美情趣，奠定学生的科学世界观基础。

17. 简述教学过程认识说的基本观点与意义。

答：这种观点从认识论的角度出发，把教学过程看作一个特殊的认识过程。在此过程中，学生对学习内容从不知到知，在教师的指导下不断认识、探索世界。教学过程是学生在教师的指导下认识世界的过程，是接受前人经验的过程。在这一活动过程中，教师根据一定的教学目的、任务，引导学生掌握系统的文化科学知识和技能、技巧，使学生由不知到知、由知之不多到知之较多，从而发展学生认识世界的能力。

（三）论述题

1. 结合实例阐述"传授—接受教学"与"问题—发现教学"各有何长处和局限性。

答：传授—接受教学，是指教师通过语言传授和示范操作使学生接受、掌握系统知识与技能的教学。

传授—接受教学的优点：能充分发挥教师的主导作用，同时也能很好地调动学生个人的积极性，能按学科知识的逻辑系统循序渐进地教学，使学生掌握系统的科学知识和技能，能在单位时间内培养更多的学生以提高教学的功效，能使学生简捷有效地掌握知识。

缺点：不易正确地发挥教师的主导作用；往往因缺乏教学民主、启发诱导而强迫命令，压抑学生的主动性，以学习书本知识为主而易脱离生活实际，使学生感到抽象、枯燥，往往教师讲的多而学生活动少，容易出现注入式教学和学生死记硬背的现象。

问题—探究教学，是指在教师引导下，学生通过对问题的独立研究来发现、获取知识的教学。

问题—探究教学的优点：从问题入手，能激起学生的求知欲、调动学生的学习主动性，进行独立研究需要学生自己去计划和探索；有助于提高他们独立思考、分析问题与解决问题的能力；通过研究获得的知识，理解得更深，记得更牢；由于多半采取个人或小组形式进行，也便于因材施教。

缺点：主要是因重视学生独立作业难免不能充分发挥教师的主导作用，学生主要靠自己探索获取知识则费时过多，若无高水平的教师及时指导，学生的独立研究也易产生盲目性，失去自觉的主动性、积极性。

2. 结合实际，论述教学过程中充分发挥教师指导作用与学生主体性之间的关系。

答：教学过程是教师引导下学生的认识过程，因而如何处理师生在教学中的地位与关系问题，一直是教学史上的一个主要理论和实践问题。

（1）发挥教师的主导作用是学生简洁有效地学习知识、发展身心的必要条件。

在教学过程中，要充分发挥教师的主导作用。因为教师是教育者，他们受社会的委托，代表社会的利益，执行社会对教育的要求；他们受过专门的训练，精通所教的专业知识，了解学生的身心发展，懂得如何组织和进行教学。对缺乏知识和能力的学生来说，只有借助于教师的教导和帮助，才能以简洁有效的方式掌握人类创造的基本文化科学知识，迅速提高自己的身心发展水平，成为社会需要的人才；就连学生的学习主动性、积极性的正确发挥，都有赖于教师的引导。教学的效率和质量主要是由教师教的好坏决定的，一般来说，只有提高教师的素质和教学水平，才能培养出成绩优秀的学生。在教学过程中，教师的教是矛盾的主要方面。

教师的主导作用是针对能否引导学生积极学习而言的，它主要体现在，善于按照教学任务和教学过程规律性对学生进行启发、诱导、讲解、训练和指点上，以便学生积极而高效地掌握知识、提高自身的能力与修养。因而学生的主动性调动得怎样、学习的效果怎样，又是衡量教师主导作用发挥好坏的主要标志。

（2）调动学生的学习主动性是教师有效教学的一个主要因素。

教师的教是为了学生的学，在教学过程中，必须充分调动学生的学习主动性和积极性。学生是有能动性的人，他们不只是教学的对象，而且是学习的主体。教师的教固然重要，但对学生来说毕竟是外因，外因只有通过内因才能起作用。一般来说，学生的学习主动性、积极性越大，求知欲、自信心、刻苦性、探索性和创造性愈大，学习效果也愈好。学生的学习主动性积极性发挥得怎样，直接影响并最终决定着他个人的学习效果和身心发展的水平。调动学生的学习主动性是教师有成效地进行教学的一个主要因素。所以,学生的学也是教学中不可忽视的重要方面。

学生的学习主动性是以教学为前提的,是对教师的教的积极配合;强调在教师的引导下自觉地、专心地、刻苦地学习,创造性地独立完成作业。背离教师的主导作用,学生的积极性就会具有盲目性,从而使得学生在学习上费力而不讨好,成效甚微。但随着学生年龄增长、知识增多、能力增强,他们在学习上的主动性、独立性、自主性也将日益提高,考虑到这些特点,对不同的学生进行教学时,教师的主导作用的要求也应有所变化。

(3) 防止忽视学生积极性和忽视教师主导作用的偏向。

以赫尔巴特为代表的传统教育派认为,教师在教学中处于中心地位,向学生传授知识。进行教育主要依靠教师,以为只要顺从教师的教导,学生就能学到知识、养成良好的品德,至于学生的独立性、自主性被认为是有害的东西。他们片面强调教师的权威,忽视学生的主动性,使教学进行得死板、被动,不利于培养学生的自主精神和创造才能,随着社会的发展而日益显现其落后性。

以杜威为代表的"现代教育"派,则指责传统教育以学科为教学的中心、以教师为教学的主宰,主张进行中心转移的革命,把儿童变成教学的中心,充分发挥学生的主动性,教育的一切措施都围绕着学生转动。至于教师的作用、系统知识的传授,被放在很次要的地位。他们走向另一个极端,片面强调学生的学习主动性,忽视教师的主导作用,往往使学生的学习陷入盲目探索,只能获得一些零星的实用知识,而学不到系统的科学知识,这不利于造就现代化科技发展需要的专门人才,同样落后于时代的发展。

上述两派的共同特点,都是把教师的主导作用与学生的主动性对立起来,强调一个而忽视另一个。但损伤任何一方的积极作用,都将导致削弱或破坏师生双方积极合作才能具有的整体功能,影响教育质量。

3. 为什么在教学过程中特别强调发展学生智力?试述掌握知识与发展智力的关系。

答:(1) 发展学生的智力具有十分重要的意义,主要表现在:

①发展学生智力是时代的需要。随着科学技术的迅猛发展,知识成倍增长,知识的物化过程缩短,知识的陈旧率迅速提高,学生所学的科学技术知识总是要落后于科学技术的发展。要解决这个矛盾,就要发展学生的智力,以提高学生独立获取知识的能力。

②发展学生的智力是学生掌握知识的需要。智力是学生获取知识的工具,学生的智力发展水平愈高,接受知识的速度就愈快,掌握知识就愈牢固,运用知识就愈灵活。

(2) 掌握知识与发展智力的关系:掌握知识与发展智力是辩证统一的,这是由知识和智力的辩证关系决定的。知识与智力不是一个概念。知识是人对客观世界的现象、事实及其规律的认识,是人类历史实践经验的概括和总结。而智力是指人们认识、适应和改变客观世界的心理能力。知识是人对客观事物的反映成果,而智力则是顺利完成这种反映的主观条件。知识与智力又是可以相互转化的。知识是人类智慧的结晶,是智力的转化物;作为智力活动原料的知识,又可促进智力的发展。这是知识向智力的转化。

①智力的发展与知识的掌握二者相互依存、相互促进。在教学过程中,学生智力的发展依赖于他们对知识的掌握。不爱学习,知识与经验都很贫乏的人,其智力不可能发展得很好。学生学习的科学文化知识,既是人类知识长期积累和整理的成果,又是人类智力和

智慧的结晶，它本身蕴藏着丰富的人类认识的方法。对学生来说，掌握知识的过程也是智力运用的过程。只有在掌握知识的过程中学会获取这些知识的认识方法，并把这些知识和认识方法自觉地、创造性地运用到以后的学习和实际中去，才能逐步发展自己的智力，形成自己的创造才能。

　　同时，学生对知识的掌握又依赖于他们的智力发展。因为人们的智力同样是人们掌握知识的必要条件。发展学生的智力是顺利进行教学，提高教学质量的重要条件。特别是在科学技术迅猛发展的现代，教学内容迅速增多，程度不断提高，难度不断加大，尤其需要在教学中培养和提高学生的智力，发展他们的创造才能。这样，他们才能有效地掌握现代科学知识，攀登世界科学的高峰。

　　②生动活泼地理解和创造性地运用知识才能有效地发展智力。通过传授知识发展学生的智力是教学的一个重要任务。然而，知识不等于智力，传授了知识不等于训练了智力。一个学生知识的多少并不一定能表明他的智力发展的高低。如果只是进行"填鸭式"教学，学生只知机械记取和搬用知识，即使他们头脑里被填满了一堆知识，也不可能增进思考能力，而且往往会使他们变得呆头呆脑，造成一些"高分低能"的学生，不符合现代社会的要求。可见，不是任何一种知识教学都能有效地促进学生智力发展的。因为学生的智力不仅与他们所掌握的知识的性质、难度、分量有关，更重要的是与他们对这些知识的理解透彻度、获取这些知识的方法与活动的状况，以及运用知识的自觉能动的程度紧密相关。因此，在教学中，不仅要教给学生以知识，而且要引导学生通过生动活泼主动的学习活动透彻地理解知识原理，掌握学科的结构，特别是要启发学生了解获取知识的过程与方法，学会独立思考、逻辑推导与论证，能够自如地甚至创造性地运用知识来解决理论和实际问题，这样才能使学生的智力获得高水平的发展。

　　③防止单纯抓知识教学或只重智力发展的片面性。在我们今天的教学中，也常有类似的情况出现。有的强调"双基"教学，认为"双基"教学抓好了，学生的智力自然地发展了，从而忽视引导学生通过主动的探究、反思有意识地锻炼与发展学生的智力；也有的过于强调教学的活动性质和创造性，把探究与发展智力放在首要地位，却不重视系统知识和原理的精确掌握与优化。这两者都有片面性，都不利于提高教学的质量。

第九章 教学（下）

【本章知识框架】

见第八章。

考情分析

本章是第八章内容的继续，主要讲了教学方法、教学组织形式和教学评价。除了教学方法、教学方式、教学策略等概念的区别是难点以外，其余的知识都不难理解，教学组织形式中大家要注重班级授课制，教学评价不仅仅是对学生的评价，也包括对教师的评价，还有对课程的评价，大纲要求考生着重掌握对学生和教师的评价。

本章内容考试重点，考生请格外注意"班级授课制"与"教学方法"等概念。

重点难点

重点：班级授课制、教学评价。

难点："教学方法等"相近概念的区别。

【习题精编】

见第八章。

【参考答案】

见第八章。

第十章 德 育

【本章知识框架】

```
            ┌ 概述 ┬ 概念
            │      ├ 特点
            │      ├ 功能
            │      └ 任务和内容
            │
            │          ┌ 教师引导学生能动的道德活动过程
            ├ 德育过程 ┼ 培养学生知情意行的过程
            │          └ 提高学生自我教育能力的过程
            │
   德育 ────┤          ┌ 理论与生活相结合、疏导、长善救失
            ├ 德育原则 ┼ 严格要求与尊重学生相结合、因材施教
            │          └ 在集体中教育、教育影响一致性和连续性
            │
            │          ┌ 品德课、思想政治课与其他学科教学
            ├ 德育途径 ┼ 劳动与其他社会实践、课外活动和校外活动
            │          └ 学校共青团和少先队活动、心理咨询、班主任工作
            │
            └ 德育方法 ┬ 说服、榜样、锻炼、修养
                      └ 陶冶、奖惩
```

考情分析

德育相对其他章节来说内容没有难点，易理解，考生复习时会感到轻松许多。本章共有五个部分，即德育的概述、过程、原则、途径和方法。本章内容的德育过程、德育原则、德育途径和德育方法都以简答题的方式来准备，德育的概念易考名词解释。

> 重点难点

重点：德育过程，德育途径。

【习题精编】

（一）名词解释

1. 陶冶法。（北京师范大学 2003 年，华中师范大学 2004 年，浙江大学 2004 年）
2. 德育过程。（北京师范大学 2005 年，华中科技大学 2002 年，上海交通大学 2001 年，武汉大学 2003 年，北京航空航天大学 2006 年）
3. 德育原则。（中山大学 2003 年，山西师范大学 2012 年）
4. 德育。（首都师范大学 2005 年，武汉大学 2004 年，东北大学 2004 年，华南师范大学 2002 年，上海师范大学 2003 年，华南理工大学 2006 年）
5. 在集体中教育原则。
6. 长善救失原则。
7. 疏导原则。
8. 德育途径。
9. 修养。
10. 道德两难法。
11. 观察学习。

（二）简答题

1. 简述影响学校德育实效的主要因素。（教育学统考 2007 年）
2. 简述道德教育体谅模式。（教育学统考 2008 年）
3. 何谓德育？扼要叙述德育的功能。（上海理工大学 2002 年）
4. 简述六种德育方法及基本内容。（北京航空航天大学 2003 年）
5. 简要分析德育过程。（西南师范大学 1999 年，2000 年）
6. 简述学校教育中德育的任务。（苏州大学 2002 年）
7. 德育原则有哪些？（北京航空航天大学 2006 年）
8. 简述我国中小学德育的基本内容。（浙江大学 2004 年）
9. 当前我国中小学德育中存在的主要问题有哪些？
10. 德育过程中的知、情、信、意、行是什么关系？
11. 什么是德育在集体中教育原则？贯彻在集体中教育原则的基本要求是什么？
12. 简述教育影响一致性和连贯性原则。
13. 简述德育的特点和内容。
14. 试列举三种主要的德育模式并阐明其主要观点。

15. 各科教学在德育中的作用是什么？

(三) 论述题

1. 试论述德育过程是提高学生自我教育能力的过程。（北京师范大学 2012 年）
2. 结合实际说明德育的适应性和超越性之间的关系。（北京师范大学 2004 年）
3. 阅读下面案例，评述其中班主任老师的德育观以及所采用的德育方法。

  周五下午最后一节课，在班主任老师的主持下，班里进行"选差"的民主投票。教室里闹哄哄的，望着同学们挤眉弄眼的鬼脸和似乎暗示着什么的手势，我烦恼地闭上了眼睛。真的，我不明白这样的评选究竟有什么意义。人各有志，让他们折腾吧，我还是专心致志地思考那几道数学题。投票结束，班主任一身正气地走上讲台，当场唱票，宣布评选结果。"纪律最差，孙晓梅（假名，下同），32 票；劳动最差，王信，一共 30 票，不少啊；礼貌最差，郭大鹏，群众的眼睛是雪亮的；学习最差，李立，铁证如山……"老师的声音像是从地狱里发出，我的脑子一片空白。放学了，一切都在喧嚣中结束了。那些当选最差的学生，谁也不肯回家。男生的眼中燃烧着怒火，女生则已经趴在桌子上泣不成声了。望着窗外朦胧的雨色，我只觉得一股说不清的滋味涌上心头。突然，鼻子一酸，泪水不禁夺眶而出。我不明白，老师的"选差"究竟为达到什么目的，这种"民主投票"又究竟为达到什么目的。我要转学，我要退学，我宁愿做一个文盲，也不愿回到这样的班级和学校。

  ——节选自钱民辉著：《学生实话实说》，中国人事出版社，1998 年

4. 试述德育过程所包含的规律及其对德育工作的要求。
5. 联系中小学教育实际，分析自我教育在学校德育中的地位和作用。
6. 试述教学是学校德育的基本途径。

【参考答案】

(一) 名词解释

1. 陶冶法是指通过创设良好的情境，潜移默化地培养学生品德的方法。陶冶包括人格感化、环境陶冶和艺术陶冶等。运用陶冶时要注意：创设良好的情境；与启发说服相结合；引导学生参与情境的创设。

2. 德育过程即在德育目标的指导下，将经过选择的德育内容内化为学生个体的品德素质结构，并使之发生所期望的整体性变化的过程。从教育者的角度来说，德育过程是德育目标实施和实现的过程；从受教育者的角度来说，它是个体的素质结构不断形成和改善的过程。德育过程是在一系列的矛盾中展开的，是一系列的矛盾运动和变化的过程。

3. 德育原则是根据德育目的、德育目标和科学规律提出的指导德育工作的基本要求。

德育原则指导着德育工作的各个方面及其整个过程，对制定德育大纲，确定德育内容，选择德育方法，运用德育组织形式等都具有指导作用。常用的德育原则有理论与生活相结合的原则、疏导原则、长善救失原则、因材施教原则等。

4. 德育的概念有广义和狭义之分。广义的德育包括"道德教育"、"思想教育"、"政治教育"和"法制教育"这四个方面。即教育者根据一定社会或阶级的要求，有目的、有计划、有组织地对受教育者施加思想教育和道德影响，通过受教育者积极的认识、体验和身体力行，以形成他们的道德和自我修养能力的教育活动。简言之，德育就是教师有目的地培养学生品德的活动。狭义的德育专指"道德教育"，即教育者按照一定社会和阶级的道德要求，有目的、有计划、系统地对受教育者施加道德影响，培养道德素质，使得他们具有正确的道德观念、道德情感和道德意志，在思想上和行动上，不断提高他们的道德境界。

5. 在集体中教育原则是指进行德育要注意依靠学生集体、通过集体进行教育，以便充分发挥学生集体在教育中的巨大作用。

6. 长善救失原则是指进行德育要调动学生自我教育的积极性，依靠和发扬他们自身的积极因素去克服品德上的消极因素，促进他们的道德成长。

7. 疏导原则是指进行德育要循循善诱、以理服人，从提高学生认识入手，调动学生的主动性，使他们积极向上。

8. 德育途径包括直接的道德教学和间接的道德教育。直接的道德教育途径即开设专门的道德课，系统地向学生传授道德知识和道德理论。间接的道德教育途径即在学科教学、学校与课程管理、辅助性服务工作和学校集体生活各个层面对学生进行道德渗透。比如，学校的思想政治课之外的其他各学科教学、课外活动与校外活动、劳动、心理咨询和职业指导、校园环境建设、学校共青团与少先队活动以及班主任工作等都是学校的德育途径。

9. 修养是在教师引导下学生经过自觉学习、自我反思和自我行为调节，使自身品德不断完善的一种重要方法。修养包括立志、学习、反忍、箴言、慎独等。运用修养要注意以下几点要求：（1）培养学生自我修养的兴趣与自觉性；（2）指导学生掌握修养的标准；（3）引导学生积极参加社会实践。

10. 道德两难法。柯尔伯格在明确区分道德与非道德、确定了道德冲突在人们作出道德决定中的作用的基础上，采用"道德两难法"研究儿童的道德发展和教育问题。"道德两难法"即道德两难故事问答讨论法，启发儿童积极思考道德问题，从道德冲突中寻找正确的答案，以有效地发展儿童的道德判断力。

11. 观察学习又称"替代学习"或"模仿学习"，是社会学习理论代表班杜拉概括出来的一种学习类型。班杜拉发现，学习者观察榜样在一定情景中的行为及其后果，无需直接强化即可以得该行为方式，这就是观察学习。

（二）简答题

1. 简述影响学校德育实效的主要因素。

答：本题旨在考查考生对德育理论与实践的认识与把握。学校内部因素，包括指导思想与目标（德育首位与德育无为、德育政治化与德育生活化的矛盾、德育万能与德育无能的矛盾、思想统一与价值多元的矛盾等）、课程与教学中的德育（重智轻德现象）、校园文化、管理、德育的内容、方法与途径、教师与学生、教育评价等。学校外部因素，包括社会经济文化的变化（社会转型、价值多元、道德失范、信息社会、知识经济、全球化）、家庭的变化（独生子女现象）、时代精神的变化（关注人性与正义、关注生命、关注人格、关注尊严、回归生活）等。

2. 简述道德教育体谅模式。

答：道德教育模式是一种考虑教育机构中关心、判断和行动过程的方式，主要有道德认知发展模式、体谅模式、价值澄清模式和社会学习模式，每种模式都包括关于人们如何发展道德的理论观点以及促进道德发展的一些原则和方法。与道德认知发展模式强调道德认知发展不同，体谅模式把道德情感的培养置于中心地位，认为道德教育的任务应当建立在体谅的基本核心之上，应重在提高学生的人际意识和社会意识，引导学生学会关心、学会体谅。

3. 何谓德育？扼要叙述德育的功能。

答：德育的概念有广义和狭义之分。广义的德育包括道德教育、思想教育、政治教育和法制教育四个方面。即教育者根据一定社会或阶级的要求，有目的、有计划、有组织地对受教育者施加思想教育和道德影响，通过受教育者积极的认识、体验和身体力行，以形成他们的道德和自我修养能力的教育活动。简言之，德育就是教师有目的地培养学生品德的活动。狭义的德育专指"道德教育"，即教育者按照一定社会和阶级的道德要求，有目的、有计划、系统地对受教育者施加道德影响，培养道德素质，使得他们具有正确的道德观念、道德情感和道德意志，在思想上和行动上，不断提高他们的道德境界。

德育的功能可以概括地表述为德育的社会性功能、个体性功能和教育性功能三个主要的方面：

（1）德育的社会功能。德育的社会功能指的是德育能够在何种程度上对社会发挥何种性质的作用。具体来说，主要指学校德育对社会政治、经济、文化等发生影响的政治功能、经济功能、文化功能等。德育是社会主义现代化建设的重要条件和保证。德育是精神文明建设的重要组成部分，同时又贯穿于物质文明和民主政治的建设之中。从长远来看，中小学生是跨世纪的一代，把他们培养成有社会主义思想道德的一代新人，将对我国未来的社会风气、民族精神和社会主义现代化建设产生决定性影响。

（2）德育的个体功能。德育的社会功能是指德育对社会发展所能发挥的客观作用；德育的个体功能则是指德育对受教育者个体发展能够产生的实际影响。德育的个体功能可以描述为德育对个体生存、发展、享用产生影响这三个方面。其中享用性功能是德育个体功能的最高境界。

（3）德育的教育功能。德育的教育功能是指德育具有"教育性"它有两大含义。一是德育的"教育"或价值属性；二是指德育作为教育子系统对平行系统的作用。

4. 简述六种德育方法及基本内容。

答：德育方法是指用来提高学生思想认识，培养其道德品质的方法，包括教育者的施教方法，也包括受教育者自我教育的方法。

我国中小学的德育方法主要有说服、榜样、锻炼、修养、陶冶、奖惩，具体如下：

（1）说服。说服是通过摆事实、讲道理，使学生提高认识、形成正确观点的方法。说服包括讲解、谈话、报告、讨论、参观等。

（2）榜样。榜样是以他人的高尚思想、模范行为和卓越成就来影响学生品德的方法。榜样包括典范、示范、评优等。

（3）锻炼。锻炼是有目的地组织学生进行一定的实际活动以培养他们的良好品德的方法。锻炼包括练习、制度、委托任务和组织活动等。

（4）修养。修养是在教师引导下学生经过自觉学习、自我反思和自我行为调节，使自身品德不断完善的一种重要方法。

学生品德的提高是一个能动的发展过程，它的成效同学生个人能否自觉主动进行道德修养紧密相关，学生的年龄愈大，他们个人进行的道德修养在自身品德发展中的作用也愈大，所以德育不得不重视学生的道德修养和提高他们的修养能力，如果没有道德的修养，个人的进步就是不可能的。修养包括：学习、座右铭、立志、自我批评、慎独等。

（5）陶冶。陶冶是通过创设良好的情境，潜移默化地培养学生品德的方法。陶冶包括人格感化、环境陶冶和艺术陶冶等。

（6）奖惩。奖惩是对学生的思想和行为作出评价，包括表扬、奖励和批评、处分两个方面。表扬、奖励是对学生的良好思想、行为作出的肯定评价，以引导和促进其品德积极发展的方法。批评、处分是对学生不良思想、行为作出的否定评价，帮助他们改正缺点与错误的方法。

5. 简要分析德育过程。

答：德育过程是在教师有目的、有计划地教导下，学生主动地、积极地进行道德认识和道德实践，逐步提高自我修养能力、形成社会主义的品德的过程。

（1）德育过程是教师教导下学生的能动的道德活动过程；

（2）德育过程是培养学生知情意行的过程；

（3）德育过程是促进学生品德发展矛盾的积极转化过程；

（4）德育过程是提高学生自我教育能力的过程。

6. 简述学校教育中德育的任务。

答：学校德育的任务应当是努力使德育对象具有健全的品德素养，以适应社会发展的需要和创造个体的幸福生活。在现阶段的中国，适应社会发展，当然首先是要适应建设有中国特色社会主义的方向和发展社会主义市场经济的需要。

7. 德育原则有哪些？

答：德育原则是根据德育目的、德育目标和科学规律提出的指导德育工作的基本要求。德育原则主要有：理论和生活相结合、疏导、长善救失、严格要求与尊重学生相结合、因材施教、在集体中教育、教育影响一致性和连贯性，具体如下：

（1）理论和生活相结合原则。是指进行德育要把思想政治观点和道德规范的教育与参加社会生活的实际锻炼结合起来，把提高学生的思想认识与培养道德行为习惯结合起来，使他们言行一致。

（2）疏导原则。是指进行德育要循循善诱、以理服人，从提高学生认识入手，调动学生的主动性，使他们积极向上。

（3）长善救失原则。是指进行德育要调动学生自我教育的积极性，依靠和发扬他们自身的积极因素去克服品德上的消极因素，促进他们的道德成长。

（4）严格要求与尊重学生相结合原则。是指进行德育要把对学生的思想和行为要求与他们对个人的尊重和信赖结合起来，使教育者对学生的影响与要求易于转化为学生的品德。

（5）因材施教原则。是指进行德育要从学生的思想认识和品德发展的实际出发，根据他们的年龄特征和个性差异进行不同的教育，使每个学生的品德都能得到最好的发展。

（6）在集体中教育原则。是指进行德育要注意依靠学生集体、通过集体进行教育，以便充分发挥学生集体在教育中的巨大作用。

（7）教育影响一致性和连贯性原则。是指进行德育应当有目的、有计划地把来自各方面对学生的教育影响加以组织调节，使其互相配合协调一致前后连贯地进行，以保障学生的品德能按教育目的的要求发展。

8. 简述我国中小学德育的基本内容。

答：德育的内容指德育活动所要传授的具体道德价值与道德规范及其体系，是一定社会中德育目标的体现和具体化。

我国对中小学德育内容有着统一的规定，这一规定主要体现在：1993年和1995年原国家教育委员会正式颁布的《小学德育纲要》和《中学德育大纲》以及小学的《品德与生活》、《品德与社会》，中学的《思想品德》、《思想政治》等。

从颁布的中小学德育课程标准来看，可以将德育内容分为以下几方面：爱国主义教育；革命理想和革命传统教育；集体主义教育；劳动教育；民主、纪律与法制教育；人道主义和社会公德教育；正确人生观和科学世界观教育。

9. 当前我国中小学德育中存在的主要问题有哪些？

答：当前我国学校德育存在的问题主要表现在：

（1）德育的地位不高。具体表现为：①德育在学校中处于可有可无的状况，德育随时都要为升学让路，德育活动的开展受到限制德育的经费不到位等；②学生对德育不感兴趣，德育没有吸引力。

（2）德育内容滞后，与丰富多彩的社会生活相脱离。随着改革开放的深入，经济体制改革的推进，商品经济的发展，竞争机制的广泛引进，社会生活更加丰富多彩，但也出现了许多新问题。然而德育内容显得陈旧、单薄，不足以解释当前复杂的社会现象，也不能解决学生的思想实际，于是德育就成了与现实生活和学生实际不相干的东西，不能激发学生的情感，使其认同，更难促使其内化。

（3）德育重管理，轻人格养成。德育的本质是灵魂的教育，它不仅塑造人的行为，还要培养其高尚的情操、美好的情感和健全的灵魂。但是现在的德育工作往往满足于抓外部行为而忽视深层思想情感培养，使德育成了单纯的行为训练，长此以往，将会使德育生命力日趋萎缩。

（4）德育中的形式主义和简单化盛行。当前，德育形式化主要表现为德育量化的滥用，不少学校把品德量化作为德育的"常规武器"大用特用，比如做好事加分，做坏事减分，年终评定，便是一年的德育结果。

10. 德育过程中的知、情、信、意、行是什么关系？

答：德育过程是培养学生知、情、信、意、行统一发展的过程。

（1）知、情、信、意、行是构成思想品德的五个基本因素。知，是指道德认识，是人们对道德规范及其意义的理解和掌握，也包括道德观念、信念和评价能力；情，是指道德情感，是人们对客观事物的是非善恶判断时引起的内心体验，是对客观事物爱憎好恶的主观态度；信，是信仰，即树立爱国主义信念，完善大学生的思想认识，提高其对社会主义事业的信心；意，是指道德意志，是为道德行为所作出的自觉顽强的努力，是调节行为的一种精神力量；行，是指道德行为，是人们在道德认识、情感、意志的支配下，对他人和社会做出的反应，也是衡量思想品德高低好坏的根本标志。

（2）知、情、信、意、行是互相联系、互相促进、互相转化的。其中，道德认识是基础，行是关键，在从知到行转化过程中，情、意起调节促进作用。

（3）知、情、信、意、行是互相作用，统一实现的过程。知情信意行诸要素，从简单到复杂，从低级向高级，从旧质到新质的矛盾运动，构成了思想品德形成的全过程。德育过程就是要促进这一过程的实现。

（4）德育过程的多端性。思想品德的形成，通常以知为开端，最终形成行为习惯。但由于知、情、信、意、行各因素都具有相对独立性，它们都可以作为德育的开端，因此德育过程设有同定的程序，可根据具体情况选择不同的开端。

11. 什么是德育在集体中教育原则？贯彻在集体中教育原则的基本要求是什么？

答：（1）在集体中教育原则是指进行德育要注意依靠学生集体、通过集体进行教育，以便充分发挥学生集体在教育中的巨大作用。

（2）贯彻在集体中教育原则的基本要求：①引导学生关心、热爱集体，为建设良好的集体而努力。②通过集体教育学生个人，通过学生个人转变影响集体。③把教师的主导作用与集体的教育力量结合起来教育。

12. 简述教育影响一致性和连贯性原则。

答：（1）教育影响一致性和连贯性原则是指进行德育应当有目的、有计划地把来自各方面对学生的教育影响加以组织、调节，使其互相配合、协调一致、前后连贯地进行，以保障学生的品德能按教育目的的要求发展。

（2）贯彻教育影响一致性和连贯性原则的基本要求：①组建教师集体，使校内教育影响一致；②发挥学校教育的主导作用，使学校、家庭和社会对学生的教育影响互相配合；③做好衔接工作，使对学生的教育前后连贯和一致。

13. 简述德育的特点和内容。

答：（1）德育的特点：①德育旨在培养学生的道德信念和人生观，形成学生的道德行为习惯，主要属于伦理领域。②德育要解决的矛盾主要不是求真，不是学生对事物的知与不知，以回答世界是什么的问题；而是求善、知善、行善，回答世界应该是什么的问题。③品德是个性素质结构的重要因素，在个性素质结构中起着价值定向的作用。

（2）德育内容是具体规定学生发展的政治方向和应该掌握的思想观点和道德规范。它包括应该培养学生的哪些品格，是进行德育的依据，完成德育任务和实现德育目的的重要保证。它有两个层次，一是德育的现实性，二是德育的理想性。我国德育内容是依据我国教育目的和德育任务确定的，包括道德教育、思想教育、政治教育和法制教育。

14. 试列举三种主要的德育模式并阐明其主要观点。

答：（1）体谅模式。英国教育家迈克菲尔认为道德教育的任务应当放在让学生体谅与尊重别人，为别人的幸福而幸福。迈克菲尔从的需要出发，以体谅为核心，注意道德情感因素，其基本思想是"少评价，多关心"，因此他所设计的德育课程模式被称为体谅模式。

（2）价值澄清模式。价值澄清模式的代表人物是拉斯，这一理论认为每一个人都有自己的价值观，价值观是多元的、相对的和变化的，学校德育要帮助儿童掌握价值澄清的方法，不是直接把价值观教给学生，而是通过学习、分析、评价、反思，尤其是在教师的引导下以讨论、辩论等方式，使学生形成适合他自己的价值体系。价值澄清包括四个基本要素：关注生活、接受现实、启发思考、培养能力。

（3）社会学习模式。社会学习模式的倡导者是班杜拉，其主要内容是强调人类行为是个体和环境交互作用的产物，人通过观察和模仿他人行为而获得知识、技能和行为习惯；儿童通过替代强化而获得道德行为，所谓替代强化，就是儿童通过他人的行为强化（包括正强化和负强化）而进行模仿，从而改变自己的行为。

15. 各科教学在德育中的作用是什么？

答：（1）教师在传授科学文化知识的过程中，总是在一定思想指导下，受一定哲学观点阶级立场所支配。（2）学校中各门文化课的教材，是根据教育方针和教育目的编写的，它本身就有丰富的思想教育内容，对学生有教育意义。（3）各门文化课课堂教学严格组织的本身，也对学生具有德育作用。（4）在教学中，学生还可以从教师教学态度中感受德育。

（三）论述题

1. 试论述德育过程是提高学生自我教育能力的过程。

答：德育过程是在教师有目的、有计划地教导下，学生主动积极地进行道德认识和道德实践，逐步提高自我修养能力、形成社会主义品德的过程。

（1）德育过程的要素。德育过程既是教育者对受教育者施以有目的的影响过程，因而必然包括教育者与受教育者双方的活动。而实施影响又必须借助一定的中介物即传递影响的手段，这就是德育内容、德育方法等。可见，构成德育过程的要素是教育者、受教育者、德育内容、德育方法。

（2）德育过程规律。

①德育过程是教师教导下学生能动的道德活动过程：学生品德的发展是在活动中能动地实现的；道德活动是促进外界的德育影响转化为学生自身品德的基础；进行德育要善于组织、指导学生的活动。

②德育过程是培养学生知、情、意、行的过程：德育要有全面性，促进知情意行的和谐发展；德育具有多开端性，要具体问题具体分析；德育要有针对性，对知情意行采取不同的方式方法。

③德育过程是促进学生品德发展矛盾的积极转化过程：社会通过教师向学生提出道德要求与学生已有品德水平；促进学生品德发展内部矛盾的积极转化（认识性质、能力性质、思想性质的矛盾）；调节学生品德发展的外部矛盾（发挥学校教育的主导作用）。

④德育过程是提高学生自我教育能力的过程：自我教育能力在德育过程中的作用（一方面是德育的一个重要条件，另一方面又是学生品德发展过程的一个重要标志）；自我教育能力的构成因素（自我期望是自我教育的内在目的和内在动力；自我评价能力是进行自我教育的认识基础；自我调控能力是在自我评价的基础上建立起来的自觉调节控制自己思想与行为的能力，是进行自我教育的重要机制）；德育要促进学生自我教育能力的发展。

儿童的自我教育能力的发展是有规律的，大致是从"自我为中心"发展到"他律"，又从"他律"发展到"自律"，再从"自律"走向"自由"。

2. 结合实际说明德育的适应性和超越性之间的关系。

答：（1）德育作为一种教育活动，属于精神活动，要受物质的、现实的生活制约。德育对市场经济的适应性要求立足市场经济的实际，适应社会，贴近生活。

但德育的适应性不是消极的适应，而是积极的适应。在实际的德育工作中，一方面要立足于市场经济自主经营、平等互利、自负盈亏的实际，引导学生树立主体性、协调性价值观念，尊重学生的独立人格，充分挖掘、发挥个体的创造力，使学生确立平等互利、公平诚信的价值原则，促进社会的和谐有序发展。另一方面应立足市场经济的竞争性、求利性，引导学生树立进取、开拓、创新的观念和功利、时效、信息等功效性价值观念，并基于市场经济的风险性、不确定性培养学生适应市场经济的良好心理素质。促进新一代青少年学生实现与市场经济的契合，在市场经济的大潮中能够成为弄潮儿，而不被淘汰。

（2）德育仅停留在适应市场经济的层面，还不足以发挥其对经济的能动作用。思想道德作为一种精神活动，它是对可能的未来世界的一种把握与向往。德育对市场经济的超越是在能动适应中的超越，是在扬弃中的超越，更是在可能条件下的超越。

在实际德育工作中，一方面应引导学生积极克服、消除市场经济的负面影响，促使思想意识、行为规范合理化，避免急功近利、见利忘义的思想行为。另一方面应引导青少年学生形成更高层次的思想品德、价值观念，提升他们的道德境界，形成高尚、完美的人格，从而在适应中实现超越，体现主动适应，积极作为的特征。德育正是"按照某种超越于现实的道德理想去培养和塑造人，促使人去追求一种理想精神境界与行为方式，以此实现对现实的否定"。也正是由此，德育通过为未来培养具有主体性的人的现实活动，来超越现时代而不是停留在复制现有规范，从而实现对人的全面发展、社会进步的拉动作用，最终发挥其对客观世界的改造作用，推动社会文明的发展进程。

3. 阅读下面案例，评述其中班主任老师的德育观以及所采用的德育方法。

（案例略）

答：德育是教育者按照一定的社会阶级的要求，有目的、有计划、系统地对受教育者施加思想、政治和道德影响，通过受教育者积极的认识、体验、身体力行，以形成他们的品德和自我修养能力的教育活动。简而言之，德育就是教师有目的地培养学生品德的活动。

上述材料中班主任的德育观和采用的德育方法都违背了德育工作的基本原则，是不适当的德育方法。

材料中的教师使用的德育方法是不适当的，本来他想利用群众的舆论改变学生的行为，但是由于不恰当方式伤害了学生的自尊心，形成了师生之间的情绪对立。

4. 试述德育过程所包含的规律及其对德育工作的要求。

答：德育过程所包含的规律主要体现在：

（1）德育过程是教师引导下学生能动的道德活动过程：①学生品德的发展是在活动和交往中能动的实现的。学生不仅是被影响的对象，也是能动地吸收环境和教育影响的主体；外界的影响只有通过学生内部的思想情感活动，才能被他们理解、选择和吸取。②道德活动是促进外界的德育影响转化为学生自身品德的基础。外界的影响必须通过学生主动的选择，才能内化为学生的品德，单纯的说教很难使这种内化实现，教师必须设计各种活动，引导学生实现这样的品德内化。③进行德育要善于组织，指导学生的活动和交往。教师既要引导学生参与各种教育活动，还要引导学生积极思考，内化道德修养，才能引起学生品德能动的发展。

（2）德育过程是培养学生知情信意行的过程。学生的品德由知、情、信、意、行五个因素组成，所以德育过程就是培养知、情、信、意、行的过程。①道德认识是思想品德形成的基础，同时也是道德情感、道德意志的基础。道德情感是道德认识转化为道德行为的内在动力，是加深道德认识，形成道德信念、坚定道德意志和巩固道德行为习惯的催化剂。道德意志即是一种自我控制、自我约束的能力，又是品德形成过程中的动力条件，道德行为是道德认识、道德情感、道德意志的集中体现，是思想面貌和道德品质的外在标志。五者相互联系、相互制约、相互促进，共同推动品德的发展。②德育要注意发挥知情意行的整体功能，全面培养，还要有针对性。品德发展中的知、情、信、意、行往往发展不平衡，导致各因素间不协调或者严重脱节，如"言行不一"，所以教师要有的放矢，抓薄弱环节，有效地调节品德的结构。③德育具有多开端性，每个学生品德发展的具体情况存在个别差异，表现出来的品德面貌或品德问题不尽相同，对此要具体问题具体分析。这就要求针对品德结构中诸因素发展不平衡的状况，灵活处理，有的放矢，因材施教。

（3）德育过程是提高学生自我教育能力的过程；①自我教育能力在德育过程中的作用突出。一方面，自我教育能力是德育的一个重要条件，只有注意培养与提高学生的这种能力，学生品德内部矛盾才能转化，德育才能进行得更顺利、更有效。另一方面，学生的自我教育能力又是学生品德发展过程的重要标志。德育的任务就在于把青少年学生从缺乏道德经验与能力、依赖性较强的孩子逐步培养成为具有自我教育能力的、能独立自主地待人接物的道德主体。②要培养学生的自我教育能力，要从自我期望能力、自我评价能力和自我调控能力着手。③德育要促进自我教育能力的发展。德育要从实际出发，因势利导，有目的地培养学生的自我意识，提高学生的自我期望、自我评价和自我调控能力，以形成和发展他们的自我教育能力。基于此，便能够在德育过程中更好地调动学生的积极性，充分发挥他们在培养自身品德中的主体作用。

（4）德育过程是促进学生品德发展矛盾积极转化的过程。德育过程的基本矛盾是：社会通过教师向学生提出的道德要求与学生已有品德的水平之间的矛盾。①德育要促进学生品德发展内部矛盾的积极转化。②还要调节学生品德发展的外部矛盾，主要指学校德育的要求和社会、家庭等方面对学生的要求不一致而产生的矛盾。因此，协调和统一各方面的品德要求，使之形成巨大的教育合力是非常重要的。

5. 联系中小学教育实际，分析自我教育在学校德育中的地位和作用。

答：德育过程是在教师有目的有计划的教导下，学生主动地、积极地进行道德认识和道德实践，逐步提高自我修养能力，形成社会主义品德的过程。在这个过程中，学生品德的发展是在活动中能动地实现的。现在中小学德育过程中，仍然是教师占据主导地位，学生一般是被动地接受教育，道德影响并没有真正转化为学生的内部认知，因此要能动地进行道德活动，有赖于培养和发挥他们的自我教育能力。

自我教育能力与自我教育关系密切。自我教育能力产生发展于自我教育活动中，同时它又是进行自我教育的条件。两者相互依赖，彼此促进，同时发展。自我教育能力，也就是学生个人提高自身道德修养的能力。自我教育能力包括自我评价能力和自我调控能力。

自我评价能力是进行自我教育的认识基础。没有自我评价能力就不可能有自我教育。自我调控能力是在自我评价的基础上建立起来的自觉调控自己思想与行为的能力，同时也是进行自我教育的重要机制。随着学生年龄的增长，他们的自我教育能力在自身品德发展和提高中起着越来越重要的作用。一方面，自我教育能力是德育的一个重要条件，只有注意培养与提高学生的这种能力，学生品德内部矛盾才能转化，德育才能进行得更顺利。另一方面，学生的自我教育能力又是学生品德发展程度的一个重要标志。德育的任务就在把青少年学生从缺乏道德经验与能力、依赖性较强的孩子逐步培养成为具有自我教育能力、能独立自主的待人接物的社会成员。所以，德育过程也是提高学生自我教育能力的过程。

6. 试述教学是学校德育的基本途径。

答：德育的途径有直接的德育途径和间接的德育途径。

（1）直接的道德教育。直接的道德教育即开设专门的道德课，系统地向学生传授道德知识和道德理论。这是我们在教育中必须保证的课程。其优点是：①使学校德育的实施在课程和实践上得到最低限度的保证；②有利于系统全面地向学生传授道德知识和道德理论，提高学生的道德认知；③如果教法得当，可以迅速地促进学生道德思维能力和道德敏感性的发展。

（2）间接的道德教育。间接的道德教育是在学科教学、学校与课程管理、辅助性服务工作和学校集体生活各个层面对学生进行道德渗透。学校间接德育的主要途径有思想政治课之外的其他各学科教学、课外活动与校外活动、劳动、心理咨询和职业指导、校园环境建设、学校共青团与少先队活动以及班主任工作。虽然间接的德育途径很多，但是教学是最重要的一个途径，也可以说是最基本的途径。原因主要有三点：①学科教学中唯一可行的道德渗透是德育；②道德学习的核心是价值观或态度的学习；③教材对学生品德的影响很重要。

总之，学校的课程、教学中所采用的方法以及课堂上的每一件小事都充满了进行道德教育可能性。一切教学中都可以渗透德育，德育也是各科教学都应该去承担的一个任务，有时，各科教学中渗透的德育，这样的效果远远好于直接的道德教育。

第十一章 班主任

【本章知识框架】

班主任
- 班主任工作概述
  - 意义和任务
  - 班主任素质的要求
- 班集体的培养
  - 班集体的教育功能
  - 班集体与学生群体
  - 集体的发展阶段
  - 培养集体的方法
- 班主任工作的内容与方法
  - 了解和研究学生
  - 教导学生学好功课
  - 组织班会活动
  - 组织课外活动、校外活动和指导课余生活
  - 组织学生的劳动
  - 通过家访建立家校联系
  - 协调各方面对学生的要求
  - 评定学生操行
  - 做好班主任工作的计划与总结

考情分析

　　班主任这一章内容易理解，应用性强。这一节课的内容主要有班主任工作概述、班集体的培养、班主任工作的内容和方法。这里线索很明确，班主任工作的意义与任务是什么——班主任的素质要求是什么——班主任必须培养良好的班集体——班主任工作的内容和方法是什么。

本章内容易出简答题和分析论述题，如在分析论述题中给出一段材料，介绍班主任培养班集体的故事，让学生对这个故事进行分析；考生要能够根据给出的材料，结合所学的理论知识，对班主任的工作进行分析论述。

重点难点

班集体的培养；班主任工作的内容和方法。

【习题精编】

（一）名词解释

1. 学生非正式群体。
2. 班主任。
3. 班集体。
4. 参照群体。
5. 正式群体。

（二）简答题

1. 简述班集体的形成阶段和培养方法。（陕西师范大学 2013 年）
2. 简述班主任工作的基本任务。
3. 简述学生群体。
4. 简述班集体的教育功能。
5. 简述个别教育工作的内容。
6. 为什么我们要特别重视班主任的工作？
7. 为什么培养班集体是班主任工作的基础？
8. 班主任应该具备的素质有哪些？

（三）论述题

1. 结合实例阐述班集体的教育功能。（河南师范大学 2011 年）
2. 阐述班主任工作的内容和方法。
3. 班主任应该如何对待班级的非正式群体？
4. 假若你是一名班主任，你将如何培养你所带领的班集体？谈谈你的看法。
5. 为什么要组建班集体？
6. 一名优秀的班主任应该如何管理班级？

【参考答案】

（一）名词解释

1. 学生非正式群体是指学生自发形成或组织起来的群体。它包括因志趣相同、感情融洽，或因邻居、亲友、老同学等关系以及其他需要而形成的学生群体。非正式群体包含这样的特点：大多自愿组合，人数不等，一般偏小；成员性情相近，志趣相投，有共同的需要；由较有威信与能力者领头；活动由大家商量确定或由领头根据大家需要而定，易调动成员的积极性；交往与活动频繁，有活力。

2. 班主任是学校中全面负责一个班学生的思想、学习、健康和生活等工作的教师，是一个班的组织者、领导者和教育者，也是一个班中全体任课教师教学、教育工作的协调者。

3. 班集体是按照班级授课制的培养目标和教育规范组织起来的，以共同学习活动和直接性人际交往为特征的社会心理共同体。

4. 参照群体是指学生个人乐意把它的目标、标准和规范作为自己的行为动机、调节自己思想和行为的一种群体。通俗地说，参照群体是学生个人心目中向往和崇尚的群体。由于学生选择的和心目中向往的参照群体与他实际参加的学生正式群体往往不一致，因而给教育工作造成了极为复杂的情况。

5. 正式群体是指在校行政、班主任或社会团体的领导下，按照一定章程组织起来的学生群体。它通常包括班学生群体、班共青团和少先队等，负责组织开展全班性的活动。这种群体，成员有固定的编制，明确职责分工，明确权利和义务，并且，为了组织目标的实现，有统一的规章制度和组织纪律。

（二）简答题

1. 简述班集体的形成阶段和培养方法。

答：（1）班集体的形成一般分为三个阶段：

①组建阶段。班级刚刚建立，核心和动力是班主任。这时，班主任要注意明确地提出班集体建设的目标和学生应遵守的制度和要求，引导学生积极开展班级活动，促进班集体的发展。在这个阶段，班级学生的依赖性强，离不开班主任的监督。因此，班主任要注意严格要求，以防班级变得松弛、涣散。

②核心初步形成阶段。师生之间、同学之间有了初步的了解之后，产生了一定的友谊和信赖，学生积极分子不断涌现并团结在班主任周围，班级的组织和功能较健全，核心初步形成。班集体能够在班主任的指导下积极组织和开展班级工作和活动，班主任开始从直接领导和指挥班级的活动，逐步过渡到向他们提出建议，由班级干部来组织开展集体的工作和活动。

③集体自主活动阶段。这时班集体已经形成，成为教育的主体，能够主动地根据班

主任和学校的要求以及班上的情况，自觉地向集体成员提出任务和要求，自主地开展集体活动。

（2）班集体的培养方法：

①确定班集体的发展目标。目标是集体发展的方向和动力，一个班集体只有拥有了共同的目标，才能使班级成员在认识和行动上保持统一，进而推动班集体的发展。为此，教师要精心设计班集体的发展目标。

②建立班集体的核心队伍。每一个良好的班集体都会有一批团结在教师周围的积极分子，他们是带动全班同学实现班集体发展目标的核心。因此，建立这样一支核心队伍是培养班集体的一项重要工作。

③建立班集体的正常秩序。班集体的正常秩序是维持和规范学生在校生活的基本条件，是教师开展工作的重要保证。班集体的正常秩序包括必要的规章制度、共同的生活准则以及一定的活动节律。

④组织形式多样的教育活动。班集体是在全班同学参加各种教育活动的过程中逐步成长起来的，而各种教育活动又可使每个人都有机会为集体出力并显示自己的才能。设计并开展班级教育活动是教师的经常性活动之一。

⑤培养正确的舆论和良好的班风。班集体舆论是班集体生活与成员意愿的反映。正确的班集体舆论是一种巨大的教育力量，对班集体每个成员都有约束、感染、同化、激励的作用，同时也是形成、巩固班集体和教育集体成员的重要手段。良好的班风是由班集体舆论持久作用而形成的风气，是班集体大多数成员的精神状态的共同倾向与表现。良好的班风一旦形成，就会无形地支配着集体成员的行为，它是一种潜移默化的教育力量。教师可通过讲道理、树立榜样、严格要求、反复实践等方面培养与树立良好的班风。

2. 简述班主任工作的基本任务。

答：班主任的基本任务是：按照德、智、体、美全面发展的要求，开展班级工作，全面教育、管理、指导学生，使他们成为有理想、有道德、有文化、有纪律、体魄健康的公民。也就是说，依据我国教育目的和学校的教育任务，协调来自各方面对学生的要求与影响，有计划地组织全班学生的教育活动，做好学生的思想教育工作，并对他们的学习、劳动、工作、课外活动和课余生活等全面负责，把班级培养成为积极向上的集体，使每个学生在德、智、体、美等方面都得到充分的发展，形成良好的个性。

3. 简述学生群体。

答：学生群体分为正式群体和非正式群体。

正式群体，是指在校行政、班主任或社会团体的领导下，按一定章程组织起来的学生群体。它通常包括班学生群体、班共青团和少先队等，负责组织开展全班性的活动。这种群体，成员有固定的编制，明确职责分工，明确权利和义务，并且，为了组织目标的实现，有统一的规章制度和组织纪律。

非正式群体，是指未经任何权力机构承认或批准而形成的群体，是学生自发形成或组织起来的群体。这种群体没有定员编制，没有固定条文规范，因而，往往不具有固定的形式。由共同利益偶然结合在一起的人们、同院的伙伴、工厂或学校中存在的一些"小集团"、"小圈子"都属于非正式群体。

4. 简述班集体的教育功能。

答：班集体的教育功能主要有三个方面：（1）班集体不仅是教育的对象，而且是教育的巨大力量。一个具有良好班风的班集体，能给学生以多方面的正面教育和积极影响。（2）班集体是促进学生个性发展的一个重要因素。良好的班集体不仅对学生发展具有重要的教育价值，而且对优化学校教育教学过程，提高德育实效，促进教师人格健康等方面都有十分重要的作用。（3）班集体能培养学生的自我教育能力。一个良好的班集体能够促进学生自我教育能力的形成，而学生自我教育能力的形成又会极大地促进班集体的建设。

5. 简述个别教育工作的内容。

答：每一个学生都是完全特殊的、独一无二的。每个学生都有自己的特点、兴趣、情感和需要，具有不同的发展水平。要让不同的学生都有所提高、有所发展，班主任必须根据学生的个体差异，采用不同的方法去做好学生的个别教育。班主任对学生的个别教育工作面向的是全班每一位同学。个别教育是教师根据学生个人的特点、需要和问题而单独进行的教育，一般包括个别谈心、道德谈话、个别指导、辅导和帮助等。个别教育工作大致有三个方面：

（1）促进学生个人的全面发展、培养典型。

（2）做好后进生的思想转变工作。后进生也是学生，是可教育好的对象。如何做好后进生的转化工作，是对班主任工作能力的检验，也是职业责任感的高度体现。转化后进生，要了解后进生，并以爱动其心，以理服其人，以智导其行。后进生的转变往往需要一个较长的过程。一个称职的班主任应当具有的重要品质之一是对于后进学生工作的耐心与爱心。

（3）做好偶发事件中的个别教育工作。

6. 为什么我们要特别重视班主任的工作？

答：班主任的工作是我们培育班集体，促进学生发展的重点。

首先我们来看看班主任的主要任务是什么。班主任工作的基本任务是：依据我国教育目的和学校的教育任务，协调来自各方面对学生的要求与影响，有计划地组织全班学生的教育活动，做好学生的思想教育工作，并对他们的学习、劳动、工作、课外活动和课余生活等全面负责，把班培养成为积极向上的集体，使每个学生在德、智、体、美等方面都得到充分的发展，形成良好的个性。

通过班主任的任务，我们也可以看出班主任的工作意义重大，班主任是班集体的教育者和组织者，是学校领导进行教导工作的得力助手。班主任对一个班的学生工作全面负责，组织学生的活动，协调各方面对学生的要求，对一个班集体的发展起主导作用。只有把教育目的和教学计划很好地落实到每个班，才能提高全校的教育质量。才能使这个班的学生在德、智、体、美等方面得到发展。所以，我们要特别重视班主任的工作。

7. 为什么培养班集体是班主任工作的基础？

答：班集体有重要的功能，所以班主任要重视培养班集体。

（1）班集体不仅是教育的对象，而且是教育的巨大力量。它能向其成员提出要求，指出努力方向，并通过集体的活动、纪律与舆论来培养其成员的品德。它能紧密地配合班主任开展工作，成为班主任依靠的重要力量。

（2）班集体是促进学生个性发展的一个重要因素。在集体中，学生个人的社会化与个性化是相互促进的。而每个学生个性的充分发展，都将促进全班学生的全面发展。同时，班集体又是培育学生个性的园地，它能使个性之花竞相开放、争芳斗艳。

（3）班集体能培养学生的自我教育能力。班集体毕竟是学生自己的集体，有它的组织机构，需要学生学会自己管理自己，自己教育自己，尤其是需要学生自主地制订集体的活动计划，积极地开展各种工作与活动。这无疑能有效锻炼和逐步提高学生的自我教育能力。要注重发挥班集体的自我教育功能，以便培养和提高学生的自我教育能力。

8. 班主任应该具备的素质有哪些？

答：班主任应具备的素质主要有：

（1）高尚的思想品德。班主任是学生的教育者、引路人，是他们的学习榜样。班主任应有崇高的品德，饱满的工作热情，坚持不懈的进取精神，言行一致、表里如一，能为人师表。这样班主任才能在学生中树立崇高的威信，给学生以强有力的教育影响。

（2）坚定的教育信念。班主任只有确信教育的力量，树立坚定的教育信念，才能在工作中不畏困难，顽强而耐心地工作，收获教育的硕果。

（3）家长的心肠。班主任对待学生要像家长对待孩子一样，集严父与慈母于一身。如果学生感受到班主任对他的深情与期望，那么他将更亲近班主任，并乐于接受教育，从而使班主任在工作中获得更大成效。

（4）较强的组织能力。善于组织学生开展活动是教育学生的重要条件。一个称职的班主任必须善于计划和组织学生的各种活动，善于根据情况的变化迅速作出决定、采取措施、进行调整；在工作中表现出魄力，能令行禁止，坚定地引导学生积极开展活动，不断前进。

（5）多方面的兴趣与才能。这就要求班主任需具有多方面的兴趣与才能。一般来说，性格活泼开朗、兴趣广泛、多才多艺的班主任，与学生有较多的共同语言，易于打成一片，便于开展工作。

（6）善于待人接物。只有那些善于交往、能团结人的教师，才能更好地协调各方面的教育力量，把班主任工作做好。

（三）论述题

1. 结合实例阐述班集体的教育功能。

答：班集体的功能很早就为一些教育家们所认识。班集体的教育功能，是指班集体对其成员发展所产生的教育作用。班集体的教育功能主要有以下三个方面：

（1）班集体不仅是教育的对象，而且是教育的巨大力量。一个具有良好班风的班集体，能给学生以多方面的正面教育和积极影响。学生在班集体里通过学习和掌握系统的文化科学技术知识、技能，提高认识世界和改造世界的能力；学生通过班集体的共同活动及生活中所处的各种关系，学习和内化社会规范，积累社会生活经验，学习"做人"之道；学生通过班集体中规范化的组织结构，扮演各种社会角色，培养公民品质，可为做一个合格公民奠定基础。同时，班集体为学生个性化提供机会和条件。丰富多彩的集体生活和集体活动，培养了学生不同的兴趣、爱好、特长，形成和发展了学生各具特色的能力；性质和内容各异的集体活动和人际交往也塑造着学生的性格，形成了各具特点的个性品质；同班同学间的互相比较和评价，促进了学生自我意识的发展。

（2）班集体是促进学生个性发展的一个重要因素。良好的班集体是学生个性发展的平台。

①班集体的自主管理为学生提供了不同的责任岗位，使其能担任不同的角色。学生在承担集体责任和角色时，产生了对自我的积极期望，并在努力发挥作用中，促进个性情感、能力、社会性行为等方面发生积极变化。

②班集体具有丰富多彩的活动和精神生活，在集体活动中，每一个学生都有展示自己才能，发挥个性创造潜力，获得集体成员肯定的机会。

③集体生活中展开的各种评价，有利于形成学生积极客观的自我意识，唤起积极的自我价值追求，从而促使其个性和谐健康的发展。在集体生活中，学生之间、师生之间的交往，也是学生个性发展的不可缺少的养分。班主任、教师积极健康的个性及其与学生的和谐关系，是学生个性健康发展的重要保障。能为学生个性的自我塑造提供现实的精神榜样，学生之间和谐的人际关系和交往能为学生个性和谐发展提供丰富的精神内涵，提供相互借鉴、学习的榜样。

实际上，良好的班集体不仅对学生发展具有重要的教育价值，而且对优化学校教育教学过程，提高德育实效，促进教师人格健康等方面都有十分重要的作用。

（3）班集体能培养学生的自我教育能力。苏联教育家苏霍姆林斯基说过："真正的教育是自我教育。"自我教育能力是指学生自觉主动地把社会要求的思想道德规范在内心加以理解和体验，并通过实践转化为自己比较稳定的自觉行为的能力。

①班集体能培养学生的自我教育能力，激发学生自我教育的动机，指导学生发现自己的优缺点，完善自我。

②引导学生参加自我教育的实践活动，班主任应创造各种机会，让学生参加实践活动，以培养学生的自我教育能力。

③引导学生正确进行自我评价，自我评价是自我教育的重要方面。它既能使学生得到自我评价的反馈信息，又能加深学生对自己行为的自我认识，是深化了的认识过程。

④培养学生的自我控制能力。

⑤培养学生的自我激励能力。

一个良好的班集体能够促进学生自我教育能力的形成，而学生自我教育能力的形成又会极大地促进班集体的建设。

2. 阐述班主任工作的内容和方法。

答：班主任工作的内容和方法，有以下九个方面：

（1）了解和研究学生。班主任要实现对本班级规范化、科学化的管理，提高工作质量和效率，首先要全面正确地了解和研究学生。了解和研究学生的内容主要有两个方面：①了解和研究班集体，包括集体的基本情况、班级的基本情况、班级的其他方面等。②了解和研究学生个人，包括学生的基本情况、学生的家庭情况、学生的思想品德和学习情况、学生的个性情况等。

(2) 教导学生学好功课。学好功课是学生的主要任务，它对学生个性全面发展起重大作用，因而教导学生学好功课也是班主任的一项经常性的重要任务。班主任抓学生的学习，主要应注意学习目的与态度的教育、加强学习纪律教育，指导学生改进学习方法。

(3) 组织班会活动。班会包括班级例会和主题班会。组织班会活动是指班主任根据班主任工作的基本要求以及学校教育计划、班主任工作计划，熟练地确定班会活动方案并有效地指导或组织实施，保证学校教育教学工作正常、有效进的活动方式。班主任要了解组织班级例会、主题班会的目的、意义，提高掌握组织班会技能的自觉性；熟悉班级例会、主题班会的特点、内容、形式，知道作为班主任必须从何处着手组织班会；熟练掌握组织班级例会和主题班会的方法和运用要求，能够准确、熟练地确定班会的主题、内容。

(4) 组织课外活动、校外活动和指导课余生活。这些课堂教学之外，由学校组织指导或由校外教育机关组织指导的，用以补充课堂教学，实现教育方针要求的教育活动，是根据受教育者的需要和自己的努力以及教育教学的需要而设置的教育活动。在整个教育活动中，它的影响是广泛而深刻的。作为教育途径中一条十分重要的途径，它在人的身心发展中有着重要的意义和作用。

(5) 组织学生的劳动。班主任在劳动前要做好劳动准备、思想准备和组织准备。在劳动过程中，老师要进行教育工作。劳动过后，要进行总结工作，展示班级学生的劳动成果。

(6) 通过家访建立家校联系。"家访"即教师到学生家里访问，是班主任和任课教师与家长联系的经常性的重要工作，是加强学校教育与家庭教育相结合的重要途径。通过家访，可以更多地了解孩子的生活空间，知道不同孩子性格差别的成长原因；可以发现孩子更多的优点与缺点，教育孩子更加有针对性；还可以争取家长对学校教育工作的理解、支持和配合。

(7) 协调各方面对学生的要求。班级工作力量是由多方面教育力量构成的教育整体，除学校领导外，任课教师、少先队组织、学生家长也是十分重要的教育力量，只有协调并发挥好这些力量，才能保持教育方向的一致性、教育要求的统一性、教育活动的协调性。

(8) 评定学生操行。学生操行评定是反映学生在校期间综合素质提高和表现的基础状况，是对学生实行教育的重要方法，是德育考核的重要内容，是实现德育目标的重要措施。

(9) 做好班主任工作的计划与总结。班主任工作计划的制订和总结，是班级工作不可缺少的环节，是班主任工作达到预定目的的重要保证。班主任工作总结是班级工作过程的最后一个环节，它既是对工作计划执行情况的检查，也是对工作质量的全面评估，以便总结经验教训，不断改进工作方法，提高工作效率。

3. 班主任应该如何对待班级的非正式群体？

答：班级的非正式群体是学生自发形成或组织起来的群体。它包括因志趣相同、感情融洽，或因邻居、亲友、老同学等关系以及其他需要而形成的学生群体。非正式群体有积极的一面，如它有活力，是学生进行交往所必需的，可以弥补正式集体活动之不足。它也有消极的一面，因为成员不稳定，没有正式的组织机构和长远的活动计划，易受外部条件和内部人际关系变化的影响等。

如果班主任只看到非正式群体的优点，忽视其缺点，必然导致非正式群体放任自流的发展，甚至影响班级的团结，阻碍学生之间的交往。如果班主任因为非正式群体的缺点，就认为非正式群体是洪水猛兽，一定要取消，结果将不利于学生的交往能力的发展，使班级缺少活力，同时，非正式群体也无法根本取消，也会影响老师与学生的感情。

所以，班主任应该正视非正式群体的优点与缺点，积极地引导其积极方面作用的发挥，尽量鼓励其发展，真诚对待各个非正式群体，关怀和尊重它，不可偏爱正式群体，使非正式群体成为班级不可或缺的小团体。具体的做法很多，比如：班主任要引导非正式群体的目标和班集体的目标一致，与班集体融洽相处；提拔非正式群体中的领导者做小干部，等等。但是也要学会因势利导，避免其消极作用的出现。即使出现了问题，只要班主任真诚帮助他们、耐心细致地做工作，就可能缩小其不良影响，化消极因素为积极因素。

4. 假若你是一名班主任，你将如何培养你所带领的班集体？谈谈你的看法。

答：任何一个班集体的形成，都会经历组建、形成、发展的过程；这样一个过程实际上也是一个教育培养与类化的过程。

（1）确定班集体的发展目标。

目标是集体发展的方向和动力，一个班集体只有具有共同的目标，才能使班级成员在认识上和行动上保持统一，才能推动班集体的发展。为此，教师要精心设计班级发展的目标。在实现班集体的目标过程中，教师要充分发挥班级成员的积极性，使实现目标的过程成为教育与自我教育的过程。

（2）建立班集体的核心队伍。

建立班集体的核心队伍，首先，教师要善于发现和培养积极分子。这就需要教师在了解学生的基础上，及时发现在班级活动中涌现出来的积极分子，并从中选拔出能热心为集体服务、能团结同学、且具有一定管理能力的学生班干部。其次，教师应把对积极分子的使用与培养结合起来。既要鼓励他们独立开展工作，又要耐心帮助他们提高工作能力；既要维护他们的威信，又要对他们严格要求；既要肯定他们的工作成绩，又要指出他们工作中的不足。

（3）建立班集体的正常秩序。

班集体的正常秩序是维持和控制学生在校生活的基本条件，是教师开展工作的重要保证。班集体的正常秩序包括必要的规章制度、共同的生活准则，以及一定的活动节律。教师在班集体的组建阶段，就应着手正常秩序的建立工作，特别是当接到一个基础较差的班级时，首先就要做好这项工作。在建立正常秩序的过程中，教师要依靠班干部的力量，由他们来带动全班同学；一旦初步形成了班级秩序，就不要轻易去改变它；不断让学生体验到正常的秩序对他们的学习、生活所带来的便利与成效。

（4）组织形式多样的教育活动。

班集体是在全班同学参加各种教育活动中逐步成长起来的，而各种教育活动又可使每个人都有机会为集体出力并显示自己的才能。设计并开展班级教育活动是教师的经常性工作之一。教师在组织各种教育活动时，要有明确的目的和要求，要精心设计活动内容，注意形式的适龄化，力争把活动的开展过程变成教育学生的过程。

（5）培养正确的舆论和良好的班风。

班集体舆论是班集体生活与成员意愿的反映。正确的班集体舆论是一种巨大的教育力量，对班集体每个成员都有约束、感染、同化、激励的作用，是形成、巩固班集体和教育集体成员的重要手段。教师要注意培养正确的集体舆论，善于引导学生对班集体的一些现象与行为进行评议，要努力把舆论中心引导到正确的方向。良好的班风是一个班集体舆论持久作用而形成的风气，是班集体大多数成员的精神状态的共同倾向与表现。良好的班风一旦形成，就会无形地支配着集体成员的行为，它是一种潜移默化的教育力量。教师可通过讲清道理、树立榜样、严格要求、反复实践等方法培养与树立良好的班风。

5. 为什么要组建班集体？

答：这是由学校班级的性质和特点决定，建设和发展学生班级集体，并使之成为教育的主体，将发挥重要的教育作用。

（1）作为学校教育活动的基本单位，班级集体建设发展的水平直接关系到学校培养人才的数量和质量。充分发挥班级的教育功能，对于实现学校教育目标有重要的意义。

（2）班级集体建设有利于学生群体意识的形成和良好个性的发展。作为学生活动和交往的基本场所，良好班级既能发挥群体的规范和实现群体意志的作用，同时又为班级群体中的每个成员的主动发展提供重要的条件。使学生不仅积累集体生活的经验，发展自己的志趣和爱好，而且学会交流合作，学会做人之道。

（3）班集体有利于培养学生的自我教育能力。在班级集体中，有共同的目标、有明确的职责分工、有统一的规章制度、权利和义务。要求班级中的每一个成员学会自己管理自己、教育自己，自主地制订集体活动计划，积极开展各项工作和活动，锻炼学生的自我教育能力。

6. 一名优秀的班主任应该如何管理班级？

答：（1）班主任的教育思想与班级组织管理班主任为组织管理而开展班级活动时，最重要的是要树立使班级活动真正成为学生的自主活动，使学生在自主活动中进行自我教育的思想。班主任对学生的信任与尊重是自主活动能否开展起来的首要条件。

班主任的教育主要是围绕引导学生在活动中进行自我教育展开的。这里的自我教育包括三个方面：学生个体的自我教育，学生集体的自我教育和集体成员间的自我教育。在班级活动中，自我教育的重点在班集体层次上，班主任应当为班集体寻找发展的新目标，提出实现目标的方案和措施。

（2）班主任的教育行为和班级组织管理。①建立班级常规制度，把"建制"的过程作为最初班集体建设的重点，有了制度，班级以最初个体的简单集合变为对每一个成员具有一些最基本要求的共同体。②班主任教育工作的重点应放在日常的班级活动，这会产生一种真正强有力的、持久的潜移默化的影响。③班主任要负起协调各种教育力量的责任。④班主任应及时把握集体及其活动开展的状况，不断集中，形成与发展档案。

第十二章 教　师

【本章知识框架】

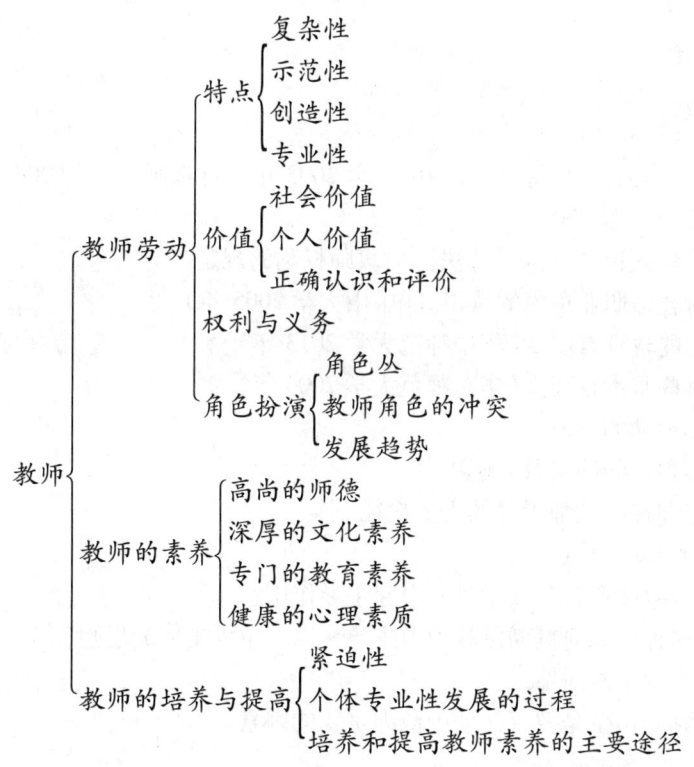

考情分析

这一章应明确三块内容，即教师劳动，教师的素养，教师的培养与提高，这些内容都不难，考生复习时还要多结合教学实际，才能更深入地了解本章内容。

本章内容易出简答题和分析论述题，考生要以简答题的方式备考每个知识点，本章内容并不难，即便是遇到论述题也不会感到无从下手，答论述题时，一定要结合实际情况，可以发散思维，加入自己的想法。

重点难点

教师劳动的特点；教师的素养、教师的培养与提高。

【习题精编】

（一）名词解释

1. 教师。（武汉大学 2005 年，西南师范大学 2002 年，上海师范大学 2004 年）
2. 教师权利。（华南师范大学 2002 年）
3. 教师专业化。（北京师范大学 2005 年，南京大学 2006 年）
4. 教师角色丛。
5. 高尚的师德。

（二）简答题

1. 简述教师劳动的一般特点。（中山大学 2003 年，首都师范大学 2004 年，上海交通大学 2000 年，武汉大学 2004 年）
2. 简述《中华人民共和国教师法》对教师权利的规定。
3. 简述你对教师职业角色的认识。（中山大学 2005 年）
4. 简述教师的教育素质。（华中师范大学 2013 年）
5. 教师有哪些基本权利？（华东师范大学 2004 年）
6. 简述教师劳动的价值。
7. 简述教师角色的冲突及其解决。
8. 简述培养和提高教师素养的主要途径。
9. 简述教师劳动的特点。
10. 为什么说教师在教育教学过程中起主导作用？
11. 在教育过程中如何贯彻以教师为主导，以学生为主体的思想？
12. 简述学生的基本属性。
13. 简述教师和学生是教育活动中最为重要的因素。

（三）论述题

1. 结合实例论述社会变迁中教师角色发展的趋势。
2. 应如何认识和理解教师专业发展的内涵？教师个体专业发展的主要途径有哪些？

3. 联系实际,试述对教师专业素质的基本要求。

4. 材料:(1)教师针对班级部分同学提问(毫无意识)。(2)教师更容易对部分同学关注、鼓励。(3)教师一般更易对班上三分之一或四分之一的同学产生关注。

分析上述问题的原因,应采取什么措施以实现教学过程民主化?

5. 评析下述案例中的教育内容、教育方法和师生关系。

　　某班有个名叫张亮的9岁小男孩,患有轻度小儿麻痹症,是全班捉弄的对象。他松不开夹克衫拉链,课间休息在操场上做游戏动作不协调,诸如此类的事情常使他遭到同学的取笑。每当张亮遭到嘲笑和捉弄,就会非常伤心,甚至上课时也会哭泣。

　　有一天,张亮没来上学。班主任华老师抓住这个机会,要求全班学生讨论一下班级里存在的这个严重问题。学生们听到老师说这是一个"问题"时,都感到十分惊讶,但他们还是围在一起展开了讨论。

　　华老师解释说:"有的人得过某些病后,就不能像正常人那样行动自如。我不知道,如果你们自己做不了一些事情,还被其他小朋友取笑,你们会是什么样子?"

　　教室里一片安静。华老师说话的语气不温不火,充满了关爱。

　　有个女孩开始说话了:"小明和小刚取笑张亮的时候,我感到非常难过。"

　　小明马上应道:"我不是想伤害他呀。"

　　讨论继续进行着,几乎每个学生都发了言。有些学生站在张亮的立场上看问题。冬冬说:"如果有人那样取笑我,我会很生气,很难过。"丽丽提出了"公平"问题:"那不公平——就像我们做游戏时那样,故意跑得那么快,而张亮没有办法跑快,我们是在作弊。"这是一场充满感情的讨论,但华老师没有作任何总结就结束了。第二天,张亮回到学校,有好几个学生主动上前帮他拉夹克拉链。课间休息时,张亮和大家玩游戏,竟然赢了三回。日子一天天过去,取笑人的现象再没有发生。

6. 建立新型的师生关系,对教师有哪些要求?
7. 应如何认识和理解教师资格制度,在我国实行教师资格制度有何重要意义?
8. 应如何认识和理解教师专业发展的内涵?教师专业发展的主要途径有哪些?

【参考答案】

(一)名词解释

1. 教师是传递人类科学文化知识和技能,进行思想品德教育,把受教育者培养成一定社会需要的人才的专业人员。

2. 教师权利作为一种职业权利,与教师的义务相适应,主要由相关的法律给予规定和保证。教师享有的社会权利,除了一般公民权利包括的生存权、选举权及享受各种待遇和荣誉以外,还包括职业本身特点所赋予的专业方面的自主权。一是教育的权利,即教师依法享有的对学生事实教育、指导、评价的权利。二是专业发展权,即教师依法享有发展自己、提高专业和文化水平的权利。三是参与管理权,即教师可以通过各种合法途径参与学校建设和管理,有权对学校的教育、教学、管理工作提出建议,或通过教职工大会以及其他形式参与学校的民主管理。

3. 教师专业化是指教师个体专业水平提高的过程和结果,以及社会为实现教师职业的专业地位而努力的过程。它包含两个方面,一是教师个体的专业化,二是教师职业的专业化。它的基本内容包括:①教师专业既包括学科专业性,也包括教育专业性,国家对教师任职既有规定的学历标准,也有必要的教育知识、教育能力和职业道德的要求;②教师专业化的实现是一个多方面多主体努力的过程,既需要教师自身的巨大努力,也需要国家、政府、大学的努力;③教师专业化有多方面的内涵,即服务宗旨或专门功能、专业训练、专业权限、专业团体、专业地位;④教师专业化是一个持续不断的过程,教师专业化也是一个发展的概念,既是一种状态,又是一个不断深化的过程。

4. 教师角色丛是指与教师特定的社会职业和地位相关的所有角色的集合。仅就教师与学生的关系而言,教师就要扮演丰富多彩的多重角色。如:①"家长代理人"和"朋友、知己者"的角色;②"传道、授业、解惑者"的角色;③"管理者"的角色;④"心理调节者"的角色;⑤"研究者"的角色。

5. 高尚的师德主要包括热爱教育事业,富有献身精神和人文精神;热爱学生,诲人不倦;热爱集体,团结协作;严于律己,为人师表。

(二)简答题

1. 简述教师劳动的一般特点。

答:教师劳动的特点有五个:

(1) 教师劳动的复杂性。教师劳动的复杂性,首先是由教育对象的复杂性决定的。教育对象是人,人的成长因素是多方面的,它包括遗传、环境、教育与人的自觉能动性因素,哪一方面受到忽视,都可能给青少年成长带来损失。教师劳动的复杂性也是由教育过程、教育方法和教育手段的复杂性决定的。

(2) 教师劳动的规范性。教师劳动的示范性首先是由教育内容、方法和手段的主体化及其与教育结果的一致性决定的。教师通过自己的理解把教育内容融会贯通,把其中包含的知识、技能、世界观和思想感情转化为自己的东西,并在了解学生知识水平和心理状况的基础上进行加工,借助一定的教学手段通过自己言传身教为学生所掌握。这里,教育内容方法和手段都经历了一个主体化的过程。

(3) 教师劳动的创造性。从知识的传授来说,教师不是把科学家发现和概括出来的知识简单地传授给学生,而是必须对知识进行加工,使知识易于为学生理解和接受。教师为帮助学生掌握某一概念或原理,往往需要选择多方面的资料,采取一定的方法和手段,帮助学生理解,并通过练习达到掌握的目的。这些都需要教师付出创造性劳动。

(4) 教师劳动的长期性。培养人是一个长期的过程。某一种行为、习惯的养成,一种缺点的克服等,都需要教师付出长期的大量劳动,这也正是教师劳动的艰苦性之所在。教师劳动的长期性特点,意味着教师在从事教育教学工作时,不仅要从当前的社会需要出发，还应当考虑到未来，要高瞻远瞩，要有预见性，要有发展眼光，要有坚持不懈的精神和坚忍不拔的毅力，锲而不舍地对待自己所从事的崇高事业。

（5）教师劳动的专业性。教师劳动的专业性突出表现在教师对育人的崇高敬业精神和道德修养上，对教育教学专门化知识和技能的掌握和教育活动的自主权上。

2. 简述《中华人民共和国教师法》对教师权利的规定。

答：《中华人民共和国教师法》第二章第七条规定教师的权利包括：

（1）进行教育教学活动，开展教育教学改革和实验；

（2）从事科学研究、学术交流，参加专业的学术团体，在学术活动中充分发表意见；

（3）指导学生的学习和发展，评定学生的品行和学业成绩；

（4）按时获取工资报酬，享受国家规定的福利待遇以及寒暑假期的带薪休假；

（5）对学校教育教学、管理工作和教育行政部门的工作提出意见和建议，通过教职工代表大会或者其他形式，参与学校的民主管理；

（6）参加进修或者其他方式的培训。

3. 简述你对教师职业角色的认识。

答：教师角色丛是指与教师特定的社会职业和地位相关的所有角色的集合。角色观念是指教师对自己所要扮演的角色的认知以及按照角色要求履行角色义务和角色行为的意识。教师具有如下多重角色：

（1）"家长代理人"和"朋友、知己者"的角色。教师是儿童继父母之后遇到的另一个社会权威，家长的代理人。有的同学视教师为朋友，分担快乐与痛苦、幸福与忧愁的朋友。

（2）"传道、授业、解惑者"的角色。教师通过自身的言论、行动潜移默化地引导学生，并启发他们的智慧，解除他们的困惑，促使他们全面发展。

（3）"管理者"的角色。教师要管理班集体，制定和贯彻规章制度，维持班级纪律，组织班级活动，规范调节人际关系等。

（4）"心理调节者"的角色。教师因适应社会的要求，提高自身的心理健康水平，掌握心理卫生常识，帮助学生解决心理问题。

（5）"研究者"的角色。教师要积极参与教学研究，提高教学质量。

4. 简述教师的教育素质。

答：教师是履行教育教学职责的专业人员，承担教书育人、培养社会主义建设者和接班人、提高民族素质的使命。教师作为教育的直接实施者，其素质的高低直接影响到学生素质的养成，更是影响素质教育质量的关键因素。教师的教育素质包括以下几个方面：

（1）高尚的师德。教育工作的性质和特点，需要教师爱岗敬业。作为一名教师，如果没有忠于人民教育事业、甘于在教育岗位上无私奉献的精神，必定不能安于教师岗位，也不可能做出成绩和贡献。

（2）现代人的素质。教育要促使人的现代化，取决于很多条件，其中教师自身品质的现代化是一个至关重要的条件。教师自身个性品质的现代化，不仅是促使学生个性品质现代化的重要条件，同时也是搞好自身教育工作的必要条件。教师必须加强这方面的修养，抛弃积淀在自己头脑中的陈腐落后的传统观念和思维方式，跟上时代步伐。

（3）渊博的知识和多方面的才能。教师的主要任务是向学生传授科学文化知识，促进学生个性的全面发展。因此，一个好教师的基本条件之一，就是要有比较渊博的知识和多方面的才能。

（4）掌握教育科学和教育能力。教师要想增强工作的自觉性，少走弯路，少犯错误，就必须学习教育学、心理学、教学法等方面的知识，掌握正确的教育观点，了解教育工作的基本规律和基本方法，并用以指导自己的教育实践。

总之，教师的教育素质直接关系到教育工作的成败，是建立教师威信的基础。教师的教育素质还是造成教师劳动价值巨大差异的重要原因。广大教师要根据社会需要、教育特点和自身水平，不断加强学习、提高自身素质，以便更好地从事教育教学工作，促进学生身心的健康发展。

5. 教师有哪些基本权利？

答：教师的权利可以分为两个部分，一是教师作为公民所享有的各种权利；二是作为教师所享有的权利，这部分权利与教师的职业特点相联系，是教师职业特定的权利。这两部分权利既有联系，又有区别。教师作为公民享有的权利，有一部分体现在教师的职业中，然而，也有一部分是教师职业所独具的，与其他公民的权利不同。结合教师的职业特点，教师的权利包括以下六项：①进行教育教学活动，开展教育教学改革和实验；②从事科学研究、学术交流，参加专业的学术团体，在学术活动中充分发表意见；③指导学生的学习和发展，评定学生的品行和学业成绩；④按时获取工资报酬，享受国家规定和福利待遇以及寒暑假期的带薪休假；⑤对学校教育教学、管理工作和教育行政部门的工作提出意见和建议，通过教师职工代表大会或者其他形式，参与学校的民主管理；⑥参加进修或者其他方式的培训。此外，根据宪法和教师法，教师还有申诉权和人身人格权。

6. 简述教师劳动的价值。

答：教师劳动的价值有以下三个方面：

（1）教师劳动的社会价值。教师劳动的社会价值最突出地表现在教师对延续和发展人类社会的巨大贡献上，教师是社会发展的中介人，是人类文明的传递者和传播者。没有教师就没有社会文明的传递，社会发展也会大大延缓，社会进步就会大大推迟。教师用自己的劳动，在人类社会的历史上留下了自己的印记。

教师的工作，联系着人类的过去、现在和未来。教师的劳动不仅同社会发展息息相关，而且也牵动着千家万户，关系到每一个人的发展和幸福。

总之，社会的发展和人的发展都离不开教师和教师所从事的事业，社会文明每向前跨进一步，都无不包含着教师的劳动与功绩。不过教师的这种社会价值也具有明显的滞后性和隐含性。

（2）教师劳动的个人价值。个人价值首先表现在这种劳动能够创造巨大的社会价值。因为个人价值的大小主要取决于他对社会贡献的大小；其次，教师劳动也有个人所得。教师的劳动是培养人，这种劳动能有力地促进个人自身的完善和发展。教师劳动还能得到一般劳动所享受不到的乐趣。

教师劳动所具有的个人价值，应该得到人们的理解和社会的尊重。但是不管现在人们对教师怎么看，教师自己首先应该自尊、自爱、自强、自乐。

(3) 正确认识和评价教师的劳动。教师是履行教育教学职责的专业人员，根本任务是教书育人，正确认识和评价教师劳动对教育事业具有重要意义。由于教师劳动的上述特点，导致了教师劳动评价的特殊性。具体如下：

①评价标准的复杂性。

教师劳动的产品——学生，既是物质的，更是精神的，既是有形的，更是无形的，既有比照统计可观性，更有无法预见的隐蔽性。

②教师劳动成果显现的迟效性。

教师劳动成果——学生，其价值显现不是及时的，往往需经过相当长的时间。

③教师劳动成果成因的群体性。

这种成果体现学生各阶段各学科众多教师的辛劳，既有社会家长诸方面的影响，还有学生本人先天素质后天努力的因素。

因此，要重视教育，尊重教师，正确认识和评价教师的劳动。要让教师职业真正成为太阳底下最崇高、最优越的职业。

7. 简述教师角色的冲突及其解决。

答：由于个人在社会不同群体中所处的地位不同，往往需要同时扮演若干角色。当这些角色对个人的期待发生矛盾、难以取得一致时，就会出现角色冲突。教师职业常见的角色冲突主要有以下几种：

(1)"社会楷模"与"普通人"角色的冲突；(2)"令人羡慕"的职业与教师地位低下实况的冲突；(3) 教育者与研究者角色的冲突；(4) 教师角色与家庭角色的冲突。

为解决这些冲突，使教师保持心理平衡与协调，应从主客观两个方面着手。客观上，必须进一步切实提高教师的社会地位与经济待遇，改善教师的生活和工作条件，努力解决教师的实际困难；应努力创造条件，给教师提供进修、提高与发展的机会，并给予教师公正、客观、科学的评价，认可并肯定教师的劳动，满足教师的成就感；加强对教师的思想教育，增强其责任感与使命感，等等。教师的自身努力是关键因素。首先，教师要树立自尊、自信、自律、自强的自我意识；其次，教师要根据实际情况的需要，从"许多角色中挣脱出来，把时间和精力用到那些对其更有价值的角色上"，做到有主有辅，有急有缓，协调控制，统筹兼顾。此外，教师应学会处理冲突的艺术，控制自己的情绪和行为，做到心胸开阔、意志坚定，切实有效地完成教师角色的任务。

8. 简述培养和提高教师素养的主要途径。

答：培养和提高教师素养的主要途径有以下两个方面：

①加强和改革师范教育。要发展师范教育，切实提高教师队伍的质量，首先必须采取有效的政策性措施，鼓励和吸引大批优秀学生报考师范院校。同时，要改革现行的师范教育，紧密联系时代对教师的新要求，使未来教师能获得与之相适应的专业教育，尤其要让师范生形成正确的教育理念，加强职业能力的训练，以便胜任教师的职责。

②加强教师在职提高。如何帮助新教师适应教学实践的要求，顺利地完成由师范生到正式任教这一角色转换的过程，是教师在职培养工作的关键。因此，必须制订计划，通过有效的途径，专门向新教师提供系统的帮助，使他们尽快适应新环境，顺利地担当起一个教师应尽的职责。之后，还应关心新教师的成长，主要是通过实践学习、教学反思、校本

培训、校外支援和交流合作等形式，使他们不断得到提高与完善。

9. 简述教师劳动的特点。

答：教师的劳动主要包括以下四个方面：

（1）复杂性。教师的劳动不是一个单向灌输的过程，而是一个双向运动的过程。其次，教师的劳动过程是一种以知识信息的传递和转化为主要形式的过程，这是一个复杂的脑力劳动过程。最后，教师的劳动任务是多方面的。

（2）创造性。教师劳动的独特的创造性，是由教育对象的特殊性和复杂性决定的。

（3）示范性。教育是培养人的活动这一本质特点决定了教师的劳动必定带有强烈的示范性。教师的劳动之所以具有示范性，还在于模仿是青少年学生的一个重要学习方式。

（4）专业性。教师劳动的专业性突出表现在教师对育人的崇高敬业精神和道德修养上，对教育教学专门化知识和技能的掌握和教育活动的自主权上。而这一点在我国现阶段并未得到真正的贯彻落实。

10. 为什么说教师在教育教学过程中起主导作用？

答：（1）教师是受一定社会的委托，在学校中以对学生的身心施加影响为职责的专门教育工作者，在教育过程中起着主导作用。

（2）教师在教育过程中起主导作用表现为：

①教师的特定活动对象是学生，他根据一定的社会委托，对学生身心施加某种影响，他跟学生的关系是据此而产生的。

②教师术有专攻，受过专门的教育训练，教师知之在先，知之较多，在知与不知的矛盾中教师处于矛盾的主导方面，教育计划、大纲主要靠教师去组织实施。

③教师是年轻一代心灵的启蒙者和塑造者。

11. 在教育过程中如何贯彻以教师为主导，以学生为主体的思想？

答：（1）充分发挥教师主导作用，把教师主导作用与学生主体地位统一起来。（2）树立教是为了学的思想。（3）重视学生主体因素，从实际出发。（4）尊重学生的主动精神，让学生在活动中受锻炼和发展。

12. 简述学生的基本属性。

答：（1）学生是处于迅速发展时期的人。学生时代，是个体从不成熟到成熟、从不定型到比较定型的成长发育时期，对于学生来说，他们身心各个方面都潜藏着极大的发展可能性。在他们身心发展过程中所展现出的各种特征都处于不断的变化之中，具有极大的可塑性，学生发展的可能性能否成为现实的发展，需要通过自身的活动与客观现实的相互作用才能实现。

因此，没有活动，没有个体与环境的相互作用，也就没有个体的发展。

（2）学生是具有主体性的人。作为教育对象的学生，既有自然性，又具有一个社会人的社会性和主体性。学生在各种社会因素的影响下成为社会的人。同时，在接受社会影响的过程中，又会做出不同的选择和反应，体现出社会活动的主体性。学生的主体性也就是能动性、也即学生依据自我调节水平对内外刺激进行有意义的反应的过程。它包括独立性、选择性、创造性、自我意识等。

13. 简述教师和学生是教育活动中最为重要的因素。

答：教师是履行教育教学职责的专业人员，承担教书育人、培养社会建设者、提高全民素质的使命。从广义看，教师与教育者是同一语；从狭义看，教师专指学校的专职教师。学校因别于其他影响人的活动主要在于它是有目的、有计划、有组织，而这些目的、计划、组织是通过教育者的活动，也即通过教师的活动来体现和实施的。因此，离开了教师和教师的活动，学校教育就不存在了。

学生是受教育者，是教师的对象又是教育的主体；是根据社会需要，在学校中以接受特定的影响，获得身心发展为任务的人。学校教育的目的、计划及组织最终是针对学生而确定的，要落实到学生的身心发展上，离开了受教育者的学生及其发展，学校教育也就不复存在。所以，教师和学生是教育活动中最为重要的因素。

（三）论述题

1. 结合实例论述社会变迁中教师角色发展的趋势。

答：1975年联合国教科文组织成员国向国际教育局提供的报告，揭示了教师角色转换的一般趋势。

（1）在教学过程中更多地履行多样化的职能，更多地承担组织教学的责任；

（2）从一味强调知识的传授转向着重组织学生的学习，并最大限度地开发社区内部的新的知识资源；

（3）注重学习的个性化，改进师生关系；

（4）实现教师之间更为广泛的合作，改善教师与教师的关系；

（5）更广泛地利用现代教育技术，掌握必需的知识与技能；

（6）更密切地与家长和其他社区成员合作，更经常地参与社区生活；

（7）更广泛地参加校内服务和课外活动；

（8）削弱加之于孩子们身上、特别是大龄孩子及其家长身上的传统权威。教师角色的这些转换，不仅意味着学校教育功能的某些变化，而且对教师素养的要求以及相应的师资培训问题也提出了更高的要求。

2. 应如何认识和理解教师专业发展的内涵？教师个体专业发展的主要途径有哪些？

答：教师专业发展指的是教师以自身专业素质包括知识、技能和情意等方面的提高与完善为基础的专业成长、专业成熟过程，是由非专业人员转向专业人员的过程。教师专业发展有教师队伍的专业发展，也包括教师个体专业发展。

（1）教师队伍的专业化发展的途径主要由国家负责：①加强和改革师范教育。要发展师范教育，切实提高教师队伍的质量，首先必须采取有效的政策性措施，同时要改革现行的师范教育，要让师范生形成正确的教育理念，加强职业能力的训练，以便胜任教师的职责。②为老师的发展提供在职培训，专门向新教师提供系统的帮助，使他们尽快适应新环境，顺利地担当起一个教师应尽的职责。③建立健全各项管理教师的制度和法规，用制度和法规来规范教师的权利、义务和具体的职责，对教师加强管理。④建立教师入职资格制度，提高教师的地位。现在，教师资格制度是国家实行的一种法定的职业许可制度，是对准备进入教师队伍、从事教育教学工作人员的基本要求。

（2）以下内容主要是教师个体专业化的途径：

①教师自身要有专业发展的观念和意识，寻求专业发展的途径。

②参加职前培训（师范教育）与在职培训。学习教师专业发展的一般理论，建立专业责任感。近几年中，较有成效的集中教师专业发展的培训模式有：教师发展学校，这是以中小学为基地，大学和中小学合作建设，旨在通过合作研究，实现教师专业发展，同时也促进学生发展的学校。

校本培训：这是中外教育专家和学校所崇尚的有效在职培训方法，这种培训是由学校发起，并组织实施，旨在提高教师的教育教学能力，使教师得到专业发展的一种方式。简而言之，校本学校就是为了学校，在学校中，基于学校的培训。

③制定自我生涯发展规划：认识自我及所处时间与空间环境；审视发展机会，确定发展目标；制定行动策略并按目标逐步执行；评价发展计划。

④进行教育研究。这是提高教师自身素质、促进教师专业发展的一条有效途径。

⑤进行经常化、系统化的教学反思。反思是教师专业发展的重要方式。

⑥新教师的入职辅导。入职辅导就是学校为新教师适应环境安排了一个有序的计划，主要由有经验的导师进行现场指导。

⑦在参与课程改革和课程开发中获得专业发展。

3. 联系实际，试述对教师专业素质的基本要求。

答：现代教师的基本素质是由教师的任务、角色和劳动特点所决定的，包括思想政治素质、道德素质、科学文化素质、教育理论素质、职业技能素质、身体心理素质等。

（1）思想政治素质：①良好的思想政治素质包括思想政治理论的武装。我国人民教师必须掌握马克思主义原理、毛泽东思想和邓小平理论的思想观点，这方面的学习要比从事其他职业的人要求更高，这是完成教书育人任务的特殊需要。②教师的思想素质还应包括现代思想观念的树立。学校培养现代人，要求具有现代的思想观念，教师应该走在前头。培养学生重视时事学习，关心国内外大事；树立全球意识与国家观念；竞争意识与合作精神；质量意识、效率观念等。凡是培养现代人所要求的意识观念，要求在学生身上形成的时代发展需要的思想素质，教师都必须首先具备。这是现代教师培养现代化培养社会主义现代化建设人才的要求，也是教师适应教育现代化自身发展的需要。

（2）职业道德素质：教师职业道德是在一般社会道德的基础上形成的。加强职业道德修养首先要有良好的一般社会道德，而且，对学生进行的品德教育要求教师给学生做榜样的内容，也是社会道德的基本规范。所以，对教师的道德规范要求，首先是基本的社会道德，也就是说所有对学生提出的道德要求，教师均应先做到。虽然这些要求并不属于教师职业道德的具体内容，但它是形成高尚师德的基础。

教师职业道德的具体内容，综合起来有以下四个方面：对事业，无私奉献；对学生，真诚热爱；对同志，团结协作；对自己，严格要求，以身作则。

可见，教师职业道德是现代教师素质基本方面之一。

（3）科学文化素质：教师是人类文化科学知识的传递者，是学生掌握真理、认识世界和发展智能的引路人。掌握系统的科学知识，具有良好的文化素养，是从事教育工作的前提条件。教师不仅要掌握较多的知识，还必须具有符合教育工作要求的合理知识结构，具有较高的科学文化素养。教师的科学文化素养概括起来包括以下四个方面：①要有扎实系统的基础知识；②要有较为广博的文化科学知识和良好的文化素养；要有文化科学发展史知识，并对文化科学的新发展、新成果有所了解；④教师要了解文化科学领域的新发展，知道出现了哪些重大的新成果。

（4）专门教育理论素质：现代教育要求教师摆脱单凭个人经验的那种匠人式的工作态度，要掌握现代教育理论，具有教育科学、心理科学、教育发展史、学科教学论等方面的知识，懂得教育教学活动规律，树立现代教育思想观念，以指导自身的教育教学工作。

现代教育思想观念的基本内容，是指适应现代社会发展要求的教育观、人才观、教育质量观。现代教育要充分发挥两个基本功能，即满足社会发展的需要和促进人自身的发展。现代教育思想的一个重要观点，是认为教育应促进学生个性的充分发展。现代教育要促进学生的发展，不仅指眼前的发展，更指未来的可持续发展。

可见，现代教育思想观念是现代教师的灵魂，对现代教师来说，是不可缺少的基本素质之一。

（5）教育能力素质：教育工作能力是在掌握教育理论、树立现代教育思想观念的基础上，通过教育工作实践逐步形成和发展的。现代教师应具备的能力是多方面的，从基础性的素质看，教师必须具备以下基本能力：①了解学生及与学生交往的能力；②语言表达能力；③运用现代教育技术手段的能力；④组织管理能力；⑤教育科学研究能力。

（6）身体心理素质：身体健康和心理健康是现代教师必备的重要条件。教师劳动的繁重性、艰巨性，要求教师必须有健康的身体，以保证精力充沛地投入教育教学活动。教师的心理素质应该达到较高的水平，这是由教师的任务和劳动特点决定的。教师的良好心理素质包括认知过程中的良好心理品质，也包括良好情感，意志过程的心理表现，同时也应有良好的个性心理特征。

总之，教师的各项基本素质彼此联系，相互制约，相互促进，在一名合格教师身上构成统一的整体，现代教师素质的提高也应是整体性的。

4. 材料：（1）教师针对班级部分同学提问（毫无意识）。（2）教师更容易对部分同学关注、鼓励。（3）教师易对班上三分之一或四分之一的同学产生关注。

分析上述问题的原因，应采取什么措施以实现教学过程民主化？

答：（1）产生这种状况的原因：

①毫无意识地针对班级部分同学提问，虽然看起来是平等的、民主的，其实这种"毫无意识"忽略了学生自身参与的积极主动性，没能将学生的主动性与教师的主动性很好地结合在一起。

②教师更容易对部分同学关注和鼓励，一方面可能是这部分同学在教学过程中能够积极主动配合老师，参与到教学过程当中去；另一方面可能是这些同学的学校成绩较好，教师受升学率或其他方面因素的影响更容易对这部分学生进行关注。

③只对班上少数人关注，可能是教师片面追求升学率，使得教师在教学过程中往往只注重分数而忽视其他的方面。在这种情况下，就会使得教师在教学的过程中往往只容易对部分的少数成绩较好的同学关注、鼓励，而忽视很大一部分同学。

（2）在教学过程中，要想实现民主化，就应该做到：

①教师要转变观念。要摆脱片面追求升学率的影响,认识到教学的目的最主要的还是使得班上的每一个同学都获得发展;而这种发展不能仅以分数的高低和成绩的好坏来衡量,应该树立多样化的衡量维度。

②在教学过程中,教师要有意识地充分调动每一个同学的参与积极性,不要因为有的同学不主动参与就不管他们,这恰恰是教师在教学过程中要关注的学生群体。

③学生也要有意识地培养自己的参与意识,积极地配合好教师的教学。因为教学过程是由教师和同学两个主体来完成的,忽视哪一个主体都会对教学造成不利影响。

④加强师生之间的沟通与交流,争取在和谐融洽的师生关系气氛中实现教学过程的民主化。

⑤不断完善教学评价机制,要经常不断地向师生反馈教学过程中的问题,让师生共同来实现教学过程的民主化。

5. 评析下述案例中的教育内容、教育方法和师生关系。

(案例略)

答:(1)在此案例中,华老师组织了多方面的内容教育学生。如:给学生讲解小儿麻痹症患者动作困难的原因,引导学生设身处地感受残疾人的处境和心情,启发学生改正取笑、捉弄残疾同伴的习惯,学会理解、同情、善待弱小。

(2)华老师配合使用了多种方法教育学生:①说理教育的方法。她向学生具体解释了张亮动作笨拙的原因,但没有直接对学生采取道德劝诫,而是循循善诱。②移情理解的方法。华老师鼓励和启发学生站在张亮的立场看问题。③课堂讨论的方法。让学生自由交流各自的看法和感受。

(3)课堂中表现出一种民主、平等的师生关系。这种关系主要体现在:华老师发现班级中存在的问题,并没有运用权威教训学生,纠正学生的错误行为,而是运用了学生可以理解的知识启发学生,让学生通过独立思考和自由讨论解决问题。

6. 建立新型的师生关系,对教师有哪些要求?

答:要建立新型的师生关系,首先,教师要转化旧的观念。当前,我国的师生关系是以培养全面发展的人为根本目的的新型师生关系,它具有尊师爱生、民主平等、教学相长的特点。要建立这种新型的师生关系首先要转变观念,这是创建新型师生关系的前提,主要表现在:①要有正确的学生观;②要有正确的人才观;③要有平等的师生观。

尊重与理解是创建新型师生关系的重要途径:①充分信任学生;②主动接近学生;③民主公正地对待学生;④尊重和理解学生;⑤以自身的形象影响学生。总之,我们要以全新的教育理念来构建新型的师生关系。

7. 应如何认识和理解教师资格制度,在我国实行教师资格制度有何重要意义?

答:教师资格制度是国家实行的一种法定的职业许可制度。它包括三层含义:(1)教师资格制度是国家实行的一种职业资格制度。教师资格是由国家对符合相应教师资格条件并提出申请的人员认定的资格,属于国家资格性质。教师资格是国家对专门从事教育教学工作人员的基本要求,是公民获得教师职位、从事教师工作的前提条件。(2)实行教师资格制度是法律规定的,必须依法实施。教师资格作为国家法定的职业资格,一经取得,在全国范围内不受地域限制,具有普遍适用的效力。教师资格的丧失和撤销,必须依照法律规定办理。(3) 教师资格是教师职业许可,是国家对准备进入教师队伍、从事教育教学工作的人员的基本要求。

实行教师资格制度有以下几个方面的意义:(1) 实施教师资格制度,有利于政府的有关部门依法管理教师队伍,严把教师队伍的"入口关",从根本上提高教师队伍整体素质。(2) 实施教师资格制度是形成多渠道培养和聘任教师的重要环节和制度保障,有利于吸引优秀人才从教,为社会人员从教开辟一条渠道;有利于形成高质量的教师储备队伍,为真正实施教师聘任制,优化教师队伍奠定基础。(3) 实施教师资格制度,是推动教育人事制度改革、调整优化教师队伍的制度性措施,是使教师的任用走上科学化、规范化和法制化轨道的重要保证,有利于解决不合格教师问题,优化教师队伍。(4) 实施教师资格制度,是全社会尊师重教的标志,有利于体现教师的职业特点,有利于全社会充分认识教师事业和教师职业的重要性,提高教师社会地位和待遇,使教师地位、教师队伍素质和教育质量形成良性循环。

8. 应如何认识和理解教师专业发展的内涵?教师专业发展的主要途径有哪些?

答:(1) 教师专业发展指的是教师以自身专业素质包括知识、技能和情感等方面的提高与完善为基础的专业成长、专业成熟过程,是由非专业人员转向专业人员的过程。(2) 教师专业发展的途径主要有:①教师自身要有专业发展的观念和意识。②教师寻求自我专业发展的途径。③学习教师专业发展的一般理论,建立专业责任感。④制定自我生涯发展规划,包括认识自我及所处时间与空间环境;审视发展机会,确定发展目标;制定行动策略并按目标逐步执行:评价发展计划。⑤积极参加在职学习与培训。⑥进行教育研究。教师参与研究是提高教师自身素质、促进教师专业发展的一条有效途径。在研究中,教师可以将理论与实践有机结合,更好地理解课堂和改善教育实践,不断扩大自己的专业知识和能力。⑦进行经常化、系统化的教学反思。⑧在参与课程改革和课程开发中获得专业发展。

第十三章 学校管理

【本章知识框架】

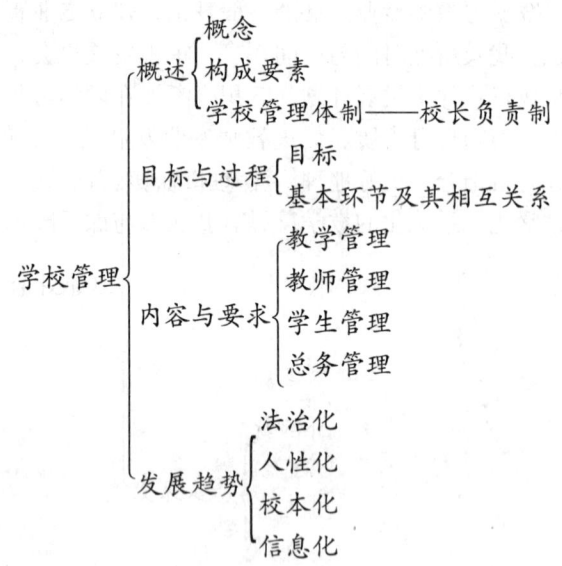

考情分析

本章讲学校管理。考生需要了解四块知识：学校管理的概述；学校管理的目标与过程；学校管理的内容与要求；学校管理的发展趋势。

本章易考简答题，请大家把四块知识都看作简答题复习，"校长负责制"有可能出名词解释题，也有可能出简答题。

重点难点

重点：学校管理的目标与过程；学校管理的内容与要求；学校管理的发展趋势。

【习题精编】

（一）名词解释

1. 学校管理。（山东师范大学 2010 年，华南师范大学 2012 年）
2. 学校管理体制。
3. 校长负责制。
4. 学校管理目标。
5. 人性化管理。
6. 校本管理。

（二）简答题

1. 实施校长负责制应该注意哪些问题？
2. 如何看待学校管理的服务性？
3. 学校管理的构成要素有哪些？
4. 简述教学管理的主要内容。
5. 简述教学管理过程的基本环节以及相互关系。
6. 简述学校管理的特点。
7. 简述学校管理目标的作用。

（三）论述题

1. 论述学校管理的内容和要求。
2. 论述你对学校管理发展趋势的认识。

【参考答案】

（一）名词解释

1. 学校管理是学校管理者在一定的社会历史条件下，通过一定的组织机构和制度，采用一定的方法和手段，带领和引导师生员工，充分发挥学校人、财、物、时间、空间和信息等资源的最佳整体功能，卓有成效地实现学校工作目标的组织活动。简而言之，学校管理是管理者通过一定的组织形式和工作方式以实现学校教育目标的活动。它具有教育性、服务性、文化性与创造性等显著特性。

2. 学校管理体制是学校管理组织机构和管理制度的结合体，它是学校管理的枢纽，对学校管理功能的实现发挥着全局性、根本性和持久性的作用。学校管理体制包括学校组织机构体制和学校领导体制两个方面，前者规定了学校管理机构的设置，各机构的职、责、权划分及相互关系，后者规定了学校由谁领导和负责。

3. 校长负责制是指校长受上级政府主管部门的委托，在党支部和教代会的监督下，对学校进行全面领导和负责的制度。在这一领导体制下，校长是学校行政系统的最高决策者和指挥者，是学校的法人代表。他对外代表学校，对内全面领导和管理学校的教育、教学、科研和行政工作。在校长负责制中应明确校长的权力与责任；发挥党组织的保证监督作用，建立以教师为主体的教职工代表大会制度，加强，民主管理和监督。

4. 学校管理目标是学校管理主体进行管理活动所要达到的状态、标准、结果。换言之，就是学校管理者通过实施一系列的管理职能，希望把学校办成什么样子，沿着什么轨道发展，最终达到什么规格要求。学校管理目标在学校管理活动中占据重要地位，既是学校管理活动的指南，也是衡量学校管理工作好坏的标尺。它具有下述作用：①导向作用；②激励作用；③调控作用；④评价作用。

5. 人性化管理是指学校管理工作要关注人的情感、满足人的需要、崇尚人的价值、开发人的潜能、尊重人的主体人格和地位。

6. 校本管理是指学校在教育方针与法规的指引下，可以根据自己的实际情况和需要来自主确定发展目标和方向，自主进行学校的教育、教学和管理工作。实施校本管理应做好以下工作：①教育行政部门要简政放权；②倡导集体参与、共同决策；③开展校本研究，提高学校管理者的决策能力。

（二）简答题

1. 实施校长负责制应该注意哪些问题？

答：校长负责制是指校长受上级政府主管部门的委托，在党支部和教代会的监督下，对学校进行全面领导和负责的制度。我们要注意的问题主要有三个：①明确校长的权力与责任，要权责统一，党政分离；②发挥党组织的保证监督作用，党组织不能越权管理；③建立以教师为主体的教职工代表大会制度，加强民主管理和监督。

2. 如何看待学校管理的服务性？

答：（1）明确"服务"不是主仆关系的置换，强调学校管理者与师生员工之间平等的人际关系，彼此理解、尊重。（2）"管理即服务"，意味着管理者要满足师生员工的需要，包括教职工的物质与精神的需求，也包括学生的身心健康发展的需求。（3）要求管理者与被管理者树立一种"交互"观念，学会换位思考。每个人在自己工作岗位上都要为他人服务，同时也在享受他人的服务。

概括而言，学校管理就是服务，只有寓管理于服务，在服务中管理，才能最大限度地发挥师生员工的积极性、创造力，才能全面实现学校的管理目标。

3. 学校管理的构成要素有哪些？

答：（1）学校管理者。学校管理者就是在学校管理活动中处于领导地位、发挥引领作用的人。学校的正、副校长和各个职能部门的负责人员都是学校管理者。学校管理者是学校管理的主体，在学校管理中处于主导地位。此外，学校的教职员工和学生在一定意义上也是学校的管理者，因为他们都是学校的主人，不仅接受管理，而且也积极参与管理。

（2）学校管理对象。学校管理对象就是学校管理活动的承受者，也就是学校管理者认识和实践的对象，主要包括学校的人、财、物、时间、空间和信息等资源。

（3）学校管理手段。学校管理手段主要包括学校的组织机构和规章制度。

学校组织机构是根据一定的组织原理和工作需要建立起来的，它可以分为行政组织机构和非行政组织机构两种类型。行政组织结构主要包括决策机构、咨询机构、执行机构、监督机构和反馈机构等。学校非行政组织机构主要包括各种团队、工会、妇联、学生会等团体组织。

学校规章制度是学校全体成员日常工作的基本规范，是学校管理科学化、民主化和法治化的重要保证。学校规章制度一般包括学校的领导制度、教育教学管理制度、学生管理制度、校园管理制度、财务管理制度、后勤管理制度等。

4. 简述教学管理的主要内容。

答：在教学管理中，主要进行教学思想管理、教学组织管理和教学质量管理。

（1）教学思想管理。思想是行为的先导，先进的教学思想能够促进和引导教学工作的发展，而落后陈旧的教学思想则是教学工作发展的障碍。因此，教学管理首先应抓教学的思想管理。

（2）教学组织管理。建立有效的教学指挥系统，充分发挥各职能部门的作用，是教学组织管理的基本任务，也是实现教学目标的重要保证。在教学组织上要加强教导处的建设和领导好教研组工作。

（3）教学质量管理。教学质量管理是学校管理者依据一定的质量标准，运用科学的手段和方法，对学校的教学过程及其结果进行全面监控、检验和评估的活动，其目的是为了提高教和学的质量。教学质量是教学管理的生命线，学校教学管理的一切工作，最终都是为了提高教育教学质量。因此，教学质量管理在教学管理中处于核心地位。

①教学质量管理的内容有：制定科学的教学质量标准；对教学质量进行检查和分析；对教学质量进行控制。

②教学质量管理的基本要求有：坚持全面教学质量管理；坚持全过程教学质量管理；坚持全员教学质量管理；坚持全因素教学质量管理。

5. 简述教学管理过程的基本环节以及相互关系。

答：学校管理过程就是学校管理者依据科学的管理原则，为实现学校管理的预定目标，对学校管理对象诸因素进行管理的客观程序。

（1）其基本环节如下：

①计划：计划就是对学校工作目标的全面设计和统筹规划。它是学校管理过程的起始环节，在管理活动中起着指明方向、规划进程、统一步调、提高效率的作用。

②实施：实施就是将计划付之于行动，使学校的人、财、物、时间、空间、信息等资源产生最大的实际效益与社会价值。学校管理者要做好组织、指导、协调和激励工作。

③检查：这是指对计划的执行情况进行考核，其目的在于发现问题和解决问题，检查具有监督、考评和激励的作用。

④总结：这是指对学校管理过程的计划、实施、检查工作进行分析评价等反思性活动。

（2）它们的相互关系是：学校管理过程的四个环节是一个互相联系、互相制约、循序渐进、首尾相连的有机整体。计划统率着管理全过程；实施是计划的执行；检查是对组织实施的监督与检验；总结则是对计划、实施、检查的总体分析与评价及其改进建议。各环节之间，都存在反馈回路，以便对工作产生反思、提高和促进作用。

6. 简述学校管理的特点。

答：学校管理是学校管理者通过合理的组织形式和运行方式，充分发挥学校人、财、物、时诸因素的最佳功能，以实现学校教育目标的活动。学校管理工作的水平，关系着学校的教育质量和发展前景。因此，我们应该重视研究学校管理，促进学校管理的科学化。它有下述显著特性：学校管理以育人为中心，具有教育性；学校管理的目的在于促进学生发展，具有服务性；学校管理在特定的文化环境中进行，具有文化性；学校管理是对校内外各种资源的有效整合，具有创造性。

7. 简述学校管理目标的作用。

答：学校管理目标是学校管理主体进行管理活动所要达到的状态、标准、结果。换言之，就是学校管理者通过实施一系列的管理职能，希望把学校办成什么样子，沿着什么轨道发展，最终达到什么规格要求。学校管理目标在学校管理活动中占据重要地位，既是学校管理活动的指南，也是衡量学校管理工作好坏的标尺。它有下述作用：（1）导向作用；（2）激励作用；（3）调控作用；（4）评价作用。

（三）论述题

1. 论述学校管理的内容和要求。

答：学校管理的内容和要求主要包括四个方面：教学管理、教师管理、学生管理、总务管理。下面详细论述各方面的具体内容和要求。

（1）教学管理的内容和要求：

①教学思想管理。思想是行为的先导，先进的教学思想能够促进和引导教学工作的发展。因此，教学管理首先应抓教学的思想管理。

②教学组织管理。建立有效的教学指挥系统，充分发挥各职能部门的作用，是教学组织管理的基本任务，也是实现教学目标的重要保证。

（2）教师管理的内容和要求：

①教师管理的性质。教师管理是学校管理的一个重要组成部分。教师是脑力劳动者，工作复杂而艰巨，需要发挥创造性。如何创造良好的工作环境与氛围，调动每位教师的积极性，把他们的潜力与智慧引导到提高人才培养的质量上来，是做好教师管理工作的关键。

②教师管理的内容。包括：教师的选拔；教师的任用；教师的培养；教师的考评。

③教师管理的发展趋势：逐步实现职务聘任制；趋向科学化、人性化和服务化；注重

发挥教师组织的效应。

（3）学生管理的内容和要求：

①学生管理的内容。学生管理是一项细致复杂而又多层面的工作，内容主要包括学生的思想品德管理、学习管理、健康管理、组织管理、课外活动管理等方面。

②学生管理的要求：遵照国家的法律法规要求，对学生依法进行管理；依据学生的身心发展特点，对学生进行科学管理；发挥学生的主动性，引导学生进行自我管理。

（4）总务管理的内容和要求：

①总务管理的内容。学校总务管理是一项事多、量大、涉及面广、政策性强的工作，内容主要包括财务管理、生活管理、校产管理和环境管理等方面。

②总务管理的要求。管理者要深入基层了解实际情况，增强工作的针对性；把教学服务放在首位，想方设法为教学提供必要的资金和设备，不断改善教学环境和条件，妥善保管各种仪器和设备，做到物尽其用；坚持勤俭节约、廉洁奉公的原则是做好总务工作的重要保证。

2. 论述你对学校管理发展趋势的认识。

答：总体来说，主要包括学校管理法制化、学校管理人性化、学校管理校本化和学校管理信息化。信息化管理应做好以下工作：加强硬件投入与软件开发，为学校管理信息化提供物质基础。改进培训内容和方式，提高学校教职员工的信息管理素养。完善学校信息化管理的政策和规章制度。

（1）学校管理法制化。首先，依法治校是实施依法治国方略的必然要求；其次，依法治校是学校管理适应市场经济发展的客观需要；最后，依法治校是学校自身改革和发展的需要。

（2）学校管理人性化。学校管理是一种依靠人、通过人、为了人、促进人的发展的活动。只有坚持以人为本、实现学校管理人性化，才能调动广大师生员工的工作热情和积极性，有效地促进人的发展。

（3）学校管理校本化。校本管理强调教育管理的重心下移，把中小学作为决策的主体，运用分权、授权、协作等组织行为学原理和技术，来构筑学校与外部以及学校内部之间的新型关系。

（4）学校管理信息化。信息化是学校管理的革命，它给学校带来了前所未有的变化。①学校信息化系统的建立，改进了学校业务流程，减轻了管理人员的劳力，提高了管理效率；②学校集成化管理系统的出现，打破了部门之间的封闭与隔离，使学校人、财物、空间、时间等信息得到了有效的交流和传递，且快速、集中而清晰地呈现出来，实现了信息资源的共享，大大提高了管理者的决策效力和质量；③学校的公共服务呈现普遍性和跨时空的特点，教师、学生和家长都可以利用学校的信息，学校信息服务的公开性既提高了学校的服务水平，也增强了学校的竞争力。

实施校本管理应做好以下工作：①教育行政部门要简政放权；②倡导集体参与、共同决策；③开展校本研究，提高学校管理者的决策能力。

第二编 中国教育史

【本编知识框架】

- 教育思想史
  - 古代
    - 孔丘的教育实践与教育思想
    - 孟轲的教育思想
    - 荀况的教育思想
    - 墨家的教育思想
    - 道家的教育思想
    - 法家的教育实践与思想
    - 战国后期的教育论著
    - 董仲舒的教育实践与教育思想
    - 王充的教育实践与教育思想
    - 颜之推的教育思想
    - 韩愈的教育思想
    - 私塾与蒙学教材
    - 朱熹的教育思想
    - 王守仁的教育思想
    - 理学教育思想的批判
    - 黄宗羲的"公其非是于学校"
    - 颜元的教育思想
  - 近代
    - "中体西用"思想与张之洞的《劝学篇》
    - 康有为的教育思想
    - 梁启超的教育思想
    - 严复的教育思想
    - 蔡元培的教育思想与实践
    - 20世纪20年代的教育思潮
  - 现代
    - 杨贤江与马克思主义教育理论
    - 黄炎培的职业教育与实践
    - 晏阳初的乡村教育实验
    - 梁漱溟的乡村教育建设
    - 陈鹤琴的"活教育"探索
    - 陶行知的"生活教育"思想与实践

- 教育制度史
  - 古代
    - 官学制度的建立和变革
    - "独尊儒术"文教政策的完备
    - 察举制度
    - 隋唐时期教育体系的完备
    - 科举制度的萌芽、确立、演变
  - 近代
    - 壬寅学制和癸卯学制
    - 壬子学制和壬子癸丑学制
    - 1922年"新学制"
  - 现代
    - 南京国民政府的教育方针
    - 新民主主义教育方针的形成

```
                    ┌─────┬─"六艺"教育
                    │     │ 齐国的稷下学宫
                    │ 古代┤
                    │     │ 太学、郡国学与鸿都门学院
                    │     └─书院的发展
                    │     ┌─教会学校在中学的举办
                    │     │ 洋务运动的兴办
教育实践史──┤     │ 留学教育的起步
                    │ 近代┤
                    │     │ 维新派的教育实践与"百日维新"中的教育改革
                    │     │ 民国初年的教育改革
                    │     └─新文化运动时期和20世纪20年代的教育改革运动
                    │     ┌─南京国民政府时期学校教育的发展
                    └ 现代┤
                          └─中国共产党领导下的革命根据地教育
```

复习方法提示

"中国教育史"在考试中，分值占 30 分，在名词解释、简答题、分析论述题中都有可能出题。同时，还有可能与外国教育史的内容合在一起出分析论述题。

教育综合大纲上对中国教育史的考查目标是：

（1）系统掌握中国教育史的基本知识，把握教育思想演变、教育制度发展、教育实施进程的基本线索，特别是主要教育家的教育思想、重要的教育制度、重大的教育事件。

（2）认真阅读和准确理解有关中国教育史的基本文献，特别是其中的代表性材料，培养严谨、踏实的学风，掌握学习教育历史的基本方法。

（3）能够运用教育史学的基本原理分析、评价中国历史上的教育现象，探讨有益于现实教育改革与发展的理论启示。

（4）通过历史上教育人物矢志探索教育的精神，培养热爱教育事业、热爱祖国和人民的情感。

【参考书】

孙培青：《中国教育史》，华东师范大学出版社 2009 年版。

王炳照等：《简明中国教育史》，北京师范大学出版社 2007 年版。

【大纲样题】

（一）名词解释

1. 六艺。
2. 《师说》。
3. 中体西用。
4. 教学做合一。

(二) 简答题

1. 简述孔丘的启发教学思想。
2. 简述清末"新政"时期的教育改革。

(三) 论述题

1. 阅读以下两段材料，试比较分析其中所包含的教育思想。

   "恻隐之心，人皆有之；羞恶之心，人皆有之；恭敬之心，人皆有之；是非之心，人皆有之。恻隐之心，仁也；羞恶之心，义也；恭敬之心，礼也；是非之心，智也。仁义礼智，非由外铄我也，我固有之也，弗思耳矣。"

   "凡性者，天之就也，不可学、不可事；礼义者，圣人之所生也，人之所学而能、所事而成者也。不可学、不可事而在人者，谓之性；可学而能、可事而成之在人者，谓之伪，是性伪之分也。"

2. 在 20 世纪前半叶的中国，针对学校教育脱离社会需要和儿童生活的缺陷，一批教育家纷纷进行改革探索。试以具体事实说明和分析他们在课程教学方面的主张。

【参考答案】

(一) 名词解释

1. 六艺。 西周学校以"六艺"为基本教育内容。"六艺"之中，"礼"、"乐"、"射"、"御"作为"大艺"，是大学的课程；"书"、"数"作为"小艺"，主要是小学的课程。

礼乐教育是六艺教育的中心。"礼"的内容极广，涉及政治、伦理、道德、礼仪各个领域。"乐教"是当时的艺术教育，包括诗歌、音乐和舞蹈，蕴涵多种教育因素。"射"，指射箭的技术训练。"御"，指驾驭马拉战车的技术训练。"书"，指文字书写。"数"，指算法。西周的教育内容可以总称为六艺教育，它是西周教育的特征和标志。六艺教育包含多方面的教育因素。它既重视思想道德，也重视文化知识；既注意传统文化，也注意实用技能；既重视文事，也重视武备；既要符合礼仪规范，也要求内心情感修养。六艺教育传统对后世封建社会的教育产生了深刻的影响。

2. 师说。 韩愈教育思想最突出之点就在于他的代表作《师说》——提倡尊师重道。(1) 教师的任务。"师者，所以传道、授业、解惑也。" (2) 以"道"为求师的标准。(3) 建立合理的师生关系。"弟子不必不如师，师不必贤于弟子，闻道有先后，术业有专攻，如是而已。"韩愈的《师说》是中国古代第一篇集中论述教师问题的文章，后人有关师道观的不少论述皆受其影响。他既肯定了教师在传道、授业、解惑方面的主导作用，又强调教师要尊重学生，向学生学习；既要求学生虚心向教师学习，又鼓励学生敢于超过教师；既提倡乐为人师，勇为人师，又强调不耻下问，虚心拜人为师。

3. 中体西用。洋务运动的过程实质上是一场对近代西方文明成果的移植过程。如何解决"西学"与中国固有文明之间的关系，洋务派提出典型的方案就是"中体西用"，在"中学"的主导下肯定"西学"的辅助作用和器用价值。

从 19 世纪 60 年代末开始，有人用"主辅"、"本末"、"体用"这些中国文化固有的范畴来表达"中学"和"西学"二者之间的主次问题。1861 年，冯桂芬在《采西学议》中写道："如以中国之伦常名教为原本，辅以诸国富强之术，不更善之善者哉？"到 19 世纪 90 年代，发表类似观点的人越来越多，而表达方式越来越明确，并逐渐定型于"中学为体，西学为用"。1892 年，郑观应在《西学》篇中说："中学其本也，西学其末也。主以中学，辅以西学。"直到 1898 年春，张之洞撰成《劝学篇》，围绕"旧学为体，新学为用"的主旨集中阐述，形成了一套比较完整的思想体系。

4. 教学做合一：（1）要"在劳力上劳心"做到"手脑双挥"。（2）懂得行动是知识的来源。（3）要求做到"有教先学"和"有学有教"，即教人者先教己，教人者还要"为教而学"；即知即传。（4）反对注入式教学法。

（二）简答题

1. 简述孔丘的启发教学思想。

答：孔丘是世界上最早提出启发式教学的教育家。他认为，不论学习知识还是培养道德，都要建立在学生自觉需要的基础上，应充分发挥学生的主动性、积极性。自己对问题能加以思考，获得切实的领会，才是可靠和有效的，即所谓"不愤不启，不悱不发。举一隅不以三隅反，则不复也"。

2. 简述清末"新政"时期的教育改革。

答：清末"新政"时期的教育改革主要包括四个方面：

（1）"壬寅学制"和"癸卯学制"的颁布。

1902 年，在管学大臣张百熙的主持下拟订了学制系统文件，8 月 15 日奏呈颁布，统称《钦定学堂章程》。因该年为农历壬寅年，又称"壬寅学制"。这是中国近代第一个以中央政府名义制定的全国性学制系统。由于主持制定"壬寅学制"的张百熙以偏护新学遭批评，同时由于该学制制定仓促，存在一些不足，公布后有人提出不同意见，"壬寅学制"公布后未能得到实行。

1904 年 1 月 13 日，清政府又公布了由张百熙、荣庆、张之洞主持重新拟订的一系列学制系统文件，统称《奏定学堂章程》。因公布时在农历癸卯年，又称"癸卯学制"。这是中国近代由中央政府颁布并首次得到施行的全国性法定学制系。

（2）废科举，兴学堂。

迫于形势，光绪帝于 1905 年 9 月 2 日上谕，自丙午科（1906 年）为始，所有乡会试一律停止，各省岁科考试亦即停止。这宣告了自隋代起实行了一千三百年之久的科举考试制度的终结。

科举废除后，配合学制颁布后兴学政策的落实，出现了中国近代史上难得的兴办新学的热潮。

(3) 建立教育行政体制。

1905年12月，清政府设立学部，作为统辖全国教育的中央教育行政机关，并将原来的国子监并入。地方教育行政也相应作了改革，各省设立提督学政管理教育。至此，清政府形成了一套新的从中央到地方的教育行政系统。

(4) 确定教育宗旨。

1906年3月，学部拟订"忠君、尊孔、尚公、尚武、尚实"五项教育宗旨，经奏清廷认定，宣示天下。这是中国近代第一次正式宣布的教育宗旨。

(三) 论述题

1. 阅读以下两段材料，试比较分析其中所包含的教育思想。
(材料略)

答：第一段话出自《孟子·告子上》，第二段话出自《荀子·性恶篇》。其考查的重点在于让考生区分性之善和性之恶。

战国时期人们对人性问题有过热烈的论争，"孟子道性善"是其中重要的一派观点。孟子第一次从理论高度对人自身本质加以认识和阐述，并形成论证政治必先论证教育，论证教育必先论证人性的思维习惯。孟子认为，人性是人类所独有的、区别于动物的本质属性，人性是一个类范畴；人性的善，即"我固有之"的仁义礼智是人类学习的结果，是人类缓慢进化的结果；探讨人性最终是为了"顺性"而因势利导。教育与学习是人所必须做，也是人可能做到；教育与学习必须遵循人的内在依据，发扬人的自觉。他坚定地相信，"人皆可以为尧舜"。在对人本质的深刻认识基础上，孟子阐述了对教育作用的看法：教育是扩充"善性"的过程。"善端"只是人的某种可能性，将可能变成现实，要靠教育、物质生活条件、社会环境等诸多因素的共同作用，以促使人所固有的"善端"成长起来。教育的全部作用在于经过扩充人固有的善进而达到对国家的治理。

在"争于气力"的时代，孟子的"性善论"的确显得软弱无力，荀子认为"性恶论"更能说明问题。荀子关于"性恶论"与教育作用的观点可以归纳为三点：(1) "性伪之分"。"伪"是与"性"相对的一个范畴。"性"即是指与生俱来的生理本能和感知能力；"伪"是指人为，是泛指一切通过人为的努力而使人发生的变化。荀子以为，孟子所说的人性"善"，实际上说的是"伪"，而不是"性"。(2) "性伪合"。性与伪是区别乃至对立的，但也是联系与统一的。性与伪就是素材与加工的关系，没有素材，就无以加工文饰；而缺乏加工文饰，素材永远是那么原始和不完善。只有素材与加工的结合，"性伪合"，才能实现对人的改造，实现对社会的改造。(3) "化性起伪"。要实现"涂之人可以为禹"，必须注意环境、教育和个体努力三个方面的因素。环境，即荀子所说的"注错习俗"，或者说"渐"。教育的作用则显得更主动，它是依一定的规矩对人加以改变的过程，也就是类似木工对"拘木""檠栝蒸矫"，使之变直的过程。个体的努力，荀子称之为"积"，即知识和道德的积累。

2. 在20世纪前半叶的中国，针对学校教育脱离社会需要和儿童生活的缺陷，一批教育家纷纷进行改革探索。试以具体事实说明和分析他们在课程教学方面的主张。

答：现代教育家的教育理论与实践：

(1) 杨贤江与马克思主义教育理论。《新教育大纲》是中国第一本比较系统地用马克思主义基本原理阐述教育问题的著作，《教育史 ABC》是第一部用历史唯物主义分析教育历史的著作。

①论教育本质。运用历史唯物主义阐明教育的本质，教育为"观念形态的劳动领域之一"，即社会的上层建筑之一；建立于经济基础之上，取决于经济基础又反作用于经济基础。在承认教育是社会上层建筑的同时，也不否认教育是劳动力再生产的手段，教育具有双重属性。

②"全人生指导"与青年教育。全人生的指导的含义是指对青年进行全面关心、教育和引导，既要关心他们的文化知识的学习，又要对他们生活中的各种实际问题进行正确的指点和引导，使之德、智、体诸方面都能得以健康成长；全人生指导教育思想的核心是"革命的人生观"，其出发点是引导青年走上革命的道路，过革命的人生；产生青年问题的原因，一是青年期是身心发生显著而重要变化的时期；二是社会动荡剧变更易导致青年问题。

(2) 黄炎培的职业教育思想与实践。

①职业教育的探索：1913 年发表重要论文《学校教育采用实用主义之商榷》；②1914 年赴安徽、江苏、浙江等地考察教育；1916 年主持成立了第一个省级职业教育机构——江苏省职业教育研究会；1917 年中华职业教育社成立后发表的《中华职业教育社宣言书》标志着黄炎培为代表的职业教育思潮的形成。黄炎培早期职业教育思想更多以解决个人生计问题为重，认为职业教育的要旨有三："为个人谋生之准备"、"为个人服务社会之准备"、"为世界、国家增进生产力之准备"。20 年代起提出"使无业者有业，使有业者乐业"的职业教育目的；20 年代中后期提出大职业教育主义的观念，认为办职业教育必须联络和沟通所有教育界和职业界，参与全社会的活动和发展，更多地探寻了职业教育外部环境的适应问题。

②职业教育的作用和地位：职业教育的理论价值为"谋个性之发展；为个人谋生之准备；为个人服务社会之准备；为国家及世界增进生产力之准备"。对当时中国社会的作用为有助于解决中国最大、最重要、最急需解决的人民生计问题；在整个教育体制中的地位是一贯的、整个的、正统的。

③职业教育的目的："使无业者有业，使有业者乐业。"

④职业教育的方针：社会化，即办学宗旨的社会化；培养目标社会化；办学组织的社会化；办学方式的社会化。科学化，即用科学来解决职业教育问题。

⑤职业教育的教学原则：手脑并用、做学合一、理论与实际并行、知识与技能并重。

⑥职业道德教育：敬业乐群。

⑦职业教育的内容：提倡职业教育，同时主张要积极参加到全社会的运动中去；主张教育与职业相沟通，学校与社会相沟通；适应社会的需要是职业教育的原则；职业教育应能包容一切；职业教育应贯彻于各级各类教育之中；职业教育应贯穿教育全过程与全部的职业生涯；职业教育不仅要培养职业智能，还要培养职业道德和服务精神，不仅要重视科学文化知识的学习，还要重视实际能力的培养，还要重视培养谋职能力和创业精神。

(3) 晏阳初的乡村教育实验。1923—1949 年长期担任中华平民教育促进会总干事，

1929—1936 年在河北定县进行乡村平民教育实验,1940 年创办中国乡村建设育才院。

①"四大教育"与"三大方式四大教育":以文艺教育攻愚,培养知识力;以生计教育攻穷,培养生产力;以卫生教育攻弱,培养强健力;以公民教育攻私,培养团结力。"三大方式":学校式教育(分基本教育和乡村改造教育两个阶段,文字教育是基本教育的基础,首先就是扫除文盲;主要有初级平民学校、高级平民学校和生计巡回学校三种类型);社会式教育(主要靠平民同学会来推进);家庭式教育(主要由家庭会来承担,成立家主会、主妇会、少年会、闺女会和幼童会五种形式)。

②"化农民"与"农民化":晏阳初提出"农民科学化,科学简单化"的平民教育目标,并认为欲化农民,须先农民化,即彻底地与广大农民打成一片。

③评价:作为一个教育救国论者,所提出的中国农村四大问题只看到了社会现象的表层,没能认识帝国主义的侵略以及封建残余的剥削才是造成它的根源,否认了社会问题的根源是阶级剥削和压迫;把乡村建设作为一种社会改革运动,其实际上是一个不彻底的资本主义运动,结果以失败而告终;其可取之处在于其平民教育和乡村改造理论有中国特色。

(4) 梁漱溟的乡村教育建设。在山东邹平创立了山东乡村建设研究所(1931 年)。

①乡村建设和乡村教育理论:所谓乡村建设,是一种力图在保存既有社会的基础上,通过乡村教育的方法,由乡村建设引发社会工商业发展,实现经济改造和社会改造;中国问题的症结就是中国社会自始至终走着一条自己的发展道路,中国的问题就是文化的失调;乡村建设的本质就是中国的文化改造,中国建设的问题归根到底是"乡村建设";从社会历史看,中国不存在经济意义上的阶级对立,不会产生阶级对抗。因此社会革命在中国已不可能,唯一可行的道路就是乡村建设;从社会现状看,中国社会是乡村社会,中国传统文化的根在乡村,中国必须从乡村建设开始。

②乡村建设与乡村教育:乡村建设就以乡村教育为方法,而乡村教育以乡村建设为目标;一方面,解决中国文化失调的主要手段是教育;另一方面,中国社会的改造其实是一个教育的过程;乡村教育没有乡村建设就没有生机,乡村建设没有乡村教育就没有前途,两者实际上是合二为一的。

③乡村教育的实施:分为社会式教育(包括社会改造运动及社会建设事业)和学校式教育(乡农学校,以教育的力量替代行政的力量。教育内容强调服务于乡村建设,密切适合农村生产生活的需要)。

④评价:本质上是一种中国知识分子通过改造中国农村来改良中国社会的理想,是在探索拯救中国的第三条道路,但是否认阶级斗争,体现了消极的一面;可取之处在于认识到中国问题是农村问题,立足于文化传统来思考中国社会的改造,对农村有一定的贡献。

(5) 陈鹤琴的"活教育"探索。

①儿童教育和"活教育"实验:陈鹤琴重视儿童教育,研究总结儿童生理心理发展的基本特征,明确提出了"活教育"主张;1927 年在南京创办我国最早的幼儿教育实验中心——南京古楼幼稚园;1927 年在南京组织了幼稚教育研究会,1929 年扩大为中华儿童教育社;1940 年,筹建江西省立实验幼稚师范学校,并附设小学和幼稚园以及校办农场,开展"活教育"实验;1941 年 1 月创办《活教育》杂志,标志着有全国影响的"活

教育"理论的形成和"活教育"运动的开始；1942年初，幼师附设婴儿园，1943年春，幼师改为国立幼稚师范学校，并增设专科部。至此，"活教育"实验形成了包括专科部、幼师部、小学部、幼稚园、婴儿园五个部门的幼儿教育体系。

②"活教育"思想体系。"活教育"的目的："做人，做中国人、做现代中国人"；"活教育"的课程论是从大自然、大社会出发，让学生去直接学习（"大自然、大社会都是活教材"，即让儿童在与自然、社会的直接接触中，在亲身观察中获取经验和知识）；又具体将"活教育"课程分为五类（儿童健康、社会、自然、艺术、文学活动）。"活教育"的教学论，"做中教，做中学，做中求进步"是"活教育"教学方法的基本原则；重视室外活动，着重于生活的体验，以实物为研究对象，以书籍为辅佐的参考；依据儿童心理学和教育学原理及自己的经验，提出了17条"活教育"的教学原则；"活教育"教学的四个步骤为实验观察、阅读思考、创作发表和批评研讨。

(6) 陶行知的"生活教育"思想与实践。

①"生活教育"实践：陶行知注重教育与生产劳动相结合，教育与人民的生活实际相结合；1923年与朱其慧、晏阳初等人发起组织创立了"中华平民教育促进会"。

②晓庄学校为中华教育改进社创办的新型学校，原名试验乡村师范学校。1927年3月15日在南京晓庄创立，陶行知任校长。办学宗旨是"要造就好的乡村教师去办理好的乡村学校"，通过改造乡村教育进而改造农村。目标是"培养乡村人民儿童所敬爱的导师"，要具有"健康的体魄，农人的身手，科学的头脑，艺术的兴味，改造社会的精神"。最终目的是"改造乡村生活的灵魂"。晓庄办学的理论就是陶行知的"生活教育"理论。教育方法，叫做生活法，即"教学做合一"。

③山海工学团：1932年他在上海与宝山之间筹办了山海工学团，工学团即是一种以贫苦大众为教育对象，采用半工半读形式的教育组织。

④"小先生制"：即把失学儿童组织起来，采取大的教小的、会的教不会的办法。

⑤育才学校：1939年在四川重庆附近的合川县凤凰山古圣寺创办的一所难童学校，选拔有特殊才能的儿童，因材施教，培育人才幼苗，为抗战建国培养"追求真理的小学生；即知即传的小先生；手脑双挥的小工人；反抗侵略的小战士"。

⑥"生活教育"理论体系：生活教育理论的形成，受启发于裴斯泰洛齐，直接影响于杜威教育思想，1927年在晓庄形成完整。其内涵为"生活教育是给生活以教育，用生活来教育，为生活向前向上的需要而教育。从生活与教育的关系上说；是生活决定教育。从效力上说；教育要通过生活才能发生力量而成为真正的教育"。

生活即教育，强调教育以生活为中心，反对脱离实际生活而以书本为中心的传统教育；其内涵在于生活含有教育的意义；实际生活是教育的中心；生活决定教育，教育改造生活。

社会即学校，不同于杜威的"学校即社会"，主张改造传统学校，改造的依据是社会的需要，即学校通过与社会生活相结合。一方面，"运用社会的力量，使学校进步"；另一方面，动员学校的力量，使社会进步，使学校真正成为社会生活必不可少的组成部分。扩大了学校的内涵和作用，对传统的学校观、教育观有所改变，使被传统教育拒之门外的劳苦大众能够受到起码的教育，渗透普及民众教育的苦心。

"教学做合一",是生活教育在教学方法上的具体化,包括:要求"在劳力上劳心";是因为"行是知之始";要求"有教先学"和"有学有教"(即教人者先教自己,有学到知识就要去教别人);是对注入式教学法的否定。

生活课程论,就是"教学做合一"在课程上的反映,以培养学生的生活力为目的,主张把书作为一种工具,一种生活的工具、做的工具,过什么样的生活就用什么书;用以生活为中心的生活指导书来代替以文字为主的传统教科书;把社会的需要及能力、个人发展的需要及能力和生活事业本体之需要作为课程设置、教学内容安排的依据。

生活教育的六个特点是生活的、行动的、大众的、前进的、世界的、有历史联系的。

第一章 | 西周官学制度的建立与"六艺"教育的形成

【 本章知识框架 】

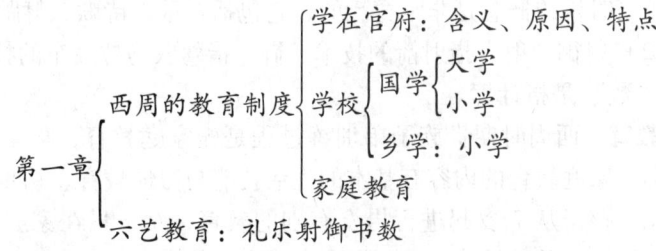

考情分析

本章主讲原始社会、夏、商和西周时期的教育，主要阐述了教育的起源、学校萌芽的形态、西周官学教育体系的建立和"六艺"教育形成这四个问题，是整个中国古代教育的发端。本章不是考试的重点，考生对基本知识大致了解即可。最可能考的考点有两个，一是国学与乡学、大学与小学；另一个是"六艺"教育。主要出名词解释题。

重点难点

重点："六艺"教育；"学在官府"。

【 习题精编 】

（一）名词解释

1. 六艺。

2. 西周家庭教育。

（二）简答题

1. 简要介绍西周时期的官学教育制度。
2. 简述西周"六艺"教育的内容和特征。
3. 简述西周官学的基本特点。
4. 国学与乡学，大学与小学的区别是什么？
5. 简述"学在官府"的含义及其产生的原因。

【参考答案】

（一）名词解释

1. 六艺具体指礼、乐、射、御、书、数。按其学科性质分成三大方面：（1）礼乐。礼是指周礼，范围十分广泛，涉及政治、伦理、道德、礼仪等各个领域。乐教也是西周官学中的主要科目。当时乐的概念是非常宽泛的，它包括音乐、诗歌、舞蹈等，实际上是各门艺术的总称。（2）射御。射，指射箭的技术；御，指驾驭马拉战车的技术。（3）书数。"书"是指文字，"数"是指计算。

2. 西周家庭教育。西周时期贵族子弟训练过程是先家庭教育，再学校教育。父母就是幼儿最初的教师。家庭教育的内容有基本的生活技能与习惯教育、初步的礼仪规则、确立初级的数的观念。孩子从7岁起进行男女有别的教育，女子只在家庭中接受女德的教育，而男子将来可继续接受学校教育。西周家庭教育的特点是重男轻女和明显的计划性。

（二）简答题

1. 简要介绍西周时期的官学教育制度。

答：西周已形成这种"学在官府"、"官安学业"的局面，政教一体，官师合一，以"明人伦"为教育宗旨，培养治术人才。

西周建立了两大系统的学校，即国学和乡学。"国学"又分为小学和大学两级。小学设在王宫内。大学设在都城近郊，天子所设的大学叫辟雍，诸侯所设的大学叫泮宫。西周学校的教师都由官吏兼任。教育内容包括德、行、艺、仪四个方面，而以礼、乐、射、御、书、数六艺为基本内容。

2. 简述西周"六艺"教育的内容和特征。

答：（1）"六艺"具体内容指：礼、乐、射、御、书、数。

①礼乐。礼是指周礼，范围十分广泛，涉及政治、伦理、道德、礼仪等各个领域。乐教也是两周官学中的主要科目。当时乐的概念是非常宽泛的，它包括音乐、诗歌、舞蹈等，实际上是各门艺术的总称。

②射御。射，指射箭的技术；御，指驾驭马拉战车的技术。

③书数。"书"是指文字,"数"是指计算。
(2)"六艺"教育的特征:
①既重视思想道德,也重视文化知识;
②既注意传统文化,也注意实用技能;
③既重视文事,也重视武备;
④既要符合礼仪规范,也要求内心情感修养。

3. 简述西周官学的基本特点。

答:夏代是奴隶社会教育形成时期,商代时得到进一步发展,至西周则达到鼎盛阶段。奴隶社会的经济、政治条件,决定了当时只有官学而没有私学,官学机构与政治机构联系在一起,没有分离独立,历史上称这种现象为"学在官府"。教师都由官吏兼任,亦即"官师合一"。西周已建立两大系统的学校,即国学和乡学,国学分为小学和大学两级。西周国学的教育内容包括德、行、艺、仪四个方面,而以礼、乐、射、御、书、数等六艺为基本内容。

4. 国学与乡学,大学与小学的区别是什么?

答:"国学"是由中央政府办理,设在天子、诸侯的王都内,专为贵族子弟设立,由大司乐主持,分为大学和小学两级;乡学是设在王都郊外地方行政区内的学校,入学对象是一般奴隶主和部分庶民子弟,由司徒负责领导,教育内容是"乡三物"——六德:知、仁、圣、义、忠、和;六行:孝、友、睦、姻、任、恤;六艺:礼、乐、射、御、书、数。只有小学一级,但是学习优秀者可选拔到国学中大学进行学习。

国学的小学设在王宫内,入学年龄与家庭身份等级有关,贵族子弟入学年龄早于平民子弟,平民子弟所进入的小学学习年限是7年,小学的学习内容是德、行、艺、仪,是关于奴隶主贵族道德行为准则和社会生活知识技能的基本训练。

5. 简述"学在官府"的含义及其产生的原因。

答:学在官府是对西周教育制度的高度概括,也是我国奴隶社会教育制度的重要特征,主要体现在:①礼不下庶人,学术和教育为王宫及各级政府把持,礼器也全由官府掌握,民间没有条件举行学术活动,更无学校。②官师不分,学校设在官府之中,官吏既是教育官员,也是学校教师。③政教合一,教育机构与行政机构不分,教育与行政合一。

其产生的根本原因是生产力发展水平以及西周的社会制度。其产生的客观原因是:①唯官有书,而民无书。②唯官有器,而民无器(礼器,乐器)。③唯官有学,而民无学。

第二章 私人讲学的兴起与传统教育思想的奠基

【本章知识框架】

中国教育家
- 孔子
  - 主要实践：创办私学、编订六经
  - 教育作用：庶、富、性相近，习相远
  - 教育目的：学而优则仕
  - 教育方法：因材施教、启发诱导、学思行并重
  - 道德教育：强调仁、礼；原则——立志、克己、内省、力行改过中庸
  - 论教师：学而不厌，诲人不倦；热爱学生，以身作则；教学相长
  - 教育内容：诗、书、礼、乐、春秋、易
- 孟子
  - 教育作用：性善论
  - 教育目的：明人伦
  - 教育内容："大丈夫"思想人格
  - 教育方法：深造自得
- 荀子
  - 主要实践：传授六经
  - 教育作用：性恶论
  - 教育目的：大儒
  - 教育内容：儒经
  - 教育方法：闻见知性
  - 论教师：强调教师的绝对权威

```
                                    ┌ 教育作用：素丝说
                                    │ 教育目的：兼事
                           ┌ 墨家 ──┤ 教育内容：重视科技与思维训练
                           │        └ 教育方法：主动创造
              中国教育家 ──┤        ┌ 教育作用：人性利己说
                           │ 法家 ──┤ 教育内容：以法为教，以史为师
                           └        └ 教育方法：禁诗书，禁私学

              私人讲学的兴起 ┌ 原因：强调封建私有制的发展；养士之风盛行；学术不够
                             └ 意思：自由讲学，自由就学，自由办学，自由竞争

              诸子百家私学发展 ┌ 表现：养士之风盛行、百家争鸣、各家私学发展
                               └ 主要派别：儒、墨、道、法、名、阴阳

      私学 ┤  ┌ 简介：战国时期齐桓公设立的官办大学堂，历时150年
              │       ┌ 官家操办私家主持的学校；
              │ 性质 ┤
              │       └ 集讲学、著述、育才活动一体兼有资政议政作用的高等学府
              │       ┌ 尊师重道，待遇优厚，不治而议论；学术自由，兼容并包
            稷下学宫┤ 特点┤
              │       └ 学无常师：管理规范，有了我国第一个学术守则《弟子规》
              │       ┌ 促进战国时期思想学术的发展
              │ 历史意义┤ 显示了中国古代知识分子的独立性和创造精神
              └       └ 稷下学宫创造了一个出色的教育典范

              ┌ 简介：出自《礼记》，儒家论述大学之道，后收入《四书》
     《大学》┤ 三纲领："大学之道，在明明德，在亲民，在止于至善"
              └ 八条目：格物、致知、诚意、正心、修心、齐家、治国、平天下

              ┌ 简介：出自《礼记》，《四书》之一，阐述儒家人生哲学与修养问题
              │ 性与教：天命之谓性，率性之谓道，修道之谓教
     《中庸》┤ 最高道德准则：中庸
              │ 两条完善途径：自诚明，尊德性；自明诚，道问学
              └ 学习过程：博学之，审问之，慎思之，明辨之，笃行之

              ┌ 简介：出自《礼记》，是中国古代最早论述教育、教学问题的论著
              │                     ┌ 比年入学，中年考校，一年视离经辨志，三年视敬业乐群
     《学记》┤ 教育制度与学校管理┤ 五年视博习亲师，七年视论学取友，谓之小成
              │                     └ 九年知类通达，强立而不反，谓之大成
              └ 教育教学原则："预、时、逊、摩"，"长善救失"，"启发诱导"，"藏息相辅"
```

💡 考情分析

春秋战国时的各家教育思想是整个中国教育史的一大重点。本章内容主要阐述了春秋战国时期私人讲学的兴起和传统教育思想的发展，其中私学的兴起包含三个小的知识点：私人讲学的兴起、诸子百家私学发展状况，以及稷下学宫的性质、特点和意义。在传统教育思想部分，本章详细介绍了儒、墨、法等诸子百家的教育思想，以及《礼记》中的教

育思想。

本章是考试重点，请考生注重诸子百家的教育思想，尤其是孔子的教育思想，几乎是每年的复习必考点，考生还要将各位思想家加以对比区分，以免混淆。此外，还要特别注重稷下学宫以及儒家的四本著作。

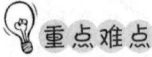

孔子、孟子、荀子、墨子的教育思想；齐国稷下学宫；战国后期教育论著。

【习题精编】

（一）名词解释

1. 稷下学宫。
2. 素丝说。
3. 性善论。
4. 启发诱导。

（二）简答题

1. 简述私学兴起的原因及其历史意义。
2. 简述孟子的人格理想。
3. 简述孟子"深造自得"的教育思想。
4. 《大学》里的"三纲领"、"八条目"是指什么？
5. 简析荀子的人性论和相应的教育观点。
6. 简述荀子对教师地位、作用、条件的论述。
7. 简述孟子的教育作用的观点。
8. 孔子关于教育作用和地位的观点。
9. 简述孔子"有教无类"的思想。
10. 孔子关于教育目的的思想有什么历史影响？
11. 孔子提出了哪些教育方法？
12. 孔子的教育内容有何特点？
13. 荀子关于学习过程的思想是什么？
14. 简述墨子的教育作用观。
15. 墨家教育思想的特色是什么？
16. 墨家与儒家教育方法有什么不同？
17. 《学记》是如何论述教学原则的？
18. 孔子的德育原则有哪些？

(三) 论述题

1. 分析稷下学宫的性质特点和历史地位。
2. "学者有四失,教者必知之。人之学也,或失则多,或失则寡,或失则易,或失则止。此四者,心之莫同也。知其心,然后能救其失也。教也者,长善而救其失也。"这段话出自哪里?其含义是什么?请结合自己的观点来论述一下。
3. 评述孔子的教育思想及其贡献。
4. 试比较孟子与荀子教育思想的异同。
5. 试从社会发展和个体发展两个方面,分析孔子关于教育作用的思想。
6. 评析孔子"学而优则仕"的教育主张。
7. 给下面的文言文断句,并说明其出处,阐述其中的教育思想。

"大学之法禁于未发之谓豫当可之谓时不陵节而施之谓孙相观而之谓摩此四者教之所由兴也发然后学则扞格则不胜时过然后学则勤苦而难成杂施而不孙则坏乱而不修独学无友则孤陋而寡闻燕朋逆其师燕辟废其学此六者教之所由废也。"

8. 论述介绍《学记》里的教育思想。

【参考答案】

(一) 名词解释

1. 稷下学宫是战国时代齐国齐桓公在都城临淄的稷门附近地区,所创办的一所著名学府,它是战国百家争鸣的中心与缩影,也是东方文化教育和学术的中心,是教育上的重要创造对中国古代学术、文化、教育的发展,产生过重大的历史影响。稷下学宫的办学性质是一所由官家操办而由私家主持的特殊形式的学校,而且是一所集讲学、著述、育才活动为一体并兼有咨政议政作用的高等学府。其特点是学术自由、尊师重道、待遇优厚、不治而议论,而且管理规范上有了我国第一个学术守则——《弟子规》。稷下学宫是一个出色的教育典范,促进了思想学术的发展,也显示了中国古代知识分子的独立性和创造精神。

2. 素丝说。墨子的贡献是"素丝说",他以染丝为例,"染于苍则苍,染于黄则黄,所入者变,其色亦变",来说明人性在教育下的改变和形成。墨子认为,人性不是先天所成,生来的人性不过如同待染的素丝,下什么色的染缸,就成什么样的颜色,来比喻有什么样的环境与教育,就造就什么样的人。墨子的"素丝说"从人性平等的立场去认识和阐述教育作用,较孔子的人性观显得进步。

3. 性善论是中国古代人性论的主要观点之一,战国时由孟子首先提出。性善就是说人的本性具有善的道德价值,每个人生来就有向善的潜能。性善论是孟子仁政学说的理论基础，对后世有重要影响，宋明学者予以改造后，成为中国古代人性论的正统理论。

4. 启发诱导。孔子是世界上最早提出启发式教学的教育家，这一原则主要是解决发挥教师的主导作用和调动学生积极性之间的矛盾。孔子认为，不论培养道德还是学习知识，都要建立在学生自觉需要的基础上，应充分发挥学生的积极主动性，反对机械学习，提倡启发式教学。在教学前务必先让学生认真思考，已经思考相当时间但还想不通，然后可以去启发他；虽经思考并已有所领会，但未能以适当的言词表达出来，此时可以去开导他。教师的启发是在学生思考的基础上进行的，启发之后，应让学生再思考，获得进一步的领会。

（二）简答题

1. 简述私学兴起的原因及其历史意义。

答：（1）私学兴起的原因：

①封建私有制在奴隶制的母胎里发生发展，新兴地主阶级逐渐在一些诸侯国里取得了政权，这就促进了奴隶制解体，于是"学在官府"的垄断形式失去了原有的经济支柱和政治依据，造成"天子失官，学在四夷"的局面。

②原在周王宫里的一批有文化知识的人，失去了原来的地位和职守，其中一部分人变成了一批靠自己过去掌握的"六艺"知识来自谋生活的知识分子，他们把原来秘藏于官府中的典籍文物、礼器乐器带到了民间。这就出现了"学术文化下移"的趋势。

③养士之风盛行，进一步促进了私学的发展。以齐鲁为发祥地，很快向各地发展，在这个潮流中，孔子起到了开辟道路的作用。

（2）私学兴起的意义：

①私学使学校从官府中解放出来，打破了"学在官府"的教育垄断局面，教育过程与政治活动有所分离，教师成为独立的职业。

②教育内容与社会生活产生了紧密的联系。

③扩大了教育对象，培养了各类人才。

④私学的发展在教育理论和教育经验方面有辉煌的成就，在中国教育史上有重要贡献，为百家争鸣奠定了基础，在世界教育史上也有很高的地位。

2. 简述孟子的人格理想。

答：（1）孟子认为理想的人格特点是："大丈夫"的理想人格。他对"大丈夫"的理想人格的描绘是："富贵不能淫，贫贱不能移，威武不能屈，此之谓大丈夫。"首先，"大丈夫"有高尚的气节，他们绝不向权势低头，绝不无原则地顺从。其次，"大丈夫"有崇高的精神境界——浩然之气。"浩然之气"可以理解为受信念指导的情感和意志相混合的一种心理状态或精神境界，具有高度的自觉性。

（2）要实现这一教育目标，培养"大丈夫"的理想人格的途径主要靠内心修养，大致有以下几条：

①持志养气。孟子所说的，"持志"就是坚持崇高的志向，一个人有了志向与追求就会有相应的"气"——精神状态，志、气是互为因果的。

②动心忍性。就是指意志锻炼，尤其是在逆境中的磨炼。

③存心养性。孟子指出，虽然人人都有仁义礼智的善端，但善端要形成实实在在的善性善行要靠存养和扩充。存养的障碍来自人的耳目之欲。要扩充善端就要寡欲，要发挥理性的作用。

④反求诸己。当你的行动未得到对方的回应时，就应当首先反躬自问，从自己身上找原因，对自己提出更高的要求，然后对人做得更周到。凡事必须严于律己，时时反省。

3. 简述孟子"深造自得"的教育思想。

答：孟子的扩充善性的思想，蕴含着他对教学过程的基本要求，即要体现人的理性特点，要遵循和发展人的内在能力。他特别强调个体认知中的自觉性，他归结为"深造自得"。

孟子认为知识的学习并非从外而来，必须经过自己主动自觉地学习和钻研，有自己的收获和见解，才能形成稳固而深刻的智慧，遇事则能左右逢源，挥洒自如。

他认为要达到"深造自得"的基本要求要有正确的办法，要深入学习和钻研，尤其主张独立思考和独自见解，不轻信，不盲从，要求读书不拘于文字表层意思，而应通过思考，去体会深层意蕴。总之，学习特别重要的是由感性学习上升到理性思维的转化，孟子强调理性思维。

4. 《大学》里的"三纲领"、"八条目"是指什么？

答：《大学》是我国战国时期的重要的论述大学之道的文章，其中提出了"三纲领"和"八条目"。

《大学》开头就说："大学之道，在明明德，在亲民，在止于至善。"这就是后人所说的《大学》"三纲领"。所谓"明明德"，就是发扬光大人所固有的天赋的光明道德。所谓"在亲民"，是指发扬了善性之后，即从事治民。治民要亲爱人民。所谓"止于至善"，就是要求达到儒家封建伦理道德的至善境界。"为人君止于仁，为人臣止于敬，为人子止于孝，为人父止于慈，与国人交止于信。"这是《大学》提出的教育纲领和培养目标。

《大学》还把格物、致知、诚意、正心、修身、齐家、治国、平天下等后世称为《大学》的"八条目"，作为实现"三纲领"的具体步骤。

"格物"、"致知"是八条目的基础。所格的"物"，所致的"知"都是指伦理和道德原则，是指修己治人的道德修养，其实就是指学习儒家经典，提高自身素质。

所谓"诚意"，就是要不自欺，要慎独。在与别人相处时是这样，在独处时也应该是这样。所谓"正心"，就是教人防止个人感情、欲望的偏向。"修身"是"八条目"的基本，是格物、致知、诚意、正心所要达到的目的，即把个人修养达到完善的地步，也是《大学》中讲培养人的最高要求。只有这样才能"齐家"、"治国"、"平天下"。

5. 简析荀子的人性论和相应的教育观点。

答：荀子是我国古代著名的思想家和教育家。在人性论上，他主张"性恶论"，并以此为基础提出了自己的教育观，以"化性起伪"的教育作用观著称，对后世产生过重大影响。

（1）荀子的人性论。荀子的学说中最突出的就是与孟子的"性善论"相对立的"性恶论"。孔子说："性相近也，习相远也。"孟子强调"性相近"发展为"性善论"，荀子则强调"习相远"而发展为"性恶论"。他认为人之所以能为善，全靠后天的努力，"人之性恶，其善者伪也"。

（2）荀子的教育观。基于"性本恶"的人性观，荀子提出了自己的教育观。他非常重视教育和学习的功能，这其中包括教育在个体发展中的作用，也包括教育在社会发展中的作用。

荀子认为教育在人的发展中起着"化性起伪"的作用。此外，荀子也很重视教育的社会作用。他认为教育能够统一思想，统一行动，使兵劲城固，国富民强。

6. 简述荀子对教师地位、作用、条件的论述。

答：（1）荀子特别推崇教师的地位和作用，竭力倡导尊师。在荀子看来，"礼"是最高的社会规范，而教师又是传授"礼"、实行"礼"的榜样，是"礼"的化身。因此，学生必须无条件地服从教师，教师在教学过程中处于绝对的主导地位。

（2）荀子认为，教师的作用是与国家的前途命运相连的，关系到国之兴衰，法之存亡，他把教师提高到与天、地、君、亲同等的地位。

（3）荀子也对教师提出了很严格的要求，认为当教师应具备四个条件：一要有尊严，使人敬服；二要有崇高的威信和丰富的经验；三要具备传授知识的能力；四要能体会"礼法"的精微道理，且能加以阐发。

7. 简述孟子的教育作用的观点。

答：孟子从"施仁政"的政治主张和"性善论"出发，高度重视教育的社会作用与在人的发展中的作用。他认为，教育的社会作用是"得民心"。"得民心"是"仁"的关键，而教育是"得民心"的最有效措施。他认为，教育在人的发展中的作用是"求放心"。他指出每个人虽然先天具有四个善端，但在后天的环境里，由于外物的诱惑与自身努力的不够，可能会失掉或摒弃这些善端。教育的作用就在于找回散失的本性，保存和发扬天赋的善端。

8. 孔子关于教育作用和地位的观点。

答：孔子是我国春秋战国时期伟大的思想家和教育家，他从教育对社会的作用和教育对个人的作用两方面论述了教育作用问题。

（1）教育在社会发展中的作用："庶、富、教"。孔子阐述了他的"庶、富、教"的施政大纲。孔子认为治理好一个国家，要有这三个条件：首先要有较多的劳动力；其次，发展生产，解决人民的物质生活中的吃、喝、穿、住的问题，只有在先庶、先富的基础上才能有效地进行教化，发展教育事业。最后，经济的发展是教育发展的物质基础，孔子是我国最早论述教育与经济关系的教育家。

（2）教育在人的成长中的作用："性相近也，习相远也。"孔子首次论述教育与人的关系，性指先天素质，习指后天习染，包括教育与社会环境的影响。他认为人们的先天素质是很接近的，但是之所以人们在成长中有了千差万别，是后天"习然"的结果。这一观点规定了人不论等级贵贱，生来在天赋素质上平等，这就说明教育是一种特殊的环境，承认教育的必要性和关键性。从"习相远"的观点出发，孔子强调人的一生都要受教育，还要重视居住环境的选择和社会交往的选择。"性相近，习相远"的思想是孔子人性论的组成部分，成为人人有可能受教育和应该受教育的理论依据，具有一定的科学性。

9. 简述孔子"有教无类"的思想。

答：孔子对于教育对象的基本主张是"有教无类"。"有教无类"的本意是在教育对象上，不分贫富贵贱与种族，人人都可以入学受教育。孔子"有教无类"的提出是针对奴隶主阶级垄断学校教育而言的，打破了"礼不下庶人"的等级制度，把受教育的对象扩大到平民，是历史性的进步。

孔子躬亲实践这一办学方针，广收弟子，"自行束脩以上，吾未尝无悔也"。最能表现孔子收徒思想的是，只要学生有学习的意愿，奉送10条干肉行师生见面礼，就可以成为弟子。

开放性的有教无类的教育方针，满足了平民入学受教育的愿望，扩大了教育对象，打破了奴隶贵族的教育垄断，适应了社会发展的需要，有利于进一步促进文化的下移，对战国时期文化学术的繁荣和百家争鸣的出现起到了推波助澜的作用。

10. 孔子关于教育目的的思想有什么历史影响？

答：从平民中培养德才兼备的从政君子，这条培育人才的路线概括为"学而优则仕"，这话是子夏所说，但是却代表了孔子的教育观点。

"学而优则仕"包含多方面的意思：学习是通向做官的途径，培养官员是教育最主要的目的，"学而优则仕"与"任人唯贤"的路线配合一致，把读书和做官紧密联合在一起，成为封建统治者维护统治和笼络人才的手段。

意义：它反映了封建制兴起时的社会需要，成为知识分子学习的动力，为封建官僚制度的建立准备条件，适应社会发展的要求，直到现在在我国还有实际意义。

11. 孔子提出了哪些教育方法？

答：孔子认识到教学过程不仅是教师教的过程，更重要的是学生学的过程，他提出了一系列的教学方法：

（1）因材施教。因材施教是根据学生的个性特点和个别差异采取不同的教学方法，主要解决教学中统一要求与个别差异的矛盾。孔子是我国历史上首倡因材施教的教育家，他主张只有了解学生，才能对他们做出准确的评价，并且根据具体情况，有针对性地进行教育。

（2）启发诱导。孔子是世界上最早提出启发式教学的教育家，孔子认为不论培养道德还是学习知识，都要建立在学生自觉需要的基础上，充分发挥学生的积极主动性，反对机械学习，提倡启发式教学。

（3）学思行并重。"学而知之"是孔子进行教学的主导思想，学是求知的途径，也是唯一手段。孔子还强调学习知识要"学以致用"，学是手段不是目的，行才是终极目的，行比学更重要。由学而思而行，是孔子探索的学习过程，也就是教育过程，与人的一般认识过程基本符合。

（4）孔子提出训练学生的思考方法有：①"由博返约"，意思是博学以获得较多的具体指示，返约是在对具体事务分析的基础上进行综合、归纳，形成基本的原理原则和方法。②"扣其两端"：从事物的正反两方面思考问题，进而解决问题。这种方注意到事物的对立面，合乎辩证法。启发式教学的关键是是否调动了学生学习的积极性。

12. 孔子的教育内容有何特点？

答：孔子教育内容具有如下三个特点：

（1）重文事。虽然要求从政文武兼备，但是整体偏向文事。

（2）偏重社会人事，不宣传宗教迷信思想。这也被称为中国古代非宗教性教育传统的开端。

（3）轻视科技与生产劳动。孔子要培养的是从政人才，不是从农工的劳动者，因此，不强调掌握自然知识和科学技术。

13. 荀子关于学习过程的思想是什么？

答：荀子是我国战国后期主张性恶论的教育家。他提出的学习过程是："不闻不若闻之，闻之不若见之，见之不若知之，知之不若行之，学至于行而止。"这句话表达了学习过程中阶段与过程的统一，以及学习的初级阶段必然向高级阶段发展，而学习的高级阶段又必须依赖初级阶段的思想。荀子认为闻、见、知、行每个阶段都具有充分的意义，由此构成一个完整的过程。闻、见是学习的起点、基础和知识的来源，知是学习而善于运用思维去把握事物的本质与规律，就能自如地应对事物的变化，这就是知——思维的学习阶段的意义。行就是知识的实践，是学习必不可少的，也是最高的阶段。荀子的行不仅指对书本知识的验证，也指人的社会实践，如个人修养、教人、从政治国等。

荀子的学习过程是以行为目的和归宿的完整步骤序列，作了系统明确的说明，这是他的贡献；但是把学习止于行，则给中国古代学习思想的人文、社会特点的形成带来了极大的负面影响。

14. 简述墨子的教育作用观。

答：墨子是墨家学派的创始人，他提出的教育作用的主要是以下两个方面。

教育的社会作用：墨家的社会政治理想是"兴天下之利，除天下之害"，其中一项重要内容，就是推行教育，主张通过教育建设一个民众平等、互助的"兼爱"社会。在他看来，可以通过教育使天下人知"义"，从而实现社会的完善。

教育对人的作用：墨子的贡献是"素丝说"。他以染丝为例，"染于苍则苍，染于黄则黄，所入者变，其色亦变"，来说明人性在教育下的改变和形成。墨子认为，人性不是先天所成，生来的人性不过如同待染的素丝，下什么色的染缸，就成什么样的颜色，来比喻有什么样的环境与教育，就造就什么样的人。墨子的"素丝说"从人性平等的立场去认识和阐述教育作用，较孔子的人性观显得进步。

15. 墨家教育思想的特色是什么？

答：春秋战国时期，儒家和墨家是两个最著名的学派，后来韩非将他们并称"世之显学"。墨家的创始人是墨翟，自称其学说代表"农与工肆之人"的利益，重视实用，强调下层人民的利益。

（1）在教育作用上，墨家主张教育对社会的作用是通过教育建设一个民众平等、互助的"兼爱"社会。教育对个人的作用是，提出"素丝说"，比喻有什么样的环境与教育，就造就什么样的人，以说明教育与环境对人的发展所起到的决定性作用。

（2）在教育目标上，主张培养"兼士"，兼士是"厚乎德行，辩乎言谈，博乎道术"，即道德的要求、思维论辩的要求和知识技能的要求。

（3）在教育内容上，主张以科技知识和思维训练为特色的教育内容。科学与技术教育，包括生产和军事科技知识教育及自然科学知识教育，目的在于帮助"兼士"获得"各从事其所能"的实际本领。培养思维能力的教育包括认识和思想方法的教育、形式逻辑的教育，目的在于锻炼和形成逻辑思维能力，善于与人论辩，以雄辩的逻辑力量去说服他人，推行自己的政治主张。

（4）在教育方法上主张主动、创造的教育方法。主动指即使人们不来请教，也应该主动地去施教。"兼士"的职责就是积极主动地"上说下教"，向人们宣传、推行自己的主张。创造指应当创造出新的东西，这既反映了墨子对待文化遗产的态度，也表现了他的教育与学习的方法——重创造。此外，墨家还重视实践与量力的方法，墨子是中国教育史上第一个提出"量力"方法的人。且墨家教育思想具有特色，其中也包含着不少合理主张，体现了理想主义、务实精神和主动精神。这就使得墨子教育思想成为中国教育史上一份独特的、很有价值的遗产。

16. 墨家与儒家教育方法有什么不同？

答：墨家与儒家是春秋战国时期两大重要的学派，被称为当世之"显学"。他们在教育方法上的最大的不同是：

（1）墨家强调主动；儒家强调学生积极求教，教师讲解注重启发。墨家不赞成儒家"扣则鸣，不扣则不鸣"的被动施教的态度，主张"虽不扣必鸣者也"的"强说人"精神。作为"有道者劝以教人"的"兼士"，其职责是主动、积极地"上说下教"，向人们宣传、推行自己的主张。

（2）孔子主张"述而不著"，墨家主张创造。墨子认为对于古代的好东西要应当继承，但是在今天应当创造出新的东西，希望好的东西越来越多。这反映了墨子认识到了继承和创造的关系，也表现了其重创造的教育方法。

17.《学记》是如何论述教学原则的？

答：《学记》是世界上最早专门论述教育、教学问题的著作，它总结了教育、教学中成功与失败的经验教训，概括为"教之所由兴"和"教之所有废"的重要规律。教学原则可归纳为："预、时、逊、摩"，"长善救失"，"启发诱导"，"藏息相辅"。

（1）预防性原则：要求事先预计到学生可能会出现的种种不良倾向，预先采取防治措施。

（2）及时施教原则：教育应该按照学生的年龄特征和心理状况安排适当的教学内容。

（3）循序渐进原则：学习内容要有先后顺序，要求教师要根据知识本身的难易程度和逻辑结构来施教。

（4）学习观摩原则：学习，又能融入集体。

（5）长善救失原则：克服缺点，将缺点转化为优点。

（6）启发诱导原则：教师引导学生，但又不牵着学生的鼻子走；督促勉励，又不勉强、压抑；打开学生的思路，但又不提供现成的答案。

（7）藏息相辅原则：既有有计划的正课学习，又有课外活动和自习，有张有弛，劳逸结合，让学生感到学习的乐趣。

（8）教学相长原则：本意并非教与学的相互促进，仅指教这一方以教为学，后人引申为在教学过程中教师与学生双方相互促进，共同提高。

18. 孔子的德育原则有哪些？

答：春秋战国时期的伟人的教育家孔子对德育有相当深刻的论证。"仁"与"礼"是孔子道德教育的主要内容，"仁"被孔子作为最高的道德准则，是他学说的中心思想。仁的实行最重要的两项是"孝"与"中"。孔子特别提出了德育的原则，主要有：

（1）立志："三军可夺帅也，匹夫不可夺志也。"志向的确立和坚持，取决于个人的信仰和自觉努力，孔子教育学生要有志向，并坚持自己的志向。

（2）克己：在处理人际关系时，重在严格要求自己，约束和克制自己的言行，使之合乎道德规范，即"君子求诸己，小人求诸人"。

（3）力行："言必行，行必果。"孔子提倡言行一致，孔子重视行，就是重视道德实践。"力行近乎仁"，他认为努力按道德规范实践的人接近于仁德，行动表明人的道德水平。

（4）中庸：孔子认为待人处事都要中庸，防止发生偏向，一切行为都要中道而行，做到恰到好处。正如子曰："过犹不及。"

（5）内省：内省是修养方法之一，内省就是将日常所做的事，依靠自觉进行反思。

（6）改过：人非圣贤，孰能无过，孔子认为重要的是人要敢于正视自己的错误，勇于改正，改正错误是需要得到别人指点的，别人的忠告和批评，是能够帮助自己提高修养的。

（三）论述题

1. 分析稷下学宫的性质特点和历史地位。

答：稷下学宫是战国时代齐国的一所著名学府，是战国百家争鸣的中心与缩影，也是当时教育史上的重要创造，对中国古代学术、文化、教育的发展，产生过重大的历史影响。

（1）稷下学宫的性质：

①稷下学宫是一所由官家操办而由私家主持的特殊形式的学校。稷下学宫由齐国官方出资举办，始终不改变养士、用士的基本目的。从其主办者和办学目的来看，稷下学宫是官学。稷下学宫是由养士制度发展演变而成的教育机构，它保持了充分尊重士人之讲学，不加干涉与限制的风范，其教学与学术自由，体现出私学的性质。

②稷下学宫是一所集讲学、著述、育才活动为一体并兼有咨政议政作用的高等学府。一方面，教师自由讲学收徒，学术自由、求学择师自由，还可以跨越学派门墙，广泛求学，学无常师。学宫定期举行学术集会，以及演讲、讨论、辩论的学术交流会，讲学活动十分兴盛。另一方面，著述与讲学互为表里，共同体现稷下学宫作为高等学府的特色。不仅为人才培养创造良好的学术环境，还将育才逐步制度化，具有目的性、计划性和组织性，从教育管理方面保证人才的培养。议政是所有私家学派的特点，稷下学宫的不同之处是为各家学者提供了一个固定的议政论坛。稷下学宫的政治色彩十分鲜明，资政议政的作用突出，这也是办学目的政治性的体现。

（2）特点：①学术自由：这是学宫的基本特点，容纳百家是学术自由的一种表现，来者不拒，包容百家是稷下学宫的办学方针，各家各派学术地位平等，不因统治者的喜好而加以扬抑。自由还体现在欢迎游学，来去自由，学生也自由择师，且学无常师，尤其是游学制度使稷下学术与外部各国的学术不断交流，富有活力。

②尊师重道，待遇优厚："不治而议论"是很高的政治待遇，齐王不仅在精神上尊重教师，在物质待遇上也很优厚。这也是稷下学宫兴盛的原因之一。

③不治而议论：即不担任具体职务，不加入官僚系统，却可以对国事发表批评性的言论。这些学者们在地位上，与君主不是君臣关系，而是师友关系，学者们有拥有了更多的自由和独立，又体现出君主给学者们以极高的政治待遇。

④管理规范上有了我国第一个学术守则——《弟职》。

(3) 历史地位：

①促进了战国时期思想学术的发展。稷下学宫是各派思想的聚集地，各家学者云集于此，争鸣于此，极大地促进了学术思想的繁荣。

②显示了中国古代知识分子的独立性和创造精神。当时的学者，敢于藐视王公大人，能在学术和政治领域内纵横捭阖，无所顾忌，最大限度地发挥了知识分子阶层作为整体的独立性和创造精神，创造出辉煌的稷下时代和战国文化。

②稷下学宫创造了一个出色的教育典范。它所独创的官方举办、私家主持的办学形式，集讲学、著述、育才与咨政为一体的职能模式，自由讲学和自由听讲的教学方式、学术自由和鼓励争鸣的办学方针，尊重优待知识分子的政策，都显示了它的成功之处。

④留给后人的思考：稷下学宫尊重贤士，尊重学术，其思想学术、文化教育的成功却未给齐国带来政治上的成功。

2．"学者有四失，教者必知之。人之学也，或失则多，或失则寡，或失则易，或失则止。此四者，心之莫同也。知其心，然后能救其失也。教也者，长善而救其失也。"这段话出自哪里？其含义是什么？请结合自己的观点来论述一下。

答：这段话出自《学记》，这是专门论述教育、教学问题的著作。这段话主要讲的是"长善救失"教学原则。

这段话的意思就是，学生学业失败，原因不过四种，要么是因为贪多务得，要么是因为知识面太狭窄，要么是过分自大、轻视学习，要么是夸大困难、畏难而止。每个人有其自己的特点因而缺点也不尽相同，教师必须具体分析学生的特点，使其"多"变成渊博；"寡"变成精深专一；"易"则充满自信；"止"则刻苦攻克，这样才能把学生的缺点转化成优点。《学记》概括为长善救失原则。

《学记》的"长善救失"原则通过揭示学生的四种缺点，分析学业失败的原因，为教师提出积极的教学方法，指导教师根据学生不同的个性特征，因势利导，以积极克服消极，促进学生进步，是一种可贵的教学原则。做教师的，不仅要以长善救失为教学必须遵循的基本要求，也要意识到，教育的任务其实就是要"长善救失"。为什么有些学生学业失败，作为教师，首先要观察学生，了解学生，知道其失败的原因，才能对症下药，也才能做到因材施教。"长善救失"的过程还重在一个"转化"，当我们分析清楚了学生的缺点后，就要想办法发挥他们自身的积极因素，克服其消极因素。如文中所讲的使其"多"变成渊博；"寡"变成精深专一；"易"则充满自信；"止"则刻苦攻克，这恰恰是转变学生的缺点为优点的过程，这是一种教学方法，也是一种教学艺术。如何转变，需要每位教师依据实际情况来具体对待。在春秋战国时期，我国著作中就已经讲到"长善救失"这样一个深刻的原则，可见，那时我国教学的发展，积累了丰富的教学经验，作为教师，灵活地应用，以及努力地实现"长善救失"，才是重点；更要知道，我们去转化学生的缺点为优点是一个了不起的过程，是教学必须承担的任务，是促进学生发展的一个巧妙的途径。

3. 评述孔子的教育思想及其贡献。

答：孔子，中国春秋战国时期伟大的思想家、教育家，儒家学派的创始人，也是私学的创始人。孔子是我国教育史上第一个将毕生精力贡献给教育事业的人。

（1）他在文化教育方面的贡献主要有两个：①编订"六经"：《诗》、《书》、《礼》、《乐》、《易》、《春秋》，整理和保存了我国古代文化典籍；②开创私人讲学之风，积累了丰富的教育经验，成为我国古代教育思想的奠基人。

（2）孔子理论体系的思想基础是"礼"：

①"仁"的思想：孔子把"仁"视作最高的道德规范，其要义就是"爱人"。②"礼"的思想：孔子的"礼"楚就政治而言的，君臣和父子都应严格恪守各自的名分和尊卑长幼的次序，应当"父慈、子孝、兄爱、弟敬"，所以要求统治者提倡礼教。

（3）孔子对教育作用的论述包括社会和个人两个方面：

①教育在社会发展中的作用：孔子主张通过文化教育工作可以把社会的政治思想、伦理道德，传播到民众当中，这样就会对政治发生重大影响；同时，孔子还阐述了他的"庶、富、教"的施政大纲。只有在先庶、先富的基础上才能有效地进行教化，发展教育事业。

②教育在人的成长中的作用：孔子承认人在成长中教育起了决定性作用，这一思想集中体现在孔子"性相近，习相远"的思想中。

（4）孔子对教育对象的论述是一种创举。孔子认为教育对象应当"有教无类"。"有教无类"的本意是在教育对象上，不分贵族与平民，不分华夏与华夷，诸族都可以入学。孔子"有教无类"的提出是针对奴隶主阶级有教有类而言的，不仅把教育扩到蛮夷之邦，而且打破了"礼不下庶人"的等级制度，顺应了历史发展的潮流。

（5）教育目的："仕而优则学，学而优则仕。"为学者有了丰富的知识还有余力，应去做官。主张把官职与学习紧密联系起来，可见孔子教育的目的是仕途，要培养的是治国安民的贤能之士。

（6）孔子的教学思想。首先，在教育内容上，孔子承袭了西周的传统，提出他的"六艺"的教育即：《诗》、《书》、《礼》、《乐》、《易》、《春秋》。其次，在教学方法上，他提出了一系列的教学原则和方法：如因材施教、启发诱导、学思行并重、由博返约等。

（7）有关道德教育思想。以"仁"与"礼"作为其道德教育主要内容。还要重在如何育德，他提出了一些道德教育原则，如立志、克己、力行、中庸、内省、改过等。

（8）关于教师的论述。身为教师应该做到学而不厌，诲人不倦。强调教师要尽职尽责，热爱学生，对学生无私无隐。还要以身作则，教学相长。

综上所述，孔子以自己一生的教育经验积累了丰富的教育思想，为后人留下了宝贵的精神财富，他对教育的社会作用和个人作用的肯定，提高了人们对教育的重视程度；"有教无类"的教育对象观，打破了贵族子弟对教育权的垄断，顺应了历史的潮流；在教育目的和内容上的独到见解，为后人留下了许多启示；同时还给人们总结出了许多行之有效的教学方法和原则，成为教育史上的一笔巨大的财富。

然而，由于受到历史时代的局限，孔子的教育思想不可能超出封建思想的界限，其根本目的是为封建统治阶级服务的，不可能具有完全的自主性，并且，其思想中明显地透露出对生产劳动知识和技能的鄙视，这可以从其教育内容中看出。因此，我们在宣扬孔子的积极思想的同时，要清楚地认识到这些局限，扬长避短。

4. 试比较孟子与荀子教育思想的异同。

答：孟子和荀子都是我国古代儒家学派的著名代表人物，然而二者的教育思想既有共同之处，也存在很大的区别：

（1）共同点：

①在教育作用问题上，孟子和荀子没有什么分歧，二者都重视教育在社会发展和个人成长中的作用。

孟子认为教育对个人的作用在于把人天赋的善端加以保持、培养、扩充、发展，或把已经丧失的善端找回来，启发人们恢复天赋的善良本性，使之成为道德上的"完人"。教育的社会作用则是"行仁政"、"得民心"。他说："善政不如善教之得民也。善政民畏之，善教民爱之；善政得民财，善教得民心。"他认为好的政治既非完善的政治制度，也非高明的统治手段，而是教育。教育通过讲明父子、君臣、夫妇、长幼、朋友等"人伦"规范，普遍提高民众的仁义道德水平与智慧、能力，形成良好的社会习俗，天下也就"归仁"了。

荀子也是高度重视教育的作用。他认为教育在人的发展中起着"化性起伪"的作用。他指出，凡人都可以通过"化性起伪"，改变自己的恶性，化恶为善，而成为君子甚至禹那样的高尚人物。荀子主张的教育作用主要包含两个方面：一方面是人的主观能动性，一方面是环境的作用。因此，化性起伪是环境、教育和个体努力的共同结果。

②在教育目的和教育内容上，二者也有相同的见解，即都认为培养统治人才是教育的最高目标，并且都强调道德教育的是教育内容中的重要方面。

孟子认为办教育的目的在于"明人伦"。所谓的"人伦"就是五对关系："父子有亲，君臣有义，夫妇有别，长幼有序，朋友有信。""明人伦"的教育目的决定了他的教育内容是以伦理道德教育为主体。孟子认为仁义礼智的基础就是"孝悌"。以伦理道德为基本教育内容，以"孝悌"为伦理道德基础的教育，是整个中国封建社会教育的重要特点。这一点，与荀子的要求教育培养推行理法的"贤能之士"的教育目标是不冲突的，而荀子整理"五经"为教育内容，与孟子"孝悌"的教育内容更是一脉相承。

（2）不同之处：

①在人性论上的分歧是二者最大的区别。

孟子肯定"性善论"，认为人人都先天具有仁、义、礼、智四个"善端"。这四个"善端"是每个人与生俱来的，因而从理论上讲，人人皆可为尧舜。但是，仅有这些"善端"是不够的，必须加以扩充，使之达到完善的境地，就可以成为圣人。相反，由于受外界环境的影响,人们的"善端"受到破坏,心灵遭到"陷溺",就会成为小人、恶人。

荀子学说中最突出的是与孟子"性善论"相对立的"性恶论",他认为人性是人与生俱来的自然属性,它完全排除任何后天人为的因素。他说:"不可学、不可事而在人者,谓之性;可学而能,可事而成之在人者,谓之伪。是性伪之分也。"这就是说,与生俱来的本能是"性",而后天习得者为"伪"。荀子指出孟子所说的人性善,实质上是"伪"而不是"性",他认为人的本性是恶的,而人的善德是后天习得的。这一点较孟子的"良知"、"良能"具有更多的唯物主义色彩。

②由于哲学观和人性论上的区别,导致孟子和荀子在教学思想上也存在较大差异,孟子主张"内发",而荀子更倾向于"外铄"。在学与思的关系上,孟子比较强调"思",主张深造自得,专心致志;而荀子更提倡"学"。孟子的这种观点是受其唯心主义思想影响,夸大"思"的作用而忽视"闻见",过多强调理性认识。

③在教学过程中,孟子将其视为"存养"、"内省"、"自得"的过程,把它看成发扬人天生的善性过程,唯心主义的倾向较重;而荀子把教学过程看成闻见、知、行三个环节,更可贵的是强调学是要落到实践上,充分反映其唯物主义的思想,具有较强的客观性。

以上就是孟子与荀子在教育思想上的相同与分歧的分析,应该说,二者都有值得我们吸收、发扬的可贵之处,对于他们各自的缺陷,我们应该取长补短,借鉴吸收。

5. 试从社会发展和个体发展两个方面,分析孔子关于教育作用的思想。

答:(1)孔子关于教育作用思想的主要内容。孔子的教育思想非常丰富,涉及许多教育基本理论问题,其中"建国君民,教育为先"的思想最先由孔子提出,是他对教育作用的认识。孔子主要从社会发展和个体发展两个方面对教育作用进行论述。

①教育对社会发展的作用。孔子通过对教育和政治、经济、军事、法律的关系分析论述了教育的社会发展作用。

在教育和政治的关系上,孔子政治主张的基本出发点是"为政以德"。他认为教育工作本身就是一种政治工作,不一定直接去做官才算参与政治。因为通过文化教育工作可以把社会的政治思想、伦理道德,传播到民众之中。这样就会对政治产生重大影响。但是孔子指出,教育工作又不是与政治工作等同的,而是通过传播文化、培养道德等特殊职能,对政治产生影响。

在教育和经济、军事的关系上,孔子提出"庶、富、教",认为要治理好国家,有了众多的人口,就要发展经济,使它富足起来,还要加强教育,提高文化。他认为众多的人口、富足的财富和发达的教育三者兼备,国家就会大有希望;而教育是最不可缺的一部分,是立国之本。

在教育和法律的关系上,他认为国家只依靠政令、刑律,不如德治和礼教。孔子认为只有通过教育,使民众真正把各种社会规范和行为标准内化在自己的思想和行为中,才能实现社会的稳定和国家的安宁。

②教育对个体发展的作用。孔子不仅考虑到了教育对社会发展的巨大作用,而且也非常重视教育对个体发展的作用。孔子还从教育与人的发展的关系上论证了教育的作用,他承认在人的成长中,教育起着决定的作用。在这方面,他提出了非常著名的"性相近,

习相远"的论断。这一论断是指：人的本性是很接近的，后来之所以有较大的差别，是教育和学习的结果；人的聪明才智不是先天的，主要靠后天的习得；无论何人，只要肯努力求学，就一定能获得成功，成为治国安民的贤士。这句话表明孔子承认了在人的成长中教育起着决定作用。但同时孔子却依然承认有少数生而知之的圣人和学而不能的下民，甚至武断地说"唯上智与下愚不移"，这使他关于教育对个体发展的思想陷入混乱和自相矛盾当中。

（2）孔子关于教育作用思想的评析。孔子在自己教育实践经验和教育理论思考的基础上论述自己对教育作用的看法，对后世有重大的启发和借鉴意义。

①孔子既看到了教育社会作用，也非常重视教育对社会个体发展的意义。在他关于教育作用的论述中，兼顾了这两个方面的内容，这是非常可贵的。

②孔子对教育作用的论述是有其历史局限性的。教育对社会政治、经济、法律等方面确实有着巨大的作用和重大的影响。但孔子认为在治国治民之中，政治、经济、军事、法律和教育相比，最根本的还是教育。这显然是夸大了教育的作用，是他的历史唯心主义的表现。因为在缺乏政治和经济基础的条件下，教育是难发挥其作用的。

另外，孔子在论述教育对个体发展的作用时，也存在着一定的问题。孔子并未摆脱先天决定论的羁绊，仍然承认有少数生而知之的圣人和学而不能的下民，这说明他的思想中确实还有为旧的传统观念保留着一块地盘，没有抛弃上智下愚的老调。

6. 评析孔子"学而优则仕"的教育主张。

答："学而优则仕"是孔子的学生子夏提出来的，但它在理论上集中地概括了孔子的教育目的。其基本含义是主张把官职与学习紧密联系起来，有官职的人应该是受过教育并继续学习的人，受过教育的人应该得到一定的官职，教育就是要培养能治国安民的贤能之士。"学而优则仕"教育目的论的提出，在当时具有很大的进步意义：

①反对不学而仕的世袭制，为平民开拓了从政的道路。

②把学优与仕优联系起来，以学优保证仕优，有利于推行贤人治邦，改良社会政治。

但是，这一教育目的论对中国古代教育也产生了一些消极影响：首先，过于突出教育的政治功能，忽视了教育的经济功能，强化了中国"官本位"的传统观念；其次，以名利为诱饵，使中国知识分子从一入学读书始，就产生严重的功名意识，形成"两耳不闻窗外事，一心只读圣贤书"的传统观念。

7. 给下面的文言文断句，并说明其出处，阐述其中的教育思想。

答：（1）断句："大学之法，禁于未发之谓豫，当其可之谓时，不陵节而施之谓孙，相观而善之谓摩。此四者，教之所由兴也。发然后禁，则扞格则不胜；时过然后学，则勤苦而难成；杂施而不孙，则坏乱而不修；独学而无友，则孤陋而寡闻；燕朋逆其师；燕辟废其学。此六者，教之所由废也。"

（2）选自《礼记·学记》。

（3）这是《学记》总结长期教育、教学中的经验教训后概括出的规律，包含四条原则。"豫"是预防，"禁于未发之谓豫"，要在不良倾向尚未发作时就采取预防措施；否则，待到不良行为发生后再去纠正，则"扞格而不胜"，即遭遇抵触而难有成效。"时"是及时，"当其可之谓时"，要把握教学的最佳时机，适时进行；否则，"时过而后学，则勤苦而难成"。"孙"是指循序，"不陵节而施之谓孙"，教学要遵循一定的顺序进行；否则，"杂施而不孙"，学生将苦不堪言。"摩"指观摩，"相观而善之谓摩"，学习中要相互观摩，取长补短；否则，"独学而无友，则孤陋而寡闻"。但观摩一定要是正面示范，否则，效果恰得其反。这段从正反两面的对照分析，大大地加强了论证的力度。

8. 论述介绍《学记》里的教育思想。

答：《学记》也是《礼记》中的一篇，是中国古代最早的一篇专门论述教育、教学问题的论著，它是先秦时期儒家教育和教学活动的理论总结，它主要论述教育的具体实施，偏重于说明教学过程的各种关系。其作者一般认为是思孟学派，甚至具体到是孟子的学生乐正克。

其中的内容主要包括教育作用与目的，教育制度与学校管理，教育、教学的原则与方法等几个部分。

（1）教育作用与教育目的：《学记》把教育的作用和目的概括为"建国君民，教学为先"、"化民成俗"，即兴办学校，推行教育，教化人民群众遵守社会秩序，养成良好风俗。

《学记》将教育与政治高度结合起来，使教育成为政治的手段。另外，尽管它也说明了教育在人的发展中的作用，但人的发展问题是服从于政治与社会的发展的。因此，教育与人的关系只是一个中介。

（2）教育制度与学校管理：

①学制与学年。《学记》把大学教育定为两段、九年。七年为一段，谓之"小成"；九年合格后，谓之"大成"。

②视学与考试。其中，单年如一、三、五、七、九，都有考试，分别是："视离经辨志"、"视敬业乐群"、"视博习亲师"、"试论学取友"、"知类通达，强力尔不返"。这些体现了国家对教育的重视。

（3）教育教学的原则可归纳为："预、时、逊、摩"，"长善救失"，"启发诱导"，"藏息相辅"。

①"禁于未发之谓预"——预防性原则。

②"当其可之谓时"——及时施教原则。

③"不陵节而施之谓逊"——循序渐进原则。

④"相观而善之谓摩"——学习观摩原则。

⑤"长善救失"——教师要注意学生的个别差异，帮助他们发扬优点、克服缺点。

⑥"启发诱导"，"道而弗牵，强而弗抑，开而弗答"：教师引导学生，但又不牵着学生的鼻子走；督促勉励，又不勉强、压抑；打开学生的思路，但又不提供现成的答案。

⑦"藏息相辅"：既有有计划的正课学习，又有课外活动和自习，有张有弛，劳逸结合，让学生感到学习的乐趣。

第三章 儒学独尊与读经做官教育模式的形成

【本章知识框架】

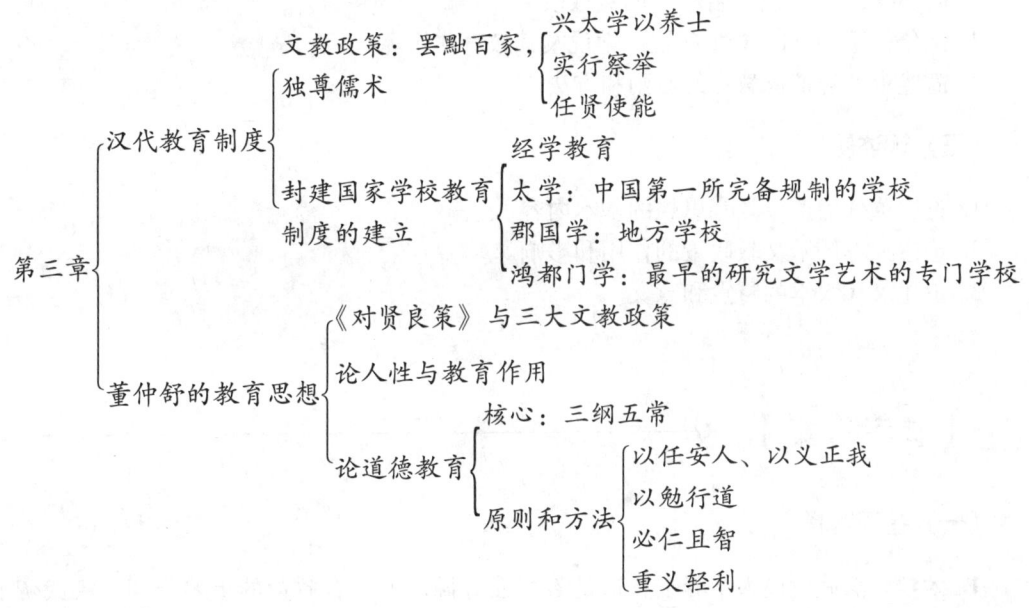

💡 考情分析

本章主要内容就是汉代的文教政策和汉代的教育思想代表。除了了解文教政策的内容外，还要重点把握太学的情况，包括其特点和历史意义；在教育思想方面，本章介绍了董仲舒的思想。复习好本章内容，能为了解整个封建社会教育政策的演变打下基础。本章内容考试分值小，出名词解释的可能性较大，请考生多留意汉代的三大学校与董仲舒的道德教育。

 重点难点

太学、郡国学和鸿都门学；董仲舒的"人性"观与教育作用、道德教育。

【习题精编】

（一）名词解释

1. 太学。
2. 鸿都门学。
3. 察举制。
4. 郡国学。
5. 三纲五常。

（二）简答题

1. 简述汉武帝"独尊儒术"的文教政策。
2. 试分析董仲舒的"性三品"学说及其教育作用。
3. 简述董仲舒道德教育的原则和方法。

（三）论述题

1. 论述董仲舒道德教育思想的基本内容。
2. 论述独尊儒术文教政策的作用和影响。
3. 论述汉代太学的特点和意义。

 【参考答案】

（一）名词解释

1. 太学。汉武帝设太学养士，这是落实独尊儒术的教育政策的重要步骤。汉武帝下令为五经博士设弟子，标志着太学正式成立，也标志着以经学教育为内容的中国封建教育制度正式确立。朝廷掌握教育大权，利用教育这一有力手段控制学术的发展方向，这是地主阶级在统治策略上走向成熟的表现。到东汉时，太学盛极一时。太学以培养"经明行修"的官吏为目标，是中国教育史上的第一所有完备规制、史实详尽可考的学校，自始创到清末，历代的最高学府多被称为太学，影响深远。

2. 鸿都门学是汉代学习、研究文学艺术的高等专科学校。创立于东汉灵帝，它在性质上属于一种研究文学艺术的专门学校。鸿都门学是统治阶级内部斗争的产物，即宦官派

为了培养拥护自己的知识分子而与士族势力占据地盘的太学相抗衡的产物，但在教育上具有独特的意义。首先，它打破了儒家独尊的教育传统，以诗、赋、书画作为教育内容，这是教育史上的一大变革，促进了学校的多样化。其次，鸿都门学是一种专门学校，作为一种新的办学形式，为后来专门学校的发展提供了经验。同时，它也是世界上最早的文学艺术专门学校。

3. 察举制是始于汉代的一种选官制度，自汉文帝开始，但没有形成制度，察举制作为一种比较完备的制度得以确立，是在汉武帝时期。首先，汉武帝设孝廉一科，标志着察举制以选官常制的姿态登上了历史舞台。其次，武帝时察举取士的范围扩大到了布衣之士。再次，增加察举的科目，而孝廉是最主要的科目，在选拔考试中，儒家受到特别的优待，开创了以儒术取士的局面。察举制设立之初，极大地促进了讲习儒经社会风气的形成和教育的发展，被称为科举制度的先导。

4. 郡国学就是两汉设立的地方官学。它始创于汉景帝时期的"文翁兴学"，蜀郡太守文翁送地方官吏到京师学习进修，后回蜀郡为官或者为教。他在地方设立学校，培养地方官吏，促进了蜀郡的经济发展。汉武帝对文翁兴学极为赞赏，下令各郡国普遍设立学校。东汉时郡国学极盛一时。

两汉郡国学的办学目的主要有两个：第一，培养本郡官吏，向朝廷推荐优秀学生；第二，通过学校举行的"乡饮酒"、"乡射"等传统的行礼活动，向社会推行道德教化。

5. 三纲五常是董仲舒伦理思想体系的核心，也是他的道德教育的基本内容。先秦儒家曾提出"五伦"，君臣、父子、夫妇、兄弟、朋友。董仲舒又突出强调君臣、父子、夫妇三种关系。就是所谓的"三纲"，即君为臣纲，父为子纲，夫为妻纲。"五常"是仁、义、礼、智、信。"三纲五常"自董仲舒确立后，成为两千多年来中国封建社会道德教育的中心内容。

（二）简答题

1. 简述汉武帝"独尊儒术"的文教政策。

答：（1）"罢黜百家，独尊儒术。"汉武帝在董仲舒的建议下，国家政策和文化教育皆以儒术为本，儒学成为统一的指导思想，以儒家经典为教育内容，用严格的师法代替自由讲学，书本知识在教学中占主要地位，长句古训代替了现实问题的探讨，这便是"独尊儒术"政策对教育的重大影响。

（2）兴办太学。实行设太学养士，这是落实独尊儒术的教育政策的重要步骤。汉武帝下令为五经博士设弟子，标志着太学正式成立，以经学教育为内容的中国封建教育制度正式确立。

（3）建立察举制度。在汉武帝时期得以确立，是先经考察举荐、再经考试、据考试成绩优劣选任人管的制度，是对太学养士选材的补充；其实是保障了读书做官、以儒术取士的落实。

汉武帝先后实行的具体措施有：立五经博士；开设太学；完全确立察举制。

2. 试分析董仲舒的"性三品"学说及其教育作用。

答：人性学说是董仲舒论述教育作用的理论依据。他认为人性是"天"赋予人的一种素质。天有阴阳，人性也相应地包含性与情两种成分，即性属阳，是仁的、善的；情属阴，是贪的、恶的。而善的成分并非就是善德，它必须通过教育，才能继续发展成为人的善德，即所谓"性非教化不成"。可见，董仲舒认为人性中兼有善恶的因素，教育的作用就是发展人性，使人成为善人。

同时，董仲舒认为，教育的任务应由"承天意"的帝王来承担。可见，他把教育看成王者的权力，以树立君主的绝对权威。为此，他还人性分为"圣人之性"、"中民之性"与"斗筲之性"。所谓"圣人之性"，是天生的"过善"之性，是一般人先天不可能、后天不可及的。"斗筲之性"，是无"善质"的，生来就"恶"的，教化无用，只能采用刑罚的手段来处置他们。而"中民之性"，也就是万民之性，是"有善质而未能善"，必须通过王者的教化才能成"善"。

董仲舒关于人性以及教育作用的思想，立足于以占绝大多数的普通人为对象，主要是为其"任德教而不任刑罚"的政治主张提供理论依据，同时又留有推崇圣贤和镇压所谓恶人的余地，反映了他的思想的时代局限性。

3. 简述董仲舒道德教育的原则和方法。

答：董仲舒提出了"三纲五常"的德育内容，其中德育的原则和方法有：

（1）确立重义轻利的人生理想："正其义不谋其利，明其道不计其功。"这句话是董仲舒对这一原则的总概括。董仲舒要求人们心正意诚，提倡封建国家利益原则的追求应高于个人对利益的追求。

（2）"以仁安人，以义正我。"仁是建立在对人的生命珍惜和热爱的基础上的，体现的是对个体生命价值和权力的尊重；义是为封建国家的利益而确立的准则，凸显个人对社会的责任与义务，尊重他人的价值和权利。这实际上是对儒家强调主体道德自觉精神的继承和发展。

（3）"必仁且智"，即道德教育必须做到"仁"与"智"的统一。他突出强调了道德修养中情感与认知的统一。

（4）"强勉行道"：努力地进行道德修养，德性就能日益显著，取得良好的成效，强调品行的积累。

（三）论述题

1. 论述董仲舒道德教育思想的基本内容。

答：在董仲舒的教育思想中，道德教育是其核心，因为它是董仲舒德治政治思想在教育上的自然延伸，是成就理想人格的必由之路。

（1）德育的作用：德教是立政之本，董仲舒虽主张教化与刑罚并重，但强调道德教化为本为主，以教化作为实现仁政德治手段也是儒家思想的传统。刑罚为末为辅。

（2）以"三纲五常"为核心的道德教育内容："三纲五常"是董仲舒伦理思想体系的核心，也是他道德教育的基本内容。先秦儒家曾提出"五伦"，君臣、父子、夫妇、兄弟、朋友。董仲舒又突出强调君臣、父子、夫妇这三种关系。就是所谓的"三纲"，即君为臣纲，父为子纲，夫为妻纲。董仲舒把它提升为"五常之道"，并作了新的发挥。"三纲五常"成为两千多年来中国封建社会道德教育的中心内容。

（3）道德教育的原则和方法：

①确立重义轻利的人生理想："正其义不谋其利，明其道不计其功。"这句话是董仲舒对这一原则的总概括。董仲舒要求人们心正意诚，立志做一个符合封建国家要求的人们满足人们肉体上的需求，又满足人们精神上的需求，二者不可或缺，提倡封建国家利益原则的追求应高于个人对利益的追求。

②"以仁安人，以义正我。"仁是建立在对人的生命珍惜和热爱的基础上的，体现的是对个体生命价值和权利的尊重；义是为封建国家的利益而确立的准则，凸显个人对社会的责任与义务，尊重他人的价值和权利。这实际上是对儒家强调主体道德自觉精神的继承和发展。

③"必仁且智"：道德教育必须做到"仁"与"智"的统一。他突出强调了道德修养中情感与认知的统一。

④"强勉行道"：努力地进行道德修养，德性就能日益显著，取得良好的成效。

2. 论述独尊儒术文教政策的作用和影响。

答：（1）独尊儒术文教政策是汉武帝采纳董仲舒的建议确立的，其主要措施包括设儒学五经博士、建立博士弟子制、以儒术取士、建立视学制度等。

（2）独尊儒术政策实施后，统治者一方面积极地进行儒家思想的教育和教化；另一方面用官禄引诱读书人潜心研习儒家经典，起到了统一思想，巩固封建专制统治的作用；同时也促进了汉代教育的大发展。汉代官学和私学都得到空前的发展，学制系统已粗具规模，为以后历代封建王朝的学校教育制度奠定了初步基础。

（3）独尊儒术政策确立后，儒家学说上升为占据统治地位的政治指导思想。"独尊儒术"由于适合中国封建社会的国情，在它的指导下，封建教育在汉唐时期从建立逐步走向完备，但它同时也限制了中国古代教育、政治文化的多元发展和多种形式、规格人才的培养。"独尊儒术"政策成为后世历代君主所奉行的文教总方针，对后世封建文化教育的发展产生了深远的影响。

3. 论述汉代太学的特点和意义。

答：汉武帝设太学养士，这是落实独尊儒术的教育政策的重要步骤。汉武帝下令为五经博士设弟子，标志着太学正式成立，以经学教育为内容的中国封建教育制度正式确立。朝廷掌握教育大权，利用教育这一有力手段控制学术的发展方向，这是地主阶级在统治策略上走向成熟的表现。到东汉时，太学盛极一时。

（1）汉代太学教育的基本特点：

①教师与学生：太学的老师是博士，博士首领在西汉叫仆射，东汉改为博士祭酒。太学的学生称为"博士弟子"、"诸生"、"太学生"等。

②培养目标：太学为国家培养"经明行修"的官吏。"经明行修"是对官吏才能和道德的要求。即必须通晓一种或两种经书，并具备"三纲五常"的德行。"三纲"的内涵是"君为臣纲，父为子纲，夫为妻纲"；"五常"即仁、义、礼、智、信等五种道德观念。

③教学内容：御定统一的教材，学习儒家经典"五经"——《诗》、《书》、《礼》、《易》、《春秋》，这是太学法定的教材。

④教学形式：太学中有个别或小组教学，后期也有了"大都授"的集体上课形式，

主讲博士叫"都讲";还有次第相传的教学形式,即高业生教授低业生,以缓解教师的不足。

⑤考试制度:太学没有严格的授课和年级制度,考试作为一种督促、检查学生学习,衡量学生文化程度的手段尤为重要。太学的考试基本上采取"设科射策"的形式,"策"是教师所出的试题;"射"指以射箭的过程来描述学生对试题理解和答题的过程,"科"是教师用以评定学生成绩的等级标记,从优到劣依次分为甲科、乙科、丙科。学生所取得的等级是授官的依据。

(2)太学的意义:汉代太学作为中国教育史上的第一所有完备规制、史实详尽可考的学校。自始创到清末,历代的最高学府多被称为太学,其影响之深,可以推知;从真正的意义上说,利用学校教育来强化官方的意识形态,是始于汉代的太学;由于太学成为知识精英的荟萃之地,集结了"有识之士"。东汉太学生为了反抗黑暗的宦官政治,所发动的政治运动,掀开了中国学生运动史上的第一页;汉代太学教学中存在排除异己学说并以繁琐考证、空谈义理取代了对现实问题的分析探究,严重束缚着教育思想和学术研究的发展。

第四章 封建国家教育体制的完备

【本章知识框架】

第四章
- 魏晋南北的官学
  - 西晋的中央官学
  - 南朝宋的官学
  - 北魏的官学
- 隋唐时期
  - 文教政策：重振儒术、兼容佛道
  - 教育管理机构：国子监
  - 教育管理体制
    - 模式一：中央和地方分级管理
    - 模式二：统一管理和对口管理并举，以统一管理为主
  - 官学体系
    - 中央官学：六学一馆
    - 地方官学
    - 私学
    - 特点⇒学校教育和管理制度的严格
  - 科举制
    - 产生与发展：进士科的设置标志科举制的确立
    - 考试程序：乡试—省试—吏部试
    - 考试科目：秀才、明经进士、明字、明法、明算
    - 考试方法：帖经、墨义、口试、策问、诗赋
    - 科举制与学校教育的关系
    - 科举制的影响
  - 教育思想
    - 颜之推
      - 《颜氏家训》：第一部家庭教科书
      - 论士大夫教育
      - 论家庭教育
        - 重视
        - 原则和方法
    - 韩愈
      - 道通说和师道观
      - 人性论：性三品说
      - 人才培养与选拔

考情分析

本章主讲隋唐时期的教育情况，教育体制和教育思想两方面，是中国古代教育的一个精华时期，官学制度和科举发展一直是中国古代教育史上历年考试重点。魏晋南北朝的官学发展易考名词解释，隋唐的学校教育体系和科举制的发展易考简答题。考生应重视韩愈的教育思想。

重点难点

1. 魏晋南北朝官学。
2. 隋唐时期的教育体系的完备和科举制度的建立。
3. 颜之推的"论家庭教育"。
4. 韩愈的教育思想"性三品说"及其教育作用。

【习题精编】

（一）名词解释

1. 策问。
2. 四馆。
3. 总明观。
4. 国子学。
5. 科举制。
6. 国子监。
7. 《颜氏家训》。
8. "六学一馆"。

（二）简答题

1. 简述韩愈《师说》的教育思想。
2. 简述颜之推家庭教育思想的主要内容。
3. 简述颜之推关于士大夫教育的思想。
4. 简述隋唐时期私学的发展。
5. 唐代官学教学和管理制度有哪些？
6. 简述隋唐时期官学体系的完备。
7. 简述韩愈关于人才培养和选拔的思想。

（三）论述题

1. 从《师说》看教师的职责是什么？

2. 论述韩愈的尊师重道思想。
3. 试述唐代学校教育的主要特点。
4. 论述隋唐科举制度及其对学校教育的影响。
5. 试述科举制度的产生、发展及其影响。
6. 分析韩愈的"性三品说"及其教育作用观。

【参考答案】

（一）名词解释

1. 策问是科举考试中的一种考试方法。策问的方法是针对当时社会经济、政治、文化等方面的问题，发表评论，设想解决问题的办法。它考查一个人治国安邦的才能，能够促使考生开动脑筋去思考现实问题，有利于提高人们的思维水平。

2. 四馆。东晋末年的战乱，使官学荒废。到了南朝文帝当政时期，在当时社会安定，经济发展的形势下，官学教育也出现了暂时的繁荣，宋文帝开设了以儒学为主的儒学馆；开设玄学馆，研究老庄学说；此外还开设了史学观和文学馆，四馆并列，各就其业招收学生进行教学、研究。四馆的建立打破了自汉代以来经学教育独霸官学的局面，使玄学、史学、文学与儒学并列，这是学制上的一大改革，也反映了当时思想文化领域的实际变化。

3. 总明观。南朝宋明帝时期，设立总明观（亦称东观），设儒、道、文、史四科，总明观并不是纯粹的教学机构，而是藏书、研究、教学三位一体的机关，而且教学任务实际上已退居次要地位。在四科之上以机构较为完备的总明观作为总的领导机构，则比南朝文帝时期的四馆在管理上更加完善，也使原来四个单科性质的大学发展成在多科性大学中实行分科教授的制度。也对隋唐时代的专科学校及分科教学制度的发展有重要影响，也表明"儒学独尊"逐渐为"儒释道"并行的局面所替代，科技的传授开始在学校教育中取得了一定的地位。

4. 国子学。西晋晋武帝创立一所旨在培养贵族子弟的国子学，与太学传授相同内容，官品第五以上的弟子方能入学。另设一所传授相同内容的中央官学，是西晋教育制度的一个重要特点。国子学的创立这是为了满足士族阶级享受教育特权的愿望，有严格的士庶之别；也标志着中央官学多样化，等级化更明显。国子学的创办，使传统教育体制由单一格局发展成为太学和国子学并行的双轨制，使传统教育走向多元化格局。

5. 科举制产生于隋朝，发展于唐朝，是我国封建社会中持续时间最长、影响范围最广的选士制度。采用考试成绩来选拔人才的科举制，科举制是以考试为主，荐举为辅。科举制是隋代的一大创举，经唐、宋、明、清各朝代的发展更加完备，清末 1905 年废除，共存在了 1300 年，对封建社会产生了重大的影响。科举制产生前期，刺激了学校教育的发展，为封建国家选拔有才能的人为官，形成了整个社会热爱学习的风气。但是由于宋以后，各朝各代偏重科举，忽视兴学，导致学校成为科举的附庸，科举的弊端显露无遗，各种消极作用凸显出来。科举制对中国封建社会的发展有重要作用，至今，依然有重要的影响作用，研究价值显著。

6. 国子监。隋唐时期，封建国家设立了国子监，国子监与国子祭酒的设立表明我国历史上首次由中央政府设立了教育行政机构和首长，标志着教育发展已进入成为独立部门的时代，这在中国教育史上有重大的意义。隋炀帝时又改称国子监，名称一致沿用到清朝。唐代国子监统辖下属的各学校，对学校的领导和管理加强，主要管理六学一馆，即国子学、太学、四门学、律学、书学、算学、广文馆，以经学教育为主体的学校发展形成高潮。

7.《颜氏家训》是我国南朝梁时期的教育家颜之推根据自己的经历和体验，写出了我国封建社会第一部系统完整的家庭教科书，用以训诫其子孙。这部著作是我们了解颜之推教育思想的主要依据。它不仅有助于我们研究颜之推在儿童教育、学习方法等方面某些真知灼见，而且也向我们展示了一幅封建士族教育腐败的漫画。这本书中主要的内容儿童教育，比如提出了及早施教、严慈相济、均爱原则、重视语言教育、重视品德教育等教育思想。

8. 六学一馆是唐代主要的中央官学，指的是国子学、太学、四门学、律学、书学、算学、广文馆。其中国子学、太学、四门学注重学习儒家经典，律学、书学、算学属于专门学校，标志着学校发展走向多样化时期。

（二）简答题

1. 简述韩愈《师说》的教育思想。

答：《师说》是唐代教育家韩愈的论述师道的文章，其中主要讲了教师的意义、任务、为师的标准、师生关系。

（1）教师的意义：尊师即卫道，"道"是封建道德的最高境界。韩愈竭力倡导重振师道。师与道是密切结合，不可分离的，"道之所存，师之所存"。传道须有师，卫道必须先重视向师学习，尊师即卫道。

（2）教师的任务：传道、授业、解惑。这里的传道是最主要的内容。

（3）以"道"为求师的标准。韩愈提出教师要以"道"和"业"为标准来衡量。谁先有"道"，或者有专"业"学问，谁就是教师。至于出身、年龄、资历、国别等，都不是择师的标准。他说："是故弟子不必不如师，师不必贤于弟子。闻道有先后，术业有专攻，如是而已。"也就是说，师生的关系是相对的，在一定条件下可以互相转化，相互为师。只要闻道在先，术业有专长者，皆可以为人师表。

（4）建立合理的师生关系。韩愈强调师生关系在道和业面前是一种平等关系，师生关系可以互相转化，这对维护教师绝对权威的师道尊严思想是一种否定。这种含有辩证法因素和民主平等的师生观，极大地丰富了我国古代的教育理论，有重要的历史意义。

2. 简述颜之推家庭教育思想的主要内容。

答：颜之推关于家庭教育的思想，主要是源自他对儿童教育的关心。

（1）颜之推非常重视儿童教育，尤其注重儿童的早期教育。幼年时期是奠定基础的重要阶段，长辈应利用这个最好的教育时机，及早幼儿进行教育，而且越早越好。

（2）家庭教育的原则：①及早施教。幼年时期是奠定基础的重要阶段，长辈应及早地对幼儿进行教育，早期教育甚至可以从胎教开始。②严慈相济。善于教育子女的父母，能把慈爱与严格要求相结合，并能收到良好的教育效果。③均爱原则。在家庭教育中应当切忌偏宠，不论子女聪慧与否，都应以同样的爱护与教育标准来对待。④重视语言教育。语言的学习应成为儿童教育的一项重要内容，对儿童进行的语言教育应注意规范，重视通用语言，而不应强调方言。⑤重视品德教育。道德的教育包括以孝悌为中心的人伦道德教育和立志教育等方面。

此外，颜之推还认为家庭对儿童的发展的潜移默化的作用很明显，因此父母应该注意环境习惯对子女的影响，要求父母审慎看待子女左右的人，以防子女误入歧途。慎重地选择师友，发挥教育的积极影响，潜移默化，是家庭教育的重要一环。

3. 简述颜之推关于士大夫教育的思想。

答：颜之推对南北朝时期士族地主教育的没落深为忧虑，如何改良已经衰微的士大夫教育，是他整个教育思想的全部内涵。他的教育思想以如何加强士大夫的教育为中心。

（1）士大夫必须重视教育。南北朝时期，士大夫阶级虽垄断教育，但又轻视教育。他们的子弟庸碌无能，不学无术，他们的教育程度和精神面貌十分糟糕，为此，颜之推要求整个士族阶层应该注重教育。

首先，他认为人性分为三品，人性的品级与教育有直接关系，这成为他强调士大夫受教育的理论依据。其次，他从接受教育与否同个人前途的利害关系出发，强调了士大夫受特殊知识教育的必要性。他认为受教育是士大夫保持其原有社会地位的途径。再次，他从"利"的角度，认为知识也是一种谋生手段等，论述了知识教育的重要性。所以，士大夫必须重视教育。

（2）教育的目标在培养治国人才：抓好士大夫教育，培养对国家有实际效用的各方面人才，各种专门人才的培养，要依靠各种专才的教育。使各人专精一职才能实现。

（3）德与艺是教育的主要内容。在"德"方面，他认为树立仁义的信念是德育的重要任务，而实践仁义则是德育的最终目的。在"艺"方面，颜之推主张以广博知识为教育内容，以读书为主要教育途径。"艺"的内容除了经史百家等书本知识外，还应包括触及士大夫社会生活中所需要的"杂艺"，即琴、棋、书、画、数、医、射等，这些技艺在生活中有实用意义。道德教育是根本，知识教育是道德教育的基础，为道德教育服务。

值得一提的是，颜之推提出士大夫应重视农业生产知识，但仅限于重视这一知识，而不是要求去亲自耕作。

4. 简述隋唐时期私学的发展。

答：隋唐时期私学也较发达，每一种专门的学术都有私人传授，既补充了官学，也成为科举制度的教育基础。

私学在隋唐兴盛的原因：①唐朝明文鼓励私人办学；②太平年代，人们渴求文化；③科举考试，刺激私学的发展；④私学本身灵活多样，富有活力。唐代私学特点是不同层次，办学灵活，机构简单，形式多样，内容丰富，覆盖面广，它是唐朝教育制度中不可或缺的组成部分。

隋唐的私学分为初级与高级两种，初级私学承担了基础教育的任务，主要有私塾、家学、乡学、村学等。高级私学是针对有一定文化基础的学习者，学习内容非常广泛，不仅仅局限于儒学，任何一门世上的学问，都在私学中有所传授。所以唐代的私学为唐代文化教育事业的繁荣作出了贡献。唐代官学发达与完备并没有妨碍私学的发展，官学与私学相互补充，共同构成了唐代的封建教育体系。

5. 唐代官学教学和管理制度有哪些？

答：唐代官学教育管理制度最重要的是以下六项：

（1）入学制度。唐代中央官学实行等级入学制度，凡申请入国子监的学生，对年龄有一定限制。

（2）学礼制度。束脩之礼、国学释奠礼、贡士谒见及使者观礼，这些定期性的礼仪活动使学生受到崇儒尊师、登科从政的教育，受到一定的思想熏陶。

（3）教学制度。各种类型的学校教学内容具有具体性和专业性，如国子学、太学、四门学主要学习儒家经典，律学以学习唐律令为专业，都规定了各门课程的修业时限。

（4）考核制度。主要有旬试、月试、季试、岁试和毕业试。

（5）督责与惩戒制度。国子监主簿负责执行学规，督促学生勤学，保证国子监的教学和生活秩序。

（6）休假制度。常规的休假有旬假、田假和授衣假，反映了农业社会的人性关怀。

6. 简述隋唐时期官学体系的完备。

答：（1）中央官学：中央官学包括儒学与专门学校两类，国子监管理的"六学一馆"成了中央官学的主干，"六学一馆"指国子学、太学、四门学、律学、算学、书学、广文馆，由国子监管理。另外的学校是中央的一些事业和行政事务部门结合自己的需要办的，归它们管理。如太医署的医学、东宫的崇文馆等。总的来说，唐代中央官学较为发达，种类繁多，人数众多，等级森严，学习内容丰富，远远超过以往任何一个朝代。

（2）地方官学：与此同时，唐代的地方官学也有比较完备的制度。唐代的主要行政单位是州、府、县，各级单位都根据其大小设立相应规模的地方官学，实行州县二级制，类型有三种，经学、医学、崇玄学，但主要还是学习儒家经典。地方学校归地方政府之行政长官长史负责，包括主持考试。唐代的地方官学也很发达，可以说中国封建社会的地方官学制度到唐代已得到充分的实施。

7. 简述韩愈关于人才培养和选拔的思想。

答：（1）人才的培养：韩愈认为要治国兴邦统治者就应当从长远利益出发，"得天下英才而教育之"，为巩固封建统治，培养合格的官吏，教育天下英才。教育的任务就是要为治国兴邦培养人才。为了培养人才，韩愈要求整顿国学，改革招生制度，扩大招生范围；否则势必招致人才匮乏，统治就会出现危机。他希望通过教育培养出"行君之令而致之民者"。为此，他在做国子监祭酒后，严格选拔学官，整顿教师队伍，整顿教学，建立了良好的教学秩序。

（2）人才的选拔：韩愈不仅重视人才的培养，而且还很注重人才的选拔。认为不合理的考试内容、选拔方法都会埋没真才实学者，他要求统治者应该爱惜人才，不拘一格选人才。他以千里马和伯乐的关系来比喻人才的难得。他这种爱才、选才、用才的思想与封建社会选人唯贵、唯亲的腐朽思想是对立的，至今依然有重大的现实意义。

（三）论述题

1. 从《师说》看教师的职责是什么？

答：唐代教育家韩愈针对当时社会中学生不重师道、"耻学于师"，教师也不起到传道卫道作用的现象，写了著名的《师说》，提倡师道。《师说》的基本精神在于"存师卫道"。在《师说》中，韩愈把教师的职责规定为"师者，所以传道、授业、解惑也"。

（1）师与道：韩愈认为师是"传道"的，如果一个教师不能"传道"，那就不能成为教师。传道须有师，卫道必须先重视向师学习。尊重了师道就可以卫道了。他强调师与道是紧密结合的、不可分离的。他指出，不论年龄与地位，只要他有"道"，皆可师之，这就是他关于师与道的见解。

（2）道与业：①韩愈所谓"道"，是指儒家道统；所谓"业"，是指古文六艺之业。"道"是儒家基本思想基本精神；"业"是载"道"的工具。"道"与"业"二者之中，"道"为重，"业"在后，"道"比"业"更重要。②"传道"与"授业"是教师最重要的任务。但在教学过程中，学生还有许多疑惑之处需要教师去解释。"解惑"就是教师的第三个任务。"解惑"是解释"道"与"业"中的"惑"，并不是离开"道"与"业"去解其他无关的"惑"。韩愈肯定教师的主导作用，又指出教师的基本任务是以"传道"为主体，"传道"又离不开授业，把"解惑"提高到应有的地位，很有意义。

（3）师与生：①韩愈认为教师的主要任务是"传道"与"授业"。因此，师生关系就以"道"和"业"来衡量。谁先有"道"，谁就是教师；谁有专"业"学问，谁就是教师。教师不应受年龄、地位、资格等限制。韩愈冲破了汉代重师法家法的旧框框，解除了"弟子必不如师"、"师必贤于弟子"的旧教条，提出了为师的新标准："闻道有先后，术业有专攻。"②韩愈的为师的新标准还包含有"不耻相师"，即"相互为师"的观念，提倡向更多人学习，向比自己有长处的人包括自己的学生在内学习。含有"能者为师"和"教学相长"的意思，比《学记》所提出的"教学相长"进了一步：一方面肯定了教师的主导作用；另一方面又明确提出"弟子不必不如师，师不必贤于弟子"的新思想。

总之，韩愈在阐述教师的任务、教师的标准及师生关系的问题中，看到了师与道、道与业、师与生之间的既矛盾又统一的关系，包含了朴素辩证法的因素。他提出教师应忠于理想、传播真理，又要学有专长，认真授业。他暗示了教师既要起主导作用，又要重视教学相长、能者为师。这些卓越的见解，不但大大丰富了中国古代的教育思想，而且对今天正确理解和处理教师的职责、政治与业务、德育与智育、教书与育人、教师与学生等关系，也具有一定的参考价值和启发意义。

2. 论述韩愈的尊师重道思想。

答：韩愈教育思想最突出点就在于他作《师说》，提倡尊师重道。

（1）尊师原因：首先，教育的过程是一个先觉觉后觉，先知传后知的过程，教师闻道在先，在教学活动中起主导作用。学生要学知识，就应该尊师重道。其次，"天地君亲师"，师道体现君道，能尊敬师长，就能效忠皇帝，这是他提倡师道的深层原因。最后，还有社会原因，安史之乱后，国运转衰，儒学失去了宣传阵地，佛、道宗教势力膨胀，文学的重要性超过儒学，韩愈提出尊师重道来维护儒家的道统，自振儒道，抵制佛教和道教的空想。总之,尊师即卫道,"道"是封建道德的最高境界。

(2)教师的任务:"传道、授业、解惑。"传授儒家仁义之道,讲授儒家六艺经传和古文,解答学生的疑问。传道是首要任务,授业和解惑是过程与手段。

(3)以"道"为求师的标准:以"道"为求师的标准,"道之所存,师之所存"。韩愈提出的学无常师、唯道是求的观点促进了思想文化的交流,有积极意义。

(4)建立合理的师生关系:"是故弟子不必不如师,师不必贤于弟子。闻道有先后,术业有专攻,如是而已。"也就是说,师生的关系是相对的,在一定条件下可以互相转化,相互为师。只要闻道在先,术业有专长者,皆可以为人师表。学生向老师学习,但不必迷信和盲从教师。韩愈强调师生关系在道和业面前是一种平等关系,师生关系可以互相转化,这对维护教师绝对权威的师道尊严思想是一种否定。这种含有辩证法因素和民主平等的师生观,极大地丰富了我国古代的教育理论,有重要的历史意义。

韩愈的《师说》是中国古代第一篇集中论述教师问题的文章,既肯定教师的主导作用,又强调师生相互尊重与学习,提倡建立平等的师生观,这是韩愈教育思想的独特之处。

3. 试述唐代学校教育的主要特点。

答:唐代建立起来完善的官学教学体系,其中学校教育的主要特点表现为:

(1)建立中央和地方分级管理的教育行政体制。中央设立国子监,加强对教育的领导,采用两种教育管理模式。一是中央和地方分级管理,二是统一管理与对口管理并举,以统一管理为主。

(2)形成完备的教育管理制度。各学校从入学到毕业都有制度化的规定。如明文规定入学之始学生行束脩之礼;按照专业与课程的难易程度规定修业年限,形成旬考、岁考、毕业考试这三种形式的考试;唐代还规定了假期制度等。

(3)增添教育内容,扩大知识范围。学校主要学习内容仍是儒经,以传授儒经为职责的学校仍是封建教育的主体,此外还有各种专科性知识;但不论是学什么知识,其范围和程度都远远超过了前代,各种类型的专科学校开设了较为宽广的专业课程,丰富了学生的知识。

(4)教育等级制明显。教育的等级性是封建社会阶级关系的体现,唐朝政府明文规定各级各类学校招生的身份标准,将教育的等级性以法令的形式加以制度化。

(5)学校类型多样化。隋唐时期形成了以经学为主、专科性学校为辅的隋唐教育体系,学校类型多,数量多,涉及面广,远甚于前代。

(6)学校分布面广,意味着教育普及程度高。隋唐时有中央官学,还广设地方学校,甚至在乡、里也鼓励人们办学校,还有私学与家学,尤其是唐朝依据州县面积和人口数量而设学,使学校的分布在制度上有了规定和保证。

(7)重视医学教育。唐代已经有了丰富的医学知识和较高的医疗水平,具备了普遍设立医学校的条件,这在当时是走在世界前列的。

(8)教育、研究、行政机构三者合为一体。唐代很多教育机构或行政机构担负多种职能,如弘文馆和崇文馆既整理、校正图书,又教授学生;太医署兼有行政机构、教育机构、研究机构的性质。行政机构中派生出教育和研究的功能,是唐朝教育的一大特色。

4. 论述隋唐科举制度及其对学校教育的影响。

答：（1）科举制度产生于隋朝，发展于唐朝，是我国封建社会中持续时间最长、影响范围最广的选士制度。采用考试成绩来选拔人才的科举制。唐承隋制，逐渐形成了一套较为完备的科举取士制度，取代了以荐举为主的选士制度。

（2）对学校教育的影响：科举制度是选拔人才的制度，学校教育制度是培养人才的制度。在科举之产生以前，选士制度和育士制度基本上是脱节的，科举制的产生将二者紧密结合在一起。

相互促进：科举制促进学校教育的发展。学校根据科举考试的要求来组织教学活动，学校教育成为科举考试的前提，科举又是学生做官的必由之路。科举制刺激了人们学习的积极性，促进了学校教育的发展。

学校教育促进科举制的发展。学校通过培育人才来参加科举选拔。

相互制约：科举制与学校教育也相互制约彼此的发展。学校教育的兴衰直接影响科举取士的质量和数量；科举取士的标准和方法指导着学校教育的内容和方法。学校教育是科举制基础，科举制是学校教育发展的指挥棒。

当统治者偏重科举，并用科举制来操纵学校教育发展时，学校就成为科举的附庸。

需要说明的是，决定封建学校教育发展的终极因素，是封建社会的政治、经济、文化，而科举制只是一个辅助因素，并非科举制的产生导致学校教育衰落。相反，如果统治者将二者并重，则二者相互促进，共同巩固封建统治。

5. 试述科举制度的产生、发展及其影响。

答：（1）科举制度的产生与发展。科举制度产生于隋朝，集中选士大权，采用考试办法，分科举人，是隋代的一大创举。当时的进士科的设置，标志着科举制度的正式产生。

唐承隋制，逐渐形成了一套较为完备的科举取士制度。唐高宗以后，科举取士名额有所增加。武则天开创了武举选拔军事人才的先例。到了开元、天宝时期，参加科举的人日益增多，科举制度中大部分考试科目已经形成，考试内容和形式基本确立，科举制度渐趋成熟和完备。

（2）科举制的影响。科举制是中国封建社会选士制度，在历史上存在1300多年，对我国后世产生了深远的影响，其存在有一定的合理性。

积极作用在于：

①有利于加强中央集权制：第一，中央政府掌握选士大权，有利于加强中央集权制；第二，官吏经考试选拔，提高官吏文化修养，有利于国家长治久安；第三，士子通过科举获得参政机会，扩大了统治基础；第四，利用科举制统一思想，笼络人心，缓解了阶级矛盾，维护了国家稳定与发展。

②使选士与育士紧密结合：第一，促使社会形成良好的学习风气；第二，促进人们思想统一于儒学，结束思想混乱的局面；第三，刺激学校教育发展，有利于教育的普及；第四，种类繁多的考试科目扭转了人们重文轻武、重经学轻科学的现象。

③使选拔人才较为公正客观：第一，重视人的知识才能，而非门第；第二，时务策与诗赋利于检验人的能力；第三，我国文官考试制是世界上最早实行的。

消极作用：从整个发展历程看，科举从隋唐到宋朝，积极作用大于消极作用；到了明清时期，消极作用日趋明显，最终被社会所淘汰。

①国家只重选科取士，而忽略了学校教育；学校成为科举考试的预备机构，学校失去了相对独立的地位和作用，成为科举制的附庸。

②科举制具有很大的欺骗性：第一，评分时主观随意因素会影响评分客观性；第二，考官受贿和考试作弊现象严重；第三，诱骗知识分子为功名利禄而学习，大部分考生将终生时间浪费在科场上。

③科举制束缚思想，败坏学风：第一，导致学校形成教条主义、形式主义的学习风气；第二，影响中国知识分子的性格，使其形成了重权威轻创新，重经书轻科学，重书本轻实践，重记忆轻思考，独立性弱、依赖性强的性格特征；第三，形成功利色彩的畸形读书观、学习观。如"万般皆下品，惟有读书高"、"书中自有黄金屋，书中自有颜如玉"等，这些思想长期阴魂不散。

6. 分析韩愈的"性三品说"及其教育作用观。

答：（1）性三品：韩愈从唯心主义的天命论出发，认为人是受命于天的，人性也是秉天命而成。人性论的基本观点：

①他提出性与情的问题，认为人有性有情，性是先天具有的，情是后天习染的，性和情二者之间完全相应。

②性和情皆分三品，性有五德，情有七情。性的具体内容有仁、义、礼、智、信五德，情的具体内容则有喜、怒、哀、惧、爱、恶、欲七情。

③性可移，但性的品级不可移。上、中品之人可受教育，下品之人只能以刑罚制之，而三品之人，都固定在天生的"品"的界限内，是"不移"的。

（2）教育的作用。从性三品说出发，韩愈认为上、中品之人可受教育，下品之人虽也具有五常之性，但气质太坏，总是违反封建道德标准，只能以刑罚制之。因此，对于不同的人性，教育所起的作用是不尽一致的。对上品之人，教育能使其先天具有的仁义善性得到发扬光大。对可善可恶的中品之人，教育对这部分人的人性改造起着重要的作用，应按封建伦理道德标准来教育改造他们。至于下品之人，他们天生是顺情而行的，其言谈举止、行为规范总是与封建伦理道德标准格格不入，教育对他们人性的变化起不了作用。

韩愈还提出，由于人天生包含仁义礼智信的道德内容，教育就应把这种道德发扬开了，儒家经典是最好的教育内容。

可见，韩愈一方面肯定了教育在促进人性变化中的积极作用，另一方面又认为教育的作用是有限的，人性三品不可变，教育只能在品位内发生作用。这种人性论不但为封建制度的等级性作了合理的论证，而且也为绝大多数的人接受封建道德教育提供了理论依据。

第五章 理学教育思想和学校的改革与发展

 【本章知识框架】

```
                    ┌─ 科举制演变：宋→元→明清
                    │  学校沦为科举的附庸
                    │           ┌─ 文教政策：兴文教、抑武事
                    │           │                    ┌─ 范仲淹的庆历兴学
                    │           │  北宋三次兴学 ┤ 王安石的熙宁兴学
                    │           │                    └─ 蔡京的崇宁兴学
                    │  官学发展 ┤ 三舍法：王安石，按成绩依次升舍
                    │           │  苏湖教学法：胡瑗，分斋教学法
                    │           │  积分法：元代国子学，积累平时学业成绩的升级办法
  第五章 ┤           │  六等黜陟法：清代地方官学中的考试成绩相结合的奖惩制度
                    │           │  监生历事：明代实习制度
                    │           └─ 社学：元代开始的面向农家子弟的初等教育形式
                    │           ┌─ 产生与发展
                    │           │  南宋：白鹿洞书院，朱熹  ┐
                    │  书院 ┤ 明代：东林书院，顾宪成兄弟 ├ 书院的特点
                    │           │  清代：诂经精舍和学海堂，阮元 ┘
                    │                       ┌─ 私塾：发展、种类、特点
                    └─ 私塾与蒙学教材 ┤
                                            └─ 蒙学教材：发展、种类、特点
```

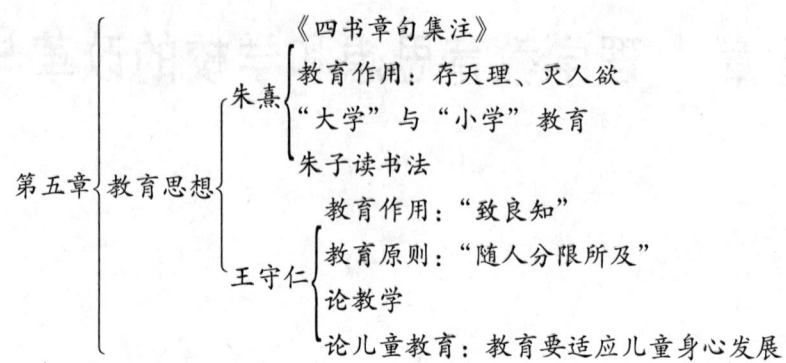

考情分析

本章从时间上看，涉及宋、元、明、清四个时期的教育发展情况，总体上也分为四部分的内容：科举制的演变与官学的改革、书院的发展、私塾与蒙学的发展和这一时期著名的教育思想。在教育思想方面，宋明理学在教育史上有举足轻重的地位，尤其是朱熹的教育思想对中国封建教育影响很大，他和王守仁的思想可以做一个比较。本章是考试的重点章节，容易出名词解释和简答题，如书院的教育特点、学校教育的改革方法、王守仁的教育作用和朱熹的"大学"与"小学"的教育等都是需要考生重点掌握的知识。建议考生认真复习本章每个知识点。

重点难点

重点：北宋三次兴学与"苏湖教法"、积分法、"六等黜陟法"、"监生历事"、社学；白鹿洞书院、东林书院、诂经精舍与学海堂；朱子读书法。

难点：朱熹与王守仁的教育作用。

【习题精编】

（一）名词解释

1. 苏湖教法。
2. 积分法。
3. 监生历事。
4. 社学。
5. 六等黜陟法。
6. 书院。
7. 私塾。
8. 蒙学。

（二）简答题

1. 介绍北宋三次兴学的主要内容。
2. 理解"三舍法"及其历史意义。
3. 宋代书院产生的原因是什么？
4. 宋朝的科举制度与唐朝相比，有何新的发展？
5. 简单介绍朱子读书法的主要内容。
6. 简述明代八股取士的创立及其对学校教育的影响。
7. 东林书院的办学特点是什么？
8. 简述王守仁关于儿童教育的思想。
9. 简述宋代"兴文教"政策的主要表现。
10. 简述《白鹿洞书院揭示》的主要内容。
11. 简述宋元时期私塾的发展与种类。
12. 简述朱熹的教育作用观。
13. 简述王守仁的教育作用观。
14. 简述王守仁的教学思想。
15. 简述王守仁的"随人分限所及"的思想。
16. 简述清代诂经精舍和学海堂的办学特色。
17. 宋元蒙学教材的种类和特点是什么？

（三）论述题

1. 阐述朱熹的教育思想及其历史地位。
2. 试从科举制度的演变分析科举制与学校教育的关系及其对学校教育的影响。
3. 比较中世纪大学和中国古代书院的异同。
4. 论述朱熹"小学"、"大学"教育的思想。
5. 论述书院的办学特色及其意义。

【参考答案】

（一）名词解释

1. 苏湖教法，也叫"分斋教学"，是北宋胡瑗在主持湖州州学时创立的一种新的教学制度，在"庆历兴学"时被用于太学的教学。胡瑗在湖州州学期间，一反当时盛行的重视诗赋卢律的学风，提倡经世致用的实学，主张"明体达用"。其内容是在学校内设立经义斋和治事斋，创行"分斋教学"制度。在胡瑗的苏湖教法中，学生可以主治一科，兼学其他科，创立分科教学和学科的必修、选修制度，这在世界教育史上是最早的。

2. 积分法是元朝国子学的重要特点之一，是积累计算学生全年学业成绩来升级的方法。它始于宋朝太学，至元朝国子学趋于完善，明清继承和发展了该方法。其基本方法是每月考试一次，依据成绩来积分，积到一定分数可升级，不及格者继续学习，成绩优异者，只要达到计分标准，也可以不受学习年限的制约。由于积分法汇总学生平时成绩，具有督促学生平时认真学习的积极作用。

3. 监生历事是明朝国子监的一项教学实习制度，是一项培养官吏的重要措施。规定凡在国子监学习者，派到"六部诸司历练政事"，诸司教习政事，并考察其勤惰，进行考核，勤谨者送吏部备案待选，仍令历事，遇到官缺，依次取用；平常的再令历练；下等的送还国子监读书。监生历事制度，对提高官吏的治事能力有积极意义。

4. 社学创办于元朝，是设在农村地区，利用农闲空隙时间，以8～15岁的农家子弟为对象的初等教育形式，并带有某种强制性。明代继承发展了社学，社学制度更趋完善，普遍设立，成为对民间儿童进行初步文化知识和伦理道德教育的重要形式。清代各省的州县都设立"社学"，普及面更广。社学对于发展农村地区文化教育事业具有一定的意义。这是元朝在教育组织形式上的一种创新，对后世产生了深远影响。

5. 六等黜陟法是清朝实施的一种地方官学生员定级考试制度，有相应的奖惩措施，即六等黜陟法。学生考试成绩被分为六等，一等补廪膳生，二等补增广生，三等无奖无罚，四等罚责，五等降级，六等除名。六等黜陟法对学生进行动态管理，其等级不是固定的，而是根据学业成绩来升降，其等级与学业成绩紧密挂钩，有利于调动学生的学习积极性，提高学校教育质量。该制度在明朝"六等试诸生优劣"方法的基础上发展完善而来，是清朝在地方官学管理上的一个重要创新。

6. 书院是中国封建社会自唐末以后的一种重要的高级私学的教育组织形式。它以私人创办和组织为主，将图书的收藏、校对与教学、研究合为一体，是相对独立于官学之外的民间性学术研究和教育机构。南宋时期，白鹿洞书院的《白鹿洞书院揭示》标志着书院发展逐渐制度化，各朝各代都有典型的书院，如明代东林书院、清代诂经精舍和学海堂等。书院最大的特点是自由。

7. 私塾为民间私人所办的蒙学的统称，是对儿童和青少年进行启蒙和基础教育的教育组织，主要承担识字、写字、阅读、作文和封建道德教育。它是我国封建社会的一种特殊教家塾、义塾、专馆等。私塾对学生的入学年龄、学习内容及教学水平等，均无统一的要求和规定。私塾的学生多在六岁启蒙。就私塾的教材而言，主要是我国古代通行的蒙养教本，教学内容以识字习字为主，还十分重视学诗作对。

8. 蒙学。中国封建社会时期，一般将8～15岁儿童的"小学"教育阶段成为"蒙养"教育阶段，对儿童进行启蒙教育的学校成为"蒙学"。整个封建社会，也有官办的蒙学，但数量少，面向贵族；而蒙学就成为数量最多、覆盖面最广、社会总和规模最大的一个门类。中国古代的蒙学基本上由民间自由办理，私塾是最主要的蒙学教育的场所。使用的教材叫做蒙学教材，宋元时期，蒙学教材发展很快，出现了按专题分类编写的蒙学教材。

（二）简答题

1. 介绍北宋三次兴学的主要内容。

答：（1）第一次兴学：范仲淹在朱仁宗庆历四年主持的，史称"庆历兴学"。

①令州县立学，保障学校的正常教学秩序。②改革科举考试内容，停帖经和墨义，着重策论和经学。③振兴太学，将胡瑗的"苏湖教学法"引进太学，创立分科教学和学科的必修、选修制度，体现对当时教育空疏、流于形式的批判。

（2）第二次兴学：王安石在宋神宗熙宁年间主持的，史称"熙宁兴学"。

①改革太学，创立"三舍法"。②扩建和整顿地方官学。③恢复与创立武学、律学、医学等专门学校，以培养具有一技之长的人才。④编撰《三经新义》，作为统一教材。

（3）第三次兴学：蔡京在宋徽宗崇宁年间主持的，史称"崇宁兴学"。

①全国普遍设立地方学校。至此，形成了遍布全国州县的学校网络，无论是在数量上、规模上，还是在分布的范围上，都远远地超过了以往任何一次兴学。②建立县、州、太学三级相联系的学制系统。③扩建太学，营建太学之"外学"专处外舍生。④恢复设立医学，创立算学、书学、画学等专科学校。⑤罢科举，改由学校取士。

三次兴学虽然都因为守旧派的阻挠而中断，但从总体上讲，促进了学校教育的发展。

2. 理解"三舍法"及其历史意义。

答："三舍法"是北宋王安石在熙宁兴学期间创立的一种学校管理制度，是对太学的一种改革。

（1）具体内容是：将太学生员分为外舍、内舍、上舍三个等级，生员依学业程度，通过考核，依次升舍。初入学为外舍生，相当于预科生或旁听生。外舍升内舍，内舍升上舍。

（2）历史意义："三舍法"是在太学内部建立起严格的升舍考试制度，对学生的考察和选拔力求做到将平时行艺与考试成绩相结合，学行优劣与对他们的任职使用相结合，这有利于调动学生学习的积极性，提高太学的教学质量，同时，又把上舍考试与科举考试结合起来，融养士与取士于太学，无疑提高了太学的地位。总之，"三舍法"是中国古代大学管理制度上的一项创新，它不仅对宋朝的学校教育产生了积极作用，而且对后来元、明、清的教育也有深远的影响。

3. 宋代书院产生的原因是什么？

答：书院是中国古代特有的教育组织形式。它以私人创办和组织为主，将图书的收藏、校对与教学、研究合为一体，是相对独立于官学之外的民间性学术研究和教育机构。造成北宋书院兴盛的原因是多方面的，但其中最主要的原因有以下几点：

①北宋科举取士规模日益扩大，而宋初官学却长期处于低迷不振的状态。②朝廷崇尚儒术，鼓励民间办学。③佛教禅林制度的影响。④印刷术的应用，使书籍的制作与手写本相比，变得极为便利，这是促成宋代书院兴旺发展的重要基础。书籍不再是珍藏品而是公众都可以拥有的，才有可能使书院拥有丰富的藏书，并真正成为面向社会的教学研究场所。

4. 宋朝的科举制度与唐朝相比，有何新的发展？

答：宋朝的科举制度基本沿袭了唐制，但是也根据实际情况作了改革，总的来说，是科举的地位提高了，考试也变得更加严格了，使科举规模和制度上进一步得到发展。宋代科举制的特点是：①科举地位提高，宋朝废除了两汉的察举制，视科举为取士正途；②考试规模扩大，录取人数增多；③考试内容改革，王安石变法时，废除了帖经、墨义、诗赋等传统科目,改试经义,专用《三经新义》;④考试时间改为三年一试;⑤确定殿试为常制,设置"别头试",即回避制度。为了限制官僚子弟和士族子弟应试的特权,宋代规定食禄之家的子弟参加科举考试时必须加试复试,主考官的子弟、亲戚参加考试应该另立考场,别派考官,即"别头试"。⑥实行糊名、誊录,防止徇私。

5. 简单介绍朱子读书法的主要内容。

答:"朱子读书法"六条,在教育史上具有重要影响。六条的内容如下:

①循序渐进。朱熹主要从三个方面论述循序渐进的含义:首先,学习的过程应当根据知识的难易程度确定次序。其次,持之以恒的治学精神。最后,在读具体的书方面,要按照首尾篇章的顺序,强调扎扎实实,一步一步前进。

②熟读精思。读书必须反复阅读,不仅要能够背熟,而且对书中的内容了如指掌,熟读是精思的基础,在此基础上,进一步深刻理解文章的精义及其思想真谛。

③虚心涵泳。读书必须以虚心的态度去体会圣贤的用心和寓意,来不得半点主观臆断或随意发挥。

④切己体察。也就是读书不仅是要获得知识、寻求义理,更重要的是落实到自身修养的提高上,这是儒家提倡"求诸己",讲究自律的思想体现。

⑤抓紧用力。读书学习一定要抓紧,要努力,一旦进入学习阶段,就绝不能放松,要按部就班地完成任务。

⑥居敬持志。读书的关键还在学者的志向及良好的心态。"敬"就是端正态度,兢兢业业地去做,可以说是做好一切事情的基础,读书也不例外。"持志"即有坚定的志向。

朱子读书法是古代最有影响的读书方法论。

6. 简述明代八股取士的创立及其对学校教育的影响。

答:明王朝为了进一步以程朱理学统制思想,以八股制义为科举考试定式。"八股"特点有三:

(1) 八股文之试题取于"四书"、"五经"等儒家经典;

(2) 八股文章只能依据朱熹《四书集注》"代圣人立言",不能丝毫阐发己意;

(3) 八股文章必须采用固定格式的排偶文体,否则不能入仕。

明代科举这一变化,使得科举考试更加形式化,也使得各级学校以教习八股范文为主,教育内容更加空疏无用,教学方法更加僵化、教条,造成极为恶劣的影响。

7. 东林书院的办学特点是什么?

答:东林书院是明朝顾宪成兄弟建立的名声最大、影响最大的书院,形成了著名的东林学派。东林书院的基本思想是推行程朱理学,反对王学。顾宪成还以朱熹的《白鹿洞书院揭示》作为范本,制定《东林会约》。

东林书院有两个特点:(1) 将学术与政治相结合,密切关注社会政治,这一特点集中体现在顾宪成写的一副对联上:"风声雨声读书声声声入耳,家事国事天下事事事关心。"他强调讲学不能脱离世道,东林书院在讲习之余,抨击政治,评判权贵,以正义的舆论力量给朝廷施加压力。(2) 东林书院形成了一套完备的讲会制度。书院讲会活动产生于南宋,至明朝逐渐制度化,东林书院的讲会制度是突出代表,集中反映在《东林会约》的"会约仪式"中,要求定期举行学术会讲,以及讲会组织的一些具体的内容,《东林会约》说明东林书院的讲会已经制度化了。

东林书院不仅是一个重要的文化学术中心，而且也是一个政治活动中心，在中国古代书院发展史上占有特殊地位。

8. 简述王守仁关于儿童教育的思想。

答：明代教育家王守仁高度重视儿童教育，对儿童教育问题提出了许多精辟的见解。

（1）揭露和批判传统儿童教育不顾及儿童的身心特点，把儿童当做小大人是致命的弱点，压抑儿童的个性发展，视儿童为凶犯、学校为监狱。

（2）主张儿童教育应顺应儿童的性情。教育应该适应儿童的年龄特征，尊重儿童的兴趣，对待儿童就应该像对待小树苗一样，给予春风细雨的呵护，趋向鼓舞学生。

（3）教育方法：采用"诱"、"导"、"讽"的"栽培涵养之方"，即以诱导、启发、讽劝的方代替传统的"督"、"责"、"罚"的方法。

（4）教育内容：发挥各门课程多方面的作用，歌诗、读书、洗礼都有各自独特的作用，应该加以综合运用。

（5）程序：主张动静搭配，体脑并用，精心安排课程，使儿童既受到道德熏陶，又能学到知识，锻炼身体。

（6）教育原则："随人分限所及"，教学应量力而行，盈科而进，因材施教。

尽管王守仁进行儿童教育的目的是灌输封建伦理道德，但是他开始主张顺应儿童的性情，依据儿童的接受能力，使儿童在德、智、体、美方面都得到发展，反映了他教育思想的自然主义倾向。

9. 简述宋代"兴文教"政策的主要表现。

答：宋初的统治者在打败割据势力，基本上统一国家之后，在统治策略上作了重大改变，即由原来的重视"武功"，改为强调"文治"，推行了"兴文教、抑武事"的政策。宋朝在这样的文教政策下具体措施有以下三点：①重视科举，重用士人；②"三次兴学"，广设学校；③尊孔崇儒，辅以佛道。其中，尤其是尊孔崇儒，提倡佛、道的政策，这对以儒家思想为主体，糅合佛、道的理学思想的形成起到了推动作用。

10. 简述《白鹿洞书院揭示》的主要内容。

答：南宋朱熹复修白鹿洞书院，再次办学，把白鹿洞书院又发展起来，朱熹制定《白鹿洞书院揭示》作为书院的学规和教育宗旨，明确了教育目的，阐明了教育过程，提出修身、处事、接物的基本要求，并且作为实际生活和思想教育的准绳，把世界观和政治要求、教育方向以及学习修养的途径结合起来。其内容是：

（1）以"父子有亲，君臣有义，夫妇有别，长幼有序，朋友有信"为教育目的；

（2）以"博学之，审问之，慎思之，明辨之，笃行之"为治学顺序；

（3）以"言忠信，行笃敬，惩忿窒欲，迁善改过"为修身之要；

（4）以"正其义不谋其利，明其道不计其功"为处事之要；

（5）以"己所不欲，勿施于人，行有不得，反求诸己"为接物之要。

《白鹿洞书院揭示》中的这些思想都在儒家典籍中出现过，朱熹把这些思想汇集起来，用学规的形式固定下来，形成了较完整的书院教育理论体系，成为后世一般学校的学规范本和办学准则，使书院教育逐步走上制度化发展的轨道。该"揭示"集中体现了书院的精神,对当时及以后的书院教育,而且对官学教育都产生了重大的影响,其贡献不可低估。

11. 简述宋元时期私塾的发展与种类。

答:(1)私塾的发展:私塾为民间私人所办的蒙学的统称,是对儿童和青少年进行启蒙和基础教育的教育组织,主要承担识字、写字、阅读、作文和封建道德教育。它是我国封建社会的一种特殊教育组织形式。蒙学在两周时为官办,称为"小学",春秋以后,蒙学为私人办理,汉代称"书馆"。宋元时期是我国古代蒙学发展的一个重要时期,不仅在数量上得到进一步的发展,也在教育内容、方法和教材上形成了自己的特点。私塾成为中国古代社会中后期国家的基础教育的主要承担者。

整个封建社会,也有官办的蒙学,但数量少,面向贵族,而蒙学就成为了数量最多,覆盖面最广,社会总和规模最大的一个门类,中国古代的蒙学基本上由民间自由办理。

(2)私塾的种类:蒙学有各种各样的称呼,如"小学"、"私塾"、"乡校"、"家塾"、"蒙馆"等。主要有:①家塾:宦官和殷实人家聘教师在家中教子弟,如《红楼梦》里的家塾。②学馆:也叫散馆,是生员(秀才)或其他有文化的人在自家中办的私塾,如"三味书屋"。③义塾:私人或社会团体所办的具有公益性质的学校,也叫义学,是私塾中规模最大的学校。④专馆:由一家或数家、一村或几个村子单独或联合聘教师教子弟的村学,也叫村塾、族塾。专馆以学习儒家经典为主,也叫经馆。

12. 简述朱熹的教育作用观。

答:南宋理学家朱熹从客观唯心主义思想出发,表述其教育作用观。朱熹认为:宇宙万物是由"理"和"气"两种因素构成的。"理"是精神性的范畴,是第一性的。"气"是物质性的范畴,是第二性的。

(1)朱熹认为人和万物一样,是理与气结合而成的,人性的主流,禀受于"理"的部分,就是"天命之性"。天命之性是纯然至善的。理和气结合在一起,就体现为"气质之性"。气质之性有善有恶,有清有浊。教育的作用在于"变化气质",发挥气质之性中的善性。为了论证伦理道德的合理性和永恒性,朱熹认为天理就是"三纲五常"为核心的封建伦理道德,人欲就是违背封建道德的言行,必须禁止和根除。"存天理、灭人欲"不仅是朱熹教育目的、作用的表述,而且是其道德教育的根本任务。

(2)朱熹继承发展了董仲舒和韩愈性三品的学说。圣人之性清明至善,没有丝毫昏浊,不教而自善。贤人之性次于圣人,通过教育也可达到"无异于圣人"的地步。中人之性则善恶混杂,界于君子和小人之间,"教化之行,挽中人而进于君子之域;教化之废,推中人而堕于小人之涂"。

(3)朱熹还认为人心也与人性有关,就一般人的内心而言,都有"人心"和"道心"两种成分。"道心"体现天理,"人心"体现人欲,"道心"被包含在"人心"里面,是隐性的,教育的作用就在于要让"道心"显现出来,也就是把"天理"突出出来,把人的私欲藏起来,这就是"存天理,灭人欲",使"人心"服从"道心"。这个过程也就是"明人伦"的过程,所以朱熹认为学校教育的目的是"明人伦"。

13. 简述王守仁的教育作用观。

答:明代王守仁十分重视教育对人的发展所起的重要作用,提出了"学以去其昏蔽"

的思想，他用"心学"的观点来阐明这一思想。王守仁的教育思想是以他的主观唯心主义的"心学"为基础的。他认为万事万物都是靠心的认识而存在。万事万物都不在心外，而在心中。所以他不承认有客观存在的"理"，认为"心即理"。他又继承和发展了孟子的"良知"学说，认为"良知即是天理"。

作为伦理道德观念的良知，良知与生俱来，不能自学，不教自会，它是人人所具有的，不分圣愚，而且不会泯灭。但是良知在于外物的接触中，由于受物欲的引诱，会受昏蔽，即良知常被物欲、邪念所蒙蔽，就像明镜常为尘埃蒙蔽而失去明亮一样。所以，教育的作用在于除掉物欲对于良知的昏蔽，去"明其心"。这就是说教育是"致良知"或"学以去其昏蔽"，的过程。王守仁人人都有良知的思想，说明人人有受教育的天赋条件，强调人的主观能动性，自觉去恶为善。

14. 简述王守仁的教学思想。

答：明代王守仁有着独特的教学思想。

（1）教育内容：王守仁认为凡是有助于"求其心"者均可作为教学内容，读经、洗礼、写字、弹琴、习射等，都要学习。其中写字、弹琴、习射等帮助陶冶人的本心。教育内容上他提出了著名的"训蒙教约"，训练标准是孝、悌、忠、信、礼、义、廉、耻。

王守仁认为，读书不能迷信书中的东西，认为"《六经》皆史"而已。这并不表示王守仁反对读书学习，读经的目的是要通过体认经书的理，来启发自己的良知。

（2）教学方法：在修养方法方面，强调"事上磨练"，就是结合具体事物，实际中锻炼自己的修养。这里的"事"指"人事"。

15. 简述王守仁的"随人分限所及"的思想。

答：明代思想家王守仁认为儿童期是一个重要的发展时期，儿童的精力、身体、智力等方面都在发展过程之中，并且"精气日足，筋力日强，聪明日开"，教学必须考虑到这个特点，儿童的接受能力发展到何种程度，就对这个程度进行教学，他把这种量力施教的思想，概括为"随人分限所及"。

所谓"分限"，是指人的认知发展水平和限度。首先，不顾及儿童实际能力，将高深知识灌输给他们，就像一桶水浇在幼苗上，毫无益处。教育的功劳就是随时扩充，掌握住"勿助勿忘"的分寸；其次，"授书不在徒多，但贵精熟"；再次，教学留有余地，顺应儿童性情，保持学生学习兴趣，使学生不会因为学习艰苦而厌学。

"随人分限所及"包含两层意思：第一，对于不同的人来说要因材施教，施教的分量内容以及方法都要因人而异，起到"益精其能"的效果；第二，对于每个人而言要循序渐进，教学的分量照顾到学生的实际接受能力和基础，在"分限"内恰到好处的施教。

可见，这一原则承认人的差异，承认教育的作用，把教学和受教育者的心理特征结合起来。

16. 简述清代诂经精舍和学海堂的办学特色。

答：诂经精舍和学海堂是清朝后期学术巨子阮元创办的两所书院。他在学海堂制定《学海堂章程》，其宗旨是追求汉代考据学说，成为当时浙江、广东两个重要的文化学术研究中心，并泽被全国，被许多地方仿效。

(1) 诂经精舍、学海堂的特点：

① "以励品学，非以弋功名。"阮元一反当时书院教育的腐朽之风，强调书院应该重品学轻功名，不习科举应试之学。学习内容包括儒学、史学、天文、地理、算法等，学生自择一书肄业，这无疑给当时腐朽的书院教育中注进一股清新之风，具有积极意义。

② 各用所长，因材施教。诂精经舍和学海堂在教师使用上，贯彻"各用所长"，充分发挥教师学术专长的原则。对学生进行因材施教，根据学生已有的专长进行教育，如学海堂创立了"专课肄业生制度"，允许专课生自择一书肄业，这一制度在实践中效果很好。

③ 教学和研究紧密结合，刊刻师生研究成果。两所书院在从事教学活动的同时，也进行学术研究。如注重自学和独立研究，组织学生合作编学生也独立从事著述。对于优秀的文章，书院负责编辑刊刻，也出专著。这些既是学术成果，也是教学参考书，推动和促进了书院教学和研究活动的开展。

(2) 诂经精舍、学海堂的影响：① 继承并发扬书院教育的优良传统，培养造就人才；② 对改变清朝腐败的官学化书院教育有重要影响；③ 促进学术文化发展。但也有严重的局限，突出表现为引导学生终日埋头于故纸堆，从事名物训诂，辩白考订，脱离社会实际，缺少经世才能。

17. 宋元蒙学教材的种类和特点是什么？

答：(1) 宋元时期的蒙学教材的种类：

第一类：识字教学类。如《三字经》、《百家姓》、《千字文》等。

第二类：伦理道德类。如朱熹的《小学》、《童蒙须知》等，主要传授伦理道德知识以及为人处世，待人接物的准则。

第三类：历史教材类。如宋王玲作《十七史蒙求》，既传授历史知识，又进行思想教育。

第四类：诗歌类。如《千家诗》、《唐诗三百首》，主要进行文辞和美感教育。

第五类：名物制度和自然常识类。如宋方逢辰的《名物蒙求》等。

(2) 蒙学教材的特点：

① 宋元时期的蒙学教材开始出现分类按专题编写的现象，在内容和形式上呈现多样化；② 注重儿童的心理特点，采用韵语形式，文字简练，通俗易懂，多用故事，配有插图，穿插常识和做人做事的道理，力求将识字教育、基本知识教育和伦理道德教育有机结合起来；③ 一些学者亲自编写教材，提高了蒙学教材的质量；④ 注意与日常生活的联系；⑤ 重视汉字的特点。传统启蒙教材编写最为成功之处就是符合中国语言文字的规律和儿童少年学习本国语言文字的规律，文字浅显通俗，字句讲究韵律，内容生动丰富，包含多种教育功能，儿童易读、易诵、易记。

（三）论述题

1. 阐述朱熹的教育思想及其历史地位。

答：朱熹是南宋著名的理学家，一生主要从事学术活动和教育事业。他还编撰了很多书籍，其中影响最广、最深的是《四书章句集注》，成为科举考试的标准答案和各级学校必读的教材，其地位甚至高于"五经"，影响中国封建社会后期的教育长达数百年。

（1）在教育作用上，朱熹认为：宇宙人是由"理"和"气"两种因素构成的。"理"是精神性的范畴，是第一性的。"气"是物质性的范畴，是构成万物的材料，是第二性的。人性的主流，禀受于"理"的部分，就是"天命之性"。天命之性是纯然至善的。理和气结合在一起，就体现为"气质之性"。气质之性有善有恶，有清有浊。每一个人所秉受的气质之性各不相同。圣人之性清明至善，没有丝毫昏浊，不教而自善。贤人之性次于圣人，通过教育也可达到"无异于圣人"的地步。中人之性则善恶混杂，界于君子和小人之间，"教化之行，挽中人而进于君子之域；教化之废，推中人而堕于小人之涂"。这是继承发展了董仲舒和韩愈性三品的学说。

此外，朱熹还认为人心也与人性有关，就一般人的内心而言，都有"人心"和"道心"两种成分。"道心"体现天理，"人心"体现人欲，"道心"被包含在"人心"里面，是隐性的，教育的作用就在于要让"道心"显现出来，也就是把"天理"突出出来，把人的私欲藏起来，这就是"存天理，灭人欲"，使"人心"服从"道心"。这个过程也就是"明人伦"的过程。

（2）朱熹的另一个重要贡献则是对小学承大学的划分：

从8岁入小学，15岁入大学。小学和大学是不可割裂的两个学习阶段，即都是为了体认天理的，只是内容程度有所不同：小学学其事，大学明其理。小学是为大学打基础，大学是小学的深化。小学教育就如"打坯模"，强调要从儿童幼小时，就要进行良好的道德行为的训练。大学要"明理"，是"加光饰"的阶段。小学从具体的行为训练着手，形成良好的生活习惯，他编写《小学》、《童蒙须知》，对儿童日常生活中应该遵守的礼仪、行为一一作了具体规范。大学学习《四书》、《五经》，以自学为主。

（3）朱子读书法也是朱熹在教育史上的一大贡献：

朱熹去世后，他的弟子门人将朱熹有关读书的经验和见解整理归纳，称为"朱子读书法"六条，在教育史上具有重要影响。六条的内容如下：①循序渐进；②熟读精思；③虚心涵泳；④切己体察；⑤着紧用力；⑥居敬持志。朱子读书法是古代最有影响的读书方法论。

综上所述，朱熹的教育思想虽然带有浓厚的理学倾向，客观唯心主义色彩浓厚，但他对教育作用的重视是值得肯定的；此外，对小学和大学的划分是教育史上的一个贡献，并为各个阶段整理出相应的教材，应该说是对历史的一种极大的贡献，"四书"在后来的中国封建社会占据了极其重要的地位，甚至超过"五经"，这也反映出了朱熹不可忽略的历史地位；最后，朱子读书法的六大要点对我们的学习也有很大的启示，在教育史上流传甚久。

2. 试从科举制度的演变分析科举制与学校教育的关系及其对学校教育的影响。

答：科举制是隋唐以来，封建社会用考试选择人才的一种育才制度，科举制度产生以后，选士制度和育士制度紧密地结合在一起。

（1）科举制度的演变：①隋朝时期，科举创立，并在唐朝得到了进一步的发展。②宋朝科举制基本沿袭了唐制，但是也根据实际情况作了改革，如科举地位提高，考试规模扩大，考试内容改革，王安石变法时，废除帖经、墨义、诗赋等传统科目，改试经义，专用《三经新义》，考试时间上改为三年一试，确定殿试为常制，设置"别头试"，即回避制度等。③元代的科举制：考试进入中落时期，但开创了以"四书"试士的先例。④明代的科举制：明代科举制进入鼎盛时期，规定只有在官学中毕业的学生才有资格参与科举考试，还确立了八股取士制，八股文的诞生和流行，预示着科举制作为一种先进的人才选拔制度开始走向僵化和没落，也标志着封建社会开始走向衰落。⑤清代的科举制：与明代基本相同，沿用八股取士，科举制的弊病日益显现，徇私舞弊严重，科举考试日益僵化、衰落。

（2）科举对学校的影响：

早期积极方面：在隋唐时期，选材育才结合，促进学校教育发展，统一学校教育内容。

晚期消极方面：从宋代以后，随着统治者们过度重视科举，却忽视学校教育，导致科举制的负面影响越来越大。宋代以后，各朝代扩大招收名额，以儒学为主要的考试内容；到了明代，只考"四书"，并以八股取士，还要求官学毕业者才能有资格考试。所有的这些内容，迫使知识分子学习内容狭窄，学校教育失去了独立性、学校教育仅仅围绕着科举制，为科举制服务，科举制怎么考，学校就怎么学，科举制考什么，学校就学什么。这样就使学校教育的目的直接变成了参加科考，同时考试内容固定在儒家经典中，学校教儒经，考试考儒经，日益僵化。这样，科举以学校为基础，学校以科考为目的，二者紧密结合。在科举制下，学生的目的就是通过科考获得做官资格，迫使学校教育的目标转向为科举服务，导致学校教育失去了独立性，学校沦为科举的附庸。

而且，统治者只重科举，不重教育，使学校教育成为科举制的附庸；科举限制了学校教育内容的多样化发展；读书做官的教育模式严重腐蚀了知识分子的思想。

（3）科举学校关系：科举制与学校关系间存在一种相互制约的关系。学校教育的兴衰直接影响科举取士的质量和数量；科举取士的标准和方法指导着学校教育的内容和方法。

它们可以相互促进：科举制促进学校教育的发展。学校根据科举考试的要求来组织教学活动，学校教育成为科举考试的前提，科举又是学生做官的必由之路。科举制刺激了人们学习的积极性，促进了学校教育的发展。反过来学校教育又促进了科举制的发展，学校通过培育人才以参加科举选拔。

在封建社会后期，主要表现为相互制约的关系：科举制与学校教育相互制约彼此的发展。学校教育的兴衰直接影响科举取士的质量和数量；科举取士的标准和方法指导着学校教育的内容和方法。学校教育是科举制的基础，科举制是学校教育发展的指挥棒。

当统治者偏重科举时，并用科举制来操纵学校教育发展，就使学校成为科举的附庸。需要说明的是，决定封建学校教育发展的终极因素，是封建社会的政治、经济、文化，而科举制只是一个辅助因素，并非科举制的产生导致学校教育衰落；相反，如果统治者将二者并重，则二者相互促进，共同巩固封建统治。

3. 比较中世纪大学和中国古代书院的异同。

答：西欧在中世纪产生了中世纪大学，在新兴市民阶层成为社会发展的主要推动力量后，追求新学问成为一种时尚，中世纪大学便应运而生。最初的中世纪大学是一种自治的教授和学习中心。书院产生于中国唐朝末期，到了南宋发展到制度化的鼎盛时期，以后各朝各代都有学者去开设书院，读书讲学，是中国教育很有特色的一种教育形式。

（1）相同点：

①出现的必然性相同：不仅与各国的思想文化源流密切相关，而且与各自封建经济的相对发展方向及其独特的政治结构有很大关系。②类型相同：都是教学组织学术研究机构。③在地位变化上相同：都逐渐失去自治地位，被朝廷或教会控制。④办学精神相同：有相应的独立性、开放性、研究性。⑤教学方法相同：都重视学术讲演、研究探讨和学术问难；在学术研究上都没有从根本上突破封建社会制度的束缚。⑥重要特点：自由自治是中世纪大学和书院共同遵守和维护的基本原则，也是它们共同的基本特点。

（2）不同点：

①产生的环境不同：中世纪大学产生于商业城市，而书院则出现在远离城市的名山胜水中。②思考问题的角度不同：中世纪大学从经济发展的层面思考社会问题，设立实用科目，是为了城市的新兴市民阶级；而书院则从伦理政治角度，以新儒学的面目出现，旨在为封建社会长治久安寻找理论依据。③与官方关系不同。中世纪大学与教会斗争，为大学的独立生存和自由研究争取特权，而中国的书院得到政府的支持。④办学目的不同：中世纪大学目的是职业训练，培养专门人才，中国书院是以伦理为本，培养圣贤人格。⑤课程不同：大学中主要传授专业知识，传统"七艺"得到继承与发扬；书院注重"五经"——原典的复归与阐发，传统儒学伦理教条的哲理化改造。⑥学位制度不同：大学已建立学位制度，书院没有。⑦管理体制不同：大学领导体制分学生大学和先生大学；书院机构简单，管理人员少。

4. 论述朱熹"小学"、"大学"教育的思想。

答：南宋朱熹在总结古代教育的基础上，对小学和大学的教育阶段划分及教育内容作了系统论述。小学和大学是不可割裂的两个学习阶段，即都是为了体认天理的，根本目标一致，只是内容程度有所不同。朱熹对小学和大学的见解，反映了人才培养的一些客观规律。

小学：学生 8 岁入小学，朱熹认为小学教育任务是培养"圣贤坯璞"，是打基础的阶段，必须抓紧、抓好。在教育内容上，以"学事"为主，知识力求浅近、具体；从具体的行为训练着手，懂得基本的伦理道德规范，形成良好的生活习惯，学到初步的文化知识技能，教育与生长发育融为一体，在实践中得到锻炼。在教育方法上，一是主张先入为主，及早施教；二是要求形象生动，激发兴趣；三是首创"须知"、"学规"的形式以培养儿童的道德行为习惯。

大学：学生 15 岁入大学，是在小学之上的深造。教育内容上要"明理"，在"坯璞"的基础上"加光饰"，培养对国家有用的人。在教学方法上，注重自学，提倡不用学术之间的交流。大学的教材主要是"四书"和"五经"。

5. 论述书院的办学特色及其意义。

答：（1）书院具有以下教育特点：

①书院精神：自由讲学是书院教学的基本精神。书院提倡自由讲学，注重讨论，学术风气浓厚，开辟了新的学风，成为推动教育和学术发展。

②书院功能：书院重视藏书，重视培养人才，要求学生读儒家经典，强调道德和学问

并进。

③书院组织：有私办、公办和私办公助等多种形式，书院主持者，叫"山长"或"洞主"，也是主讲者，即管理工作与教学工作一概负责，不另设管理人员和机构。

④书院教学：讲学活动是书院主要内容，也是作为教育机构的主要标志。首先，教学与研究相结合。其次，教学形式多样。有学生自学、教师讲授、师生质疑问难、学友相互切磋等。再次，教学上实行门户开放。允许不同书院、不同学派的师生互相讲学，互相听课，在一定程度上体现了"百家争鸣"的精神。最后，一些书院的教学注重讲明义理，躬亲实践，采用问难论辩式，启发思维，重视学生兴趣等。

⑤学生学习：书院强调学生读书自学，重视对学生自修的指导。

⑥书院制度：书院作为一种教育制度得以确立，在教育目标、教学方法、教学顺序等方面用学规的形式加以阐明，最著名的是《白鹿洞书院揭示》，学规成为书院教学的总方针。此外，在经费制度、管理方面各有规定，说明南宋后书院已经制度化。

⑦师生关系：中国教育尊师爱生的优良传统，在书院中尤为突出。师生关系融洽，以道相交，感情深厚。

⑧书院发展倾向：自南宋起书院已经出现了官学化的倾向，到了明清，政府加强了对书院的控制，官学化日益严重，成为科举考试的附庸。

（2）书院产生的历史意义：

书院的产生，在中国古代教育史上具有十分深远的意义。书院扩大了中国古代学校教育的类型，起到了弥补官学不足的作用。书院提倡自由讲学，注重讨论，学术风气浓厚，开辟了新的学风，成为推动教育和学术发展的重要动力。书院在办学和管理领域也创造了许多行之有效的经验措施，成为中国封建社会中后期一种重要的教育组织形式。

第六章 早期启蒙教育思想

【本章知识框架】

第六章
- 新的教育主张
  - 公其非是于学校
  - "日生日成"的人性观与教育
  - 义利合一的教育价值观
- 颜元的教育思想
  - 颜元与漳南书院
  - 培养目标：实才实德之士
  - 教学内容：六斋、实学
  - 教学方法：习性

考情分析

本章介绍的是明末清初的早期启蒙思想，并以颜元的实学思想为代表，进行了详细阐述。本章不是考试重点，内容较少，考生以简答题的方式备考两大题，早期启蒙教育家倡导的新的教育主张，颜元的实学教育思想要作比较全面的掌握。

重点难点

黄宗羲的"公其非是于学校"；颜元的教育思想。

【习题精编】

（一）名词解释

1. 漳南书院。

2. 公其非是于学校。

（二）简答题

1. 试评价颜元的"习行"教学法。
2. 简述批判理学教育思想的代表人物及其主要内容。
3. 简述黄宗羲关于学校职能的思想。
4. 简述王夫之的人性论与教育作用。
5. 简述颜元的"义利合一"教育价值观。

（三）论述题

阐述颜元的实学教育思想。

【参考答案】

（一）名词解释

1. 漳南书院。颜元是明末清初杰出的教育家，他创办了漳南书院，漳南书院的教学体现了颜元实学的教育思想体系。

他深刻地批判了程朱理学脱离实际的书本教育，漳南书院中竭力提倡"实学"和"实用"的教育。实行六斋教学，制定"宁粗而实，勿妄而虚"的办学宗旨，主张培养实才实德之士，以实学为主要教育内容，以习行为教育方法。他的教育思想对中国近代教育的发展起了革新的作用，漳南书院在中国教育史上具有重要地位。

2. 公其非是于学校。黄宗羲是我国明末清初具有民主教育色彩的教育家，"公其非是于学校"是他对中国古代教育理论的独特贡献。他认为学校不仅具有培养人才改进社会风气的职能，而且还应该议论国家政事，这一思想，集中反映在《明夷待访录·学校篇》中。学校中大家共同来议论国家的政事之是非标准。因为学校议政，可以使上至朝廷命官，下至里巷平民，逐渐养成普遍议政的风气，而不是以天子的是非为标准。"公其是非于学校"思想的基本精神，在于反对封建君主专制，这是对中国古代关于学校职能理论的创新，反映了他要求国家决策民主化的强烈愿望，也是近代议会思想的萌芽。

（二）简答题

1. 试评价颜元的"习行"教学法。

答：明末清初教育家颜元在漳南书院中重视"习行"的教学法。一方面，同他朴素的唯物主义认识论有密切关系，他认为"理"存在于客观事物之中，只有接触事物，躬行实践，才能获得真正有用的知识。另一方面，他重视"习行"教学法的直接原因是为了反对理学家静坐读书、空谈心性的教学方法。

颜元所说的"习行"，虽然讲的是个人行动，忽视了"知"对"行"的指导作用，看轻了理论思维的重要性；但他强调接触实际，重视练习，从亲身躬行实践中获得知识。这可以说是中国古代教学法发展上一次手足解放的运动，它一反脱离实际的、注入式的、背诵教条的教学方法；也可以说是教学法理论和实践上的一次重大革新。"习行"教学法在当时以读书为穷理功夫，讲说著述为穷理事业，脱离不切实际的"文墨世界"，无疑具有进步意义。

2. 简述批判理学教育思想的代表人物及其主要内容。

答：中国明清之际的早期启蒙思想家有黄宗羲、顾炎武、王夫之、颜元等。思想启蒙有一般特征：①批评理学，反对"存天理、灭人欲"，空谈义理，呆板的教学方法；②主张个性自由发展，教育要顺应人的本能要求；③培养经世致用的人才，提出"实德实才"的人格理想和教育目标；④批评传统的政治和专制主义把学校作为宣传其思想的工具，指出科举束缚人性；⑤主张学习自然科学知识和技艺；⑥在学习方法上，提倡积极实践，反对理学家主张静坐、读书穷理的治学方法。

3. 简述黄宗羲关于学校职能的思想。

答：黄宗羲是我国明末清初具有民主教育色彩的教育家，他认为学校不仅应该有培养人才改进社会风气的职能，而且还应该议论国家政事，"公其非是于学校"是他对中国古代教育理论的独特贡献。这一思想，集中反映在《明夷待访录·学校篇》中。

（1）"公其非是于学校"思想的主要内容：学校中大家共同来议论国家的政事之是非标准。因为学校议政，可以使上至朝廷命官，下至里巷平民，逐渐养成普遍议政的风气，而不是以天子的是非为标准。基于上述思想，黄宗羲主张把寺观庵堂改为书院和小学，实现全国城乡人人都能接受教育，人人尽其才的理想。还强调学校必须将讲学和议政紧密结合，学校集讲学和议政于一身，既培养人才，传递学术文化的机构，又能成为监督政府，议论政事利弊的场所。

（2）"公其是非于学校"思想的基本精神：这一思想在于反对封建君主专制，改变国家政事是非由天子一人决断的专制局面。这是对中国古代关于学校职能理论的创新，反映了他要求国家决策民主化的强烈愿望。这种性质的学校，其实与近代资本主义制度下的议会相近。可以说，黄宗羲"公其非是于学校"的思想，是中国古代关于学校职能理论的创新，也是近代议会思想的萌芽。

4. 简述王夫之的人性论与教育作用。

答：明末清初思想家王夫之认为人性不是一成不变的，而是处在不断地变化发展过程之中，从而提出了人性"日生日成"的著名论断。人性不是天生的，而是在后天不断的生长变化过程中逐渐形成的。从上述思想出发，王夫之十分重视教育对人的发展所起的作用。他认为这种作用主要表现为两个方面：一是继善成性，使之为善；二是可以改变青少年时期因"失教"而形成的"恶习"。教育同人的发展密切相关，它或使人继善成性，或使人改恶为善。

5. 简述颜元的"义利合一"教育价值观。

答：颜元针对传统教育的偏见，继承和发展了南宋事功学派的思想，明确提出"止其谊以谋其利，明其道而计其功"的命题，认为"义"和"利"两者并非截然对立，是能够统一起来的。"利"是"义"的基础，"正谊"、"明道"的目的，就是为了"谋利"

和"计功"。当然,"利"也不能离开"义",而且"利"必须符合"义"。这种见解冲击了传统的禁锢,使中国古代对于义、利关系问题的认识出现新趋势。

(三) 论述题

阐述颜元的实学教育思想。

答:明末清初著名的教育家颜元创办了漳南书院,在漳南书院实践了自己的实学教育思想。

(1)"实德实才"的教育目标:他主张学校应培养"实才实德之士",即品德高尚、有真才实学的经世致用人才。他提出的"实才实德之士"的培养目标,显然已冲破了理学教育的桎梏,具有鲜明的经世致用的特性,反映了要求发展社会生产的新兴市民阶层对于人才的新要求,在当时无疑是具有进步意义的。

(2)"习行"的教学方法:这是颜元关于教学方法的一个最基本也是最主要的主张。颜元认为,要获得真正有用的知识必须通过自己亲自的"习行","躬行而实践之",求诸客观的实际事物。因而他所说的"习行"教学法,就是强调在教学过程中要联系实际,要坚持练习和躬行实践。

(3)"实学"与"六斋"的教育内容:要打破传统教育的局限,仅仅靠改变方法自然是不够的,从教育内容上注入新的思想才是最为根本的变革。颜元提倡以"六艺"为中心的"三事"、"六府"、"三物"为教育内容。

颜元曾按自己的教育思想规划漳南书院,陈设六斋,实行"分斋教学",并规定了各斋的具体教育内容,这是对他"真学"、"实学"内容的最明确、也是最有力的说明。漳南书院的六斋及各斋教育内容为:文事斋、武备斋、经史斋、艺能斋、理学斋、帖括斋。

漳南书院之所以还设立"理学斋"和"帖括斋",只是为了适应当时的实际需要,等时机到了则关闭这两斋。因此,颜元"真学"、"实学"的教育内容,不仅同理学教育有着本质的区别,而且无论是广度上还是在深度上,都大大超越了"六艺"教育。它除了经史礼乐等知识以外,还把诸多门类的自然科技知识,各种军事知识和技能正式列进教学内容,并且实行分科设教,这在当时确实是别开生面的,已经蕴含着近代课程设置的萌芽,将中国古代关于教育内容的理论推进到了一崭新的发展阶段,这是颜元对于中国古代教育理论的重要贡献,值得人们重视。

综上所述,颜元是批判传统教育的义士,提倡培养"实德实才"之士,冲破了封建理学的桎梏,顺应了历史发展的潮流;提倡"习行"的教学方法,带来中国古代教学法上的手足解放运动,具有极大的进步意义;否定中国延续几千年的儒学教育,设立文武兼备、广博实用的教学内容,使教育有了新的生机;设漳南书院,将实学教育付诸实践,为中国古代教育开创了一个新的局面,引领了历史发展的潮流,颜元的这一系列创举,无疑对后来中国教育的发展起了很大的影响作用。

第七章 中国教育的近代转折

【本章知识框架】

```
                    ┌─ 性质：殖民性
                    │  典型学校：马礼逊学堂、英华书院
            教会学校 ┤  教会学校的发展
                    │  "学校与教科书委员会"与"中华教育会"
                    └─ 教会学校的课程

                              ┌─ 目的：各方面洋务运动的专门人才
                              │  内容：西学为主
第七章 ┤            ┌─ 兴办学堂 ┤  类别：外语学堂、军事学堂、实业学堂等
                    │          │  特点：新旧杂糅
                    │          └─ 典型学校：京师同文馆、福建船政学堂
            洋务运动中教育改革 ┤
                    │          ┌─ 留美教育
                    │  留学教育 ┤
                    │          └─ 留欧教育
                    │
                    │  指导思想 ┌─ 形成与发展
                    └─ "中体西用" ┤ 《劝学篇》
                              └─ 历史作用与局限
```

考情分析

　　这一章的内容主要讲述封建教育衰落的开始，帝国主义争夺教育权是封建教育衰落的直接后果，新式学堂和留学教育是洋务派的教育主张，其教育主旨是"中体西用"思想。帝国主义也在争夺教育权，兴办教会学校。本章容易出题，出题都会围绕着洋务派的指导思想、改革措施和意义影响。请考生重视这章内容。

218 ▶ 第二编 中国教育史

重点难点

重点：洋务派的教育改革措施；"中体西用"思想与张之洞的《劝学篇》。

【习题精编】

（一）名词解释

1. 京师同文馆。
2. 福建船政学堂。
3. 马礼逊学堂。
4. 中体西用。
5. 《劝学篇》。

（二）简答题

1. 洋务派创办的新式学校有什么特点？其意义是什么？
2. 怎样评价近代中国的教会学校？
3. 简述洋务运动时期的改革措施以及指导思想。
4. 简述京师同文馆创办的特点和意义。
5. 简述福建船政学堂的创立、发展和意义。

（三）论述题

述评张之洞"中学为体，西学为用"的思想。

【参考答案】

（一）名词解释

1. 京师同文馆是中国清末洋务运动时期由洋务派创办的第一所官办外语专门学校，后来并入京师大学堂，全称京师同文馆。初以培养外语翻译、洋务人才为目的，是近代中国被动开放的产物。学校设立了中国近代最早的化学实验室和博物馆。在课程设置上，外语居于首位，侧重西学与西艺，在教学方法上，主张由浅入深，循序渐进，在一定程度上改变了死记硬背的学风，注重理论与实际的结合。值得注意的是，它最早开始了中国的班级授课制和分年课程。同文馆既有封建性，又有殖民性，是清政府在教育上和外国资本主义结合的产物。它是洋务学堂的开端，也是中国近代新教育的开端。

2. 福建船政学堂是福建船政局的组成部分，由洋务派重要官员左宗棠创办的近代第一个最大的专门制造近代轮船的工厂。左宗棠一开始就把造船与培养人才结合起来，学堂的宗旨是"习学洋技"，主要培养造船和驾驶人才。学堂有前学堂和后学堂之分，前学堂学习制造技术，后学堂学习驾驶和轮机技术，后来，前学堂内添设"绘事院"和"艺圃"。其中"艺圃"开创了我国近代职工在职教育的先声。总之，福建船政学堂既培养军事人才，也培养军工技术人才。福建船政学堂是洋务学堂中持续时间最久的一所。它在我国近代海军事业的发展中占有重要地位，为近代中国海军输送了第一批舰战指挥和驾驶人才，也为近代中国船舰制造业的发展写下了光辉的一页，是近代中国海军人才的摇篮。

3. 马礼逊学堂是开办在中国本土的最早的比较正式的教会学校，是一所专门针对华人开办的学校，开创了教会在华办学的先声。在马礼逊学校接受教育的学生中，涌现了中国第一批留美学生。它开设了丰富的西学课程，开阔了学生的知识视野，形成了他们的近代社会观念的基础。

4. 中体西用是洋务派关于中、西文化关系的核心命题，也是其指导思想。提倡"中体西用"的并不都是洋务派人物，但在洋务派运动时期多附从洋务派，为洋务派提供思想理论。"中体西用"是洋务实践活动的基本方针，体现在洋务教育活动的各个环节，后来也指导了新政时期的改革。张之洞的《劝学篇》全面阐述了"中学为体，西学为用"的教育观点，主张中学之体对西学之用的主导和导向作用，学西学以补中学之不足。"中体西用"思想最大的作用在于给僵化的封建文化打开了一个缺口，使西学在中国的发展成为可能，如启动了中国近代教育改革的步伐，催发了新式教育的产生，兴办了新式学堂，增加了自然科学知识，开展了留美教育等，打破了儒学一统天下的传统教育格局。而最大的缺陷在于其根本目的是维护封建统治，没有克服中、西学之间固有的内在矛盾的情况下的直接嫁接，必然会引起两者之间的排异性反应。

5.《劝学篇》。晚清重臣张之洞发表《劝学篇》，全面阐述了"中学为体，西学为用"的教育观点，试图为中国改革提供理论依据。《劝学篇》分内篇和外篇，"内篇务本，以正人心，外篇务通，以开风气"。通篇主旨归于"中学为体，西学为用"。即以封建的典章制度、伦理道德、中国的经史之学、孔孟之道为根本，此外，还要积极地学习西政、西艺、西史。《劝学篇》中还论证了中西学的关系，中学着重的是人品行的修养，具有德育的功能；西学是适用的，其目的是以补中学之不足。《劝学篇》是晚清政府推行教育改革的纲领性文件，既是洋务运动的理论总结，也是改革的理论依据。它为20世纪初"新政"时期的教育改革确定了基调，奠定了理论基础，但后来遭到资产阶级改良派和革命派的痛批。

（二）简答题

1. 洋务派创办的新式学校有什么特点？其意义是什么？

答：洋务派在洋务改革中，在教育上主张兴办新式学堂。

（1）洋务学堂的新特点主要表现在培养目标、教学内容、方法和组织形式上。①培养目标：造就各项洋务运动事业需要的人才；②办学性质：提供专门训练的专科性学校，属于部门办学，直接为本部门的需要而培养人才；③教学内容："西文"与"西艺"为主，课程多包含各自专业相关的科学技术课程，注意学以致用；④教学方法：按照知识的接受规律由浅入深、循序渐进安排教学内容，重视理解，理论与实践相结合；⑤教学组织形式：制定分年课程计划和学制年限，采用班级授课制。

（2）洋务学堂因根植在半殖民地半封建社会的土壤，具有新旧杂糅的特点：①缺乏全国性的整体规划和学制系统，学校之间很孤立；②在"中学为体，西学为用"的总原则下，不放弃学习四书五经；③管理上有封建官僚习气，关键管理环节受洋人挟制，影响学堂正常办理。

（3）洋务学堂的意义：洋务学堂拉开了中国教育近代化的序幕，它以西方近代科技文化作为主要课程，在形式上引入了资本主义因素，初步具备了近代教育的特征。它产生之初，并未有意与以科举为核心的旧教育相对抗，但产生之后，逐渐动摇和瓦解旧教育体系，实际上启动了近代中国教育改革的进程，历史意义重大。

2. 怎样评价近代中国的教会学校？

答：教会学校是西方世界殖民扩张的产物，教会学校的存在是近代中国半殖民地的国家地位在教育上的反映。另外，教会学校也是中国传统教育向近代教育过渡的促进因素。

（1）教会学校在华创办和发展教育的效果非常显著，其办学经验、管理模式为中国近代教育提供了范本，对近代中国教育改革有所启示。

（2）教会学校在编辑和发行具有西方自然社会科学知识的书籍方面，起到了宣传新思想、新观念的作用。

（3）教会学校注重提倡男女平等教育，为女童入学提供优惠条件，有助于削弱中国封建礼教。

（4）尽管教会教育是为控制中国，但此目的没有达到，反而唤醒了有识之士对教育主权的认识。

（5）教会学校遍布全国，自成体系，严重侵犯了中国的主权。

3. 简述洋务运动时期的改革措施以及指导思想。

答：19世纪60—90年代，清末发起了洋务运动，要求向西方学习，维护封建统治。改革的具体措施有：

（1）兴办学堂：洋务学堂是洋务运动的重要组成部分，其目的在于培养洋务运动所需要的翻译、外交、工程技术、水陆军事等多方面的专门人才，教学内容以所谓"西文"与"西艺"为主。洋务学堂的举办是随着洋务运动的展开而开始的。其主要类型包括外国语（"方言"）学堂，如京师同文馆；军事学堂，如福建船政学堂；技术实业学堂，如福州电报学堂等。

（2）派遣留学：洋务派先后启动了幼童留美和留欧教育。留美教育主要由容闳提议，选择聪慧的幼童，分4批前去美国学习。可惜的是，由于守旧派的阻挠，这批学生大部分没有完成学业，相继回国。留欧教育是以福建船政学堂的学生为主，送往英、法、德留学，学习造船技术和驾驶技术。分3批，学成归国。留美与留欧教育的学生都对中国的发展作出了杰出的贡献，尤其是留欧学生在造船、海军军官，以及海军教育事业上作出了重要贡献。

4. 简述京师同文馆创办的特点和意义。

答：京师同文馆最初是作为外语学校设立的，是近代中国被动开放的产物。迫于外交需要，它是第一所洋务学堂，是我国最早的官办新式学校。初创时只有英文馆，后来兼习各门西学的综合性学校，后来并入京师大学堂。

（1）特点：

①培养目标：专为培养译员、通事而设，专门培养洋务人才，不再是培养应科举考试的官僚后备军，注重学以致用。

②课程设置：外语居于首位，侧重西学与西艺，汉文经学贯穿始终，特别重视对学生封建道德习惯的培养，还向学生灌输殖民主义思想、帝国主义，以宗教麻醉学生。

③教学组织形式：最早开始了中国的班级授课制和分年课程。

④教学方法：由浅入深，循序渐进，在一定程度上改变了死记硬背的学风，注重理论与实际的结合。

（2）意义：同文馆既有封建性，又有殖民性，是清政府在教育上和外国资本主义结合的产物。就办学成效而言，京师同文馆不能列入洋务学堂的前列，也未表现出比其他学堂更鲜明的特点，它的历史地位主要表现在：

①它是洋务学堂的开端，也是中国近代新教育的开端。表明我国向西方学习从观念走向了现实，正是由于领头羊的作用，开办了大量学校。②京师同文馆身处北京，它的一些重要举措以及由此引起的争执往往能映现出各派关于教育改革的观点，所以它也是社会关注的焦点。

以上两点，决定了京师同文馆在中国近代教育史上的标志和象征意义。总之，京师同文馆标志着我国半殖民地半封建社会教育的开始，具有新的办学形式，且使科学教育正式列入中国教育之中，教育向前迈了一步。

5. 简述福建船政学堂的创立、发展和意义。

答：福建船政学堂是福建船政局的组成部分。由洋务运动的重臣左宗棠奏谐创办，是近代第一个，也是洋务运动时期最大的专门制造近代轮船的工厂。

（1）福建船政学堂的创立与发展：学堂的宗旨是"习学洋技"，主要培养造船和驾驶人才。学堂有前学堂和后学堂之分，前学堂学习制造技术，又称造船学堂，目标是培养能够设计制造各种船只零件并能进行整船设计的人才；后学堂学习驾驶船轮机技术。前学堂内添设"绘事院"和"艺圃"。绘事院的目标是培养制作生产用图纸的人才；艺圃实际上是在职培训学校，通过工读结合形式有计划地培养生产和技术骨干的做法，开创了我国近代职工在职教育的先声。总之，学堂既培养军事人才，也培养军事技术人才。

（2）福建船政学堂的意义：福建船政学堂从开办到改组，历时半个世纪，是洋务学堂中持续时间最久的一所。它在我国近代海军事业的发展中有重要地位，它为近代中国海军输送了第一批舰战指挥和驾驶人才，也为近代中国船舰制造业的发展写下了光辉的一页，是近代中国海军人才的摇篮。

（三）论述题

述评张之洞"中学为体，西学为用"的思想。

答：洋务运动的过程实质上是一场对近代西方文明成果的移植过程，因此，这就不可避免地引出一个如何处理"西学"("新学")与"中学"("旧学")关系的问题。针对此问题，洋务派与守旧派展开了论争，张之洞撰成《劝学篇》，围绕"旧学为体，西学为用"的主旨，进行了集中阐述，"中体西用"形成了一个比较完整的思想体系。

《劝学篇》分内篇和外篇，"内篇务本，以正人心，外篇务通，以开风气"。通篇主旨归于"中学为体，西学为用"。"旧学为体，新学为用，不使偏废。"中学着重的是人品行的修养，具有德育的功能。中学治身心，西学应世事，如此一来，西学是中学的补充。

"中学为体，西学为用"思想，对教育的影响是深远的，涉及教育领域的各个方面。"中体西用"思想，一直支配着晚清教育。从整体上看："中学为体，西学为用"思想，对教育的影响是深远的，它将西学作为一个整体予以认可，给封建僵化的封建文化打开了一个缺口，使西学在中国的发展成为可能，为中国近代的变革注入了新的物质力量和精神力量，加速了封建制度的解体，推动了近代化的步伐。在教育方面："中体西用"作为洋务教育的指导纲领，对中国近代教育的影响是双重的。既有促进作用，又有阻挠作用。

（1）启动了中国近代教育改革的步伐，催发了新式教育的产生，如兴办新式学堂，增加自然科学知识，开展留美教育等，打破了儒学一统天下的传统教育格局。

（2）引进西方近代科学、课程及制度，对清末教育改革既有思想层面的启发，又有实践层面的推动。

（3）极大地冲击了传统教育的价值观，为新式教育进一步推广扫清了障碍。

（4）由于"中体西用"的根本目的是维护封建统治，使新式教育一直受到忠君尊孔的封建信条的支配，又在阻碍新式教育的发展进程。尤其是阻抑了维新思想更广泛的传播，不利于近代刚刚开始的思想启蒙运动。

（5）中体西用作为中、西文化接触后的初期结合方式，有其历史的合理性。但是作为文化的整合方案和教育宗旨又是粗糙的，它是在没有克服中、西学之间固有的内在矛盾的情况下的直接嫁接，必然会引起两者之间的排异性反应。

第八章 近代教育体系的建立

【本章知识框架】

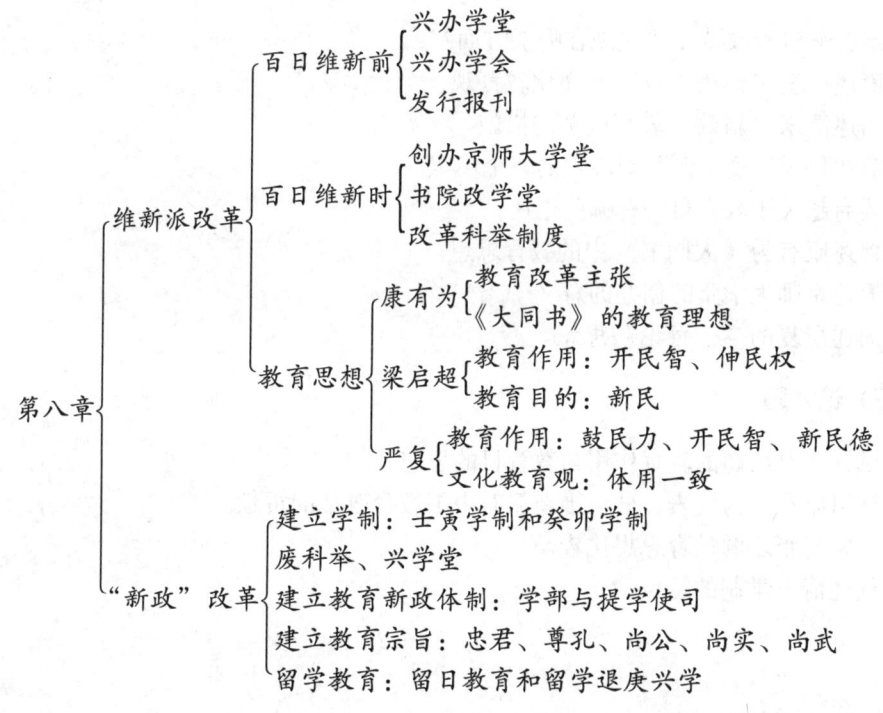

考情分析

本章内容可以大致分为教育思想和教育改革两个部分,对于改革的部分,就是维新派的教育与清末新政教育改革,各派的主张与改革措施都应详细了解,而思想部分主要是康有为、梁启超与严复的教育思想,三个人教育思想既相似又各有差异,复习时注意区别记忆。梁启超的思想最容易出题，此外，建议考生以简答题的方式备考维新派与清末新政各自的改革措施。

 重点难点

"百日维新"与清末新政时期的教育改革；梁启超与严复的教育思想；清末的留学教育。

【习题精编】

（一）名词解释

1. 京师大学堂。
2. 《大同书》。
3. 庚款兴学。
4. 癸卯学制。

（二）简答题

1. 维新派教育改革主要表现在哪些方面？
2. 简述严复"体用一致"的文化教育观。
3. 简述清末"新政"教育改革的措施。
4. 简述科举制度从改革到废除的三个步骤。
5. 梁启超关于教育目的有哪些论述？
6. 评述康有为《大同书》中的教育思想。
7. 简述京师大学堂的创办的意义。
8. 简述严复的"三育论"思想。

（三）论述题

1. 试评述梁启超的教育作用与教育目的思想。
2. 试以康有为为代表，分析维新派对中国教育改革的贡献。
3. 严复与张之洞教育思想比较。
4. 简述清末学制的特点。

 【参考答案】

（一）名词解释

1. 京师大学堂。百日维新时，在光绪皇帝的严令督促下，在梁启超等人的提议下，开办了京师大学堂，吏部尚书孙家鼐为管学大臣，管理京师大学堂。后来又分设中、西总教习，民国初年，京师大学堂改为北京大学。京师大学堂在百日维新之时不仅是全国最高学府，也是全国最高教育行政机关。办学宗旨依然是"中学为体，西学为用"。京师大学堂里一系列系统的规定，为中国近代新学制的制定提供了摹本，是我国学制史上的新起点。在中国教育行政从传统向近代转型的过程中发挥了过渡性的作用。京师大学堂确立的师法日本的办学方针影响了清末民初中国教育发展的价值取向。

2.《**大同书**》是康有为代表作之一。书中康有为描述了一个"大同"的理想社会，即一个根除愚昧无知，教育昌盛，文化繁荣，主张废除私有制和等级制，消灭了家庭的社会，大同社会里对儿童的抚养和教育均由社会承担。康有为在《大同书》中设计了一个前后衔接的完整教育体系，包括人本院、育婴院、小学院、中学院、大学院。《大同书》中倡导"公养"、"公教"，每个社会成员都有权享受教育，皆为公费。重视学龄前教育，主张男女教育平等，指出对儿童应实行德、智、体、美诸方面的教育等。但是《大同书》中教育理想的观念背景，则是中国传统的大同思想和近代空想社会主义的综合体，带有明显的未来乌托邦色彩。

3. 庚款兴学。清末新政时期，由于留日高峰的形成，也格外引起美国朝野的注目，认为将不利于美国在华的长远利益。美国决定，将中国"庚子赔款"中的一部分以先赔后退的方式退还给中国，并和中国政府达成默契，将这笔钱用来发展留美教育。史称"庚款兴学"或称"退款兴学"。这一举动被相关国家效仿。为了实施"庚款留美"计划，两国分别在两地设立了"游美学生监督处"和"游美学务处"。中国着手筹建留美预备学校——清华学堂。通过这次兴学，美国的确把中国留学潮引向美国，中国留学生的流向从此发生了变化。

4. 癸卯学制是我国近代由中央政府颁布并首次得到施行的全国性法定学制系统。1903 年，张百熙、张之洞、荣庆拟定了《奏定学堂章程》，也称癸卯学制。癸卯学制把整个学程分为三段七级，初等小学堂为五年强迫教育阶段，另有师范教育及实业教育两个系统。癸卯学制具有半资本主义半封建性，是传统性和近代性的综合产物，也是学习西方教育的系统性成果，在中国教育近代化发展中具有标志性意义。

（二）简答题

1. 维新派教育改革主要表现在哪些方面？

答：维新派在教育改革方面的实践主要有五个方面：

（1）兴办学堂：维新性质的学堂包括两类，一类是维新运动的代表人物为培养维新骨干、传播维新思想而设立的学堂，如康有为在广州设立的万木草堂等。另一类是在办学类型与模式、招生对象、教学内容等某个或某些方面对洋务办学观念有所突破，领风气之先的学堂，如北洋西学堂、南洋公学等。

（2）兴办学会与发行报刊：为了宣传维新思想，维新派还创办了各种学会，如北京强学会、上海强学会等，并发行了各种报刊，如《万国公报》、《强学报》、《时务报》等。

（3）创办京师大学堂：由梁启超参考日本和西方学制，起草京师大学堂章程，京师大学堂的任务，不仅在管理自身，还要成为各省学堂的表率，而且还有统辖各省学堂的大权。

（4）改革科举制度：光绪皇帝下诏废除八股，此后人们不得不寻求新的学问，客观上促进了西学的传播。不久，光绪皇帝再次下诏设立经济特科，以选拔维新人才。

（5）书院改学堂：光绪帝又令各省及地方官将各省的大小书院，一律改为兼习中学、西学的新式学堂。

2. 简述严复"体用一致"的文化教育观。

答：严复的"体用一致"的文化教育观主要包括以下内容：

（1）倡导对西方的自然科学和社会政治学说要一体学习，此时他的"体用一致"思想表现为"全盘西化"和西学自成体用的倾向。

（2）对西学的整体性和发展性的认识。他把近代科学按从基础到应用的层次划分为三类，认为这三类学科联成一体，相资相用，交叉发展。他还认为西学是一个发展的体系，运用考察、实验、归纳等方法创造新知和验证学理，不断更新、改进和发展。

（3）后来严复改变了以前"全盘西化"的倾向，提出了要构建一种融会中西，兼备体用的新文化体系的设想。

3. 简述清末"新政"教育改革的措施。

答：（1）颁布新学制：壬寅学制是中国近代第一个以中央政府的名义制定的全国性学制系统，壬寅学制虽经正式公布，但并未实行。后来，癸卯学制成为我国第一个正式实施的学制。

（2）废科举，兴学堂：1905 年，清政府下诏乡试、会试一律停考，各省岁科考试也随即停考，至此，共实行了一千三百年的科举考试，终告废除。科举的废除为新式学堂的发展扫清了障碍。

（3）建立教育行政体制：1905 年，清廷成立了学部，作为统辖全国教育的中央教育行政机关，最高长官叫尚书，在整体上注意到教育行政与教育学术的联系，注重实业教育的地位。在地方各省设提学使司，专管全省教育事务。至此形成一套新的从中央到地方的教育行政系统。

（4）制定教育宗旨：学部明定教育宗旨为："忠君，尊孔，尚公，尚武，尚实。"这是中国近代第一次正式宣布的教育宗旨。

（5）留学教育。新政时期，首先民间自发形成了留日高潮。后来美国为了把留学的热潮引向美国，与中国清政府达成共识，实行庚款兴学。促进了新政时期留学教育的发展。

此外，这一时期，因新政的实施，留学教育再掀热潮，以日本和美国为主，虽非新政的内容，但是新政直接导致的一种后果。

4. 简述科举制度从改革到废除的三个步骤。

答：传统教育空疏无用，从地主阶级的改良派龚自珍、魏源到资产阶级维新派康有为、梁启超、严复等，就连一般的官僚和封疆大吏张之洞、袁世凯也纷纷批评科举制度。因此，改革和废除科举制度势在必行。科举制从改革到废除共分为三个步骤：

（1）第一步：改革科举内容。

①光绪十三年就在每届乡试会试时酌取人才，但其他如故；②1898年戊戌变法期间，清政府曾明令凡乡、会试和童生一律废八股，改试策论，但戊戌政变后，八股又曾一度复活；③1901年，在"新政"推行下，再次下令废八股，改策论，废武试。

（2）第二步：递减科举中额。

①1901年以后清政府的官僚大臣们纷纷要求开办学校、改革科举；②1903年，张百熙、张之洞等合写奏文，建议逐渐递减科举中额。按他们的计算，这种递减的方法，到减尽时，需要十年。

（3）第三步：科举制度完全废止。

光绪三十一年（1905）八月，清政府下诏"立停科举以广学校"。乡、会试一律停止。各省岁科考试亦即停止。至此，封建时代的科举制度从隋炀帝大业二年始，共实行了1300年，终告废除。

科举制度的废除，在中国教育史发展史上是一件大事。它标志着长期封建时代的旧教育在形式上宣告结束，一个新的半殖民地半封建社会的教育制度在逐步形成。

5. 梁启超关于教育目的有哪些论述？

答：梁启超特别重视确定教育目的，曾著《论教育当定宗旨》一文。其主要观点如下：

（1）教育一定要有目的，否则将一事无成。

（2）教育目的正确与否，至关重大，封建教育之所以腐朽，洋务教育之所以收效甚微，主要在于教育目的上的错误。

（3）正确的教育目的应该是"养成一种特色之国民"，这种新民正是具有资产阶级政治信仰、思想观念、道德修养和适应资本主义社会生活的知识技能的新国民。克服中国人在专制社会中形成的品格缺陷。他认为只有造就出这样的新民，才能拯救国家的危亡，振兴中华民族。

6. 评述康有为《大同书》中的教育思想。

答：康有为1884年写了《人类公理》，直到戊戌变法失败后，才修改为《大同书》发表。他在《大同书》中描述未来的大同社会，即是一个没有阶级、没有国家、没有家庭的人人平等，经济高度发达，政治极端民主的极乐世界。人同社会实行"公养"、"公教"制度。每个社会成员都享受"十年齐同之教育"。在康有为设计的教育蓝图中：

（1）儿童未出生，其母入人本院，接受胎教；

（2）婴儿6个月后，进育婴院，2岁后进慈幼院，接受学前教育；

（3）儿童6～10岁，进小学院，接受初等教育；

（4）少年10～15岁，进中学院，接受中等教育；

（5）青年16～20岁，进大学院，接受高等教育。

他对每个教育阶段的培养目标、教学内容、教学重点都作了详细描述，主张男女教育平等，主张对儿童实行德、智、体、美诸方面的教育，提出了许多可贵的见解；但是，这仅是一种乌托邦式的社会空想。

7. 简述京师大学堂的创办的意义。

答：由维新派主张建立的京师大学堂，不仅是全国最高学府，也是全国最高教育行政机关。它的办学宗旨是"中学为体，西学为用"。

京师大学堂的意义：①京师大学堂的创办，说明清廷重视高等教育机构的建立，反映中国近代教育发展的内在逻辑；②京师大学堂在办学宗旨、课程设置、学生入学等方面形成了一系列系统的规定，为中国近代新学制的制定提供了摹本，是我国学制史上的新起点；③京师大学堂的规章制度适应了当时教育发展的需要，在中国教育行政从传统向近代转型的过程中发挥了过渡性的作用；④京师大学堂确立的师法日本的办学方针影响了清末民初中国教育发展的价值取向。

8. 简述严复的"三育论"思想。

答：严复是中国近代从德智体三要素出发构建教育目标模式的第一人，他在《原强》中首次阐发了他的"三育论"，严复认为一国的政治经济状况、参与国际竞争的能力取决于国民德、智、体三方面的发展水平，中国要改变积贫积弱的现状，就必须从提高国民这三方面素质着手，鼓民力、开民智、兴民德，才可谓真国民。所谓"鼓民力"就是提倡体育，包括禁止吸鸦片和女子缠足等陋习，使国民具有强健的身体；"开民智"就是要全面开发人民的智慧，提高人民的文化教育水平，但实际牵涉到对传统教育体制、教育内容、学风和教学方法的改革，其核心是改革科举制度，废除八股取士和训诂辞章之学，讲求西学；"兴民德"主要是从改变传统德育内容，用西方的民主自由平等取代封建伦理道德，培养人民忠爱国家的观念意识，改变人民的奴隶地位，严复认为兴民德最难。

这三育教育就是要用资产阶级的德智体武装国民，取代以儒学为中心的封建教育。这三育是统一的，相互联系，不可偏废。这种教育观实属教育救国论，反映了严复对教育作用的高度重视，基本上确立了中国教育目标的近代化模式。

（三）论述题

1. 试评述梁启超的教育作用与教育目的思想。

答：梁启超是清末维新变法时期极其重要的领军人物，在维新变法期间，他在社会的各个方面都做了很多的改革工作，写了大量文章宣传变法思想，参与京师大学堂的创办，在近代中国教育发展上起了很大的推动作用，其教育思想大致包含以下几个方面的内容：

(1)"开民智"、"伸民权"与教育作用。针对中国当时的现状，梁启超认为国势的强弱随人民的教育程度而转移，并明确地将"开民智"与"伸民权"联系起来，为"伸民权"而"开民智"，权生于智，这在一定程度上揭示了专制与愚民、民主与科学的内在联系。他的"开民智"实具有科学与民主启蒙的内涵。后来梁启超觉察到"民智"和"民权"并不能画等号，教育可以培养一个人的"权利"意识，也可以培养一个人的奴隶性，因此他提出教育应该有宗旨。可见他对当时中国社会问题的剖析比较深刻，也极为注重教育的作用。

(2)培养"新民"的教育目的。梁启超的教育目的是培养新民，他所定义的新民必须具有新道德、新思想、新精神、新的特性和品质，诸如国家思想、权利自想、政治能力、冒险精神以及公德、私德、自由、自治、自尊、尚武、合群、生利、民气、毅力等。可以看出，这种"新民"正是具有资产阶级政治信仰、思想观念、道德修养和适应资本主义社会生活的知识技能的新型国民，因而梁启超的教育目的就是培养具有资产阶级品质的新型国民。这在当时是具有进步意义的，相比洋务派、改良派等以培养效忠封建统治的人为目的的教育目标，梁启超的教育目的是很具有时代意义的。

总的来说，梁启超的教育思想代表的是时代发展的一种方向，他认识到封建制度的腐朽，企图以教育改变国家的命运，"开民智"进而"伸民权"，这一点具有进步意义，体现了它自身资产阶级的革命性；然而，由于时代的局限和资产阶级固有的妥协本性，梁启超无法认识到改变中国社会的根本途径，企图借封建统治阶级的力量进行改良救国，是不可能的，因而其教育主张很多不能彻底实现，但其中的意识和趋向是顺应历史潮流的，尤其是在教育公平、女子教育和向西方学习方面，梁启超有很多思想是值得褒奖的。

2. 试以康有为为代表，分析维新派对中国教育改革的贡献。

答：甲午战争后，随着近代资产阶级队伍的壮大，早期改良主义思想迅速演变成资产阶级维新思想；维新派出现了，他们希望在不触动封建统治阶级基础的前提下，进行自上而下的、渐进式的改革，从而改变中国社会的政治、经济、军事及文化教育，以抵抗外国侵略，发展资本主义。

（1）康有为的教育贡献：

①他认为历史是变化发展的，根据他的"张三世"说，认为当时中国应该由封建主义的君主专制制度向资本主义性质的君主立宪制转化，转化的关键是变法，变法的第一步在于教育。他强调教育在国富民强中的重要作用。在人才培养方面，他认为学习可以改变人的善恶，这继承了孔子"性相近也，习相远也"的思想。

②他主张变革科举，废除八股。他认为当时的科举制度立法过严，束缚了士子的头脑，闭塞了民众的心智。他主张文试以中国文学、策论、外国科学代替章法古训，武试用武备学校培养人才。为打破科举、八股为中心的旧教育，他还提倡"派游学"、译西书，学习西方的科学文化知识。

③他强调兴办学校，建立资产阶级的教育制度。他认为只有遍设各学，才能学以致用，达到救国救民的目的。他曾介绍欧、美、日、德兴学的情况，指出具体办法是诸皇帝下诏遍令省、府、县、乡兴学；在北京设立京师大学堂。他还主张立海、陆、医、律、师范各专门学。

④他撰写了《大同书》。攻击了社会不公平现象，提出去国、去家，实行男女平等的主张。他在书中论述了他设想的理想学制，并强调这一教育制度是每个社会成员都有权享受的，并且皆为公费。

（2）维新派的基本主张和贡献：

①维新派要求打破封建地主阶级的专政，参与政权，实现君主立宪。为此，他们在思想意识上，努力输入西方资产阶级的伦理道德观念，以西方某些民主观点，来反对封建专制思想，特别是君权思想。

②维新派主张学习西学，包括西方资产阶级的社会政治学说和自然科学。他们批评"宋学义理"、"汉学考据"和"词章"之学，认为这些被封建统治者提倡的"中学"只能培养俗儒、鄙夫。

③维新派认为，欲救中国，必须先开民智，培养人才，这就必须废除八股，改变科举

制度，建立资本主义的教育体系。维新派按照资本主义教育制度，提出了在中国建立学校体系的主张，对于改革封建官学、私学、书院等也都提出了具体建议。

3. 严复与张之洞教育思想比较。

答：（1）张之洞主要教育思想：中体西用。张之洞的《劝学篇》全面阐述了"中学为体，西学为用"的教育观点，主张中学之体对西学之用的主导和导向作用，学西学，以补中学之不足。中体西用思想最大的作用在于给封建僵化的封建文化打开了一个缺口，使西学在中国的发展成为可能，启动了中国近代教育改革的步伐；催发新式教育产生，兴办新式学堂，增加自然科学知识，开展留美教育等，由此打破了儒学一统天下的传统教育格局。而最大的缺陷在于根本目的是维护封建统治，没有克服中、西学之间固有的内在矛盾的情况下的直接嫁接，必然会引起两者之间的排异性反应。

（2）严复主要教育思想："鼓民力"、"开民智"、"兴民德"的"三育论"以及"体用一致"的文化教育观。严复肯定了西方文化的先进性和优越性，他认为洋务派所学的西学不过是抄袭西方资本主义的皮毛，孤立地学习西方的某些技术，或仅仅抄袭西学的现成结论，忽视了西学的整体性和发展性，而真正的西学包括西方民主、政体、科学等。倡导对西方的自然科学和社会政治学说要一体学习，此时他的"体用一致"思想表现为"全盘西化"和西学自成体用的倾向。后来严复改变了以前"全盘西化"的倾向，提出了要构建一种融会中西、兼备体用的新文化体系的设想。

（3）他们思想的相同点：面对中国落后的半封建半殖民地社会状况，希望通过教育改变中国落后的局面。他们都重视教育，广泛地建立新式学堂，主张学习西学，翻译西书，以此来求富，自强不息。

（4）他们思想的不同点：①两者的主要立场不同。张之洞的根本目的是在维护清政府的腐朽落寞的统治，严复主张清政府自上而下进行资产阶级改革，走君主立宪制的道路。②对中西文化冲突的主张不同。张之洞主张中体西用，西学只是学习器物的层面。通过技术、实业改变中国。而严复主张体用一致，要求全面学习西学，政治层面也要学习，还要建立君主立宪制的国家，以及通过改造国民改革中国。③主要教育主张不同。张之洞认为，教育的主体是忠君尊孔；严复提出了德智体全面发展的三育论观点，主张"鼓民力"、"兴民德"、"开民智"。

4. 简述清末学制的特点。

答：清末学制以壬寅学制和癸卯学制为代表，具有半资本主义半封建性，是传统性和近代性的综合产物，也是学习西方教育的系统性成果，在中国教育近代化发展中具有标志性意义。它直接参考日本，间接吸纳欧美，反映了近代资本主义教育的诸多特点。①仿照西方流行的三级学制系统模式，分为初、中、高等三级，规划义务教育阶段，反映了教育的普及性和平等性要求；②学制各阶段，尤其是初等教育阶段，确立德、智、体协调发展的三育发展模式；③设置实业学堂，推动近代资本主义的商业发展；④重视师范教育，加强教师职业训练；⑤将分年课程规划、班级授课制作为基本的教学管理和教学组织形式；⑥尊重儿童个性，禁止体罚；⑦在课程比重方面，西学占主导地位。

但是，清末学制又有浓厚的封建性：①指导思想是"中体两用"，首要任务是培养学生效忠封建王朝；②读经讲经课比重过大，所以导致学制年限偏长；③大学堂的入学条件仍有限制，维护教育的封建等级性；④将广大妇女排斥在学校教育之外；⑤对教职员和学生的许多规定旨在维护封建统治秩序，显示较强的封建专制性；⑥根据学生的表现和学业程度奖励相应的科举功名，没有隔断与教育的瓜葛。

第九章 近代教育体制的变革

【本章知识框架】

- 第九章
  - 民国初年教育改革
    - 教育方针:"注重道德教育,以实利教育、军国民教育辅之,更以美感教育完成其道德。"
    - 颁布学制:"壬子癸丑学制"
  - 蔡元培教育思想
    - 教育方针:五育并举(军国民、实利主义、公民道德、世界观、美感)
    - 北大改革
      - 抱定宗旨,改变校风
      - 贯彻"思想自由,兼容并包"办学原则
      - 教授治校,民主管理
      - 学科与教学体制改革
    - 教育独立思想
      - 教育经费独立
      - 教育学术和内容独立
      - 教育行政独立
      - 教育脱离宗教而独立
  - 20年代的教育思潮与教育改革运动
    - 平民教育思潮
    - 工读主义教育思潮
    - 职业教育思潮
    - 实用主义教育思潮
    - 勤工俭学运动
    - 科学教育思潮
    - 国家主义教育思潮
    - 学校教育改革

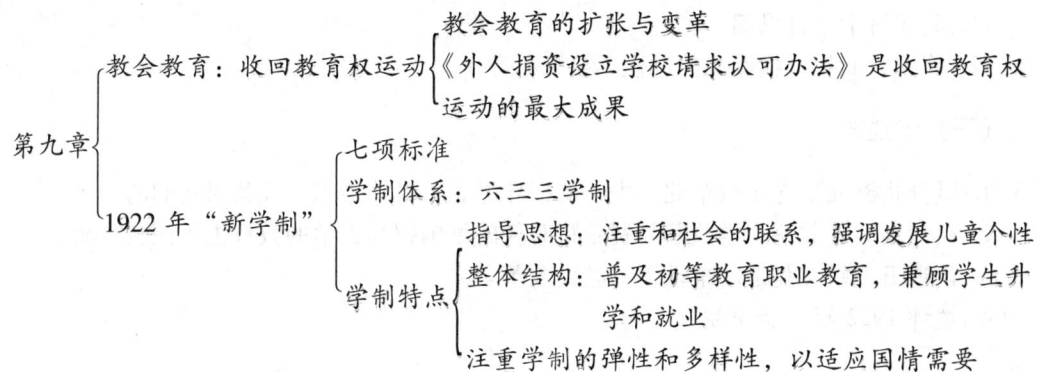

考情分析

本章的内容主要介绍资产阶级革命派的主张、蔡元培的教育思想与实践,以及新文化运动中的教育思潮。其中,两次颁布学制、建立教育方针,都属于革命派的改革主张;各大教育思潮、方式学校教学方法的改革、收回教育权运动,都属于新文化运动影响下教育思潮的内容。不论从学术地位上还是考试分值上,本章都是考试的重点,其中,考生应重点把握两次学制与蔡元培的思想。分析论述题中易出蔡元培的北大教育改革。

重点难点

蔡元培教育思想与北大改革;壬子癸丑学制与1922年"新学制"。

【习题精编】

(一) 名词解释

"五育并举"的教育方针。

(二) 简答题

1. 简述新文化运动时期教育新观念的特点。
2. 1922年学制的内容和主要特点是什么?
3. 蔡元培关于教育方针的思想是什么?它有什么重要意义?
4. 简述蔡元培的"思想自由"、"兼容并包"的办学方针。
5. 壬子癸丑学制与癸卯学制相比有哪些进步?
6. 简述1922年学制的历史意义。
7. 简述教育独立思想的主要内涵和意义。
8. 简述新文化运动对教育改革的影响。
9. 简述实用主义教育思想的内涵及意义。
10. 简述职业教育思想的内涵及意义。

11. 简述科学教育思潮。
12. 简述收回教育权运动的过程、结果和意义。

（三）论述题

1. 试分析蔡元培先生改革北京大学的指导思想、具体措施，及其对我们的启示。
2. 蔡元培时代北京大学改革与费希特时代的德国柏林大学的教育主张比较分析。
3. 论述五四新文化运动推动下的教育改革。
4. 述评1922年"新学制"。

【参考答案】

（一）名词解释

"五育并举"的教育方针。蔡元培在1912年发表的《对于教育方针的意见》中，从"养成健全之人格"的观点出发，提出了"五育并举"的教育思想。"五育"包括军国民教育、实利主义教育、公民道德教育、世界观教育和美感教育。蔡元培强调"五育"不可偏废，前三者偏于现象世界之观念，隶属于政治教育；后二者以追求实体世界之观念为目的，为超轶政治之教育。军国民教育为体育，实利主义教育为智育，公民道德教育为德育，美感教育可以辅助德育，世界观教育将德、智、体合而为一，是教育的最高境界。"五育"中也有重点，即必须以公民道德教育为根本。在民国初年，将军国民教育、实利主义教育、公民道德教育和美感教育作为民国临时政府的教育方针。

（二）简答题

1. 简述新文化运动时期教育新观念的特点。

答：新文化运动促进教育观念的转变，在继洋务教育在技艺层面上、维新教育在制度层面上接受西方教育之后，新文化运动时期的中国开始在思想观念层面上自觉接受西方教育、跟上西方教育，表现出以下特点：

（1）教育的个性化。个性主义思想体现于教育主要是强调在教育上"使个人享自由平等之机会而不为政府、社会、家庭所抑制"；要求在教育中尊重个人，又从尊重儿童始。作为教师必须懂得儿童身心发展规律，从而选择适当的方法。

（2）教育的平民化。教育关注点的下移和重民是当时普遍可见的现象。当时不少人提出必须坚持教育的"庶民"方向，打破以往社会有贵贱上下、劳心与劳力、治人与被治种种差别的阶级教育。

（3）教育的实用化。一方面认识到教育对个人生活能力的培养、对社会生产发展的适应的重要意义；另一方面认识到学校内部需进行全面改革，强调从社会生活和学生生活实际出发，沟通教育与生活、学校与社会，强调学生主动、创造的学习和实际能力的培养，要求课程内容和教学组织形式均需适应生产和生活发展的需要，以求普通学校教育摆脱传统的束缚。

（4）教育的科学化。学校要进行数理化生地之类的科学知识的教育，更重要的是要让科学内容和方法渗入社会各项事业，渗入教育，以改变人民的态度和观念。

2. 1922年学制的内容和主要特点是什么？

答：1922年的"新学制"，或称"壬戌学制"。由于该学制采用的是美国式的六三三分段法，又称"六三三学制"。

（1）主要内容：受实用主义思想的影响，新学制不订教育宗旨，而以七项标准作为指导。新学制的标准为：适应社会进化需要；发扬平民教育精神；谋个性之发展；注意国民经济实力；注意生活教育；使教育易于普及；多留各地伸缩余地。

1922年的新学制比以往学制，在指导思想、整体结构和具体条款上都有独特的长处和显著的进步。新学制以儿童身心发展规律为依据，采用"六三三"分段标准，将学制划分为三段。从纵向看，小学6年，其中初级小学4年（义务教育阶段）、高级小学2年，中学分为初、高中各3年，大学4~6年，小学之下有幼稚园，大学之上有大学院。从横向看，与中学平行的有师范学校和职业学校。

学制还有"四项附则"规定：注重天才教育，变通年限及教程，使优异之智能尽量发展；对于精神或身体上有缺陷者，应予以相当之特种教育；为青年个性发展，采用选科制；对年长失学者，给予补习教育。

（2）学制的特点：

①第一次依据我国学龄儿童的身心发展规律划分教育阶段，学制采用美国学制的"六三三"制，基本上是依据我国青少年身心发展的特点来划分的，这在中国近代学制发展史上是第一次。

②初等教育缩短小学年限，更加务实合理，利于普及。幼稚园纳入初等教育阶段，使幼儿教育与小学教育得以衔接，确立了幼儿教育在中国教育史上的地位。

③中等教育是改制核心，是新学制中的精粹。首先，延长中学年限，初中和高中各3年，提高中等教育的程度，克服旧学制中中学只有4年而造成基础教育浅的缺点，改善中学和大学的衔接关系；其次，中学分为初、高中，不仅增加了地方办学收缩余地，也增加了学生的选择余地；最后，中学实行分科制和选科制，力求使学生有较大的发展余地，适应不同发展水平学生的需要。

④高等教育缩短年限，取消大学预科，使大学不再担任普通教育的任务，有利于大学进行专门教育和科学研究。

⑤增强职业教育，最明显的特点是兼顾升学与就业。小学高级阶段，就要求根据各地情形，增置职业教育准备；在中学开设各种职业科，使学生既能准备升学，也能准备就业。

⑥师范教育方面（6年），程度提高设置灵活，设师范大学，并在大学设教育科。

3. 蔡元培关于教育方针的思想是什么？它有什么重要意义？

答：（1）蔡元培的教育方针思想：在教育方针方面，蔡元培提出德、智、体、美平均发展的教育方针。

他在哲学思想上受康德二元论的影响，把世界分割成现象世界和实体世界两个部分。

从这种世界观出发，他把教育也分成两个部分，一部分属于现象世界，包括军国教育、实利主义教育及公民道德教育；一部分属于实体世界，包括世界观教育和美育。之后，他又指出普通教育的目的在于养成健全的人格。健全的人格分为四育，即：体育、智育、德育和美育。这四育一样重要，都不可放松。他认为完成普通教育，需要四育"平均发展"。

其中军国民教育就是体育；实利主义教育就是智育，包括学科学文化知识和锻炼思维；公民道德教育指德育，蔡元培希望能以资产阶级道德观念培养学生；美育是他特别提倡的，他认为进行美育教育的课程很多，音乐、手工、美术等都属于美育，其他课程如文学、数学、物理、化学等也含有美育的因素。

(2) 蔡元培教育方针思想的重要意义：德、智、体、美平均发展的教育方针符合当时历史发展的要求，在教育上是一个重大的进步，是对中国的半殖民地半封建的教育宗旨的否定。从人才培养上看，这几个方面的教育，符合人的全面发展的教育规律，只是不同的阶级在各方面要求不一而已。

但是蔡元培所提倡的教育方针的思想基础是唯心主义的，在具体解释各种教育如德育、美育时就不免掺杂某些唯心主义的色彩。

4. 简述蔡元培的"思想自由"、"兼容并包"的办学方针。

答：蔡元培在担任北大校长时，确定了"思想自由"、"兼容并包"的办学方针，作为改造旧大学的指导思想，他认为大学是研究高深学问的机关，应该提倡思想自由、学术自由，各派主张只要言之成理，持之有故，尚不达自然淘汰之运命，都可以让它们自由发展，兼容并包。依据这一方针，他聘请教师"以学诣为主"，允许不同学术观点的人同时在大学任教，使北大教师队伍人才济济，面貌一新。他的这一办学方针改变了旧北大一片死寂的景象，在突破中国封建社会长期文化专制主义方面起了积极的作用，为各种新思想在大学讲坛上传播提供了有利条件，使北大成为"五四"新文化运动的发源地。

5. 壬子癸丑学制与癸卯学制相比有哪些进步？

答：1912年，教育部仍然在参照日本学制的基础上，结合中国的实际经验，制定了"壬子癸丑学制"，又称1912—1913年学制。

"壬子癸丑学制"与"癸卯学制"相比，有很大进步：(1) 学制总年限缩短了3年，易于普及教育和平民化发展；(2) 取消了对毕业奖励科举废除清末教育中的保人制度，大学不设经科，消除教育中封建等级性、科举名位和复古气息；(3) 女子享有与男子平等的法定教育权，男女儿童都要接受义务教育，初等阶段开创男女同校，突破了封建礼教对女性的限制，体现了资本主义文化的男女平等观念；(4) 不采纳清末中学文史、实分科的做法，取消高等学堂，只设大学预科；(5) 规定一学年为三个学期；(6) 课程上，取消忠君、尊孔的课程，增加自然科学课程和生产技能的训练，改进教学方法，反对体罚，教育更加联系儿童实际，适合儿童身心发展特点。

壬子癸丑学制是民国的第一个学制，比较全面地反映了资产阶级的教育要求，它是民国初期的中心学制，较以前的学制有很大的稳定性。

6. 简述1922年学制的历史意义。

答：1922年学制采取了美国的"六三三"学制，是中国近代学制改革由日本转向美国寻求借鉴的标志。虽说带有模仿和抄袭的痕迹，但从学制的制定过程来看，趋势也经过了长期的酝酿和广泛的讨论，在一定程度上集中了教育界的智慧和经验，考虑到了我国民族工业发展对教育的要求，也考虑到了学龄儿童的身心发展特点和年龄分期问题。学制比较彻底地摆脱了封建传统教育的束缚，重视基础的、民众的教育。学制比较简明，又具有灵活性，它的颁布与实施标志着中国资产阶级新教育制度的确立，也标志着中国近代以来的学制体系建设基本完成。

7. 简述教育独立思想的主要内涵和意义。

答：蔡元培在《新教育》上发表《教育独立议》，阐明教育独立基本观点，成为教育独立思潮的重要篇章。蔡元培是教育独立的积极倡导者与支持者。主要内容有：

（1）教育经费独立。要求政府划出教育经费，不能移用。

（2）教育学术和内容独立。能自由编辑、出版、采用教科书。

（3）教育行政独立。专管教育的机构不能附属于政府部门之下，要由懂得教育的人担任，不因政局的变动而变化。其原因有以下几点：第一，教育要求平衡发展人的个性与群性，而政党要求抹杀人的个性，服从政党；第二，教育求远效，政党求近功；第三，当时，各政党更迭频繁，影响教育稳定发展。

（4）教育脱离宗教而独立，不必依存某种信仰或观念。其原因有以下几点：第一，教育求进步，宗教为保守；第二，教育是共同的，要求相互交流，宗教妨碍文化交流；第三，基于当时社会现实，反对帝国主义文化侵略。

意义：在当时国家衰落的国情下维持教育基本生存状态有合理性。但是这种教育脱离政治、脱离政党的主张是一种历史唯心主义的观点，教育不可能完全独立于政治。这是蔡元培对当时政治状况下的无奈反抗，反映了他反对军阀控制教育、希望按教育规律办教育的美好愿望，教育脱离宗教的主张含有反对帝国主义文化侵略的革命意义。

8. 简述新文化运动对教育改革的影响。

答：中国资产阶级民主革命的果实被封建保守势力夺取之后，1915年思想文化领域兴起了一场反封建的新文化运动，激进的民主主义者以《新青年》为主阵地，与封建复古思潮展开论争。他们提倡民主和科学，反对旧道德、提倡新道德，要求铲除封建礼教，用白话文取代文言文，实现男女平等教育，并成立了各种教育团体，这一切有利于教育的普及，为教育改革做了思想上、理论上的准备，对当时的教育改革、提倡新教育运动起到了重要的推动作用。

9. 简述实用主义教育思想的内涵及意义。

答：五四运动前后，杜威的实用主义思想经蔡元培、黄炎培、胡适、陶行知等的介绍在中国流行起来。人们对"实用主义"教育产生了兴趣。"五四"前后尤其杜威来华讲学后，实用主义成为全国范围内很有影响的教育思潮。实用主义教育主张教育与儿童实际生活紧密相连，宣传教育救国。

（1）实用主义教育思潮的内涵：杜威的思想适应了中国国内希望社会改良的要求和教育救国、教育改革的主张。实用主义教育信条有教育即生活，教育即生长，学校即社会、从做中学等传播开来。其中，教育即生活、学校即社会、儿童中心正符合了教育救国和改革传统教育的需要。

（2）意义：实用主义教育思潮是从五四到新中国成立前最重要的资产阶级教育思潮，

传播极广，影响超过任何一种教育思潮。实用主义教育思潮的兴起，既与新文化运动后引进西方文化的开放态势有关，更与当时的教育状况有关。实用主义教育思潮说明了中国教育观念的转变，在教育理论和教育实践中都有十分显著的反映。

10. 简述职业教育思想的内涵及意义。

答：职业教育思潮是由清末民初的实利主义和实用主义教育思想发展演变而来。民初蔡元培即将实利主义列入资产阶级的教育方针；陆费逵指出中国教育在三个方面亟待改进，即国民教育、职业教育、人才教育，其中"职业教育以一技之长可谋生活为主"。在对职业教育概念的最早阐述上，涉及授人一技之长和促进实业发展这两点职业教育思潮的基本内涵。

实践：（1）1915年起全国教育会联合会多次提出推行职业教育的议案，早期主张实用主义教育的人士大多转而提倡职业教育，思潮逐步形成；（2）1917年黄炎培发起组织中国近代第一个研究倡导实验和推选职业教育的专门机构——中华职业教育社，进一步从理论上探讨、在实践中推选职业教育，思潮达到高潮；（3）1918年中华职业教育社在上海创办中华职业学校，通过学校教育形式开展职业教育实验。

意义：职业教育思潮和运动开展的结果，不仅产生了系统的、有中国特色的职业教育理论，而且大大促进了中国的职业教育事业。职业教育思潮对1922年的新学制影响甚大，20世纪30年代中期，职业教育思潮趋于消沉。

11. 简述科学教育思潮。

答：科学教育思潮在新文化运动期间极盛一时，以任鸿隽为代表的中国科学社和《科学》杂志倡导科学教育，主张将科学内容、方法以及科学精神渗透到各项社会事业中。

科学教育思想的内涵："五四"以后科学教育运动在西方学者和科学成果的推动下得到较为广泛的开展，主要表现在两个方面：①科学的教育化。提倡学校中的科学教育，即按照教育原理和科学方法进行教育，培养学生科学的知识技能和态度，此即科学的教育化趋势。②教育的科学化。提倡以科学的方法研究教育，包括儿童心理和教育心理的研究、各种心理和教育统计与测量的试验及量表的编制应用，此即教育的科学化趋势。

科学教育思潮的主要流派有：①以任鸿隽为代表的中国科学社和《科学》杂志；②以陈独秀为代表的激进民主主义者，通过文化反思倡导科学启蒙，主张以理性态度看待中国传统教育；③以胡适为代表的实证主义，将科学的方法理解成"大胆的假设，小心的求证"。

在科学主义思潮的推动下，各种量化研究和测验在当时的中国十分流行。中国还开展了各种新教学方法的试验，如道尔顿制、设计教学法等。高校中，培养教育学科专门人才的学科和专业开始设置。

12. 简述收回教育权运动的过程、结果和意义。

答：（1）收回教育权运动的过程：①1922年3月蔡元培在《新教育杂志》上发表《教育独立议》，极力主张教育脱离政党与宗教而独立，率先举起反基督教教育的大旗。②余家菊在《少年中国》月刊上发表《教会教育问题》一文，率先提出了"收回教育权"的口号，在社会各界特别是教育界和学生界引起强烈反响。③1924年6月，"广州学生收回教育权运动委员会"宣告成立。④中华教育改进社在南京开会，讨论外国人在华设学和收回教育权问题。⑤1925年，收回教育权运动在五卅运动中达到高潮。

（2）收回教育权运动的结果。北洋政府迫于压力，也采取了一些实际行动，北洋政府教育部颁布《外人捐资设立学校请求认可办法》，开始限制教会学校的发展。这个文件的颁布与执行是收回教育权运动最大的实际性成果。

（3）收回教育权运动的意义。尽管收回教育权运动没有彻底收回教会学校的教育权，但是它使中国人民对教会教育有了清晰的认识，使教会教育的发展受到了遏制，淡化了宗教色彩，教育职能得到一定程度的强化。收回教育权运动是教会教育走向本土化和世俗化的必不可少的前奏，具有深远的历史意义。

（三）论述题

1. 试分析蔡元培先生改革北京大学的指导思想、具体措施，及其对我们的启示。

答：蔡元培是中国新文化运动的代表人物，是中国民主革命家和教育家。在五四时期，他接受了在当时学风低下、自由散漫的北京大学，以"思想自由，兼容并包"为指导思想对北京大学进行改革，采取了一系列行之有效的方法和措施，使得北京大学的面貌焕然一新。

（1）"思想自由，兼容并包"的办学理念。"思想自由，兼容并包"指的是蔡元培在北京大学内，允许各种学派自由发展，采取"学诣"第一的原则，只要这些思想言之有理，尚未达到自然淘汰的命运，即使彼此相反，也让它们自由发展。其实只是为新思想、新文化争取地位。

这一办学理念反映了蔡元培的资产阶级民主主义思想，在当时具有冲破封建专制思想的作用，是积极、进步的。

（2）改革北大的具体措施：

①抱定宗旨、改变校风。这是蔡元培改革北大的第一步。他认为，大学应该成为"研究高尚学问之地"，但是现在的北京大学，学生对研究学问没有兴趣，读书只为做官。因此，蔡元培改革北大的第一步就是明确大学宗旨，并为师生创造研究高深学问的条件和氛围。

第一，改变学生的观念。蔡元培对学生提出了三点要求：一是抱定宗旨；二是砥砺德行；三是敬爱师长。并将"抱定宗旨"置于首位，要求学生从此以后抱定为求学而来的宗旨，并强调对学生人格的培养。

第二，整顿教师队伍，延聘积学热心的教员。蔡元培在教师聘任上采取"学诣"第一的原则，对于具有真才实学，教学热心，有研究学问的兴趣和能力的学者，不论其国籍、资格、年龄、思想倾向如何，都加以聘任。

第三，发展研究，广积图书，引导师生研究兴趣。蔡元培认为大学不仅是传授知识的机关，而且是创新知识，推动学术进步的场所。据此，他率先在国内大学中设立了各科研究所，并注意丰富图书馆藏书，为学术研究创造条件。

第四，砥砺德行，培养正当兴趣。蔡元培努力在师生中提倡道德修养。要求学生砥砺德行，敬爱师长，并成立了各种学生组织以培养学生兴趣。对于私生活糜烂，甚至引诱学生与之堕落的教师则予以坚决解聘。

②贯彻"思想自由，兼容并包"办学原则。这一原则主要体现在对教师的聘任上，蔡元培以"学诣为主"，罗致学术人才，使北大教师队伍一时出现流派纷呈的局面。这一思想体现了蔡元培的资产阶级民族主义的思想，在当时具有冲破封建专制思想的作用，是积极进步的。

③教授治校，民主管理。为了贯彻落实"教授治校，民主管理"的原则，蔡元培主要在北大建立了全校最高立法和权力机构、全校最高行政执行机构、全校教务传导机构等，把治理大学的任务交给了教育家。

④学科与教学体制改革。在学科与教学体制改革上，蔡元培采取了以下措施：扩充文理，改变"轻学而重术"的思想；沟通文理，废科设系；改年级制为选科制（学分制）。

（3）蔡元培改革北大的教育启示：

①大学应当以研究学问为第一要义。大学不是灌输知识的场所，教师学生都应当热爱学问，培养自己的学者风范。

②大学以引领社会、服务社会为职责，应当担当起带领社会风气的责任，作为高级知识分子聚集的地方，大学代表一个社会最高层次的群体的精神面貌，也是一个国家精神面貌的标志，应当有强烈的责任心来维持这种好的精神状态。

③大学教育的目的是育人而非制器。教育要以养成学生的健全人格为宗旨。教育要帮助学生发展能力、完善人格、在人类文化上尽一份责任，同时也兼顾学生的技能和道德的教育。

④大学的管理者、办学者，应当好好审视大学的意义、角色，做好正确的定位；只有把握好大学应有的特点、做应做的事，才能真正把教育办好，把学校办活。

2. 蔡元培时代北京大学改革与费希特时代的德国柏林大学的教育主张比较分析。

答：蔡元培在20世纪20年代开始改革北京大学，当时国家衰落，北京大学充满了官僚气息，民国新建，蔡元培来到了北京大学，立志改革北京大学，提出了鲜明的改革主张与思想：（1）抱定宗旨、改变校风。整顿教师队伍，延聘积学热心的教员。发展研究，广积图书，引导师生研究兴趣。砥砺德行，培养正当兴趣。（2）贯彻"思想自由，兼容并包"办学原则。"思想自由，兼容并包"是他办理北京大学的基本指导思想。大学的宗旨是研究高深学问，同时这一原则还体现在对教师的聘任上。（3）教授治校，民主管理为了贯彻落实"教授治校，设主管理"的原则，蔡元培设置了各种机构来做到分工明确，管理民主。（4）学科与教学进行体制改革，蔡元培主张扩充文理，改变"轻学而重术"的思想；沟通文理，废科设系；改年级制为选科制。

柏林大学的建立早于北京大学，1810年洪堡创建柏林大学，并将柏林大学发展成为19世纪德国最有影响的高等学府。洪堡认为，国家不能使大学仅仅为它的眼前利益服务，把大学看成高等古典语文学校或古典专科学校，而应从长远利益考虑，使大学在学术研究上不断提高，从而为国家发展创造更广阔的前景。从这一指导思想出发，洪堡创建了柏林大学，旨在使它成为德国科学和艺术的中心。为了实现这一理想，柏林大学采用了新的办学思路：①柏林大学具有充分的自治权，教授和学生有研究和学习的自由；②聘请既有学术造诣又有高超教学技能的教授；③重视学术研究和培养学生的研究能力。

相同点：（1）发展背景相似：虽然两所学校是在不同的时期发展起来的，但是两所大学都是面对本国的封建性、宗教性的保守腐朽的学术风气，改革不良风气，打造学术圣地。同时两所大学都是在国家衰弱之时发展起来的，寄予了两国人民的厚望。（2）宗旨相同：两所学校都提倡学术自由，促进高校的学术发展，同时崇尚民主科学，体现了资本主义现代大学的特征。（3）不管是洪堡，还是蔡元培，都诚聘有才华的人任教，使学校一时人才济济；学校也注重培养学生的研究能力，让教授带动学生，培养学生的学术能力，让大学成为研究高深学问的地方。（4）北京大学和柏林大学分别是中国以及德国最早的现代大学，在各自的国家居于开创性地位，并引领本国高等教育的发展。

不同点：（1）发展的时期不同，面对的保守势力不同。柏林大学是在19世纪初发展起来的，那时欧洲的保守势力是天主教神学，柏林大学反对的是腐朽的宗教气息；而北京大学比柏林大学晚了一个世纪，中国的保守势力是落后的封建思想和官僚习气。（2）自由的程度不同。柏林大学的自由只是指学术自由，强调学术为国家服务，但反对保守思想；北京大学继承了学术自由的思想，更是发展了这一思想，北京大学更为学术自由，先进保守思想在北京大学都有一席之地。（3）学校管理上不同。北京大学提倡教育独立，独立于政治与宗教，教育为学术服务；柏林大学明确提出，大学进行学术研究为国家服务。

3. 论述五四新文化运动推动下的教育改革。

答：（1）恢复民国初年的教育宗旨，废除读经科，提倡民主科学的新教育。

（2）确立男女平等教育权。新文化运动在反对旧礼教、旧道德的同时，积极宣传男女平等、个性解放等思想，主张男女有平等受文化教育的权利，主张男女同学同校。

（3）学校教学采用国语和白话文，在文学革命推动下学校教学采用国语和白话文，大、中、小学文言文教材逐渐被淘汰，在教学上使得语言文字更加贴近人民生活实际，利于教育普及。这是中国教育史上一项重大的改革。

（4）大学的改制。蔡元培1917年接任北京大学校长后，即着手对北京大学进行改革。他提出囊括大典、网罗众家、思想自由、兼容并收的办学方针；聘请陈独秀、李大钊、鲁迅、李四光等著名学者到校任课；改革预科，调整专业，将学门制改为学系制度；将年级制改为选科制，实行学分制；改革学校管理体制，设评议会，实行民主管理；筹设研究所，组织各种研究会，鼓励科学研究；率先招收女生，实行男女同校；采用白话文讲义，帮助学生办刊物，成立各种学会等。这些改革，使得北京大学思想活跃，气象一新。北京大学的改制，引起全国高等学校的反响，有些做法当时即在北京专门以上学校校长会议上议决照办。以后，各大学也逐渐按北京大学的制度办理。

（5）各种教育思潮的涌现和各种教育团体的建立。在五四新文化运动民主与科学旗帜鼓动下，教育界思想也十分活跃，涌现了平民教育、工读教育、职业教育、实用主义教育等多种进步教育思想，建立起不少教育团体，如"中国科学社"、"全国教育会联合会"、"中华职业教育社"、"中华教育改进社"、"中华平民教育促进会"等。这些教育团体从不同的方面开展教育改革运动，对1922年学制改革、对当时学校教育的发展影响很大。

4. 述评 1922 年"新学制"。

答：1922 年，民国再次修改学制，仿照美国建立了"六三三"学制，又叫 1922 年新学制，又叫壬戌学制。

（1）新学制的内容：

①七项标准。受实用主义思想的影响，新学制以七项标准为指导。新学制的标准为：适应社会进化需要；发扬平民教育精神；谋个性之发展；注意国民经济实力；注意生活教育；使教育易于普及；多留各地伸缩余地。七项标准体现了民主与科学的精神，对民国之后的教育改革产生了深远影响。

②1922 年的新学制以儿童身心发展规律为依据，采用"六三三"分段标准，将学制划分为二段。从纵向看，小学 6 年，中学分为初、高中各 3 年，大学 4～6 年，小学之下有幼稚园，大学之上有大学院。从横向看，与中学平行的有师范学校和职业学校。

③学制还有"四项附则"规定：注重天才教育，变通年限及教程，使优异之智能尽量发展；对于精神或身体上有缺陷者，应予以相当之特种教育；为青年个性发展，采用选科制；对年长失学者，给予补习教育。

（2）对壬戌学制的评价。

学制的优点：①第一次依据我国学龄儿童的身心发展规律划分教育阶段，学制采用美国学制的"六三三"制，基本上是依据我国青少年身心发展的特点来划分的，这在中国近代学制发展史上是第一次。

②初等教育缩短小学年限，更加务实合理，利于普及。幼稚园纳入初等教育阶段，使幼儿教育与小学教育得以衔接确立了幼儿教育在中国教育史上的地位。

③中等教育是改制核心，是新学制中的精髓。第一，延长中学年限，初中和高中各 3 年，提高中等教育的程度，克服旧学制中中学只有 4 年而造成基础教育浅的缺陷，改善中学和大学的衔接关系；第二，中学分为初、高中，不仅增加了地方办学收缩余地，也增加了学生的选择余地；第三，中学实行分科制和选科制，力求使学生有较大的发展余地，适应不同发展水平学生的需要。

④高等教育缩短年限，取消大学预科，使大学不再担任普通教育的任务，有利于进行专门教育和科学研究。

⑤增强职业教育，最明显的特点是兼顾升学与就业。在小学高级阶段，就要求根据各地情形，增置职业教育准备；在中学开设各种职业科，使学生既能准备升学，也能准备就业。

学制的缺点：在移植美国综合中学学制上脱离了中国当时的实际，因而实行中困难重重，收效甚微。本欲加强的职业教育和师范教育反而被削弱。

比前两部学制无论是指导思想上，还是整体结构上都有进步。1922 年学制采取了美国的"六三三"学制，是中国近代学制改革由日本转向美国寻求借鉴的标志。虽说带有模仿和抄袭的痕迹，但从学制的制定过程来看，趋势也经过了长期的酝酿和广泛的讨论，在一定程度上集中了教育界的智慧和经验，考虑到了我国民族工业发展对教育的要求，也考虑到了学龄儿童的身心发展特点和年龄分期问题。学制比较彻底地摆脱了封建传统教育的束缚，重视基础的、民众的教育。学制比较简明，又具有灵活性，它的颁布与实施标志着中国资产阶级新教育制度的确立，也标志着中国近代以来的学制体系建设基本完成。

第十章 南京国民政府的教育建设

【本章知识框架】

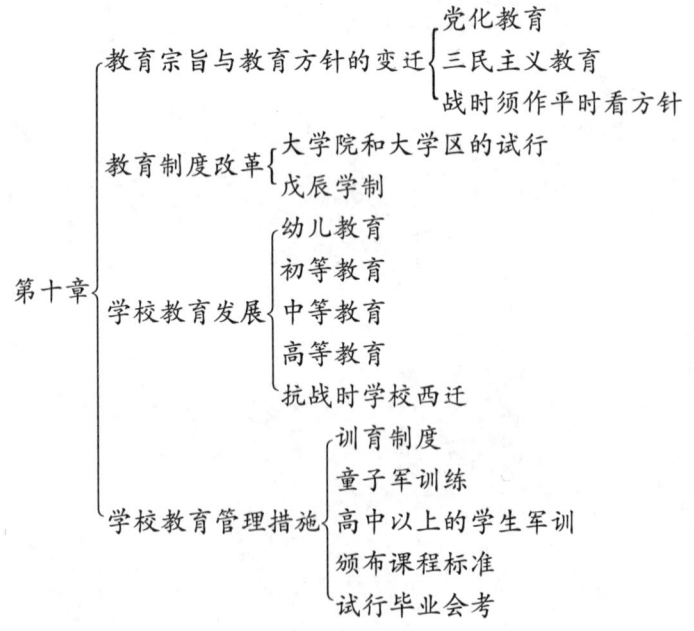

考情分析

在整个中国现代教育史中，国民党、共产党在教育上均有所建树，本章的内容就是其中之一——南京国民政府时期的教育建设。总的来说，国民党加强了对教育的控制。这些内容比较零散，不易记忆，复习时要注意区分，把握不同时期、不同种类教育的特点，对于方针、宗旨及学制要以识记为主，而学校发展状况可以结合时代背景来把握。本章内容不是考试的重点,但是请大家注意学校西迁时的西南联合大学、训育制度和中学教育。

重点难点

"战时须作平时看"的方针;大学院和大学区制的试行。

【习题精编】

(一)名词解释

1. "战时须作平时看"的教育方针。
2. 导师制。
3. "学校西迁"。

(二)简答题

1. 简单介绍国民政府时期的大学院和大学区制。
2. 简单介绍抗日战争前后,国民教育发展的状况。
3. 简述南京国民政府时期"战时须作平时看"的教育方针。
4. 简述南京国民政府时期教育方针与教育宗旨的变迁。
5. 简述南京国民政府的训育制度。
6. 简述戊辰学制的特点。

(三)论述题

简述南京国民政府成立后,采取的学校管理措施。

【参考答案】

(一)名词解释

1. "战时须作平时看"的教育方针。抗日战争爆发后,国民政府提出"战时须作平时看"的教育方针,要求以"一切仍以维持正常教育"为主旨,一方面采取了一些战时的教育应急措施,另一方面强调维持正常的教育和管理秩序。这一方针政策是一项并不短视的重要决策,它既顾及了教育为抗战服务的近期任务,也考虑了教育为战后国家建设重建和发展的远期目标,使得教育事业在艰苦的战争环境中仍苦苦支撑,并在大后方西南、西北地区还有所发展。当然,教育同样成为国民党搞反共、闹摩擦与压制民主、控制思想的工具。

2. 导师制。抗战时期,为了进一步控制学生,强化学校的训育制度,教育部规定中等以上的学校推行导师制，即中学以上学校每一年级学生分成若干组，由校长指定专任教师一人为导师，学校设主任导师或训育主任一人，总领全校训导，导师对学生的思想、行为、学业和身体，均应体察，做详细记录，按月报告训导处和家长。抗战后，更加加强训育制度，1939年教育部颁布的《训育纲要》是最为集中体现国民党训育思想的纲领性文件。

3. 学校西迁。抗日战争时期，为保存国家教育实力，国民政府将沿海地区不少著名大学西迁，高等教育的基本不仅得以保存，还获得了一定发展。一些原有著名大学经过合并组合，使各自的优良传统和学科优势得以发扬和互补，形成新的特色，如由北大、清华、南开合并而成的西南联合大学；国立北平大学、国立北平师范大学和国立北洋工学院迁往陕西汉中，成立西北联合大学。还有其他大学迁往西南。所有这些措施，保障了高等教育的发展态势，学校和学生数比战前有较大的增长。

（二）简答题

1. 简单介绍国民政府时期的大学院和大学区制。

答：1927年6月，国民党中央执行委员会仿照法国教育行政制度，中央设中华民国大学院主管全国教育，地方试行大学区，取代民国以来中央政府设教育部、各省设教育厅的教育行政制度。国民政府任命蔡元培为大学院院长，大学院为全国最高学术教育机关，隶属国民政府，管理全国学术和教育行政事宜。

与此同时，国民政府规定全国各地按教育、经济、交通等状况划分为若干个大学区，每区设大学1所，大学设校长1人负责大学区内一切学术和教育行政事务。大学区下设高等教育处、普通教育处、扩充教育处等。大学区的最高审议机构是评议会，由大学校长教授、中学校长教员、小学校长教师、教育团体等组成。

评价：大学区制是蔡元培独立教育思想的体现，目的是要促进教育与学术相结合，实现教育行政机构学术化，摆脱腐败的官僚的支配，事权统一，实现教育决策与实施民主化。但在专制独裁统治的政治形势下，在经济极端落后的情况下，大学院与大学区制在一年以后不了了之。无法实施的原因是：第一，理想过高，原本期望学术领导行政，使教育行政学术化，反而使学术机关官僚化，效率低下。原本是让大学区制保障教育的独立性，但事实证明大学区的教育反容易卷入政治漩涡。第二，忽视中小学实际需要，削减中小学教育经费，导致中小学居于附庸地位，而招致中小学界激烈反对。大学院和大学区制是一次忽略中国国情的失败的教育管理改革实践。

2. 简单介绍抗日战争前后，国民教育发展的状况。

答：从国民政府时期到抗日战争爆发，直至抗战胜利，这个特殊的历史阶段教育发展状况很复杂，各级各类教育因自身的基础和所面临的环境不同，发展情况各不相同：

（1）初等教育：抗战前，1927—1937年是初等教育的稳定和发展时期，一方面国民政府以"三民主义"为旗号，加强了对初等教育的控制，同时教育建设实行法制化，也给予教育发展以一定保障，民国初等教育于此时基本定型；抗日战争时期，由于国民党提出"抗战建国"的口号，初等教育的时局动荡中仍能维持一定发展；抗战胜利后，国民党悍然发动全面内战，国民教育的实施受到扼杀，初等教育也同样走向衰败。

（2）中等教育：抗战前，民国政府通过一系列中等教育法规的颁布，保证了中等教育的发展。发展主要体现于中等教育内部结构的调整，而非数量的增加。抗战时期由于采取"抗战救国"方针，中学数量增长较快。抗战胜利后，全国中学的数量达到最高点。并且，将综合中学进行改革，将师范部、职业部分离出来，这样来适应中学实际发展的需要，发挥各种教育的功能。

（3）高等教育：国民党政府时期的高等教育，前十年可以说是稳步发展，逐步定型。抗日战争爆发后的一段时期里开始下挫，学校西迁，或改私立大学为国立。但到抗战胜利后，大学学校和学生数量都达到最高点。

3. 简述南京国民政府时期"战时须作平时看"的教育方针。

答：抗日战争爆发后的1937年8月，国民政府提出来"战时须作平时看"的教育方针，颁布了"一切仍以维持正常教育"为主旨的《总动员时督导教育工作办法纲领》，一方面采取了一些战时的教育应急措施，另一方面强调维持正常的教育和管理秩序。

该方针的主要内容：（1）在战争期间，学校的课程、学制、学校秩序和教育经费都需要以平时为准；（2）为了适应抗战的需要和符合战时的环境，要对教材作适当的修改，推行战时教材，为抗战培养人才；（3）进一步加强思想政治教育和传统文化教育，教育学术坚定三民主义信仰。

意义：这一方针政策是一项并不短视的重要决策，它既顾及了教育为抗战服务的近期任务，也考虑了教育为战后国家建设重建和发展的远期目标，使得教育事业在艰苦的战争环境中仍苦苦支撑，并在大后方西南、西北地区还有所发展。也因为国民党强调"教育目的与政治目的的一贯"，使得教育成为国民党搞反共、闹摩擦与压制民主、控制思想的工具。

4. 简述南京国民政府时期教育方针与教育宗旨的变迁。

答：南京国民政府的教育方针与宗旨经历了党化教育、三民主义教育，到"战时须作平时看"的教育方针。

（1）党化教育：1927年国民政府阐述了"党化教育"的含义，即把教育方针建立在国民党的根本政策之下，按国民党的"党义"和政策的精神重新改组学校课程，不仅造就各种专门人才，尤其要使学生走出学校后都能做党的工作。从本质上看，"党化教育"是为一党专制服务的，目的在于强化国民党对学校教育的控制。

（2）"三民主义"教育宗旨：1929年，国民政府正式公布的"三民主义"教育宗旨。"三民主义"教育宗旨的实质还是国民党借此控制教育，使三民主义教育宗旨完全背叛了孙中山提出的新三民主义的反帝反封建的革命目标，而成为反共、反对民族民主革命和为建立国民党独裁统治服务的手段。事实上是维护和粉饰专制统治的工具。

（3）"战时须作平时看"的教育方针：抗日战争爆发后，国民政府提出来"战时须作平时看"的教育方针，颁布了"一切仍以维持正常教育"为主旨，一方面采取了一些战时的教育应急措施，另一方面强调维持正常的教育和管理秩序。这一方针政策是一项并不短视的重要决策，它既顾及了教育为抗战服务的近期任务，也考虑了教育为战后国家建设重建和发展的远期目标。当然，教育同样成为国民党搞反共、闹摩擦与压制民主、控制思想的工具。

5. 简述南京国民政府的训育制度。

答：国民党政府为控制学校教育，通过建立训育制度对各级各类学校实施严格管理。

（1）具体措施：①建立训育主任和训育人员，专事考查学生的思想、言论和行动，开始在全国中小学实行训育制度。②教育部规定中等以上的学校推行导师制，即中学以上学校每一年级学生分成若干组，由校长指定专任教师一人为导师，学校设主任导师或训育主任一人，总领全校训导，导师对学生的思想、行为、学业和身体，均应体察，做详细记录，按月报告训导处和家长。③抗战后，教育部颁布的《训育纲要》是最为集中体现国民党训育思想的纲领性文件。

（2）评价：国民政府统治时期所建立的学校训育制度，虽然也有一些道德教育的价值，但主要是帮助国民党实施其独裁统治，并强调封建道德观念，因此是倒退的。

6. 简述戊辰学制的特点。

答：南京国民政府成立后，蔡元培等再次修改了学制，即形成了戊辰学制。"戊辰学制"分组织和系统两个部分，第一部分提出了7条原则：①根据本国国情；②适应民生需要；③增高教育效率；④提高学科标准；⑤谋个性之发展；⑥使教育易于普及；⑦留地方伸缩之可能。第二部分为学校系统，基本框架与1922年新学制没有过大的变化。

"戊辰学制"突出特点有：①使占人口80%以上的不识字儿童和成年人受到一定的教育，较为重视义务教育和成人补习教育；②为提高民族文化程度，中等教育和高等教育的工作重心定为整理充实，求质量的提高，不求数量的增加；③为适应20世纪30年代经济的增长，政府的教育决策明显倾向于职业教育，使职业教育得到一定发展。

（三）论述题

简述南京国民政府成立后，采取的学校管理措施。

答：南京国民政府为了加强对教育的控制，实行了一系列的学校管理措施。

（1）训育制度。国民党政府为控制学校教育，通过建立训育制度对各级各类学校实施严格管理。建立训育主任和训育人员，专事考查学生的思想、言论和行动，开始在全国中小学实行训育制度。中等以上的学校推行导师制，《训育纲要》是最为集中体现国民党训育思想的纲领性文件。

（2）中小学校的童子军训练。为了严格控制学校和学生，作为对学生训育的组成部分，国民政府在小学和初中实行童子军训练，用管理军营的办法管理学校，用管理军队的办法管理学生，目的是养成儿童青少年的绝对服从意识，划一行动习惯、团体主义精神和军事知识技能。

（3）高中以上学生的军训。在国难当头之时，出于抗战的需要，对高中生和大学生进行国防教育和一定的军事训练，确有必要，能够增加学生的爱国情感、民族责任心。然而国民党却使其逐步变成控制大中学校和学生的手段，变成为专制独裁统治服务的工具。

（4）颁布课程标准，实行教科书审查制度。为了从教育内容方面管理和控制学校，南京国民政府通过教育部制定和颁发一系列有关法令，严格规范和统一全国学校的课程与教科书。颁布课程标准，实行教科书审查制度。课程标准方面，要课程重组，使之与党化教育保持一致，同时也体现教育学和科学原则。教科书审查制度要求教科书在使用一段时期后须重新审核认定。这明确了以国民党的党纲、党义和"三民主义"为审查教科书的标准。

（5）实行毕业会考。国民政府实行民国期间中小学生的毕业会考制度。主要在中学举行，后来在师范学校和大学里都要举行会考制度。虽然在客观上对整齐各地各校的教学水平和教学质量有一定的作用，但出于政治意图，对学校和学生严格管理，有效控制。至今，人们对会考制度的说法褒贬不一，但是当时的学生都坚决反对会考。

第十一章 中国共产党领导下的教育

【本章知识框架】

第十一章
- 新民主主义教育的开端
  - 工农教育
  - 湖南自修大学
  - 上海大学
  - 农民运动讲习所
  - 李大钊的教育思想
  - 恽代英的教育思想
- 新民主主义教育方针
  - 苏维埃文化教育总方针：四个在于
  - 抗战时教育方针
    - 干部教育第一，国民教育第二
    - 实行生产劳动
    - 民办公助
  - 文化教育方针：民族的、科学的、大众的
- 干部教育
  - 在职培训
  - 学校教育：初级和高级
  - 典型学校——抗大
- 群众教育：冬学和民校
- 普通教育
  - 小学教育
  - 中小学教育正规化
  - 高等教育整顿建设

根据地教育基本经验

考情分析

本章的内容是现代中国教育的另一重要派别——共产党的教育实践。全章包含五个方

面的内容，分别为：新民主主义教育的发端、教育方针、干部教育、群众教育和普通教育、教育经验。几乎涉及革命根据地教育的方方面面。本章内容在多数学校的考试中，涉及面较小。请考生注意干部教育、抗大的教育状况、抗战时期教育方针政策和革命根据地教育经验。

重点难点

干部教育；革命根据地和解放区教育的基本经验。

【习题精编】

（一）名词解释

1. 农民运动讲习所。
2. 工农教育。
3. 干部教育。
4. 抗大。
5. 民办公助。

（二）简答题

1. 请解释"民族的、科学的、大众的"文化教育方针。
2. 简要介绍抗大的教育情况。
3. 阐述革命根据地和解放区教育体制的构成特点及作用。
4. 简述李大钊的教育思想。
5. 简述恽代英的教育思想。
6. 解放区的高等教育如何发展？

（三）论述题

1. 论述抗日战争时期中国共产党的教育方针。
2. 论述革命根据地教育的基本经验。

【参考答案】

（一）名词解释

1. 农民运动讲习所是国共合作时期培养农民运动干部的学校，也是全国农民运动研究中心，主要由彭湃、毛泽东主持。广州和中央农民运动讲习所先后培养一千多名农运干部，为此后十年土地革命播下了火种。

2. 工农教育。中国共产党成立后，始终重视工农教育，将其作为开展革命的有力武器。党的工农教育围绕着提高工农政治觉悟和文化水平的目标展开，而教育形式则多是因地制宜、灵活多样。在工人运动方面，共产党员深入厂矿企业展开职工教育，如北方最早创办的工人教育机构是长辛店劳动补习学校。在农民运动方面，广大党员深入农村，组织和教育农民开展斗争。各地办起农民补习学校，编写了一批农村教材，宣传革命；农民教育的蓬勃开展推进了农民运动本身的发展，为后来中国共产党领导的农村革命根据地的教育事业奠定了基础。

3. 干部教育。中国共产党诞生后，始终清醒地认识到人民的革命斗争需要坚强有力的干部来率领，因此十分重视自身干部队伍的建设。在严酷的抗日战争中，更是一再强调干部教育的重要性，明确提出"干部教育第一，国民教育第二"的政策。"干部教育第一"政策的提出是出于民族解放战争的需要、根据地文化教育的实际状况和党的未来事业发展的准备，来培训在职的干部，以及培养一批年轻有为的人来做政治工作和军事工作的干部。主要的形式有在职培训和初级和高级干部，抗大是杰出的干部教育的学校。

4. 抗大。中国人民抗日军事政治大学简称"抗大"，是在中国共产党和毛泽东直接领导和关心下创建和发展起来的一所培养抗日军政干部的学校，是抗日根据地干部学校的典型。前身是红军大学，抗战胜利后，总校干部赴东北组建东北军政大学。抗大的教育方针是"坚定不移的政治方向，艰苦奋斗的工作作风，加上机动灵活的战略战术"。抗大的校训是"团结、紧张、严肃、活泼"；抗大的学风是理论联系实际。

5. 民办公助。在共产党的群众教育中，根据地创造性地采取了"民办公助"的政策。即发动社会和民间的力量来共同办教育，一般来说，民间自办学校，政府给予一部分资金或者指导，以此来帮助所办学校的发展。民办公助后来成为根据地教育的重要经验。"民办公助"既要充分发挥民间办学的积极性，充分尊重民众对学校学制、教育内容的需求，同时，也强调通过公助的形式加强对学校的指导和管理。

（二）简答题

1. 请解释"民族的、科学的、大众的"文化教育方针。

答：毛泽东指出："民族的科学的大众的文化，就是人民大众反帝反封建的文化，就是新民主主义的文化，就是中华民族的新文化。"这既是文化的方针，也是教育的方针。

所谓"民族的"，是指新民主主义教育是反对帝国主义压迫，主张中华民族的独立和尊严，带有民族特性的教育。它不一概排除外国教育，也不"全盘西化"，而是取其精华，弃其糟粕。具有民族的形式和特点而与新民主主义的内容相结合，即为新民主主义的教育。

所谓"科学的"，是指新民主主义教育是反对一切封建、迷信思想，主张实事求是，主张客观真理，主张理论与实践统一。它坚持辩证唯物主义，对中国古代和近代教育既不一概否定，也不因循守旧，而是剔除封建糟粕，吸取其民主精华。

所谓"大众的"，是指新民主主义教育是为全民族 90% 以上的工农劳苦民众服务的，并逐渐成为他们的教育，因而又是民主的。它把革命干部和群众的教育互相区别和联系，把普及和提高互相区别和联系，是人民大众的有力武器，是革命总战线中一条必要和重要的战线。

2. 简要介绍抗大的教育情况。

答：中国人民抗日军事政治大学简称"抗大"，是在中国共产党和毛泽东直接领导和关心下创建和发展起来的一所培养抗日军政干部的学校，是抗日根据地干部学校的典型，培养了大批军政干部人才。

（1）抗大的校训是"团结、紧张、严肃、活泼"。

（2）抗大的教育方针：坚定不移的政治方向，艰苦奋斗的工作作风，加上激动灵活的战略战术，便一定能够驱逐日本帝国主义，建立自由解放的新中国。所谓"坚定不移的政治方向"，是指在中国共产党领导下，以人民战争的形式，打败日本帝国主义，建立人民民主的新中国；"艰苦奋斗的工作作风"，是指生活上的艰苦朴素，工作中的刻苦勤奋，理论联系实际，密切联系群众；"机动灵活的战略战术"，是指掌握和运用游击战的方法，与侵略者展开人民战争的持久战。

（3）抗大的政治思想教育：抗大非常重视对学院进行以马克思列宁主义毛泽东思想为核心内容的政治思想教育，并将其作为学校的一门主要课程。同时，开展政治思想教育的途径也多种多样：一是学习理论，提高马克思主义理论水平；二是学习中共党内斗争的文件，提高党性意识；三是开展群众性的自我教育；四是提出严格的组织纪律要求。

（4）抗大学风：有关抗大的学风最重要的传统就是理论联系实际。

（5）抗大的教学方法：抗大创造了一套从实际出发、生动活泼的教学形式与方法：①启发式。具体方法有由近及远，从具体到抽象，注意相互联系，突出重点。②研究式。集体讨论，按照教育计划学习，个人自学和思考研究是主要的形式，教员只是从旁指导。③实验式。较少的课堂讲授，多实地操作，多设置实况演习，使学员善于判断分析，有随机应变的能力。④"活"的考试。由教员拟定考题，指定参考书目，学员自行准备后进行讨论，吸收补充他人的见解，再结合本人的材料完成答卷，学员互阅试卷。

3. 阐述革命根据地和解放区教育体制的构成特点及作用。

答：革命根据地教育分为干部教育、群众教育和儿童教育三个部分，干部教育的任务是培养和培训革命领导干部和各类专门人才，群众教育的任务是提高广大群众的文化素质和政治觉悟，儿童教育的任务是培养革命事业的接班人。三类教育还有明确的主次之分，即整个教育中成人教育重于儿童教育，成人教育中干部教育重于一般群众教育，干部教育中对在职干部的培训又重于对后继干部的培养。这样的教育结构和重心所在，正是由当时革命斗争的需要所决定的，其出发点是速见成效、立竿见影。

4. 简述李大钊的教育思想。

答：李大钊是中国共产主义运动的先驱。李大钊关于教育本质问题、工农教育和青年教育的思想，对新民主主义教育思想的形式产生了实际影响。

（1）关于教育本质：李大钊用历史唯物主义说明教育的本质，提醒人们正确认识教育与社会发展的关系。指出文化教育受经济基础和政治制约，要改造中国光靠教育本身是不够的，而首先要解决经济基础问题。

（2）工农教育思想：他积极倡导工农大众的教育，认为资产阶级那里不可能有真正平等的教育，广大工农群众应该面对现实，积极争取受教育的机会。他还认识到劳工教育的重要性，因此号召广大有志青年到农村去，根据农民的生活生产实际，对农民进行反帝反封建教育，启发阶级觉悟并进行工农联盟的政治教育。

（3）青年教育思想：他始终关心青年问题，关心青年的教育和成长。中国共产党成立后，他明确指出青年在社会改造中的使命，要求青年运动成为社会变革的先锋，要求青年不仅要树立正确的人生观，而且要磨炼坚强的意志，指导青年走工农结合的道路。

5. 简述恽代英的教育思想。

答：恽代英是中国共产党早期出色的活动家和理论家、杰出的青年运动领导人，同时也是一位教育理论的探索者和教育改革的实践者。

（1）恽代英论述了教育与社会改造的关系，肯定了教育是改造社会的有力工具，但要发挥这一作用，关键在于要以社会改造的目的和需要来办教育。同时，他批判了"教育救国论"，主张把教育放在社会中，把改造教育与改造社会结合起来。

（2）在对教育的改造问题上，恽代英以社会改造为其教育改造的根本目的和依据，提出新教育的构想。他主张实行儿童公育，中等教育首先应该明确其教育的目的，这样才能培养出符合社会发展的人才。提出对中等教育的课程、教科书和教学方法改造思想。

6. 解放区的高等教育如何发展？

答：随着解放战争接近尾声，即将开始的大规模经济建设需要大量高级人才，高等教育的整顿和建设就成为解放区教育事业的重要方面。

（1）办抗大式训练班。随着解放区的迅速扩大，大量学校被接管，这些学校的师生需要适应解放事业，以加强对他们的思想教育和思想改造。办抗大式训练班逐批对知识青年进行短期政治教育，便是当时的迫切需要。

（2）解放区原有的大学进一步正规化。这主要是出于培养有革命理想与科学技术知识的管理干部和"自己的高级知识分子"的目的，将解放区原有较正规的大学进行正规化，如中国人民大学，成为解放区自己办的正规大学的杰出代表。

（3）创办新大学。随着解放战争战线的南移，东北解放区最先成为稳固的后方，高等教育的大规模整顿和创办新大学，就最先从东北开始。

（三）论述题

1. 论述抗日战争时期中国共产党的教育方针。

答：依据党的"一切为着前线，一切为着打倒日本侵略者和解放中国人民"的总方针，执行了中共中央制定的一系列教育方针政策，如实行抗战教育政策、提倡国防教育、实行文化教育中的统一战线政策、实行教育和生活劳动相结合的方针等，发展了抗日根据地教育。

（1）抗战教育政策：充分反映抗日民主根据地教育改革的历史特点，使教育为抗战服务。

（2）"文化工作中的统一战线"政策：向帝国主义文化侵略和封建主义文化残余作斗争。主要表现在：第一，吸收各种社会力量团结到抗战中来，尤其需要依靠知识分子的力量，通过文化教育工作开展支援战争。第二，组织千百万农民群众学习知识，建立各种正规与非正规学校，与封建和迷信作斗争，提高根据地群众的思想觉悟和科学文化水平，从而促进新民主主义教育的实现。

（3）"干部教育第一，国民教育第二"的政策：中国共产党诞生后，始终清醒地认识到人民的革命斗争需要坚强有力的干部来率领，因此十分重视自身干部队伍的建设，明确提出"干部教育第一，国民教育第二"的政策。"干部教育第一"政策的提出，是出于民族解放战争的需要、根据地文化教育的实际状况和党的未来事业发展的准备。

（4）"实行生产劳动"的教育政策："教育与劳动"联系曾是苏区教育的基本经验之一，抗日根据地要求青年学生和知识分子与生产劳动相结合。一方面是出于抗战的需要，另一方面是出于对青年教育的需要。边学习理论，边参加生产劳动，可以帮助青年了解根据地农村的生产、人民的生活，丰富对理论的理解，坚定信念，增强使命感。

（5）"民办公助"的政策：与干部教育相辅相成的是抗日民主根据地的群众教育，在群众教育中，根据地创造性地采取了"民办公助"的政策。发动社会和民间的力量来共同办教育，后来成为根据地教育的重要经验。"民办公助"既要充分发挥民间办学的积极性，充分尊重民众对学校学制、教育内容的需求，同时，也强调通过公助的形式加强对学校的指导和管理。

2. 论述革命根据地教育的基本经验。

答：共产党在战争年代造就了数量巨大的干部，普及了群众教育和少年教育，创建了一定数量的正规高等教育，积累了大量的成功经验，成为时代奇迹，根据地教育的成功经验也成为中国教育史上一笔宝贵的遗产。

（1）教育为政治服务。坚持教育为革命战争和阶级斗争服务。最大的政治是以武装斗争的手段夺取民族民主革命的胜利，而动员千百万人民群众投入革命战争、支援革命战争，并最大限度地提高人民军队干部战士的觉悟，是中国共产党所面临的中心任务。

①在安排各类教育的发展时，正确处理了轻重缓急，保证了最迫切需要的满足。

②在教育内容的确定上，始终以服从战争的需要为原则，以形势教育、对敌斗争教育、阶级斗争教育、纪律教育、群众教育路线为主。

③在教育教学的组织安排上，也充分考虑到战争条件和政治需要。课程少而精，以速成班为主，教育与现实紧密联系，在战斗和工作中学习。

（2）新型的教育体制。新型的教育体制包括干部教育、群众教育、儿童教育三个部分。三个部分有主次之分，成人教育重于儿童教育，干部教育又重于群众教育；在干部教育中，现职干部的教育重于未来干部的教育。因为成人教育后能立刻投入到生产中，起到立竿见影的作用；干部教育的任务是培养和训练干部，群众教育是提高群众的革命觉悟和文化水平，儿童教育是造就未来的革命接班人。在教学制度和方式上，它缩短学制，注重教育联系实际，注重实效，普遍推行小先生制。

（3）教育与生产劳动、社会政治活动紧密联系。第一，教育内容上，紧密联系当时当地的生产和生活实际，进行劳动习惯和观点、劳动知识和技能的教育。第二，教育教学的组织形式和时间安排上，注意适应生产需要，要求学生参加实际的生产劳动。第三，根据地的师生还广泛参加各类革命斗争和政治活动，既有助于提高他们的思想觉悟，锻炼革命意志，提高工作能力，同时也支援了革命斗争和解放区的建设。

（4）多种形式的办学途径，依靠群众办学。解放区的人民需要教育，但是政府能力有限，不可能包办教育，办教育需要走群众路线。其中"民办公助"的办学形式更是发挥了各个方面的积极性，即群众集资，自己办学，主要由家长和学生通过劳动来解决资金和人力问题，也采取集资、提取结余，组织文教合作社等方式来集资办学资金，政府给予方针上的指导，物质上的补助和师资上的支援。群众办学就是从群众的需要出发，群众自愿办学，教学内容也和群众息息相关，教学方式因地制宜，尤其是成人教育要适应生活和生产的需要。这是中国共产党人在根据地教育实践中总结出来的重要的办教育经验。

（5）教学制度和方式的改革。革命时期，根据地采用了更加实际和实用的教学制度和教学方法。①缩短学制，这利于学生尽快学到革命和生产需要的知识，收到及时的成果；②教学紧密联系实际，各类学校精简课程门类，删除不切合实际的内容；③注重实效的教学方法。不受正规教师、课堂的制约，提倡小先生制，破除传统教育方法，特别在干部教育中，多以自学为主，启发、研究、讨论和实际考察相结合。

第十二章 现代教育家的教育探索

【本章知识框架】

```
            ┌ 杨贤江 ┌ 论教育本质
            │        └ 全人生指导与青年教育
            │        ┌ 职业教育探索
            │        │              ┌ 作用
            │ 黄炎培 │              │ 地位：一贯的、整个的、正统的
            │        │              │ 目的：使无业者有业，使有业者乐业
            │        └ 职业教育思想体系 方针：社会化、科学化
            │                       │ 教学原则：手脑并用、做学合一、理论联系实际、
            │                       │           知识技能并重
            │                       └ 道德教育：敬业乐群
第十二章  ──┤        ┌ 四大教育
            │ 晏阳初 │ 三大方式：学校式教育、社会式教育、家庭式教育
            │        │ 化农民：农民科学化，科学简单化
            │        └ 农民化：知识分子彻底与广大农民打成一片
            │        ┌ 乡村建设
            │ 梁漱溟 │ 乡村教育理论
            │        └ 乡村教育的实施
            │ 陈鹤琴 ┌ 活教育实验
            │        └ 活教育思想体系
            │        ┌ 晓庄学校：1927年陶行知亲自创办，实行自己的生活教育理论
            │ 陶行知 │ 山海工学团：工以养生，学以明生，团以保生
            │        │ 小先生制：即知即传
            └        └ 生活教育理论体系：生活即教育，社会即学校，教学做合一
```

考情分析

本章内容是重中之重，这一章介绍了民主教育家的教育思想主张及相关实践，其中包括杨贤江的教育思想、黄炎培的职业教育、晏阳初的平民教育、梁漱溟的乡村教育、陈鹤琴的"活教育"，以及陶行知的生活教育理论。这几种都是当时最具代表性教育思想，应认真掌握，许多教育家频繁出现在考题中，此外，还应该能够简单地对这些观点做出自己的评价。本章内容是考试的重中之重，陶行知、晏阳初、梁漱溟的乡村教育思想是各个学校喜欢考的重点，还有黄炎培的职业教育思想也是容易出题的地方。建议考生把本章每个教育家的思想记忆清楚，灵活应用。本章知识易出分析论述题。

重点难点

黄炎培的教育思想；晏阳初与梁漱溟的教育思想以及异同比较；陶行知的晓庄学校、山海工学团、"小先生制"、育才学校，以及陶行知的生活教育理论。

【习题精编】

（一）名词解释

1. "全人生指导"思想。
2. 博士下乡。
3. 晓庄学校。
4. 山海工学团。
5. 小先生制。
6. 活教育。

（二）简答题

1. 简述黄炎培的职业教育思想的主要内容。
2. 简述梁漱溟的乡村教育理论。
3. 黄炎培提出的职业教育的三大要旨是什么？有何现实意义？
4. 简谈陈鹤琴"活教育"的目的及其现实意义。
5. 简述晏阳初的"四大教育"和"三大方式"的主要内容。
6. 简述晏阳初"化农民"、"农民化"的思想。
7. 简述杨贤江对教育本质的论述。
8. 简述杨贤江"全人生指导"思想的基本内容。
9. 简述陈鹤琴的活教育思想理论。

（三）论述题

1. 评述陶行知先生生活教育理论的基本内容及其现实启示。
2. 评述乡村教育运动产生的历史背景、主要从事者及其活动特点。
3. 论述黄炎培的职业教育思想体系。

【参考答案】

（一）名词解释

1. "全人生指导"思想。马克思主义教育家杨贤江重视和关注青年问题，对青年进行全人生的指导。所谓"全人生的指导"，就是对青年进行全面关心、教育和引导，即不仅关心他们的文化知识学习，同时对他们生活中各种实际问题给予正确的指点和疏导，使之在德智体诸方面都得以健康成长，成为一个"完成的人"，以适应社会改进之所用。杨贤江的全人生指导思想的核心的教育青年树立正确的人生观，并引导他们走上革命道路。"全人生指导"最重要的原则是提倡自动自律，培养青年的主动精神，让青年做自己的主人，教育只是居于指导地位，不应包办和强制，对青年的影响很深远。

2. 博士下乡。著名教育家晏阳初提出"农民科学化，科学简单化"的平民教育目标。并认为欲"化农民"，须先"农民化"。所谓"农民化"，是知识分子与村民一起劳动和生活，时人称为"博士下乡"，只有先明了农民生活的一切，给农民做学徒，彻底地与广大农民打成一片，才能深切地了解农民，懂得他们的需要，才能"化农民"，即教化农民。

3. 晓庄学校。教育家陶行知以培养乡村人民儿童所敬爱的老师为总目标，他提出了"筹募一百万元基金，征集一百万同志，提倡一百万所学校"的口号。1927年，陶行知在南京创办试验乡村师范学校，后改名晓庄学校。确立"生活即教育"、"社会即学校"、"教学做合一"的生活教育理论，亲自试验，希望从乡村教育入手改造中国教育的出路。1930年，晓庄学校被查封。

4. 山海工学团。1932年，陶行知在上海创办"山海工学团"，提出"工以养生，学以明生，团以保生"。力图将工场、学校、社会打成一片，进一步探索中国教育之路，以达到普及教育的目的。有六个训练内容：军事、生产、科学、识字、民权和生活。教材是陶行知编写的《老少通千字课》。此外，工学团还组织修路、筑堤、赈灾和开办信用社等活动。

5. 小先生制是陶行知受学生的启发而提出的方法。为了解决普及教育中师资缺乏、经费匮乏、女子教育困难等问题，陶行知提出，儿童是中国实现普及教育的重要力量，因而倡导"小先生制"，即"即知即传"，人人将自己所识的字和所学的文化随时随地地教给别人。儿童是这一过程的主要承担者，陶行知认为小孩也能做大事，"小先生"不仅教别人识字学文化，还教别人做"小先生"，由此知识不断得到推广。小先生制是穷国家普及教育最重要的钥匙。

6. 活教育。幼儿教育家陈鹤琴提出教师如何"教活书，活教书，教书活"，学生如何"读书活，活读书，读活书"的问题，并在总结自己以往教育实践和思想的基础上，明确提出了"活教育"主张。活教育思想的教育目的是"做人，做中国人、做现代中国人"，课程论上明确提出"大自然、大社会都是活教材"，教学论上要求"做中教，做中学，做中求进步"。

（二）简答题

1. 简述黄炎培的职业教育思想的主要内容。

答：黄炎培的职业教育思想主要涉及的内容有职业教育的作用、地位、目的和方针几个方面：

（1）职业教育的作用和地位。第一，职业教育的理论价值：谋个性之发展；为个人谋生之准备；为个人服务社会之准备；为国家及世界增进生产力之准备。第二，对当时中国社会的作用：有助于解决中国最大最急需解决的生计问题。第三，职业教育在整个教育体制中的地位，黄炎培认为可以概括为"一贯的、整个的、正统的"。

（2）职业教育的目的：使无业者有业，使有业者乐业。

（3）职业教育的方针。第一，社会化：职业教育须适应社会需要。第二，科学化：用科学来解决职业教育问题，包括物质方面的工作和人事方面的工作均需遵循科学原则。

（4）职业教育的教学原则：手脑并用、做学合一、理论与实际并行、知识与技能并重。

（5）职业道德教育：敬业乐群是黄炎培对职业教育道德的总结。

2. 简述梁漱溟的乡村教育理论。

答：乡村教育是梁漱溟乡村建设理论的重要组成部分。所谓乡村建设，是一种力图在保存既有社会的基础上，通过乡村教育的方法，由乡村建设引发社会工商业发展，实现经济改造和社会改造。其乡村建设和乡村教育理论建筑于对中国传统文化和社会的分析、中西文化的比较之上。

（1）中国问题的症结：中国文化追求人与人之间真诚、融洽关系的"仁"的生活，因此世界文化的未来是中国文化的复兴，而中国问题的解决只有从目前固有文化中寻找出路。中国的问题就是文化的失调。

（2）如何解决中国的问题：乡村建设。乡村建设是乡村被破坏而激起的乡村自救运动，是重建我们民族和社会的新组织构造的运动。

（3）乡村建设与乡村教育：乡村建设与乡村教育是问题的一个方面。乡村建设就以乡村教育为方法，而乡村教育以乡村建设为目标。一方面，解决中国文化失调的主要手段是教育，它的功能在于延续文化而求其进步。另一方面，中国社会的改造其实是一个如何以中国固有精神为主吸收西方文化，融现代文明以求自身文化长进的过程。它不仅是个教育的过程，也是纳社会运动于教育之中，以教育完成社会改造的过程。

（4）乡村教育的实施：

①乡农学校的设立：以教育的力量替代行政的力量。乡农学校分村学和乡学两级。乡

农学校的组织结构按农村自然村落及其行政级别形成。组织原则是政教养卫合一，经教统政；学校式教育与社会式教育融合归一。

②乡农学校的教育内容：所有教育内容强调服务于乡村建设，密切适合农村生产生活的需要。课程分为两大类：一类是各校共有的课程，包括识字唱歌等到普通课程和精神讲话；另一类是各校根据自身生活环境需要而设置的课程。

乡村建设理论和乡村教育思想本质上是一种中国知识分子通过改造中国农村来改良中国社会的理想，是在探索拯救中国的"第三条道路"。否认阶级斗争，体现了消极的一面。可取之处在于认识到中国问题是农村问题，立足于文化传统来思考中国社会的改造是有识之风，对农村有一定的贡献。

3. 黄炎培提出的职业教育的三大要旨是什么？有何现实意义？

答：黄炎培是中国近代民主革命家和教育家。在职业教育方面，他提出了三大要旨，其具有重要的现实意义。

（1）职业教育三大要旨的主要内容。在职业教育的内涵方面，黄炎培提出了职业教育的三大要旨。其三大要旨的主要内容包括：为个人谋生之准备；为个人服务社会之准备；为世界增进生产力之准备。其中，他将"为个人谋生之准备"放在第一位。黄炎培把"谋生"作为现代职业教育思想的基本出发点。他认为，人们只有通过职业教育获得谋生的知识和技能，才能立足于社会，成为促进社会发展的有用人才。而且，通过职业教育使人人爱岗敬业，以职业为荣，社会必然会发达。黄炎培强调从对社会的影响来讲，在于通过提高国民的职业素质，使学校培养之才无不可用，社会从业者无不得到良好训练，国无不教之民，民无不乐之生。

（2）职业教育三大要旨的现实意义。黄炎培三大要旨的现代职业教育目的理论，是从职业对于人与社会的双重意义阐述的。即对个人来说，职业教育具有求生存、求发展的意义；对于社会来说，职业教育具有利国富民的意义。

①职业教育要实现促进个人发展和推动社会进步的双重目的：黄炎培的职业教育目的观就体现了社会本位与个人本位的统一，这一点是我们现在应该继续发扬光大的。

②职业教育要实现学生独立个性与全面发展的统一。黄炎培在他的职业教育目的观上把"谋个性之发展"放在职业教育目的的第一位，这是现代职业教育值得继承和学习的。

③职业教育要实现谋生与乐生的结合。职业教育应该把受教育者作为具有完整精神和独立人格的真正的人来对待，不仅仅关怀他的物质所需，更主要的是通过对其心灵的呵护，提升其探寻生活意义的能力。

4. 简谈陈鹤琴"活教育"的目的及其现实意义。

答：陈鹤琴是中国教育家和儿童心理学家，他的"活教育"理论是其全部教育思想的核心，而"活教育"的目的对当今教育工作更具有重要的现实意义。

（1）"活教育"的目的。陈鹤琴把"活教育"的目的规定为：做人、做中国人、做现代中国人，甚至提出"要做世界人"。陈鹤琴这一思想的出发点在于：旧教育只重视读书，"活教育"则重视做人。特别是当国家正处于生死存亡的危机时期，应当怎样做人，怎样做一个有骨气的中国人，一个符合现代中国的现代中国人。主要包括以下几个方面的内容：

①要具备健全的身体。陈鹤琴认为一个人身体的好坏，对于他的道德、学问及从事的事业有很大影响。

②要有建设的能力。当时中国百业俱废，急切需要的是各种建设，而过去的教育培养的人不重视建设的能力，所以"活教育"则重视建设的能力，以便适应国家建设的需要。

③要有创造的能力。陈鹤琴认为中国人本来有很强的创造能力，只是近百年因循守旧，不知创造。时至今日，非常需要培养儿童的这种创造能力。他认为儿童本来就有很强的创造力，只要善于启发诱导、教育和训练，创造能力是可以培养起来的。

④要有合作的态度。他认为中国人个性强，喜欢各自为政，不善于合作。所以应当从小训练孩子的合作团结能力，才能使他们成为合格的新中国的主人翁。

⑤要有服务的精神。陈鹤琴指出：如果我们训练的儿童，熟悉各种事实和技能，可是不知道怎么去服务，不知怎么帮助别人，那么这种教育可以说是全无意义。他认为"活教育"的目的就是要教育儿童知道应该帮助别人，知道为大众服务，具备服务的精神。

（2）"活教育"的现实意义。抗战期间，陈鹤琴提出"做人，做中国人，做现代中国人"的教育目的，体现了他热爱祖国的精神。抗战胜利后，他提出"做人，做中国人，做世界人"，体现了他具有"世界的眼光"。他提出做世界人，要爱国家、爱人类、爱真理。他的"活教育"目的体现了爱国主义的精神，也反映了他具有世界眼光的胸襟，对后世也具有重要的现实意义。

①教育目的的制定要适应中国国情的需要。陈鹤琴在构建中国化的幼儿教育体系中，一直是根据中国国情吸收国外的东西。

②教育活动要重视儿童的主体地位。陈鹤琴的"活教育"是针对当时传统教育的弊端提出来的。他的"活教育"重视儿童在学习中的主体地位，重视儿童各种实践能力的培养。

③教育活动要重视教育实践的地位。陈鹤琴一贯重视教育实验，他通过在鼓楼幼稚园的一系列实验研究，探索出一条适合我国国情及符合幼儿身心发展特点的中国化幼儿园的途径。因此，学习陈鹤琴的重要经验，把陈鹤琴关于幼儿园教育的理论付诸实践并加以发展完善，这对当今的教育工作有重要意义。

5. 简述晏阳初的"四大教育"和"三大方式"的主要内容。

答：晏阳初在河北定县开始了自己的乡村教育实验，将中国落后的根源归结为"愚、贫、弱、私"，提出了"四大教育"和"三大方式"。

（1）"四大教育"：

①以文艺教育攻愚，培养知识力。以文字和教育入手，使人民认识基本文字。首要工作是除净青年文盲，将农村优秀青年组成同学会，使他们成为农村建设的中坚分子。

②以生计教育攻穷，培养生产力。第一，在农业生产方面，注意到选种、园艺、畜牧各部分工作，让农民接受最低程度的农业科学知识，提高生产；第二，在农村经济方面，利用合作方式教育农民，组织合作社、自助社等发展农村经济；第三，在农村工作方面，除改良农民手工业外，还提倡其他副业，以充裕其经济生产力。

③以卫生教育攻弱，培养强健力。注重大众卫生和健康，以及科学医药的设施，建立医疗保健体系，保证农民有科学的治疗机会。

④以公民教育攻私，培养团结力。使农民有最基本的公民常识、政治道德，以立地方自治的基础，培养公共心与团结力。在这"四大教育"中，公民教育最为根本。

（2）"三大方式"：

①学校式教育。以青少年为主要对象，教材以《平民千字课》为主。包括初级平民学校、高级平民学校、生计巡回学校。还有改进小学，传习处、公民服务训练班、幼童园等。

②社会式教育。这是向一般群众及有组织的农民团体实施教育的一种方式。主要通过平民学校同学会所开展的各项活动进行教育，如成立读书会、演新剧等。

③家庭式教育。这是对各家庭中不同地位的成员用横向联系的方法组织起来进行教育的一种方法，组织形式主要有家主会、主妇会、少年会等。教学内容选择标准侧重于家庭需要与身份特点，依据家庭中对应的成员进行道德、卫生习惯、家庭预算、妇女保健、生育节制等。

6. 简述晏阳初"化农民"、"农民化"的思想。

答："化农民"与"农民化"是晏阳初进行乡村建设试验的目标和途径。晏阳初认为中国的基础在农村，最广大的人口是农民，改造中国就要从改造农村开始。晏阳初提出"农民科学化，科学简单化"的平民教育目标。他认为欲"化农民"，须先"农民化"。所谓"农民化"，即知识分子与村民一起劳动和生活，时人称为"博士下乡"，只有先明了农民生活的一切，给农民做学徒，彻底地与广大农民打成一片，才能深切地了解农民，懂得他们的需要。所谓"化农民"，指实实在在进行乡村改造，教化农民。

7. 简述杨贤江对教育本质的论述。

答：运用历史唯物主义阐明教育的本质，是杨贤江教育思想的重要内容，也是对当代教育理论的一大贡献。在《新教育大纲》中主要用经济基础和上层建筑的关系原理，对教育的本质进行了论述。重点说明四个问题：

（1）教育起源于实际生活的需要。杨贤江认为教育起源于生产劳动的需要，它在人类的生产劳动过程中发生与发展起来，是帮助人营造社会生活的一种手段。

（2）在阶级社会里，教育是社会的上层建筑之一。杨贤江指出，教育是观念形态的劳动领域之一，即社会的上层建筑之一，具有以下特点：①单纯的劳动力转变成为特殊的劳动力；②教育以别的精神生产内容为内容；③阶级社会的教育是"变质"的，表现为五大特征，即"教育与劳动分家"、"教育权跟着所有权走"、"专为了支配阶级的利益"、"两种教育权的对立"、"男女教育的不平等"。

（3）在未来社会里，消除阶级后，教育依然是社会需要的劳动领域之一。

（4）教育由经济、政治决定，对经济和政治也有影响。教育以现实社会经济为基础，并随之发生变化，同时教育也促进经济发展。教育不仅由经济决定，还由政治决定，在一定条件下，甚至教育有率先领导革命和促进革命的作用。

8. 简述杨贤江"全人生指导"思想的基本内容。

答：杨贤江的"全人生指导"思想是基于对当时社会青年普遍存在的一些问题提出来的：

（1）对青年问题的分析。产生青年问题的原因有两个方面：一是青年期是身心发生显著而重要变化的时期，身心的急剧变化导致诸多身心问题；二是社会动荡剧变更易导致青年问题。青年问题就是青年生活上所发生的困难，主要有人生观、政治见解、求学、生活态度、职业、社交、家庭、经济、婚姻、生理、常识等方面的问题。

（2）全人生的指导。所谓全人生的指导，就是对青年进行全面关心、教育和引导，即不仅关心他们的文化知识学习，同时对他们生活中各种实际问题给予正确的指点和疏导，使之在德智体诸方面都得以健康成长，成为一个"完成的人"，以适应社会改进之所需。

指导青年树立正确的人生观是杨贤江青年教育思想的核心。提出通过对人类有所贡献来促进人生幸福的人生目的。主张青年要干预政治，投身革命。认为这在当时是中国社会的出路也是青年的出路。强调青年必须学习，学习是青年的权利与义务。

杨贤江认为完满的青年生活是多方面的，主要包括：①健康生活（体育生活）：个人生活的资本。②劳动生活（职业生活）：维持生命和促进文明的要素，是幸福的源泉。③公民生活（社会生活）：懂得一个人不能离开社会和人群而存在，要处理好团体纪律与个人自由的关系。④文化生活（学艺生活）：可增添人生情趣，促进社会进步。

最后，他强调生活的宗旨是：要有强健的体魄和精神，要有工作的知识和技能，要有服务人群的理想和才干，要有丰富的风尚和习惯。这就是杨贤江"全人生指导"思想的基本内容。

9. 简述陈鹤琴的活教育思想理论。

答：陈鹤琴是我国著名的教育家，他提出了活教育思想，由活教育的目的论、课程论和教学论构成。

（1）"活教育"的目的论。"活教育"的目的是"做人，做中国人、做现代中国人"。做一个人要热爱人类，热爱真理；做一个中国人，要爱自己的国家与同胞，团结国民，为国家兴旺而努力；对于"做现代中国人"，陈鹤琴则赋予它五个方面的要求：第一，"要有健全的身体"；第二，"要有建设的能力"；第三，"要有创造的能力"；第四，"要能够合作"；第五，"要服务"。"活教育"的目的论从抽象的人到具体的现代中国人，表达了陈鹤琴对人的发展、教育与社会变革的追求。

（2）"活教育"的课程论。陈鹤琴反对传统的将书本看作唯一教育资料的做法，明确提出"大自然、大社会都是活教材"。所谓"活教材"就是指取自大自然、大社会的"直接的书"，即让儿童在与自然、社会的直接接触中，在亲身观察中获取经验和知识。但他并非绝对强调经验，决然否定书本。"活教育"课程追求完整的儿童生活，教学组织形式打破惯常的学科中心体系，采取符合儿童身心发展和生活特点的活动中心和活动单元体系——"五指活动"：儿童健康活动、儿童社会活动、儿童自然活动、儿童文学活动、儿童艺术活动。

（3）"活教育"的教学论。"做中教，做中学，做中求进步"是"活教育"教学方法的基本原则。"做"是学生学习的基础，也是"活教育"的出发点，它强调的是儿童在学习过程中的主体地位和在活动中直接经验的获取。其鲜明的特点是：第一，强调以"做"为基础，确立学生在教学活动中的主体性；第二，儿童的"做"带有盲目性，需要教师积极正确地引导。

陈鹤琴还归纳出"活教育"教学的四个步骤：实验观察、阅读思考、创作发表、批评研讨。

"活教育"思想是一种有吸收、有改造、有创新的教育思想，不仅吸取杜威实用主义思想，而且也考虑中国时代背景和国情。它对中国现代教育产生了重要的影响。

（三）论述题

1. 评述陶行知先生生活教育理论的基本内容及其现实启示。

答：生活教育是陶行知教育思想的核心，陶行知曾赴美留学，就学于杜威，深受杜威实用主义教育思想和进步教育运动的影响，回国后针对中国的现实，提出了"生活教育"理论，集中反映了他在教育目的、内容和方法等方面的主张，也反映了陶行知探索适合中国国情的时代需要的教育理论的努力。

（1）生活教育理论的内涵。受启发于裴斯泰洛齐，直接受影响于杜威教育思想。1927年在晓庄形成完整的理论体系。其内涵为：从定义上说；生活教育是给生活以教育，用生活来教育，为生活向前向上的需要而教育。从生活与教育的关系上说，生活决定教育。从效力上说，教育要通过生活才能发出力量而成为真正的教育。实际上，生活教育理论就包含三个意思：生活即教育、社会即学校、教学做合一。

①生活即教育：这是生活教育理论的核心。

第一，生活含有教育的意义。主张人们积极投入到生活中，在生活的矛盾和斗争中向前、向上。第二，实际生活是教育的中心。教育不能脱离生活，教育要通过生活来进行，其方法和内容都要根据生活的需要。第三，生活决定教育，教育改造生活。教育的目的、原则、内容和方法都由生活决定。

②社会即学校。这是生活即教育的具体化。第一，指"社会含有学校的意味"或者说"以社会为学校"。因为到处是生活，所以到处是教育，整个社会就像一个教育的场所。第二，指"学校含有社会的意味"。也就是说，学校通过与社会生活结合，一方面"运用社会的力量，使学校进步"，另一方面"动员学校的力量，帮助社会进步"。使学校真正成为社会生活必不可少的组成部分。社会即学校扩大了学校教育的内涵和作用，使传统的学校观、教育观有所改变；使劳苦大众能够受到起码的教育，贯穿了普及民众教育的良苦用心。

③教学做合一是生活，也就是教育法。第一，要求"在劳力上劳心"。针对传统教育将脑力劳动和体力劳动割裂，造成"田呆子、书呆子"，长不出科学的种子。第二，因为"行是知之始"。行是知识的重要来源，教育必须从行动开始，以创造完成。第三，要求"有教先学"和"有学有教"。教人者先教自己，有学到知识就要去教别人。第四，是对注入式教学法的否定，即教育要与实践结合。

以上就是陶行知的生活教育理论，归纳起来，是民主的、大众的、科学的、创造的教育。

（2）生活教育理论给我们的启示。

首先，陶行知的生活教育论是以"生活"为中心、为基础，以生活和教育的辩证关系为基本矛盾展开的。这种教育要培养的是一种实际动手能力强，自觉追求真理，喜欢探索的人。生活教育提醒我们将教育与生活实践相结合,将书本知识与社会活动相结合,提高学生的行动能力。

其次,生活教育论中强调一种民主平等的师生观。学生和教师之间以"做"为中介,达到教与学合一,师与生合一。在教育教学活动中,教师与学生的关系不是固定不变的,而是随活动的展开而发生转换,这种师生观念,教学观念在今天仍有重要的借鉴意义。

再次,生活教育论还提示我们,生活中随处存在可以学习的东西,要拓宽我们的课程资源,教科书不应是唯一的课程资源,不能只会死读书本上的知识,而不问询生活中的学习机会。

最后,生活教学论还启发我们教学要给学生充分的自主空间和活动空间。在教育教学活动中,要尊重学生的主体地位。让学生做学习与活动的主人,探索个性的学习方法。

虽然,陶行知的生活教育论是特定时代提出来的,有一定的时代局限,发展也不是非常完善,但是以上诸点也有很多值得我们学习的地方,尤其是针对当今应试教育的局面,重温生活教育有很大的现实意义。

2. 评述乡村教育运动产生的历史背景、主要从事者及其活动特点。

答:(1)乡村教育运动是指中国20世纪20年代至30年代以农村为基地开展的各种教育改革和实验活动。①进入20世纪20年代以后,教育界逐步认识到,中国是一个农业人口占绝大多数的国家,中国的命运取决于农村社会的发展,只有通过农村教育改革才能最终带动整个社会的进步;②乡村教育运动的产生和发展也受到了西方教育思想及其教育科学试验方法的影响;③乡村教育运动的出现是中国近现代教育改革的继续和深化;④乡村教育运动的出现也是中国农村社会矛盾极端尖锐化的反映。

(2)影响最大的当属黄炎培的中华职业教育社在江苏、浙江等地开展的农村改进实验,陶行知开展的生活教育实验,晏阳初中华平民教育促进会在河北定县等地开展的平民教育实验,以及梁漱溟等人在山东邹平进行的乡村建设实验活动等。

(3)其共同的活动特点是:①他们都以教育实验为手段,探索教育改革的成功模式,并试图将这种模式推广到全社会的范围;②他们都以农村作为教育改革试验的基地,以农民作为教育的主要对象,并以教育改革带动整个农村社会的发展和进步;③强调教育与社会生活的广泛联系,通过不同的方式将教育的活动和影响渗透到社会生活的各个领域,并根据社会生活的实际需求,安排和设计教育实验的形式和内容。

3. 论述黄炎培的职业教育思想体系。

答:在长期的教育实践中,黄炎培逐步形成了完整的职业教育思想体系,要点包括职业教育的地位、目的、方针、教学原则和职业道德教育的基本规范等。

(1)职业教育的作用和地位:

①职业教育的作用就理论价值而言,即:谋个性之发展;为个人谋生之准备;为个人服务社会之准备;为国家及世界增进生产力之准备。对当时中国社会的现实作用而言:有助于解决中国最大最急需解决的生计问题。

②职业教育在整个教育体制中的地位:一贯的、整个的、正统的。第一,"一贯的"是应建立起从初级到高级的职业教育系统,并贯彻于全部教育过程和全部职业生涯。第二,"整个的"是不仅学校教育体系中应有一个独立的职业教育系统,而且其他各级各类

教育也要与职业教育相互沟通。第三,"正统的"是应破除以为升学作准备的普通教育为正统,而以为就业作准备的职业教育为偏系的传统观念。

(2)职业教育的目的:使无业者有业,使有业者乐业。职业教育帮助社会解决生计问题和失业问题,同时引导人们胜任所职,热爱所职,进而能有所发明创造,造福于社会。

(3)职业教育的方针:

①社会化:黄炎培将社会化视为"职业教育机关唯一的生命",强调职业教育必须适应社会需要,必须与社会沟通。他的职业教育社会化内涵丰富,要求办学宗旨、培养目标、办学组织、办学方式等都要社会化。

②科学化:指用科学来解决职业教育问题。包括物质方面的工作和人事方面的工作均需遵循科学原则。前者强调事前调查与实验,事后总结,逐步推广的原则;后者强调应把科学管理方法引入职业教育的原则;另外,专门设立科学管理的研究机构。

(4)职业教育的教学原则:①手脑并用;做学合一;理论与实践并行;知识与技能并重。总之,就是知行结合,黄炎培说中国传统教育与社会分为两边,一边是士大夫"死读书老不用手",一边是劳动者"死用手老不读书",应该让动手的读书,读书的动手,把读书和做工结合起来。②职业道德教育:敬业乐群。"敬业"指热爱所业,尽职所业,有为所从事的职业和社会作出贡献的追求;"乐群"指高尚的情操和群体合作的精神。黄炎培认为离开职业道德的培养,职业教育就失去了方向,职业教育的第一要义是"为群服务"。

作为中国近现代职业教育的先行者,黄炎培的教育思想不仅开创和推动了中国的职业教育事业,而且更具有平民化、实用化、科学化和社会化的特征,丰富了中国的教育理论,对中国20世纪二三十年代的教育产生了巨大影响,对当今职业教育也有重大借鉴意义。

第三编 外国教育史

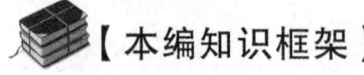【本编知识框架】

三条时间脉络
- 教育思想史
  - 指的是人们对教育现象和教育活动的认识过程
  - 主要体现在一些教育家的教育思想中
  - 裴斯泰洛齐、赫尔巴特、杜威等的教育思想
- 教育制度史
  - 指的是教育活动、教育行为制度化和法律化的过程
  - 主要体现在相关的教育政策法规当中
  - 美国的赠地法案，日本的《教育令》等
- 教育实践史
  - 指的是教育活动和现象的改革发展过程
  - 主要体现在各个时期的教育改革和教育实践活动当中
  - 人文主义教育改革、进步主义教育改革等

复习方法提示

外国教育史在考试中约占 30 分，题型有名词解释、简答题、分析论述题。

我们建议考生复习本部分内容要注意详略，容易出大题的部分应当着重背诵，还要会扩展分析。从历年真题分析，出题较多地集中在近现代教育史部分。

【参考书目】

吴式颖：《外国教育史教程》，人民教育出版社 2003 年版。

张斌贤：《外国教育史》，教育科学出版社 2008 年版。

【大纲样题】

（一）名词解释

1. 公学。
2. 《史密斯—休斯法案》。
3. 美德即知识。

（二）简答题

1. 请简答德国洪堡教育改革的主要措施及其意义。
2. 请简答赫尔巴特统觉理论的主要内容及其意义。

（三）论述题

1. 请评述卢梭自然主义教育思想。
2. 请述评裴斯泰洛齐的教育心理学化思想。

【参考答案】

(一) 名词解释

1. 公学是一种私立教学机构。相对于私人延聘家庭教师的教学而言,这种学校是由公众团体集资兴办,其教学目的是培养一般公职人员,其学生是在公开场所接受教育。它较之一般的文法学校师资及设施设备条件好、收费更高,是典型的贵族学校。公学的教学质量较高,在历史上曾为英国培养了不少政治、经济领袖人才,因而总以天才教育相标榜,被称为英国绅士的摇篮。最为人称道的是伊顿、温彻斯特、圣保罗等九大公学。

2.《史密斯—休斯法案》。1917年,美国国会通过了由议员史密斯和休斯联合提出的议案,史称《史密斯—休斯法案》。该法案的主要内容如下:①由联邦政府拨款补助各州大力发展大学程度以下的职业教育,开办职业学校。②联邦政府应与州合作,提供职业教育的师资培训,同时对职业教育师资训练机构提供资助。③在公立学校中设立职业科,设置选修的职业课程,把传统的专为升学服务的中学改为兼具升学和就业职能的综合中学。

总之,《史密斯—休斯法案》的颁布,对美国普通教育和职业教育的发展产生了重要影响。它使普通教育开始由单一的升学目标转向升学和就业的双重目标,加强了普通教育与社会的联系。同时,它也为美国职业教育的发展提供了有利的条件。

3. 美德即知识。苏格拉底认为,知识、智慧和道德具有内在的直接的联系。人的行为之善恶,主要取决于他是否具有有关的知识,只有知道什么是善,什么是恶,人才能趋善避恶。在这个意义上,苏格拉底明确指出,"美德就是知识"。从"智德统一"的观点出发,苏格拉底进而提出"德行可教"的主张。既然道德不是出自人的天性,而是以知识或智慧为基础,那么,美德就是可教的。通过传授知识,发展智慧,就可以培养具有完善道德的人。因此,知识教育是道德教育的主要途径。这个见解可以说是近代教育性教学原则的雏形。在苏格拉底所处的时代,他提出"智德统一"的见解,对于破除贵族阶级的道德天赋的理论,是有着明显的进步意义的。但知识即美德的观念也是不完善的,忽略了道德的其他方面,如情感、行为等。

(二) 简答题

1. 请简答德国洪堡教育改革的主要措施及其意义。

答:19世纪是德国社会和教育进行变革和发展的时期,其中在教育改革中发挥重要作用的是洪堡,他制定了包括学制、课程、教法、考试、学校管理和师资在内的一系列的改革方案。

在初等教育上,他认为初等教育的目的是发展学生的理性,陶冶学生的道德情操,培养学生的宗教感情,为进一步的学习做准备。同时,重视提高师资的培养,曾派遣18名教师到瑞士裴斯泰洛齐那里进修。

在中等教育上,编制了教学计划,以拉丁文、希腊文、德文和数学为主课,重视历史、地理和自然科学的教学。

在高等教育上，洪堡提出了"学术自由"原则、"教学与研究相结合"原则；还创办了柏林大学，设立"讲座制"。柏林大学是一所新型大学，注重开展哲学、科学和学术研究，提倡学习和教学自由，建立了讲座教授制度和习明纳制度，以培养学生的研究能力，从而确立了以研究为核心的现代大学制度，成为现代高等教育的典范，影响了世界高等教育的发展。在教学方法上不强调死记硬背，重视教授的演讲和与学生之间的探讨。

总之，洪堡教育改革不仅对德国大学的现代化，而且也对欧美其他国家大学的现代化产生了重要影响。

2. 请简答赫尔巴特统觉理论的主要内容及其意义。

答：赫尔巴特是西方历史上第一位把心理学作为一门独立学科加以研究，并努力建设成为一门科学的思想家。他系统研究了统觉、兴趣和注意等心理学问题。他的关于统觉的概念是，当新的刺激发生作用时，表象就通过感官的大门进入到意识阈中；如果它具有足够的强度能唤起意识阈下已有的相似观念的活动，并与之联合，那么，由此获得的力量就将驱逐此前在意识中占据统治地位的观念，成为意识的中心，新的感觉表象与已有的观念的结合，形成统觉团；如果与新的表象相似的观念已经在意识阈上，那么，二者的联合就进一步巩固了它的地位。

根据他的主张，统觉过程的完成大体上可以有三个环节：感官的刺激、新旧观念的分析和联合、统觉团的形成。与此相应，他提出三种不同的教学方法：单纯的提示教学、分析教学和综合教学，这三种教学方法之间的联系，就产生了教学过程。他提出的教学形式阶段，实际上就是课堂教学的完整过程，是一个包括教学方法、教学形式等在内的规范化的教学程序。他认为，兴趣活动可划分为四个阶段：注意、期待、要求、行动。儿童在学习活动中的思维状态主要有两种：专心和审思。

在此基础上，提出了教学形式阶段论。有以下四个阶段：①明了（或清晰）。当一个表象由自身的力量突出在感官前，兴趣活动对它产生注意，这时学生处于静止的专心活动，教师通过运用直观教具和讲解的方法，进行明确的提示，使学生获得清晰的表象，以做好观念的联合，即学习新知识的准备。②联合（或联想）。由于表象的产生并进入意识，激起原有观念的活动，因而产生新旧观念的联合，但又尚未出现最后的结果，这时，兴趣活动处于获得新观念的期待状态，教师的任务是与学生无拘束地谈话，运用分析的教学方法。③系统。新旧观念最初形成的联系并不有序，因而需要对前一阶段由专心活动得到的结果进行审思，兴趣活动处于要求阶段，需要用综合的教学方法，使新旧观念的联合系统化，从而获得新的概念。④方法。新旧观念的联合形成后需要进一步巩固和强化，这就要求学生自己进行活动，通过联系巩固新习得的知识。

他的教学形式阶段论是在严格按照心理学过程规律基础上，对教学过程中的一切因素和活动进行高度抽象，以建立一种明确的和规范化的教学模式。从这个意义上讲，该理论不仅反映了人类对教学过程和教学活动本质的发展，而且具有广泛的实践意义；但也因机械化倾向遭到人们批评。

（三）论述题

1. 请评述卢梭自然主义教育思想。

答：卢梭的自然教育的核心是"归于自然"（back to nature）。他从儿童所受的多方面的影响来论证教育必须"归于自然"。他说每个人都是由自然的教育、事物的教育和人为的教育三者培养起来。只有三种教育圆满地结合，才能达到预期的目的。但自然的教育人力不能控制，所以无法使自然的教育向事物的和人为的教育靠拢，只能是后两者向自然的教育趋于一致。因此，教育"归于自然"，即以自然的教育为基准才能是良好有效的教育。自然教育的培养目标是"自然人"，这个概念不同于"公民"或"国民"，"自然人"是能独立自主的人，平等的、自由的、自食其力的、道德高尚的、能力和智力极高的人。

在方法上，首先，要正确看待儿童，不要把他们看成小绅士、小大人，或看成上帝的产物、成人的玩物。其次，要给他们以充分的自由。成人的不干预、不灌输、不压制和让儿童遵循自然，就是所谓的"消极教育"，但并不是不教育，而是要观察自由活动的儿童，了解他们的自然倾向和特点；防范来自外界的不良影响。在自然教育的实施上，分为婴儿期教育、儿童期、青年期、青春期四个时期，他还提出女子教育问题。

2. 请述评裴斯泰洛齐的教育心理学化思想。

答：裴斯泰洛齐的教育心理学化思想：

（1）教育目的的确定、教育理论的探索应尊重儿童的心理活动规律。

（2）教学内容的选择和编制应适合儿童的学习心理规律，按照"要素教育"的基本要求，实现教学内容的心理学化。

（3）以教学程序与学生认识过程的协调为基本要求，实现教学原则和教学方法的心理学化。

（4）教育者要适应儿童的心理时机，调动儿童学习的能动性和积极性，培养儿童独立思考和自我教育的能力。

第一章 古希腊教育

【本章知识框架】

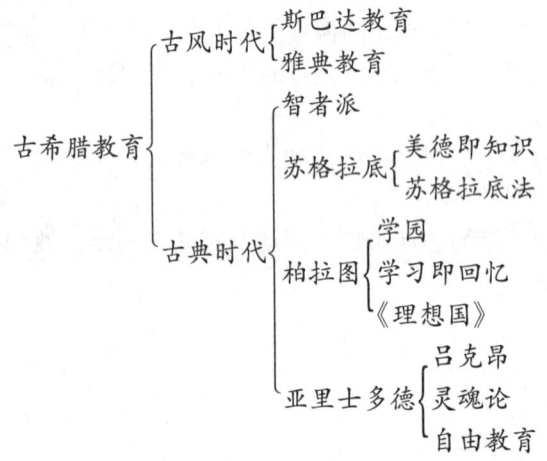

💡 **考情分析**

　　本章的内容是关于古希腊的教育情况，我们主要学习古希腊古风时代和古典时代的教育。这些内容中需要掌握的是雅典与斯巴达的教育比较，智者派的教育以及古希腊著名教育家的思想。雅典与斯巴达的教育比较可以参考书中提供的表格进行理解、记忆，应把握清楚。本章容易出名词解释。考生要重点记忆智者派、希腊三哲的内容。

💡 **重点难点**

　　重点：雅典与斯巴达的教育比较，智者派的教育以及古希腊著名教育家的思想。
　　难点：苏格拉底的美德即知识、柏拉图的学习即回忆、亚里士多德的灵魂论。

【习题精编】

(一)名词解释

1. 苏格拉底法。
2. 学习即回忆。
3. 智者。
4. 学园。

(二)简答题

1. 简述智者的教育活动及其在教育史上的贡献。
2. 亚里士多德认为教育应当包括体育、智育、德育,其理论依据是什么?
3. 简要解释苏格拉底的"精神助产术"。
4. 简述古风时代雅典教育的特征。
5. 简述古风时代斯巴达教育的特征。
6. 简述亚里士多德关于教育作用的论述。

(三)论述题

1. 请评述苏格拉底的教育思想。
2. 评析亚里士多德的教育思想的主要内容。
3. 试论述柏拉图在《理想国》中的教育观。
4. 阐述苏格拉底方法与孔子关于启发式教学的思想,并比较二者的异同。
5. 试比较雅典与斯巴达教育的异同,并简要介绍你从中得到的启示。
6. 简单总结一下古希腊在教育上的主要成果。

【参考答案】

(一)名词解释

1. 苏格拉底法又称"问答法"、"产婆术"。苏格拉底在哲学研究和讲学中,形成了由讥讽、助产术、归纳和定义四个步骤组成的独特的方法,称为苏格拉底方法。讥讽是就对方的发言不断提出追问,迫使对方自陷矛盾,无辞以对,终于承认自己的无知。助产术即帮助对方自己得到问题的答案。归纳即从各种具体事物中找到事物的共性、本质,通过对具体事物的比较寻求"一般"。定义是把个别事物归入一般的概念,得到关于事物的普遍概念。该方法最大的优点是不将现成的结论影响灌输或强加给对方。但也有局限,如受教育者必须有追求真理的愿望和热情；受教育者必须积累了一定的知识；这种方法不能机械地用于幼年儿童。

2. 学习即回忆。 柏拉图提出了"学习即回忆"的思想。他说人在出生以前已经获得了一切事物的知识，当灵魂依附于肉体（降生）后，这已有的知识被遗忘了，人通过接触感性事物，才重新"回忆"起已被遗忘的事物，学习即回忆，这就是柏拉图的"回忆说"。柏拉图强调理性思维，追求共相、本质，这个本来很深刻的哲学见解被他作了唯心主义的解释，他把思维、共相看成与外界无关的、存在于人的灵魂的内部。

3. 智者 在古希腊的后期专门用来指以收费授徒为职业的巡回教师。智者云游各地进行讲学，积极参加各城邦政治和文化生活，他们虽没有统一的哲学见解，但却形成了共同的思想特征：相对主义、个人主义、感觉主义和怀疑主义。作为西方最早的职业教师，他们对希腊教育实践和教育理想的发展同样作出了贡献。云游讲学，推动文化传播，促进社会流动；扩大了教育内容，西方教育史上沿用长达七百年之久的"七艺"中的前三艺（文法、修辞、辩证法）就是由智者首先确定下来的；智者还提供了一种新型的教育——政治家或者统治者的教育。

4. 学园 是柏拉图创立的西方最早的高等教育机构，学园共存在了九百多年，影响深远，也成为后世学术机构的统称。学园开设哲学、数学、音乐、天文学等学科，并实行教学和探索思辨相结合、讲授与自由讨论相结合的教育模式，培养了大量人才，成为希腊的哲学和科学中心。

（二）简答题

1. 简述智者的教育活动及其在教育史上的贡献。

答：（1）所谓"智者"，在古希腊的古典时代用来专指以收费授徒为职业的巡回教师。智者云游各地进行讲学，积极参加各城邦政治和文化生活，他们虽没有统一的哲学见解，但却形成了共同的思想特征：相对主义、个人主义、感觉主义和怀疑主义。

（2）智者的教育活动及其在教育史上的贡献：

①云游讲学，推动文化传播，促进社会流动。

②传播文法、修辞、哲学的内容，扩大了教育内容，西方教育史上沿用长达七百年之久的"七艺"中的前三艺（文法、修辞、辩证法）就是由智者首先确定下来的。

③智者重视道德教育与政治教育，把道德与政治的知识作为主要教育内容，不仅丰富了教育内容，而且还提供了一种新型的教育——政治家或者统治者的教育。

④智者不仅直接促进了希腊教育实践的发展，而且还推动了希腊教育思想的进一步丰富。作为职业教师，他们明确地意识到教育活动的特殊性，并开始自觉地把教育现象与政治现象、道德现象等社会现象相区分。他们把教育过程当做一个运用禀赋、进行练习的过程。一方面，他们明确地意识到，教育与政治、道德具有密切的相互联系，教育在国家生活中具有举足轻重的地位；另一方面，智者反对道德天赋论，强调道德是人人都可拥有的，道德是可以通过学习和练习获得的。

古典时期是希腊教育发展的黄金时期。以智者的出现为标志，希腊（尤其是雅典）的教育进入了一个新的发展阶段。

2. 亚里士多德认为教育应当包括体育、智育、德育，其理论依据是什么？

答：亚里士多德是古希腊百科全书式的学者，对西方的教育和教育思想有着深远影响，其中重要的一个贡献就是从灵魂论的组成成分出发，论证了教育应当包含体育、智育和德育三个方面。

（1）灵魂论：亚里士多德将人的灵魂区分为两个部分：理性的部分和非理性的部分，非理性部分又包括两种成分。所以人的灵魂由三个部分构成，即营养的灵魂、感觉的灵魂和理性的灵魂。这三个部分相应于植物的灵魂、动物的灵魂和人的生命。当营养的灵魂单独存在时，是属于植物的，如果它还有感觉，则属于动物的灵魂。如果它既是营养的，也是感觉的，同时又是理性的，就是人的灵魂。在灵魂的三部分中，植物的灵魂与理性不相干，动物的灵魂即感觉；灵魂的三部分在理性的领导下和谐共存，人就成为人。

（2）灵魂论的教育意义。首先，它说明人也是动物，人的身上也有动物性的东西，它们与生俱来，不承认它是违反人的本性的，也是做不到的；其次，人又不同于动物，人具有理性，高于动物。能否让理性领导欲望，使欲望服从理性，是人与动物区分的标志。发展人的理性，使人超越于动物的水平，上升为真正的人，这就是教育，特别是德育的任务。

通过对灵魂的三个组成部分的阐述，亚里士多德为教育必须包括体育、德育、智育提供了人性论上的依据。他本人也在这方面做出示范，按照人的自然发展顺序，把人分为三个阶段，并把体育、智育和德育渗透于其中。

3. 简要解释苏格拉底的"精神助产术"。

答："精神助产术"是古希腊著名哲学家、教育家苏格拉底在哲学研究和讲学过程中形成的一种通过不断提出追问，从辩论中弄清问题的独特方法，也称"苏格拉底法"、"产婆术"或问答法。

（1）"精神助产术"的含义：苏格拉底在哲学研究和讲学中，形成了由讥讽、助产术、归纳和定义四个步骤组成的独特的方法，称为苏格拉底方法。讥讽是就对方的发言不断提出追问，迫使对方自陷矛盾，无辞以对，终于承认自己的无知。助产术是帮助对方自己得出答案；归纳即从各种具体事物中找到事物的共性、本质，通过对具体事物的比较寻求"一般"。定义是把个别事物归入一般的概念，得到关于事物的普遍概念。

（2）"精神助产术"的意义："精神助产术"是苏格拉底探讨伦理哲学的研究方法，也是他的教学方法。苏格拉底法的主要特点是通过学生的对话来获得对事物的认识。

（3）这种方法的优点是：不是将现成的结论影响灌输或强加给对方，而是通过探讨和提问的方式，诱导对方认识并承认自己的错误，自然而然地得到正确的结论。

（4）这种方法也有其局限，是特定历史条件的产物：①受教育者必须有追求真理的愿望和热情；②受教育者必须就所讨论的问题积累了一定的知识；③谈话的对象是已经有了一定知识基础和推理能力的成年人。这种方法不能机械地用于幼年儿童。

4. 简述古风时代雅典教育的特征。

答：政治上建立起奴隶主民主政体的雅典，在教育上的特点是：

（1）教育不完全由国家控制，私人讲学盛行。

（2）教育具有阶级性。

（3）教育目的是培养身心和谐发展的国家公民。身心和谐发展包括：身体健美，具有智慧、勇敢、节制、公正等美德。

（4）既重视体育教育，也重视文化教育。

（5）教育方式同斯巴达相比要温和得多。

（6）轻视女子教育。

（7）雅典的教育体制：婴儿出生后由父亲决定是否养育。7岁以前在家里接受教育，十分重视游戏和玩具的教育作用。7岁以后的男孩子开始接受学校教育。7～12岁的男孩子进的学校有文法学校和弦琴学校，13岁以后可以到角力学校进行体育训练，16岁以后可以到体育馆接受更为系统的体育训练。18岁接受军事训练，但是国家不统一要求，由青年自己决定。在军事训练中，可以学到一定的航海知识和政治法律知识。20岁后，通过一定的仪式，成为正式公民。

古希腊著名的教育家基本上是雅典人，他们的教育思想主要反映了雅典的教育实践和教育理想，但是也一定程度上受到斯巴达教育实践的影响。

5. 简述古风时代斯巴达教育的特征。

答：斯巴达的政治是保守的军事贵族寡头统治，在教育上的特点是：

（1）教育由国家控制。

（2）教育具有阶级性。

（3）教育目的是培养英勇果敢的保家卫国的战士。

（4）教育内容只重视军事体育，不重视文化科学知识学习。

（5）教育方法是野蛮训练和鞭笞。

（6）重视女子教育。

（7）斯巴达的教育体制：教育是国家事业，典型特征是军事教育，也是斯巴达治国和维持统一的工具。婴儿出生经长老检验，无残疾、体质强健的可由母亲代国家抚养；7岁以后送到国家教育场所接受系统教育指导；30岁成为公民，有权参加公民大会，可以担任官职，战时则战斗，60岁解除兵役。

评价：斯巴达人只重视军事体育训练，不重视文化知识的学习，生活方式狭隘，除了军事作战不知其他，这种教育很片面，忽视了个人的发展。

6. 简述亚里士多德关于教育作用的论述。

答：亚里士多德提到了人形成为人的三个因素：天性、习惯和理性。重视人的天性，在良好的环境和正当的行为中养成良好的习惯，并通过教育发展人的理性，使天性和习惯受理性的领导，人就能成为良好德行的人。在这三个因素中，教育显然有其特殊的作用。

要使灵魂的三个部分得到充分的发展，最有效的途径是训练和教育。他认为身体、情感和理智三者应有一个发展顺序，人的最终发展依赖于教育，而身体、情感的发展完全为理智的发展创造条件。因此，他把体育放在最前面，其次是道德教育，最后才是智育和美育。教育最终目的在于发展人的理智。

(三) 论述题

1. 请评述苏格拉底的教育思想。

答：苏格拉底是古希腊著名的哲学家、教育家，在西方哲学史上开辟了从自然哲学向伦理哲学转变的新阶段。他的一生以探讨伦理哲学和从事公众教育为乐，从不收取学费，教育对象有教无类，吸引了许多学生，因而得到很多有学问的人的欣赏和尊重，影响了不少人，是西方思想史上有长远影响的第一位教育家。

（1）教育的意义，苏格拉底认为，人天生是有区别的，但不管这种区别有多大，教育可以使人得到改进。不论是天资聪颖的人还是天生比较愚钝的人，都必须勤学苦练，否则好的禀赋会散失。他不论人的身份、地位，对于向他请教的人一律赐教，对于见到的不合理的事他也上前说教，企图以教育来改变身边的每个人。教育应当成为一件国家大事，教育的目的应当是培养治国人才。

（2）智慧即德行，培养上述的这种人最关键的是什么呢？苏格拉底认为应当是道德。经过对伦理问题的长期探索和总结，苏格拉底提出了"智慧即德行"的著名论点，苏格拉底认为道德不是天生的，正确的行为基于正确的判断，所以教人道德就是教人智慧，教人辨别是非也就是教人道德。智慧即德行的论断有重要的教育实践意义，既然正确的认识可以指导行为，也就是说德行是可教的，后世的教育家便把发展道德意识、道德判断作为德育的重要任务之一，但知识即道德的观点并不完善。此外，苏格拉底还提出"自制是德行的基础"、"守法就是正义"、"身教重于言传"等重要的道德教育观点，并且以身作则，自己就是崇尚道德的典范。

（3）苏格拉底法：他在长期的教育教学实践、哲学研究和讲学中，形成了由讥讽、助产术、归纳和定义四个步骤组成的独特的方法，称为苏格拉底方法。讥讽是就对方的发言不断提出追问，迫使对方自陷矛盾，无辞以对，终于承认自己的无知。助产术即帮助对方自己得到问题的答案。归纳即从各种具体事物中找到事物的共性、本质，通过对具体事物的比较寻求"一般"。定义是把个别事物归入一般的概念，得到关于事物的普遍概念。

该方法不是将现成的结论影响灌输或强加给对方，而是通过探讨和提问的方式，诱导对方认识并承认自己的错误，自然而然地得到正确的结论。然而，这种方法也存在一定的局限：①受教育者必须有追求真理的愿望和热情；②受教育者必须就所讨论的问题积累了一定的知识；③谈话的对象是已经有了一定知识基础和推理能力的成年人。这种方法不能机械地用于幼年儿童。

总之，苏格拉底在西方教育史上是一位不可忽略的伟大人物，他把教育放在国家大事的位置上，强调教育与政事的结合；苏格拉底对伦理学的研究是前所未有的，开拓了自然哲学向伦理哲学转变的新纪元，从而为道德教育奠定了更加丰厚的理论基础；苏格拉底不仅总结自己经验提出有异于前人的较为系统的教育理论，而且也在实践中摸索出具有自身特色的教学方法，"助产术"以其独特的优点影响了后世很久，至今教学领域还很提倡类似这样的启发教学方法。因此，苏格拉底在教育史上的影响是极其深远的，虽然在当时时代背景下有其难免的弊端，但仍是一份有价值的精神遗产。

2. 评析亚里士多德的教育思想的主要内容。

答：亚里士多德是古希腊百科全书式的学者，对西方的教育和教育思想有着深远的影响。他的教育思想总的看来包含以下三个方面：

（1）吕克昂：亚里士多德于公元前335年创办的哲学学校。学校注重科学研究和相应的实验和训练，并建有图书馆、实验室和博物馆，是实践亚里士多德教育观念的主要机构。后与学园等合并为雅典大学。

（2）灵魂论：亚里士多德根据其灵魂论提出教育应当包含体育、智育和德育。亚里士多德将人的灵魂区分为两个部分：理性的部分和非理性的部分。非理性部分又包括两种成分。所以人的灵魂由三个部分构成，即营养的灵魂、感觉的灵魂和理性的灵魂。这三个部分相应于植物的灵魂、动物的灵魂和人的生命。当营养的灵魂单独存在时，是属于植物的，如果它还有感觉，则属于动物的灵魂。如果它既是营养的，也是感觉的，同时又是理性的，就是人的灵魂。在灵魂的三个部分中，植物的灵魂与理性不相干，动物的灵魂即感觉；灵魂的三个部分在理性的领导下和谐共存，人就成为人。

灵魂论在教育上有重要意义：①它说明人也是动物，人的身上也有动物性的东西，它们与生俱来，不承认它是违反人的本性的，也是做不到的；②人又不同于动物，人具有理性，高于动物。能否用理性领导欲望，使欲望服从理性，是人与动物区分的标志。但是他认为教育包含德、智、体这在当时是具有极其重要的意义的，其影响一直延伸到现在。

（3）自由教育。自由教育是由亚里士多德总结的古希腊教育传统。它是指对自由公民所施行的，强调通过自由技艺的学习进行非功利的思辨和求知，从而免除无知愚昧，获得各种能力全面完美的发展，以及身心和谐自由状态的教育。其教学内容为不受任何功利目的影响的自由知识，也称为自由学科（七艺），包括音乐、文法、修辞、几何、算术、天文、逻辑（辩证法）等。自由教育成为西方经典的教育模式之一，对于西方教育传统的形成具有重要作用。

亚里士多德主要的教育思想，较前人更加系统，并且提出了许多重要的议题，在世界教育史上产生极为深远的影响，同时，他也没有把理论停留在纸上，而是结合到自己的实践中。他不同于柏拉图，亚里士多德认为身体的训练应在智育之前，强调儿童的体育应柔和，避免孩子变残忍，并要求把音乐列入必修的课程当中；在高等教育方面，提倡教学与科研结合，研究与实验结合，讲授与自由讨论结合，重视孩子的兴趣和家庭的教育结合，积累了完善的教育经验。

3. 试论述柏拉图在《理想国》中的教育观。

答：柏拉图是西方教育史上伟大的教育家，他萌生了探求一个稳定、和谐、正义、不变、完善的理想社会的宏愿，并且希望通过教育，实现这一理想，他的这些想法集中体现在其著作《理想国》的教育观中，主要内容包括：

（1）教育目的：理想国中教育的最高目标是培养哲学家兼政治家——哲学王，这种教育贯穿于人的整个一生，学习与实际锻炼始终结合。教育的最终目的是促使"灵魂转向"，实际就是看问题的立脚点和世界观的转变。教育要培养人从可见世界上升到可知世界，转离变化着的感性世界，看到真理、本质理念，认识最高的理念——善。

（2）教育作用：柏拉图认为理想国的建立和维持主要通过教育来实施。要通过教育来培养合格的人才，培养执政者、军人、工农商。教育应该由国家来集中管理，取消私人办学，对全体公民实施强迫教育。其教育观点有两个特点：以英才教育为中心，是一种领袖教育，以培养国家领袖为目的；实施考核，层层淘汰，保证少数体、智、德各方面的优秀者成为国家的统治者。

（3）教育内容：柏拉图充分肯定教育塑造人的作用，系统论述了教育与政治、教育与智力发展的关系。他强调男女平等，提出了广泛的教育内容（算术、几何、天文、音乐）并将其与智者的三艺合称为"七艺"。另外，他还提出了各门学科的作用。

（4）教育阶段：柏拉图较早提出了理智、情感、心灵、意志等心理的概念范畴，确立了后人的思考范围，同时他也重视身心和谐发展。

①论学前教育。主张教育由国家控制。国家应创办幼儿教育机构，实行儿童公养公育。理想国中重视早期教育，认为从小养成的习惯会成为第二天性。柏拉图是"寓学习于游戏"的最早提倡者。公民身份的男女儿童的教育从音乐和故事开始，内容要健康。然后经过2~3年体育训练，锻炼吃苦耐劳勇敢的品格。

②论普通教育（7~18岁）。普通教育以情感教育为主，重视音乐和体育。六岁以后，男女儿童分别进入国家所办的初等学校，如文法学校、弦琴学校、体操学校学习。学习内容主要以读写算、唱歌、音乐为主。柏拉图对于体操和音乐尤其重视。

③论高等教育。高等教育分为四个阶段：第一个阶段以军事训练及"四艺"（算术、几何、天文、音乐）为主。第二阶段，重点学习辩证法。第三阶段，继续研究哲学，成为国家的重要官吏。第四阶段：个别人需要再经过15年的锻炼，大约到了50岁，经过指挥战争等各种考验，在学识方面，尤其在哲学方面有高深造诣的人，可以成为国家的统治者。

另外，柏拉图认为女子应当和男子受同样的教育，从事同样的职业。

（5）评价：

优点：体现了国家对教育的重视，教育与政治结合，高度评价教育在人的塑造中的作用，重视体育训练，将算术、几何、天文、音乐理论四门课程（后来成为四艺）列入教学科目，第一次提出以考试作为选拔人才的手段之一，强调身心协调发展、男女教育平等，注意早期教育，主张课程与实践相结合，反对强迫学习，以理性指导欲望作为道德教育的中心任务，这些就是《理想国》中教育观的积极因素，对后来西方教育理论的发展产生了长期影响。

缺陷：过于强调一致性，照一个刻板的模子塑造人，忽视个性发展；且拒绝改变，认为变革会给国家带来危害。

4. 阐述苏格拉底方法与孔子关于启发式教学的思想，并比较二者的异同。

答：（1）苏格拉底方法，又称"问答法"、"产婆术"。苏格拉底在哲学研究和讲学中，形成了由讥讽、助产术、归纳和定义四个步骤组成的独特的方法，称为苏格拉底方法。讥讽是就对方的发言不断提出追问，迫使对方自陷矛盾，无辞以对，终于承认自己的无知。助产术即帮助对方自己得到问题的答案。归纳即从各种具体事物中找到事物的共性、本质，通过对具体事物的比较寻求"一般"。定义是把个别事物归入一般的概念，得到关于事物的普遍概念。

（2）孔子启发式教学。孔子是世界上最早提出启发式教学的教育家，这一原则主要是解决发挥教师的主导作用和调动学生积极性间的矛盾的，孔子认为不论培养道德还是学习知识，都要建立在学生自觉需要的基础上，充分发挥学生的积极主动性，反对机械学习，提倡启发式教学。

孔子说："不愤不启，不悱不发，举一隅，不以三隅反，则不复也。"愤与悱是内在心理状态在外部容色言辞上的表现。就是说，在教学前务必先让学生认真思考，已经思考相当时间但还想不通，然后可以去启发他；虽经思考并已有所领会，但未能以适当的言词表达出来，此时可以去开导他。教师的启发是在学生思考的基础上进行的，启发之后，应让学生再思考，获得进一步的领会。

（3）二者异同：

相同点：①两种教育方法的目的都是启发学生思维。反对灌输知识，直接把既定的答案告诉学生，都希望学生能在教师的引导下，自己思考，自己推理出答案。②都采用了互动式交谈。不论是苏格拉底的助产术，还是孔子的启发式教学，都是教师与学生的一系列对话，教师在对话中去启发学生，在交谈的过程中给予学生启示。③讨论的主要内容集中于伦理内容。孔子与苏格拉底都是注重道德的人，他们探讨的问题往往是没有终极答案，却值得人们去思考的哲学类问题和道德类问题。

不同点：①问答次序不同，反映了中西方教育传统的差别。在西方，教育是从心中引出已有知识；而在中国，教育是外部输入，就外部的信息进入人们的视野后，才引导思考。②教育顺序不同，苏格拉底强调从特殊到一般，孔子强调从一般到特殊。③教学目的不同，苏格拉底强调探索新知，孔子强调温故知新。

5. 试比较雅典与斯巴达教育的异同，并简要介绍你从中得到的启示。

答：雅典和斯巴达都是古希腊的著名城邦，二者的教育体制有相同之处，也有各自的特色。

（1）二者的共同点表现在：①政治上都是奴隶制城邦，教育为奴隶主阶级服务，具有阶级性，培养的目标无论是战士还是公民，都是为国家政体服务的。②因时代要求，二者的教育都重视体育，斯巴达是为了征服和奴役土著居民，举国皆兵；雅典为了强大自己也重视体育教育，对公民进行系统的军事训练。③二者的教育体制都有年龄分期，且比较完善。

（2）虽然二者存在以上这些共同的地方，但是由于经济、政治条件的影响，二者的教育体制也表现出很大的差异，具体体现在：

①地理环境不同，造成经济、政治的差异。

斯巴达处于伯罗奔尼撒半岛东南部平原，北部是高山，南部是岩石海岸，与外界交通不便，然而境内土壤肥沃，自给自足的农业经济发达。这种经济基础导致了斯巴达在政治上施行保守的军事贵族寡头统治。

雅典三面环海，有优良的港湾和丰富的矿藏，工商业发达，是地中海和黑海地区的贸易中心，这一点较斯巴达要优越许多。在此基础上雅典建立起奴隶主民主政体，这一点直接决定了斯巴达的教育有较强的专制性，而雅典的教育体制民主色彩比较浓厚。

②不同的政治体制,决定了不同的培养目标、内容和方法。

由于斯巴达的政治是军事贵族专制,对内要奴役土著居民,对外要防御外敌,因而其教育目标是培养英勇果敢的保家卫国的战士;相应地,其内容只重视军事体育,不重视文化科学知识学习;教育方法是野蛮训练和鞭笞。

雅典在政治上是奴隶主民主政体,教育的民主色彩较重:目标是培养身心和谐发展的国家公民。身心和谐发展包括:身体健美,具有智慧、勇敢、节制、公正等美德。在教育内容上,德、智、体比较兼顾,设置了文法、修辞、体操、音乐等各种类型的学校;在方法上,比较重视启发诱导。

(3)启示:从上面的分析可以看出,斯巴达的教育建立在农业经济的基础上,受专制政体的影响,教育带有强烈的专制色彩,崇尚武力,教育是以为国家服务为核心的;而雅典的教育建立在发达的工商业经济的基础上,在民主政体下,教育注重对国民身心的培养,带有较浓的民主色彩。而事实上,雅典的教育要比斯巴达的更发达,催生了大量著名的教育家,为后世留下了许多教育经典。这就启发我们,教育作为意识形态领域,其发展并不是与其他社会因素相孤立的,它受到生产力水平、政治制度的制约和影响,教育的进步、人的和谐发展需要有民主的体制来支撑。

6. 简单总结一下古希腊在教育上的主要成果。

答:古希腊作为西方文明的摇篮,在教育上取得了丰富的成果,包括教育实践和教育理论两个方面。

(1)古希腊的教育实践:

①斯巴达的教育。教育目的是培养英勇果敢的保家卫国的战士;教育内容只重视军事体育,不重视文化科学知识学习;教育方法是野蛮训练和鞭笞。教育是国家事业。婴儿出生经长老检验,无残疾、体质强健的可由母亲代国家抚养;7岁以后送到国家教育场所接受系统教育直到30岁;30岁成为公民,有权参加公民大会,可以担任官职,战时则战斗,60岁解除兵役。

②雅典的教育。目标是培养身心和谐发展的国家公民。教育体制是:婴儿出生后由父亲决定是否养育。7岁以前在家里接受教育,十分重视游戏和玩具的教育作用。7岁以后的男孩子开始接受学校教育。7~12岁的男孩子进的学校有文法学校和弦琴学校,13岁以后可以到角力学校进行体育训练,16岁以后可以到体育馆接受更为系统的体育训练。18岁接受军事训练,但是国家不统一要求,由青年自己决定。在军事训练中,可以学到一定的航海知识和政治法律知识。20岁后,通过一定的仪式,成为正式公民。

(2)古代希腊的教育理论:

①苏格拉底的教育观。苏格拉底提出了真理的普遍性和道德标准的绝对性的主张,他在认识论上的贡献在于恢复了知识的普遍品格。他指出教育的目的就是发展人的智慧,认为美德即知识,使人的道德完善。他对教育的另一贡献是他倡导问答法。这种方法后代为西方启发式教学的渊源。

②柏拉图的教育思想。柏拉图是西方教育史上第一个提出系统教育理论的人,他重视教育的政治意义和作用,提倡智、德、体、美和谐发展的教育,强调早期教育和公共的学

前教育，重视女子教育，这些都是非常宝贵的教育思想。他的代表作《理想国》成为西方教育思想史上的重要里程碑。

③亚里士多德的教育思想。亚里士多德提出灵魂论，强调把体育、德育和智育结合起来，使人得到多方面的和谐发展，主张自由教育。这对后来欧洲文艺复兴时期的教育思想产生了很大影响。

第二章 古罗马教育

【本章知识框架】

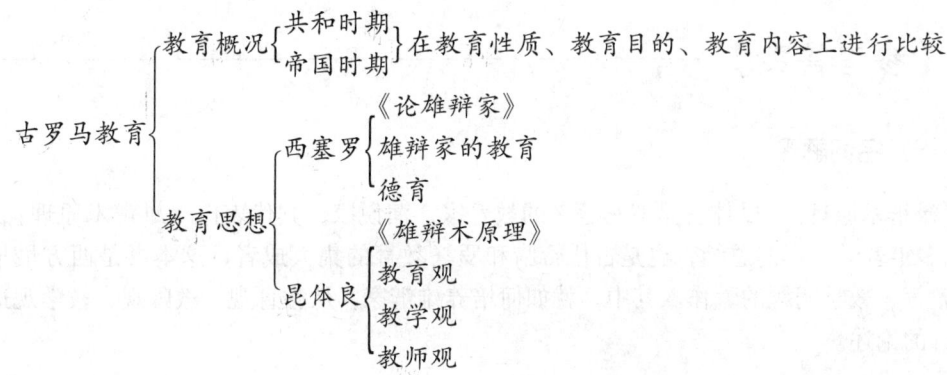

考情分析

本章介绍的是古代罗马的教育情况,大体上可以分为教育概况和教育思想两个部分。其中教育概况主要学习共和时期和帝国时期的教育,教育思想方面则介绍了西塞罗、昆体良。请考生格外注意昆体良的教育思想。

重点难点

难点:理解和记忆西塞罗和昆体良教育思想,并要防止二者间的混淆。

重点:昆体良在班级授课制上的历史贡献,结合教育学原理的教学组织形式加深理解和记忆。

【习题精编】

（一）名词解释

《雄辩术原理》。

（二）简答题

1. 简要介绍古罗马各个时期教育的主要内容、形式和教育目标。
2. 简述帝国时期罗马教育的特点。
3. 简述西塞罗关于雄辩家教育的思想。

（三）论述题

论述昆体良的教育思想。

【参考答案】

（一）名词解释

《雄辩术原理》。昆体良是罗马著名的教育家、演说家，其代表作《雄辩术原理》，是他20多年教学工作的总结，也是古代希腊和罗马教育的集大成者，这本书是西方最早的论述教育、教学问题的著作。其中，就如何培养雄辩家，从教育观、教师观、教学观进行了精辟的论述。

（二）简答题

1. 简要介绍古罗马各个时期教育的主要内容、形式和教育目标。

答：古罗马教育的发展经历了很长的一个时期，根据国家政局的变动，教育的发展也可以分为王政时期、共和时期、帝国时期三个阶段。

（1）王政时期的教育：此时，古罗马以农业经济为主，加上征战需要，国家暂时无暇顾及教育的建设，因而这一时期教育以家庭教育为主；教育内容主要是关于农业生产和军事内容；主要目的是培养农民和军人，为国家的生存服务。

（2）共和时期的教育：共和时期学校教育也从中获得充分的发展，形成了较为完备的教育体制。学校分为三个等级：一是初等学校。二是文法学校，它是为贵族家庭子女设立的比初等教育更高一级的学校。教育内容是希腊文和拉丁文，此外还学地理、历史、数学、自然科学方面的知识。三是修辞学校。比文法学校更高一级，接收文法学校毕业的贵族子弟，培养雄辩家（"演说家"）。教育内容是修辞、逻辑、法律、伦理学、数学、天文学、历史等。因此共和时期的教育形式主要是私立学校教育，其最高目标是培养演说家。

（3）帝国时期的教育：罗马帝国建立后，随着政体和经济的变化，教育也发生了相应变化。首先，国家加强了对初等教育的监督和控制，并把私立的文法学校和修辞学校改为国立；其次，把教育的目的定为培养忠于帝国的官吏和顺民；最后，决定文法学校和修辞学校教师由国家任免，提高教师待遇并使其享有一些特权。这一时期的教育形式主要是国立教育，内容基本与共和时期相同，但出于巩固政权的目的，教育目标主要是培养官吏和顺民。

2. 简述帝国时期罗马教育的特点。

答：（1）国家建立了统一的教育制度。加强了对初等教育的监督和控制，教师由国家委派，把教师变成国家官吏。把部分私立的文法学校和修辞学校改为国立，以便国家对教育进行严格控制。

（2）改变了教育目的。把教育目的定为培养忠于帝国的官吏和顺民，主要有文法学校、高等修辞学校，并出现了拉丁文学校。

（3）承袭了希腊化时期在雅典、君士坦丁堡、亚历山大里亚和罗德等地的大学和高等文化科学学府，培养了一些人才。这时的大学除了继承了希腊设置的课程之外，还增加了具有罗马特点的学科，如法律学、建筑学等。

（4）提高教师的地位和待遇，改教师的私人选聘为国家委派。

3. 简述西塞罗关于雄辩家教育的思想。

答：西塞罗是罗马共和后期的著名的演说家、哲学家、文学家和教育家，代表作有《论雄辩家》等。

（1）雄辩家的定义：西塞罗认为教育的直接目的是培养雄辩家，他在《论雄辩家》一书中，给雄辩家下了定义，认为雄辩家应当是一个能就目前的任何需要运用语言艺术阐述的问题，以规定的模式，脱离讲稿，伴以恰当的姿势，得体而审慎地进行演讲的人。

（2）雄辩家教育的内容：要成为合格的雄辩家，必须具备三个条件，这些条件就是雄辩家教育的内容。首先，必须具备广博的知识，只有这样才能打动人心，让别人接受自己的观点。其中伦理学的知识最重要，因为伦理学是一切知识的基础。其次，雄辩家应当具有修辞学方面的特殊修养。因为这样才能把自己渊博的知识，通俗、生动地表达出来。最后，雄辩家还应当具有优雅的举止风度，因为身体语言能对演说产生巨大的作用。

（3）雄辩家的培养方法：雄辩家的培养应把练习放在重要的位置上，常用的练习方法有模拟演说、写作等。

（4）关于"人道"的教育思想：西塞罗还提出"人道"的教育主张。所谓人道，是指为人之道。他认为要尽为人之道，必须具备三个方面的条件：首先，必须充分发挥人之所以为人的特点；其次，以同情、仁爱、礼让等规范处理人与人之间的关系；最后，只有具备文化修养的人才能称作人，因为只有他们才能尽为人之道。因此，教育必须高度重视道德品质的培养。

（三）论述题

论述昆体良的教育思想。

答：昆体良是罗马著名的教育家、演说家，其代表作《雄辩术原理》是他 20 多年教学工作的总结，也是古代希腊和罗马教育的集大成者。昆体良的教育思想内容丰富，可以分为三大部分：

（1）昆体良的教育观。与西塞罗一样，昆体良主张教育的目的是要培养道德高尚的雄辩家、演说家。在他看来，雄辩家不仅仅是擅长演说的人，强调德行是雄辩家的首要品质，具有崇高的德行比具有最出色的雄辩才能更重要。对于雄辩家来说，才能与德行是相互联系的，因为雄辩的主要任务是要宣传正义和德行，指导人们趋善避恶；因而雄辩家自身的德行很重要，教育的任务应当是培养良好的德行而精于雄辩术的人。

昆体良充分肯定教育的巨大作用，认为大多数人具有基本相同的天赋，都能敏捷地、灵敏地学习。真正天生愚笨不可教的人是罕见的。他还认为，天生的才能只是个人发展的一种可能性，天赋的发展有赖于不断的实践和教育。但是，教育的作用也不是绝对的，教育应当以人的自然本性为基础，教育者应当尊重受教育者个性差异和年龄差异。

（2）昆体良的教学观。昆体良的教育思想中最为重要的内容，是他关于教学问题的一系列主张。

①在课程设置上，他认为专业知识应当建立在广博的知识学习的基础之上，雄辩家的学科应该包括文法、修辞学、音乐、几何、天文学、哲学等。

②在教学方法上，昆体良提倡启发诱导和提问解答的方法；他指出，教师应当善于回答学生提出的问题，并向那些不发问的学生提问。

③自力性原则。昆体良认为教师所传授的知识的深度和分量要符合儿童的天性，符合他们的接受能力。还提出学习与休息交替的教学原则，以防止学生过度疲劳。

④班级授课制思想的萌芽。在教学的组织形式方面，昆体良提出了分班教学的思想，主张把学生分成班组，在同一时间，由教师对全班组而不是个别学生进行教学。

（3）昆体良的教师观。昆体良高度重视教师的作用，认为要做好教育工作，教师是至关重要的，因此教师应当具有全面的素质。

①教师应当德才兼备，既教学生学习基础知识，又教学生做人；②教师对学生应宽严相济，应当严肃而不冷酷，和蔼而不纵容；③教师对学生的教育应当有耐心，多勉励、少斥责，在实行奖惩时要注意分寸；④教师应当懂得教学艺术，教学简明扼要，明白易懂，深入浅出；⑤教师要注意到儿童的个体差异，做到因材施教。

昆体良是古罗马时期最为重要的教育家，其教育思想在西欧文艺复兴时产生了深远影响，成为人文主义思想的重要来源，对夸美纽斯也产生了深刻影响。

第三章 西欧中世纪教育

【本章知识框架】

```
              ┌ 基督教教育 ┌ 机构：教会学校——主教学校、教区学校、修道院学校
              │          │ 内容："七艺"
              │          └ 特点
              │
              │          ┌ 宫廷学校
中世纪教育 ──┤ 世俗教育 │ 骑士教育
              │          │ 城市学校与行会学校
              │          └ 中世纪大学：产生原因、发展、典型学校、历史意义
              │
              └ 拜占庭与阿拉伯教育 ┌ 主要教育机构：重点在"昆它布"
                                    └ 历史影响
```

考情分析

中世纪是一个思想活跃的时期，这一时期也是教育开始从宗教向世俗过渡的一个时期。本章内容介绍了西欧中世纪的基督教教育和世俗封建主的教育，也介绍了东欧的拜占庭和阿拉伯的教育。考生请注意"七艺"、骑士教育、中世纪大学这几个知识点。

重点难点

重点：把握宫廷学校和骑士教育的概念和内涵，中世纪大学产生的历史过程，以及城市学校的发展。

难点：全面掌握中世纪大学产生的条件和历史意义。

【习题精编】

（一）名词解释

1. 骑士教育。
2. 宫廷学校。
3. 城市学校。
4. 昆它布。

（二）简答题

1. 简述中世纪基督教的教育形式、机构及其教育内容。
2. 简述中世纪教育的总体特征和历史地位。
3. 简述中世纪世俗封建主教育的情况。
4. 简述中世纪城市学校的特点。
5. 简述中世纪城市学校的产生。
6. 古代阿拉伯的教育有何特色？对世界文化教育有何影响？
7. 简述拜占庭教育的特点及其影响。

（三）论述题

1. 评析中世纪大学产生的原因、主要办学特色及其在历史上的地位。
2. 请阐述中世纪大学对西方近代文明的影响。

【参考答案】

（一）名词解释

1. 骑士教育是中世纪西欧封建社会等级制度的产物，它是一种特殊教育形式，也是中世纪世俗教育的一种主要形式，以培养当时封建制度中骑士阶层的人员为目的。骑士教育没有专设的教育机构，亦无专职的教育人员。骑士教育的主要目标是培养英勇善战、忠君敬主的骑士精神和技能。骑士教育重在灌输服从与效忠统治阶级的思想，训练勇猛作战的各种本领，培养封建统治阶级的忠实保卫者，对文化知识并不重视。这种状况是由当时社会生产和生活水平的低下和西欧封建社会的阶级关系的特点所决定的。

2. 宫廷学校是一种设在欧洲国王的宫廷中，主要培养王公贵族后代的教育机构，是欧洲主要的世俗教育形式。西欧最著名的宫廷学校是由英格兰学者阿尔琴创办的。很多欧洲国家都会设立宫廷学校，宫廷学校的发展成为欧洲重要的世俗教育形式。在宫廷学校，学生主要学习"七艺"、拉丁语、希腊语。在教学方法上，主要采用教会学校盛行的问答法。宫廷学校主要培养封建统治阶级所需要的官吏，由于中世纪早期欧洲社会生活的特点，教俗封建主往往二者合一，世俗官吏教育自然也具有浓厚的宗教色彩。

3. 城市学校是应新兴市民阶层需要而产生的，它不是一所学校的名称，而是新兴市民子弟开办的学校的总称，其种类有行会学校、商会学校（也称基尔特学校）。城市学校在领导权上，大多属于行会和商会。后期，城市学校逐渐由市政当局接管。在内容上，其内容以读、写、算，及商业、手工业相关的世俗知识为主。在培养目标上，主要是从事手工业、商业的职业人才，大多为初等学校，但也具有一定的职业训练的性质。所以，城市学校属于世俗性质。城市学校的兴起和发展对处于萌芽阶段的资本主义生产方式的成长起了促进作用。

4. 昆它布是阿拉伯的一种主要的教育机构，是初级教育场所，通常是教师在家招收少量学生，教简单的读写，教学内容主要是《古兰经》、语法、诗歌、算术等，教学注重背诵。

（二）简答题

1. 简述中世纪基督教的教育形式、机构及其教育内容。

答：（1）基督教教育的主要形式：随着基督教的发展，大批不是基督教的人也开始涌进教堂，如何把申请入教和刚刚入教的人训练成为合格的教会人员，成为教会的一项教育任务，因此，早期基督教教会学校随之发展起来。教会学校一直是基督教教育的主要形式，当时进入教会学校读书的一般是僧侣子弟或世俗封建主贵族子弟。

（2）基督教教育的主要机构：中世纪早期的教会学校有修道院学校、主教学校和教区学校（堂区学校）。修道院学校是中世纪最典型的教会教育机构。主教学校，设在主教座堂所在地，又叫座堂学校，主教学校性质和水平与僧院学校差不多。教区学校，办在堂区教士所在村落或教堂里面，也叫堂区学校，是由教会举办的面向一般世俗群众的普通学校。

（3）教学内容已经神学化，主要课程是神学和"七艺"。神学包括《圣经》、祈祷文、教会的礼仪等；"七艺"是从古希腊内容演变而来的，经基督教改造，为神学服务。

2. 简述中世纪教育的总体特征和历史地位。

答：中世纪的教育在西方教育史上是一个很有意义的时期，可以说是教育开始从神学向世俗转化的一个过渡关键，归纳起来，这一时期的教育大致有以下这么几种特征：

（1）最为重要、最为显著的特征是它的宗教化、神学化。表现为其与神学直接相关、为神学服务，且思想家的思考方式也神学化。（2）保守性和发展缓慢。（3）教育讨论的范围与古希腊、罗马差异大，希腊、罗马始终是探讨少数人的教育、统治者的教育，中世纪无等级区别，更具开放性、普遍性。（4）中世纪时期对教育的认识是未分化的，也就是说教育家对教育的认识往往是与宗教神学、哲学相联系的。

这些特点中有积极的方面，也有消极的方面，应该说，积极的方面是占主要的，这一阶段的教育在历史上是一个重要的过渡时期，为后来教育的发展留下了很多值得借鉴和利用的东西：

①从整体上看，中世纪为西方文明的发展留下了大量遗产；②从教育实践看，同样是

笔财富，它在长期的发展中形成了一个学校系统，其中包括修道院学校、主教学校、堂区学校、中世纪大学等多种类型的教育机构，且形成了较严格的教育制度；③从教育思想看，中世纪也并非毫无建树：首先，出于培养信仰考虑，极强调道德教育的重要性，并就德育提出大量见解；其次，中世纪教育家们所提出的关于教学问题的见解包含了一些合理因素；最后，中世纪教育家所推崇的经院哲学的方法虽有种种弊端，但同时也有积极的意义，它有训练思维的作用，而更重要的是，经院哲学虽然力图调和信仰和理性的矛盾，但却从此为理性的发展和运用打通了道路。

3. 简述中世纪世俗封建主教育的情况。

答：中世纪的教育从总体上讲是笼罩在神学的阴影下的，但是这一时期的世俗封建主教育也有了较大的发展，世俗封建主的教育主要有两种形式：宫廷教育和骑士教育。

（1）宫廷学校：宫廷学校是一种设在国王或贵族宫廷中，主要培养王公贵族后代的教育机构，是欧洲主要的世俗教育形式。西欧最著名的宫廷学校是由英格兰学者阿尔琴创办的，宫廷学校主要培养封建统治阶级所需要的官吏，由于中世纪早期欧洲社会生活的特点，教俗封建主往往两者合一，世俗官吏教育自然也具有浓厚的宗教色彩。

（2）骑士教育：骑士教育是中世纪西欧封建社会等级制度的产物，也是一种特殊的家庭教育形式。骑士教育的主要目标是培养英勇善战、忠君敬主的骑士精神和技能。

4. 简述中世纪城市学校的特点。

答：城市学校是应新兴市民阶层需要而产生的，它不是一所学校的名称，而是新兴市民子弟开办的学校的总称，其种类有行会学校、商会学校（也称基尔特学校）。城市学校作为一种新的学校类型具有一些共同的特点：

（1）在领导权上，领导权大多属于行会和商会。后期，城市学校逐渐由市政当局接管，市政府决定学费的数目、教师的选聘及儿童入学资格的确定等。

（2）在内容上，其内容以读、写、算，及商业、手工业相关的世俗知识为主。不仅扩大了教学内容，而且更要求学习内容为现实服务，以地方语教学，与用拉丁语教学的教会学校形成了鲜明对比。

（3）在培养目标上，主要是从事手工业、商业的职业人才，大多为初等学校，但也具有一定的职业训练的性质。

（4）在性质上，城市学校虽然与教会有着千丝万缕的联系，但是基本上属于世俗性质。

总之，城市学校是为适应生产的发展、市民阶层的利益需要而出现的新型学校。

5. 简述中世纪城市学校的产生。

答：新兴市民阶级具有本阶级特殊经济利益和政治斗争的需要，这些利益和需要必然反映在教育上。然而，当时的学校教育无论掌握在教会手里的教会学校，还是为世俗封建主所把持的世俗学校都不能满足这种需要。在这一时期，促使城市当局建立了新型的教育机构，城市学校出现了。

原因概括如下：（1）王权强盛，政治稳定；（2）经济发展；（3）手工业发展，产生市民阶层，提出了文化要求；（4）十字军东征促进文化交流；（5）治疗疾病的要求促进了以医学为重点的中世纪大学的产生。

与中世纪其他世俗教育机构不同，首先，中世纪的城市学校大多是由城市当局或行会组织负责开办和进行管理的，因此更具有世俗教育的特点；其次，城市学校比较强调职业和技术的培训；再次，虽然宗教教育仍然是所有城市学校的重要教学内容，但是其地位受到明显地削弱；最后，城市学校教学水平也比较低。

6. 古代阿拉伯的教育有何特色？对世界文化教育有何影响？

答：（1）古代阿拉伯教育的特色：

①阿拉伯的教育具有尊师重教、教育机会比较均等。

②教学组织形式多样，神学与实用课程并存。

③多方筹集教育资金以保证发展教育的物质条件等。

④开明的文化教育政策。阿拉伯建立起"一种融合了犹太文化、希腊—罗马文化和波斯—美索不达米亚文化传统的混合文明"，使自己在文化科学上的成就达到了引人注目的高峰，可见，推行了一种比较开明的文化教育政策。

（2）影响：阿拉伯人在7世纪兴起之初，其文化教育是非常落后的。但是在历史上比较短的时间里，竟然后来居上，建立起"一种融合了犹太文化、希腊—罗马文化和波斯—美索不达米亚文化传统的混合文明"，使自己在文化科学上的成就达到了引人注目的高峰，这在很大程度上得益于阿拉伯国家推行了一种比较开明的文化教育政策。他们对被征服地区人民的宗教信仰和文化教育采取了比较宽容的态度，并鼓励学术研究。因此，阿拉伯人就能在集成东、西方文化成果的基础上迅速发展自己的文化与教育。

阿拉伯人教育发展迅速，在数学、天文学、医学、哲学和文学方面都作出了杰出的贡献。如阿拉伯的伟人数学家穆罕默德·伊本·穆萨（即花剌子密，约780—850）创立了代数。他编写的《积分方程计算法》于12世纪传到西欧，一直到16世纪还是大学使用的教材。通过他的著作，西方才懂得了使用阿拉伯数字等。

7. 简述拜占庭教育的特点及其影响。

答：（1）拜占庭教育直接继承了古希腊和罗马的文化教育遗产。

（2）存在着因世俗生活需要而得到发展的世俗教育体系。

（3）教会的文化教育体系与世俗的文化教育体系长期并存。

（4）除教主外，所有的教士均可结婚，这一点对教会教育的内容和方式也有影响。

拜占庭教育起到了保存和传播古希腊罗马文化的作用；拜占庭文化教育对东欧的影响很大。863年，拜占庭的宗教活动家美多德和西里尔发明了斯拉夫字母，开始把教会书籍翻译成斯拉夫文，也用斯拉夫语进行礼拜仪式。988年，基辅罗斯大公弗拉基米尔自拜占庭接受了基督教育，并将它定为国教，在罗斯开始设立学校。

拜占庭文化教育对西欧的影响也很大。在很长的时间里，拜占庭与西欧特别是意大利保持着经济联系。拜占庭文明对意大利的文艺复兴也起了推动作用；拜占庭的文化教育对阿拉伯的教育发展也有很大影响。

（三）论述题

1. 评析中世纪大学产生的原因、主要办学特色及其在历史上的地位。

答：中世纪大学是新兴市民阶层成为社会发展的主要推动力量后，追求新学问成为一种时尚，中世纪大学应运而生。最初的中世纪大学是一种自治的教授和学习中心。一般由一名（或数名）在某一领域有声望的学者和他的追随者自行组织起来，形成类似于行会的团体进行教学和知识交易。

（1）中世纪大学产生的原因有：

①城市发展的需要。西欧封建制度进入发展的鼎盛时期之后，王权日渐强固，社会趋于稳定，农业生产稳步上升，手工业逐渐成为专门的职业。同时王权与教会的斗争更加激烈，市民之间的商业诉讼也不断增多。这一切都需要法律知识；此外疾病的防治需要医药知识。

②东方文化的影响。十字军东征使许多已经销声匿迹的古希腊、罗马时期的经典著作重新被发现，与穆斯林的经典著作、科技一同被带到西欧，与欧洲传统的人文主义学科一起，开创了中世纪后期的学术复兴，加强了不同文化的交流。

这两方面的原因导致传统的宫廷学校和骑士教育已不能满足这种需要，新的教育机构和形式开始出现。其中，中世纪大学最为引人注目。

（2）中世纪大学的主要办学特色：

①教育目的：中世纪大学的基本目的是进行职业训练，培养社会所需的专业人才。

②领导体制：中世纪大学按领导体制可分为两种："学生"大学与"先生"大学。前者由学生主管教务。教授的选聘、学费的数额、学期的期限和授课时数等，均由学生决定；后者由教师掌管校务，学校诸事均由教师决定。

③学位制度：中世纪大学已有学位制度，学生修完大学课程，经考试合格，可得"硕士"、"博士"学位。

④课程设置：大学的课程开始并不固定，后趋向统一，应社会需求分文、法、神、医四科进行学习。

⑤教学方法：讲演和辩论。讲演包括宣读和解释权威性教材。辩论也都从书本出发，结论是现成的。辩论有利于训练学生的逻辑推理能力，但是脱离实际。

⑥自治：中世纪大学从最初形成就表现出自治的特点，即学校的事务基本由学校自行管理。中世纪大学具有一些自己的特权，比如大学师生免税、免服兵役等。

此外，中世纪大学还有一个特点就是，与教会间有着复杂的关系。一般教会史学家认为中世纪大学的出现是教会的功绩，这种看法虽然不无道理，但显然夸大了教会对人类发展的贡献，中世纪大学是西欧社会发展到特定阶段的产物，教会本身不具备创造大学的能力。由于中世纪的社会性质，中世纪大学以后逐渐被教会所控制。但其体制、特点影响深远，是近代西方大学的直接渊源。在现代西方大学高等教育的不少方面，我们能清楚地看到中世纪大学所具有的文化精神和教育特征。

（3）中世纪大学的历史意义。中世纪大学的产生，虽然有其明显的局限性。但是应该肯定，中世纪大学的出现，奠定了现代大学的办学基础，为高等教育发展作出了贡献，具有非常重要的历史意义：

①树立了学术自由、探求真理的典范。中世纪大学的出现，尤其是中世纪大学拥有极大的自主权，推行学术自由，鼓励学者和学生探求真理，为人类文化的发展作出了巨大贡献。现代大学成为先进文化的聚集地，与中世纪大学在社会系统中奠定的地位

是分不开的。

②形成了学术中心,推动了思想和学术的发展。中世纪大学推行学术自由,会集了大量学者,在对学生进行教育的过程中,传播了社会文化,直接成为传承文化的桥梁;进行了对真理的探求,促进了社会思想和科学的发展,使大学成为社会学术中心。

③为后期大学发展提供了许多有意义的办学实践经验。早期中世纪大学形成了初步的学科划分和学位制度。比如学科划分制度,这种按照职业划分的教学和组织形式一直影响着现代大学。再比如学位制度,现代各国高等教育的学位制度虽然存在一些差别,但都是直接源于中世纪大学。现代意义上的三级学位制度直接起源于英国大学,英国大学深受巴黎大学的影响,引入学位的概念,后来,英国的学位制度被移植到美国。19世纪后,随着美国研究生教育的出现和对世界高等教育的影响,大部分国家和地区按照美国模式建立了现代意义上的学位制度。

2. 请阐述中世纪大学对西方近代文明的影响。

答:(1)中世纪大学奠定了现代大学的基础,这应该是欧洲中世纪大学最直接的影响。在中世纪,大学虽然没有形成完整、严密的组织和机构,但现代大学的组织系统却与中世纪大学有着直接的历史联系。例如,"系"是现代大学组织的基本单位,是因教学科目不同而形成的教师组织,虽然中世纪大学的系的组织与现代大学有所不同,但就最基本的方面而言,二者有相同之处,即都是一种教师组织,而且是按学科划分的。而大学机构的另一个重要单位"学院",则最早产生于波伦亚大学,但当时并不是作为教学的机构,而是为学生解决住宿,后来才逐渐演变为正式的、与教学有关的机构,其主要作用是授予学位。

此外,中世纪大学的学位制度是现代大学学位制度的前身,它是在行会的影响下建立的。中世纪大学的目的,最初是培养教师。而学位就是一种教师的资格证明,这与同业行会的开业执照是一样的。这种早期的学位制度,经过几个世纪的发展和演变,就形成了近代、现代大学的学位制度,中世纪大学和近现代大学在学位制度上的一个共同点是,它们都标志着一定阶段学习的结束,而且学位之间是有联系的。

(2)中世纪大学的形成,改变了西方的教育制度,形成了主宰西方文化的专业知识分子阶层,造就了一批把基督教带进理性之海的哲学—神学家,也培养了一批管理教会和国家的行政人员、律师及教皇。特别是,它塑造了欧洲人说理论辩的思维习惯,形成了西方不朽的学术传统。在数个世纪里,欧洲受教育的阶层在逻辑思维艺术方面一直接受一种严格和精确的训练。英国现代数学家怀海特认为,如果西方思想没有经过这几个世纪的理智训练的准备,以便用宇宙理性或人类智力去探索自然的秩序,那么,现代科学的诞生是不可能的。因此,道森指出,西方那种批判的理性和无休止的探索精神,并非像一般人所认为的那样,是出现于15世纪的文艺复兴时期,真正的转折点必须推到两个世纪以前的大学和城市时代。大学课堂上的争辩及公共场合的自由辩论不仅提高了才智的敏捷性和思维的准确性,而且发展了一种批判和方法上的怀疑论,西方文化与近代科学在很大程度上正是由此而兴起的。

(3)大学的形成对中世纪的城市发展也起到了极大的推动作用。一方面,它刺激了城市的贸易;另一方面,大学(特别是波尼亚大学等著名大学)使所在城市的影响不断扩大，这样就能进一步吸收新的居民，而在当时，居民人数的多少是衡量城市繁荣程度的标志之一。此外，大学在城市生活中的地位也不断加强。由于这些原因，大学对于任何城市来说都是一种宝贵的财产。另外，中世纪大学不仅在市政上有着重要地位，而且直接参与教会和国家事务。在中世纪后期，教会与国王之间的争端和国家的重大事务大多提交大学，由大学做出仲裁。例如，法王菲利普和英王亨利八世的离婚，就是由大学做出决定的。大学也经常被咨询以裁决教义或异端的问题。

（4）从历史发展的角度来看，中世纪大学更为重要的作用在于，它既打破了过去由个人进行大部分高深学问探求的传统，又是继城市学校之后，对教会在教育和学术上的垄断权利的又一次更为猛烈的冲击。从古代希腊开始，学术研究主要是以个人的方式进行的，学者之间很少进行探讨和交流，也很少有专门进行高深学问研究的学术团体。中世纪大学的建立打破了这种传统，使学术研究成为团体的事业，使学术交流经常化，并日益广泛。

（5）大学的诞生使知识更为世俗化，改变了教会垄断教育的状况。尽管中世纪早期受到教育的或者说仅仅是会识字的人都只是少数，尽管教育还很糟糕，但大学的产生推动了知识的传播及其世俗化，使得西欧社会的学术生活和中世纪教育的传统都发生了意义深远的变革，结束了中世纪早期以修道院为教育中心的状况。

（6）学术自由和大学自治成为后世大学为争取自身独立自主地位的文化资本和精神寄托，对后世影响深远。学术自由和大学自治是两个既有联系又有区别的概念。学术自由主要指大学成员教学和研究的自由，大学自治是指机构本身不受外来干涉的而具有的自我管理的权限。应该说，这两个概念都是中世纪大学的遗产，也是现代大学孜孜不倦所追求的目标。中世纪大学在教学内容、学生入学条件和招生标准以及教师的职责和权利等方面有自己的选择和决定权。也就是说，这种自治主要是相对于大学内部的组织和结构而言的。

（7）中世纪大学的开放性和国际性播撒下文明的种子，使得后来欧洲的发展居于世界领先水平。中世纪大学有着十分突出的开放性和国际性，以拉丁文为通用语言，互相之间有着必要的思想、学术和情感交流，同时也不拘于一门一派，而是形成一种求知求学的学者共同体。大学这种国际化的风气为近代直至现代的大学所追求和提倡。

（8）欧洲中世纪大学为文艺复兴和宗教改革奠定了思想基础，为近代科学理论的诞生和地理大发现提供了条件。欧洲中世纪大学利用从教皇和皇帝夹缝中争取的特权，以及比较民主的气氛，发展了批判精神和怀疑方法，在大学中产生了"异端"思想，并加以发展、壮大。大学向教会绝对权威挑战的批判与怀疑思想为随后的社会大变革做了历史铺垫。对日后新兴资产阶级反对君主专制政体产生了一定影响。大学恰恰成为各种科学和"异端"思想产生的摇篮。

第四章 文艺复兴时期的教育

【本章知识框架】

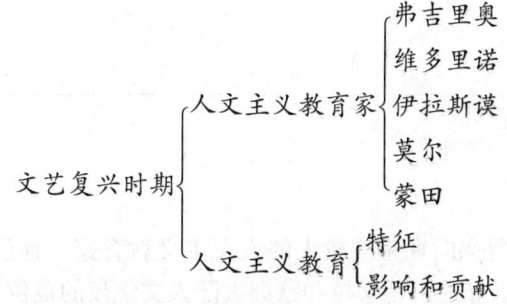

考情分析

对于本章和下一章内容所涉及的文艺复兴和宗教改革时期的教育，实际上是介绍了人文主义、新教和天主教三个不同集团的教育主张。这部分内容在整个外国教育史中占很重要的地位，尤其是人文主义教育对后世影响很大，它们也是以往考试常出现的考点。

本章共讲了5位人文主义教育家，每一位都有可能考名词解释。还要重视人文主义教育的特征与影响。

重点难点

重点：人文主义教育家的思想及人文主义教育的基本特征。
难点：人文主义教育的特征及对后世的影响。

【习题精编】

（一）名词解释

1. 维多里诺。
2. 弗吉里奥。

（二）简答题

人文主义教育思想的基本特征是什么？

（三）论述题

1. 试论述文艺复兴时期，人文主义在教育上的特色。
2. 人文主义教育的影响是什么？
3. 论述人文主义教育、新教教育、基督教教育三者的冲突与融合。

【参考答案】

（一）名词解释

1. 维多里诺是文艺复兴时期影响较大的人文主义教育家，他创办了"快乐之家"宫廷学校，成为当时欧洲最好的宫廷学校和欧洲大陆人文学校的范例，被认为是人文主义学校的发源地。维多里诺的主要贡献包括以下几个方面。倡导"自由教育"，培养全人；开设以古典语文为中心的内容十分广泛的人文主义课程；发展了新的教学方法体系；维多里诺强调尊重儿童的身心特征和个性差别，提倡启发学生的学习兴趣和主动性。主张发展儿童的个性和特长，反对惩戒，禁止体罚。

2. 弗吉里奥是率先表达文艺复兴教育思想的教育家。他的主要观点是主张对青年实施通才教育以培养身心全面发展的人。在教育方法上，他认为必须使所学的科目适合学生的个人爱好和年龄；在教育内容方面，他推崇三门科目——历史、伦理学（道德哲学）和雄辩术，认为这三门学科最能体现人文主义精神。

（二）简答题

人文主义教育思想的基本特征是什么？

答：文艺复兴运动是公元14世纪初期到17世纪中叶欧洲新兴资产阶级在意识形态领域向封建主义和基督教神学体系发动的一场伟大的文化革命运动，人文主义是这场运动的旗帜，在教育方面人文主义具有以下特征：

（1）人本主义。人文主义教育在目标上注重个性发展，在教学方法上反对禁欲主义，尊重儿童天性，坚信通过教育这种后天的力量，可以重塑个人、改造社会和自然，这些都表现出人本主义的内涵，人的力量、人的价值被充分肯定。

（2）古典主义。人文主义教育思想吸收了许多古人的见解，人文主义教育实践尤其是课程设置已具有古典性质，但非纯粹复古，而是古为今用，在当时是一种进步。

（3）世俗性。不论是从教育目的还是从课程设置等方面来看，人文主义教育充溢着浓厚的世俗精神，关注人道而非神道，教育更关注今生而非来世，与中世纪有着巨大的区别。

（4）宗教性。人文主义教育仍具有宗教性，几乎所有的人文主义教育家都信仰上帝，他们虽然抨击天主教会的弊端，但不反对宗教，更不打算消灭宗教，他们希望以世俗和人文精神改造中世纪陈腐专横的宗教性，以造就一种更富世俗色彩和人性色彩的宗教性。

（5）贵族性。这是由文艺复兴运动（并非大众运动）的性质决定的，人文主义教育的对象主要是上层子弟；教育的形式多为宫廷教育和家庭教育而非大众教育；教育的目的主要是培养上层人物如君主、侍臣、绅士等。

（三）论述题

1. 试论述文艺复兴时期，人文主义在教育上的特色。

答：文艺复兴运动是公元14世纪初期到17世纪中叶欧洲新兴资产阶级在意识形态领域里，向封建主义和基督教神学体系发动的一场伟大的文化革命运动。文艺复兴不仅仅是为了复兴古典文化，更主要的是新兴资产阶级新文化对古代文化的继承、利用和发展，是以古托今。

人文主义则是文艺复兴这场运动高举的大旗，是文艺复兴时代不同国家、不同领域、不同时期的巨人们所共同拥有的世界观。人文主义思想具有四个特征：（1）歌颂赞扬人的意义、尊严和价值；（2）宣扬人的意志自由和个性自由；（3）要求现实生活和尘世的享乐；（4）提倡学术，尊崇理性。

文艺复兴作为一场意识形态的文化革命运动，在教育上也有许多的主张，归纳起来这种人文主义的教育思想主要有以下这些内容：

在教育目的方面，前期人文主义者认为，教育应当培养有美德、崇尚共和精神的公民，这样的人是一种学习型的人才，是为政体服务的；后期人文主义者则认为，教育要培养贤明的君主、能干的侍臣，一种实干型的人才，但这种人也是为政体服务的。

对于教育的价值，人文主义者一致认为教育有重要作用，只有通过教育才能培养美德，获得身心和谐发展。

人文主义者还高度评价德育的重要性，再度推崇古代的四项基本美德：正义、勇敢、节制、智慧。他们认为培养美德最好的方式就是学习古典文化。

人文主义的教育内容主要包括五个方面：（1）古典语言和古典著作；（2）三艺：文法、修辞、辩证法；（3）神学；（4）本族语；（5）自然科学。

在教育方法方面，带有明显的人文主义的特色：反对权威主义，崇尚自由精神；教育应该遵循儿童身心发展规律；批判经院主义的烦琐方法，引入认识事物的新方法；注重能力培养,反对迂腐学风。

这些是人文主义在教育上的一些具体主张,从中不难看出里面所渗透的人文主义的思想成分,经总结可以把这些教育思想归纳成五个主要的特征:

(1) 人本主义。人文主义教育在目标上注重个性发展,在教学方法上反对禁欲主义,尊重儿童天性,坚信通过教育这种后天的力量,可以重塑个人、改造社会和自然,这些都表现出人本主义的内涵,人的力量、人的价值被充分肯定。

(2) 古典主义。人文主义教育思想吸收了许多古人的见解,人文主义教育实践尤其是课程设置已具有古典性质,但非纯粹复古,而是古为今用,在当时是一种进步。

(3) 世俗性。不论是从教育目的还是从课程设置等方面来看,人文主义教育充溢着浓厚的世俗精神,关注人道而非神道,教育更关注今生而非来世,与中世纪有着巨大的区别。

(4) 宗教性。人文主义教育仍具有宗教性,几乎所有的人文主义教育家都信仰上帝,他们虽然抨击天主教会的弊端,但不反对宗教,更不打算消灭宗教,他们希望以世俗和人文精神改造中世纪陈腐专横的宗教性,以造就一种更富世俗色彩和人性色彩的宗教性。

(5) 贵族性。这是由文艺复兴运动(并非大众运动)的性质决定的,人文主义教育的对象主要是上层子弟;教育的形式多为宫廷教育和家庭教育而非大众教育;教育的目的主要是培养上层人物,如君主、侍臣、绅士等。

以上这些就是文艺复兴时期,人文主义思想在教育上表现出来的一些特征,任何事物都具有两面性,人文主义的教育也不例外,从其思想主张和特征我们可以发现,人文主义教育既有进步性也有落后性,由于时代的局限它不可能摆脱其封建性和宗教性的特点,但是它扫荡了中世纪教育的阴霾,展露出新的时代教育的新兴信息,开了欧洲的教育先河。

2. 人文主义教育的影响是什么?

答:人文主义是文艺复兴运动高举的大旗,是文艺复兴时代不同国家、不同领域、不同时期的巨人们所共同拥有的世界观。对世界的主要影响在于:

(1) 教育内容发生变化。对古希腊罗马的热情使其知识和学科成为教学主要内容,导致美育和体育复兴并使人们关注自然知识的学习。

(2) 教育职能发生变化。从训练、束缚自己服从上帝到使人更好地欣赏、创造和履行上帝所赋予人的职责。

(3) 教育价值观发生变化。重新发现人,重新确立了人的地位,强调人性的高贵,复兴了古希腊的个人主义价值观。

(4) 复兴了古典的教育理想。形成了全面和谐发展的完人的教育观念,教育的目标,从中世纪培养教士转为文艺复兴培养绅士。

(5) 复兴了自由教育的传统。教育推崇理性,以期复兴古希腊的自由教育。

(6) 兴起了自然主义教育思想。用自然来取代《圣经》作为引证,按照人的天性来生活,按照人的需求和本性来设置课程,尊重受教育者的兴趣、爱好、欲望和天性,出现了直观、游戏、野外活动等教育新方法。

(7) 出现了新道德教育观。以原罪论为中心的道德教育已开始解体。人道主义、乐观、积极向上、热爱自由、追求平等和合理的享乐等新的道德观在人文主义的学校中开始取代天主教会的道德观。尊重儿童，反对体罚，已成为某些教育家的强烈要求。

（8）教育与劳动相结合及共产主义的教育思想。在某些空想社会主义教育思想中，首次提出教育与生产劳动相结合的思想以及成人教育的思想。人文主义者莫尔和康帕内拉还提出共产主义的理论以及所实行的教育制度。

（9）建立了新型的人文主义教育机构。

（10）促进了大学的改造和发展。

（11）教育理论不断丰富。

（12）推动了教育世俗化的历史进程。

3. 论述人文主义教育、新教教育、基督教教育三者的冲突与融合。

答：人文主义教育、新教教育、天主教教育三种教育势力之间既有相互冲突的方面，又相互融合吸收。

相同之处中蕴含不同之处：

（1）宗教性。都信仰上帝，但是程度不同，人文主义教育有宗教性，也同时带有异教因素；新教教育和天主教教育都是宗教教育，都反对人文主义教育中一些异教倾向。宗教改革运动中带有宗教性和世俗性双重目的，也同时"压制了人文主义运动的种种世俗倾向"，而天主教教育则是想恢复到宗教性更强的中世纪。

（2）重视古典人文学科。各个教育都以古典人文学科作为课程的主干。

（3）教育教学管理方面都逐渐取消体罚，注意身心的全面发展，都出现并逐步完善班级年级制。

（4）世俗性增强。人文主义教育倡导的是一种肤浅的世俗性，局限于社会上层，并未影响到社会生活的各个层面。反对宗教腐败但赞同天主教。新教改革压制人文主义世俗倾向，客观上却是世俗精神的人弘扬，教育与世俗生活结合紧密，世俗性知识比重加大，自然科学进入课堂。可以说宗教改革带来的世俗性是一种深刻的，有广泛社会基础的世俗性。这种基础上建立起的教育是一种真正充溢着近代世俗精神的新教育。

人文主义教育具有贵族性，新教教育具有较强的群众性和普及性。其中大主教也具有贵族性，但是是出于控制社会精英的政治目的而重视上层社会子女的教育。而人文主义者将古典知识作为贵族阶级自身的高级享受。这三种教育的根本差异在于它们所服务的目的不同，新教教育为新教服务，天主教教育为天主教服务。

人文主义教育、新教教育、天主教教育三种教育力量的影响：

（1）尽管宗教改革是人文主义引发的，但是宗教改革对近代教育转折的历史意义远远高于人文主义，为西方教育近代化走向国家化、世俗化和普及化，拉开了序幕。

（2）教育的总体发展产生重大变化，这种转折标志着世俗性近代教育从根本上取代了宗教性的中世纪教育，标志着教育正迈进近代化。

第五章 宗教改革时期的教育

【本章知识框架】

宗教改革时期的教育 { 新教教育 { 路德派：思想与实践 / 加尔文派：思想与实践 } / 天主教教育：耶稣会学校 }

 考情分析

本章主要介绍新教改革与天主教改革。建议学习完本章后，将第四、第五章内容一起学习，分析一下人文主义、新教和天主教三个不同集团的教育主张的异同。这部分内容在整个外国教育史中占很重要的地位，对这三种教育主张的复习应尽量全面、仔细，并作些简单评价。人文主义、新教和天主教三个不同集团的教育主张的异同比较是有可能的分析论述题。此外，不要将路德派和加尔文派的教育思想混淆了。

重点难点

重点：路德派、加尔文派和英国国教派的教育主张；耶稣会学校的组织管理与教学方式。

难点：人文主义、新教和天主教三个不同集团的教育主张的比较与评价。

 【习题精编】

（一）名词解释

耶稣会学校。

(二) 简答题

1. 简述宗教改革时期路德派的教育主张。
2. 耶稣会学校的教学方法是什么？

(三) 论述题

宗教改革时期的新教教育有何特点？

【参考答案】

(一) 名词解释

耶稣会学校。随着宗教改革运动的进行，罗马天主教会一方面镇压各地的反抗，一方面又忙着改革自身来适应变化了的世界。于是，它们建立了耶稣会学校，其创始人是西班牙神学家罗耀拉。耶稣会教育的特点就是用人文主义精神来改革学校和教学，一般分为初级和高级两部。初级学校相当于文科中学，高级学校相当于大学文科。在有些学校中，高级部之上设有神学部。出于培养精英以控制未来的统治阶层考虑，耶稣会集中全力于中等和高等教育方面而不重视初等教育。耶稣会学校的目的是企图重建教皇和天主教会对欧洲的统治，这一目的是逆历史潮流的。

(二) 简答题

1. 简述宗教改革时期路德派的教育主张。

答：中世纪时期教育上一个很大的特点就是教育权统统归罗马天主教会所有，国家无法掌握教育权，宗教改革起源于德国，发起者是威登堡大学神学教授马丁·路德。

路德在宗教改革中提出的主张就是把教会置于国家权力之下办教育。

(1) 教育作用：教育既有使人虔信上帝的宗教性和又有维护国家安全、兴旺和发展人的世俗性的功用。兴办教育不仅利于教会，也利于国家。

(2) 教育原则：①国家掌握教育权，建立包含初等、中等、高等教育在内的国家教育体系；②国家推广并普及义务教育（后来为了培养教会和国家未来的领袖，路德把注意力转移到中等和高等教育上）。

(3) 教育内容：以《圣经》为主要的科目，也学习读、写、算、历史、音乐和体育等。

(4) 教学方法：以直观的教学方法，满足儿童求知和活动的兴趣，主张废除体罚。

2. 耶稣会学校的教学方法是什么？

答：耶稣会设立的学校称为耶稣会学校，耶稣会教育的特点就是用人文主义精神来改革学校和教学。

耶稣会学校的教学方法也富有成效。采用了寄宿制和全日制，学生依成绩分班，采取班级授课方式，教师在教学中采用讲授、阅读、写作、背诵、辩论、练习等多种方式，学校提倡温和纪律、爱的管理，强调师生间的亲密关系，很少使用体罚。

（三）论述题

宗教改革时期的新教教育有何特点？

答：新教教育主要有路德派和加尔文派。

路德派的教育特点是把教会置于国家权力之下办教育。他们主张：（1）国家应重视教育，掌握教育权；（2）国家应推广并普及义务教育；（3）重视各类教育的发展；（4）重视学校教育和教学的管理。

与路德派不同的是，加尔文认为教会是上帝在人间的代表，国家应当从属于教会，是教会的工具，所有人民的教育应由教会负责，教育在本质上是宗教性的。其教育改革特点在于：（1）注重为人的发展提供规范化、理性化的环境，强调教会、国家、学校、家庭的一体化。（2）重视各级各类学校的发展，强调学校教育的系统化。

新教教育是有一定的共同点的：

（1）从教育思想的具体内容看，有"旧"有"新"。"旧"表现在：教育的宗教化目的、以宗教为核心的教育内容、培养宗教领袖为目标之一的教育体制。"新"表现在：教育的世俗化目的、强迫义务教育、国家对教育实行管理、职业训练。

（2）从教育思想的基本倾向来看，中世纪的信仰主义和文艺复兴时期的人文主义并存。

（3）从教育认识论来看，神学的思维方式和理性的思维方式并存。

（4）从新教教育思想的影响看，兼具积极性和消极性：积极意义在于推动新教国家的教育发展。消极意义在于阻碍了文艺复兴开创的教育世俗化趋势，使宗教教育继续在欧美流行；随着其合法化，产生了新的形式主义。

第六章 欧美主要国家和日本的教育发展

【本章知识框架】

主要国家的教育
- 英国
  - 名词解释：公学、贝尔-兰开斯特制
  - 教育法案
    - 1870年《初等教育法》(《福斯特法案》)
    - 《巴尔福教育法》
    - 《哈多报告》
    - 《1944年教育法》
    - 《1988年教育改革法》
- 法国
  - 启蒙运动时期的国民教育设想
  - 《帝国大学令》与大学区制
  - 《费里教育法》
  - 《郎之万-瓦隆教育改革方案》
  - 1959年《教育改革法》
- 德国
  - 国民教育的兴起
  - 巴西多、泛爱学校
  - 实科中学
  - 柏林大学与现代制度的确立
  - 德意志帝国与魏玛共和国时期的教育
  - 《改组与统一公立普通学校教育的总纲计划》
- 俄国/苏联
  - 彼得一世教育改革
  - 《国民学校章程》
  - 苏联建国初期的教育管理体制改革
  - 《统一劳动学校规程》
  - 20世纪20年代的学制调整和教学改革实验
  - 20世纪30年代教育的调整、巩固和发展

归纳出各国教育发展的共同趋势

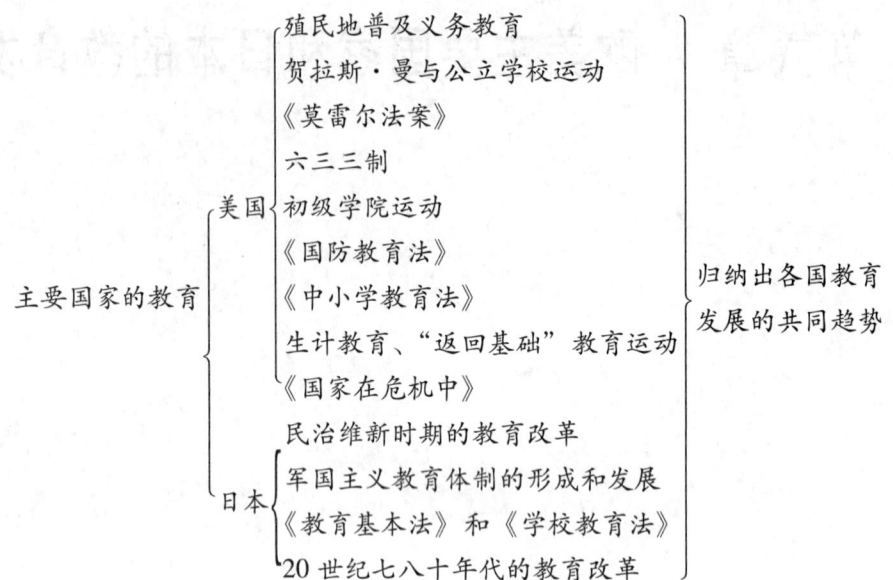

考情分析

本章内容较多，包含了英、法、德、美、日、俄（后来的苏联）等国的近现代教育改革情况，内容中涉及很多各国颁布的教育法案、教育改革措施，同时又介绍了各国当时具有代表性的一些教育思想，请同学们重视以下学习指导。

由于内容繁多、知识点琐碎且易混淆，可以说这是整个外国教育史中较有难度的一章，也是一直让考生及学习者感到最困难的一部分。在复习时，应当采取一定的策略，化繁为简。虽然教育概况比较繁杂，但几乎每个国家的教育概况介绍都以时间为线索，考生复习时可以利用这些线索进行记忆；此外，综合各国的教育概况，不难发现由于处于同一时期，各国的教育制度中有很多共同之处，如都有加强国家对教育的控制，都提倡国民教育等，复习时应善于发现这些共同点，归纳整理以帮助记忆。综观历年试题，英、法、美三国的命题率比其他几个国家更高。

本部分是外国教育史的重点部分，建议考生应当着重理解各个知识点，并且加深对知识点的识记。考生重在复习美国、英国与日本的内容。

重点难点

重点：近代英、法、德、美、日、俄等国的教育改革情况，以及各国当时具有代表性的教育家的思想。

难点：以上6个国家的教育概况和教育家的思想容易混淆，应该比较记忆；梳理欧美主要国家和日本近代教育制度和教育思想的共同点。

【习题精编】

（一）名词解释

1. 泛爱学校。
2. 公学。
3. 贝尔-兰喀斯特制。
4. 美国公立学校运动。
5. 《莫雷尔法案》。

（二）简答题

1. 简述英国的《初等教育法》(《福斯特法案》)。
2. 简述英国的《1944 年教育法》。
3. 简述英国的《1988 年教育改革法》。
4. 简述法国的《费里教育法》。
5. 《郎之万-瓦隆教育改革方案》的主要内容是什么？
6. 请介绍洪堡对德国教育的改革及其影响。
7. 简述《改组和统一公立普通学校教育的总纲计划》。
8. 俄国彼得一世是怎样进行改革的？
9. 简述俄国的《统一劳动学校规程》。
10. 简述美国的初级学院运动的意义。
11. 简述美国的《国防教育法》。
12. 简述美国《国家在危机中：教育改革势在必行》的影响。
13. 日本明治维新时期的教育是如何改革的？

（三）论述题

1. 论述 19 世纪德国高等教育的发展状况以及启示。
2. 论述英国近现代中等教育方面发生的变化。
3. 试论英国近现代教育的主要特点。
4. 评述美国在二战后教育改革的进程以及启示。
5. 论述日本在二战后为教育指明了发展方向的法案。
6. 分析并总结二战后欧洲各国教育改革的基本趋势。

【参考答案】

（一）名词解释

1. 泛爱学校是在夸美纽斯和法国启蒙学者的教育观影响下出现的新式学校。"泛爱学校"的创始人是巴西多，泛爱学校采用"适应自然"的教学方式，还儿童以本来面目。教学中注重直观，学生常在游戏、表演、诵读、交谈、心算等活动中学习。学习的内容也十分广泛，本族语和实科知识占有重要地位，还有外语、体育、音乐、舞蹈和农业劳动、手工劳动等。巴西多还为泛爱学校编出包括多种基础科学知识的《初级读本》。

2. 公学是一种私立教学机构，这种学校由公众团体集资兴办，其教学目的是培养一般公职人员，其学生在公开场所接受教育。它较之一般的文法学校，其师资、设施、设备，条件更好，收费更高，是典型的贵族学校。公学的教学质量较高，被称为"英国绅士的摇篮"。最为人称道的是伊顿、温彻斯特、圣保罗等九大公学。公学注重古典语言的学习，同时为适应上层社会交往的需求，也注重体育和军事训练，养成绅士风度。

3. 贝尔-兰喀斯特制又称导生制。由英国传教士贝尔和兰喀斯特所创。其目的是为了解决英国近代教育大发展背景下师资匮乏的问题。其基本方法是教师先在学生中选择一些年龄较大、学习成绩好的学生充任导生，教师先对导生进行教学，然后由他们去教其他学生。采用这种教学方式，学生的数额可大大增加，在一定程度上缓解了教师奇缺的压力。但采用这种方法不可避免地造成教育质量下降，因此，它最终被人们抛弃。

4. 美国公立学校运动。19世纪初，普及初等教育成为美国迫切需要解决的问题。首先，美国工人阶级掀起了为设立免费公立学校运动的斗争，贺拉斯·曼是主要的推动者。公立学校运动主要是指依靠公共税收维持，由公共教育机关管理，面向所有公众免费的义务教育运动。主要特点是建立地方税收制度，兴办公立小学；颁布义务教育法，实行强迫入学；采用免费教育的手段促进普及义务教育运动的开展。

5. 《莫雷尔法案》。1862年，林肯总统批准了议员莫雷尔提议的《莫雷尔法案》。该法案规定，联邦政府按各州在国舍的议员人数，拨给每位议员三万英亩土地，各州应将赠地收入用于开办或资助农业和机械工艺学院（又称赠地学院）。赠地学院的诞生及发展确立了农业与工艺学科与之相关的应用科学研究在美国高等学校中的地位；促进了美国高等教育的民主化和大众化；打破了美国联邦政府不过问教育的传统，高等学校与联邦政府的关系进入了一个新时期。

（二）简答题

1. 简述英国的《初等教育法》（《福斯特法案》）。

答：19世纪下半期，随着英国工业革命的完成，普及义务教育的问题成为社会关注的主要问题。1870年，英国政府颁布了《初等教育法》。法案主要内容有：①国家对教育有补助权和监督权；②将全国划分为数千个学区，设学校委员会管理地方教育；③对5～

12 岁儿童实施强迫初等教育；④在没有学校的地方，允许私人在一年内设校，过期者由地方委员会设立公立学校；⑤学校中世俗科目与宗教科目分离。

该法案的颁布，标志着英国国民初等教育制度的正式形成。从此，英国出现了公立、私立学校并存的双轨制的局面。

2. 简述英国的《1944 年教育法》。

答：二战期间，"人人受中等教育"的观念深入人心，而英国的实际与此有较大差距，中等教育改革得以延续。由此，国家颁布了《巴特勒教育法》，也称《1944 年教育法》。其主要内容有：①加强国家对教育的控制和领导，设立教育部，统一领导全国的教育；②加强地方教育行政管理权限，设立由初等教育、中等教育和继续教育组成的公共教育系统；③实施 5~15 岁的义务教育，同时地方教育当局应向义务教育超龄者提供全日制教育和业余教育；④法案还提出了宗教教育、师范教育和高等教育改革等要求。

影响和意义：《巴特勒教育法》是英国教育制度发展史上一个极其重要的法令，形成了中央地方相结合，地方为主的管理方式；也形成了初、中等和继续教育衔接的教育制度，扩大了国民受教育的机会，对英国战后教育发展的基本方针和政策产生了重要的影响。

3. 简述英国的《1988 年教育改革法》。

答：1988 年英国通过了教育大臣贝克提交的教育改革法案，史称《1988 年教育改革法》。该法案主要是关于普通中小学教育的改革问题，但也涉及高等教育、职业技术教育、教育管理、教育经费等多方面的问题。

主要内容：（1）实施全国统一课程，确定在 5~16 岁的义务教育阶段开设二类课程（核心课程、基础课程和附加课程）。（2）建立与课程相联系的考试制度，规定在义务教育阶段，学生要参加四次（7 岁、11 岁、14 岁、16 岁）考试。（3）改革学校管理体制，实施"摆脱选择"政策，原地方教育当局管理的所有中学，及规模较大的小学，在多数家长要求下可以摆脱地方当局的控制，直接接受中央教育机构的指导，还赋予家长为子女自由选择学校的权利。（4）规定建立一种新型的城市技术学校。（5）在高等教育的管理和经费预算方面规定：第一，废除了高等教育的双重制，多科技术学院和其他学院将脱离地方教育当局的管辖，成为独立机构，取得和大学同等的法人地位；第二，中央政府加强对高等教育的控制。

《1988 年教育改革法》是英国教育史上又一次里程碑式的教育改革法案，强化了中央集权式的教育管理体制。

4. 简述法国的《费里教育法》。

答：1881 年和 1882 年，费里提出两项教育法案。确立了国民教育义务、免费、世俗化三项原则，而且将这些原则的贯彻实施予以具体化：（1）6~13 岁为法定义务教育年龄，接受家庭教育的儿童必须自第三年起每年到学校接受一次检查，对不送儿童入学的家长课以罚款；（2）免除公立幼儿园及初等学校的学杂费，免除师范学校的学费与膳食、住宿费用；（3）取消公立学校的宗教课，改设道德与公民教育课。

总之，《费里法案》体现了法国教育义务、免费和世俗的三原则，为法国国民教育的发展奠定了基础。

5. 《郎之万-瓦隆教育改革方案》的主要内容是什么?

答:二战结束,法国议会组建了教育改革委员会,任命郎之万为主席,瓦隆为副主席。他们在 1948 年正式向议会提交《郎之万-瓦隆教育改革方案》,以现代化和民主化为目标。

主要内容:(1)提出了战后法国教育改革的 6 项基本原则,具体为社会公正原则;社会上的一切工作价值平等;人人都有接受完备教育的权利;在加强专门教育的同时,适当注意普通教育;各级教育实行免费;加强师资培养,提高教师地位。(2)实施 6~18 岁的免费义务教育,主要通过基础教育阶段(6~11 岁)、方向指导阶段(基础教育前四年;12~15 岁)和决定阶段(学术型,技术型和艺徒制学校:16~8)进行,其中学术型学校结业的学生可以进入一年制大学预科接受教育,然后进入高等学校学习。(3)方案还对教育中注意学生的特点、采取小组教学、鼓励学生的创造性和责任感等提出了要求。

在战后初期的历史条件下,《郎之万-瓦隆教育改革方案》虽然没有实施,但提供了战后法国教育改革的重要依据,对法国教育的发展产生了重要的影响。

6. 请介绍洪堡对德国教育的改革及其影响。

答:19 世纪是德国社会和教育进行变革和发展的时期,其中在教育改革中发挥重要作用的是洪堡,当时他任普鲁士内务部文教总管,根据新人文主义教育思想制定了包括学制、课程、教法、考试、学校管理和师资在内的一系列的改革方案。

(1)在初等教育方面,他认为初等教育的目的是发展学生的理性,陶冶学生的道德情操,培养学生的宗教感情,为进一步的学习做准备。

(2)在中等教育方面,编制了教学计划,以拉丁文、希腊文、德文和数学为主课,重视历史、地理和自然科学的教学。

(3)在高等教育方面,洪堡提出了学术自由原则、教学与研究相结合原则。还创办了柏林大学,这是 19 世纪对德国教育最有影响的事,对后来也对欧美高等教育的发展产生了重大影响。洪堡认为,国家不能使大学仅仅为其眼前利益服务,把大学看成高等古典语文学校或古典专科学校,而应从长远利益考虑,使大学在学术研究上不断提高,从而为国家发展创造更广阔的前景。从这一指导思想出发,创建了柏林大学,旨在使它成为德国科学和艺术的中心。为了实现这一理想,柏林大学采用了新的办学思路:①柏林大学具有充分的自治权。教授和学生有研究和学习的自由;②聘请既有学术造诣又有高超教学技能的教授;③重视学术研究和培养学生的研究能力。

7. 简述《改组和统一公立普通学校教育的总纲计划》。

答:二战结束后的最初的十几年间,联邦德国主要是恢复教育事业,根本无法采取大规模的教育改革措施。直到 20 世纪 50 年代末和 60 年代初,联邦德国才开始实施重大的教育改革。

1959 年,联邦德国进行了教育改革,公布了《改组和统一公立普通学校教育的总纲计划》,简称《总纲计划》。《总纲计划》主要探讨如何改进普通初等和中等教育问题,没有涉及高等教育。在初等教育方面,建议所有儿童均应接受四年制的基础学校教育,然后再接受两年的促进阶段教育。在中等教育方面,建议设置三种中学:主要学校、实科学校和高级中学,分别培养不同层次的人才。《总纲计划》既保留了德国传统的等级性,又适应了战后德国社会劳动分工对学校培养人才规格和档次的不同要求。

8. 俄国彼得一世是怎样进行改革的？

答：17世纪中叶以前的几个世纪里，俄国的初等教育进展缓慢，沙皇彼得一世在执政期间，引进了西欧的科学技术。

在教育领域的主要内容是：(1) 创建实科性质的学校，特别是有关军事技术的专门学校，如炮兵学校、数学及航海学校、各国语言学校、外科医校、工程学校、矿业学校，在这些学校中一般先学习读写算，然后学习专业技术；(2) 在初等义务教育方面，彼得下令开办俄语学校、计算学校，并把各地开办学校的责任委于当地教会；(3) 创办科学院，以培养高级人才，科学院分为数学研究、自然研究、文科研究三大部分。彼得一世的改革对俄国社会和教育的近代化具有一定的推动作用，但由于改革是自上而下进行的，缺乏直接的动力，彼得一世去世后改革即陷于停滞。

9. 简述俄国的《统一劳动学校规程》。

答：1918年，国家教育委员会正式公布了《统一劳动学校规程》。

内容：(1) 所有的儿童都应进同一类型的学校，全都有权沿着这个阶梯升入高一级的学校学习；强调"新学校应当是劳动的"，并且把劳动列入学校课程，使学生通过劳动能"积极地、灵活地、创造性地去认识世界"。(2) 统一劳动学校分为两个阶段：第一级学校招收8～13岁的儿童，学习期限5年；第二级学校招收13～17岁的少年和青年，学习期限4年。两级学校均是免费的，并且是相互衔接的，这显然是试图实现党纲规定的普及义务教育目标，但这在当时的条件下是无法完全做到的。

实践：由于在贯彻上述学制过程中，往往把"统一"混同于"划一"，并且用劳动生产代替教学过程，结果使统一劳动学校制度同经济和文化发展的矛盾日益突出，因此，从1919年开始便不得不建立各种过渡性质的学校来补充各种不足之处。

评价：《统一劳动学校规程》取消了一切必要的、合理的教学制度，取消教学计划，完全废除考试和家庭作业，不正确地解释了教师的作用，过高地估计了劳动在学校生活中的地位，宣称"生产劳动应当成为学校生活的基础"，等等。虽然它存在严重的缺点和错误，但毕竟是苏联教育史上第一个重要的教育立法：(1) 在世界教育史上第一次贯彻了非宗教的、真正民主的、社会主义的教育原则；(2) 尖锐地批判了旧学校的形式主义、脱离生活实际的倾向，要求把教育与生产劳动紧密地结合起来；(3) 强调全面发展儿童个性，充分发挥儿童学习的主动性和创造性等。这一切不仅对苏联教育、教学工作的发展起过积极的作用，而且在国外也引起了强烈的反响。

10. 简述美国的初级学院运动的意义。

答：19世纪末至20世纪初兴起的初级学院运动，它所创立的一种全新的教育形式，有力地促进了美国高等教育的普及和发展。初级学院是一种从中等教育向高等教育过渡的教育，招收高中毕业生，学制两年，课程设置多样，办学形式灵活，学生毕业后可以直接就业，也可以转入四年制大学的三年级继续学习。

初级学院运动的意义：

(1) 初级学院满足了希望进大学继续学习迅速增加的人数的要求，也提供了一些学生为谋生和就业接受一定职业教育的机会。因此，初级学院产生伊始，便受到了学生的欢迎。当然，初级学院也有不足之处，例如，初级学院的学业标准没有四年制大学或学院那样严格，上初级学院的学生缺少离家生活的成长经验等。

（2）美国初级学院运动的产生和发展，是美国高等教育大众化和民主化进程的产物，适应了美国社会政治、经济和文化发展的需要，成为美国高等教育的重要组成部分，构成了美国高等教育体系中的一个重要层次。第二次世界大战以后，美国的初级学院得到了更快的发展，并影响到其他发达国家，有力地推动了高等教育的普及。

11. 简述美国的《国防教育法》。

答：进入20世纪50年代以后，随着国际形势的发展，美国又面临改革，1957年，苏联卫星上天后，改革教育的呼声就更为强烈，1958年，美国国会颁布《国防教育法》。

其主要内容有：（1）加强普通学校的自然科学、数学和现代外语（即新三艺）的教学；（2）加强职业技术教育；（3）强调"天才教育"；（4）增拨大量教育经费，作为对各级学校的财政援助。

《国防教育法》旨在改变美国教育水平的落后状况，使美国教育能够适应现代科学技术的发展和满足国际竞争的需要，它的颁布有利于美国教育的发展，有利于教育质量的提高，有利于科技人才的培养。

12. 简述美国《国家在危机中：教育改革势在必行》的影响。

答：20世纪80年代初期，美国中小学教育质量问题成为社会关注的中心。1983年，美国中小学教育质量调查委员会提出题为《国家在危机中：教育改革势在必行》的报告。这个报告也是美国战后第三次课程改革的开端，旨在提高教育质量。

影响：该报告对美国教育产生了很大的影响，主要表现在以下方面：（1）恢复和确立了学术性学科在中学课程结构中的主体地位。（2）加强了课程结构的统一性，对所有学生提出了严格的共同要求。（3）增强了公众对教育的信心，重新激发了公众对教育的关注和资助。但是，该运动又引起了一些新的问题，例如，因过分强调标准化的测试成绩，导致忽视学生个性的培养；因教学要求过于统一，导致缺乏灵活性，因强调提高教育标准和要求，使潜在的辍学人数迅速增加。

13. 日本明治维新时期的教育是如何改革的？

答：1868年，日本建立了地主和资产阶级联合执政的天皇明治政府，实施了一系列的改革政策，史称"明治维新"，其中也包括对教育的改革。

改革的指导思想是"文明开化"和"和魂洋才"。

主要内容有：（1）建立中央集权式的教育管理体制。1871年，日本在中央设立文部省，主管全国的文化教育事业；1872年颁布《学制令》，在确立教育领导体制的基础上，建立了全国的学校教育体制，规定全国实行中央集权式的大学区制。（2）涉及初等义务教育。（3）中学分为寻常中学和高等中学两类，分别承担就业和升学的任务。（4）努力发展高等教育，建立东京大学，后改成东京帝国大学。此外，重要的大学还有福泽谕吉创办的庆应义塾（后改为庆应大学）和大隈重信创办的早稻田大学。明治政府不惜重金聘请西方国家的技术专家和教师来日本工作，并派留学生出国留学。（5）建立完善的师范教育制度，发展职业教育。

总的来说，日本通过改革，使得封建教育向近代资本主义教育转变。建立并完善了学制，普及了初等义务教育，发展了中等和高等教育，为日本的发展作出了贡献，提高了日本国民文化水平。

（三）论述题

1. 论述 19 世纪德国高等教育的发展状况以及启示。

答：19 世纪德国高等教育的发展最有影响的是 1810 年洪堡创建柏林大学。柏林大学是在民族丧失独立、经济十分困难的情况下建立的，可以说，一开始人们就寄予它民族振兴的希望。

创办人洪堡认为，国家不能使大学仅仅为其眼前利益服务，把大学看成高等古典语文学校或古典专科学校，而应从长远利益考虑，使大学在学术研究上不断提高，从而为国家发展创造更广阔的前景。他从这样的思想出发，创建了柏林大学。

柏林大学的办学思路是：①柏林大学具有充分的自治权，教授和学生有研究和学习的自由；②聘请既有学术造诣又有高超教学技能的教授；③重视学术研究和培养学生的研究能力；④从学术自由原则、教学与研究相结合原则。可见，柏林大学的办学宗旨是旨在使它成为德国科学和艺术的中心。此后，德国出现了一些按照柏林大学精神建立或整顿的大学。至今，德国的高等学府依然保留了自主、自由、深刻的思想以及严谨的学风这些优良的传统。

根据经济的发展需求，德国在 19 世纪还建立了与大学功能不同的高等工业学校或其他专业性学院，为经济建设培养专门人才。从此，奠定了德国两种不同类型的高等教育机构的基础。

德国高等教育的发展给我们的两个启示是：

（1）大学是研究高深学问的地方，自由、自主、自治是大学最基本的要求，也是最高贵的品质。任何一个国家，高等教育的发展，都应该或者说必须把自由、自主、自治看作办学原则。纵观世界各国著名学府，都体现了自由、自主、自治的特点，尤其是学术自由。凡是压制大学自由气息的国家，都会禁锢一个国家思想的发展与进步，造成一个国家的落后，因为高等教育现在有为社会服务功能，高等教育的所有理念，都会直接影响社会。一个民主的国家必然会有自由、自主、自治的高等学府。如北京大学在蔡元培的改革下，也正是在主张自由的理念下，才诞生出了新的北京大学。自由、自主、自治将是各国人民建设高等学府的原则和宗旨。

（2）加强高等职业教育的发展，这是各国经济发展的需要。德国的职业教育很发达，在 19 世纪时，德国意识到发展职业教育的重要性，所以积极开办高等工业学校或其他专业性学院，培养经济建设人才。这在我国也有借鉴的必要，我们应该向德国学习，大力发展两种不同类型的高等教育机构。

2. 论述英国近现代中等教育方面发生的变化。

答：近代英国，由于国家经济、政治发生巨大的改变，教育上的改革也很频繁，在这种环境下，中等教育得到很大发展，具体表现在以下方面：

（1）《巴尔福教育法》颁布后，英国政府各地方教育部门改建和新建了许多中等学校，但一战后，英国经济的发展导致人们对中等教育的需求越来越大，中等教育需要改革，当时的改革有三种意见：一是坚持实行双轨制，维持初、中等教育的分离；二是用选拔制，从初等学校选最合适的儿童进中等学校；三是主张单轨制，即所有人同时升入中等学校。为此，政府任命哈多为主席，对此问题进行调查。哈多等人提出了《哈多报告》，强调教育是一个连续过程，可分小学、中学两个阶段，提出了初等教育终点和初等教育后的分流，这对英国教育有重要影响。

（2）1938年，为适应战后经济发展对技术人才的需要，英国政府又提出以改革中等教育为中心的《斯宾斯报告》，根据初级技术学校增加的事实，把《哈多报告》的双轨改变成三轨，使技术中学成为中等教育的一个部分。

（3）二战期间，"人人受中等教育"的观念深入人心，而英国的实际与此有较大差距，中等教育改革得以延续。《巴特勒教育法》，也称《1944年教育法》，由英国教育委员会主席巴特勒提出。其关于中等教育的主要内容有：加强地方教育行政管理权限，设立由初等教育、中等教育和继续教育组成的公共教育系统。《巴特勒教育法》是英国教育制度发展史上一个极其重要的法令，形成了初、中等和继续教育衔接的教育制度，扩大了国民受教育机会，对英国战后教育发展的基本方针和政策产生了重要的影响。

（4）综合中学运动：60—70年代，英国教育改革的重点主要在中等教育方面。《巴特勒教育法》实施后，英国形成了由文法学校、技术中学和现代中学组成的中等教育结构，但各种中学质量、标准差异较大。

3. 试论英国近现代教育的主要特点。

答：英国近现代呈现出了不同于其他国家的特点，表现在以下几个方面。

（1）在教育行政管理体制上，英国形成了地方与中央相结合的管理体制，并且中央政府不断通过法案在加强中央集权。19世纪以前，英国政府对教育的干预很少，国民教育的权力集中在教会手上。随着社会的发展，19世纪初，资产阶级为了维护自己的利益，不断要求国家加强对教育的管理，1870年颁布《初等教育法》，首先加强了国家对初等教育的控制，建立了公立初等教育体系。20世纪初，《巴尔福教育法》的颁布，促成了英国政府教育委员会和地方教育当局的结合，促成了以地方教育当局为主体的英国教育管理体制，对后来英国教育管理体制和中等教育的发展有重要的影响。1944年的《巴特勒教育法》加强了国家对教育的控制和领导，设立教育部，统一领导全国的教育，这是英国教育制度发展史上一个极其重要的法令，形成了中央地方相结合，地方为主的管理方式。《1988年教育改革法》再次改革学校管理体制，实施"摆脱选择"政策。原地方教育当局管理的所有中学，以及规模较大的小学，直接接受中央教育机构的指导；还赋予家长为子女自由选择学校的权利等，这些措施进一步强化了中央集权式的教育管理体制。

（2）在初等教育方面，不断普及和发展初等教育，提高初等教育的质量，努力消除双轨制。19世纪上半叶，英国初等教育主要由宗教团体和慈善机构办理，但教育质量低劣。1870年颁布了《初等教育法》，实施强制初等教育，标志着英国的国民教育制度正式形成，从此，英国出现了"公、私立学校并存的双轨制"局面。1944年的《巴特勒教育法》规定，设立由初等教育、中等教育和继续教育组成的公共教育系统；实施5～15岁的义务教育，同时，地方教育当局应向义务教育超龄者提供全日制教育和业余教育。这个法案形成了初、中等和继续教育衔接的教育制度，扩大了国民受教育的机会。1988年的

《1988年教育改革法》，实施全国统一课程，规定在5~16岁的义务教育阶段开设三类课程（核心课程、基础课程和附加课程）；建立与课程相联系的考试制度，规定在义务教育阶段，学生要参加四次考试，家长还有可以为子女自由选择学校的权利。这些都是在为消除双轨制所做的一步步的努力。

（3）在中等教育方面，消除双轨制，改革教育内容是中等教育发展的主要特点。19世纪，英国的中等教育只有贵族子弟才能享受。20世纪初，《哈多报告》主张通过一次性考试把中等教育分成两个部分：文法学校和现代中学。在以后的教育改革中，英国逐渐向分支型学制过渡，建立综合中学，改变不平等的双轨制。在教育内容方面，实科知识逐渐占据上风，学校中两种教育内容并存，并争夺地位。

（4）在高等教育方面，高等教育的改革，使更多人可以享受高等教育，加强了大学为社会的功能，推动了英国高等教育的发展。《1988年教育改革法》中，中央政府又对高等教育加强了控制，比如中央对高等教育的管理和经费预算做出了新的规定，废除了高等教育的双重制，多科技术学院和其他学院将脱离地方教育当局的管辖，成为独立机构，取得和大学同等的法人地位，等等。

4. 评述美国在二战后教育改革的进程以及启示。

答：二战后，各国先后进入了恢复经济发展的重要时期，美国意识到教育对一个国家的重要作用，频繁的教育改革恰恰表现了美国对教育所寄予的厚望。

（1）《国防教育法》：进入20世纪50年代以后，随着国际形势的发展，美国又面临改革。1957年，苏联卫星上天后，改革教育的呼声就更为强烈。1958年，美国国会颁布《国防教育法》。其主要内容有：①加强普通学校的自然科学、数学和现代外语（即新三艺）的教学；②加强职业技术教育；③强调"天才教育"；④增拨大量教育经费，作为对各级学校的财政援助。《国防教育法》旨在改变美国教育水平的落后状况，使美国教育能够适应现代科学技术的发展和满足国际竞争的需要，它的颁布有利于美国教育的发展，有利于教育质量的提高，有利于科技人才的培养。

（2）《中小学教育法》：20世纪60年代，美国的教育改革集中在中小学课程改革和改善教育机会不平等问题。1965年，通过了《中小学教育法》。该法案的主要内容包括：①提出了中小学的教育目标，指出小学生更应加强文化教育，为将来接受专业教育打好基础，中学的目标则应是为培养未来的学者、专家打基础，学会钻研科学的方法；②要求政府拨款奖励推动黑人、白人学生合校的工作，规定凡自动而认真合并的学校可以领取大量的补助费；③制定了一系列对处境不利的儿童的教育措施和帮助政策。该法案对于中小学教育质量的提高和教育公平的实现具有重要作用。

（3）生计教育和返回基础教育运动：20世纪70年代美国教育暴露出中小学生缺乏社会适应能力，普通教育缺乏基础训练等问题，针对这些问题，70年代的美国教育改革出现了生计教育和"返回基础"教育运动。

生计教育是美国教育总署署长马兰于1971年开始倡导的一种教育。他提出，生计教育的实质是以职业教育和劳动教育为核心的适应瞬息万变的社会的教育。这种教育要求以职业教育为中心重新建立教育制度。生计教育是针对美国社会失业率较高，人们对自己的就业问题忧心忡忡的心态在教育制度上的反映。这种教育不可能解决社会制度固有的弊端，只能是一种安慰人们适应社会现实的生存措施，并不鼓励人们奋起改造社会。

20世纪70年代，由于公众对公立学校教育质量普遍不满，美国掀起了"返回基础"教育运动。这主要是针对中小学校出现知识教学和基本技能训练薄弱的问题而言的。"返回基础"运动在美国教育界引起了一场激烈的争论。提倡者和赞同者把这场运动视为拯救美国基础教育的灵丹妙药，也有许多人严厉地指责。这场运动从实质上讲是恢复传统教育。

(4)《国家在危机中》：20世纪80年代初期，美国中小学教育质量问题成为社会关注的中心。1983年，美国中小学教育质量调查委员会提出题为《国家在危机中：教育改革势在必行》的报告。这个报告也是美国战后第三次课程改革的开端。

报告的内容是：①建议加强中学五门"新基础课"的教学，中学必须开设数学、英语、自然科学、社会科学、计算机课程；②提高教育标准和要求；③通过加强课堂管理等措施，有效利用在校的学习时间；④改进教师的培养，提高教师的专业训练标准、地位和待遇；⑤各级政府加强对教育改革的领导和实施。这些内容旨在提高教育质量。

该报告对美国教育产生了很大的影响，主要表现在以下方面：第一，恢复和确立了学术性学科在中学课程结构中的主体地位。第二，加强了课程结构的统一性，对所有学生提出了严格的共同要求。第三，增强了公众对教育的信心，重新激发了公众对教育的关注和资助。但是，该运动又引起了一些新的问题，例如，因过分强调标准化的测试成绩，导致忽视学生个性的培养；因教学要求过于统一，导致缺乏灵活性，因强调提高教育标准和要求，使潜在的辍学人数迅速增加。

(5) 美国教育改革进程的启示：美国的改革是在杜威倡导的现代教育与赫尔巴特倡导的传统教育之间反复的改革。二战前，美国选择了杜威的改革路径，二战后，美国在逐渐地加入传统教育，但是美国的各项改革都没有真正将二者的优点结合在一起，而是总是走向二者教育的极端。虽然如此，不断地教育改革推动着美国教育前行，这其中给了我们许多启示：

①教育改革要从本国实际出发。二战之前，美国的问题集中表现在教育质量下滑，教育不平等的症结上。二战后，美国力图通过教育改革提高教育质量，解决社会公平问题。《国防教育法》、《中小学教育法》、生计教育和返回基础教育运动以及《国家在危机中》等法案都是在不断地加强文化知识的学习，期望以此来提高教育质量。《中小学教育法》力图推进黑人、白人合校，实现教育平等，过程艰难，但是最终取得了巨大的进步。20世纪70年代的生计教育，也是针对美国的就业率低的情况而提出的。所有这些都说明，美国的改革紧紧围绕着本国的实际情况，做出了卓有成效的成果。

②中庸之道我们应该发扬。20世纪上半叶，风靡全球的杜威的教育改革并没有为美国的教育质量作出贡献。在《国防教育法》后美国开始回归传统，之后的各项改革都在不断地改变美国基础教育质量滑坡的问题。我国在教育改革中，应该继续发挥其重要的思想，取二者教育思想之长，并融于现代教育之中。

③积极向美国学习。美国的各项改革都没有照搬他国的模式，都是在美国的国情之上想出的各种解决问题的方案，各项方案对其他国家却有着领头羊的作用。我国也要结合自身的国情，积极向美国学习，学习其优长之处。

④实践终身教育的理念。美国实行返回基础、生计教育等措施，其实就是在实践终身教育的理念。终身教育理念已经是各国教育共同发展的趋势，美国正在积极地实践。我们也要重视终身教育，大力发展终身教育。

⑤注意美国教育的缺陷。美国的教育改革有急功近利的色彩，大概是因为受本国实用主义之风的影响。美国的各项改革太过频繁，造成一些理论与实践相脱离，教育具有滞后性，所以我们国家在教育改革中应该少些浮躁，不要一味地求快，不要浮夸，要结合本国人的文化特点和思想观念，在稳妥中前行。

5. 论述日本在二战后为教育指明了发展方向的法案。

答：1947年，日本国会公布了《教育基本法》和《学校教育法》两个重要教育法案，否定了二战时军国主义教育政策，为二战后教育指明了发展方向。这两个法案标志着二战后日本教育改革的开端。

《教育基本法》主要精神包括：（1）确定教育必须以陶冶人格为目标，培养和平国家及社会的建设者，使受教育者成为爱好和平、正义和真理，尊重个人价值，注重劳动与责任，充满独立自主精神，身心健康的国民；（2）全体国民接受九年义务教育；（3）尊重学术自主；（4）政治教育是培养有理智的国民，不搞党派宣传；（5）国立、公立学校禁止宗教教育；（6）教育机会均等，男女同校；（7）教师要完成自己的使命，应受到社会的尊重，保证教师享有良好的待遇；（8）家庭教育和社会教育也应得到鼓励和发展。《教育基本法》所提出的教育目标，与一战前法西斯军国主义教育政策截然不同，对二战后日本教育发展有积极意义，所以这一文件被视为日本教育史上划时代的教育文献。

与《教育基本法》配套的《学校教育法》主要内容如下：（1）废除中央集权制，实行地方分权制；（2）采用六三三四制单轨学制，延长义务教育年限至9年，教科书要符合教育目标的精神；（3）高级中学以施行普通教育和专门教育为目的，分为单科制和综合制；（4）将原来多种类型的高等教育机构统一成为单一类型的大学。大学以学术为中心，传授和研究更高深的学问，培养学生研究和实验的能力。在大学基础上设研究生院。《学校教育法》还对教员、校长、教育经费、教育行政管理以及幼儿园教育、特殊教育等作了一些规定。该法案是《教育基本法》的具体化，它使二战后日本教育系统有了法律保障。但有些条款还不完善，后来又经过多次修订和补充。

6. 分析并总结二战后欧洲各国教育改革的基本趋势。

答：每个时期，由于处在一个国际大环境下，各个国家在教育上都会出现一些大体上相似的举措或政策，因而每个特定的历史时期，各国教育都有一些共同的趋势。二战后，世界暂时进入一个相对和平的历史时期，并且各国开始在经济、军事等领域开始新一轮的竞争，欧洲各国竞相开始教育改革，经总结可以发现，这些国家的教育大体上具有以下几个特征：

（1）积极普及义务教育。经过长期的较量，各国都意识到发展教育的重要性，这一时期各国竞相颁布普及义务教育的法案，并且把义务教育的年限不断地延长。例如英国的《巴特勒教育法》、法国的《教育改革法》、德国的《汉堡协定》等，都是以此为主要内容的法案。

（2）大力发展职业技术教育。各国都意识到职业技术教育的重要性，纷纷颁布有关法令，把职业教育作为战后教育建设的一个重要方面，例如 1906 年，美国成立"全国职业教育促进会"，其目的在于制定一部能对全国的职业教育提供财政补助的法律，通过了《史密斯—休士法》，决定由联邦政府拨款补助各州大力发展大学程度以下的职业教育；联邦政府与各州合作，提供工业、农业、商业和家政等方面科目的师资训练；在公立学校设立职业科，把传统的专为升学服务的中学改为兼具升学和就业的综合中学。法国也通过了《哈比法案》，把职业教育的建设作为教育改革的重点。其他国家也先后实施这样的决策，可见大力发展职业教育也是战后各国教育改革的一个突出特色。

（3）重视师范教育的建设。师范教育的建设也开始受到各国重视，好几个国家都对师范教育的发展做出了规定，例如英国的《巴特勒教育法》提出加强师范教育建设；美国《国家在危机中：教育改革势在必行》特地强调改进教师的培养，提高教师的专业训练标准、地位和待遇，等等。

（4）对中小学进行课程改革。对学校，尤其是中小学进行课程改革，也是这一时期各国教育改革的共同趋向，英国 1988 年制定的课程改革、法国中学的课程改革等，都反映了各国对学生在基础学科、科学、实用知识方面的期望。

（5）高等教育渐渐成为发展的重心。随着各国教育体制的逐渐完善，教育发展的重点也渐渐由低往高上升，高等教育中的课程领域逐渐拓宽，专业设置日益完善，其教育对象也越来越普及化，最有代表性的就是英国创办的"开放大学"，以成人教育为对象，反映了社会对终身教育的需求，成为战后欧洲各国教育发展的一个重要趋势。

（6）教育管理体制的改革越来越有各自的特色。对教育管理体制的改革永远是教育改革不可缺少的一部分，各国不断地在改变，在这个过程中各自总结了许多经验，也根据自身的特色形成了各不相同的管理体制。例如，英国原本是中央、地方两级管理，《巴特勒教育法》则开始加强中央对教育的控制权；法国则体现出教育权下放的趋向。可见，各国在根据实际情况的基础上开始取长补短。

以上这些，就是第二次世界大战后各国教育改革表现出来的一些共同趋向，其中义务教育年限的延长、职业教育的加强是最明显的两个方面，体现了二战后的整个国际环境对知识、科技的需求非常急切，教育成为决定一国国际地位的重要因素，因而发展教育事业是一个国家在国际竞争中能否成功的重要决定因素。

第七章 欧美教育思想的发展

【本章知识框架】

欧美教育思想的发展
- 夸美纽斯
  - 教育目的与作用
  - 论普及教育、泛智教育、统一学制及其管理实施
  - 论学年制和暴击教授课制
  - 论教育适应自然的原则
- 洛克
  - 白板说
  - 绅士教育
- 卢梭
  - 自然教育理论及其影响
  - 公民教育理论
- 裴斯泰洛奇
  - 教育实践活动
  - 论教育目的、论教育心理学化、论要素教育
  - 初等学校各科教学法
  - 教育与产生劳动相结合
- 赫尔巴特
  - 教育思想的理论基础
  - 道德教育理论、课程理论、教学理论
  - 赫尔巴特教育思想的传播
- 福禄贝尔
  - 教育适应自然原则
  - 幼儿园
  - 恩物与作业
- 斯赛宾
  - 生活准备说
  - 知识价值论
  - 科学教育论
  - 课程论

```
                    ┌ 对空想社会主义教育思想的批判继承
              ┌ 马恩 ┤ 论人的全面发展与教育的关系
              │      └ 论教育与生产劳动相结合的重大意义
              │      ┌ 论教育的本质与目的
              ├ 杜威 ┤ 论课程与教材、论思维与教学方法、论道德教育
              │      └ 杜威教育思想的影响
              │              ┌ 历程、著名实验
  欧美教育思想 ├ 新教育运动 ┤ 实验教育学
    的发展    │              │ 凯兴斯泰纳的"公民教育"与"劳作学校"理论
              │              └ 蒙台梭利的教育思想
              │              ┌ 历程、昆西教学法、有机教育学校、葛雷制
              ├ 进步教育运动 ┤
              │              └ 道尔顿制、文纳特尔计划、设计教学法
              │              ┌ 改造主义教育、要素主义、永恒主义、新行为主义教育
              ├ 教育思潮    ┤
              │              └ 结构主义教育、终身教育思潮、现代人为主义教育思潮
              │              ┌ 马卡连柯
              │              │ 凯洛夫
              └ 苏联教育思想 ┤ 赞可夫
                             └ 苏霍姆林斯基
```

考情分析

本章主要介绍了近现代著名的教育家与教育思潮，如夸美纽斯、卢梭、裴斯泰洛齐、赫尔巴特、福禄贝尔以及马克思、恩格斯、杜威等教育家的思想主张，也介绍了新教育运动和进步教育运动的发展，可以说是整个外国教育史中最重要的部分。并且，这部分的内容多数作为大题，因而考生应当对其全面理解掌握，把握每位教育家的思想体系，甚至对他的生平中与教育相关的大事也要有所了解。建议考生在复习本章的过程中对这几位教育家的教育思想进行横向比较，以加深记忆。复习时应当充分领会各个部分之间的相互关系，如人物的生平对其思想的影响、哲学观点对教育主张的影响等，这样既能帮助记忆，又可以使答题更加流畅、完整。至于马克思和恩格斯的教育思想，在教育史的考题中出现的比重极小，可简单了解其思想特点，主要把握人的全面发展的主张。考生应格外注意裴斯泰洛齐、赫尔巴特、杜威的教育思想。

重点难点

重点：夸美纽斯、卢梭、裴斯泰洛齐、赫尔巴特、福禄贝尔、杜威的教育思想，新教育运动与进步教育运动的发展。

难点：卢梭的自然教育理论；赫尔巴特的心理学和教学阶段理论；杜威的教育思想。

【习题精编】

（一）名词解释

1. 泛智学校。
2. 绅士教育。
3. 白板说。
4. 自然后果法。
5. 恩物。
6. 幼儿园。
7. 生活准备说。
8. 葛雷制。
9. 道尔顿制。
10. 设计教学法
11. 改造主义教育。
12. 要素主义教育。（中山大学 2010 年）
13. 永恒主义教育。（华东师范大学 2010 年）
14. 平行教育影响。

（二）简答题

1. 简述夸美纽斯关于教育目的的观点。
2. 简述夸美纽斯关于教育作用的观点。
3. 简述夸美纽斯教育适应自然的原则。
4. 简述夸美纽斯的"泛智"原则。
5. 简述夸美纽斯的教育管理思想。
6. 简述夸美纽斯建立全国统一学制的设想。
7. 简述裴斯泰洛齐教育心理学化的思想。
8. 裴斯泰洛齐是怎样实践教育与生产劳动相结合的思想的？
9. 简述夸美纽斯的班级授课制思想。

（三）论述题

1. 请阐述夸美纽斯的教育思想及其历史地位。（湖南师范大学 2011 年）
2. 试述裴斯泰洛齐的要素主义教育思想。
3. 述评卢梭的自然主义教育思想。（湖南师范大学 2010 年）
4. 卢梭既提出了自然教育思想，又提出了公民教育思想，二者是否矛盾，为什么？
5. 论述赫尔巴特的课程理论。（华东师范大学 2011 年）

6. 简述赫尔巴特的教学形式阶段理论。(安徽师范大学 2011 年,湖南师范大学 2011 年)
7. 马克思和恩格斯是怎样论述教育与生产劳动相结合的重要意义的?
8. 试论述蒙台梭利的教育思想。
9. 试比较欧洲新教育运动与美国进步教育运动。
10. 请评析杜威的实用主义教育思想。
11. 试述陶行知"生活即教育"和杜威"教育即生活"的基本内涵,并比较其异同。
12. 试分析改造主义教育理论,并说明教育对于社会改造的可能性与必要性。
13. 终身教育理念的提出,对现代教育的发展产生了什么影响?
14. 论述马卡连柯的集体主义教育思想。
15. 论述赞可夫的发展教学理论。
16. 论述苏霍姆林斯基的教育理论。

【参考答案】

(一)名词解释

1. 泛智学校。捷克伟大的教育家夸美纽斯提出了著名的"泛智论"。所谓"泛智",就是一种百科全书式的能为一切人所掌握的各种自然和社会知识大全。"把一切事物教给一切人"是"泛智论"的集中体现。夸美纽斯"希望有一种智慧学校,而且是全面智慧的学校,即泛智学校,也就是泛智工场。在那里,人人皆可接受教育,在那里可以学当前和将来生活所需要的一切学科,并且学得十分完善"。这就是夸美纽斯所谓的泛智学校。泛智学校是实行泛智思想的场所,实行一种周全的百科全书式的教育。在泛智学校里,采用班级授课制,实行学年制,编写统一的"泛智"教材。泛智学校也是面向所有人的学校。

2. 绅士教育。洛克所倡导的绅士教育是一种资产阶级贵族化的教育,主张把贵族子弟培养成身体强健、举止优雅、有德行、智慧和才干的教育家。这种教育只能通过家庭教育来进行。在教育内容上,对贵族子弟实行体育、德育、智育教育。洛克的绅士教育思想以其世俗化、功利性为显著特点。

3. 白板说。洛克反对天赋观念论,提出了白板说和经验主义的观念论,认为人出生后心灵如同一块白板,一切知识是建立在由外部而来的感官经验之上的。白板说是其教育思想的主要理论基础。

4. 自然后果法。教育家卢梭在自然教育思想中提到了自然后果法,并用自然后果法对儿童进行道德教育。所谓自然后果法,即让儿童经受由于自己的过失招致的后果,而自知纠正错误行为,在儿童发现错误之前并不去提醒儿童,在错误后果中,儿童自然知道这么做是错的,儿童会自己悔悟,自己改正。

5. 恩物。福禄贝尔建立了一个以活动与游戏为主要特征的幼儿园课程体系,包括游戏与歌谣、恩物、作业等。所谓恩物，是福禄贝尔创造的一套供儿童使用的教学用品，其中真正的恩物应当满足三个条件：（1）能使儿童理解周围世界，又能表达他对客观世界的认识；（2）每种恩物包含前面的恩物，并应预示后继的恩物；（3）每种恩物本身表现为完整的有秩序的统一的观念——整体由部分组成，部分可形成有序的整体。

6. 幼儿园。福禄贝尔是世界上最早创办幼儿园的教育家，认为幼儿园是家庭教育的补充，是完善教育必不可少的条件。幼儿园工作的任务是通过各种游戏和活动，培养儿童的社会态度和民族美德，使他们认识自然与人类，发展他们的智力与体力以及做事或生产的技能和技巧，尤其是运用知识与实践的能力，从而为下一个阶段的发展做好准备。幼儿园既是幼儿教育机构，又是幼儿师资培训机构、幼儿教育宣传机构和幼儿教育研究机构。

7. 生活准备说。斯宾塞提出了"什么知识最有价值"这一问题，并将评价知识价值的标准定义为对生活、生产和个人发展的作用，知识对生活的作用越大则价值越大。根据这个标准，斯宾塞确定了教育的目的是为"完满生活做准备"，从而反对古典主义不实用的知识和教育。斯宾塞根据上述划定知识的价值高低理论来选择课程，从而形成其独特的课程理论。

8. 葛雷制是美国教育家沃特在葛雷市公立学校督学所推行的一种进步主义性质的教学制度。它以杜威的基本思想为依据，把学校分为四个部分：体育运动场、教室、工厂和商店、礼堂；以具有社会性质的作业为学校的课程，并把课程也分成四个方面：学术作业，科学、工艺和家政，团体活动以及体育和游戏。因此，葛雷学校也被称为"工读游戏学校"。葛雷制还将全校学生一分为二，一部分在教室上课，另一部分则在体育场、图书馆、工厂、商店以及其他场所活动，上下午对调，废除寒暑假和星期日，昼夜开放。葛雷制曾被以为是美国进步教育思想的最卓越的例子。

9. 道尔顿制是美国进步主义教育家帕克赫斯特针对班级授课制的弊端创始的一种个别教学制度。在学校里废除课堂教学，废除课程表和年级制，代之以"公约"或合同式的学习。学生以公约的形式确定自己应完成的各项学习任务，然后学生根据自己的需要自学，不强求一致。学校将各教室改为各科作业室或实验室。道尔顿制的两个重要原则是自由与合作。道尔顿制存在的主要问题是过于强调个别差异，对教师要求过高，以及在实施时易导致放任自流，并且将教室完全改为实验室也不太实际。

10. 设计教学法是由美国进步主义教育家克伯屈提出的一种新的教育方法。他将"设计教学法"定义为在社会环境中进行有目的的活动，重视教学活动的社会的和道德的因素。强调有目的的活动是设计教学法的核心，儿童自动地、自发地、有目的地学习是设计教学法的本质。设计教学法放弃固定的课程体制，取消分科教学，取消现有的教科制，将设计教学法分成四种类型：第一，生产者的设计；第二，消费者的设计；第三，问题的设计；第四，练习的设计。设计教学法有四个步骤：决定目的、制订计划、实施计划和评判结果。

在这个过程中，它强调教师的指导和决定作用，但实行则以学生为主。设计教学法充分发挥了儿童的主动性和积极性，但是由于强调根据儿童的经验组织教学，设计教学法实施的结果，必然导致系统知识学习的削弱。

11. 改造主义教育。20世纪30年代从实用主义和进步教育中分化出来，布拉梅尔德是其代表人物。改造主义教育的理论主要分为五个方面：（1）教育应该以改造社会为目标；（2）教育要重视培养社会一致的精神；（3）强调行为科学对整个教育工作的指导意义；（4）教学上应该以社会问题为中心；（5）教师应进行民主的、劝说的教育。

12. 要素主义教育。要素主义教育的发起者、主要代表人物是巴格莱，还有后期的科南特和里科弗。要素主义教育主张：（1）把人类文化的共同要素作为学校教育的核心。（2）教学过程是一个训练智慧的过程。强调传统的心智训练，传授整个人生的知识。（3）强调学生在学习上必须努力和专心。在教育教学过程中，不能把学生的自由当做手段，而应是过程的目的与结果。（4）强调教师在教育和教学中的核心地位。由于忽视学生自己的兴趣和身心特点以及能力水平，片面强调系统的、学术性的基本知识学习，加上所编教材脱离学校教育实际，要素主义教育在 20 世纪 70 年代起逐渐失去优势地位。

13. 永恒主义教育是新传统教育流派中的一支，是作为与进步主义教育的对立面出现的，具有传统教育特色的新的教育思潮，永恒主义教育的主要代表人物有美国的哈钦斯、法国的阿兰等人。从整体上看，它并未提出什么新的价值判断标准，把学生的学习限于古典著作。作为一种教育哲学思想的永恒主义教育在教育理论上有一定影响，但在教育实践中的影响范围不大，主要局限于大学和上层知识界中的少数人。但是永恒主义教育思潮遭到了许多人的批判，他们的思想和做法脱离了现实社会。

14. 平行教育影响。马卡连柯提出平行教育影响，指出集体教育的核心思想是"通过集体，在集体中，为了集体"，即教育工作的对象是集体，教育的主要方式是集体教育，教师对集体和集体中的每一个成员的影响是同时的，教师和整个班集体对每个成员的影响是同时的，这就是平行教育影响。

（二）简答题

1. 简述夸美纽斯关于教育目的的观点。

答：夸美纽斯认为教育目的主要在于两个方面：（1）从宗教世界观出发，夸美纽斯认为人生的最终目的是为达到"永生"，现世的生活只是永生的准备，因此教育的目的也应是人为来世生活做好准备，这是他的宗教性的教育目的；（2）关于现实的教育目的，是为了现实的人生服务，培养具有"学问、德行、虔信"的人，通过教育要使人认识世界上的一切事物，以便享受现实的幸福，并为永生做准备。这种现实性是他的民主主义思想的反映。

2. 简述夸美纽斯关于教育作用的观点。

答：夸美纽斯高度评价教育的作用：（1）教育是改造社会、建设国家的手段。这一见解是有意义的，但是他把教育当做"人类得救"的主要手段，则又过分夸大了教育的作用。（2）夸美纽斯高度评价教育对人的作用。在他看来，人都是有一定天赋的，而这些天赋发展得如何，关键在于教育。（3）不同等级的人接受教育的目的不同。（4）教育对宗教有很大的作用。教育可以培养人的学问、道德和虔信的种子，从而步入天堂。

3. 简述夸美纽斯教育适应自然的原则。

答：教育必须适应自然是夸美纽斯教育体系的一条指导原则，它贯穿于他的教育巨著《大教学论》的始终。所谓教育适应自然，就是教育必须遵循自然界的普遍规律。在夸美纽斯看来，自然界存在一种"秩序"即普遍规律，人是自然的一部分，因而人类的教育活动必须与自然界的普遍规律相适应。他认为旧学校的根本错误是违背了"自然"。教育适应自然，还包括教育必须适应儿童本身的"自然"，即儿童身心的特点。

主要内容：（1）教育适应自然原则的中心思想是教育应当服从"普遍秩序"，即客观规律。实际上有两层意思：一是教育工作有规律可循，教育者应当遵循；二是教育者在教育过程中应当探求教育的规律。

（2）要根据人的自然本性和年龄特征进行教育，是他的教育要适应自然原则的另一个重要内容。他说各级学校要根据学生的年龄以及已有的知识循序渐进地教学。

（3）夸美纽斯关于教育要适应自然的原则，其中心思想是教育应当服从"普遍的秩序"，即客观规律。它包括：教育工作应该是有规律的，教育工作者应该遵守这些规律；既然教育是有规律的，那么我们就应该发现、探明这些规律。

4. 简述夸美纽斯的"泛智"原则。

答："泛智"思想是夸美纽斯教育体系又一指导原则，也是其教育理论的核心，是他从事教育实践和研究教育理论的出发点。所谓"泛智"，用夸美纽斯的话来说，就是"把一切事物教给一切人类"。它包含着两个方面内容：一是教育内容泛智化，掌握对于人类来说必需的一切知识，夸美纽斯对几乎以《圣经》为唯一教育内容的旧教育极为不满，指出在那些学校学习的学生都没有受到周全的教育。他认为人们所受的教育应当是周全的，要"学会一切现世与来生所必需的事项"。二是教育对象普及化，夸美纽斯指责当时的学校只是为富人、贵人设立的，穷人、贱人被排斥在校门之外。他要求学校向全体人们敞开大门，不论富贵贫贱，一切男女青年都应进学校。

5. 简述夸美纽斯的教育管理思想。

答：（1）为了便于管理全国学校，为了使所有儿童都有上学机会，夸美纽斯主张建立全国统一学制，他把儿童从出生到青年分为四个阶段，每个阶段六年，设有与之相适应的学校。每个家庭应当有个母育学校，每个村落应当有个国语学校，每个城市应当有个中等学校，每个王国或每个省应当有所大学。

（2）他强调国家对教育的管理职权，认为国家应该设立督学对全国的教育进行监督，保证教育得到统一发展。督学的职责包括：培训教育管理者，管理各级学校人员，检查学校工作，监督学校规章的执行，指导社会和家庭教育。他是最早提倡国家设置督学的教育家。

（3）他还严格规定校长、教师、学生的职责，强调规章制度和纪律的作用。

夸美纽斯这种建立全国统一的既分段又连贯的学校制度，并加强国家管理的思想，对后世影响很大，各国的普及教育及公立学校制度正是在此基础上逐步发展起来的。

6. 简述夸美纽斯建立全国统一学制的设想。

答：夸美纽斯对中世纪学校工作的缺乏计划性和个别教学极为不满，提出实行学年制和班级授课制。所谓学年制，就是所有公立学校在一年之中只招一次学生，秋季始业，同时开学，同时放假。一学年分四个学季，四次节假日。学校工作应按年、按月、按日、按时安排妥切。学年终了时，通过考试同时升级。

为了便于管理全国学校，为了使所有儿童都有上学机会，夸美纽斯主张建立全国统一学制,他把儿童从出生到青年分为四个阶段,每个阶段六年,设有与之相适应的学校。

第一阶段:0~6岁——婴儿期——母育学校
第二阶段:6~12岁——儿童期——国语学校
第三阶段:12~18岁——少年期——拉丁语学校
第四阶段:18~24岁——青年期——大学与旅行

夸美纽斯基于"泛智"思想,第一次提出了统一的学校体系,打破了封建教育的等级限制,在西方教育发展史上是个重大进步,也是夸美纽斯的巨大贡献。

7. 简述裴斯泰洛齐教育心理学化的思想。

答:在世界教育史上,裴斯泰洛齐是第一个明确提出"教育心理学化"口号的教育家。他确信存在一种人的基本心理规律,教育心理学化就是要找到这种规律,把教育提高到科学的水平,教育科学应该建立在人的心理活动规律的基础上。专制主义、经院主义的弊端就在于不符合儿童的本性,用不合适的灌塞法,应当根除。教育心理学化具体要求是:

(1)教育要适应儿童心理的发展。将教育的目的和教育的理论指导置于儿童本性发展的自然法则的基础上。

(2)使得教学内容的选择和编制适合儿童的学习心理规律,即教学内容心理学化。据此,他提出了要素教育理论。

(3)教学原则和教学方法的心理学化。教学程序和学生的认识过程协调;循序渐进。

(4)教育者要适应儿童的心理,以调动儿童学习的主动性,让儿童成为其自己的教育者。

裴斯泰洛齐的教育心理学化思想对19世纪欧洲教育心理学化的思潮产生了重大的影响。

8. 裴斯泰洛齐是怎样实践教育与生产劳动相结合的思想的?

答:裴斯泰洛齐是西方教育史上第一个将这一思想付诸实践的教育家,并在自己的实践活动中推动和发展这一思想。

(1)初步实验——新庄"贫儿之家"时期。裴斯泰洛齐认为这是帮助未能进学校接受教育的农村贫民子弟提高劳动能力、学会谋生本能、改善生活状况的最好途径。这时的实践只是一种单纯的、机械的外部结合,教学与劳动间无内在意义的联系。

(2)成功实验——斯坦兹孤儿院时期。这次实验明确地把学习与手工劳动、学校与工场相联系,意味着更有意识地将教劳结合视为探讨新教育的一个重要方面。以安排学习为主,参加手工劳动为辅,但又强调二者的联系与结合。重视学习基础性文化知识,掌握基本的手工劳动技能。深信教育与生产劳动结合时培养人的重大教育意义,并认为这是基于教育心理学化的教育途径。

(3)评价:

①主要反映资本主义工场手工业时代对教育与生产劳动之间的关系的新要求。

②在一定程度上看到了教育与生产劳动相结合对人的和谐发展和社会改造的重要意义。

③由于时代限制，未能真正找到教育与生产劳动相结合的内在联系，更未能作出全面的历史分析。

④把教育与生产劳动相结合思想付诸实践，并在理论认识上加以发展，在教育史上作出重要贡献。

9. 简述夸美纽斯的班级授课制思想。

答：为了克服当时学校教育中家庭教育式的个别教学的弊端，以及为普及教育服务，夸美纽斯大力提倡班级授课制。他所说的班级授课，就是把不同年龄、不同知识水平的儿童，分成不同年级，通过班组进行教学。

班级授课制的具体设想包括：（1）根据儿童年龄及知识水平分成不同班级，每个班级一个教室，由一个教师对一个班的学生同时授课；（2）把全班学生分成若干小组，每组十人，委托一个优秀学生做十人长，协助教师管理学生，考查学业；（3）为每个班级制订统一的教学计划，编写统一的教材，规定统一的作息时间，使每年、每月、每日、每时的教学都有计划地进行。

班级授课制具有极大的优越性：（1）扩大了教育对象，有利于普及教育；（2）教师面对众多的学生，工作兴趣大增，工作热情高涨，从而能够促进学生学习的积极性；（3）在学生方面，大群的同伴在一起，可以互相激励、互相帮助。

当然班级授课制也有缺点，比如班级授课制中无法照顾到每个学生的发展。但是直到现代，班级授课制是各国的基本的教学组织形式。

（三）论述题

1. 请阐述夸美纽斯的教育思想及其历史地位。

答：夸美纽斯是17世纪捷克的伟大爱国者、教育改革家和教育理论家，是欧洲从封建社会向资本主义过渡时期的伟大教育家。他的代表作《大教学论》的问世，标志着教育学成为独立的学科。

（1）夸美纽斯的教育思想：

①教育目的：一方面，从宗教世界观出发，夸美纽斯认为人生的最终目的是为达到"永生"，现世的生活只是永生的准备，因此，教育的目的也应是人为来世生活做好准备，这是他的宗教性的教育目的；另一方面，他又有现实性的教育目的，教育要使人认识世界上的一切事物，以便享受现实的幸福，并为永生做准备。这种现实性是他的民主主义思想的反映。

②教育作用：不管是哪一种教育目的观，都体现出夸美纽斯对教育作用的高度肯定。在他看来，教育首先是改造社会建设国家的手段。这一见解是有意义的，但是他把教育当做"人类得救"的主要手段，则又过分夸大了教育的作用。其次，夸美纽斯高度评价教育对人的作用。在他看来，人都是有一定天赋的，而这些天赋发展得如何，关键在于教育。

③教育原则：教育如此重要，因而进行正确的教育也是很重要的，为此，夸美纽斯提出了教育必须遵守的两大重要原则，即教育必须顺应自然原则，以及教育的"泛智"原则。

首先，教育必须适应自然是夸美纽斯教育体系的一条指导原则，所谓教育适应自然，就是教育必须遵循自然界的普遍规律。教育适应自然原则的中心思想是教育应当服从"普遍秩序"，即客观规律。实际上有两层意思：一是教育工作有规律可循，教育者应当遵循；二是教育者在教育过程中应当探求教育的规律。

其次，"泛智"思想是夸美纽斯教育体系又一指导原则，也是其教育理论的核心，是他从事教育实践和研究教育理论的出发点和归宿点。所谓"泛智"，用夸美纽斯的话来说，就是"把一切事物教给一切人类"。它包含着两个方面的内容：一是教育内容泛智化，二是教育对象普及化，一切男女青年都应进学校。

④普及教育与泛智学校：依据前面的教育原则，夸美纽斯强调普及教育的思想，以及广泛建立泛智学校，泛智学校是对泛智思想的集中体现和具体实行。

⑤统一学制以及管理实施：为了便于管理全国学校，为了使所有儿童都有上学机会，夸美纽斯主张建立全国统一学制，他把儿童从出生到青年分为四个阶段，每个阶段六年，设有与之相适应的学校。他是最早提倡国家设置督学的教育家，另外他还严格规定校长、教师、学生的职责，强调规章制度和纪律的作用。

⑥学年制与班级授课制：夸美纽斯还有一个巨大的贡献，就是主张实施学年制和班级授课制。所谓学年制，就是所有公立学校在一年之中只招一次学生，秋季始业，同时开学，同时放假。一学年分四个学季，四次节假日。学校工作应按年、按月、按日、按时安排妥切。学年终了时，通过考试同时升级。所谓班级授课制，就是把不同年龄、不同知识水平的儿童，分成不同年级，通过班组进行教学。

（2）夸美纽斯在教育史上的地位：

①夸美纽斯是一位伟大的教育理论家和实践家，同时又是一位多产的教育著作家。他撰写的《母育学校》可以说是西方教育史上的第一本学前教育学著作，《大教学论》是西方第一本独立形态的教育学。

②夸美纽斯提倡普及教育思想，教育适应自然原则的提出，充分显示了他的民主主义和人道主义的教育思想。在历史上第一次系统地总结了教学原则，他的教学理论包含了大量宝贵的教学经验，在一定程度上反映了教学工作的客观性、规律性，具有普遍的指导意义。

③他论述了教育的作用，试图让所有的人都接受高等教育，制定了学制和班级授课制，编写了教科书；在教育领域具有开拓者的意义，尤其在教育理论方面，奠定了近代教育理论的基础。

④他的思想中也存在着一些缺陷，主要是因为认识和时代的局限性，导致其教育思想中带有严重的宗教性，对科学知识的认识也不够准确。整体来讲，其教育思想是经院哲学和17世纪机械唯物主义相结合的产物。

2. 试述裴斯泰洛齐的要素主义教育思想。

答：裴斯泰洛齐是瑞士著名的民主主义教育家。他认为发展每个人天赋的内在力量，使其经过锻炼，能使人尽其才，能在社会上达到他应有的地位。这就是教育的最终目的。

教育有如此重要的作用，那么要怎么进行呢？对此，裴斯泰洛齐提出了"教育心理学化"的主张。他确信存在一种人的基本心理规律，教育心理学化就是要找到这种规律，把教育提高到科学的水平，教育科学应该建立在人的心理活动规律的基础上。

要素主义教育就是教育心理学化的一个具体做法。为了使更多的人能够接受教育，也为了让更多的人和家庭能够进行教育，裴斯泰洛齐经过长期的摸索和试验，终于找到了一种简单易行的教育方法，形成了自己独具特色的要素教育思想。

按照裴斯泰洛齐的观点，任何事物都是由最基本的要素构成的，儿童掌握了这些要素就能够很好地学习。教育也应从最基本、最简单的要素开始，由易到难，循序渐进，适合儿童的接受能力。裴斯泰洛齐详细论述了智育、德育、体育及劳动教育中的要素问题。

①智育。智力的要素是整个要素教育的核心，儿童智力的最初萌芽是对事物的感觉和观察能力，这种能力的萌芽与眼前事物的最基本最简单的外部特征相统一，这就是事物的数目、形状、名称。儿童要认识这三种要素，必须具备相应的三种能力，即确定事物数量的计算能力，区分事物形状的测量能力，表达事物数、形及名称的语言能力。培养这三种能力的学科是算术、几何与语文。

②体育。体力的萌芽在于儿童身体各关节的活动，因而关节活动是体育的最基本的要素；体育教学必须依据儿童日常生活中的各种最简单的动作进行。劳动中的许多简单的动作要素都与身体运动分不开，通过这些动作训练发展儿童的体力，也可以让儿童掌握一些基本的劳动技能，并且这些训练应该与感觉训练和思维训练结合起来。

③道德教育。道德教育的最基本的要素是爱，而儿童的爱最初表现为对母亲的爱，即对母亲的深厚感情，然后由爱母亲扩展到爱父亲、爱家人、爱周围的人，乃至爱全人类。

这就是裴斯泰洛齐关于要素教育的思想，他也把这种思想运用到具体的实践当中去了。裴斯泰洛齐从要素教育观点出发，分析了小学各门学科的教学方法，在长期的教育实践基础上，形成了独特的教学方法。

①语文教学法。裴斯泰洛齐认为，语文教学最基本的要素是词，而词的最基本要素是声音。语文教学应当分三步进行：首先是发音教学，其次是单词的教学，最后是语言教学。

②测量教学法。测量教学的基本要素是直线。测量教学应当充分利用各种实物和图形，先让儿童形成直观的印象，然后再进行测量，最后通过绘画表现出来。

③算术教学法。在教学中，首先要让儿童对数目形成感觉印象，利用手指、石子、豆子等实物学习计数。在掌握了初步加法之后，再学习乘法、除法、减法。裴斯泰洛齐指出，以感觉印象为基础，算术教学就会变得异常容易。

裴斯泰洛齐靠自己毕生的实践总结出了要素主义的教学思想，对后来的教育产生了深远的影响，尤其是在语言教学上，至今人们都还延续着从词开始的这种要素教育的做法。虽然裴斯泰洛齐对各种教育领域的要素的确定未必是绝对的准确，但这种思想为我们指出一种有效的、便捷的教育途径，可以说是教育史上的一大贡献。

3. 述评卢梭的自然主义教育思想。

答：（1）自然教育的基本含义：自然教育理论是卢梭教育思想的主体，自然教育的核心是"归于自然"，即教育必须遵循自然，顺应人的自然本性。

在卢梭看来，人所受的教育，也就是自然教育、人为教育、事物教育。我们应该以自然的教育为中心，使事物的教育和人的教育服从于自然的教育，使这两方面的教育相配合并趋于自然的目标，才能使儿童享受到良好的教育。

卢梭所说的"自然教育"就是服从自然的法则，顺应儿童天性发展进程，促进儿童身心自然发展的教育。在他看来，如果以成人的偏见加以干涉，结果只会破坏自然的法则，从根本上毁坏儿童。教师的作用只是要防范不良环境的影响，是消极的，不是积极，因而他常提及"消极教育"。

（2）自然教育的培养目标：自然教育的目的是培养"自然人"，即完全自由成长、身心调和发达、能自食其力、不受传统束缚、能够适应社会生活的一代新人。卢梭所憧憬的"自然人"具有以下特征：第一，不受传统（等级、阶段、职业）的束缚，按本性发展；第二，不依附于他人，能够自食其力，具有独立性；第三，具有社会适应性，能够承担社会责任；第四，体脑发达，身心健康，具有独立思考能力。

（3）自然教育的方法原则：①正确看待儿童，这是自然教育的一个必要前提。②给儿童以充分的自由：遵循自然天性的教育。成人不干预、不灌输、不压制和让儿童遵循自然率性发展。

（4）自然教育的实施。根据年龄阶段的分期，卢梭提出，教育者要按照学生的不同年龄特点进行教育。

第一阶段，在婴儿期（0~2岁），主要是进行体育。这一时期，教育的主要任务是促进儿童身体的健康发育。因为健康的体魄是智慧的基础，是儿童接受自然的教育的条件。

第二阶段，儿童期的教育（2~12岁），又称"理智睡眠期"，主要进行儿童感官的训练并继续发展身体。要求对这一阶段的儿童进行视觉、听觉、触觉等感官的训练。可以用"自然后果法"对儿童进行道德教育。

第三阶段，在少年期（12~15岁），主要进行智育和劳动教育。

第四阶段，在青年期（15~20岁），主要是进行道德教育。

对自然教育的评价：卢梭的教育思想的基本内容是高度尊重儿童的天性，倡导的是自然主义和儿童本位主义的教育观，是现代教育思想的重要来源。他系统地论述了自然主义的教育思路，提倡行善论，反对封建社会对人性的压制，具有历史进步意义。在教育目的上主张培养身心和谐发展的"自然人"，反映了对人的发展的合理要求。

他还详细地分析了不同时期学生身心发展特点，并据此探讨了教育内容。卢梭论证了自然主义教育的内容和方法，如：分析了儿童身体健康教育；重视感觉教育的价值，并论述了感觉教育的要求和方法；反对古典主义和教条主义，倡导人民学习真实和有用的知识；反对填鸭式的教育，提倡启发式的教育；主张直观教学，反对向儿童灌输道德教条，要求养成符合自然发展的品德等。这些观点既是站在前人的基础上发展，也反映了近代教育的发展方向。

卢梭的教育学说包含着相当激进的思想，充满了新兴资产阶级自由、平等和博爱的精神，在法国大革命的前夜，其具有解放人们思想的重要意义。

有人称，卢梭在教育界发动了一场哥白尼式的大革命，他把儿童放在教育过程的中心，认为儿童有一种潜在的发展可能，而教育就是为儿童提供一个优良的环境，使其充分地实现这种可能性。同时卢梭奠定了实用主义哲学和进步教育的理论基础，对欧美教育产生了深远影响。卢梭为教育的发展作出了突出贡献，但是他本身也是一位备受争议的教育家，其教育思想也有不足之处：对儿童的天性过于理想化，过分强调儿童在活动中的自然成长，忽视社会的影响和人类文化传统的教育作用；过高估计儿童的直接经验，忽视学习系统的书本知识。

4. 卢梭既提出了自然教育思想，又提出了公民教育思想，二者是否矛盾，为什么？

答：卢梭的这两种思想不矛盾。卢梭在《爱弥儿》中所表达的自然主义教育思想，是在封建制度发生危机、资产阶级革命的时代已经来临，但封建专制尚未倒台的政治前提下提出的革命性主张。他反对培养国家公民，主张培养"自然人"；反对儿童阅读书本，主张儿童亲身活动；反对国家学校教育制度，提倡家庭教师实施教育；反对压制、灌输，主张给儿童以自由。

但是，如果资产阶级建立起了自由、民主、博爱的新社会，那么这时就应该进行公民教育。此时，主张建立国家教育制度以及培养良好的国家公民。他是一个对新的社会制度充满幻想的思想家。当他在设想新制度建立后的教育问题时，就特别主张建立国家教育制度和培养良好的国家公民了。

可见，自然教育是在封建社会里进行的，公民教育是在新社会中进行的教育，在新社会里，教育的主要承担者和实施者就是国家。二者进行的时间不同。

再者，卢梭所说的自然人是：（1）自然人是独立自主的人，他能独自体现出自己的价值；而公民的一切依赖于专制社会，失去了自身的独特价值。（2）在自然的秩序中，所有的人都是平等的；而在社会之中，公民是有等级的。（3）自然人又是自由人，他是无所不宜、无所不能的；而国家公民在社会中常常是某种专业化的职业人，他囿于他的职业，而失去自由。（4）自然人还是自食其力的人，他靠自己的劳动所得为生；而公民中有一批而依靠他人劳动成果为生。这样的自然人也就是资本主义社会里生活的新公民，在根本目的上二者并不冲突。

5. 论述赫尔巴特的课程理论。

答：赫尔巴特的课程论主要包括三个方面的主张：

（1）第一个基本主张是：课程内容的选择必须与儿童的经验和兴趣相一致。

①经验：儿童在日常生活中获得的经验是教学活动赖以进行的基础。但儿童早期的经验并不是完美无缺的（分散、杂乱），需要教学加以补充和整理。反映在教材中则为直观教材。

②兴趣：兴趣存在于经验之中，因此，只有与儿童经验相联系的内容，才能引起儿童浓厚的兴趣。它能使儿童保持意识的警觉状态，从而更好地接受教材。

③兴趣课程体系。赫尔巴特把多种多样的兴趣分为两大类：经验的兴趣和同情的兴趣。其中经验的兴趣包括经验的、思辨的、审美的；同情的兴趣包括同情的、社会的和宗教的三种兴趣。各种经验、兴趣对应应设的课程，如对应经验的兴趣，应该开设自然、物理、化学、地理等课程。

（2）第二个基本主张是根据统觉的研究得出的：新的观念和知识总是在原有的理智背景中形成的，是以原有观念和知识为基础产生的。从这里推理出，课程的安排应当使儿童能够不断地从熟悉的材料逐步过渡到密切相关但还不熟悉的材料。据此，赫尔巴特提出了"相关"与"集中"的课程设计原则。

（3）第三个主张则是课程应与儿童的发展相呼应。文化纪元理论是儿童与课程维度设计选择课程的基础。文化纪元理论认为，在人类历史的早期，感觉在人的认识中起主导地位，以后，想象逐渐发展起来，人类的想象力在诗与神话中得到了完美的体现。最后，当理性发展起来时，人类就进入成年。不同时代的文化成果集中反映了人类认识的不同发展水平。儿童个性和认识的发展重复了种族发展的过程。

6. 简述赫尔巴特的教学形式阶段理论。

答：要理解赫尔巴特的教学阶段论，首先有必要了解他的"专心"和"审思"这两个概念。所谓"专心"，是指在某一时间内只专心研究某一个东西而不考虑其他东西。所谓"审思"，是指把一个又一个"专心活动"统一起来。

赫尔巴特认为兴趣可以分为四个阶段：注意、期待、要求、行动。在此基础上，他提出了教学阶段论：教师应采取符合学生心理活动规律的教学程序，有计划、有步骤地进行教学。他把教学过程分成4个连续的阶段：

（1）明了。指教师讲解新教材，把教材分解为许多部分，提示给学生，便于学生领悟和掌握。这时，学生的心理处于"静止的专心"状态，其兴趣阶段是注意，教师适合用叙述的方法传授知识。

（2）联想。指通过师生谈话把新旧观念结合起来。教学的任务是把前一阶段教师所提示的新观念和学生意识中原有的旧观念结合起来。这时，学生的心理表现为动态的"专心"，其兴趣阶段发展到"期待"新的知识；教师的任务是与学生交流，自由交谈是联想的最好方法。

（3）系统。指在教师指导下寻找结论和规则，使观念系统化，形成概念。这时，学生的心理处于"静止的审思"状态，兴趣活动处于要求阶段；教师要运用综合的方法，使知识系统化。

（4）方法。指通过练习把所学知识应用于实际，以检查学生对新知识的理解是否正确。这时学生的心理表现为动态的"审思"；其兴趣点在进行学习行动，教学方法主要是让学生做作业、写文章与修改等，对知识进行运用。

7. 马克思和恩格斯是怎样论述教育与生产劳动相结合的重要意义的？

答：（1）教育与生产劳动相结合不仅是提高社会生产的一种方法，而且是造就全面发展的人的唯一方法，是改造现代社会的最强有力的手段之一。

（2）由于大工业的本性需要尽可能多方面发展的工人，于是，客观上一方面要求将生产劳动与教育结合起来，使工人尽可能受到适应劳动职能变更的教育；另一方面要求将教育与生产劳动相结合，以培养能多方面发展的劳动者。

（3）由于机器大工业生产是建立在现代科学技术基础上的，这就为通过科学这一中介，将教育与生产劳动有机地相结合提供了基础。

（4）综合技术教育，这一使儿童和少年了解生产各个过程的基本原理，同时也使他们获得了运用各种生产的最简单的工具的技能的现代教育内容，为教育与生产劳动相结合提供了重要的"纽带"。教育与生产劳动相结合尽管是现代社会发展的客观要求，但在资本主义社会，这种"结合"不能不受到资本主义基本经济规律的制约。因此，只有彻底变革旧的生产方式，在合理的社会制度下，才能实现生产劳动与教育相结合，实现人的全面发展。

8. 试论述蒙台梭利的教育思想。

答：蒙台梭利是 20 世纪杰出的幼儿教育家，也是西方教育史上与福禄贝尔齐名的两大幼儿教育家之一。下面，主要论述她的幼儿教育思想：

（1）论幼儿的发展。蒙台梭利重视环境对儿童的影响，强调创造一种适合儿童身心发展的环境是进行自由教育的必要条件。她重视儿童心理的发展，认为儿童的心理发展存在四个显著的特点：其一，具有独特的心理胚胎期；其二，心理具有吸引力；其三，发展具有敏感期；其四，发展具有阶段性，分别为个性建设阶段（0~6 岁）、增长学识和艺术才能阶段（6~12 岁）、青春期阶段（12~18 岁）。她认为教育的基本任务是使每个儿童的潜能在一个有准备的环境里得到自由的发展，使之成为一个自由独立人，在儿童的自由发展中要处理好自由、纪律、工作的关系。

（2）论自由、纪律与工作。蒙台梭利认为，儿童的生命潜力是通过自发的冲动表现出来的，这种冲动的外在表现就是儿童的自由活动。真正科学的教育之基本原则是给学生以自由，即允许儿童按其本性个别地、自发地表现。同时，儿童也是要守纪律的。在她看来，真正的纪律对于儿童来说必须是主动的，只能建立在自由活动的基础上。另外，工作是人类的本能与人性的特征，幼儿时期的各种感觉练习以及日常生活技能的练习等自发的活动，都是工作。工作可起中介作用，将教育中根本对立的两个概念——"自由"与"纪律"有机地联系与统一起来。

（3）幼儿教育的内容。要使儿童自由发展，主要应对儿童进行三个方面的训练：①感官教育；②初步的知识教育，即读写算的练习；③实际生活练习。

蒙台梭利强调生物目的和社会目的的统一，将教师、儿童和有准备的环境三个要素结合。有准备的环境是一个需要真实的环境，提供儿童身心发展所需要的活动练习，充满自由、营养、快乐与便利的环境。具体标准是：①有规律、有秩序的生活环境；②提供有吸引力的、美的、实用的设备和用具；③允许儿童独立活动、自然表现，使儿童意识到自己的力量；④丰富儿童的生活印象；⑤促进儿童智力的发展；⑥培养儿童的社会性行为。

（4）评价。蒙台梭利继承和改造了裴斯泰洛齐和福禄贝尔等教育家的思想，应用当时的医学、生理学、实验心理学知识，结合自己的实验，形成了自己的教育理论和方法体系。她的方法强调儿童有选择活动的自由，相信儿童有自我教育和自我约束的能力，重视儿童早期智力发展，所有这些都是对当时盛行的传统教育的有力挑战，推动了 20 世纪初蓬勃兴起的新教育运动的发展。

9. 试比较欧洲新教育运动与美国进步教育运动。

答：新教育运动亦称新学校运动，是指 19 世纪末 20 世纪初在欧洲兴起的教育改革运动。主要内容是在教育目的、内容、方法上建立与旧式的传统学校完全不同的新学校。第二次世界大战以后，新教育运动逐步走向衰落。

进步主义教育运动是 19 世纪末美国出现的教育革新运动，其发展大致经历了四个阶段：兴起、成型、转折、衰落。

欧洲的新教育运动与美国的进步教育相比，二者的发生发展既存在共同之处，又具有不同的特征，主要表现在以下几个方面。

（1）二者的共同之处：

①都是社会发展到一定阶段的产物。欧洲新教育运动和美国进步教育运动都是社会发展到一定历史阶段的产物，是当时社会经济、政治和文化发展要求的结果，是当时欧美国家经济、政治以及科学文化等方面发展和变化的综合反映。它们首先是欧美社会改革运动的重要组成部分。

19世纪末欧美国家工业和经济迅速发展，新的科学技术广泛运用，促使整个社会生活发生了重大变化。人们以乐观主义态度寄希望于教育，试图通过教育的改进来解决各种社会的矛盾，实现社会重建。同时，随着初等义务教育的普及，人们日益关注教育的提高，为此而重视研究儿童的特性。实验科学尤其是实验心理学的诞生和发展，为教育革新提供了科学的依据和方法论的基础。人们热心地开展各种教育研究与实验，力图建立科学的教育学。

②都强调对儿童天性的尊重与保护。卢梭及其追随者们的教育主张成为教育革新运动的主要思想渊源。他们抨击旧教育的不切实际，主张一种与社会生活和儿童生活紧密联系的新教育。这些成为教育改革家们的重要思想养料。

欧洲新教育运动和美国的进步教育运动，都非常重视儿童在教育过程中的主体地位，认为儿童先天具有善性和自我发展的能力，因而不再把儿童视为强制行为对象；重视儿童研究和教育调查，并运用定性研究和定量研究结合、思辨与经验结合，以及比较和测量等新方法，力图使教育研究科学化；重视儿童的创造性活动、社会合作活动和劳动在儿童身心发展中的作用。这些思想在很大程度上构成了西方现代教育理论的最初形态。

（2）二者的不同特征：

①美国进步教育运动更强调与社会生活的联系。与欧洲的新教育运动相比，美国进步教育运动更加强调教育与现实生活的联系，更强调教育在社会进步中的作用。

进步教育是作为美国进步主义运动的一部分发端的。进步主义运动是19世纪末在美国兴起的广泛的社会改良运动，旨在反对工业社会的政治经济弊病。进步主义者们力求同时改革教育和社会事务。他们揭露公立学校中存在的各种严重问题，试图通过改革使学校教育适应美国社会的新的需要。而新教育运动思想的重点则更放在儿童个人的发展。

②美国进步主义教育更具有民主化的特征。相对于欧洲新教育运动中建立的新学校而言，进步教育运动的实验室主要是美国的公立学校。

英国教育家雷迪创办乡村寄宿学校，标志着新教育运动的开始。这所学校被视为欧洲新学校的典范。之后，许多教育家纷纷效仿，开办不同于传统学校的新学校作为新教育运动的实验室。这些乡村寄宿学校的共同特点是费用昂贵，主要以有激进思想的上层社会和高收入阶层的少数学龄儿童为对象，因而规模一般很小，并且独立于国家教育制度之外。美国进步教育运动以公立学校为实验室，更关心普通民众的教育，更强调与社会的联系，更重视从做中学，更注意学校的民主化问题。

10. 请评析杜威的实用主义教育思想。

答：杜威是美国著名的哲学家、教育学家、心理学家和社会学家。他一生从事教育活动和哲学、心理学及教育理论的研究，对美国乃至世界教育的发展产生了深远的影响。杜威实用主义的教育思想主要从教育的本质论、教育目的论、课程论和教学方法观这几个方面论述的。

(1) 教育本质论。在杜威看来，教育的本质就是：教育即生长；教育即生活；教育即经验的持续不断的改造。

①教育即生长。儿童的心理发展基本上是以本能为核心的情绪、冲动、智慧等天生机能不断开展、生长的过程。教育的目的就是促进这种本能的生长杜威批评传统教育无视儿童内部的本能与倾向，只是从外部强迫他们学习成人的经验，教育成为一种"外来的压力"，他明确提出了以儿童为教育中心的主张。

②教育即生活。在杜威看来，一切事物的存在都是人与环境相互作用产生的，人不能脱离环境，学校也不能脱离眼前的生活。因此，教育即是生活本身，而不是为未来的生活做准备。根据"教育即生活"，杜威又提出了一个基本的教育原则——"学校即社会"，明确提出应把学校创造为一个小型的社会，从而培养能够适应现实生活的人。

③教育即经验的持续不断的改造。经验是杜威实用主义哲学和实用主义教育体系中的核心概念。他把教育视为从已知经验到未知经验的连续过程，这种过程不是教给儿童既有的科学知识，而是让他们在活动中不断增加经验。经验的获得离不开儿童的亲身活动，由此杜威又提出了另一个教育基本原则——"从做中学"，他认为这是教学的中心原则。

评价：杜威的这些观点在当时教育严重脱离社会生活的情况，有利于使教育参与生活，是有积极意义的。在当时对传统教育中只教死知识的书本教学形成了有力的冲击，但是把获得主观经验作为教学的唯一目的，忽视系统知识的传授，这是错误的。

(2) 教育的目的。基于教育即生长、生活，即经验不断改造的理论，杜威提出，教育是一种过程，除这一过程自身发展以外，教育是没有外在目的。他认为由儿童的本能、冲动、兴趣所决定的具体教育过程，即"生长"就是教育的目的。

评价：杜威指责这是一种外在的、虚伪的目的。杜威不是一般的教育无目的论者，他反对那种普遍性的终极目的，而强调教育过程中教育者与受教育者心中的具体目的；当然，他也很难把教育的内在目的与教育的社会性目的统一起来。

(3) 课程与教材：

①批判传统课程。他认为传统课程在智育方面极度贫乏，教材中充斥着许多呆板而枯燥无味的东西，阻滞了儿童的生长。

②教材心理学化。儿童获取知识应当估计儿童的心理水平，在课程中占中心地位的应是各种形式的活动作业，让儿童从做中学。

③从做中学。杜威认为，应为学生"设置相当的环境，使学生'由做事而学习'"，在"做"中习得经验，从而掌握知识，发展思维能力。

评价：杜威认识到传统课程的弱点，主张重视儿童的直接经验的积累，教材的编写更是要注重学生心理水平，教材心理学化进一步将教育和心理学相结合，使我们的课程编写更有科学依据。杜威强调的做中学对于传统的静坐学习也是有启发和进步意义的，但是杜威却走向了另一个极端，只强调直接经验，却忽视了间接经验的学习。

(4) 思维与教学方法。在教学方法、课程上杜威提倡"从做中学"，在思维方法上他提倡反省思维，意思是对某个经验情境中的问题进行反复的、严肃的、持续不断的思考，其功能在于求得一个新情境，解决困难、排除疑虑。

评价：杜威非常重视学校对学生优良思维习惯的培养，他认为学校所做的一切都是为了培养学生的思维能力。杜威强调在教学中要重视学生的主动性和创造性，使学生主动地活动，积极地思维，并注意学生的兴趣与需要，这是很有见地的，为"发现法"的教学方法奠定了基础。但是，把整个教学过程完全建立在学生带有盲目、摸索性的"做"的基础上，这是不科学的，不符合教与学的规律。

综上所述，杜威的教育思想始终是围绕着"儿童中心"，以"做中学"的方式开展的，依次形成了从以生长为教育目的，以活动为课程，以反省思维基础的教学方法这样一个实用主义的教学思想体系，提倡教育的实民性，强调教育上的实行，虽然有很强的积极意义，然而，上面分析中所说到的关于杜威思想的一些不足和矛盾也是值得我们深思的。

11. 试述陶行知"生活即教育"和杜威"教育即生活"的基本内涵，并比较其异同。

答：（1）陶行知"生活即教育"的内涵：

①生活含有教育的意义。"教育的根本意义是生活之变化，生活无时不变即生活无时不含有教育的意义。"所以主张人们积极投入到生活中，在生活的矛盾和斗争中向前、向上。

②实际生活是教育的中心。生活和教育是同一回事，是同一个过程；教育不能脱离生活，教育要通过生活来进行，其方法和内容都要根据生活的需要。③生活决定教育，教育改造生活。教育的目的、原则、内容和方法都由生活决定；教育的作用是使人天天改造，天天进步，天天往好的路上走。

（2）杜威"教育即生活"的内涵：杜威从教育与社会生活的关系这一角度提出教育的本质即是生活。在杜威看来，一切事物的存在都是人与环境相互作用而产生的，人不能脱离环境，学校也不能脱离眼前的生活。因此，教育就是生活本身，而不是为未来的生活做准备，把教育看作是为儿童的未来生活做准备，必然教以成人的经验、责任和权利，而忽视了儿童自身的需要和兴趣。①教育是生活的过程，学校是社会生活的一种形式；②学校生活要与儿童自己的生活相吻合；③学校生活应与学校以外的社会生活相吻合。

（3）两者比较：

共同之处在于强调教育与生活的联系、学校与社会的联系。陶行知师从杜威，他与杜威都注意到了教育不能脱离生活本身，学校与社会生活不可分离；重视现实生活的教育，才是合理的教育。

不同之处在于：①理论的社会背景和历史影响不同。杜威所处的社会现状是资本主义社会已经高度发展，而美国又有着崇尚个性、强调实用的文化；西方近代以来所形成的受机器大生产体制影响的强调划一的教育模式已存在问题，由此决定了他对教育的新理解和新设想。陶行知所处的社会现状是，一方面，由于中国社会处在由农业社会向工业社会转变中，经济和政治水平低下，中国广大民众缺少教育机会；另一方面，中国学习西方半个世纪，所建设的新教育却又存在脱离社会生活发展、脱离儿童发展的缺陷，由此决定了他在吸收包括杜威在内的西方当代教育思想，并加以改造，而提出面对中国实际的主张。他们两人的其他教育思想就由这一基本点推演而来，这也成为进行比较的出发点。

②对"生活"的理解不同，陶行知强调的是现实社会生活，他基于中国社会当时的现状，以及当时教育脱离实际的国情，提出生活即教育，在生活中接受教育，实际

生活需要什么，教育就为了生活的需要来确定教育内容和教育方法。杜威则强调的是体现社会精神的学校生活和儿童生活。体现社会的民主、体现学生对生活的探索与热爱，体现学生的主体性，这些是社会需要的人应该有的精神，也就是我们教育应该给予学生的内容与精神。

③对教育的理解不同，陶行知强调的是社会意义上的教育，我们是穷国家，难以办好学校教育，陶行知就把教育的重任交给了生活本身，让人们在生活中受启发。杜威强调的是学校教育，他希望学校教育更加贴近生活需要和实际，贴近儿童当前的生活。

12. 试分析改造主义教育理论，并说明教育对于社会改造的可能性与必要性。

答：改造主义教育是在20世纪30年代从实用主义教育和进步教育分化出来的，到50年代形成为一种独立的思想。其代表人物有布拉梅尔德等。

改造主义的主要观点是：教育应以改造社会为目标；教育要培养"社会一致"的精神；强调行为科学对整个教育工作的指导意义；教学应以社会问题为中心；教师应进行民主的、劝说的教育。

改造主义教育思潮的观点提醒我们，教育对社会的改造未必有决定性的作用，却是可能且必要的。改造主义教育的主要目的是要通过改造过去教育中的弊病来达到改造社会的目的，达到一种"社会一致"的境界。通过改造教育来达到社会的目的，这里其实问题的核心是教育功能。并不是所有的教育都能促进社会的发展，只有与当时的社会发展相适应的教育才可能促进社会的发展。教育起到的是促进、推动的作用。

13. 终身教育理念的提出，对现代教育的发展带来了什么影响？

答：（1）终身教育思潮产生于20世纪50年代中期的法国，60年代后在世界范围内得到广泛传播。主要代表人物如朗格朗，其《终身教育论》被公认为终生教育思想的代表作。

终身教育有其特定的含义：它包括教育的各个方面、各项内容，从一个人出生的那一刻起一直到生命终结为止，教育在不间断地发展；也包括了教育发展过程中的各个阶段之间紧密而有机的内在联系。

①终身教育是现代社会的需要，基本特点是连续性和整体性。

②终身教育没有固定的内容和方法，任务是学会学习。

③终身教育是未来教育发展的战略，它对实现教育机会均等和建立学习化社会有积极意义。

（2）终身教育理论自20世纪60年代兴起之后，在教育领域中正在引起一场广泛而深刻的革命。终身教育已经成为建设学习型社会的象征。《终身教育引论》被译为多国文字广为流传，70年代之后，许多国家把终身教育作为教育改革和发展的战略重点。任何国家都意识到经济的发展迫使人们必须实践终身学习的理念，这是一种活到老、学到老的思想，促使人们一生不断地学习与更新知识，才能适应社会发展，以及促进个体生活的幸福感的增强。对于一个国家而言，终身教育是提高全民族进步的重要理念，对提升全体国民的文化素质和能力有着重要的贡献。所以，现代社会里很多国家开展的老年大学、成人教育，以及各种社会教育、强调自学、建立学习型社会等，都是实践终身教育理念的有效方式，各国已经在积极地实践这一理念。

14. 论述马卡连柯的集体主义教育思想。

答：集体教育是马卡连柯教育理论的重要组成部分。他的集体教育理论可以概括为"在集体中，通过集体，为了集体"的教育体系。

什么是集体呢？马卡连柯认为，集体首先是在有共同目的、劳动和斗争的前提下，把人们团结起来的社会有机体。马卡连柯认为，只有在社会主义条件下，才可能有真正的集体。

集体主义教育的原则：

①尊重与要求相结合原则。有人曾问马卡连柯他的教育经验的本质是什么，马卡连柯回答："要尽量多地要求一个人，也要尽可能地尊重一个人。"在他看来，要求与尊重是一回事。

②平行教育影响原则。马卡连柯认为，集体与个人两者关系密切，教育个人和教育集体既可以同时作为教育目的，又可以同时作为教育对象。他说："每当我们给个人一种影响的时候，这影响必定同时应当是给集体的一种影响。相反地，每当我们涉及集体的时候，同时也应当成为对于组成集体的每一个个人的教育。"马卡连柯后来用"平行教育影响"来概括他的上述思想，强调教育个人与教育集体的活动应同时进行，每一项针对集体开展的教育活动应收到既教育集体又教育个人的效果。

③前景教育原则。马卡连柯认为，集体的生命活力在于不停滞地前进。马卡连柯要求教师不断地向集体提出新的奋斗目标来刺激集体的活力。这种新的目标就是前景，是人们对美好前途的希望。

此外，马卡连柯还很重视优良的作风和传统对于美化集体和巩固集体具有非常重要的意义。

15. 论述赞可夫的发展教学理论。

答：赞可夫认为"教学要在学生的一般发展上取得尽可能大的效果"，目的是促进学生"理想的一般发展"，这就是发展性教学的思想。

所谓一般发展，一方面是对特殊发展（即数学、语言、音乐等方面的发展）而言；另一方面也有别于智力发展。一般发展包括智力的发展、道德情感的发展、意志的发展、身体的发育等各个方面。

赞可夫的"发展教学论"包括教学原则、教学大纲、教学方法等几个方面，其中以教学原则最为重要。教学原则主要有五项：

（1）以高难度地进行教学的原则。"难度"这一概念的含义，一是指教材有需要克服的障碍，二是指学习的努力。教材有需要克服的障碍，学生才去努力掌握，才能促进其智力、能力、情感、意志品质的发展。高难度地进行教学，旨在引起学生的思考，促进学生特殊的心理活动过程，并不是在于无限度的难。"难度的分寸"限于"最近发展区"。

（2）以高速度进行教学的原则。这条原则在赞可夫的教学论体系中起着重要的调节作用。它是针对传统教学论形而上学地看待巩固性原则造成的进度慢、重复多的弊端提出的。高速度教学的原则要求教学不断引导学生向前运动，不断用各方面的内容丰富学生的智慧，为学生越来越深入地理解所学知识创造条件。高速度绝不意味着"越快越好"，也有一个掌握分寸的问题，即根据能否促进学生的一般发展来决定速度。

（3）理论知识起主导作用原则。这条原则是对高难度原则的补充和限定，它要求高难度必须体现在提高理论知识的比重上，而不是追求一般抽象的难度标准。所谓理论知识，是针对具体的技能技巧而言的，指的是一门课程的知识结构。赞可夫指出，传统教学论片面强调传授经验型知识，以训练技能技巧为主，理论知识的传授仅为技能训练服务。把教学内容的重心转移到学科的知识结构上，就能使学生学会举一反三，将学得的知识融会贯通，也就加快了思维发展过程，促进了心理机能的早日完善。

（4）使学生理解学习过程的原则。赞可夫的这条原则着眼于学习活动的内部机制，要求学生理解的对象是学习过程、掌握知识的过程，即让学生通过自己的智力活动去探索获得知识的方法和途径，掌握学习过程的特点和规律。

（5）使班上全体学生（包括最差的学生）都得到一般发展的原则。这条原则是前面四条原则的总结，是大面积提高教学质量的有力保证。赞可夫认为，在传统教学条件下，优等生的发展受阻，而差等生的发展几乎毫无进展，是因为没有把致力于学生的一般发展看作最重要的任务。赞可夫的实验教学特别注意对差等生的帮助。认为要解决学习差的问题，是要增强学生的学习信心，培养他们的求知欲，发展他们所缺乏的心理品质。

以上五条原则是相互联系、不可分割的，与整个实验教学论体系的教学内容、教学方法有密切的联系。以这五条原则为重要标志的实验教学论体系，是赞可夫首创的苏联发展性教学的第一例完整体系。这一体系以辩证唯物主义的认识论为指导，以整体性观点为具体的方法论基础，揭示了教学的结构与学生的发展进程之间的因果联系，提出了在教学实践中促进儿童的一般发展原则和具体途径。但是，赞可夫把他的新体系与"传统教学论和教学法"截然对立起来，以革新派自居，这是欠妥的。

16. 论述苏霍姆林斯基的教育理论。

答：苏霍姆林斯基是二战后苏联最有影响力的教育家，他形成了独具特色的教学思想体系，其中最著名的是个性全面和谐发展的教育理论。

（1）个性全面和谐发展的含义。苏霍姆林斯基从马克思主义关于人的全面发展理论出发，创造性地将"全面发展"、"和谐发展"与"个性发展"融合在一起，提出个性全面和谐发展教育思想，并将其作为学校教育的理想和目标。在他看来，所谓个性全面和谐发展即意味着人在品行上以及同他人相互关系上的道德纯洁，意味着体魄的完美、审美需求和趣味的丰富及社会和个人兴趣的多样。

一个个性全面和谐发展的人，应当是社会物质生产领域和精神生活领域中的创造者；是物质和精神财富的享用者；是有道德和文化素养的人，是人类文化财富的鉴赏者和细心的保护者；是积极的社会活动者；是树立于崇高道德基础之上的新家庭的建立者。

苏霍姆林斯基关于个性全面和谐发展的观点是他的个性全面和谐发展教育思想和实践活动的基石，也是他的全部教育理论和教育实践活动的起点和终点。

（2）个性全面和谐发展教育的途径：实施和谐教育。所谓和谐教育就是使人们认识和理解客观世界和自我实现的活动相吻合。苏霍姆林斯基和谐教育思想与过去片面强调学习间接知识、强调课堂教学和教师主导作用的教学和教育理论完全不同，他主张教育与创造性互动结合，课堂教学与课外、校外教育结合，教育与自我教育结合。

（3）个性全面和谐发展教育的内容。苏霍姆林斯基认为，个性全面和谐发展教育在体育、德育、智育、劳动教育和美育等方面和谐发展。

①体育。苏霍姆林斯基十分重视身体健康发展在个性全面和谐发展中的作用。把体育看作健康的重要因素、生活活力的源泉。

②德育。苏霍姆林斯基指出，和谐全面发展的核心是高尚的道德，因此，在个性全面和谐发展教育中，德育应当居于首位。道德教育应当及早开始，道德教育应当培养青少年良好的道德习惯。道德教育应当培养学生高尚的道德情感，且应当以帮助学生确立道德信念为目标。

③智育。智育包括获取知识、形成科学世界观，发展认识和创造能力，养成脑力劳动的技能，培养对脑力劳动的兴趣和要求，以及对不断充实科学知识和运用科学知识于实践的兴趣和要求。

④劳动教育。他认为，劳动教育任务就是要让劳动渗入学生的精神生活中，使学生在少年时期和青少年早期就对劳动产生兴趣并热爱它。

⑤美育。美育的第一步是要培养学生感知和领会美的能力，在感知美的基础上还要培养学生创造美的能力。

第四编 教育心理学

【本编知识框架】

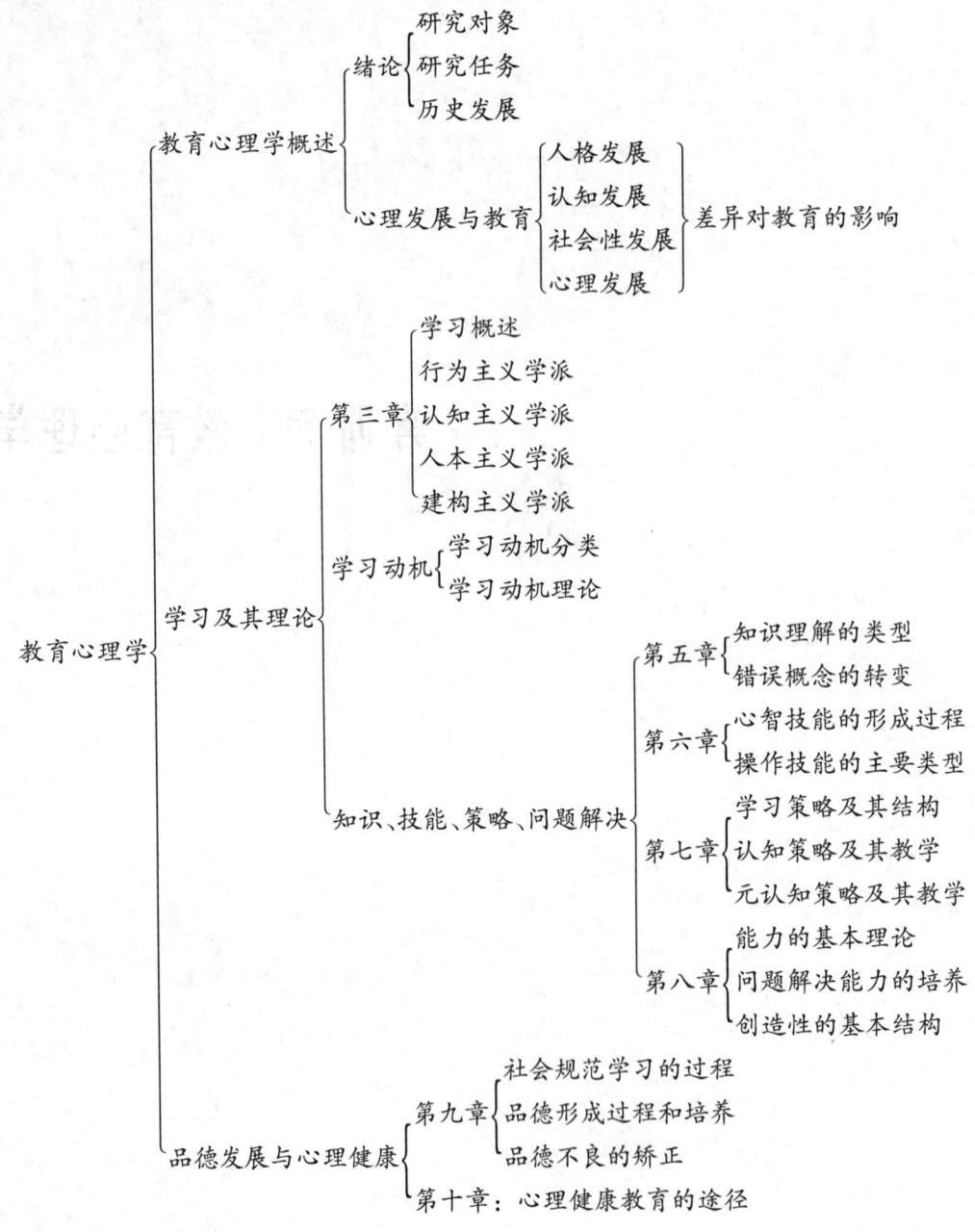

复习方法提示

教育心理学在考试中约占 30 分。

总体难度挺大，涉及很多概念和理论，一定要在理解的基础上加强记忆。

【参考书目】

陈琦、刘儒德：《当代教育心理学》，高等教育出版社2005年版。

张大均：《教育心理学》，人民教育出版社2005年版。

【大纲样题】

（一）名词解释

1. 心理发展。
2. 学习。
3. 创造性。
4. 品德。
5. 学习策略。

（二）简答题

1. 简述观察学习的主要阶段及其条件。
2. 简述班杜拉社会学习理论的主要观点。
3. 简要回答影响自我效能感的因素。
4. 什么是教育性原则？
5. 赫尔巴特提出作为其教育理论的伦理学基础的五种道德观念是什么？
6. 简述福禄贝尔的教育顺应自然的思想。
7. 简述恩物与作业的区别与联系。
8. 简述斯宾塞的知识价值说。

（三）论述题

1. 仔细阅读下列研究材料，指出：（1）这些材料说明了什么？（2）作为教育者，应该如何应对？

有研究发现："许多国家官方批准的课本以不同的性别特征来表现两性。男性被描述为勇敢、坚强、有创造性，多成为政治家、科学家、领导人等；女性则温柔、狭隘、依赖性强，从事学校教师、服务员、护士等职业。"另外，学校教育环境、教师的行为观念也表现出突出的性别化教育特征。如男孩子的骚动、吵闹被视为大胆、活泼，女孩子若有这种行为则被看作缺乏教养、不成体统；教师对女孩学习语言的期望高，对男孩学习数理课程的期望高。

2. 试用学过的动机理论探讨学校教育实际中出现的"有的学生有能力但却不肯用功学习"情况的原因。

3. 根据遗忘的特点与原因，谈谈如何促进知识的整合与深化。

【参考答案】

（一）名词解释

1. 心理发展 是指个体从胚胎期经由出生、成熟、衰老一直到死亡的整个生命过程中所发生的持续而稳定的内在心理变化过程。心理发展反映的是个体心理随年龄增长而出现的持续而稳定的系列变化过程，主要包括认知发展和人格发展两大方面。

2. 学习 是指经由反复经验而导致有机体的行为或行为潜能的比较持久的变化过程。其实质有以下含义：①学习的结果表现为行为或行为潜能的变化。②学习引起的行为或行为潜能的变化是比较持久的。③学习的发生是由反复经验所引起的。④学习是一个行为变化过程，而不仅仅是一个行为变化的结果。

3. 创造性 是指个体产生新奇独特的、有社会价值的产品的能力或特性，故也称为创造力。创造性是由多种心理因素构成的复合体，其心理结构具有多维性。张大均等认为创造性是由多种心理品质有机结合构成的心理结构系统，主要包括创造性认知品质、人格品质和适应品质三个子系统。

4. 品德 即道德品质，是指个体依据一定的社会道德准则和规范行动时，对社会、对他人、对周围事物所表现出来的稳定的心理特征或倾向。品德由道德认识、道德情感、道德意志和道德行为有机构成，简称为知、情、意、行的有机结合。

5. 学习策略 是指在学习过程中，学习者为了达到有效学习的目的而采用的规则、方法、技巧及其调控方法的总和。其中，学习过程中用来进行信息加工的策略称为学习认知策略，用来调节控制学习过程，保障信息加工过程有效进行的学习策略则称为学习监控策略。

（二）简答题

1. 简述观察学习的主要阶段及其条件。

答：班杜拉认为，人类的学习有两种形式：一种是直接学习；另一种是间接学习。观察学习是一种间接学习的形式。观察学习主要包括四个阶段：注意过程、保持过程、复制过程和动机过程。

（1）注意过程影响观察者对榜样行为的探索和知觉过程，决定观察者的观察内容。影响注意过程的主要因素有榜样本身的特点、榜样呈现的方式和观察者自身的特点。

（2）保持过程使观察者将示范行为以某种形式储存在头脑中以便今后可以指导操作，影响保持过程的因素包括注意过程的效果、榜样呈现的方式和次数和观察者自身的记忆能力、动机等。

(3) 复制过程（动作再现过程）是观察者以内部表征为指导，将榜样行为再现（模仿）出来。影响复制过程的主要因素有观察的有效性、从属反应的有效性、反馈的及时性和准确性以及自我效能感，其中自我效能感是再现过程的重要因素。

(4) 动机过程决定个体复现榜样行为的具体内容，换言之，决定哪一种经由观察习得的行为得以表现。

2. 简述班杜拉社会学习理论的主要观点。

答：社会学习模式的理论基础是社会学习理论，代表人物是美国的班杜拉等人。

该理论认为，儿童只需通过观察学习，就可以获得大部分的新行为。这一过程实质上是一种替代性强化。儿童可以通过替代性强化去习得道德行为。环境、社会文化以及成人榜样直接影响儿童的道德形成和发展。如果充分利用这样一些条件和方法，鼓励儿童的正确行为，抑制其不良习惯，将有利于儿童的道德成长。

社会学习模式有以下三点可供我们借鉴：(1) 强调成人与环境对儿童道德行为形成的作用，其对榜样示范的详细分析和对观察学习的深入探讨，有助于我们传统道德教育中的一些经验提升到理论的高度，进而更有力地指导实践。(2) 其所进行的大量实验研究说明儿童道德品质的形成不仅受直接经验的影响，而且也受观察的影响。在观察学习过程中替代强化、自我强化及其蕴含的代理过程、象征过程和自我调整过程是符合教育规律的。(3) 该模式特别强调动机的激发以及动机对维持某特定行为的作用，这也是值得我们借鉴的。该模式的缺点是忽略了儿童身心发展的"成熟性"和"阶段性"。

3. 简要回答影响自我效能感的因素。

答：自我效能是指个体对自己能否成功地进行某一行为的能力的主观判断，它影响着个体对行为的选择，付出多大努力以及坚持多久。这一概念最早由社会学习理论的创始人班杜拉提出。

影响自我效能感的因素有：(1) 直接经验和归因方式；(2) 间接经验，也叫替代经验；(3) 书本知识和他人的意见，也叫言语劝说；(4) 情绪唤醒；(5) 身心状况。自我效能理论博取了联结派和认知派动机理论的合理之处，突破了二者的某些局限，拓展了强化理论关于强化的含义，使之更符合实际，也扩大了传统认知学派关于期望的范围，把人的需要、认知、情感有机结合起来，具有很强的理论和实践价值。

4. 什么是教育性教学原则？

答：教育性教学原则是德国教育家、心理学家赫尔巴特提出来的，依据心理学和伦理学的广泛研究，他认为，知识与道德有内在联系。人只有认识了道德规范，才能产生符合道德规范的行为。愚蠢的人是不可能有德行的。因而要进行道德教育必须先有知识，先受一般教育。因而，教育性教学的含义就是教育（道德教育）的通过，而且只有通过教学才能真正产生实际作用，教学是道德教育的基本途径。

如何做到通过教学进行道德教育，赫尔巴特认为：①要求教学的目的与整个道德教育的最高目的保持一致，即养成德行；②为实现这个目的，要设立一个近的目标，即"多方面的兴趣"。

在赫尔巴特以前，教育家往往把教学和德育分开，规定各自不同的任务，赫尔巴特的贡献在于，阐明了二者之间的联系，使德育获得坚实基础。但是他把教学完全从属于道德教育，将二者等同，表现出机械论倾向。

5. 赫尔巴特提出作为其教育理论的伦理学基础的五种道德观念是什么？

答：赫尔巴特的教育理论以伦理学为重要基础。在他的教育思想中，伦理学主要起着价值规范的作用，即为教育目的和基本方向的确立提供依据。他伦理学的基本内容之一，就是提出了五种道德观念，即：内心自由、完善、仁慈、正义和公平。

（1）内心自由指的是一个人有了正确的思想或者说对真善美具有了明确的认识，就能够自觉地依照道德规范行事，使自己的行为符合理性的原则。

（2）完善指人调节自己的意志、作出判断的一种尺度。赫尔巴特强调人必须有道德衡量的标准。

（3）仁慈是指一种绝对的善，它要求人无私地为他人谋福利，与人为善，从而使自己的意志与他人的意志协调统一。

（4）正义的观念也就是守法的观念，它要求避免不同意志之间的冲突，并且按照人们自愿达成的协议（或法律）解决冲突。

（5）公平与报偿是指当人故意作祟时予以应有的惩罚，即善有善报，恶有恶报。

6. 简述福禄贝尔的教育顺应自然的思想。

答：德国教育家福禄贝尔在万物有神论的思想基础上，提出了顺应自然的原则。福禄贝尔所谓的"自然"主要有两层含义：一方面是指大自然；另一方面是指儿童的天性，即生理和心理特点。在论述教育顺应自然时，自然主要指后者。但是，福禄贝尔并没有绝对否认强制性、干预性的教育。他的教育顺应自然思想是建立在性善论的基础上的，可见，福禄贝尔的顺应自然的原则是具有宗教色彩的。

7. 简述恩物与作业的区别与联系。

答：福禄贝尔建立起一个以活动与游戏为主要特征的幼儿园课程体系，恩物与作业是其中两个主要的活动。

（1）恩物：其中真正的恩物应当满足三个条件：①能使儿童理解周围世界，又能表达他对客观世界的认识；②每种恩物包含前面的恩物，并应预示后继的恩物；③每种恩物本身表现为完整的有秩序的统一的观念——整体由部分组成，部分可形成有序的整体。

（2）作业：作业是福禄贝尔为幼儿园确定的一种教育活动形式，通过作业对幼儿进行初步的教学。作业种类很多，积极有益的作业源于自动的原则。

（3）恩物与作业既相互联系，又相互区别。一方面，恩物和作业是相互连接的幼儿游戏的两种形式，是儿童认识自然、社会、满足其内心冲动的必要手段。另一方面，二者的区别则在于以下4点：①从幼儿活动次序来看，恩物在先，作业在后。恩物为作业的开展提供基础，作业是幼儿利用恩物进行游戏后的更高发展阶段。②从活动的材料看，恩物的材料是固定的，作业的材料是可以改变的。③从性质来看，恩物是活动的材料；作业既包括活动，也包括活动的材料。④从儿童的内心需要来看，恩物主要反映模仿的本能，作用在于接受或吸收；而作业主要反映创造的本能，作用在于发表和表现。

8. 简述斯宾塞的知识价值说。

答：斯宾塞主张什么知识最有价值，我们在教育中就应该教给学生什么知识。最重的问题不在于某些知识有无价值，而在于它的比较价值。这个比较的尺度就是他提出的知识价值论。他认为科学的知识最有价值。学科是否重要是与生活、生产和个人的发展相联系的，为此，他把人类生活的几种主要活动加以分类。它们可以自然的排列为：①直接有助于自我保全的活动；②从获得生活必需品而间接有助于自我保全的活动；③目的在抚养和教育子女的活动；④与维持正常的社会和政治关系有关的活动；⑤在生活中的闲暇时间可用于满足爱好和各种感情的活动。这些知识是有比较价值的，是教育中应该教给学生的知识。

（三）论述题

1. 题目略。

答：说明性别差异与教育的关系。性别差异是指男女两性的生理差异及智力、人格和成就等方面的心理差异。

（1）智力的性别差异：

①男女两性在智力发展的总体上是平衡的，男性智力分布的离散程度比女性大。

②男女两性在智力结构上表现出不平衡性。

③男女智力差异发展变化具有年龄倾向。

④智力差异取决于遗传、环境和教育等许多因素的影响，特别是环境和教育的影响。

（2）人格和行为上的性别差异：

①性格特征的性别差异。研究表明，小学阶段男女学生的性格特征并无显著的性别差异，但到了中学阶段，学生逐渐形成了对现实的稳固的态度和习惯了的行为方式，并表现出性别差异。

②学习兴趣的性别差异。一般来说，小学男生对数学、体育和美术的兴趣超过女生；女生对语文、英语和音乐的兴趣超过男生。中学男生对数学、物理、化学等理科的兴趣超过女生；女生对语文、外语、政治、历史等文科的兴趣超过男生。

③学习动机的性别差异。研究发现，小学阶段，女生在成就性动机、认知性动机上都显著高于男生；男生在附属性动机上显著高于女生，其中为满足家长的要求和监督、为执行老师指示而学习因素差异非常显著。中学阶段，男生成就性动机及其所含的竞争性、新奇性因素显著高于女生，女生的成功性因素、认知性动机中的获取知识因素显著高于男生；威信性动机和班级威信因素女生略高于男生，他人尊重、社会影响因素男生略高于女生，附属性动机和执行教师要求、挣大钱因素男生显著高于女生。

④学习归因的性别差异。一般来说，女生比男生更容易把失败的原因归结为自己内部的因素，如努力程度不够、自己的学习能力较低等。男生则更多地归结为外部环境的因素，如学习内容太困难、学习任务重、教师教学方法有问题等。

（3）依据性别差异的教育：

①改变不同性别学生的性格局限，培养积极兴趣，提高多种能力。男女生的性格，各有所长，各有所短，要教育他（她）们以人之长，补己之短，发扬优点，弥补缺点。

②改变传统观念，对男女学生一视同仁，彻底改变男尊女卑的思想。对女生的进步要注意表扬，增强其自信心和自尊心，对女生应热心指导，帮助她们与男生并驾齐驱。

2. 试用学过的动机理论探讨学校教育实际中出现的"有的学生有能力但却不肯用功

学习"情况的原因。

答：（1）学习动机内涵。动机是引起和维持个体活动，使活动趋向一定的目标，以满足某种需要的一种内部心理状态。学习动机是动机在学习活动中的表现。学习动机是引起和维持个体进行学习活动，并使活动朝向一定的学习目标，以满足某种学习需要的内部心理状态，它的主要内容包括知识价值观、学习兴趣、学习效能感和成败归因。

动机在学习中是一个很有效能的因素，它能够大大地促进学习，然而这并不意味着动机是个必不可少的条件。不少研究表明，有些学习既不靠动机给予力量，也不靠内驱力的满足来加强。然而，主张有意义学习特别是具有片断性、短期性的有意义学习能在没有动机的条件下发生的人，并不否认每当动机存在并发生作用时，它总能大大地促进学习。

（2）学习动机的作用。动机对于人类的学习可以发挥明显的促进作用。学习动机是学习活动的动力，它决定着学习的方向、增强学习的努力程度、影响学习的效果。

①学习动机以学习目的为出发点，是推动学生为达到一定的学习目的而努力学习的动力。

②学习动机能增强学习的努力程度，使学生积极主动、持之以恒地学习。

③学习动机影响学习效果。

动机强度的最佳水平会随学习活动的难易程度不同而有所变化，从事比较容易的学习活动，动机强度的最佳水平点会高些，而从事比较困难的学习活动，动机强度的最佳水平会低些。这一现象由心理学家耶基斯和多德森发现，被称为耶基斯—多德森定律。因此，最佳的动机水平往往因学习任务及个体的不同而不同，在教学实践中需要区别对待。

3. 根据遗忘的特点与原因，谈谈如何促进知识的整合与深化。

答：（1）遗忘的特点：

①不重要和未经复习的容易遗忘。

②机械识记比意义识记、无意识记比有意识记易遗忘。

③遗忘有"先快后慢"的特点。

④消退说认为不经复习强化的内容，逐渐完全遗忘；干扰说认为主要由前摄抑制、倒摄抑制引起遗忘。

⑤遗忘还受动机和情绪的影响。

（2）遗忘原因的理论探讨：

①记忆痕迹衰退说。完形心理学家提出人们在学习时神经活动引起大脑产生某种变化，并留下各种记忆痕迹，这些记忆痕迹会随着时间的延长而逐渐衰退，只有通过不断地练习，这种学习所留下的记忆痕迹才能继续保持。

②材料间的干扰说。这一理论认为，遗忘的发生是由于人们在一种学习之后又去从事其他的学习任务，人们在某时期所学习的材料或所获得的信息之间会发生相互影响，正是这种影响造成了遗忘的发生。

③检索困难说。现代信息加工心理学认为，人们所获得的信息是以某种编码形式永久地储存在长时记忆中的，人们一时无法回忆起所需要的信息，并不是遗忘之故，而是因为难以找到其提取的线索造成的。如果能够通过指导获得提取的线索，这些先前"遗忘"的信息仍然能够找到。

④知识同化说。奥苏伯尔根据其同化理论指出,遗忘是知识的组织和认知结构简化的过程。在有意义学习中,新旧知识之间通过相互作用建立起非人为的、实质性的联系,新知识同化到原有的认知结构中,人们长时记忆中储存的是经过转换了的较为一般性的观念结构,遗忘的往往是一些被较为高级的观念所替代的低一级的观念,从而减轻了记忆的负担。

⑤动机性遗忘说。这一理论认为,遗忘是因为我们不想记,而将一些记忆推出意识之外,因为它们太可怕、太痛苦、太有损于自我,遗忘不是保持的消失而是记忆被压抑,这种理论由此也被称为压抑理论。

总之,遗忘的原因是多方面的,上述每一种理论都能解释遗忘发生的部分原因,但又不能解释所有的遗忘现象,需要进行多角度、多侧面、综合性的思考与解释。

(3) 促进知识整合的措施。知识的整合实际上是运用记忆规律促进知识的保持的过程。其措施有:①提高加工水平;②多重编码;③联系记忆法;④过度学习与试图回忆相结合;⑤合理复习,包括及时复习和分散复习等。

4. 论述赫尔巴特的课程理论。

答:赫尔巴特的课程论主要包括三个方面的主张:

(1) 第一个基本主张是:课程内容的选择必须与儿童的经验和兴趣相一致。

①经验:儿童在日常生活中获得的经验是教学活动赖以进行的基础。但儿童早期的经验并不是完美无缺的(分散、杂乱),需要教学加以补充和整理,反映在教材中则为直观教材。

②兴趣:兴趣存在于经验之中,因此,只有与儿童经验相联系的内容,才能引起儿童浓厚的兴趣。它能使儿童保持意识的警觉状态,从而更好地接受教材。

③兴趣课程体系。赫尔巴特把多种多样的兴趣分为两大类:经验的兴趣和同情的兴趣。其中经验的兴趣包括经验的、思辨的、审美的三种兴趣;同情的兴趣包括同情的、社会的和宗教的三种兴趣。各种经验、兴趣对应应设的课程,如对应经验的兴趣,应该开设自然、物理、化学、地理等课程。

(2) 第二个基本主张是:根据统觉的研究得出的:新的观念和知识总是在原有的理智背景中形成的,是以原有观念和知识为基础产生的。从这里推理出,课程的安排应当使儿童能够不断地从熟悉的材料逐步过渡到密切相关但还不熟悉的材料。据此,赫尔巴特提出了"相关"与"集中"的课程设计原则。

(3) 第三个主张则是:课程应与儿童的发展相呼应。

文化纪元理论是儿童与课程维度设计选择课程的基础。文化纪元理论认为,在人类历史的早期,感觉在人的认识中起主导地位,以后,想象逐渐发展起来,人类的想象力在诗与神话中得到了完美的体现。最后,当理性发展起来时,人类就进入成年。不同时代的文化成果集中反映了人类认识的不同发展水平;儿童个性和认识的发展重复了种族发展的过程。

第一章 教育心理学概述

【本章知识框架】

第一章
- 研究对象：教与学相互作用的心理过程、心理现象
- 研究任务：双重任务
- 历史发展
  - 起源：桑代克
  - 发展：房东岳、廖世承
  - 未来研究趋势

考情分析

本章作为教育心理学概述，主要阐述了三个方面的问题，即教育心理学的研究对象（是什么）、研究任务（干什么）、发展状况（怎么样）。作为概论性的知识，这部分以识记为主，弄清教育心理学的概念、研究任务，把握其发展过程中转折性的点和代表性的人物，主要作为名词解释和简答题来把握。

重点难点

本章内容不多，往年考点也较少。

【习题精编】

（一）名词解释

教育心理学。

(二) 简答题

1. 简述教育心理学的发展概况。
2. 教育心理学的研究对象是什么？
3. 教育心理学的研究任务是什么？
4. 教育心理学目前的发展存在哪些问题？
5. 简述教育心理学的研究趋势。
6. 如何理解教育心理学的研究对象及其确立的理由？
7. 请分析教—学过程中存在的三种过程。
8. 试析教育心理学关于学习方面的研究任务的具体体现。

【参考答案】

(一) 名词解释

1. 教育心理学是研究学校教育、教学情境中主体的各种心理活动及其发展变化、有效促进的机制和规律的科学。教育心理学的研究对象是教育教学情境中师生教与学相互作用的心理过程、教与学过程中的心理现象。

(二) 简答题

1. 简述教育心理学的发展概况。

答：(1) 教育心理学的起源：随着 19 世纪资本主义市场经济的形成、政治经济的发展，普及教育的改革相继在世界范围内展开。如瑞士教育家裴斯泰洛齐提出"教育心理学化运动"、"教育要依靠心理学"。其中，美国心理学家桑代克出版了《教育心理学》，它标志着教育心理学的诞生。

(2) 教育心理学的发展阶段：20 世纪 20 年代到 50 年代，教育心理学汲取儿童心理学和心理测量方面的研究成果，大大扩充了自己的内容。有关儿童的个性和社会适应以及生理卫生问题也进入了教育心理学领域。程序教学和机器教学兴起，同时信息论的思想为许多心理学家所接受。

(3) 成熟与完善阶段：从 20 世纪 60 年代到现在，很多人重视教育心理学理论与教育教学实际结合，强调为学校教育服务，发起了课程改革运动。如人本主义心理学家罗杰斯也提出了以学生为中心的主张。

至此，教育心理学作为一门独立学科，理论体系已经基本形成，成为心理科学中一个较大的分支，研究成果无数，对实践的作用也越来越明显。

2. 教育心理学的研究对象是什么？

答：教育心理学是研究学校教育、教学情境中主体的各种心理活动及其发展变化、有效促进的机制和规律的科学。教育心理学的研究对象是教育教学情境中师生教与学相互作用的心理过程、教与学过程中的心理现象。

（1）它反映了教育心理学的对象的特殊性。因为教育中包括师生双方的活动，不仅有学生的学，也有教师的教。教育心理学首先要研究学生如何有效地学习，同时又要研究如何指导学生有效地学习。

（2）研究教与学的基本心理学规律，便于使教育心理学与学科心理学有明确的分野。

3. 教育心理学的研究任务是什么？

答：教育心理学是研究学校教育、教学情境中主体的各种心理活动及其发展变化、有效促进的机制和规律的科学。其研究任务具体表现在两个方面：

（1）教育心理学作为心理学科的根本任务在于研究、揭示教育系统中学生学习的性质、特点及类型以及各种学习的过程及条件，同时承担着整个心理学科理论在教育领域中得以向纵深发展的任务。

（2）教育心理学作为一门教育学科的根本任务在于：研究如何根据学生的学习及其规律，去设计教育、改革教育体制、优化教育系统，以提高教育效能、加速人才培养的心理学原则。

一个是理论建设任务，一个是实践指导任务。两者彼此统一、互相促进。

4. 教育心理学目前的发展存在哪些问题？

答：教育心理学目前存在的问题主要有：

（1）研究对象不明确，意见分歧大；

（2）传统的教育心理学的内容庞杂，体系零乱；

（3）教育心理学与邻近学科的关系不明；

（4）研究方法有待改进。

5. 简述教育心理学的研究趋势。

答：（1）在研究内容和研究领域方面，向纵深发展；

（2）在研究方法上，呈现多元化趋势；

（3）在学科体系上，由庞杂零散逐渐走向系统和完善；

（4）在研究视角上，向综合化和跨学科发展；

（5）在学习观上，重视学习者的主体性，突出学习过程中主动加工、高级思维和探究性活动，越来越重视学习者的社会文化互动；

（6）强调研究的国际化和本土化。

6. 如何理解教育心理学的研究对象及其确立的理由？

答：教育心理学是研究教育教学情境中教与学的基本心理规律的科学，它的研究对象为教育教学情境中师生教与学相互作用的心理过程、教与学过程中的心理现象。

（1）反映本学科的特殊性。因为教育中包括师生双方的活动，不仅有学生的学，也有教师的教。教育心理学首先要研究学生如何有效地学习，同时又要研究如何指导学生有效地学习。

（2）明确临近学科的区分。教育心理学既要研究学生学习的心理学规律，又要研究学习的分类，探索不同的学习过程和有效的学习条件。教育心理学也要研究教师的教学行为，包括课堂教学设计、教材呈现的方法、课堂管理以及教学结果的测量、评价等，使教师的教学行为建立在现代科学心理学的基础上。

（3）体现本学科的发展水平。不宜沿用早期的泛而不切的教育心理学对象定义，否则本学科将会失去其存在的价值。

总之，严格确定教育心理学的对象，是本学科发展的一项重大历史任务，也是摆脱危机、走出低谷必须解决的重大课题。

7. 请分析教—学过程中存在的三种过程。

答：（1）学习过程。指学生获得、保持和应用知识、技能与道德规范的过程，在教育心理学中，人们研究最早和最多的就是这一过程，这些研究组成了学习—动机理论。各家各派学习理论之争也都集中体现在对学生学习过程的解释上。

（2）教学过程。指教师把知识、技能以有效的方法传授给学生并引导学生构建自己的知识的过程。教育心理学对教学过程的研究比起对学习过程的研究起步要晚，目前已经形成了一套完整的有效教学理论。

（3）评价—反思过程。这既可在学习过程和教学过程之后作为一个独立的部分，在学习过程和教学过程之中。它是对学习和教学效果进行的测量、评定和反思，以求进一步改进的过程。这三种过程交织在一起，相互影响。学习过程受教学过程影响，教学过程要围绕学习过程进行、并且通过学习过程而起作用，评价—反思过程随学习过程和教学过程变化，反过来又促进学习和教学过程。同时，这三种过程都受教—学过程四种变量的影响。

8. 试析教育心理学关于学习方面的研究任务的具体体现。

答：教育心理学研究的主要是中小学学生的学习。具体来说，教育心理学在学的研究方面担负如下任务：

（1）揭示学习结果的性质。教育家常说，教育的终极目的是促进人的发展。但从学习心理学角度看，人的发展并不完全是教育的结果。因为发展是由两个因素造成的：人的生长和成熟；学习。所以严格来说，教育的目标是预期的学生的学习结果，而不是笼统的所谓"发展"。

（2）对学习结果进行科学分类。学习也是个极为复杂的过程：哲学心理学和早期的科学心理学对学习的研究是笼统的。直到20世纪60年代心理学家才开始意识到学习结果有不同的类型。心理学对学习结果做分类研究就像医学对疾病作分类研究，找到不同类型学习结果的特殊学习规律，以便为不同类型的教育目标的达成提供具体的教学措施。

（3）阐明学习的过程。任何结果必须有其相应的过程，教育心理学既要阐明学习的一般过程，也要阐明不同类型学习结果的特殊学习过程。教育心理学应在学习结果分类的基础上着重揭示不同类型学习结果得以出现的特殊过程，为具体的教学过程设计提供科学依据。

（4）阐明有效学习的条件。学习过程的发生依赖适当的学习条件。有学习者自身也有学习者自身之外的。前者被称为内部条件，后者被称为外部条件。教育心理学的任务是要揭示一定的内外条件怎样影响学习发生的过程和结果。因为教学只是为学生的学习创造适当的内部和外部条件，一旦教育心理学分门别类地阐明不同类型的学习过程发生的内外条件，那么教学方法的选择便有了科学依据。

第二章 心理发展与教育

【本章知识框架】

第二章 心理发展一般规律
- 心理发展概述
  - 心理发展的内涵
  - 认知与人格发展的一般规律
  - 心理发展与教育的关系
- 认知发展
  - 皮亚杰认知发展阶段论
    - 认知发展实质
    - 发展阶段论
    - 影响发展的因素
    - 对教育的影响
  - 维果斯基文化历史发展理论
    - 文化历史发展理论
    - 心理发展的本质
    - 内化论
    - 最近发展区
    - 对教学的影响
  } 一般规律与教育、启示
- 人格发展
  - 埃里克森心理社会发展理论
    - 对发展的看法
    - 八阶段论
    - 评价
  - 科尔伯格道德发展阶段论：三水平六阶段论
  } 一般规律与教育、启示
- 社会性发展
  - 社会性发展的内涵
  - 亲社会行为的发展阶段
  - 影响因素与习得途径
  - 攻击行为及其改变方法
  - 同伴关系的发展及培养

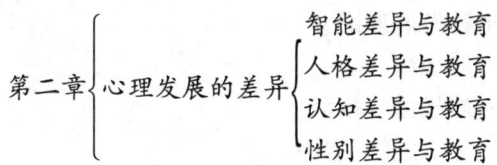

考情分析

本章是考查重点，也是教育心理学的难点之一。教育心理学作为一门交叉学科，是心理学和教育学结合的产物，本章的内容则是分析这两者之间的相互关系。本章首先从认知和人格两方面介绍了心理发展的一般规律与教育的关系，其次分别介绍了著名的认知发展理论（皮亚杰、维果斯基的认知理论）和人格发展理论（埃里克森和科尔伯格的理论）。此外，还介绍了社会性发展与教育，最后还从智力、人格、认知方式和性别四个方面分析了人的心理差异与教育的关系。本章容易出简答题和分析论述题，请考生在理解的基础上，能够阐述每个理论的内容，并能灵活地运用到材料分析题中。

重点难点

皮亚杰的认知发展阶段理论、维果斯基的文化历史发展理论、埃里克森的心理社会发展理论、科尔伯格的道德发展阶段理论，以及这些理论对教育的启示。

【习题精编】

（一）名词解释

1. 心理发展。
2. 认知。
3. 人格。
4. 社会性发展。
5. 最近发展区。
6. 亲社会行为。
7. 认知方式差异。
8. 图式。
9. 物体守恒性。

（二）简答题

1. 概述皮亚杰认知发展阶段理论的主要内容。
2. 什么是高级心理机能？它是如何产生的？
3. 什么是"最近发展区"？
4. 简述能力发展的个体差异。

5. 评价科尔伯格的道德发展理论。
6. 简述认知发展的一般规律。
7. 简述人格发展的一般规律与教育。
8. 简述影响亲社会行为形成的主要因素。
9. 简述亲社会行为的习得途径。
10. 简述三项有效制止攻击行为的方法。
11. 从场独立性和场依存性的教育谈谈认知差异。

（三）论述题

1. 试述皮亚杰的认知发展理论，并说明它对我们的教育教学工作有哪些重要启示。
2. 简述科尔伯克的道德发展阶段论的主要内容。
3. 请谈谈认知理论对教育的启示。
4. 述评埃里克森的人格发展八阶段论。
5. 述评维果斯基的文化历史发展理论以及教学与认知发展的关系。

【参考答案】

（一）名词解释

1. 心理发展是指个体从胚胎期经由出生、成熟、衰老一直到死亡的整个生命过程中所发生的持续而稳定的内在心理变化过程。心理发展反映的是个体心理随年龄增长而出现的持续稳定的一系列变化过程，主要包括认知发展和人格发展两大方面。

2. 认知是个体在认识事物过程中所表现出的感知、记忆和思维等活动，认知发展是指儿童在心理上表征世界、思考世界的方式的发展。

3. 人格指的是构成一个人的思想、情感及行为的特有统合模式，这个独特的模式包括一个人区别于他人的稳定而同一的心理品质。人格是个非常复杂的系统，既受先天因素的影响，也受环境和教育的巨大作用；它具有一定的稳定性，一旦成型就很难改变，我们尤其要注意家庭及早期经验对个体人格发展的影响。培养儿童的良好个性，更改儿童的不良习惯，为个体提供良好的榜样，以及健康的成长环境，是促进个体人格健康发展的关键所在。

4. 社会性发展即个体在社会生活中不断的社会化的过程，个体能更好地适应社会，并积极作用于社会，创造新文化的过程，个体从而更好地习得社会中的标准、规范、价值和所期望的行为，个体的社会性的发展是一个持续终身的过程。

5. 最近发展区。维果斯基认为，儿童有两种发展水平：一是儿童的现有水平，二是即将达到的发展水平，这两种水平之间的差异，就是最近发展区。最近发展区是指儿童在有指导的情况下，借助成人帮助所能达到的解决问题的水平与独自解决问题所达到的水平之间的差异，从教学内容到教学方法上都不仅考虑到儿童现有的发展水平，而且能根据儿童的最近发展区给儿童提出更高的发展要求，这更有利于儿童的发展。

6. 亲社会行为又叫积极的社会行为，它是指人们表现出来的一些有益的行为。人们在共同的社会生活中经常会表现出类似这样的行为，比如帮助、分享、合作、安慰、捐赠、同情、关心、谦让、互助等，心理学家把这一类行为称为亲社会行为。亲社会行为是人与人之间在交往过程中维护良好关系的重要基础，对个体一生的发展意义重大。

7. 认知方式差异是心理层面上的学习风格成分，指学生在加工信息时所习惯采用的不同方式。即个体在认知活动中所显示出来的独特而稳定的认知风格，是个体所偏爱的信息加工方式。每个人都有自己独特的认知方式，于是就形成了人们的认知方式差异，如有场独立性和场依存性。

8. 图式。皮亚杰提出了人们积极建构知识的途径，即同化和顺应。人们以图式的方式储存知识，图式是儿童对环境进行适应的认知结构。人们在先天已有的简单的图式上，后天在环境和教育之下又不断地增加和丰富自己的图式。一般来说，人们通过同化和顺应在完善图式。

9. 物体守恒性。这一概念出自皮亚杰的认知发展阶段理论中，他认为孩子在具体运算阶段将获得物体守恒性的特征，守恒是指事物不论其形态如何变化，其物质量是恒定不变的。儿童不会就单独的一个维度来判断事物的多寡，儿童能凭借具体事物或从具体事物中获得的表象来判断事物背后的一般规律。

（二）简答题

1. 概述皮亚杰认知发展阶段理论的主要内容。

答：皮亚杰认为，在个体从出生到成熟的发展过程中，认知结构在与环境的相互作用中不断重构，从而表现出具有不同的质的不同阶段，据此，他把人的发展分为四个阶段：

（1）感知运动阶段（0～2岁）：这一阶段的认知活动，主要是通过探索感知觉与运动之间的关系来获得动作经验，主要特点是：①一般从对事物的被动反应发展到主动的探究；②认识事物的顺序是从认识自己的身体到探究外界事物；③儿童渐渐获得了客体永恒性，即当某一客体从儿童视野中消失时，儿童知道该客体并非不存在了。本阶段儿童还不能用语言和抽象符号为事物命名。

（2）前运算阶段（2～7岁）：运算是指内部化的智力或操作。这一阶段儿童的特点是：①认为外界的一切事物都是有生命的，即所谓的泛灵论，他们还不能很好地把自己与外部世界区分开来；②认为其他所有人都跟自己有相同的感受，表现为不为他人着想，一切以自我为中心；③他们的认知活动具有相对具体性，还不能进行抽象的运算思维，思维具有不可逆性和刻板性等特点；④儿童尚未获得物体守恒的概念，不知道物体事物不论其形态如何变化，其物质量是恒定不变的。

（3）具体运算阶段（7～11岁）：这一阶段儿童的认知结构已发生了重组和改善，思维具有一定的弹性，思维可以逆转，儿童已经获得了长度、体积、重量和面积等的守恒概念。但这一阶段儿童的思维仍需要具体事物的支持，儿童还不能进行抽象思维。

（4）形式运算阶段（11～16岁）：这一阶段儿童的思维已超越了对具体的可感知的事物的依赖，儿童的思维是以命题形式进行的，并能发现命题之间的关系；能够根据逻辑推理、归纳或演绎的方式来解决问题；能理解符号的意义、隐喻和直喻，能做一定的概括，其思维发展水平已接近成人的水平。

2. 什么是高级心理机能？它是如何产生的？

答：高级心理机能是苏联心理学家维果斯基提出来的，他在他的文化历史发展理论中说明了人的高级心理机能的社会历史发生问题。

维果斯基区分了人的两种心理机能：一种是作为动物进化结果的低级心理机能，这是个体早期以直接的方式与外界相互作用时表现出来的特征，如基本的知觉加工和自动化过程；另一种则是作为历史发展结果的高级心理机能，即以符号系统为中介的心理机能，如记忆的精细加工。正是高级心理机能，使得人类心理在本质上区别于动物。在个体心理发展的过程中，这两种机能是融合在一起的。高级心理机能的实质是以心理工具为中介，受到社会历史发展规律的制约。

3. 什么是"最近发展区"？

答："最近发展区"是维果斯基在说明教学和发展的关系时提出来的，他认为"儿童的教学可定义为人为的发展"。所谓"最近发展区"的思想，就是认为教学必须考虑儿童已达到的水平并要走在儿童发展的前面。为此，在确定儿童发展水平及其教学时，必须考虑儿童的两种发展水平：一种是儿童现有的发展水平；另一种是指在有指导的情况下借助成人的帮助可以达到的解决问题的水平，或是借助于他人的启发帮助可以达到的较高水平。这两者之间的差距，即儿童的现有水平与经过他人帮助可以达到的较高水平之间的差距，就是"最近发展区"。从这个意义上，维果斯基认为教学"创造着"学生的发展。他主张教学应当走在儿童现有发展水平的前面，教学可以带动发展。

根据"最近发展区"的思想，教学的作用表现在两个方面：它一方面可以决定儿童发展的内容、水平、速度等，另一方面也创造着"最近发展区"。如果从教学内容到教学方法上都不仅考虑到儿童现有的发展水平，而且能根据儿童的"最近发展区"向儿童提出更高的发展要求，这更有利于儿童的发展。

4. 简述能力发展的个体差异。

答：个体在成长过程中因受遗传与环境的交互影响，使不同个体之间在身心特征上所显示的彼此不同的现象，这就是个体差异。

①能力在发展水平上存在高低的差异。能力在全部人口中的表现为正态分布：两头小，中间大。智力的高度发展叫智力超常或天才，智力发展低于一般人的水平叫智力低下或智力落后，中间分成不同的层次。

②能力在表现也就是充分发挥上存在早晚的差异。有些人的能力表现较早，年轻时就显露出卓越的才华，这叫"人才早熟"。另一种情况叫做"大器晚成"，是指智力的充分发挥在较晚的年龄才表现出来。

③结构的差异。能力有各种各样的成分，它们可以按不同的方式结合起来。由于能力的不同结合，构成了结构上的差异。

④能力在性别上也表现出差异，不过这种性别差异并未表现在一般智力因素上，而是反映在特殊智力的因素中。比如在数学能力、言语表达能力和空间能力上就表现出男女差异。

5. 评价科尔伯格的道德发展理论。

答：科尔伯格的这种研究是根据美国的社会情况作出的划分。它向我们勾画出道德发展是一种连续变化过程。科尔伯格认为，这些发展顺序是一定的、不可颠倒的，各个阶段的时间长短是不相等的。同时，个体的道德发展水平，有些人可能只停留在前习俗水平或者习俗水平上，而永远达不到超习俗水平的阶段。

该意义在于发现了人类道德发展的两大规律：由他律到自律和循序渐进，并且提出道德教育必须配合儿童心理的发展。理论不足之处在于强调的是道德认知，而不是道德行为，因而不能作为学校实施道德教育的根据。

6. 简述认知发展的一般规律。

答：认知是个体在认识事物过程中所表现出的感知、记忆和思维等活动，认知发展是指儿童在心理上表征世界、思考世界的方式的发展。认知发展一般遵循以下规律。

（1）认知活动从简单、具体不断向复杂、抽象发展。儿童最初只有非常简单的、具体的反射活动。随着年龄的增长，认知活动愈来愈复杂、越来越抽象。

（2）认知活动从无意向有意发展。儿童最初的认知活动是不自觉的、无意识的，以后逐渐向有意识的心理活动方向发展，出现有意注意、有意记忆等。

（3）认知活动从笼统向分化发展。儿童最初的认知活动是笼统而不分化的，发展的趋势是从混沌到分化和明确。

这就要求教师在教学过程中应充分尊重学生的认知发展规律，运用合理的方法，从易到难，提高学生的感知理解和记忆，从而提高学生的学习效率。

7. 简述人格发展的一般规律与教育。

答：在心理学上，人格指的是构成一个人的思想、情感及行为的特有统合模式，这个独特的模式包括一个人区别于他人的稳定而同一的心理品质。

（1）人格发展具有以下规律：

①连续性和阶段性并存。从人的一生来看，个体人格的发展是连续不断的，但是，个体到某个阶段，又有其各自的规定性，体现出阶段性的特点来。

②发展只有定向性和顺序性。正常的发展条件，个性人格的发展总是指向一定的方向并遵循一定的先后顺序，而且这种顺序是不可逆的，也不可逾越。

③发展表现出不平衡性。人格发展的不平衡性主要表现在发展的不同阶段、不同方面，在发展的速度、到达某一水平的时间以及最终达到的高度等方面都表现出多样化的发展模式。

④发展的共同性和个别性差异。一般来说，个体的人格发展总要经历一定的共同发展基本阶段，但又没有两个个体的发展是完全一样的。

（2）关于人格发展的教育：从以上分析可以看出，人格是个非常复杂的系统，既受先天的影响，也受到环境和教育的巨大作用。它具有一定的稳定性，一旦成型，就很难改变。但这并不代表它不受环境和教育的影响，只是这种影响很大部分是潜移默化的，尤其要注意家庭及早期经验对个体人格发展的影响；培养儿童的良好个性，更改儿童的不良习惯，为个体提供良好的榜样，以及健康的成长环境，是促进个体人格健康发展的关键所在。

8. 简述影响亲社会行为形成的主要因素。

答：亲社会行为又叫积极的社会行为，它是指人们表现出来的一些有益的行为。亲社会动机的影响因素。

（1）文化因素：倡导利他行为的文化特征：温暖和慈爱；反复灌输亲社会的价值观念；主流文化融入日常生活。

（2）情境因素：服从互动的社会标准，人们的依赖本能、榜样作用等。

（3）家庭成员的行为：如父母的榜样作用以及父母对利他行为要求。

（4）学校、同伴与媒体的影响：如果一个学校仅仅重视升学率，忽略学生道德品质的培养，对学生之间的恶性竞争和有意伤害放任不管；如果同伴对我们帮助他人的举动不管不顾并冷嘲热讽，久而久之，我们也会对他人的困境漠然。

9. 简述亲社会行为的习得途径。

答：亲社会行为又叫积极的社会行为，它是指人们表现出来的一些有益的行为。

亲社会行为的习得有三条途径：①移情反应的条件化，亲社会行为使助人者感到愉快或减轻了移情的痛苦，因而强化了亲社会行为。②直接训练，操作学习理论认为，在不期待即时报酬的条件下表现出亲社会行为是由于先前的奖赏已经使其得到内部强化。如成人的奖赏和教诲产生的积极情感经过一段时间逐渐与得到奖赏的亲社会行为相联系，亲社会行为成为二级强化物。③观察学习，班杜拉认为对儿童亲社会行为影响最大的是社会榜样。

10. 简述三项有效制止攻击行为的方法。

答：攻击行为是指因为欲望得不到满足，采取有害他人、毁坏物品的行为。对攻击行为的制止方法有很多，需要根据有攻击行为的孩子的具体特点来对症下药。下面介绍三种常用的方法。

（1）创造不利于攻击行为的环境。与成人相比，孩子的行为更易受环境的影响。实践证明，生活在一个有良好家庭气氛、有充裕玩耍时间以及有多种多样玩具环境中的孩子，攻击行为会明显减少。因此，家长应为孩子提供足够玩的时间和足够的玩具。不让孩子看有暴力镜头的电影、电视，不让孩子玩有攻击性倾向的玩具，不在孩子面前讲有攻击色彩的语言。

（2）去除攻击行为的奖励物。识别并去除攻击行为的奖励物，可减少儿童攻击行为的发生。例如，孩子打了人，家长不制止，打人就成为攻击行为的"奖励物"，使孩子觉得打人并没有什么不对，以后还可去打别人。所以，当孩子出现攻击行为时，家长要查明原因，及时处理，而且要态度明确。从而使孩子认识到，什么行为是错的，应该怎样做才对。

（3）对孩子的攻击行为进行冷处理。所谓"冷处理"，就是暂时不予理睬，对孩子表示冷漠，在一段时间里不理他，用这种方法来"惩罚"他的攻击行为。如把孩子一个人关在房间里，让他思过、反省，直到他自己平静下来为止。这种方法的好处在于不会向孩子提供倾诉、打骂的攻击原型。如果把这种方法与鼓励亲善行为的方法配合使用，效果会更好。

11. 从场独立性和场依存性的教育谈谈认知差异。

答：场独立性和场依存性是依据人在知觉时是否受环境信息的影响所作的分类。

（1）具有场独立认知方式的人，对客观事物作判断时，常常利用自己内部的参照，不易受外来的因素影响和干扰。具有场依存认知方式的人，对物体的知觉倾向于以外部参照作为信息加工的依据，难以摆脱环境因素的影响。他们的态度和自我知觉更易受周围的人们，特别是权威人士的影响和干扰，善于察言观色，注意并记忆言语信息中的社会内容。

（2）在学习内容上，场独立性学生一般偏爱自然科学、数学，且成绩较好，两者呈显著正相关。他们的学习动机往往以内在动机为主。场依存性学生一般较偏爱社会科学，他们的学习更多地依赖外在反馈，他们对人比对物更感兴趣。场独立性者善于运用分析的知觉方式；而场依存性者则偏爱非分析的、笼统的或整体的知觉方式，他们难以从复杂的情境中区分事物的若干要素或组成部分。

（3）在学习方法上，场独立性与场依存性学生对教学方法也有不同偏好。场独立性学生易于给无结构的材料提供结构，比较易于适应结构不严密的教学方法。反之，场依存性学生喜欢有严密结构的教学，因为他们需要教师提供外来结构，需要教师的明确指导与讲解，对他们应因材施教，扬长避短。

（三）论述题

1. 试述皮亚杰的认知发展理论，并说明它对我们的教育教学工作有哪些重要启示。

答：皮亚杰的认知发展理论以智力发展理论为重点，涉及智力发展的影响因素，阶段特点和智力的本质等。

皮亚杰的认知发展理论认为，儿童是主动的，儿童的行为是先天的遗传结构与外界环境相互作用的结果。儿童正是在先天遗传结构或图式的基础上，经过不断地同化，顺应和平衡而获得物理经验和数理逻辑经验，不断形成新的认知结构，促进智力的发展。

皮亚杰认为，影响儿童智力发展的因素有四个：成熟、经验、社会互动、平衡作用。其中成熟是认知发展的必要条件，而非充分条件。智力是否得到发展，还要看后天的环境因素的作用。经验只有经过同化，才能进入儿童的认知结构，形成新的发展。社会互动泛指文化对儿童认知发展的影响。平衡作用是一种内在的自我调节系统，负责协调成熟、经验和社会互动，它是个体与外界相互调适的状态，是矛盾与冲突的解决，是认知发展的必经历程。

在大量研究的基础上，皮亚杰认为，认知发展乃是认知结构不断组织与再组织的过程，这种过程是渐进的、阶段性的，不同的发展阶段有不同的特点。皮亚杰将儿童认知智力发展分为四个阶段：感觉阶段（0~2岁）、前运算阶段（2~7岁）、具体运算阶段（7~11岁）、形式运算阶段（11~15岁）。

皮亚杰的认知发展理论对学前教育与课程的重要启示主要表现在：

（1）教育的目的在于发展学生的认知结构，培养创造力和批判力。

皮亚杰认为，教育是认知发展的陶冶过程，就是创造条件，促使儿童与外界相互作用，使认知结构不断成熟和发展的过程。因此，教育目的不在于增加儿童多少知识，而在于使儿童的认知结构得到发展，把内心潜在的发明和发展的可能性表现出来。按照皮亚杰的话说，教育的首要目的是培养儿童能做新事，有创造能力和发明兴趣，而不在于只训练重复旧有事情的人。教育的第二个目的就是要培养儿童的批评性，具有求证的能力，而不只是接受知识。由此可见，皮亚杰认为教育最主要目的不在于接受知识，而是培养创造力、想象力、洞察力。

（2）课程设计应依据儿童认知发展阶段特点。

皮亚杰研究结果表明，儿童智力发展是分阶段的，不同的年龄阶段表现出不同的心理特点。如2~7岁为前运算阶段，这个阶段的儿童发展了符号表征功能，能够进行简单的直接推理，理解简单的因果关系，产生了同一性特征，但自我中心现象还比较严重等。为2~7岁儿童设计课程，就必须考虑儿童心理发展的这种特点，使不同的阶段都能得到顺利的过渡，除此之外，还应注意以下几点：

①课程内容不应明显超出儿童认知发展的阶段。

②所设计的课程应具有衔接性，前一阶段应为后一阶段奠定基础，后一阶段应是前一阶段的继续。

③设计课程应本着循序渐进的原则，由具体而抽象。

（3）课程组织与实施时应注意的方面：

①多创设可供幼儿活动的物质环境。

②充分利用图画、图表等辅助阅读，激发幼儿学习的兴趣。

③重视语言教学的功能。

（4）重视游戏和活动，促进幼儿智力发展。

（5）培养幼儿互助、合作、互尊等，发展幼儿的社会性。

（6）正确运用认知冲突原理，强调自我调节的平衡作用，发展幼儿的自我调节能力。

（7）课程设计应依据儿童认知发展阶段特点。

2. 简述科尔伯格的道德发展阶段论的主要内容。

答：根据对"道德两难"问题的回答，科尔伯格把人的道德判断分为三个水平，每个水平又各包括两个阶段。于是，提出了三水平六阶段品德发展理论：

①前习俗水平（0~9岁）。这个水平的主要特征是，儿童的道德观念是纯外在的，儿童是为了免受惩罚或获得奖励而顺从权威人物规定的行为准则的。这一水平包括两个阶段：

第一阶段：惩罚和服从取向。这阶段的儿童根据行为的后果来判断行为是好是坏及严重程度。他们服从权威或规则只是为了避免处罚。

第二阶段：朴素的享乐主义或工具性取向。这阶段的儿童为了获得奖赏或满足个人需要而遵从准则，偶尔也包括满足他人需要的行动，他们认为如果行为者最终得益，那么为别人效劳就是对的。

②习俗水平（9~15岁）。他们能顺从现有的社会秩序，而且有维持这种秩序的内在欲望；规则已被内化，自己感到是正确的。

第三阶段：好孩子取向。这一阶段的儿童尊重大多数人的意见和惯常的角色行为，避免非议以赢得赞赏，重视顺从和做好孩子。

第四阶段：权威和社会秩序取向。这个阶段的儿童注意的中心是维护社会秩序，认为每个人应当承担社会的义务和职责。判断某一行为的好坏，要看它是否符合维护社会秩序的准则。

③后习俗水平（15岁以后）这一水平又称"原则水平"，它的特点是道德行为由共同承担的社会责任和普遍的道德准则支配，道德标准已被内化为道德命令了。

第五阶段：社会契约取向。这一阶段的道德推理具有灵活性。他们认为法律是为了使人们和睦相处；如果法律不符合人们的需要，可以通过共同协商和民主的程序加以改变，认为反映大多数人意愿或最大社会福利的行为就是道德行为。

第六阶段：良心或原则取向。他们认为应运用适合各种情况的道德准则和普遍的公正原则作为道德判断的根据，背离了一个人自选的道德标准或原则就会产生内疚或自我谴责感。

3. 请谈谈认知理论对教育的启示。

答：认知理论对教育的启示主要有：

（1）教学要适应儿童的认知发展水平。教学要考虑儿童不同发展阶段的认知特点，根据不同阶段儿童的特点采用不同的教学方法和措施。①根据小学生认知发展的具体、直觉水平进行教学。小学生认知发展的局限性使他们凭借具体的实际经验来理解定义性概念以及这些概念之间的关系。因此，教师要运用适合他们特点的语言来描述科学的概念和原理，以便于他们理解。②要根据中学生认知发展抽象水平占优势的特点进行教学。这一阶段，学生可以省去具体的实践经验而直接理解新的抽象概念，因此教师可以主要用定义性概念进行教学。当然，必要的时候也要辅以适当的具体例子，以帮助学生理解。

（2）教学应引导并促进学生的认知发展。虽然说儿童的认知发展具有一定的规律性，教学必须充分考虑这些特点和规律，适应儿童的认知发展水平，但是，教学也不只是消极被动地适应，它可以主动促进儿童认知的发展。维果斯基的认知发展理论所提出的"最近发展区"的概念，恰恰阐明了这种可能性，即我们可以通过教学，将儿童的最佳发展区水平转化为儿童能独立解决问题的水平，同时再开辟新的发展区。维果斯基认为"教学应当走在发展前面"，其含义是教学的重要任务是创造最近发展区。如此循环往复，促进儿童认知的发展。因此，我们要采用合理的教学方法，对学生进行有效的指导，教给学生有组织的、结构化的陈述性知识，自动化的智慧技能以及高效的认知策略，促进学生认知水平的发展。

（3）学习是主动建构的过程。知识是学习者经过同化、顺应构建起来的经验体系。我们要树立新的知识观、学习观。学生自身也有积极地参加活动，促进自身的发展。

4. 述评埃里克森的人格发展八阶段论。

答：埃里克森把发展看作是一个经过一系列阶段的过程，根据每个阶段不同的危机和冲突，把人的心理发展分为8个阶段：

（1）信任对怀疑（0~1.5岁）。如果本阶段的婴儿得到较好的抚养并与父母建立了良好的亲子关系，儿童将对周围世界产生信任感，否则将产生怀疑和不安。

（2）自主对羞怯（1.5~3岁）。这一阶段中儿童开始表现出自我控制的需要与倾向，他们能凭借自己的力量做越来越多的事情，渴望自主，也开始认识到自我照料的责任感。

（3）主动感对内疚感（3~6岁）。这一阶段儿童的活动范围逐渐超出家庭的圈子，他们想象自己正在扮演成年人的角色，并因能从事成年人的角色和胜任这些活动而体验一种愉快的情绪。而由于儿童能力的局限，他们出于自我动机的活动常常会被成年人禁止，可能会降低从事活动的热情。因此，本阶段的危机就在于儿童既要保持对活动的热情，又要控制那些会造成危害或可能会被禁止的活动。

（4）勤奋感对自卑感（6~12岁）。本阶段儿童开始进入学校学习，面临来自家庭、学校以及同伴的各种要求和挑战，产生勤奋感。而且随着社交范围的扩大，儿童在不同社交范围活动的经验，以及完成任务和从事集体活动的成功经验，助长了儿童的胜任感。其中的困难和挫折则导致了自卑感。学生在这一阶段的危机未解决好，往往是其以后学业颓废的重要原因，教师对学生行为的评价，对儿童的自我概念具有重要的影响。

（5）角色同一性对角色混乱（12~18岁）。此时个体开始体会到自我概念问题的困扰，也即开始考虑"我是谁"这一问题，体验着角色同一与角色混乱的冲突。前几个阶段形成的信任感、自主感、主动创造性和勤奋感都有助于个体更自信地面对各种选择，从而使个体成功地获得角色同一性。

（6）友爱亲密对孤独（18~30岁）。这一时期相当于青年晚期。此时个体如能在人际交往中建立正常的人与人之间的友好关系，可形成一种亲密感；如果害怕被他人占有和不愿与人分享便会陷入孤独。

（7）繁殖对停滞（30~60岁）。本阶段个体面临抚养下一代的任务，并把下一代看作自己能力的延伸。发展顺利的个体表现为家庭美满，富有创造力，反之则陷入自我专注，对他人及后代感情冷漠以至于颓废消极。

（8）完美无憾对悲观绝望（60岁以后）。这一时期巩固自己的自我感觉并完全接受自我，接受自己不可替代的作用，意味着个体获得了自我完满感；相反，没有获得完美感的个体将陷入绝望，并因而害怕死亡。

评价：埃里克森把发展看作一个经过一系列阶段的过程，在每一阶段的发展中，个体均面临一个发展危机，个体解决每一个危机的方式对个体的自我概念以及社会观有着深远的影响。因此有人称他的理论为发展危机论。这种理论有许多值得肯定的方面，例如对人的心理的研究：既注重社会因素，也注重文化因素；不是只在意识心理发展的某一方面，也考察各方面的关系；不是只研究某一年龄段，而是涉及人的一生。但是，由于受弗洛伊德的影响，其理论有过分强调本能，相对忽视人的意识、理智等高级心理过程在发展中的作用的倾向；其发展阶段的划分以及每一阶段中主要矛盾的确定是否合理，是否适合不同文化背景下人的发展实际，都是引起争论的焦点，这些均需进一步研究。

5. 述评维果斯基的文化历史发展理论以及教学与认知发展的关系。

答：苏联心理学家维果斯基从历史唯物主义的观点出发，首次注意到了社会以及文化对人类心理的影响，提出了"文化历史发展理论"。

（1）文化历史发展理论。维果斯基区分了两种心理机能：一种是作为动物进化结果的低级心理机能，这是个体早期以直接的方式与外界相互作用时表现出来的特征；另一种则是作为历史发展结果的高级心理机能，即以符号系统为中介的心理机能，如记忆的精细加工。正是高级心理机能，使得人类心理在本质上区别于动物。因此，人的心理与动物比较不仅是量的增加，而且首先是结构的变化，形成新质的意识系统。

从这个意义上说，维果斯基认为，人的思维与智力是在活动中发展起来的，是各种活动、社会性相互作用不断内化的结果。与其他人以及语言等符号系统的这种社会性相互作用，包括教学对发展起形成性的作用。儿童的认知发展更多地依赖于周围人们的帮助，儿童的知识、思想、态度、价值观都是在与他人的交往中发展起来的，儿童发展的情况取决于他们学习的方式和内容。他认为，人的高级心理机能是在与社会的交互作用中发展起来的，或者说人的高级心理活动起源于社会的交互作用。

（2）心理发展的本质。心理发展的本质是个体的心理自出生到成年，在环境与教育的影响下，在低级心理机能的基础上；逐渐向高级机能转化的过程。由低级机能向高级机能的发展有四个主要表现：①随意机能的不断发展。随意机能是指心理活动的主动性、有意性，是由主体按照预定的目的而自觉引发的。儿童心理活动的随意性越强，心理水平越高。②抽象—概括机能的提高。儿童随着语言的发展，知识经验的增长，各种心理机能的概括性和间接性得到发展，最后形成了最高级的意识系统。③各种心理机能之间的关系不断变化、重组，形成间接的、以符号为中介的心理结构。儿童的心理结构越复杂、越间接、越简缩，心理水平越高。④心理活动的个性化。维果斯基认为儿童意识的发展更主要的是其个性的发展、整个意识的增长与发展。个性的形成是高级心理机能发展的重要标志，个性特点对其他机能的发展具有重要的作用。

（3）对于儿童心理发展的原因，维果斯基强调了三点：①心理机能的发展起源于社会文化历史的发展，受社会规律的制约。②从个体发展来看，儿童在与成人交往过程中通过掌握高级心理机能的工具——语言、符号系统，从而在低级的心理机能的基础上形成了各种新质的心理机能。③高级心理机能是外部活动不断内化的结果。

（4）教学与认知发展的关系：

①教学的含义。他提出教学有广义与狭义之分，广义的教学指儿童通过活动和交往掌握精神生产的手段，它带有自发的性质；狭义的教学指有目的、有计划地进行的一种交际形式，它创造着儿童心理的发展。

②"最近发展区"。儿童的现有水平与经过他人帮助可以达到的较高水平之间的差距，就是"最近发展区"。教学的作用表现在两个方面，它一方面决定着儿童发展的内容、水平、速度等，另一方面也创造着"最近发展区"。如果从教学内容到教学方法上都不仅考虑到儿童现有的发展水平，而且能根据儿童的最近发展区给儿童提出更高的发展要求，这将更有利于儿童的发展。

③教学要走在发展的前面。根据最近发展区的理论，维果斯基认为教学可以"创造"学生的发展。教学必须考虑儿童已达到的水平并要走在儿童发展的前面。

④学习存在最佳期。儿童学习任何内容时，都存在最佳年龄。

⑤认知发展的"内化"学说。内化是外部实际动作向内部心智动作的转化。高级的心理活动形式首先是从外部动作开始的，然后才内化为内部智力活动，内化的过程不仅通

过教学来实现,还可以通过日常的生活、游戏和劳动来实现。在儿童认知发展的内化过程中,儿童的语言直接促进了高级心理机能的发展。随着儿童的成熟,从开始的喃喃自语,发展为耳语、口唇动作、内部言语和思维,从而完成内化过程。

总之,维果斯基关于儿童心理的发展问题,可以归纳为一句话:"教育不等于发展,但不受限于发展,在一定范围内教育可以促进发展。"

第三章 学习及其理论

【本章知识框架】

- 学习的概述
  - 实质
  - 分类
  - 特点

- 第三章
  - 行为主义理论
    - 经典性条件作用说 — 巴甫洛夫
      - 实验：狗分泌唾液实验
      - 规律：习得、强化、消退、泛化、分化、高级条件 — 教育应用
    - 操作性条件作用说
      - 桑代克
        - 实验：饿猫打开迷笼实验
        - 学习实质：联结反应、试误 — 程序教学
      - 斯金纳
        - 实验：白鼠打开斯金纳箱实验
        - 规律：正（负）强化等 — 行为矫正
    - 观察(社会)学习理论：班杜拉
      - 实验：赏罚控制实验
      - 观察学习基本过程与条件 — 教育应用
  - 认知理论
    - 布鲁纳认知发现说
      - 认知学习观：认知结构
      - 结构教学观
      - 发现学习
    - 奥苏伯尔有意义接受说
      - 实质与条件；认知同化理论
      - 先行组织者；接受学习
    - 加涅信息加工学习理论：信息加工模式、八阶段

第三章
- 建构理论
  - 思想渊源：皮亚杰、维果斯基等
  - 理论取向：激进、社会构建、社会文化、信息加工构建主义
  - 基本观点：知识观、学生观、学习观（主动构建性、活动情境性和社会互动性）
  - 认知构建主义：探究性学习、随即通达教学
  - 社会构建主义：情境式教学、支架式教学、交互式教学、合作学习等
- 人本理论
  - 罗杰斯
  - 自由学习观：有意义的自由学习 ┐ 理论应用
  - 学术中心的教学观：非指导性教学 ┘

考情分析

本章介绍了学习及与之相关的理论。学习方面主要的理论有四个，即联结理论、认知理论、建构理论和人本理论。这一章的内容实际包含五个子部分：学习的含义及分类、学习的联结理论、学习的认知理论、学习的建构理论和学习的人本理论。这部分的内容可以说是整个教育心理学的重点和难点所在。对于学习的概念要做到理解和掌握，能判断何谓学习。学习理论几乎是教育心理学必考的内容之一，理论种类很多，都很重要，题型也比较灵活、分值较重。学生要理解和掌握这四种学习理论的发展过程、代表人物、重要的实验事实、基本概念、基本原理及在教育工作中的应用。这就要求考生复习时要尽量进行详细而灵活的掌握，并注重理解。心理学与教育学、教育史不同，不可死记硬背。

重点难点

学习的联结理论、学习的认知理论、学习的建构理论和学习的人本理论及其在教育上的应用。

【习题精编】

（一）名词解释

1. 学习。
2. 接受学习。
3. 有意义学习。
4. 移情理解。
5. 先行组织者。
6. 探究式学习。
7. 支架式教学。
8. 泛化与分化。

9. 负强化。
10. 发现法。

(二) 简答题

1. 简述桑代克的学习理论。
2. 巴甫洛夫在其经典性条件作用说中提出了哪些学习规律？
3. 简述社会建构主义的主要学习观点。
4. 简述罗杰斯的非指导性教学的主要特点。
5. 比较正强化、负强化、惩罚与奖励之间的异同。
6. 应答性行为和操作性行为有什么不同？
7. 简述加涅的学习分类。
8. 简述逃避条件作用与回避条件作用的异同。
9. 在采用行为矫正法处理学生违规行为问题时应该注意哪些问题？
10. 说说发现式教学法的优缺点。
11. 按照布鲁纳的观点，对一门学科的学习包含哪些过程？
12. 按照布鲁纳的观点，学习学科的基本结构的必要性有哪些？
13. 接受学习和发现学习的区别是什么？
14. 简述行为矫正的原理和基本程序。
15. 奥苏伯尔的有意义学习的条件是什么？
16. 加涅从信息加工的观点出发把学习过程分为哪些基本阶段？
17. 激进建构主义的原则是什么？
18. 人本主义学习理论对当前教育的启示有哪些？
19. 什么是随机通达教学？
20. 简述人本主义学理论对当前教育的启示。

(三) 论述题

1. 有人说，"现在是建构主义学习的时代了，结构主义学习理论落后了"，请评述这种观点。
2. 论述加涅信息的三级加工的流程。
3. 比较奥苏伯尔与罗杰斯的有意义学习观点。
4. 试述建构主义学习理论的基本观点，并说说其对实际教育有怎样的指导作用。
5. 比较布鲁纳的认知-发现说与奥苏伯尔的有意义接受说。
6. 请根据行为主义理论，分析儿童攻击行为的形成，并给出有效的干预建议。
7. 论述班杜拉的观察学习理论以及对教学的启示。

【参考答案】

(一) 名词解释

1. 学习是指由经验引起的能力或倾向的相对持久的变化。现代心理学家一般认为，学习有广义和狭义之分。广义的学习指人和动物在生活中获得经验，并由经验引起较为持久的适应性变化。狭义的学习是专指学生在学校里的学习，即学生在教师指导下，有目的、有计划、有组织、有步骤地获得知识、形成技能、培养才智的过程。

2. 接受学习。奥苏伯尔认为接受学习是教师通过直接呈现要传授的知识及其意义，学生通过新、旧知识之间的相互作用来获得新知识。学生的学习主要表现为接受学习，是通过教师的传授来接受事物意义的过程，它是一种有意义的接受，完全可以是有意义的学习。所以，在奥苏伯尔的观点中，接受学习分为有意义的和机械的，通常人们所批判的接受学习实际上是一种无意义的灌输式教学，而奥苏伯尔提倡的是有意义的接受学习。

3. 有意义学习。奥苏伯尔提出的有意义学习是针对机械学习而言，指在学习知识过程中，符号所代表的新知识与学习者认知结构中已有的适当观念建立实质性和非人为的联系的过程。所谓实质性联系指符号所代表的新知识观念能与学习者已有认知结构中的表象、概念、命题建立内在联系；非人为联系指符号所代表的新知识与认知结构中的表象建立的符合逻辑关系的联系。奥苏伯尔强调新旧知识之间的联系，罗杰斯也提出了自己的有意义学习的概念，他所谓的有意义学习，不仅是一种增长知识的学习，而且是一种与每个人各部分经验都融合在一起的学习，是一种使个体的行为、态度、个性以及在未来选择行动方针时发生重大变化的学习。罗杰斯强调的是学习内容与个人之间的关系。

4. 移情理解。罗杰斯提出的移情性是指学习的促进者能了解学习者的内在反应，了解学生的学习过程，并站在学习者的立场上去理解他们，在这样一种友好的心理氛围下进行的学习。

5. 先行组织者。奥苏伯尔提出了"先行组织者"这样的教学策略，它是先于学习任务本身呈现的一种引导性材料，它的抽象、概括和综合水平高于学习任务，并且与认知结构中原有的观念和新的学习任务相关联。其目的在于为新的学习任务和旧知识之间搭建一座桥梁，为新的学习任务提供观念上的固着点，增强新旧知识之间的可辨别性，以促进学习的迁移。"组织者"不仅可以是先行的，也可以放在学习材料之后呈现。

先行组织者主要包括陈述性组织者和比较性组织者两种。前者的目的在于为新的学习提供最适当的类属者；后者是比较新材料和认知结构中相类似的材料，目的在于增强新旧知识的可辨别性。

6. 探究式学习是认知建构主义者们最典型的一种教学应用。就是指学习者通过发现问题和解决问题而建构知识的过程。研究表明，以问题为中心的探究性学习有利于帮助学生提高灵活应用知识的能力，形成有效的问题解决和推理策略，发展他们的自主学习能力。

7. 支架式教学 是指教师或其他学者和学习者共同完成某种活动，为学习者参与该活动提供外部支持，帮助他们完成独自无法完成的任务，而随着活动的进行，逐渐减少外部支持，让学生独立活动。

8. 泛化与分化。心理学家巴甫洛夫在经典性条件反射的实验中，提出了泛化与分化的概念。条件反射的泛化指条件反射一旦建立，那些与原来刺激相似的新刺激也可能唤起反应。例如在狗分泌唾液的实验中，用500赫的音调与进食相结合来建立食物分泌条件反射。泛化是指对类似的事物作出相同的反应，而分化是只对特定刺激给予强化，而对引起条件反射泛化的类似刺激不予强化，这样，条件反射就可得到分化，类似的不相同的刺激就可以得到辨别。例如，当狗对类似响铃的声音也产生条件反射时，却不给它肉，几次之后，狗就发现这种声音与响铃有区别，不再对铃声产生条件反射。

9. 负强化 是当某种刺激在有机体环境中消失或减少时，反应概率增加，这种刺激便是负强化，即消极强化。比如，当学生表现不好，受到学校或教师的处罚，一旦处罚解除，这时对学生也会产生一种刺激，这种刺激就是消极强化。

10. 发现法。布鲁纳认为"发现是教育儿童的主要手段"，学生掌握学科的基本结构的最好方法是发现法。发现法就是"用自己的头脑亲自获得知识的一切形式"。学生在学习情境中通过自己的探索来寻找获得问题答案的学习方式。教学不应当使学生处于被动地接受知识的状态，而应让"学生自己把事物整理就绪，使自己成为发现者"。教师的作用在于帮助学生形成一种能够独立研究的情境，而不是提供现成的知识。

（二）简答题

1. 简述桑代克的学习理论。

答：桑代克认为，学习的实质在于形成刺激—反应联结。他认为，人和动物遵循同样的学习律；学习的过程是盲目的尝试与错误的渐进过程；学习遵循三条重要的学习原则：

（1）准备律：指学习者在学习开始时的预备定势。学习者有准备而又给以活动就感到满意，有准备而不活动则感到烦恼，学习者无准备而强制以活动也感到烦恼。

（2）练习律：指一个学会了的反应的重复将增加刺激反应之间的联结。也就是说，联结受到练习和使用得越多，就变得越来越强；反之，就变得越弱。在他后来的著作中，他修改了这一规律，因为他发现没有奖励的练习是无效的，联结只有通过有奖励的练习才能增强。

（3）效果律：桑代克的效果律表明，如果一个动作跟随着情境中一个满意的变化，在类似的情境中这个动作重复的可能性将增加，但是，如果跟随的是一个不满意的变化，这个行为重复的可能性将减少。据此，桑代克得出结论：奖励是影响学习的主要因素。奖励就是感到愉快的或可能进行强化的物品、刺激或后果。在桑代克后来的著作中，他取消了效果律中消极的或令人烦恼的部分。因为他发现惩罚并不一定削弱联结，其效果并非与奖励相对。

2. 巴甫洛夫在其经典性条件作用说中提出了哪些学习规律？

答：巴甫洛夫是俄国生理学家，是最早提出经典性条件反射的人，通过狗分泌唾液的实验，他得出条件反射作用的一些重要规律，并引入到教育心理学的研究中，归纳出如下几条学习规律：

（1）习得、强化、消退。

有机体对条件刺激和无条件刺激之间的联系的获得阶段称为条件反射的习得阶段。这阶段必须将条件刺激和无条件刺激同时或近于同时地多次出现，才能建立这种联系，这就是条件反射的习得。这种条件刺激与无条件刺激在时间上的结合就称为强化，强化的次数越多，条件反射就越巩固。如果反应行为得不到无条件刺激的强化，即使重复条件刺激，有机体原先建立起条件反射也将会减弱并且消火，这被称为条件反射的消退。

（2）泛化：泛化指条件反射一旦建立，那些与原来刺激相似的新刺激也可能唤起反应，这被称为条件反射的泛化。

（3）分化（辨别）：分化是与泛化互补的过程。只对特定刺激给予强化，而对引起条件反射泛化的类似刺激不予强化，这样，条件反射就可得到分化，类似的不相同的刺激就可以得到辨别。

（4）高级条件作用：由一个已经条件化了的刺激来使另外一个中性刺激条件化的过程，叫做高级条件作用。

3. 简述社会建构主义的主要学习观点。

答：社会建构主义是以维果斯基的理论为基础的建构主义，以鲍尔斯菲尔德和库伯为代表。

他们认为：（1）世界是客观存在的，对每个认识世界的个体来说是共通的。知识是在人类社会范围里建构起来的，又在不断地被改造，以尽可能与世界本来的面目一致，尽管永远达不到一致。（2）学习是个体建构自己的知识和理解的过程。学习者在自己的日常生活、交往和游戏等活动中，形成大量的个体经验，这叫"自下而上的知识"。（3）而在人类的社会实践活动中则形成了公共文化知识，在个体的学习中，这种知识首先以语言符号的形式出现，由概括向具体经验领域发展，所以也可称为"自上而下的知识"。

4. 简述罗杰斯的非指导性教学的主要特点。

答：罗杰斯将他的"以人为中心"的治疗移植到教学过程中，提出了"以学生为中心"的"非指导性"教学的理论与策略。"非指导性"教学的基本原则是强调教师在教学中的作用不是要教给学生知识，而是要为学生提供信任、安全的学习氛围，鼓励学生充分发挥自己的自我实现潜能，自发地进行学习，教师要遵守以下原则：

（1）教师要以真诚、关怀和理解的态度对待学生的情感和兴趣，并为学生创造一种良好的学习氛围；

（2）学习的决策是师生共同参与完成，学生单独或协同制定学习方案，并对其后果分担责任；

（3）学习班集体的着眼点放在促进学习过程的发展上，学习内容退居第二位；

（4）课程安排是无结构的，主要是自由讨论；

（5）教师是一个非强制的知识资源，在学生问到时提供有价值的帮助，并鼓励学生也把个人的知识和经验纳入这种资源中，形成"滚雪球效应"；

（6）自律是学习达到目的的必备条件，学生必须把自律看作是自己的责任；

（7）学习评估主要由学生自己做；

(8) 促使学习以一种更快的速度更加深刻地进行，并渗透到学生广泛的生活和行为中去。

5. 比较正强化、负强化、惩罚与奖励之间的异同。

答：斯金纳强调强化的概念。强化是指增强反应率的效果，根据强化的目的和性质将强化划分为正强化与负强化（或称为积极强化与消极强化），正强化是通过呈现令人愉快的刺激来增加行为反应频率的过程，其中令人愉快的刺激包括给予奖励、表扬等；而负强化则指通过消除厌恶刺激来增加反应频率的过程。不论是出现令人愉快的刺激还是令人厌恶的刺激（即强化物），强化的结果是反应频率的增加。

惩罚是给予厌恶刺激或消除愉悦刺激，以降低行为发生频率的过程。惩罚的目的是为了降低行为的频率，其结果也会导致行为频率在短期内降低。

由此可见，正强化和负强化都导致行为频率的增加，不同的是二者使用的手段不同，正强化是给予愉悦刺激，而负强化则是消除厌恶刺激。奖励是正强化的一种；惩罚是强化的对立，目的是降低行为的发生率，手段是给予厌恶刺激或消除愉悦刺激。

6. 应答性行为和操作性行为有什么不同？

答：斯金纳认为人和动物的行为有两类：应答性行为和操作性行为。应答性行为是由已知的刺激引起的，有机体被动地对环境作出反应，例如风吹眨眼；操作性行为则不与任何特定刺激相联系，是有机体自发做出的随意反应，这些反应由于受到强化而成为在特定情境中随意的或有目的的操作。

它们的区别：

（1）经典性条件反射进行的是应答性行为，操作性条件反射进行的是操作性行为。经典条件作用的反应是诱发的；操作性条件作用的反应是自发的。

（2）应答性行为是在条件刺激与无条件刺激相匹配下进行的，而操作性行为需要及时的强化并加以巩固的行为。

（3）应答性行为只有对特定刺激才能产生反应，而操作性行为不需要特定的刺激，却重在对自发的行为进行多次强化。

7. 简述加涅的学习分类。

答：加涅的学习分类是按照学习结果分为 5 类：（1）智力技能的学习；（2）认知策略的学习；（3）言语信息的学习；（4）态度的学习；（5）运动技能的学习。

8. 简述逃避条件作用与回避条件作用的异同。

答：斯金纳提出强化理论后，认为强化分为正强化、负强化。负强化包括两种形式，即逃避条件作用和回避条件作用。

逃避条件作用：当厌恶刺激或不愉快的情境出现时，有机体做出某种反应，从而逃避了厌恶刺激或不愉快情境，该反应在以后的类似情景中发生的概率增加。

回避条件作用：当预示厌恶刺激或不愉快情境即将出现的信号呈现时，有机体自发地作出某种反应，从而避免了厌恶刺激或不愉快情境的出现，则该反应在以后的类似情景中发生的概率也会增加。

二者的异同：两者都是消极强化的条件作用类型，但是两者有着明显的不同。在逃避条件作用中，厌恶刺激已经发生了，个体已经遭受到这种痛苦；在回避条件作用中，厌恶刺激还没发生，有机体事先做出反应回避了它的发生，并没有遭到厌恶刺激的攻击。"防患于未然"就属于回避条件作用。回避条件作用是在逃避条件作用的基础上建立的。

9. 在采用行为矫正法处理学生违规行为问题时应该注意哪些问题？

答：行为矫正的原理是有机体自发做出的操作性行为与其随后出现的行为结果之间的相倚关系，控制着该行为在以后发生的概率。即通过操作性条件反射或消退的原理来消除个体在某种情境下的不适当行为或不良习惯。

我们应注意的问题有：（1）确定目标行为和强化物；（2）设定目标行为的基准线；（3）选定强化物与强化标准；（4）用惩罚方法需要先设定标准；（5）按基线比较行为。

10. 说说发现式教学法的优缺点。

答：布鲁纳认为"发现是教育儿童的主要手段"，学生掌握学科的基本结构的最好方法是发现法。发现法就是学生在学习情境中通过自己的探索来寻找获得问题答案的学习方式。教学不应当使学生处于被动接受知识的状态，而应让学生自己把事物整理就绪，使自己成为发现者。教师的作用在于帮助学生形成一种能够独立研究的情境，而不是提供现成的知识。

优点：发现学习有利于激发学生的好奇心及探索未知事物的兴趣，有利于调动学生的内部动机和学习的积极性，最大限度地为学生提供自由回旋的余地，并有利于学生创造性、批判性思维的发展。

局限性：忽视了学生学习的特点，歪曲了接受学习的本意；同时对发现学习的界定缺乏科学性和严密性，而且发现学习比较浪费时间，不能保证学习的水平。因此，发现学习应该根据教材性质和学生的特点来灵活安排。

11. 按照布鲁纳的观点，对一门学科的学习包含哪些过程？

答：布鲁纳认为，学习一门学科的最终目的是构建学生良好的认知结构，而构建良好的认知结构常常需要经过获得、转换和评价三个过程，包括三个几乎同时发生的过程。

①新知识的获得。学习是一个认知的过程，学习活动首先是新知识的获得过程，这种新知识可能是学生以前知识的精炼，或者和学生以前的知识相违背。不管新旧知识的关系如何，通过新知识的获得都会使已有的知识进一步提高。

②知识的转化。学习涉及知识的转化，通过转化，以不同的方式把新获得的知识转化为另外的形式，以适应新的任务，从而学到更多的知识。

③知识的评价。评价是对知识转化的一种检查，通过评价，可以核对我们处理知识的方法是否适合新的任务，运用得是否合理。因此，知识的评价通常包含对知识合理性进行判断。

12. 按照布鲁纳的观点，学习学科的基本结构的必要性有哪些？

答：布鲁纳从以下四个方面论述了学习学科的基本结构的必要性：

①懂得基本原理使得学科更容易理解。他举了物理学、数学学习中的例子，然后指出不仅在物理、数学中是这样，而且社会学科和文学中也完全是这样。学科的基本原理弄懂了，其他特殊课题就能解决好。

②从人类的记忆看，他说，除非把一件件事情放进构造得好的模型里，否则很快就会忘记。详细的资料是靠表达它的简化方式来保存在记忆里的。学习普遍的或基本的原理的

目的,就在于保证记忆不会全部丧失,而遗留下来的东西将使我们在需要的时候把一件件事情重新构思起来。高明的理论不仅是现在用以理解现象的工具,而且也是明天用以回忆那个现象的工具。获得的知识,如果没有完满的结构把它联系在一起,那是一种多半会被遗忘的知识。一串不连贯的论据在记忆中仅有短促得可怜的寿命。

③领会基本原理和观念,是通向适当的"训练迁移"的大道。他认为,理解的基本原理和结构的意义就在于,把事物作为更普遍的事情的特例去理解,不仅学习特定的事物,还学习适合于理解可能遇见的其他类似事物的模式。这模式就是迁移的基础,它能进一步激发智慧。

④对教材结构和基本原理的理解,能够缩小"高级"知识和"初级"知识之间的间隙。他主张一门课程在它的教学进展中,应反复地回到这些基本观念,直到学生掌握了与这些观念相伴随的完全形式的体系为止。

13. 接受学习和发现学习的区别是什么?

答:(1)侧重点不同:接受学习强调现成知识的掌握;发现学习则强调探究过程。

(2)学习材料的方式不同:在接受学习中,教师把学习内容直接呈现给学生,在发现学习中,教师只出现一些提示性的线索。

(3)学习的心理过程不同:在接受学习中,学生只需直接把现在的知识加以内化,纳入认知结构中,在发现学习中,学生必须首先通过自己的探究活动归纳结论,再把结论归纳到认知结构之中。

(4)教师所起的作用不同:在接受学习中,教师起主导、控制的作用,在发现学习中,教师只起指导作用,而不控制具体的学习过程。

14. 简述行为矫正的原理和基本程序。

答:(1)原理:有机体自发做出的操作性行为与其随后出现的行为结果之间的相倚关系,控制着该行为在以后发生的概率。即通过操作性条件反射或消退的原理来消除个体在某种情境下的不适当行为或不良习惯。

(2)基本程序:①确定目标行为;②建立目标行为的基线水平;③选择强化物;④必要时,确定惩罚与惩罚标准;⑤实施行为矫正程序,观察目标行为并与基线水平作比较;⑥降低强化频率。

15. 奥苏伯尔的有意义学习的条件是什么?

答:所谓有意义学习就是将符号所代表的新知识和学生认知结构中已有的适当观念建立非人为的和实质性的联系。否则,就只是机械学习。有意义学习的产生既受客观条件(学习材料的性质)的影响,也受主观条件(学习者自身因素)的影响。

(1)从客观条件看,意义学习的材料本身必须能够与学生认知结构中有关知识建立实质性和非人为性联系。也就是说,材料必须具有逻辑意义,使学生可以从心理上理解;材料应该是在学生学习能力范围之内的,符合学生的心理年龄特征和知识水平。

(2)从主观条件看,主要包括三点:①学习者要有意义学习的心向或倾向性。简单地说,学生必须想要通过理解、通过新、旧知识之间的相互作用去获得这些知识,而不是只想死记硬背;②学习者认知结构中必须具有适当的知识基础;③学习者必须积极、主动地使具有潜在意义的新知识与认知结构中有关的旧知识发生相互作用,加强对新知识的理解，使认知结构或旧知识得到改善，使新知识获得实际意义。这种相互作用越是充分，越有利于掌握新知识，使新知识获得实际的意义，也就是使其具有个人的心理意义，把外在的知识变成学生自己的知识。

16. 加涅从信息加工的观点出发把学习过程分为哪些基本阶段？

答：加涅认为学习的过程就是一个信息加工过程，教学的艺术就在于使学习阶段与教学事件相匹配。加涅将教学分为八个阶段：

（1）动机阶段：有效的学习必须有学习动机，这是整个学习的开始阶段。教学要引起学习者的兴趣，以激发学生的学习动机，使之产生学习的期望。

（2）领会阶段：学习者的主要心理活动是注意、选择性的知觉。因此，教师应该采取各种手段来引起学生的注意，以使学生把注意力集中在与学习目标有关的刺激上。

（3）习得阶段：习得阶段涉及的是对新获得的刺激进行直接编码后储存在短时记忆里，然后把他们再进一步编码加工后转入长时记忆中。

（4）保持阶段：学生习得的信息经过复述、强化后，以语义编码的形式进入长时记忆的储存阶段。

（5）回忆阶段：学生习得的信息要通过作业表现出来，信息的提取是其中所必需的一环。

（6）概括阶段：教师希望学生能把学到的知识运用到各种类似的情境中去，以达到举一反三的目的。

（7）作业阶段：即反应生成阶段。这一阶段教师的任务是提供各种形式的作业，使学习者有机会表现他们的操作活动。

（8）反馈阶段：学生通过作业的完成可以了解到自己的学习是否达到了预期目标。这时教师给予适当的反馈，让学生及时知道自己的学习结果，这样可以强化他们的学习动机。

17. 激进建构主义的原则是什么？

答：激进建构主义有两条基本原则：（1）知识不是通过感觉或交流而被个体被动地接受的，而是由认知主体积极建构的，这种建构通过新旧经验互相作用而实现；（2）认识的机能是适应自己的经验世界，帮助组织自己的经验世界，而不是去发现本体论意义上的现实。

18. 人本主义学习理论对当前教育的启示有哪些？

答：人本主义学习者十分重视学习者高层次学习动机的激发，强调充分发展学习者的潜能和积极向上的自我概念、价值和态度体系，从而使得学习者成为人格充分发挥作用的人。为此，需要教师注意以下几个方面：

（1）重视学习者的内心世界。人本主义学习理论重视教育者对学生内在的心理世界的了解，以顺应学生的兴趣、需要、经验以及个别差异等，达到开发学生的潜能、激起其认知与情感的目的；重视创造力、认知、动机、情感等心理方面对行为的制约作用，这对教育事业的革新与进步是具有积极意义的。

（2）对学生的本质持积极乐观的态度。人本主义心理学家把人类能否适应当代世界的加速变化，解决种种社会矛盾的一个决定因素归之于能否教育好一代新人。他们提倡教育目标应该指向学生个人的创造性、目的和意义，即培养积极愉快、适应时代变化的心理健康的人。这种观点对我国当前的素质教育目标的制定，具有积极的借鉴作用。

（3）对教师的态度定势与教学风格的重视。人本主义心理学家在重视学生个别差异与自我概念的同时也重视师生关系、课堂气氛即群体动力的作用，特别是促使教师更加重视与研究那些涉及人际关系与人际感情，诸如自我概念与自我尊重、气氛因素及学生对新的学习的知觉方式的调节、学习能力的获得、持续学习等问题；促使教师从学生的外部行为理解其内在的动因等。这无疑促进了教师心理的理论研究，对完善教师的态度定势与教学风格具有十分重要的意义。

19. 什么是随机通达教学？

答：随机通达教学是斯皮诺在认知灵活性理论中提出的适合于高级学习的教学模式，重点阐述了如何通过理解的深化促进知识的灵活迁移应用。在学习过程中，由于可以从多个角度对信息进行建构，获得不同的理解，因此，教学要促使学生在多个情境中，从多个角度对问题进行建构，以达到对知识全面而深刻的理解，同时也有利于把学习与具体情境联系起来，形成背景性经验，促进知识的迁移。所以对同一内容的学习要在不同时间多次进行，每次的情境都是经过改组的，而且目的不同，分别着眼于问题的不同侧面。

在这种学习中，学习者可以形成对概念的多角度理解，并与具体情境联系起来，形成背景性经验。这种教学有利于学习者针对具体情境建构用于指引问题解决的方式。

20. 简述人本主义学习理论对当前教育的启示。

答：人本主义学习理论十分重视学习者高层次学习动机的激发，强调充分发展学习者的潜能和积极向上的自我概念、价值和态度体系，从而使学习者成为人格充分发挥作用的人。为此需要教师做到如下两点：（1）做一个学习的促进者；（2）尊重学习者，无条件地接受学生。

（三）论述题

1. 有人说，"现在是建构主义学习的时代了，结构主义学习理论落后了"，请评述这种观点。

答：建构主义的兴起是教育心理学和学习理论领域正在发生的一场革命，它有很多的优秀的、创新的地方，但它有一些缺点；而结构主义学习作为长期以来为我们肯定的学习模式，有其独特的长处，尽管时代发展了，对于传统我们还是不能一概否认，应合理地取长补短。

我们先了解结构主义和建构主义学习理论各自的特色：

（1）结构主义学习理论：结构主义学习理论的主要代表人物是布鲁纳，他是当代美国著名的教育心理学家，他反对以强化为主的程序教学，认为那只能使学生呆读死记，不会在另一种情境中运用这些知识。他倡导发现学习，强调学科结构在学生认知结构形成中的重要作用，从认知心理学的观点出发，对学生的学习、动机以及教学等方面进行了全面阐述。

①学习观：学习的实质在于主动地形成认知结构。学习者不是被动地接受知识，而是主动地获取知识；学习包括获得、转化和评价三个过程；学习任何一门学科的最终目的是

构建学生良好的认知结构。

②结构教学观。在教学的观点中,他主张教学的最终目标是促进对学科结构的一般理解。因此,布鲁纳很重视学科结构的教学,把学科的基本结构放在设计课程和编写教材的中心地位,成为教学的中心。可见,布鲁纳把教师的作用定位为学生学习的指导者、设计者。

③发现学习法。发现法就是用自己的头脑亲自获得知识的一切形式。学生在学习情境中通过自己的探索来寻找获得问题答案的学习方式。

(2) 建构主义学习理论:

①知识观。对知识的意义,认知心理学强调知识是对客观世界的描述,具有客观性,而建构主义强调的是人类知识的主观性,他们认为,人类知识只是对客观世界的一种解释、一种假设,它不是最终的答案。学生的书本知识就是一种对现实世界较为可靠的假设,而不是最可靠的解释。

②学习观。认知主义更多地把教师看成学生学习的指导者、设计者,而建构主义则把教师看成学生学习的帮助者、合作者。建构主义认为,学生不是被动的信息接受者,学习不是知识由教师到学生的简单的转移或传递,而是在师生共同的活动中,教师通过提供帮助和支持,使学生主动地建构自己知识经验的过程,这种建构是任何人所不能代替的。

③教学观。建构主义认为,学生是信息意义的主动建构者。教学不是简单地由教师把他所知道的信息告诉学生,不是一种简单的信息呈现,而要重视学生已有的知识经验,要重视学生对各种现象的理解,要倾听学生的意见,引导学生对知识的处理和转换,引导学生对知识的应用。

(3) 比较二者的异同。从上面我们可以看出二者并不是完全相互排斥的,他们的思想有相同的地方,都主张学生的主动学习。

结构主义虽然强调的是学生学习已有的人类普遍知识,但并不是主张灌输、被动接受,而是主张学生积极、主动地去学习,去吸收书本上的知识。结构主义者认为尽管学生学习的内容都是人类已经知晓的事物,但如果这些知识是依靠学生自己的力量引发出来的,那么对学生来说仍然是一种"发现"。

然而,导致二者不同的是:建构主义教育夸大、发扬了这种学生的主动性,把对这种主动性的要求扩大到一个更高的层次,不仅要求在学习方法上强调学生的主动性,而且在知识的价值、应用、教师的定位、教学的过程等方面都以学生为中心。在知识的价值上,建构主义强调其应用的情境性,认为真理不是永恒的,而是因人、因情境而变的,强调的是人类知识的主观性;在教师的定位上,把教师看成学生学习的帮助者、合作者。建构主义强调每个人过去形成的经验系统是不同的,对不同的信息就会有自己不同的理解,即对于相同的信息每个人也会形成各自不同的意义建构;对此建构主义认为,学生是信息意义的主动建构者,不能无视学生已经具有的这些知识经验,而是要把学生现有的知识经验作为新知识的生长点,引导学生从这些知识经验中"生长"出新的知识经验。

可见,结构主义与建构主义的分歧在于强调学生主动性的"度"和"面",即要把学生的主动性发挥到什么程度,要把这种主动性渗透在学习过程的哪些方面;而不是在于是否强调学生的主动性。

（4）对二者的评价。我们可以概括出结构主义和建构主义各自的最大优点和缺陷：

建构主义强调学生的先前经验，反对绝对的"真理"，强调每一个学习者，都是在自己原有的经验系统的基础上对新信息进行编码，建构自己对信息意义的理解，而且原有的知识经验由于和新的信息的相互作用其本身也会产生调整和改变。这样就评判了传统的书本知识至上、"标准答案"等情况的弊端。并且，建构主义对教师角色的定位很有助于发展学生自我探索能力。然而，由于单纯地强调学生的自主，夸大学生原有经验的重要性，鼓励学生探索学习，这就必然面对一个问题：学生都从自己的立场出发建构自己的知识，寻找自己的真理，那么人类社会的优秀文化、真理就无法得到普遍的认同和肯定，并且这种模式教学下，学生很难掌握完整的、系统的知识，难以避免学习具有片面性或走了许多弯路。

结构主义则刚好弥补了建构主义的这些问题，以学生主动发现学习为教学法则，教师在教学中充当学习的设计者和指导者，为学生提供完整、丰富的材料，这样就确保学生学到系统的知识，不用总走前人的老路去寻找已有的真理；然而，反过来，结构主义在注重学生先前经验、发挥学生主动、提倡学生主导方面做得较差，虽然提倡学生主动学习，但学习的内容是外界既定的"真理"，常常给学生套上固定的解释和领会，不允许有个性化的想法，设定标准答案等，这些都是结构教学带来的弊端。

综上所述，对于结构主义和建构主义"孰好孰坏"，我们不能一概而论，它们各自都有各自的弊端，而且在很多方面二者应当相互补充，相互磨合。在新兴思想风起云涌的今天，我们不能盲目地求新而把传统的东西一概否定，要认真分析各自的优缺点，合理地把握运用各种理论中有益于我们的教育教学发展的观念。

2. 论述加涅信息的三级加工的流程。

答：加涅提出的学习模式是依据电子计算机工作的原理，并结合人对信息加工的特点提出来的，信息加工的学习模式由三大系统构成，即信息的三级加工系统、执行控制系统和期望系统，它主要用来说明人的学习的结构和过程。对于理解人类的学习，理解教学和教学过程都具有重要意义，而且，依据这一基本的学习过程和模式，对于如何安排教学以及进行教学设计都具有极大的应用价值。以下是加涅对这三大系统的分别的论述：

（1）信息的三级加工（信息流）。我们每时每刻都在接受来自环境的各种刺激，这些刺激首先到达我们的各种感觉器官（或感受器），从而推动感受器并把它转化为神经信息，这种信息就可能进入感觉登记。这一阶段由于是对信息非常短暂的记忆储存，也是对信息最初和最简单的加工，往往被称为感觉记忆或瞬时记忆，在这个阶段，信息的加工只需百分之几秒。被我们注意或知觉选择的信息就可能经过这种加工或储存进入下一个加工环节，而没有被登记的信息就可能消失。

被知觉登记的信息很快就会进入短时记忆，这种信息主要是视觉的或听觉的。短时记忆的信息可以持续二三十秒钟，由于短时记忆的容量有限，一般只能储存七个左右的信息组块，新信息的进入就会挤走原有的信息，因此，要想使某种信息得到保持，就需要采用复述策略，复述就成为促进信息保持并能顺利地进入长时记忆的重要前提条件，关于复述策略我们将在后面学习策略中进一步论述。短时记忆是信息的第二级加工，也是信息加工的一个重要环节。

经过复述的信息就能够进入第三级加工，即长时记忆。长时记忆被认为是一个永久性的信息储存库，其信息的容量也是非常巨大的。信息进入长时记忆后，信息发生了关键性的转变，即信息经过了编码的过程。所谓编码，就是对信息以各种方式进行组织，而不是简单地把信息收集在一起，信息只是通过编码形式储存在我们的长时记忆中的，就好比一个经过分门别类、精心设计的图书馆一样。

经过二级加工信息被储存在我们的长时记忆中，但这并不是我们的目的，储存信息的目的是为了运用这些信息来解决各种问题。当使用信息时，我们就会到长时记忆中去搜寻，这一过程称为提取。而提取的关键是检索，就是先要找到信息储存的线索，就像到图书馆查资料一样，找到了线索才能够提取信息。被提取的信息可以直接通向反应发生器，从而产生反应。

（2）期望事项和执行控制（控制结构）。执行控制和期望事项，是信息加工过程另外两个重要的系统，它主要说明人对信息的加工毕竟是和电子计算机不一样的，人除了对接收的信息进行各种内部加工以外，期望和对加工过程的控制都会影响到信息加工的过程和结果。

期望事项是指人对信息加工所想要达到的目标，主要指动机系统，正因为学生对学习有某种期望，他才能够对信息进行深入加工，才能够进行学习，来自于教师的各种反馈才具有强化作用，而反馈又进一步肯定和增强了学生的期望。

执行控制系统主要是指在信息加工过程中决定哪些信息从感觉记忆进入短时记忆，如何通过复述使信息进入长时记忆，如何对信息进行编码，采用何种信息提取的策略，等等，相当于加涅所说的认知策略。

期望和控制的作用体现在整个信息加工的过程当中，所以加涅没有把它们与其他结构联系起来，而且它们之间的确切关系也还不清楚。

加涅把学习看成一种精确的信息加工的模式，学习与教学相互独立又相互对应，教师是整个教学活动的设计者和管理者，也是学生学习效果的评定者。一个完整的学习过程是由上述的八个阶段的系列所组成的。其中，在每一个学习阶段，学习者的头脑内部都进行着信息加工活动，使信息从一种形态转变为另一种形态，直到学习者用作业的方式作出反应为止。教学过程必须根据学习的基本原理来进行。有效的教学要求教师根据学习的内部条件，创设或安排适当的外部条件，促进学生有效学习，以实现预期的教学目标。这种学习理论对学习和教学过程做出了很透彻的分析和指导，对现代教学工作产生了很大的影响。然而，加涅的理论存在一个很大的缺陷：只是单纯强调原有知识经验在新信息的编码表征中的作用，忽略了新经验对原有知识经验的影响。

3. 比较奥苏伯尔与罗杰斯的有意义学习观点。

答：奥苏伯尔根据学习方式，将学习划分为接受学习和发现学习；根据学习材料与学习者原有知识之间的关系将学习划分为有意义学习和机械学习。其中，有意义学习是指将新的学习材料与学习者认知结构中原有的适当的观念建立非人为的和实质的联系。所谓"非人为"的联系是指新知识与原有认知结构中有关的观念之间的联系是合乎逻辑的；"实质"的联系是指两者虽然表达的词语不同，但是等值的，而不是字面上的联系。

罗杰斯根据学习内容将学习划分为认知学习和经验学习；根据学习方式将学习划分为

无意义学习和有意义学习。他认为有意义学习不仅能增长知识，还与个体的经验融合在一起，能使个体的行为、态度、个性及未来选择行动方针发生重大变化，有意义学习等同于经验的学习；而认知学习只涉及心智，不涉及感情或个人意义，是一种"在颈部以上发生的学习"，与完人无关，因而是一种无意义的学习。

二人虽然都强调有意义学习，但后者关注学习内容与个人之间的关系，而前者强调新旧知识之间的联系，只涉及心智而不涉及个人意义；按照罗杰斯的划分，奥苏伯尔的有意义学习是一种认知学习，等同于无意义学习，而他的有意义学习则是一种经验的学习。

4. 试述建构主义学习理论的基本观点，并说说其对实际教育有怎样的指导作用。

答：建构主义学习理论的基本观点：

（1）知识观：该理论强调，知识并不是对现实的准确表征，它只是一种解释、一种假设，它并不是问题的最终答案。它认为科学只包含真理性，但不是绝对正确的最终答案，而只是对现实的一种更可能的正确的解释，这些知识在被个体接受之前，对个体来说毫无权威可言，学生对知识的"接受"只能靠他自己的建构来完成，以他自己的经验、信念为背景来分析知识的合理性。学生的学习不仅是对新知识的理解，而且是对新知识的分析、检验和批判。所以学习知识不能满足于教条式的掌握，而是需要不断深化，把握它在具体情境中的复杂变化，使学习走向"思维中的具体"。

（2）学习观：建构主义认为，学习不是知识由教师向学生的传递，而是学生建构自己的知识的过程、学生不是被动的信息接收者，而是意义的主动建构者，这种建构不可能由其他人代替。

（3）学生观：建构主义者强调，学生并不是空着脑袋走进教室的。当问题呈现在面前时，他们往往也可以基于相关的经验，也可靠他们的认识能力，形成对问题的某种解释，而且这种解释是从他们的经验背景出发而推出的合乎逻辑的假设。

在具体的教学过程中，要注意把儿童现有的知识经验作为新知识的生长点。避免将教学看成仅是知识的传递，而要将其视为知识处理和转换的过程。

5. 比较布鲁纳的认知-发现说与奥苏伯尔的有意义接受说。

答：（1）布鲁纳认知-发现说的主要观点：

①认知学习观。布鲁纳认为学习的实质是主动地形成认知结构。学习者不是被动地接收知识，而是主动地获取知识，并通过把新获得的知识和已有的认知结构联系起来，积极地建构起知识体系。所谓认知结构，就是编码系统，即一组相互关联的、非具体的类别。学习包含着三个几乎同时发生的过程：新知识的获得、知识的转换和评价，即学生在获得新知识以后，运用各种方法将其变成另外的形式以适合新任务并获得更多的知识，最后对知识的转换进行检查。

②结构教学观。教学的目的在于理解学科的基本结构。知识结构是某一学科的基本概念，它不仅包括掌握一般原理，而且还包括学习的态度和方法。当学生掌握了一门学科的知识结构后，就能很好地掌握整个学科的具体内容，记忆学科知识，促进迁移，提高学习兴趣，促进学生智力和创造力的发展。因此，教学的最终目标是促进学生对学科结构的一般理解。为了让学生学习和掌握学科的基本结构，布鲁纳提出了四条基本的教学原则：动机原则——内部动机是维持学生学习活动的基本动力；结构原则——教师可以用动作、图

像和符号三种形式来呈现知识结构，但必须采用最佳的知识结构进行教学；程序原则——教学就是通过一系列有条不紊地陈述一个问题或大量的知识结构，以提高学生对所学知识的掌握、转换和迁移能力；强化原则——教师要适时地给予学生反馈，强化学生的学习。

③提倡发现学习法。布鲁纳认为掌握学科知识的最好方法就是发现学习法。所谓发现不只局限于发现人类尚未知晓的事物，还包括用自己的头脑亲自获得知识的一切形式。学生在教学过程中是一个积极的探究者，他们在教师提供的学习情境中，独立探究，主动思考并获得知识。

（2）奥苏伯尔的有意义接受学说的主要观点：

①强调有意义学习。

a. 有意义学习的定义。奥苏伯尔根据学习材料与学习者原有知识的关系，将学习划分为有意义学习和机械学习。所谓有意义学习，是指学习者将符号所代表的新知识与其原有认知结构中已有的适当的观念建立起非人为的、实质性联系的过程。非人为联系是指新知识与认知结构中有关观念在某种合理的和逻辑基础上的联系；实质性的联系是指新的符号或符号代表的观念与学习者认知结构中已有的表象、已经有意义的符号、概念或命题的联系。

b. 有意义学习的过程。当学生把教学内容与自己的认知结构联系起来时，有意义学习便发生了。所谓认知结构，是指学生现有知识的数量、清晰度和组织结构，由学生眼下能回忆起来的事实、概念、命题和理论等构成。学生能否习得新信息，主要取决于他们认知结构中已有的观念。有意义学习是通过新信息与学生认知结构中已有的观念的相互作用才得以发生。这种相互作用导致了新旧知识意义的同化。

c. 有意义学习的类型。有意义学习包括四种类型：表征学习、概念学习、命题学习和发现学习。表征学习是单个符号或一组符号意义的学习；概念学习是掌握事物共同的关键特征的过程，学习者通过概念形成和概念同化来习得概念；命题学习是对概念间关系的学习；发现学习是指学习内容不以定论的方式呈现给学生，而是要求学生在把最终结果并入认知结构之前，先要从事某些心理活动，因而发现学习亦可能在前面三种类型中发生。

②强调接受学习。奥苏伯尔根据学习进行的方式将学习划分为接受学习和发现学习，认为学习的主要方式是接受而不是发现。接受学习是学生将教学内容（以定论的形式呈现）内化，即将教学内容结合进自己的认知结构，以便将来能够再现或派作他用。而发现学习是指学习内容不是以定论的方式呈现给学生，而是要求学生在最终结果并入认知结构之前，先要从事某些心理学活动，如对学习内容进行重新排列、组织和转换。

③教学原则。一是逐渐分化原则。首先应该传授一般的、包摄性最广的概念，然后根据具体细节对它们逐渐加以分化。二是整合协调原则。对学生认知结构中现有要素重新加以组合。三是序列原则。先出现的知识应为后面出现的知识提供基础。四是巩固原则。在学习新内容之前必须掌握刚学过的内容，确保学生为新的学习做好准备，为新的学习奠定基础。五是先行组织者策略。先行组织者是指先于学习任务本身呈现一种引导性材料，其抽象、概括和综合水平高于学习任务，且与认知结构中原有观念和学习任务相关，从而为新的学习任务提供观念上的固着点，促进学习的迁移。

（3）两种观点的比较：

①不同点：a. 强调的学习方式不同。布鲁纳强调发现学习，而奥苏伯尔强调接受学习。b. 学习过程不同。布鲁纳主张从特殊发现到一般，而奥苏伯尔强调从对一般的理解到特殊。

②相同点：布鲁纳的发现法强调学生用自己的头脑去亲自获得新知识，奥苏伯尔的接受学习强调充分利用学生原有的认知结构的同化作用。事实上，学生发现新知识，不是建立在空中楼阁的基础上，而是利用认知结构中原有的适当知识为基础；学生同化新知识，也不是消极被动地接受教师所传授的知识，而是通过自己头脑积极主动地反映才实现。因此，两个理论虽然强调的侧重点不同，但是都强调学生认知结构的作用，强调学生的主观能动作用，重视学生认知结构的重建。

6. 请根据行为主义理论，分析儿童攻击行为的形成，并给出有效的干预建议。

答：（1）攻击行为的形成。根据班杜拉的观察学习理论，观察学习过程包括注意、保持、动作再现和动机四个阶段。

影响注意过程的因素主要有榜样及其行为特征。个体在儿童期容易受到影视作品尤其是动画片中角色特点及其行为的影响；同时，父母是儿童行为的启蒙者，父母也是儿童行为的榜样，父母的言行在影响儿童的行为。如果影视作品中角色或父母的攻击行为被儿童注意到，这些影视人物和父母可能会成为儿童攻击行为的学习榜样。

儿童在观察到榜样的攻击行为后，用符号将其加以表征，存储在自己的记忆系统中，当现实生活中出现类似的情境时，儿童将再现其记忆中的行为。

儿童的攻击行为可能受到榜样的替代强化、外部强化或自我强化。如儿童观察到榜样的攻击行为可以惩治坏人，可以从别人那里夺取自己想要的东西，等等，就可以对儿童的攻击行为起到替代强化的作用；儿童自己通过攻击他人得到物质奖励、引起关注，或者获得自我满足感和成就感等，也可强化儿童的攻击行为。

（2）攻击行为的干预：

①减少提示线索。提示线索指引发个体行为的刺激。在攻击行为的干预中，可以减少儿童与攻击工具的接触，如拿走儿童的玩具枪、玩具剑等。

②榜样示范为儿童树立友好行为的示范，而减少其与攻击行为相关人物接触的机会。如让儿童多与友善的同伴接触，在儿童面前夸奖行为友善的儿童，劝说家长在儿童面前不要表现攻击行为，避免儿童接触暴力影视节目，等等。

③剥夺儿童攻击行为的强化物。如剥夺儿童通过攻击同伴得到的玩具、引发的关注等，以消退其攻击行为。

④惩罚并不是指体罚，而是通过批评教育，让儿童意识到错误的行为以及行为的不良后果。

⑤塑造儿童友善行为。设定友善行为的级别，从攻击行为水平下降开始，如身体攻击-言语攻击-攻击行为频率下降-开始对同伴表示友好（如微笑等），在竞争中能够通过协商来处理矛盾冲突等。

每当儿童攻击行为水平下降，或出现友善行为时，给予物质（如玩具）和精神奖励（如表扬、夸奖等），以强化其行为的改变。

7. 论述班杜拉的观察学习理论以及对教学的启示。

答：班杜拉认为人们可以通过观察他人的行为以及行为的后果而间接地产生学习，班杜拉称这种学习为观察学习。他的实验是让儿童通过观察别人对待充气娃娃的态度而习得行为。

（1）班杜拉的实验结论。人类大多数的行为是通过观察习得的，这个学习过程受注意、保持、动作再现和动机四个子过程的影响：

①注意过程：调节者观察者对示范活动的探索与知觉。②保持过程：使得学习者把瞬间的经验转变为符号概念，形成内部表征，这一过程有赖于表象系统、语言系统，有时还有动作演练。③动作再现过程：以内部表征为指导，作出反应。④动机过程：决定所习得的行为中哪一种将被表现出来。

（2）班杜拉把习得与行为表现相区分，动机过程包括外部强化、替代强化和自我强化。如果按照榜样行为行动会导致有价值的结果，而不会导致无奖励或惩罚的后果，人们倾向于展现这一行为。这是一种外部强化。观察到榜样行为的后果与自己直接体验到的后果，是以同样的方式影响观察者的行为表现的，即学习者的行为表现是受替代强化影响的。自我强化是指人们能够自发地预测自己行为的结果，并依靠信息反馈进行自我评价和调节。

（3）对教学的启示：该理论在实际德育工作中有很多启发意义。例如：教师应该注意为学生提供良好的学习资源和借鉴的榜样，引导学生学习和保持榜样行为，并为学生创造再现榜样行为的机会，对良好的行为给予及时的表扬和鼓励，对错误的行为则给予批评和教育，适时强化。观察学习理论较多地应用于品德与规范的学习，在实施过程中应该注意以下问题：

①选择适当的榜样行为并反复示范榜样行为；②给学生提供再现行为的机会，并促使学生不断进行调整；③及时表扬良好行为，还要促进自我强化。此外，要重视榜样的作用，消除社会环境中的不良榜样行为。

第四章 学习动机

【本章知识框架】

第四章
- 学习动机概述
  - 学习动机的内涵
  - 学习动机的分类
  - 学习动机的作用
- 主要理论
  - 学习动机的强化理论：行为主义者提出重在强化
  - 学习动机的人本理论：马斯洛的需要层次理论
  - 学习动机的认知理论
    - 期望—价值理论：阿特金森，动机强度＝需要×期望×诱因
    - 成败归因理论：维纳的六因素三维度
    - 自我效能感理论：班杜拉，建立自我效能感
    - 自我价值理论：科温顿、四种动机分类及原因
- 学习动机的培养与激发
  - 影响学习动机的因素
  - 学习动机的培养
  - 学习动机的激发

考情分析

　　上一章介绍了学习及其理论，这一章则阐述一些有关学习动机的内容，总体上分为三个部分：学习供给法则，学习动机的理论，以及如何培养和激发学习动机。同样，理论部分是复习的重点，一般出现在考题中分值会比较重，当然其他部分也要作为识记的内容进行了解。本章设计的学习理论有强化理论、人本主要的需要层次论、认知主义的期望—价值论、成败归因论和自我效能感理论，这些理论都要认真掌握，它们在以往真题中出现频率较高，要特别注意。出题的形式，如名词解释题、分析论述题、简答题均有可能出现。本章重在动机分类和理论，主要出简答题和分析论述题。

重点难点

学习动机理论。

【习题精编】

（一）名词解释

1. 学习动机。
2. 自我提高内驱力。
3. 自我效能感。

（二）简答题

1. 简述学习动机的强化理论的主要内容。
2. 简述马斯洛的需要层次论及其对学习动机的解释。
3. 什么是期望—价值论？
4. 简述班杜拉的自我效能感及其意义。
5. 如何培养和激发学生的学习动机？
6. 简述学习动机的作用。
7. 动机与需要、诱因的关系如何？
8. 附属内驱力具有的条件是什么？
9. 课堂上激发和维持学习动机的前提条件是什么？
10. 教师在实施奖励的过程中应注意哪些问题？

（三）论述题

1. 归因理论是如何解释人的归因对学习动机的影响的？
2. 根据你所学的学习动机理论的知识，谈谈你对培养和激发学生的学习动机的建议。
3. 学习动机的自我价值理论对我们教育工作者有何启示？
4. 课堂教学应该尽可能地增强学生学习的内部动机，怎样才能增强学生的内部动机呢？试述增强学生内部动机的几点建议。
5. 论述动机与学习之间的关系。

【参考答案】

（一）名词解释

1. 学习动机是激发个体进行学习活动，维持已引起的学习活动，并致使个体的学习活动朝向一定的学习目标的一种动力倾向。它与学习活动可以互相激发、互相加强。学习动机一旦形成，就会自始至终，贯穿于某一学习活动的全过程。

2. 自我提高内驱力。根据学习动机影响学生学业成就的不同，奥苏伯尔将学习动机分为认知驱动、自我提高内驱力、附属内驱力。其中，自我提高内驱力是个体因自己的学业成就而赢得相应的地位的需要，即把学业看成赢得地位和自尊的根源，属于一种外部动机。

3. 自我效能感指人们对自己能否成功地进行某种成就行为的主观判断。这一概念是班杜拉最早提出的。自我效能感主要受四个因素的影响：（1）直接经验。学习者的亲身经验对效能感的影响最大，成功的经验会提高自我效能感；反之，多次失败的经验会降低自我效能感。（2）替代性经验。学习者通过观察别人的成败间接影响自我效能感。（3）言语说服。这种方法效果不持久。（4）情绪的唤起、情绪和生理状态也影响自我效能感，高度的情绪唤起，紧张的生理状态会妨碍行为操作，降低对成功的预期水准。

（二）简答题

1. 简述学习动机的强化理论的主要内容。

答：学习动机的强化理论是由联结主义学习理论家提出来的，他们不仅用强化来解释学习的发生，而且用来解释动机的产生。强化可以使人在学习过程中增加某种反应重复可能性的力量。与此相应，联结学习理论的中心是刺激反应之间的联结，而不断地强化则可以使这种联结得到加强和巩固。按照这种观点，任何学习行为都是为了某种报偿。因此，在学习活动中，采取各种外部手段如奖赏、评分、竞赛等，可以激发学生的学习动机，引起相应的学习行为。

2. 简述马斯洛的需要层次论及其对学习动机的解释。

答：需要层次论是人本主义心理学理论在动机领域中的体现，美国心理学家马斯洛是这一理论的提出者和代表人物。

马斯洛认为，人的基本需要有五种，它们由低到高依次排列成一定的层次，即生理的需要、安全的需要、归属和爱的需要、尊重的需要和自我实现的需要。在人的需要层次中，最基本的是生理的需要；然后是安全的需要（如生活安定、不焦虑）；这之后是归属和爱的需要，即个体要求与他人建立感情；再后来是尊重的需要，包括自尊和受他人尊重。这些低一级的需要满足后，人就进入自我实现的需要，自我实现作为最高级的需要，有两层含义：即完整和丰满的人性的实现以及个人潜能或特性的实现。人们进行学习，就是为了自我实现，因此，可以说自我实现是一种重要的学习动机。

马斯洛认为，各种需要不仅有高低层次之分，也有先后顺序，低层满足了，才会产生高层需要。最后一种自我实现属于成长的需要，其特点在于永不满足。

需要层次论说明，在某种程度上，学生缺乏学习动机可能是由于某种缺失性需要没有充分满足，如：家境贫寒温饱不能满足；父母离异归属于爱的需要不能满足；教师过于严厉，尊重的需要不能满足。这些因素会成为学生学习和自我实现的主要障碍。所以，教师不仅要关心学生的学习，也应该关心学生的生活和情感，以排除影响学习的一切干扰因素。

3. 什么是期望—价值论？

答：心理学家阿特金森提出期望—价值理论，也叫成就动机理论，认为在学习动机上成就动机对人的影响最大，个人的学习动机可以分为两个部分：①力求成功的意向；②避免失败的意向。如果一个学生对获得成功的需要大于避免失败的需要，他就敢于冒险，在这一过程中，一定量的失败，反而会提高他们去解决问题的愿望；而另一方面，如果太容易成功，反而会削弱学生的动机。这种学生属于高成就动机者。

相反，如果一个学生对失败的担心大于获得成就的动机，那么，他就有可能因失败而灰心，因成功而得到鼓励。这种学生在选择任务时倾向于选择非常容易或者非常难的任务，因为前者容易成功，而后者即使失败了也可以有借口挽回面子。

成就动机的水平与完成学业任务的质量关系密切。高成就动机者，内在动机强，即使失败也能坚持，且把原因归为自己努力不够。避免失败的学生相反，不够自信，如果成功他们认为是运气，如果失败，他们认为自己能力不足。

这种动机理论把人的情感和认识统一起来，可以说是对传统的一种突破，但其发展不是很完善。

4. 简述班杜拉的自我效能感及其意义。

答：自我效能感指人们对自己是否能够成功地进行某一成就行为的主观判断。这一概念是班杜拉最早提出的。

班杜拉在他的动机理论中指出，人的行为受行为的结果因素与先行因素的影响。行为的结果因素就是通常所说的强化，但他对强化的看法与传统的行为主义对强化的看法不同。他认为，在学习中没有强化也能获得有关的信息，形成新的行为。而强化能激发和维持行为的动机以控制和调节人的行为。因此，他认为行为的出现不是由于随后的强化，而是由于人认识了行为与强化之间的依赖关系后对下一步强化的期望。

班杜拉等人的研究还指出，自我效能感具有下述功能：①决定人们对活动的选择及对该活动的坚持性；②影响人们在困难面前的态度；③影响新行为的获得和习得行为的表现；④影响活动时的情绪。

自我效能感理论克服了传统心理学重行轻欲、重知轻情的倾向，把人的需要、认知、情感结合起来研究人的动机，具有极大的科学价值；但仍然没有形成一个比较完整的、统一的理论框架。

5. 如何培养和激发学生的学习动机？

答：（1）创设问题情境，实施启发式教学。根据成就动机理论，当问题的难度系数为 0.5 时，挑战性与胜任力同在，最容易激发学生的学习动机。

（2）根据作业难度，恰当控制动机水平。学习动机与学习效果并不是总成正比的，根据耶基斯—多德森定律，最佳的动机水平与作业难度密切相关。对于简单、容易的任务，尽量让学生集中注意力、紧张一些；对于复杂、困难的任务，则要尽量创造轻松自由的气氛。

（3）充分利用反馈信息，给予恰当的评定、恰当的反馈。一方面可以调整学习活动，另一方面可以增强学习动机。不恰当的评定会有消极的作用，如使学生过分关注结果，抑制内在动机等。因此，在评定时应该注意：要用评定表示进步的快慢，根据学生的个别差异加上恰当的评语。

（4）妥善进行奖惩，维护内部学习动机。可以依据三条原理：奖励能激发动机，惩罚则不能；滥用外部奖励会破坏内部动机；奖惩影响成就目标的形成。表扬应该针对学生的具体行为，而不是整个人；态度要真诚；要强调学生的努力。

（5）合理设置课堂环境，妥善处理竞争与合作。

（6）坚持以内部动机作用为主，外部动机作用为辅。

（7）适当地进行归因训练，促使学生继续努力。指导学生进行积极的成败归因，有时候，积极比正确更重要，尤其是差生，引导其将失败归因于努力程度不足，而不是能力不足。

（8）注意学生的个别差异，因材施教。

（9）注意内外部动机的相互补充、相辅相成。

（10）加强自我效能感。引起和增强学生的自我效能感，利于培养学习动机。因此要做好三个方面：直接经验训练；间接经验训练；说服教育。

6. 简述学习动机的作用。

答：（1）定向作用：使个体的学习行为朝向具体的目标，使个体为达到目标而努力。

（2）激发和维持作用。

（3）调节作用：动机决定了何种结果可以得到强化，进而调整和改善学习行为。例如：如果学生的动机是取悦家长，那家长的表扬就可以强化他的积极学习的行为。

（4）提高信息加工的水平。具有学习动机的学生注意力更集中；更倾向采取多种途径完成任务。研究还表明，具有学习动机的学生更倾向进行有意义学习，而不是停在机械的水平上。

7. 动机与需要、诱因的关系如何？

答：阿特金森的期望—价值理论中提到了成就动机强度由学习需要、期望水平和诱因价值共同决定。学习需要是学生追求学业成就的心理倾向，是社会、学校和家庭对学生的客观要求在学生头脑中的主观反映，是学习动机的基础；诱因是指与学习需要相联系的外界刺激物，诱因吸引学生进行定向的学习活动，以达到一定的学习目标，从而使需要得到满足。

关系：学生的学习行为往往取决于需要和动机之间的相互作用。没有学习的需要就不会通过学习活动去追求一定的学习目标；反过来，没有学习行为的目标或诱因，学生就不会产生某种特定的需要。当学生实现了相应的学习目标，满足了相应的需要后，相应的学习动机就会有所削弱。

8. 附属内驱力具有的条件是什么？

答：附属内驱力指为了保持长者们（如教师、家长）或集体的赞许或认可，表现出要把工作做好的一种需要。它具有三个条件：①学生与长者在情感上具有依附性。②学生从长者方面所博得的赞许或认可中获得一种派生的地位。所谓派生地位，不是由他本身的成就水平决定的，而是从他所自居和效法的某个人或某些人不断给予的赞许或认可中引申出来的。③享受到这种派生乐趣的人，会有意识地使自己的行为符合长者的标准和期望，着意获得并保持长者的赞许，这种赞许往往会使一个人的地位更加确定和稳固。

9. 课堂上激发和维持学习动机的前提条件是什么？

答：（1）教师应善于管理课堂，维持课堂纪律，使正常的教学活动不受到纪律不良学生的干扰。（2）教师必须与学生建立正常的师生关系，应有耐心、公正、友善，使学生有爱和归属感。（3）布置给学生的任务，必须是学生既能胜任，又具有一定难度的，太易和太难的任务不能调动学生的学习积极性。（4）学习任务必须是真实的，也就是说对学生有一定的实际意义。

10. 教师在实施奖励的过程中应注意哪些问题？

答：（1）确立正确的奖励标准。考试分数的高度能够反映出学生学习的效果，但教师不能只依据分数的高低对学生进行奖励。

（2）注意奖励的有效性。教师在教学过程中经常对学生进行各种奖励，这些奖励有些是有效的，能够激发学生的学习动机；有些可能是无效的，不能激发学生的学习动机。

（3）注意奖励的方式。运用奖励重要的不是奖励的数量而是奖励的方式；不同的学生希望得到不同的奖励方式。

（三）论述题

1. 归因理论是如何解释人的归因对学习动机的影响的？

答：归因是人们对自己或他人活动及其结果的原因所作出的解释和评价。在学习和工作当中，人人都会体验到成功与失败，同时人们还会去寻找成功与失败的原因，这就是对行为的归因。人们会把成败归结为不同的原因，并产生相应的心理变化，从而影响今后的行为。

韦纳接受了前人研究提出的观点，认为可以根据"控制点"这一维度把对成就行为的归因划分为内部原因和外部原因；他还提出要增设一个"稳定性"的维度，把行为的原因分成稳定的原因和不稳定的原因。根据"控制点"和"稳定性"两个维度，把成就行为归因于能力、努力、任务难度、运气四个有代表性的原因。

在这四个代表性原因中，能力是稳定的内部因素，努力是不稳定的内部因素，任务难度是稳定的外部因素，运气是不稳定的外部因素。人们往往把自己的成功与失败归结为上述四个原因中的一个或几个，归结为不同的原因会带来相应的心理变化，表现为对下一次成就结果的期待与情感的变化，进而影响以后的成就行为。

学生最终将成败归因为什么因素，受以下几种变量影响：

①他人操作的有关信息，即个体根据别人的行为结果的有关信息来解释自己的行为结果的原因。如班上大部分人得高分，则易产生外部归因（老师判卷松）；少数人得高分，则产生内部归因（能力、刻苦）。

②先前的观念，即个体以往的经验或行为结果的历史。如果努力后来成功了，则归因为稳定因素；经过努力还是失败，则归因为不稳定因素，如运气不佳。

③自我知觉，即个体对自己能力的看法。自认为有能力者，易将成功归因为能力，将失败归因为老师的不公、偏见。

韦纳的归因理论认为，一个人解释自己行为结果的原因会反过来激发他的动机，影响他的行为、期望和情感反应。例如：把成功归结为内部原因，会使学生感到满意和自豪；

归结为外部原因，会使学生产生惊奇和感激的心情。把失败归因于内部原因，会使学生产生内疚和无助感；归因于外部原因，会产生气愤和敌意。把成功归因于稳定因素，会提高学习的积极性；归因于不稳定因素，学习的积极性可能提高也可能降低。把失败归因于稳定因素，会降低学习的积极性；归因于不稳定因素，则可能提高学习的积极性。所以，我们要引导学生做正确的归因，引导学生把握稳定的、内部的、可控制的因素。

2. 根据你所学的学习动机理论的知识，谈谈你对培养和激发学生的学习动机的建议。

答：学习的动机理论一直是教育心理学家们很关注的一个领域，不同心理学派的心理学家提出了各自有代表性的观点，其中对目前的教学实践有重要启示的有如下理论：

（1）学习动机的强化理论。学习动机的强化理论是由联结主义学习理论家提出来的，他们不仅用强化来解释学习的发生，而且用它来解释动机的产生。联结主义心理学家用 S-R 的公式来解释人的行为，认为任何学习行为都是为了某种报偿。因此，在学习活动中，采取各种外部手段如奖赏、评分、竞赛等，可以激发学生的学习动机，引起相应的学习行为。

在实际情况中，学校里的强化，既可以是外部的，也可以是内部的。前者是由教师施于学生身上的；后者是学生自我强化，如从学习结果中得到满足感和自信心，从而增强了学习动机。

（2）需要层次论。需要层次论是美国人本主义心理学家马斯洛提出的理论。马斯洛认为，人的基本需要有五种，它们由低到高依次排列成一定的层次，即生理的需要、安全的需要、归属和爱的需要、尊重的需要和自我实现的需要。人们进行学习，就是为了自我实现，因此，自我实现是一种重要的学习动机。各种需要不仅有高低层次之分，也有先后顺序，低层满足了，才会产生高层需要。最后一种自我实现属于成长的需要，其特点在于永不满足。

需要层次论说明，在某种程度上学生缺乏学习动机可能是由于某种缺失性需要没有充分满足。如家境贫寒，温饱不能满足；父母离异，爱的需要不能满足；教师过于严厉，尊重的需要不能满足。这些因素会成为学生学习和自我实现的主要障碍。所以，教师不仅要关心学生的学习，也应该关心学生的生活和情感，以排除影响学习的一切干扰因素。

（3）自由学习理论。人本主义心理学家罗杰斯提出的自由学习理论认为：学习并非教师以填鸭式严格强迫学生无助地、顺从地学习枯燥乏味、琐碎呆板、现学现忘的教材，而是在好奇心的驱使下去吸收任何他自觉有趣和需要的知识。罗杰斯认为，学习主要有两种类型：认知学习和经验学习。其学习方式也主要有两种：无意义学习和有意义学习，其区分标准就在于学生是否对学习内容感兴趣。

（4）成就动机理论。成就动机理论认为，在学习动机方面，成就动机对人的影响最大，个人的学习动机可以分为两个部分，一是力求成功的意向，二是避免失败的意向。如果一个人对获得成功的需要大于避免失败的需要，他就敢于冒险，在这一过程中，一定量的失败，反而会提高他们去解决问题的愿望；而另一方面，如果太容易成功，反而会削弱学生的动机。相反，如果一个学生对失败的担心大于获得成就的动机，那么，他就有可能因失败而灰心，因成功而得到鼓励。这种学生在选择任务时倾向于选择非常容易或者非常难的任务，因为前者容易成功，而后者即使失败了也可以有借口挽回面子。

高成就动机者，内在动机强，即使失败也能坚持，且把原因归为自己努力不够。避免失败的学生相反，不够自信，如果成功他们认为是运气，如果失败，他们认为自己能力不足。

（5）归因理论。归因是人们对自己或他人活动及其结果的原因所作出的解释和评价。最早提出归因理论的是海德，他曾指出人们会把行为归结为内部原因和外部原因。内部原因是存在于行为者本身的因素，如努力、能力、兴趣、态度、性格等；外部原因是指行为者周围环境中的因素，如任务的难度、外部的奖赏与惩罚、运气等。

韦纳接受了前人研究提出的观点，并把对成就行为的原因划分为内部原因和外部原因、稳定的原因和不稳定的原因。据此，把成就行为归因于能力、努力、任务难度、运气四个有代表性的原因。其中，能力是稳定的内部因素，努力是不稳定的内部因素，任务难度是稳定的外部因素，运气是不稳定的外部因素。人们往往把自己的成功与失败归结为上述四个原因中的一个或几个。归结为不同的原因会带来相应的心理变化，表现为对下一次成就结果的期待与情感的变化，进而影响以后的成就行为。

把成功归于内部原因，会使学生感到满意和自豪；归因于外部原因，会使学生产生惊奇和感激的心情。把失败归于内部原因，会使学生产生内疚和无助感；归于外部原因，会产生气愤和敌意。把成功归因于稳定因素，会提高学习的积极性；归因于不稳定因素，学习的积极性可能提高也可能降低。把失败归因于稳定因素，会降低学习的积极性；归因于不稳定因素，则可能提高学习的积极性。

（6）自我效能感理论。班杜拉的自我效能感理论认为，人的学习行为不仅受到强化、结果期望的影响还受到效能期望的影响，效能期望指的是人对自己能否进行某种行为的实施能力的推测或判断，即人对自己行为能力的推测。它意味着人是否确信自己能够成功地进行某一结果的行为。当人确信自己有能力进行某一活动，他就会产生高度的"自我效能感"，并会去进行那一活动。例如，学生只有知道注意听课可以带来理想的成绩，而且还感到自己有能力听懂教师所讲的内容时，才会认真听课。人们在获得了相应的知识、技能后，自我效能感就成为行为的决定因素。

从以上这些理论中，我们可以知道学生的学习动机受到不同因素的影响，因而在教学过程中，教师要培养和激发学生的学习动机就应当了解学生的动机情况和影响因素，从而采取相应的措施，有如下几点建议：

（1）培养对学习的兴趣。根据自由学习理论的观点，影响学生动机的最重要因素是兴趣，其特点是在从事学习活动或探求知识的过程中伴随有愉快的情绪体验，从而产生进一步学习的需要。这是一种指向学习活动本身的内部动机。

（2）设置榜样和具体目标。根据强化理论的观点，应当给学生一些内部或外部的强化，这种强化不一定是奖励但必须是学生的某种需要，如确定的目标或取得与榜样相当的成绩。不能只给学生一些如努力学习等抽象的建议，而且要给学生提供明确而具体的目标以及实现目标的方法。由于不同年龄学生的心理发展水平不同，即向该榜样学习既不是高不可攀、可望而不可即，又不是轻而易举起不到榜样的作用。

（3）利用原有动机的迁移，使学生产生学习的需要。对于学生本身不感兴趣的学习任务，可以应用动机的迁移，把对其他事物的兴趣迁移到学习上，使学生产生学习的需要。

（4）注意学生的归因倾向。根据归因理论，将失败归因于缺乏努力，不会对学生的坚持性产生消极的影响；相反，失败会带来一些有益的学习经验。而将成功归因于外部因素，将失败归因于内部因素（能力）的学生往往认为他们没有成功的能力，他们无力避免失败，也不去追求成功，对学生的坚持性会产生消极的影响，同时会产生失落感。归因倾向是后天形成的，因此教师可以根据学生的情况加以培养。教师可以采取如下帮助措施：

①帮助学生了解自己的优点和缺点，并为他们确定切实可行的目标。

②改变他们的归因倾向，让他们将失败归因于缺乏努力，而不是缺乏能力，使他们明白，只要付出努力便会成功。

③教学生学会何时完成他们的计划，并对学生的每一个学习行为给予及时的反馈。

3. 学习动机的自我价值理论对我们教育工作者有何启示？

答：科温顿立足于学生的自尊，从实际的角度来解释学生的动机问题，提出了自我价值理论。该理论认为人天生就有维护自尊和自我价值感的需要，当一个人的自尊和自我价值感受到威胁时，他就需要各种措施来维护，保持自我的价值感和能力感。学习同样有这种需要。自我价值理论依托于成就动机理论，同时也做了多方面的扩展。

（1）对成就动机、成功的不同界定。该理论认为人类将自我接受作为最优先的追求。在社会生活中，一个人的价值是与其成就相等同的，在学校中，学生的价值通常来源于他们在竞争中取得成功的能力。在这个意义上讲，学生成功就是保持积极的、有能力的自我形象，尤其是在遭遇竞争失败时。

（2）对动机类型的分类及其原因分析。自我价值理论将动机划分为四种类型，相应地，也将学生划分为四种类型：

①高趋低避型。这类学生拥有无穷好奇心，对学习有极高的自我卷入水平。他们通过不断刻苦努力以发展自我，通常表现得自信机智。这种类型的学生被称为"乐观主义者"。

②低趋高避型。对这类学生来说，逃避失败要比对成功的期望更加重要。他们并不一定存在学习问题，只是对课程的兴趣不高，此类型的学生被称为"逃避失败者"。

③高趋高避型。这种学生同时感受到成功的诱惑和失败的恐惧，他们对某一项任务既追求又排斥的突出情绪，兼具了前两种类型学生的特点，被称为"过度努力者"。

④低趋低避型。他们没有对成功自豪的期望，也没有对羞耻感的恐惧，这种类型的学生被称为"失败接受者"。

（3）自我价值论的基本观点：①自我价值感是个人追求成功的内在动力，个体为了体现自己能干，喜欢找高难度的挑战；②个人把成功看作是能力的展现，而不是努力的结果；③成功难以追求，则以逃避失败来维持自我价值；④学生对能力与努力的归因随年纪而转移，当年龄渐大后，他们开始意识到努力的重要性，不再偏执于把一切成就归为能力。

（4）自我价值论在教育上的意义。自我价值论的意义在于把指导学生认识学习目的、培养学生学习动机视为学校教育最重要的目的。自我价值理论对教育过程中的很多现象具有独特的解释能力。如对学生努力的态度，学习动机随年龄增长而降低，学生对任务的选择、目标的选择、考试的抱怨等都能进行合理的解释。这种理论把人的学习动机认为是对成功的追求和个人能力的炫耀，看到一部分学生缺乏理性的价值取向，以及忽视自身努力，轻视教师作用的倾向，但现实中并不是所有学生都这样，所以该理论普遍性、代表性不强。

4. 课堂教学应该尽可能地增强学生学习的内部动机，怎样才能增强学生的内部动机呢？试述增强学生内部动机的几点建议。

答：（1）激发学生的学习兴趣。成功的课堂教学始于良好的开端，教师在导入新课以前，重要的是先使学生对新课内容感兴趣，激起学生的求知欲。

（2）保持学生的好奇心。有经验的教师在讲授新课的过程中常常运用各种方法来进一步唤醒并维持学生的好奇心。

（3）运用多种有趣的方式呈现知识。如在课堂教学中有计划地安排幻灯、录像、演示、专家访谈等多种形式补充教学，往往能起到增强学生学习兴趣的作用。计算机的使用也被证明是增强学生内部动机的有效方法。

（4）将教学目标转化成可达到的学习目标。教学应该将教学目标分成不同的等级和层次，建立一个教学目标系统，使不同能力、不同程度的学生都在此目标系统中找到切合自己情况的、可达到的学习目标，从而使每个学生的成就动机都有机会获得满足。

（5）设法满足学生的各种缺失需要。按照马斯洛的需要层次理论，个人的认知需要是在各种缺失需要满足或基本满足的基础上发展起来的。教师应该了解每个学生所处的需要层次，并设法使其缺失需要得以满足，以促进其较高级的求知和理解的认知需要的发展。

5. 论述动机与学习之间的关系。

答：（1）动机对学习的作用不同于原有知识的作用。原有知识决定新的学习能否出现，通过原有知识与新知识相互作用，原有知识将成为新的认知结构的一部分。学习动机可以加速或减慢新的学习过程的进行，但它只起催化剂作用，其作用是间接的，不直接参与新旧知识的相互作用。

（2）动机对学习的作用是通过努力、集中注意来实现的。如：学习动机作用较强的学生可以通过"笨鸟先飞"或主动向他人请教等方式提高自己的学习成绩。

（3）动机与学习之间的关系通常是互为因果关系，而不是单向关系。著名心理学家奥苏伯尔和加涅都持有这种观点。加涅在阐明奥苏伯尔的动机时指出："由于这种原因，又因为动机并非学习的一个必不可少的条件，所以没有必要把学习活动推迟到学生养成适当兴趣和动机之后再进行，通常教授一个没有动机的学生的最好方法就是暂时忽略他的动机状态，并集中精力尽可能有效地对他实施教学，尽管缺乏动机，但在任何情况下都会产生某种程度的学习；从学习的初步满足中他将充满希望地形成进一步学习的动机。因此，在某些情况下引起学习动机的最好方法，是把注意力集中在认知方面，而不是动机方面，并且要依靠由成功的教育成就引起的动机来加强进一步的学习。"

第五章 知识的学习

【本章知识框架】

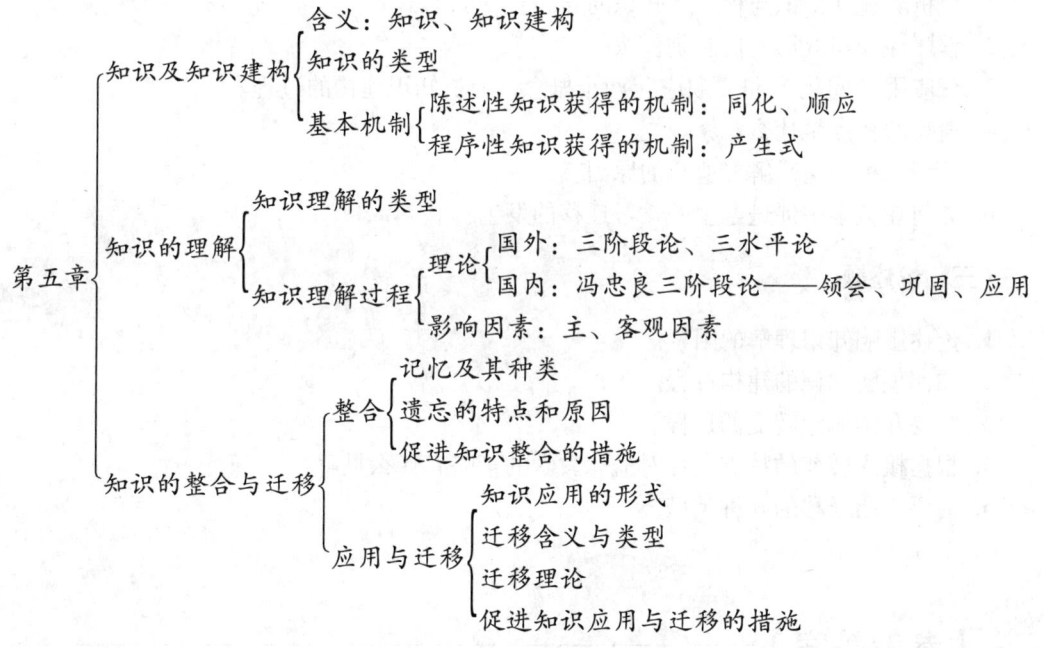

考情分析

本章内容主要阐述了知识的建构方面的一些问题，涉及知识的含义、类型，知识建构的机制，知识的理解过程，以及知识的整合与运用。此外，还有遗忘的特点和原因。本章易出名词解释和简答题。

重点难点

重点：知识理解的过程，影响知识理解的因素；遗忘的特点和原因。
难点：知识建构的基本机制的理解；知识迁移。

【习题精编】

（一）名词解释

1. 知识。
2. 同化。
3. 顺应。
4. 迁移。

（二）简答题

1. 分析陈述性知识与程序性知识的异同。
2. 程序性知识获得的机制是什么？
3. 试应用"同化"和"顺应"两个概念，分析知识建构的过程。
4. 遗忘的特点是什么？
5. 请用三种理论来解释遗忘的原因。
6. 如何在教学中促进学生的学习迁移的发生？

（三）论述题

1. 论述影响知识理解的因素。
2. 如何理解知识的建构过程。
3. 简要介绍概念转变的过程。
4. 根据概念转变的特点，你对概念教学的策略有什么见解？
5. 简要介绍迁移的几种类型。

【参考答案】

（一）名词解释

1. 知识。 关于知识的定义，存在多种争论。一般而言，知识通常在两种意义上使用。从哲学角度看，知识是客观世界的主观反映，是对事物属性与联系的认识。从心理学角度看，分为广义与狭义。狭义：指能储存在语言文字符号或言语活动中的信息或意义，如各门学科的事实、概念、公式、定理等，不包括技能和策略等调控经验。广义：指个体通过与其环境相互作用后获得的确切信息及其组织。心智技能和认知策略也包含其中，泛指人们所获得的经验。

2. 同化。在知识建构过程中，学生需要以原有的知识经验为基础来同化新知识，学生对新信息的理解即使来源于他们原有的知识和经验，他们也必须通过适当的途径在新信息和原有知识经验之间建立适当的联系，才能获得新信息的意义。这种通过将新知识和原有知识经验相联系，从而获得新知识的意义，并把它纳入原有认知结构而引起认知结构发生量变的过程，叫做知识的同化。

3. 顺应。随着新知识的同化，原有的知识经验会因为新知识的纳入而发生一定的量变或改组，这就是知识的顺应。当新观念与原有知识可以融洽相处时，新观念的进入可以丰富和充实原有知识。有时，新观念与原有观念会存在一定的偏差，此时新观念的进入会使原有的观念发生一定的调整，以顺应新知识的接纳。

4. 迁移是一种学习对另一种学习的影响，指已经获得的知识、技能，甚至方法和态度对新知识、新技能的影响。这种影响可能是积极的，也可能是消极的。

（二）简答题

1. 分析陈述性知识与程序性知识的异同。

答：陈述性知识关心"是什么"的问题，它是对事件的一种描述，如教育学是关于什么的学问。程序性知识主要关心的是"怎么样"、"如何去做"，例如，如何驾驶一辆汽车。

（1）陈述性知识与程序性知识是根据表述形式不同对知识进行的分类，二者的差异如下：

①陈述性知识是一种静态的知识，它只是对事件的一种描述；程序性知识是一种动态的知识，例如如何驾驶一辆汽车就包含着许多的过程。

②陈述性知识比较容易获得，但是也很容易遗忘；程序性知识比较复杂，获得的过程比较难，但是一旦获得，巩固性比较好，不容易遗忘。

（2）二者的相同点：尽管程序性知识与陈述性知识之间存在着许多的不同之处，但它们之间还是存在着相似的地方。例如，虽然二者在人们长时记忆中的表征特征方面完全不同，但它们都对储存在人脑中的知识和经验作了同样的表征。并且，这种知识在有限的工作记忆的容量中能够被灵活地使用。例如，在陈述性知识当中，当以命题的形式保留了客观世界在意义上的联系后，有可能使人在工作记忆中以当时想到的为数有限的命题（观念）为线索，不时地从自己的长时记忆网络中提取出与此相关的命题或观念，因此人们由此及彼的联想当归之于这种观念网络化的形成。同样，对于程序性知识而言，它通过自身的目的来流畅地控制人一连串举动，以减轻人的工作记忆的负担。

2. 程序性知识获得的机制是什么？

答：现代认知心理学运用产生式理论来解释程序性知识获得的心理机制。"产生式"术语来自计算机，美国心理学创始人西蒙和纽厄尔首次将其用来说明程序性知识的表征和获得机制。他们认为，人和计算机一样，都是物理信号系统，其功能都是操作符号。计算机之所以具有智能,能完成各种运算和解决问题,是由于它储存了一系列以"如果……那么……"形式编码规则的缘故。人经过学习,头脑中也储存了一系列的"如果……那么……"形式表示的规则,这种规则就是产生式。

产生式由条件和行动两部分组成,产生式的基本原则是"如果条件是A,那么实施行动B"。即当一个产生式的条件得到满足,则执行该产生式规定的某个行动。解决一个简单的问题需一个产生式,解决一个复杂的问题就需要若干个产生式,这些产生式组成产生式系统。所谓产生式系统,就是人所能执行的一组内隐的智力活动。

程序性知识的学习本质就是掌握一个程序。即在长时记忆中形成一个解决问题的产生式系统,以后遇到同样类型的问题,就按这个产生式系统来行动。产生式的提出为程序性知识的教学提供了便于操作的科学依据。

3. 试应用"同化"和"顺应"两个概念,分析知识建构的过程。

答:知识的获得是一个主动建构的过程,而知识的建构是通过新旧知识的同化和顺应而实现的。首先在知识建构过程中,学习者需要以原有的知识经验作为基础来同化新知识。与此同时,随着新知识的同化,原有的知识会因为新知识的加入而发生一定的调整或改组,这就是知识的顺应。当新旧观念融洽相处时,新观念可以丰富、充实原有的知识,当新旧观念对立时,学习者需要改变原有的错误观念,原有的观念会发生更为明显的顺应。同化意味着学习者联系、利用原有知识来获取新概念,它体现了知识发展的连续性和累积性;顺应则意味着新旧知识之间的磨合、协调,体现了知识发展的对立性和改造性。同化新知识是原有知识发生顺应的基础,真正的同化离不开顺应的发生,只有转变原有错误观念,解决新旧知识之间的冲突,才能真正实现一体化。

4. 遗忘的特点是什么?

答:遗忘是人们记忆知识时的正常现象。它的主要特点有:

(1) 保持量的减少。保持量随时间、测量方法、学习程度、材料性质等因素的变化而有所不同。

(2) 保持量的增加。儿童在学习后的两三天保持量会比学习后立即测得的要多,这种现象叫做记忆的恢复。记忆恢复现象,儿童比成人较普遍,学习较难的材料比学习较易的材料更明显,学习程度较低的比学习纯熟的更容易看到。

(3) 记忆内容变化。保持在头脑中的图形不是原封不动的,也不只是模糊化的,而是进一步被加工并发生变化,故事逐渐被缩短和省略,变得更有连贯性、合理化、符合习惯与价值观。

5. 请用三种理论来解释遗忘的原因。

答:(1) 记忆痕迹衰退说。完形心理学家提出人们在学习时神经活动引起大脑产生某种变化,并留下各种记忆痕迹,这些记忆痕迹会随着时间的延长而逐渐衰退,只有通过不断地练习,这种学习所留下的记忆痕迹才能继续保持。

(2) 材料间的干扰说。这一理论认为,遗忘的发生是由于人们在一种学习之后又去从事其他的学习任务,人们在某时期所学习的材料或所获得的信息之间会发生相互影响,正是这种影响造成了遗忘的发生。

(3) 检索困难说。现代信息加工心理学认为,人们所获得的信息是以某种编码形式永久地储存在长时记忆中的，人们一时无法回忆起所需要的信息，并不是遗忘之故，而是因为难以找到其提取的线索。如果能够通过指导获得提取的线索，则这些先前"遗忘"的信息仍然能够找到。

6. 如何在教学中促进学生的学习迁移的发生？

答：迁移是一种学习对另一种学习的影响，指已经获得的知识、技能，甚至方法和态度对新知识、新技能的影响。

（1）促进陈述性知识迁移的措施：

①科学编排和使用教材，促进学生形成良好的认知结构；②重视基础知识的教学，提高学生的概括水平；③注意学习材料的共同性，促进学生知识的综合贯通。

（2）促进程序性知识迁移的措施：

①促进智慧技能的迁移，教师应注意以下问题：

帮助学生形成条件化知识，掌握产生式规则；促进产生式知识的自动化，熟练解决问题；加强学生的言语表达训练，促使智慧活动内化。

②促进学生动作技能的迁移，教师应注意以下问题：帮助学生理解任务性质和学习情境；教师的示范与讲解要准确清晰；加强学生的练习与反馈。

（3）促进认知策略迁移的措施：

①培养学生树立正确的学习动机；②丰富学生的知识背景；③根据学生的元认知水平进行策略训练；④制订一套外显的可以操作的训练方法；⑤变式与练习。

（三）论述题

1. 论述影响知识理解的因素。

答：一般所说的知识理解主要指学生运用已有的经验、知识去认识事物的种种联系、关系，直至认识其本质、规律的一种逐步深入的思维活动。它是学生掌握知识过程的中心环节，总体分为客观因素和主观因素。

（1）客观因素：

①感性材料。知识的理解在丰富的、典型的、正确的感性材料和相关经验的基础上才能更好地进行比较、分析、综合、抽象、概括，从而理解事物的本质与规律。

②学习材料的内容和形式。学习材料的意义、内容的具体程度等都会影响到学习者对知识的理解。

③学习材料表达形式的直观性。如采用实物、模型等，一般来说，会影响到学习者对知识的理解。

④新旧知识的联系。理解以旧知识、旧经验为基础。学生在学习中往往从已有的知识出发，去认识和理解新事物。新旧知识之间的有机联系，能帮助学生对新知识的理解。

⑤概念形成过程中的变式和比较。通过同类事物的比较，有利于帮助学生发现各种变式中同类事物的共同的本质和特点。通过不同类事物的比较，则有助于帮助学生区别不同类事物之间的本质差异。

⑥知识的系统化。知识的系统化就是理解知识各部分之间的关系，它有利于完整地理解知识。

（2）主观因素：

①学习者的相关经验。一般来说，学习者经验的丰富程度，以及经验与知识的关系会影响到学习者对知识的理解。

②学习者学习的积极主动性，以及主动理解的意识与方法。这是理解知识的重要前提，毫无疑问，会对知识的理解起着重要的作用。

③学习者的认知结构特征，如认知结构中有没有适当的、起固着作用的观念，以及起固着作用的观念的稳定性和清晰性。

2. 如何理解知识的建构过程。

答：个体获得知识的过程不单指知识从外到内的传送转移过程，而且包括学习者建构自己的知识的过程，这种建构活动是通过新信息与原有知识经验之间双向、反复的相互作用而完成的。

在知识建构过程中，学习者需要以原有知识经验为基础来同化新知识。与此同时，随着新知识的同化，原有知识经验会因为新知识的纳入而发生一定的调整或改组，这就是知识的顺应。当新观念与原有知识之间可以融洽相处时，新观念的进入可以丰富、充实原有知识。有时新观念与原有知识之间有一定的偏差，这时，新观念的进入会使原有观念发生轻微的调整；有时新观念会与原有观念之间完全对立，这时，学习者需要转变原有的错误观念，原有观念会发生更为明显的顺应。

同化意味着学习者联系、利用原有知识来获取新观念，它体现了知识发展的连续性和累积性。顺应则意味着新、旧知识之间的磨合、协调，它体现了知识发展的对立性和改造性。知识建构一方面表现为新知识的进入，同时又表现为原有知识的调整改变，同化和顺应作为知识建构的基本机制，是相互依存、不可分割的两个侧面。

综上所述，知识的建构是通过新、旧知识之间充分的、双向的相互作用而实现的。学习者不是在记忆别人的知识，而是在作为一个思考者建构自己的知识。

3. 简要介绍概念转变的过程。

答：简单来说，概念转变，就是个体原有的某种知识经验由于受到与此不一致的新经验的影响而发生的重大改变。新获得的信息与原有信念、假定或理解之间必须是存在冲突的。

概念转变过程是认知冲突的引发及其解决的过程，学习者首先要意识到新经验与原有观念之间的不一致从而产生一种"冲突感"，在此基础上，学习者要对新、旧经验及其有关的事实、观念进行分析判断，思考各自的合理性、正确性，直至对新、旧知识经验做出某种调整，以解决它们之间的冲突。

（1）引发认知冲突。认知冲突指人的原有图式与新感受到的事件或客体之间的对立性矛盾。面对认知冲突，学习者需要对新消息或原有图式作出调整，以解决冲突，这正是认知改造和发展的重要基础。

认知冲突可以进行如下分类：

①直接经验中的认知冲突与间接经验中的认知冲突：前者是指行为预期与实际结果之间的冲突，后者指个体在社会文化互动（如阅读、听报告、讨论等）中遇到与自己原有观念不同的观点，从而感到的冲突。②现实概念的冲突与潜在概念的冲突：前者指学习者

头脑中现实存在着的概念与新经验的冲突；但有时头脑中的概念并不是以现实表征存在的，而是以非言语表征的方式微弱地、含糊地存在着的，甚至在教学前根本就不存在，只是以学习者的整个经验结构为背景会推出这样的理解，这种概念（观念）与新经验之间的冲突就是潜在概念的冲突。③针锋相对的认知冲突与可兼容的认知冲突：有时，冲突的两个概念之间是针锋相对的，但有时它们却可以同时成立，只有视角的不同，而没有根本性对立。

引发认知冲突在概念转变过程中具有关键意义，因为只有体验到认知冲突，个体才能感受到原有概念的不足，认识到替换或调整原有概念的必要性。但是，只引发了认知冲突还不足以使概念发生改变，这取决于学习者解决认知冲突的具体方式和途径。

（2）认知冲突的解决与概念转变。解决认知冲突有多种可能的途径和方式。主要有这几种：①径直地或经过认真分析之后拒绝新概念；②通过三种可能的方式纳入新概念：机械记忆；概念更换——以新概念代替旧概念，并与其他概念相协调；概念获取——与包括原有概念在内的有关概念一起被重新编辑，这意味着学习者可以在原有知识背景下理解新概念，新概念并不完全对立。

为了促进错误概念的转变，教师需要创设一定的情境，以引发学生的认知冲突。这可以是通过实验、演示等让学生看到与原有理解相反的事实（反例），或者直接提出与学生原有理解相对立的新观念，从而引发认知冲突。

4. 根据概念转变的特点，你对概念教学的策略有什么见解？

答：概念转变，就是个体原有的某种知识经验由于受到与此不一致的新经验的影响而发生的重大改变。这里的"概念"是指某种观念，指个体关于某一现象的观点、看法，比如，"地球在绕着太阳转"就是一个概念（观念）。概念的变化有两种可能——一种可称为"丰富"，即新知识的纳入充实了现有知识，通过积累的方式使这些知识发生变化。在这种情况下，新知识与原有知识之间基本是一致的、相容的。另一种情况可以称为"修订"，这是指新获得的信息与原有信念、假定或理解之间存在冲突，因而要对彼此对立的理解作出调整。概念转变针对的是后一种情况，即个体在面临与原有经验不一致的信息时，对原有理解、解释作出的调整、改造，而不是针对细枝末节的变化，所以有人又称之为"原理转变"或"信念转变"。

可见，概念的转变存在一个新概念代替旧概念的过程，是新旧知识由产生矛盾到解决矛盾的过程。如果说知识的建构包括同化和顺应两个方面，那么概念转变研究则从原有概念的转变为考查学习过程，它更关注学习中顺应的一面，将学习看作是学习者原有概念及方法论发生转变的过程。学习不仅要解决"知"与"不知"的问题，而且要解决"信"与"不信"的问题。

据此，概念教学不仅是通过熟悉的词语，清楚地把学科的内容呈现出来，不仅是呈现科学家对某现象的完好的解释，也不仅是用仪器来简单演示某内容，教学还意味着探明学生对某现象的前科学概念，并采用一定的策略促进概念转变，而不只是告诉学生："你的想法错了。"概念转变研究充分说明，科学教学不只是要把现成的、外在的科学知识装进学生的记忆库中，而且需要充分切入学生真实的经验世界，促进知识的"生长"，促进深层理解的生成。为概念转变而进行将更需要学习者的高水平思维，更需要有开放、互动的教学环境，这对科学教育的改革具有重要意义。

5. 简要介绍迁移的几种类型。

答：根据不同的维度可以把迁移分为以下几种类型：

①正迁移与负迁移。从迁移的影响效果方面看，迁移的发生并非总是积极的影响，它既可以是积极的，也可以是消极的。积极的影响通常被称为正迁移，消极的影响被称为负迁移。

正迁移即一种学习对另一种学习的积极影响，包括一种学习使另一种学习具有了良好的心理准备状态，一种学习使另一种学习活动所需的时间或练习的次数减少，或使另一种学习的深度增加或单位时间内的学习量增加，或者已经具有的知识经验使学习者顺利地解决了面临的问题等情况。

负迁移一般是指一种学习对另一种学习的消极影响，多指一种学习所形成的心理状态，如反应定势等，对另一种学习的效率或准确性产生了消极的影响，或一种学习使另一种学习所需的学习时间或所需的练习次数增加或阻碍另一种学习的顺利进行、知识的正确掌握等。

②水平（横向）迁移与纵向迁移。加涅把正迁移又分为横向迁移和竖向迁移两种。横向迁移是指个体把已学到的经验推广应用到其他在内容和难度上类似的情境中。而竖向的迁移，是不同难度的两种学习之间的相互影响，一种是已有的较容易的学习对难度较高的学习的影响，往往是对已有的学习进行概括和总结并形成更一般性的方法或原理的结果。另一种是较高层次的学习原则对较低层次的学习的影响，原则的迁移就是由较高层次的学习产生的原则对该原则适合的具体学习情境的迁移。

③顺向迁移与逆向迁移。迁移既可以是顺向的，即先前的学习对后来的学习的影响，称为顺向迁移；也可以是逆向的，即后来的学习对先前学习的影响，称为逆向迁移。

④自迁移、近迁移与远迁移。根据迁移的范围不同所进行的划分，如果个体所学的经验影响着相同情景中的任务操作，则属于自迁移；近迁移即把所学的经验迁移到与原来的学习情景比较相似的情境中（如不同学科间的迁移）；如果个体能将所学的经验用到与原来情境极不相似的情境中，即产生了远迁移（如课堂知识用到社会实践中）。

第六章 技能的形成

【本章知识框架】

```
           ┌─ 技能及其作用 ┬─ 含义及其特点
           │              ├─ 技能的类型：操作技能、心智技能，二者的区别与联系
           │              └─ 技能的作用
           │
技能的形成 ─┼─ 心智技能 ┬─ 心智技能的原型模拟：心理模拟法
           │           ├─ 心智技能的形成过程：理论——加里培林、冯忠良与安德森
           │           └─ 心智技能的培养方法
           │
           └─ 操作技能 ┬─ 操作技能的主要类型
                       ├─ 操作技能的形成过程
                       └─ 操作技能的训练要求
```

考情分析

本章介绍了与技能相关的一些知识，首先是技能的定义和分类，随后分别阐述了心智技能和动作技能的形成和培养过程。这部分包含一些难点，如心智技能的原型模拟，需要理解进行掌握。考生应在理解的基础上进行记忆，本章易出简答题。

重点难点

心智技能和操作技能的形成和培养。

【习题精编】

（一）名词解释

1. 技能。
2. 心智技能。
3. 操作技能。
4. 练习曲线。
5. 高原现象。

（二）简答题

1. 技能是一种程序性知识吗？
2. 简述我国心理学家冯忠良的心智技能形成的阶段理论。
3. 简述心智技能的培养方法。
4. 冯忠良认为操作技能的形成包含哪几个阶段？
5. 简述技能的作用。
6. 简述操作技能的训练要求。

（三）论述题

1. 论述心理技能和操作技能的区别和联系。
2. 在自动化基本技能获得的过程中，知识从陈述向程序转化的过程是怎样的？

【参考答案】

（一）名词解释

1. 技能就是通过练习而获得的动作方式和动作系统。技能也是一种个体经验，但主要表现为动作执行的经验。技能首先表现为一种活动方式，其次表现出规则性。技能作为活动的方式，有时表现为一种操作活动方式，有时表现为一种心智活动（智力活动）方式。

2. 心智技能指人脑内部借助于内部语言，以简缩的形式对事物的主观表征进行加工、改造的过程，包括感知、记忆、想象和思维等认知因素，其中抽象思维因素占据着最主要的地位。即通过学习而形成的合法则的心智活动方式。它具有三个特点：第一，动作对象的观念性；第二，动作执行的内潜性；第三，动作结构的简缩性。

3. 操作技能是在练习的基础上，由一系列实际动作以合理、完善的程序构成的操作活动方式，即通过学习而形成的合法则的操作活动方式。它具有以下三个特点：客观性、外显性、开展性。

4. 练习曲线是指在连续多次的练习过程中所发生的动作效率变化的图解。

5. 高原现象表现为练习曲线保持在一定的水平而不再上升，或者有所下降。

（二）简答题

1. 技能是一种程序性知识吗？

答：技能就是通过练习而获得的动作方式和动作系统。技能也是一种个体经验，但主要表现为动作执行的经验。技能首先表现为一种活动方式，其次表现出规则性。技能作为活动的方式，有时表现为一种操作活动方式，有时表现为一种心智活动（智力活动）方式。

程序性知识主要反映活动的具体过程和操作步骤，说明做什么和怎么做，是一种实践性知识，主要用于实践操作。

技能是一种活动方式，有别于程序性知识。技能是由一系列动作及其执行方式构成的，属于动作经验，不同于认知经验的知识。例如在"拧螺丝"的过程中，程序性知识是说明螺丝如何拧的动作步骤及执行顺序；技能则是实际拧螺丝的动作方式，是把这些程序性知识转化成相应的活动方式。

2. 简述我国心理学家冯忠良的心智技能形成的阶段理论。

答：心智技能也称智力技能、认知技能，指人脑内部借助于内部语言，以简缩的形式对事物的主观表征进行加工改造的过程，包括感知、记忆、想象和思维等认知因素，其中抽象思维因素占据着最主要的地位。我国心理学家冯忠良将心智技能的形成分为三个阶段。

（1）原型定向阶段。这一阶段就是了解心智活动的实践模式，就是儿童知道该做哪些动作和怎样去完成这些动作，明确活动的方向。这一阶段的任务就是使儿童掌握程序性知识。

（2）原型操作阶段。在该阶段，以外部语言、外显的动作，按照活动模式一步步展开执行。动作的对象是具有一定形式的客体，动作本身是通过一定的机体运动来实现的，对象在动作作用下所发生的变化也是以外显的形式来实现的。学员尚不能摆脱实践模式，而是依赖实践模式进行活动。

（3）原型内化阶段。原型内化即心智活动的实践模式向头脑内部转化，由物质的、外显的、展开的形式变成观念的、内潜的简缩的形式的过程。

心智技能形成的三阶段理论对于揭示心智技能的实质及其形成规律是非常有益的，对于教学内容的选择、编排、教学活动的实施及其有效地培养心智技能具有重要的指导意义和启发意义。

3. 简述心智技能的培养方法。

答：心智技能的培养方法有：

（1）形成条件化知识。即在头脑中储存大量的"如果……那么……"的产生式。在学习知识的同时，要把握该知识在什么情况下适用。

(2) 促进产生式知识的自动化。认知心理学的研究表明，产生式知识必须通过练习达到十分熟练的程度，甚至达到自动化的程度，才能变成一种心智技能。

(3) 加强学生的言语表达训练。言语活动有利于避免学生思维的盲目性，帮助学生寻找到新的思路，能引发执行的控制加工过程，使注意集中于问题的突出方面或关键的因素，促使问题解决的成功率更高。

(4) 要科学地进行练习。练习是促进陈述性知识向程序性知识转化的必要条件，心智技能要通过练习形成，练习的效率受很多因素和条件制约。

4. 冯忠良认为操作技能的形成包含哪几个阶段？

答：操作技能是在练习基础上，由一系列实际动作以合理、完善的程序构成的操作活动方式。冯忠良认为，操作技能的形成阶段有如下几个：

(1) 操作的定向阶段。即了解操作活动的结构，在头脑中建立起操作活动的定向映像的过程。即首先要掌握程序性知识。操作定向是操作技能形成过程中的一个重要环节，准确的定向映像可以有效地调节实际的操作活动，缺乏定向映像的操作活动经常是盲目地尝试，效率低下。

(2) 操作的模仿阶段。这是实际再现出特定的动作方式或行为模式，其实质是将头脑中形成的定向映像以外显的实际动作表现出来。因此，模仿是在定向的基础上进行的，缺乏定向映像的模仿是机械的模仿。

(3) 操作的整合阶段。操作的整合即把模仿阶段习得的动作固定下来，并使各动作成分相互结合，成为定型的、一体化的动作。

(4) 操作的熟练阶段。操作的熟练是指所形成的动作方式对各种变化的条件只有高度的适应性，动作的执行达到高度的完善化和自动化。操作的熟练是操作技能形成的高级阶段，是由于操作活动方式的概括化、系统化而实现的。

5. 简述技能的作用。

答：技能就是通过练习而获得的动作方式和动作系统。

(1) 技能作为合法则的活动方式，可以调节和控制动作的进行。技能不仅可以控制动作的顺序，而且可以控制动作的执行方式，使个体的活动表现出稳定性、灵活性，能够适应各种变化了的情境。

(2) 技能是获得经验、解决问题、变革现实的前提条件。

(3) 技能是能力的构成要素之一，是能力形成和发展的重要基础。

(4) 技能还能提高学习效率，使人富有创造性，而且掌握各种技能，与个体道德行为、意志、性格的形成具有密切关系。

6. 简述操作技能的训练要求。

答：操作技能的训练必须依据其形成规律，才能加速其形成进程，并促进保持和迁移。有多种因素影响操作技能的学习过程，教学时应充分考虑这些因素，并采用相应的有效措施进行训练。

(1) 准确的示范与讲解：①示范者的身份、示范的准确性，以及何时给予示范很重要；②通过讲解突出重点，言语讲解要简洁概括，鼓励学生发出声音进行语言描述；③示范与讲解结合。

(2) 必要而适当的练习：①练习量。定量练习是必要的，但不是越多越好，要防止疲劳、错误定型。②练习方式多种多样。

(3) 充分而有效的反馈。一是内部反馈，即操作者自身提供的感觉系统的反馈；二是外部反馈，即操作者自身以外的人和事给予的反馈。采用何种反馈，应依据任务的性质、学习者的学习进程而定。

(4) 建立稳定清晰的动觉映像。动觉是复杂的内部运动知觉，它反映的是身体运动时的各种肌肉活动的特性，如紧张、放松，而不是外部特性。进行专门的动觉训练，可以提高动作的稳定性和清晰性，充分发挥动觉在操作技能学习中的作用。

(三) 论述题

1. 论述心智技能和操作技能的区别和联系。

答：技能就是通过练习而获得的动作方式和动作系统。技能可以分为心智技能和操作技能。心智技能指的是人脑内部借助于内部语言，以简缩的形式对事物的主观表征进行加工、改造的过程，包括感知、记忆、想象和思维等认知因素，其中抽象思维因素占据着最主要的地位。即通过学习而形成的合法则的心智活动方式。操作技能是在练习的基础上，由一系列实际动作以合理、完善的程序构成的操作活动方式，即通过学习而形成的合法则的操作活动方式。

(1) 二者的区别：

①活动的对象不同。操作技能属于实际操作活动范畴，其对象是物质的、具体的，表现为外显的骨骼和肌肉的操作。心智技能的对象是头脑中的印象，具有主观性和抽象性，是从外部难以察觉的头脑中的思维过程，属于观念范畴。

②活动的结构不同。操作技能是系列动作的连锁，因而其动作结构必须从实际出发，符合实际，不能省略。而心智技能是借助于内部语言实现的，可以高度概略、高度简缩，甚至觉察不到它的进行。

③活动的要求不同。操作技能和心智技能形成的结果都是从不会做到知道如何做，再达到熟能生巧。但操作技能要求学生必须掌握一套"刺激—反应"的联结，而心智技能则要求学习者掌握正确的思维方法，即获得产生式系统。

(2) 二者的联系：

①操作技能经常是智力技能形成的最初依据，智力技能的形成常常是在外部操作技能的基础上，逐步摆脱外部动作而借助于内部语言实现的。

②心智技能又是外部操作技能的支配者和调节者，复杂的操作技能往往包含认知成分，需要学习者智力活动的参与，手脑并用才能完成。

故而，操作技能与智力技能是既有区别又相互联系和促进的。

2. 在自动化基本技能获得的过程中，知识从陈述向程序转化的过程是怎样的？

答：自动化基本技能的获得需要经历三个阶段：认知阶段、联系阶段和自动化阶段。

在第一阶段，学生对技能作出陈述性解释，在第二阶段陈述性表征转变为程序性知识。随着一系列步骤被不断重复执行，其中的错误逐渐被排除，这种指导行动的知识将得到编辑，对大量信息预先作出编辑的结果是，程序中的众多信息表征为一些大的组块，从而使工作记忆中不必要的记忆表征降至最低。对知识的编辑会出现两个过程：（1）合成，将一些个别的产生式汇编成一个程序。通过合成，个别的产生式将被依次组合起来。这样产生式将会逐级被激活，形成一个前后连贯的程序。成功执行这样一种行动序列后，各产生式之间的联系便会得到增强，整个技能也会逐渐具有程序化的特征。（2）程序化，指在执行程序时逐渐摆脱对陈述性知识的依赖。一旦技能具有了程序化的特征的、对下一执行步骤的有意识搜索，将被自动的匹配过程所取代。

第七章 学习策略及其教学

【本章知识框架】

```
           ┌ 学习策略及其结构 ┌ 学习策略的概念
           │                 └ 学习策略的结构：认知、元认知、资源管理策略
           │                 ┌ 注意策略
           │ 认知策略及其教学 │ 精细加工策略
           │                 │ 复述策略
   第七章 ┤                 └ 编码与组织策略
           │ 元认知及其教学   ┌ 元认知含义及其作用
           │                 └ 元认知策略
           │                 ┌ 时间管理策略
           └ 资源管理策略和教学 │ 努力管理策略
                             └ 学业求助策略
```

考情分析

本章介绍了有关学习策略的一些知识，在结构上这些知识属于总分关系。首先总体介绍学习的概念、类型，之后阐述不同类型的学习策略及其教学，主要有认知策略、元认知策略和资源管理策略。这部分的知识点较琐碎，容易混淆，具体策略要防止混淆。本章易出名词解释题。

重点难点

认知策略、元认知策略和资源管理策略的具体内容。
认知策略中复述策略、精加工策略和组织策略的分辨，以及对元认知策略的理解。

【习题精编】

(一)名词解释

1. 学习策略。
2. 元认知。
3. 精细加工策略。

(二)简答题

1. 什么是元认知?元认知的作用有哪些?
2. 学生常常需要鼓励自己不断努力,对此你有什么好的建议?
3. 认知策略学习的特殊性是什么?

(三)论述题

1. 论述认知策略及其教学。
2. 论述元认知策略及其教学。

【参考答案】

(一)名词解释

1. 学习策略是指学习者为了提高学习的效果和效率,有目的、有计划地制定的有关学习过程的复杂的方案,它是学习过程中信息加工的方式方法和调控技能的综合。麦基奇把学习策略分为认知策略、元认知策略和资源管理策略。

2. 元认知策略是指学生在对自己学习过程的有效监控。它使学生警觉自己在注意和理解方面可能出现的问题,以便找出来加以修改,主要有自我计划策略、自我监控策略、自我调节策略、自我评价策略、自我指导策略等。

3. 精细加工策略主要指对学习材料进行深入细致的分析加工,理解其内在的深层意义促进记忆的学习策略,即通过把新学的信息和已有的知识联系起来,以此来增加新信息的意义,也就是说,我们运用已有的图式和已有的知识使信息合理化。通常精细加工就是我们所成的记忆方法,如做笔记、加小标题等方法。

(二)简答题

1. 什么是元认知?元认知的作用有哪些?

答:在学习的信息加工系统中,存在着一个对信息流动的执行控制过程,它监视和指导认知活动的进行，负责评估学习中的问题，确定用什么学习策略来解决问题，评价所选策略的效果，并且改变策略以提高学习效果。这种执行控制功能的基础就是元认知。元认知是对认知的认知，具体来说，是关于个人自己认知过程的知识以及调节这些过程的能力。

元认知具有两个独立但又相互联系的成分：对认知过程的知识和观念与对认知行为的调节和控制，这就是元认知的作用。元认知知识是对有效完成任务所需的技能、策略及其来源的意识，即知道做什么，是在完成任务之前的一种认识；元认知控制则是运用自我监视机制确保任务能成功地完成，即知道何时、如何做什么，是对认知行为的管理和控制，是主体在进行认知活动的全过程中，将自己正在进行的认知活动作为意识对象，不断地对其进行积极、自觉的监视、控制和调节。因此，元认知控制过程包括对目前认知任务的认识、制订认知计划、监督计划的执行以及对认知过程的调整和修改。

总的来说，元认知可以提高认知活动的效率和效果；元认知的发展可以促进智力的发展；元认知的发展有助于个体发挥主体性。

2. 学生常常需要鼓励自己不断努力，对此你有什么好的建议？

答：学生可以用资源管理策略中的努力管理策略来鼓励自己。系统性学习的人都是需要意志努力的。为了使学生维持自己的意志努力，需要不断地鼓励学生进行自我激励，可以尝试一下这些方法：（1）激发内在动机；（2）树立为了掌握而学习的信念；（3）选择有挑战性的任务；（4）调节成败的标准；（5）正确认识成败的原因；（6）自我奖励。

3. 认知策略学习的特殊性是什么？

答：认知策略的学习具有不同于一般智慧技能学习的特点：

（1）支配认知策略的规则具有内潜性。根据加涅的学习结果分类，支配智慧技能的规则是对外的，而支配认知策略的规则是对内的。对外办事的规则易于通过实物或其他媒体进行演示。而由于人的认知获得潜藏于人脑内部，无法直接观察到，所以难以把支配人的认知活动的规则用演示方法告诉学生。

（2）支配认知策略的规则具有高度概括性和模糊性。学生要学习的认知策略的规则主要是思维和解决问题的策略。支配这些策略的规则一般具有高度的概括性，支配认知策略的规则的高度概括性也给它带来模糊性。

（3）支配认知策略的规则多数是启发式的。由于这些特点，认知策略的学习一般比智慧技能的学习更加困难，需要接触的例子更多，需要变式练习的机会更多，需要从外界得到更具体的反馈和纠正，需要反省认知的参与。

（三）论述题

1. 论述认知策略及其教学。

答：认知策略是学习者信息加工的方法和技术。其基本功能有两个：一是对信息进行有效的加工和整理，二是对信息进行分门别类的系统储存。

认知策略包括注意策略、复述策略、精细加工策略、编码组织策略。

（1）注意策略。注意策略指的是学习者在学习情境中激活与维持学习心理状态，将注意集中于有关学习信息或重要信息上，对学习材料保持高度觉醒和警觉状态的学习策略。它指向学习活动的各个阶段,主要作用是帮助学习者进行知觉定向,实行自我控制,促进有意义学习。

(2)精细加工策略。主要指对学习材料进行深入细致的分析加工,理解其内在的深层意义,促进记忆的学习策略,即通过把新学的信息和已有的知识联系起来,以此来增加新信息的意义,也就是说,我们运用已有的图式和已有的知识使信息合理化。

(3)复述策略。复述策略是在工作记忆中为了保持信息,运用内部言语在大脑中重现学习材料或刺激,以便将注意力维持在学习材料之上。它是信息由短时以及进入长时记忆的关键。

(4)编码与组织策略。编码和组织是用某种结构将学习的内容组织起来,是学习和记忆新信息的重要手段,其方法是将学习材料分成一些小的单元,并把这些小的单元置于适当的类别之中,从而使每项信息和其他信息联系在一起。

2. 论述元认知策略及其教学。

答:元认知就是对认知的认知。具体来说,就是个人对自己的认知过程及结果的意识和控制。一方面,元认知来自我们过去的认知活动,另一方面,学生已经形成的元认知又会对他们随后的认知或学习活动产生影响。

元认知结构包括元认知知识、元认知体验和元认知监控这三个既互相独立又相互关联的组成部分。元认知知识就是有关认知的知识,是对有效完成任务所需的技能、策略及其来源的意识,是在认知之前的一种认识。元认知体验是指伴随着认知活动产生的认知体验和情感体验。元认知监控是指在认知主体在进行认知活动的全过程中,将自己正在进行的认知活动作为意识对象,运用自我监控的机制,不断地对认知过程进行积极、自觉的监视、控制、调节。元认知有两个独立但又相互联系的成分:对认知过程的知识和观念与对认知行为的调节和控制。

元认知策略是指学生在对自己学习过程的有效监控。包括计划策略、监视策略、调节策略。元认知策略教学应该注意以下几个方面:提高学生元认知学习的意识;丰富学生关于元认知的知识和体验;加强对学生元认知操作的指导;为学生创设和谐、民主的反馈条件;注意引导学生对非智力因素的调控。

元认知训练方法有自我提问法、相互提问法、知识传授法。

第八章 问题解决能力与创造性的培养

【本章知识框架】

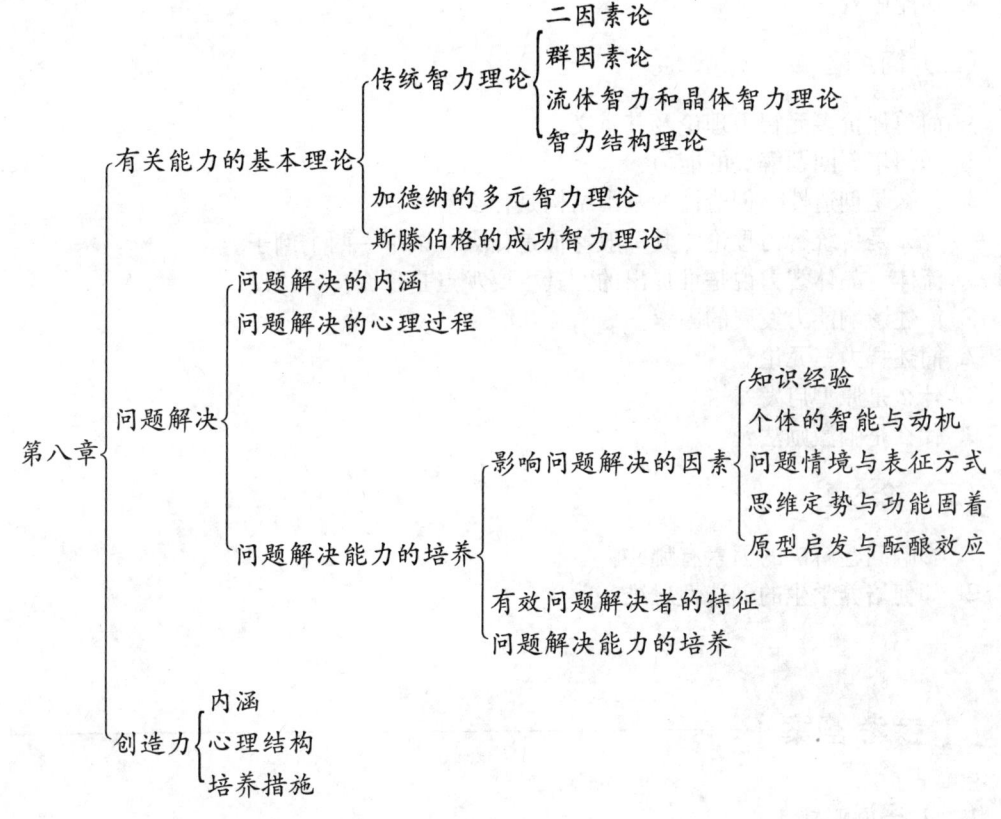

考情分析

本章内容围绕问题解决展开，主要介绍了几种智力理论。本章内容很重要，多数应该以简答题的方式进行复习。智力理论、问题解决及其过程和影响因素要着重掌握。本章内容几乎什么题型都会考到。

重点难点

传统智力理论、多元智力理论、成功智力理论、问题解决的过程及其影响因素。

【习题精编】

（一）名词解释

1. 问题解决。
2. 创造性思维。
3. 思维定势。
4. 功能固着。

（二）简答题

1. 简单评价多元智力理论及其意义。
2. 如何培养问题解决的能力？
3. 什么是创造性？创造性的基本结构是什么？
4. 什么是传统智力理论？其一般特征是什么？试举一两个例子。
5. 流体、晶体智力说是谁提出的？其主要观点是什么？
6. 简述影响能力发展的因素。
7. 简述智力三元论。
8. 什么是原型启发？
9. 什么是脑激励法？

（三）论述题

1. 影响问题解决的因素有哪些？
2. 如何培养学生的创造性思维？

【参考答案】

（一）名词解释

1. 问题解决是一种以目标定向的搜寻问题空间的认知的过程，即利用某些方法和策略，使个人从初始状态的情境达到目标状态的情境的过程。其中原有知识经验和当前问题的组成成分必须重新改组、转换或联合，才能达到既定目标。

2. 创造性思维是指用超常规方法，重新组织已存的知识经验，产生新方案和新成果的心理过程，是创造性认知品质的核心。其主要特征有：流畅性、变通性、独特性、综合性、突发性。现在多数研究者认为，创造性思维是一个复合体，它由多种思维有机组成、协同作用。首先，创造性思维是发散思维与聚合思维的统一；其次，创造性思维是逻辑思维与非逻辑思维的统一。

3. 思维定势是指由先前的活动形成的并影响后继活动趋势的一种心理准备状态。它在思维活动中表现为一种易于以习惯的方式解决问题的倾向。定势在问题解决中有积极作用，也有消极影响。当问题情境不变时，定势对问题的解决有积极的作用，有利于问题的解决；当问题情境发生变化，定势对问题的解决有消极影响，不利于问题的解决。

4. 功能固着是指个体在解决问题时往往只看到某种事物的通常功能，而看不到其他方面可能有的功能。这是人们长期以来形成的对某些事物的功能或用途的固定看法。功能固着影响人的思维，不利于新假设的提出和问题的解决。

（二）简答题

1. 简单评价多元智力理论及其意义。

答：美国哈佛大学教育学院教授霍华德·加德纳提出了多元智力理论，该理论认为人类的心理能力中，至少应该包括以下 8 种不同的智力，即：言语智力、数理智力、空间智力、音乐智力、体能智力、社交智力、自知智力、自然智力。这 8 种智力在人体身上的不同组合使每个人的智力都有独特的表现方式和特点，因此，很难找到适用于任何人的统一评价标准来评价一个人的聪明程度和智力水平的高低。

加德纳和传统智力理论的另一个根本区别是方法学上的不同。传统智力理论从因素分析出发，而加德纳受生物制约观思潮影响，启用了大量神经生理学的证据。他搜索了与智力相关的各门学科的文献（含实验数据），特别是对神童、天才、脑损伤病人、白痴、学者等的研究，采用他所谓的"主观因素分析"的方法，列举了确定上述八种智力模块的 8 条标准。虽然强调每一种智力都有它的生物学来源，但加德纳并未否认文化历史的作用。他认为智力的前提是在特定社会文化情境中有用和重要，不同的文化和历史时代重视不同的智力类型，因此他并不否认教育的作用。

他主张开发能够评估所有智力类型的测量手段，尽早对儿童进行多元智力评估，以便发现儿童的各种智力潜能并进行教育开发。

评价：加德纳智力理论的创新在于突破了传统的智力范畴，提出了多维智力的理念，并相应引发了人们对教育、人才、智力开发、教育评价的思考；另外，既注重神经生理学证据，又不忽视社会文化作用，也使得其理论更具说服力。因此，其理论在世界范围内对教育理论和教育实践都有极大的影响力。

2. 如何培养问题解决的能力？

答：（1）充分利用已有经验，形成知识结构的体系。

（2）分析问题的构成，把握问题解决规律。问题解决需要一个过程，掌握问题解决的基本程序有利于问题解决。在教学中教给学生一些通用的问题解决的方法和思维策略，会有效提高他们解决问题的能力。

（3）开展研究性学习，发挥学生的主动性。在教学活动中，教师应注意训练学生发现问题的能力，引导学生进行研究性学习，对问题展开全面分析，使学生的积极主动性在问题解决中得以发挥。

（4）教授问题解决策略，灵活变换问题。帮助学生习得多种解决问题的策略，是培养学生问题解决能力的有效方式，其中启发式策略最能有效地提高解决问题的效率。

（5）允许学生大胆猜想，鼓励实践验证。教师应让学生打开思路，从多种角度提出问题解决的策略，并鼓励学生进行积极的尝试和实验，在实践中验证自己的猜想。

3. 什么是创造性？创造性的基本结构是什么？

答：（1）创造性的内涵：关于创造性的内涵，说法不一，综合各种说法，创造性是个体利用一定内外条件，产生新颖独特、有社会和个人价值产品的能力与相应的人格特征整合的心理品质。这种心理品质不是单一的，而是综合的，不是线形的，而是多维的，它包括与创造活动密切联系的认知品质、人格品质和适应性品质。创造性表现于创造活动（过程）之中，其结果以"产品"为标志，其水平以产品的"价值"为标准。

（2）创造性的基本结构：根据创造性的内容，创造性的基本结构可以说包含以下几个方面：

①创造意识就是指一个人想不想创造，这不仅会影响到他的创造动机的强弱，而且会影响到他的创造能力的发挥。

②创造人格，包括强烈的创造动机、浓厚的创造兴趣、积极的创造情绪和坚强的创造意志；创造人格可使人成为一个具有高创造性的人。

③创造性思维训练，主要包括思维的流畅性、变通性、独特性和辩证性训练等。

④创造方法是指人们在创造活动过程中运用创造的具体思维方法和创造技能，创造方法的训练可以诱发个体的潜在创造性。

4. 什么是传统智力理论？其一般特征是什么？试举一两个例子。

答：传统智力理论，以心理测量学为基础，认为智力由因素构成，通过因素分析可以探索这些因素，进而认识智力的内核。许多颇有影响力的智力理论，比如斯皮尔曼的二因素论、瑟斯顿的群因素论、吉尔福德三维结构的多因素理论、卡特尔的三层智力理论等，都从属于这一理论阵营。这些智力理论，虽然在构成智力的因素数目以及层次上存在分歧，但都有一个特征，即承认存在着一个一般的智力。以下举"单因素论"和"二因素论"两个理论为代表：

①单因素论。主张智力单因素论的人认为，人与人之间智力上有高低，但智力只是一种总的能力。例如，高尔顿、比奈等人都主张智力是单因素的，他们编制的量表只提供单一分数（智商），只测一种智力。

②斯皮尔曼的二因素论。英国心理学家斯皮尔曼提出二因素说，他将人类智力分为两个因素：一是普遍因素，又称 G 因素，是在不同智力活动中所共有的因素；另一是特殊因素，又称自因素或 S 因素，是在某种特殊的智力活动中所必备的因素。二者相互联系，完成任何作业都需要 G 因素和 S 因素的结合。例如，完成一个算术推理测验需要 $G+S1$，

完成一个语言推理测验需要 G+S2；完成第三种测验则需要 G+S3。由于每种作业都包含各不相同的 S 因素，而 G 因素则始终不变，因此 G 因素是智力结构的基础和关键，各种智力测验就是通过广泛取样而求出 G 因素的。

5. 流体、晶体智力说是谁提出的？其主要观点是什么？

答：流体、晶体智力说，是由美国心理学家卡特尔等人提出的，其主要观点是：根据智力的不同功能，将智力划分为两种——流体智力和晶体智力。流体智力是指人不依赖于文化和知识背景而对新事物学习的能力，如注意力、知识整合力、思维的敏捷性等。晶体智力则是指人后天习得的能力，与文化知识、经验的积累有关，如知识的广度、判断力等。从时间上看，流体智力在人的成年期达到高峰后，就随着年龄的增大而逐步衰退，而晶体智力自成年后不但不减退，反而会上升。

6. 简述影响能力发展的因素。

答：影响能力形成的因素主要有：

（1）遗传的作用。根据双生子研究表明，血缘接近的人在智力发展水平上确实有接近的趋势。

（2）环境和教育对能力形成的影响：

①产前环境的影响。产前营养的缺乏或母亲患病、服药等，都会对胎儿的脑细胞发展产生不可逆转的影响，从而影响智力的发展。

②早期经验的影响。从出生到青少年时期，是个人生长发育的时期，也是能力发展的重要时期。丰富的环境刺激有利于儿童能力的发展。

③实践活动的影响。人的各种能力是在社会实践活动中最终形成起来的。长年累月坚持不懈地参加某种社会实践，相应的能力就能得到高度发展。

④人的主观能动性。培养广泛的兴趣，人感兴趣的方面的能力就会得到高度发展。坚强的意志对能力的发展也有重要意义。

7. 简述智力三元论。

答：智力三元论是由斯滕伯格提出的，试图说明更为广泛的智力行为。斯滕伯格认为，一个完备的智力理论必须说明智力的三个方面：即智力的内在成分、智力与经验的关系和智力成分的外部作用，从而提出了智力三成分亚理论。包括：

（1）智力成分亚理论。认为智力包括三种成分及相应的三种过程，即元成分、操作成分和知识获得成分。元成分是计划、控制和决策的高级执行过程。

（2）智力情境亚理论。认为智力是指获得与情境拟合的心理活动。在日常生活中，智力表现为有目的地适应环境、塑造环境和选择新环境的能力。

（3）智力经验亚理论。认为智力包括两种能力，一种是处理新任务和新环境时所要求的能力，另一种是信息加工过程自动化的能力。任务、情境和个体三者间存在相互作用。信息加工自动化的能力也是智力的重要成分，人们在进行复杂任务的操作时，需要运用许多操作的过程。只有许多操作自动化后，复杂任务才容易完成。

智力成分亚理论是三元智力理论中最早形成和最为完善的部分，它揭示了智力活动的内部机制。

8. 什么是原型启发？

答：启发是指从其他事物上发现解决问题的途径和方法。对解决问题起了启发作用的事物叫原型；原型启发在问题解决过程中具有很大的作用。原型之所以能起到启发作用，是因为原型与要解决的问题之间存在着某些共同点或相似之处。通过联想，人们可以从原型中发现某种原理，从而找到解决的新方法；某一事物能否充当原型并起到启发作用，不仅取决于该事物的特点，还取决于问题解决的心理状态。只有在问题解决者的思维活动处于积极但又不过于紧张的状态时，才容易产生原型启发。所以，原型启发常常发生在酝酿时期。

9. 什么是脑激励法？

答：脑激励法的核心思想是把产生想法和评价这种想法区分开来，其基本做法是，教师先提出问题，然后鼓励学生寻找更多的答案，不必考虑答案是否正确，教师也不作评论，一直到所有可能想到的答案都提出来为止。其原则是尽可能地产生想法，不管这个想法如何看起来片面，只有当所有可能的建议都已经提完，才开始对这些想法进行讨论和评价。在课堂教学中，小组讨论的方式能产生社会心理学家称为"社会促进"的现象，即当人看到其他人都在完成某任务时，自己也想更好更快地完成任务，有利于激发学生的创造性思维。

（三）论述题

1. 影响问题解决的因素有哪些？

答：影响问题解决的因素归纳起来有以下几个方面：

（1）有关的知识经验。有关的知识经验是影响问题解决的个人因素，如果个体有与问题相关的背景知识，则可以促进问题的表征和解答，只有依据有关的知识才能为问题的解决确定方向、选择途径和方法。

（2）个体的智能与动机。①智能：个体的智力水平是影响问题解决的极为重要的因素。因为智力中的推理能力、理解力、记忆力、信息加工能力和分析能力等成分都影响着问题解决，也影响到问题解决的方法。②动机：动机是促使人问题解决的动力因素，对问题解决的思维活动有重要影响。动机的性质和动机的强度会影响问题解决的进程。

（3）问题情境与表征方式。①问题情境：问题情境是指呈现问题的客观情境（刺激模式）。问题情境对问题的解决有重要的影响。第一，情境中物体和事物的空间排列不同，会影响问题的解决。第二，问题情境中的刺激模式与个人的知识结构越接近，问题就越容易解决。第三，问题情境中所包含的物件或事实太少或太多都不利于问题的解决。②表征方式：问题表征是问题解决的一个中心环节，它说明问题在头脑中是如何表现的。问题表征反映着对于问题的理解程度，涉及在问题情境中如何抽取有关信息，包括目标是什么、目标和当前状态的关系、可能运用的算法有哪些等。问题表征不同，就会产生不同的解决方案，它直接影响问题解决。如果不能恰当地进行问题表征，就会导致问题解决的失败。

（4）思维定势与功能固着。①思维定势：定势是指由先前的活动所形成的并影响后继活动趋势的一种心理准备状态。它在思维活动中表现为一种易于以习惯的方式解决问题的倾向。定势在问题解决中有积极作用，也有消极影响。②功能固着是指个体在解决问题时往往只看到某种事物的通常功能,而看不到它在其他方面可能有的功能。

(5) 原型启发与酝酿效应。①原型启发:是指在其他事物或现象中获得的信息对解决当前问题的启发。②酝酿效应:当一个人长期致力于某一问题解决而又百思不得其解的时候,如果他对这个问题的思考暂时停下来去做别的事情,几小时、几天或几周之后,他可能会忽然想到解决的办法,这就是酝酿效应。

2. 如何培养学生的创造性思维?

答:创造性是个体使用一定内外条件,产生新颖独特、有社会和个人价值产品的能力与相应的人格特征整合的心理品质。这种心理品质不是单一的,而是综合的,不是线性的,而是多维的,它包括与创造活动密切联系的认知品质、人格品质和适应性品质。创造性的培养不仅有利于学生充分地实现自我,施展自己的才华,而且有利于学生形成创新精神,因此,创造性是学校不应忽视的重要培养目标之一。具体来讲,培养学生的创造性应注意以下几个问题:

(1) 创造有利环境:

①保障学生的心理安全和自由,激发学生的积极性和主动性。②为学生的学习留有余地。在教学过程中,要实现最佳的教学效果,就应该充分地调动学生学习的积极性,给他们留有充足的思考空间,以使学生在积极主动的活动中学得又快又准。③做有利于学生发挥创造性的教师。作为学生成长和发展的引路人,教师不仅肩负着传授知识、培养技能的责任,而且还是促进学生创造性发挥的重要力量。

(2) 培养创造性人格。创造力仅仅为创造性的发展提供了潜在的可能性,只有当它与创造性人格特征相结合时,才能使创造性的发展成为现实。培养学生的创造性人格,需要注意以下几个问题:

①保护学生的好奇心。研究表明,好奇心与创造性的发展密切相关;②解除学生怕犯错误的恐惧心理;③鼓励学生与创造性比较高的人接触;④培养学生的恒心与毅力。

(3) 设置创造性课程。设置专门的创造性课程,是促进学生创造性发展的一项重要措施。如:

①发散性思维训练课。由于发散性思维在创造力的培养中具有独特的地位,因此在课程计划中设置专门的发散性思维训练课已成为许多国家教育计划的一部分。②自我设计课。学生通过实际的操作活动完成自己的设计,可以充分满足他们异想天开的愿望。③创造发明课。在课堂上,学生像发明家一样动手从事创造活动,可以激发学生的创造积极性,使其创造能力得到发展。

(4) 发展创造性思维。创造性思维是创造性的核心要素,因此,使学生掌握创造性思维策略以发展其创造性思维能力,将有助于他们创造性的提高。具体的培养策略有:

①类比推理能力。根据两个对象间某些相同或相似之处,进而推断他们在其他方面也可能相同或相似的一种思考方法。②对立思考策略。指从和已有事物或问题完全对立的角度来思考,创造性地找寻解决问题的方法。③多路思维策略。这也是发展创造性思维的重要方法,它要求思考者能从多个不同的角度开阔地面对问题,以期获得创造性发展的成果。④综合运用多项思维机制。创造性思维的重要特征就在于通过多种不同思维机制的综合运用,以创造性地解决问题。

第九章 社会规范学习与品德发展

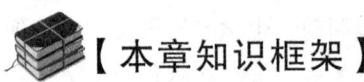【本章知识框架】

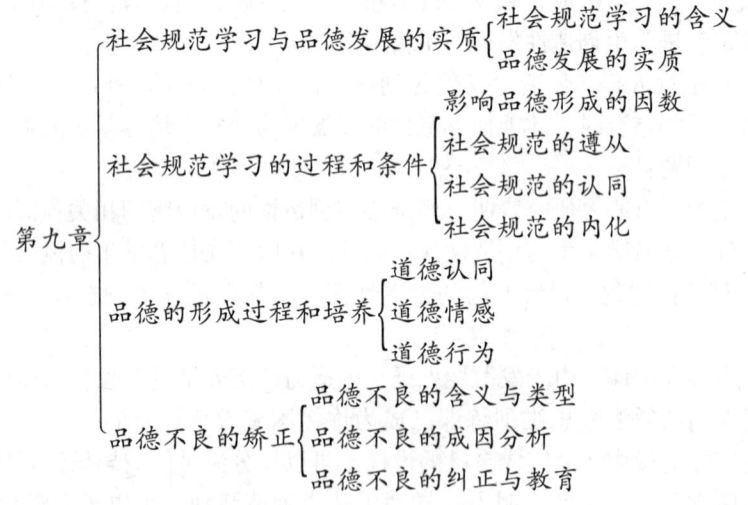

考情分析

本章阐述了社会规范学习和品德发展的实质、过程、培养和矫正，这部分内容相对比较次要，在试题中出现的频率较低一些，但也不乏作为分析题出现的可能性。考生不能忽视品德培养的内容，这部分的内容很简单浅显，需要理解的东西较少，以识记为主。社会规范学习的心理过程、品德不良的成因分析作为重点即可，以简答题的方式备考。

重点难点

社会规范学习的过程；品德不良的成因分析，纠正与教育。

【习题精编】

（一）名词解释

1. 社会规范学习。
2. 品德不良行为。

（二）简答题

1. 品德发展的实质是什么？
2. 如何培养学生的道德情感？
3. 导致学生品德不良的原因有哪些？
4. 品德不良学生的转化要经过哪几个阶段？
5. 简述皮亚杰对儿童道德判断发展阶段的划分。
6. 如何养成良好的道德行为习惯和消除坏习惯？
7. 怎样矫正学生的不良品德？
8. 简述品德的构成。

（三）论述题

1. 论述社会规范学习的过程，以及各阶段的影响因素。
2. 如何培养学生的道德认知？

【参考答案】

（一）名词解释

1. 社会规范学习是个体接受社会规范，内化社会价值，将规范所确定的外在于主体的行为要求转化为主体内在的行为需要，从而构建主体内部的社会行为调节机制的过程，即社会规范的内化过程。社会规范学习具有情感性、约束性、延迟性等特点。

2. 品德不良行为是指学生个体或群体由错误道德意识支配的、严重违反道德规范的、损害他人或集体利益的行为。

（二）简答题

1. 品德发展的实质是什么？

答：品德作为个体社会行为的内在调节机制，是合乎社会规范要求的稳定的心理特性，使得行为产生的内因，又称为德性。其心理结构包括：道德认知、道德情感、道德意志和道德行为。

品德形成发展的实质：通过接受社会规范，执行社会规范，并从行为结果的反馈中强化个体对规范的必要性认识，获得执行规范行为的体验，确立自觉执行规范的动机，从而使品德得以形成和发展。这就是品德发展的实质。具体说来，包括以下几点：

（1）品德发展是社会道德内化为个人品德的过程。品德发展过程就是把外在的社会道德规范内化为个体内在的道德行为观念，进而依据个人的道德价值取向，表现出稳定的道德规范行为的过程。

（2）品德发展是在内部矛盾的推动下，内外因共同作用的结果。一般认为，品德发展过程的基本矛盾是指教育者依据社会道德向儿童提出的道德要求与儿童道德发展现状之间的矛盾，这一矛盾推动了儿童品德的发展。

（3）品德发展是知、情、意、行协调发展的过程。品德包含道德认识、道德情感、道德意志和道德行为四个基本心理特征。品德发展是这四个因素相互协调、统一的发展，其中道德认识是基础，道德情感是动力，道德意识起调控作用，道德行为是前三者的综合表现，也是个体品德发展水平的主要标志。

2. 如何培养学生的道德情感？

答：道德情感是人的道德需要是否实现所引起的内心体验，它与道德认知一起，是推动人产生道德行为或抑制不道德行为的内在动力。学生道德情感的培养途径和方法主要包括以下六点：

（1）丰富学生有关的道德观念，并将这种道德观念与各种情绪体验结合起来；

（2）利用具体生动的形象引起学生道德情感的共鸣；

（3）在具体情感的基础上阐明道德概念、道德理论，使学生的道德体验不断概括、不断深化；

（4）在道德情感的培养中，教师要注意促使学生善于调控自身的情绪，要注意在培养品德时出现的情绪障碍，并设法加以消除；

（5）重视教师情感的感化作用；

（6）教师应创造一种安全的课题气氛，学生在这种气氛中可以真诚和坦率地表达他们的观点和决策，真诚地进行情感交流。

教师对学生的情感直接影响着学生道德情感的发展，此外，教师自身的道德情感对学生有着潜移默化的作用。要培养学生高尚的道德情感，教师必须自身具有这种情感，教师要用高尚的情操培养学生健康的道德情感。

3. 导致学生品德不良的原因有哪些？

答：导致学生品德不良的原因可以分为主、客观两个方面：

（1）学生品德不良的客观原因：

①家庭方面的原因。家庭是学生接受品德教育的启蒙学校，家庭环境中的某些不当教育和环境中的某些不良因素，是形成学生不良品德的一个重要原因。现在家庭教育环境中有四个问题比较突出：养而不教，重养轻教；宠严失度，方法不当；要求不一致，互相抵消；家长生活作风不良，给孩子造成潜移默化的影响。

②学校方面的原因。学校是专门培养人的教育机关，学生的品德主要是通过学校教育

来培养的。但是，如果教育者思想不端正，教育措施不力，教育方法不当，都可能妨碍学生良好品德的形成，从而造成学生不良品德的蔓延和恶化。现在学校教育中存在着三个比较突出的问题：只抓升学率；有的教师对学生不能一视同仁；少数教职工的不良品德直接给学生的品德造成了不良影响。

③社会方面的原因。随着学生年龄的增长，越来越广泛地接触社会的各个方面，社会对他们的影响也越来越大。从总体上看，我们社会主义的社会环境是有利于学生品德健康成长的，但是，对于那些形形色色的腐朽思想和不正之风对学生产生的侵蚀和影响也不能低估。

（2）学生品德不良的主观原因：

①缺乏正确的道德观念和法制观念淡薄。不良品德的形成与学生道德认识上的错误或无知常有密切的关系。有的学生分不清是非、善恶，甚至以是为非，以非为是。学生不良品德的形成，有的是从认识开始的，有的是从情感、意志开始的，有的则是从行动开始的。

②缺乏道德情感或情感异常。品德不良的学生缺乏道德情感，他们往往是爱憎不分，好恶颠倒。例如，认为给他一点便宜的人是"好人"，认为严格要求和管束他的人可恶。他们同教师、父母和其他一些关心他们的人情感对立、存有戒心，而与他们的"伙伴"却情感相投。

③明显的意志薄弱与畸形的意志发展。

4. 品德不良学生的转化要经过哪几个阶段？

答：不良品德学生的转化要经历一个由量变到质变的过程。这个转化过程大体可以划分为醒悟、转变与自新三个阶段。

（1）醒悟阶段：是指不良品德的学生开始认识到自己的错误，从而产生改过自新的意向。这一时期，对学生的鼓励和支持是很重要的精神良药，教师和家长应做好这方面的工作。

（2）转变阶段：是指不良品德的学生有了改过自新的意向之后，在行为上发生一定的转变。这是一种可喜的进步，但必须清醒地认识到这仅仅是开始，在整个转变阶段必然要经过不断的矛盾运动才能最终成为一个新人，在不断的矛盾斗争中，有时还会出现反复，即重犯以前的过错。反复的情况也有两种：一是前进中的暂时后退；另一种是教育失败出现的大倒退。

（3）自新阶段：是指不良品质的学生经过较长时期的转变之后，不再出现反复，而进入一个新的时期。对那些已经转变的青少年要倍加关心和爱护，充分地信任、热情地鼓励，逐步提高要求、不断引导前进，任何歧视与翻旧账的言行都是极为有害的。

5. 简述皮亚杰对儿童道德判断发展阶段的划分。

答：皮亚杰的儿童道德判断分为三个阶段：

（1）前道德判断阶段（4~5岁前）：直接接受行为的结果，还不能作出道德意义上的判断。

（2）他律道德阶段（4、5~7、8岁）：只注重行为规则；注重行为后果，不考虑行为意向和动机。

（3）自律道德阶段（9~10岁以后）：不盲目服从权威，认识到道德规范的相对性；既考虑行为结果，又考虑行为动机。

6. 如何养成良好的道德行为习惯和消除坏习惯？

答：道德行为是由一定的道德情境因素引起与个体的道德意识因素相互作用的产物，是一种意志行为，表现出一定的自觉性。

学生的道德行为习惯，是在生活和教育过程中经过反复练习和实践逐步形成的。道德行为的培养主要通过以下几个途径：①激发学生的道德动机；②帮助学生掌握合理的道德行为方式；③帮助学生养成良好的道德行为习惯；④锻炼学生的道德意志。

要使学生通过有意练习有效地形成道德行为习惯，应当注意以下几点：①使学生了解有关行为的社会意义和产生自愿练习的意向。②创设按规定的方式一律行动的条件，其中包括集体的监督，并使学生了解行为的结果和练习的进步情况，及时给予强化。③依靠集体舆论或其他教育措施，防止练习中出现不耐烦和偏离目标的现象。④克服不良习惯。在根除学生的不良习惯时要使他们知道坏习惯的害处，加强克服坏习惯的信心，还可以用一些巧妙而机智的方法，如活动替代、合理奖惩、矛盾反应法（在出现引起不合需要的反应的刺激的同时，出现和需要的与前者矛盾的刺激，使之转移到引起需要的反应），等等。⑤创设重复良好行为的情境，让学生坚持有意练习。⑥及时纠正学生的问题行为和不良习惯。⑦合理慎重地使用惩罚。⑧让学生远离犯错误的情境。

7. 怎样矫正学生的不良品德？

答：（1）消除对立情绪，恢复正常的人际关系。只有师生之间的关系好转，互相信任，才能有效地矫正学生不良的道德行为。这是矫正不良品德工作中首要的心理学问题。

（2）培养他们自尊心和集体荣誉感。

（3）形成正确的是非观念，增强是非感。

（4）增强与诱因作斗争的力量，巩固新的行为习惯。

（5）正确把握学生心理发展的年龄特征和个别差异。

（6）正确运用奖励与惩罚。

总之，矫正学生不良品德的心理学依据是多种多样的，但关键在于教师对学生的深厚感情和教育机智。教师应当及时发现问题，掌握情况，根据特点，耐心教育。

8. 简述品德的构成。

答：我国有学者把品德结构学说概括为因素构成说、功能结构说、系统结构说等。

因素构成说认为，品德心理结构式由一系列彼此联系的心理因素构成的统一体。其中包括三因素论、四因素论、五因素论和六因素论。

章志光提出的功能结构说，把品德心理结构分为生成结构、执行结构和定型结构三个维度。

林崇德从系统的角度提出系统结构说，认为品德结构是个多侧面、多形态、多水平、多联系、多序列的动态的开放的整体和系统。品德主要由三个子系统构成：（1）品德的深层结构和表层结构的关系系统；（2）品德的心理过程和行为活动的关系系统；（3）品德心理活动和外部活动的关系及其组织形式系统。

(三) 论述题

1. 论述社会规范学习的过程,以及各阶段的影响因素。

答:社会规范学习指的是个体接受社会规范,内化社会价值,将规范所确定的外在于主体的行为要求转化为主体内在的行为需要,从而建构主体内部的社会行为调节机制的过程,即社会规范的内化过程。其过程如下:

(1) 社会规范的遵从。社会规范的遵从一般指行为主体在对别人或团体提出的某种行为要求的依据或必要性缺乏认识,甚至有抵触的认识和情绪时,既不违背,也不反抗,仍然遵照执行的一种现象。遵从是规范内化的初级阶段,也是进一步内化的基础,具有一定的盲目性、被动性、工具性和情境性。

影响社会规范遵从的因素有:

①群体特征的影响。导致社会规范遵从的群体特征主要包括群体的规范、群体舆论和群体凝聚力等。一个群体的规范越标准、越集中、越明确,群体成员的认同感就越强。当一个人在群体中与多数人的意见或行为不一致时,就会感到强大的群体压力而产生社会遵从。

②外界压力的影响。外界压力是诱发个体社会规范遵从的主要外因。外界压力有直接的外部压力,也有间接的外部压力。直接的外部压力指团体或个人为了使人从事期望中的行为而直接施加的一种外在压力,即一般的奖励与惩罚。间接的外部压力指情境压力,是指当个体处于一个井然有序、循规蹈矩的情境中时所产生的很难不服从的潜在压力。

③个性特征的影响。由于个性的差异,不同个体在相同的群体中,面对相同情境会有不同的表现。一般说来,缺乏主见、独立性差、场依存型认知方式的人,更容易表现出遵从。另外,不同国籍和种族的人,其文化背景不同,其遵从性也不同。

(2) 社会规范的认同。社会规范的认同作为社会规范的一种接受水平,一般指行为主体在认识、情感与行为上对规范趋于一致,从而自愿接受社会规范的现象。

①影响社会规范认同的因素有:

a. 榜样的特点。榜样是主体认同的对象,是主体心中的范例,是主体认为值得学习的好人或好事。只有能够引起主体注意,激起主体认同需求和趋同情感的人或事,才能成为榜样。

b. 规范本身的特性。主体产生价值认同的前提是能认识到规范本身的含义和价值,所以,规范本身的特性同样会影响到主体对社会规范的认同。社会规范的抽象性程度、社会规范的实践意义和社会规范的使用频率是影响主体价值认同的主要因素。

c. 强化方式。强化对社会规范认同产生影响。如果认同行为受到奖励,可以促进社会规范认同,如果认同行为受到惩罚,则会降低社会规范认同。另外,其他主体类似的社会规范认同行为带来的结果同样影响观察主体的认同。

(3) 社会规范的内化。社会规范内化是规范的一种高级接受水平或高度遵从的态度,是品德形成的最高阶段。社会规范的内化表现为主体的规范行为的动机是以规范本身的价值信念为基础,其规范行为是由社会规范的价值信念所驱动的。

②影响社会规范内化的因素:

a. 对规范价值的认知。规范价值的认识是在对规范的实践后果进行伦理学判断的基础上产生的，关于规范行为的是非、善恶、美丑的价值判断。个体的认知能力、社会实践机会、社会阅历、立场、态度以及所处的历史条件或情境都会直接影响到其规范价值的认识。

b. 对规范价值的情感体验。对规范价值的情感体验是主体对规范价值的社会意义和作用的一种唤醒或激活状态的反馈感受，这种感受是主体规范学习的内部动力。对规范价值的情感体验既在自我强化着自身的规范行为，也在间接强化着他人的规范学习。

2. 如何培养学生的道德认知？

答：道德认识的形成和发展，主要依赖于道德概念的掌握、道德信念的确立、道德评价能力的发展三个阶段：

（1）道德概念的掌握。道德概念是人对社会道德现象的本质特征和内在联系的反映，是在丰富的道德表象的基础上，通过分析、综合、抽象、概括的思维活动而形成的。道德概念的掌握对道德认识的形成有着十分重要的作用。人只有掌握了道德概念，才能摆脱行为规范的具体情境，在更广泛的范围内调节和支配自己的行动，使之适合社会行为准则的要求。同时，学生掌握道德知识，是以道德概念的形式实现的。

掌握道德概念的条件：

①道德概念的掌握，有赖于形象的事件和感性的经验。

②道德概念的掌握，有赖于道德知识的学习和概括能力的发展。

③道德概念的掌握，有赖于理解道德行为规范的社会意义和个人意义。

（2）道德信念的确立。道德信念指人们将道德知识作为指导个人行动的基本原则，当人们坚信它并决定为之奋斗时，就产生了道德信念。道德信念不是单纯的一种道德认识，它是坚定的道德观点、强烈的道德情感和顽强的道德意志的"合金"。它一经形成就不会轻易改变。道德信念是道德动机的高级形式，它可以引起、推动和维持人的道德行动，使人的道德行为表现出坚定性和一贯性。因此，它是道德品质形成中的关键因素。

（3）道德评价的能力的发展。道德评价指学生根据已掌握的道德规范对已发生的道德行为的是非、善恶进行分析判断的过程。道德评价是一种智力活动的过程，在评价中不断地深化道德认识，增强道德情感的体验，确定合理的行动，为道德行为定向。道德评价起着道德裁判的作用，它有助于道德信念的形成。通过道德评价谴责不道德的思想和行为，褒奖合乎道德的思想行为，可以帮助学生巩固和扩大道德经验，加强对道德概念及其意义的理解，使道德认识成为个人行动的自觉力量。

第十章 心理健康及其教育

【本章知识框架】

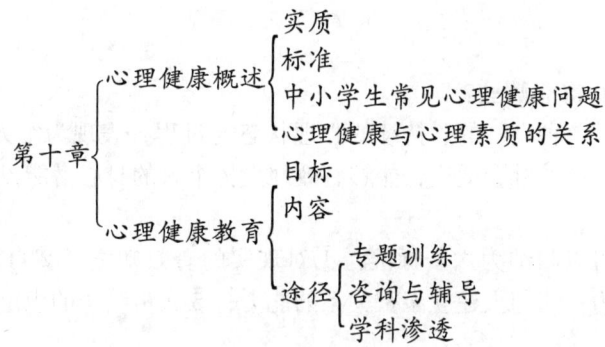

考情分析

心理健康的内容比较容易理解,考生重在记忆,重视心理健康与心理素质的关系。本章内容易考简答题。

重点难点

心理健康与心理素质的关系;心理健康教育的途径。

【习题精编】

(一)名词解释

心理健康。

(二) 简答题

1. 心理健康的标准有哪些?
2. 中小学常见心理健康问题有哪些?
3. 心理健康与心理素质是一回事吗?

(三) 论述题

心理健康教育的途径有哪些?

【参考答案】

(一) 名词解释

心理健康是一种良好而持续的心理状态和过程,表现为个人具有生命的活力、积极的内心体验、良好的社会适应,并能有效地发挥个人的身心潜能和积极的社会功能。

(二) 简答题

1. 心理健康的标准有哪些?

答:心理健康是一种良好的、持续的心理状态与过程,表现为个人具有生命的活力、积极的内心体验、良好的社会适应,能够有效地发挥个人的身心潜能以及作为社会一员的积极的社会功能。

心理健康指标可以归纳为六条标准:①对现实的有效知觉;②自知、自尊与自我接纳;③自我调控能力;④与人建立亲密关系的能力;⑤人格结构的稳定与协调;⑥生活热情与工作高效率。

2. 中小学常见心理健康问题有哪些?

答:(1)学习问题,包括厌学、逃学、学习效率低、阅读障碍、考试焦虑、学校恐惧症、注意缺陷与多动障碍等。

(2)人际关系问题,包括亲子关系、师生关系、友伴关系等。

(3)学校生活适应问题,包括生活自理困难,对学校集体不适应等。

(4)自我概念问题,包括缺乏自知、自信、自我膨胀等。

(5)与青春期性心理有关的问题,包括青春期发育引发的各种情绪困扰,异性交往中问题,性困惑等。

3. 心理健康与心理素质是一回事吗?

答:(1)从根本上说,心理素质和心理健康都是人的心理现象,但二者处在人的心理现象两个不同的层面。心理素质是一种稳定的心理品质,而心理健康则是一种积极、良好的心理状态。

(2)从心理素质的功能来看,心理素质的高低与心理健康的水平有直接关系。在一般情况下，心理素质健全且水平高的人，较少产生心理问题，其心理处于健康状态；相反，心理素质不健全或水平低的人，容易产生心理问题，其心理极有可能处于不健康状态。也就是说，心理健康是心理素质健全的功能状态和外显标志之一。

（3）从心理测量和评定的角度看，心理素质的测量常常包含许多心理健康的指标；而心理健康的测量标准也包含许多心理素质的成分。

（4）从心理素质的内容要素与功能作用的统一性意义来看，心理健康只是心理素质的表现层面，即功能性层面。大多数研究者把心理健康看作心理素质的一个重要方面。

从总体上看，心理素质与心理健康的关系是"本"与"标"的关系。心理素质包含从稳定的内源性心理品质到外显的行为习惯的多层面的自组织系统，而心理健康作为外显的表现和心理状态是心理素质的一种功能性反映，同时也可通过人的心理健康状况去了解人的心理素质。

（三）论述题

心理健康教育的途径有哪些？

答：开展心理健康教育的途径和方法多种多样，各学校应该根据自身的实际情况，灵活选择、使用，注意发挥各种方式和途径的综合作用，增强心理健康教育的效果。心理健康教育的形式在小学可以以游戏和活动为主，营造乐学、合群的良好氛围；初中以活动和体验为主，在做好心理素质教育的同时，突出品格修养的教育；高中以体验和调适为主，并提倡课内与课外、教育与指导、咨询与服务紧密配合。

（1）专题训练。专题训练过程一般由"判断鉴别—训练策略—反思体验"三个彼此衔接的基本环节构成。判断鉴别是通过多种形式的心理检测和评估，让学生了解自己某方面心理素质发展的现状，以此引起学生的认同感或缺失感，唤起情感共鸣或震撼，激活心理能量，思考问题根源，进而体会、感受该种心理素质对自己学习、生活、交往及成长的意义，激发接受训练的积极动机。训练策略就是针对该主题和在判断鉴别中所发现的问题，提出若干解决该问题的具体有效的方法和技巧，通过组织学生参与讨论和操作活动来感受、理解，进而选择，反思体验就是对训练中的心理感受、情感体验、行为变化、活动过程及效果等进行反思、强化、内化，强化训练效果，促进自我认知与评价。反思环节一定要强调"三自"，自觉、自发、自控。

（2）咨询与辅导。开展心理咨询和心理辅导，对个别存在心理问题或出现心理障碍的学生及时进行认真、耐心、科学的心理辅导，帮助学生解除心理障碍。心理辅导是一种心理上的助人活动，是指在一种新型的建设性的人际关系中，辅导教师运用其专业知识和技能，给学生合乎需要的心理上的协助与服务，帮助学生处理他所面临的问题局面，发展其未能充分利用的潜能与机遇，以便在学习、工作与人际关系各方面作出良好的适应。心理辅导的最简单的定义是"助人者自助"。

（3）学科渗透。学科渗透是指教师在进行常规的学科教学时，自觉地、有意识地运用心理学的理论、方法和技术，让学生在掌握知识、形成能力的同时，完善各自心理品质，特别是诸如情感、意志、个性品质等方面。在学科教学、各项教育活动、班主任工作中，都应注重学生心理健康的教育，这是心理健康教育的主要途径。

金程考研简介

金程考研，始于1998年，是上海金程国际金融专修学院（简称金程教育）旗下专注于为大学生提供高端学历与职业提升整体解决方案的教育培训机构。

成立以来，金程考研一直以"服务社会，帮助他人，成就自己"为己任，凭借强劲的研发能力、专注的进取精神、雄厚的网络技术以及良好的官方合作，金程考研在择校择专业、资料资源、辅导师资、复试准备、全程信息等多个方面，开创了考研辅导的众多理念以及服务标准。至今已经帮助近千名考生顺利考取北京大学、清华大学、人民大学、中央财经大学、复旦大学、上海财经大学、上海交通大学、南京大学、浙江大学、厦门大学等全国著名高校。

金程人积极创新，独创了全国领先的"3+2"教学模式，在个性化高端教学、互动式网络教学、标准化授课，以及辅导师资、教学模式、信息渠道、网络技术应用、办学规模等诸多领域，保持着业界领先地位。

金程，名校研究生的摇篮！

公司总部：上海杨浦区松花江路2539号复旦科技园1号楼

公司网址：www.51dx.orgjjx.gfedu.net

全国免费电话：400-821-7221

联系人：金程考研

公司邮箱：ky@gfedu.net